高校强基计划物理教程

热学·光学·近代物理学

■ 邓靖武　肖址敏　主编

中国科学技术大学出版社

内 容 简 介

本书以高中物理热学、光学、近代物理学内容为起点，通过适度课外延伸、核心问题讨论及分层次练习，帮助学生提升物理学科能力。具体内容包括理想气体、热力学定律、物质的聚集态、几何光学、物理光学和波粒二象性、原子物理、相对论等。每章内容不仅涵盖了物理学中热学、光学、近代物理学部分的核心知识与典型问题，拓展了与其相关的内容，还融入了大量近年名校的自主招生与强基计划试题。书中对学习所需的相关数学知识也进行了必要的补充，符合读者的知识掌握规律。

本书适合高中阶段打算备考强基计划、突破高考压轴题和构建中学生物理竞赛知识体系的学生使用，能帮助高中生同步拓展课堂内的知识和方法，也能协助他们高效地提升相应考试的应试能力与技巧。此外，本书也可以作为相关教师的重要教学参考用书。

图书在版编目(CIP)数据

高校强基计划物理教程. 热学・光学・近代物理学/邓靖武，肖址敏主编. —合肥：中国科学技术大学出版社，2024. 4

ISBN 978-7-312-05944-5

Ⅰ. 高…　Ⅱ. ① 邓… ② 肖…　Ⅲ. 中学物理课—高中—升学参考资料　Ⅳ. G634. 73

中国国家版本馆 CIP 数据核字(2024)第 068871 号

高校强基计划物理教程：热学・光学・近代物理学

GAOXIAO QIANGJI JIHUA WULI JIAOCHENG：REXUE・GUANGXUE・JINDAI WULIXUE

出版　中国科学技术大学出版社
安徽省合肥市金寨路 96 号，230026
http://press.ustc.edu.cn
https://zgkxjsdxcbs.tmall.com

印刷　安徽省瑞隆印务有限公司

发行　中国科学技术大学出版社

开本　787 mm×1092 mm　1/16

印张　24.25

字数　571 千

版次　2024 年 4 月第 1 版

印次　2024 年 4 月第 1 次印刷

定价　68.00 元

编　委　会

序

新中国成立初期，我国科技非常落后，为了赶上发达国家，最好的办法就是快速学习先进科技，然后再将其投入生产实际，改善人民生活。经过70多年的不懈努力，尤其是改革开放以来，通过不断学习先进科技和自主创新，我国在盾构机、高铁、桥梁、航天、核能等诸多领域已处于国际先进水平。随着新发展阶段的到来，我国虽然已经在电子商务、超高压输电、光伏发电等领域达到世界领先水平，但在高端芯片与软件、智能科技、新材料、先进制造和国家安全等关键领域仍然有诸多瓶颈有待突破。这就对新时代的科技和教育提出了新的要求：需要加强基础学科人才培养，取得原创性突破。

2020年教育部发布了《教育部关于在部分高校开展基础学科招生改革试点工作的意见》文件，该文件指出：强基计划主要选拔培养有志于服务国家重大战略需求且综合素质优秀或基础学科拔尖的学生，重点在数学、物理、化学、生物等相关专业招生，致力于为国家经济社会发展培养紧缺的高层次人才。针对强基计划，从高校层面来看，相关高校已经进行了招生制度改革和培养方式的设计；从中学层面来看，不少学校也在积极面向强基计划进行资优生的培养。

我在高校物理教学与优秀中学生的培养方面有一些经历与经验。我于2005年从北京大学物理学院获得理论物理博士学位，之后留校承担教学工作，长期讲授热学、普通物理、演示物理学等课程。同时我也多次带队参加国际物理奥林匹克竞赛(IPhO)，接触了不少优秀的物理竞赛学生。多年来，我一直在思考物理教学相关问题，研究物理认知规律，并创建了ETA物理认知模型，将物理认知规律模型化为实验认知(E)、理论认知(T)、应用认知(A)三个模式，并提出了ETA物理教学法，帮助学生深刻理解物理学知识，构建科学认知模型，训练科学方法，养成科学精神，这三者共同构成了科学认知能力。从科学认知的角度分析，国家提出强基计划人才战略，其目标就是培养能看清未来国家科技发展方向的探索型创新人才，而这种人才的核心能力就是科学认知能力。

《高校强基计划物理教程》正是一套响应国家人才战略号召、注重科学认知能力培养的好书。这套书呈现了如下几个特点：

在例题呈现方式上，通过带领学生研究并解决与实际生活相关联的问题来帮助学生深刻理解物理学知识，提升其认知能力。比如，《力学》1.1节的例题3以“物理竞赛班的同学来到颐和园春游，每位同学各驾一只船在宽广而平静的昆明湖中游玩”这样的实际情景为背景，设置了四大问题，从简单到复杂，层层递进，详细地讨论了在不同的参考系中运动学量如何转化的问题。这四大问题虽然由独立的4道题目改编而来，但将其编制在一起，便形成了有情境、有逻辑、有层次的问题系列，对知识的探究逐步深入，符合学生的认知规律。

在数学知识的应用上，这套书将数学工具融入物理学习过程中，努力让数学工具顺利服务于物理学习。物理中需要用到许多数学公式，一般书籍的处理方式是把这些公式作为附录部分罗列在书籍的最后，供学生查阅。但从多年的教学实践情况来看，学生往往会被一大堆抽象的数学公式吓退，去查阅公式继续学习的学生并不多，导致罗列的数学公式的使用率并不高。我注意到，这套书把各节需要用到的数学知识直接写进了正文部分，有些数学公式结合物理知识单独成节进行介绍，如《力学》第1章中把求导法研究物体的运动和积分法研究物体的运动分别作为两节写进了正文，结合物理来讲解求导和积分，从认知角度来看更加自然合理。

在内容的安排上，遵循认知规律，由简到难，既做到重点突出，又将难点分散。比如，刚体是教学中的一个难点，也是物理学中的重要模型，不管是高中竞赛书籍还是大学书籍，大都把刚体作为一章独立出来系统地介绍。但是，《力学》在第1章的圆周运动中，讲解了刚体的平面平行运动等运动学问题；在第2章的平衡中，讨论了刚体的力矩平衡等问题；在第3章的动力学中，应用了刚体的转动定理；在第4章的能量中，计算了刚体的转动动能；在第5章的角动量中，拓展了刚体碰撞；在第6章的简谐运动中，研究了刚体的振动。这样处理的好处就是化解了难点，使学生易于接受。再比如，对天体运动也采用了类似的处理方式，在第3～6章都有部分介绍，逐渐加大难度，使学生的能力螺旋式上升到最高。

物理认知模型、物理方法和物理精神构成了物理学家认知能力的核心，也就是物理文化。物理教育本质上就是传承这种文化。物理文化代表的是人类对未知对象的有效探索能力，也是国家未来发展需要的核心能力。资优生的培养关系到国家与民族的发展，以科学的认知方式来培养显得更为重要。如果能让物理文化植根于每个学生乃至每个公民的心中，显然对整个国家和民族的进步都有巨大的意义。

穆良柱
北京大学物理学院
2021年12月

前言

2020年，教育部发布了《教育部关于在部分高校开展基础学科招生改革试点工作的意见》，决定自2020年起，在部分高校开展基础学科招生改革试点工作，也称强基计划。强基计划是高校人才选拔培养迎来的一次重大变革，集中体现了新高考的改革方向。

在多数试点高校的选拔中，物理是重要的选拔科目。为了帮助广大优秀学子提升物理学科能力，通过强基计划进入名校，北京教育学院组织北京知名高中的物理竞赛教练、强基计划辅导教师编写了这套《高校强基计划物理教程》。这套书分3册，分别为《力学》《电磁学》《热学・光学・近代物理学》。本册为《热学・光学・近代物理学》，以高中物理热学、光学、近代物理学内容为起点，通过适度课外延伸引导读者拓展必要知识，通过核心问题讨论帮助读者加深对问题的理解，通过分层练习提升读者的问题解决能力，进而帮助读者提升物理学科能力。全书共分7章，分别是理想气体、热力学定律、物质的聚集态、几何光学、物理光学和波粒二象性、原子物理、相对论。每章内容不仅涵盖了物理学中热学、光学、近代物理学部分的核心知识与典型问题，拓展了与之相关的内容，还融入了大量近年名校的自主招生与强基计划试题。书中对学习所需的相关数学知识也进行了必要的补充，符合读者的知识掌握规律。

本书在编写过程中注重学科思维的引导与学生能力的提升。思维的发展与能力的提升是学好物理、应对学科挑战的不变法则。本书整体框架的搭建遵循了物理学科的内在逻辑和学习的基本规律。章节结构也经过了精心的设计，每一节包含"课外知识延伸""核心问题讨论""习题实战演练"三个板块，其中"核心问题讨论"是引导读者深刻理解各节核心物理问题的精华所在。"核心问题讨论"以问题解读+例题的形式帮助读者掌握核心思想方法。值得一提的是，在每一道例题的呈现中，不仅给出解答，而且在解答的前后还有"分析"与"点拨"，这是引导读者思考和螺旋式提升思维的关键内容。相信本书能有效帮助读者拓展内容、发展思维与提升能力。

本书在编写过程中关注学习的起点与层次的差异。本书以高中物理课内知识为起点，在每一节开始就提供了必要的"课外知识延伸"，既实现了与课内学习的对接，也有效拓展了学习的广度与深度。相对于力学和电磁学内容而言，大部分同学对热学、光学、近代物理学内容比较生疏，本册的"课外知识延伸"部分比《力学》和《电磁学》分册更加详细，对重要的概念和规律都有较为详细的描述和推导。同时，本书在例题和习题的选择上注重基础性与层次性，例如在"核心问题讨论中"都有相对简单的夯实基础知识的例题，也有思维量较大的拓展重要方法的例题。在一个例题中，常常采用连续设问，从基础知识到重要方法的拓展层层递进。再如在“习题实战演练”中将习题分为“基础练习”与“提高练习”，满足不同水平的读者学习需求。在知识结构层面上，本书关注学生已有的知识结构，遵循学生认知规律。在章节的安排上，充分考虑了内容呈现的顺序与梯度。

本书在编写过程中充分考虑学习内容的实效性与及时性。本书编写团队成员均为具有丰富经验的一线教师，他们正在辅导备战强基计划的优秀学子。因此，本书能够在课外知识延伸、核心问题、例题与习题的选择上注重实效性，抓住关键内容、本质问题、经典练习。同时，团队也选择了不少近年的名校强基计划选拔真题，确保了学习内容的及时性。

本书的编写团队成员均来自北京知名高中学校，具有丰富的强基计划（自主招生）和竞赛辅导经验，其学生曾获得优异的成绩。他们分别是肖址敏（北京市十一学校）、张安（北京市十一学校）、刘质明（北京市十一学校）、黎周（北京市第八中学）、王军（北京市第四中学）、李宇炜（北京师范大学附属实验中学）、赵子龙（中国人民大学附属中学）、詹凯（首都师范大学附属中学）、吴滨（北京市一〇一中学）、王朝祥（北京市第八十中学）、张聪（北京市第八十中学）、邓峰（北京理工大学附属中学）、俞鹏（清华大学附属中学）。作为团队的负责人，邓靖武具有多年物理竞赛、自主招生和强基计划辅导经验，所带学生在第 31 届全国中学生物理竞赛中获得 5 枚金牌、2 枚银牌，其中 4 人入选国家集训队，1 人最终获国际金牌。2015 年所带 26 名物理竞赛学生中有 17 人顺利升入北京大学、清华大学两所学校。

本书适合高中阶段打算备考强基计划、突破高考压轴题和构建中学生物理竞赛知识体系的学生使用。对于高一和高二学生，本书能帮助他们同步地拓展课堂内的知识和方法；对于高三学生，本书能协助他们高效地提升相应考试的应试能力与技巧。此外，本书也可以作为相关教师的重要教学参考用书。

在本书的编写过程中，我们得到了北京教育学院数学与科学教育学院各级领导的关心与支持，也得到了许多老师的指导与帮助，他们包括清华大学王青教授、北京大学穆良柱教授、北京教育学院冯华教授和张芳副教授等。我们还得到了北京物理学会李子恒副理事长的关心与指导。中国科学技术大学出版社为本书的出版做了大量工作。在此一并表示衷心的感谢！

由于时间仓促与编者水平有限，书中难免会有不足与疏漏之处，恳请各位读者批评指正！

邓靖武
北京教育学院
2024 年 2 月

目　　录

第1章 理想气体

最早研究热现象的是史前穴居人，他们学会了如何在没太阳的时候生火取暖，发现把食物在火上或者开水里放一段时间，滋味就会好很多，也更容易消化。人们关于“热”和“冷”的观念是与生俱来的，周围介质的温度通过人皮肤表面上无数的神经末梢传入并印记在大脑里。在物理学研究的最前沿，比如宇宙的诞生、人工控制核聚变等领域，热力学和统计物理发挥着重要作用。对于“热学”这个物理学分支，人类已历经数万年的时间去感知、了解、研究、应用它。

温度、热量、能量、物态、凝结、沸腾……如果你被这些名词困扰过，大可不必担心。同样被这些名词搞得晕头转向的物理学家们真不少，包括焦耳、梅耶、卡诺、玻尔兹曼、吉布斯、克劳修斯、开尔文、麦克斯韦、普朗克、爱因斯坦……有如此多的物理学家们参与到热学的建立、完善、反思、纠错的过程中。

物理学家费曼曾经说过：“如果在某次大灾难里，所有的科学知识都要被毁灭，只有一句话可以留存给新世代的生物，哪句话可以用最少的字数包含最多的信息呢？我相信那会是原子假说——宇宙万物由原子构成。”热学最初的理论都是建立在原子论的基础上的，热学的复杂性恰恰体现在“宏观世界的热力学系统都是由‘大量’分子构成的”。这里的“大量”基本上是指以 10^{23} 个原子所组成的系统作为基本研究对象。热学将如此多的个体放在同一个系统中，进行分类、计算、统计，进而得出一系列的规律。

当牛顿在剑桥研究引力和光的时候，另一位英国人玻意耳在牛津进行了一系列关于气体的实验，并最终发现了气体的“玻意耳定律”。自此开始，关于热学宏观现象的研究迎来了大爆发，法国人随后又发现了“查理定律”“盖-吕萨克定律”。随着人们对这些实验规律的总结和概括，理想气体模型逐渐建立起来了，热学的基本理论也就发展起来了。人们多年以来关于热的本质（到底热是流体还是运动）的争论，随着由蒸汽机带动的第一次工业革命的到来，最终也盖棺论定——热是一种运动。

本章我们将沿着物理学家对气体的研究之路系统地学习理想气体模型。气体相比于其他热力学系统，其简单性主要体现在：对于常温和常压状态下的气体，分子与分子之间的距离比分子大小要大很多倍（10 倍以上），所以在研究气体行为时，一方面可以忽略气体分子的大小，另一方面也可以忽略气体分子之间的相互作用，只有在它们之间发生碰撞时才考虑力的作用。

本章的三节内容逐层递进：先认识三个气体实验定律；再将这些实验定律整合在一起，得出理想气体状态方程；最后着重研究与理想气体有关的较为复杂的过程。在学习热学时，同学们还应当明确一个热学研究时的基本前提：热力学系统是描述大量分子“统计规律”的学科，所以很多宏观量其实都是某种“平均值”。我们没法做到严格描述某一个分子的行为，也没这个必要性。

1.1 气体实验定律

课外知识延伸

1. 温度和温标

(1) 描述气体状态的宏观参量

一般来说，对于气体我们主要关注三个宏观参量，即气体的压强 p、体积 V、温度 T。虽然这些宏观参量与气体的微观参量(比如气体分子的质量 m、速率 v、平均间距 d 等)都有着千丝万缕的联系，但是本章暂时不研究宏观与微观之间的联系，这些内容将在下一章逐渐展开。

(2) 温度

生活经验告诉我们，在不受外界影响的情况下，如果两个系统分别和第三个系统达到热平衡，那么这两个系统彼此之间也必然处于热平衡。处于同一热平衡状态的所有热力学系统都具有某一共同的宏观性质。我们把表征这种宏观性质的物理量叫作温度，通常用字母 T 表示。这也就是说，温度是决定一个系统是否与其他系统处于热平衡的物理量。反过来说，当两个或多个系统处于热平衡时，它们的温度具有相同的量值。

(3) 温标

温度的数值表示方法称为温标。摄氏温标就是我们日常生活中常见的一种温标，对应的温度计称为摄氏温度计。摄氏温度计和摄氏温标是瑞典天文学家摄尔修斯(A. Celsius)于 1742 年制作和确定的。

要建立一种温标，首先要选择一种测温物质，这种物质的测温属性随温度单调地变化。在水银摄氏温度计中，测温物质是水银，测温属性是水银的体积随温度变化的性质。小玻璃泡中也可以充满如酒精等其他一些液体，这类温度计统称为液体温度计。

要建立一种温标，还需规定温度的固定标准点数值。摄氏温标规定：在标准大气压(101.325 kPa)下，冰水混合物的温度为 0 ℃，沸水的温度为 100 ℃。

最后，还需规定测温属性随温度变化的关系。对于水银温度计，我们规定温度随水银柱的体积均匀变化。一般来说，温度随测温属性的变化关系可以任意规定，但为了简单起见，经常规定温度随测温属性作线性变化(均匀变化)。

(4) 热力学温标

如果规定 −273.15 ℃为“零度”，每“度”的大小和每摄氏度的大小一样，这样就建立起一种新的温标，我们把这种新的温标称为热力学温标，对应的温度称为热力学温度，用 T 表示，单位是开，用英文字母 K 表示，它是国际单位制中七个基本单位之一。热力学温度 T 和摄氏温度 t 之间的大小关系为

$$T(\mathrm{K}) = 273.15 + t(^\circ\mathrm{C})$$

2. 等温变化

1662 年，英国科学家玻意耳首先通过实验发现，一定质量的某种气体，在温度不变的情况下，其压强 p 与体积 V 成反比，写成等式就是

$$pV = C$$

其中 C 是常量，即当 p、V 变化时 C 的值不变。但是对于温度不同、质量不同、种类不同的气体，C 的数值一般不同。

也可以将该定律写成气体两个状态之间的关系的形式，即

$$p_1V_1 = p_2V_2$$

其中 p_1、V_1 和 p_2、V_2 分别表示气体在不同状态下的压强和体积。

用 p-V 图或者 p-$\frac{1}{V}$ 图表示玻意耳定律如图 1.1.1 所示。

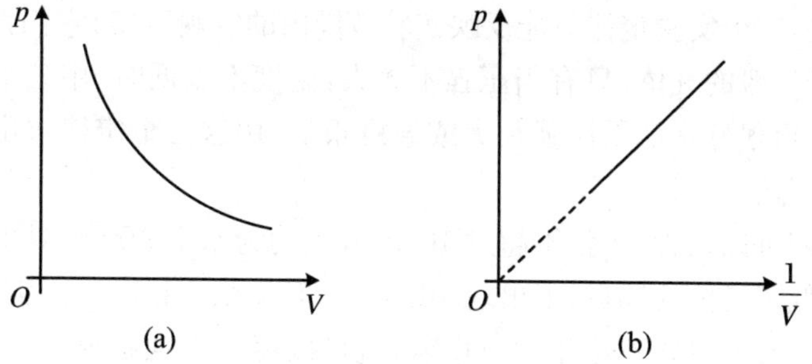

图 1.1.1

3. 等容变化

1787 年，法国科学家查理在分析实验事实后发现，一定质量的某种气体，在体积不变的情况下，其压强 p 与热力学温度 T 成正比，写成等式的形式就是

$$\frac{p}{T} = C$$

其中 C 是常量，即当 p、T 变化时 C 的值不变。但是对于温度不同、质量不同、种类不同的气体，C 的数值一般不同。这里的常量与玻意耳定律中的常量数值、量纲也都不相同。

也可以将该定律写成气体两个状态之间的关系的形式，即

$$\frac{p_1}{T_1} = \frac{p_2}{T_2}$$

其中 p_1、T_1 和 p_2、T_2 分别表示气体在不同状态下的压强和热力学温度。

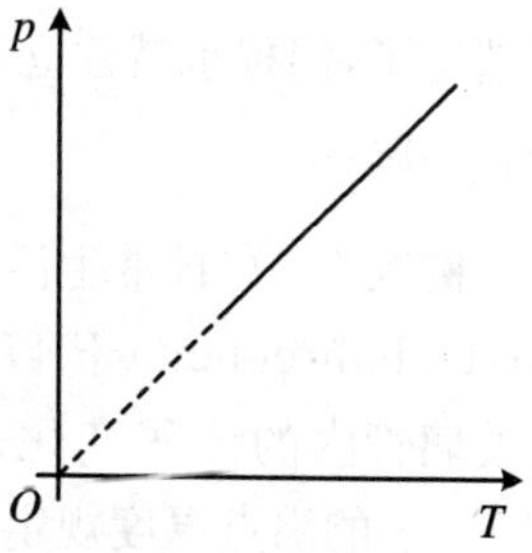

图 1.1.2

用 p-T 图表示查理定律如图 1.1.2 所示。

4. 等压变化

1802 年，法国科学家盖-吕萨克首先通过实验发现，一定质量的某种气体，在压强不变的情况下，其体积 V 与热力学温度 T 成正比，即

$$\frac{V}{T} = C$$

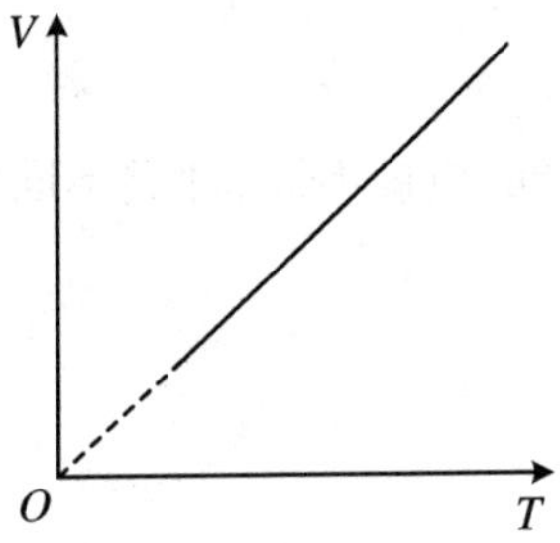

图 1.1.3

其中 C 是常量，即当 V、T 变化时 C 的值不变。但是对于温度不同、质量不同、种类不同的气体，C 的数值一般不同。虽然这里的常量与前面定律都用 C 表示，但这些常量的数值、量纲都不同。

也可以将该定律写成气体两个状态之间的关系的形式，即

$$\frac{V_1}{T_1} = \frac{V_2}{T_2}$$

其中 V_1、T_1 和 V_2、T_2 分别表示气体在不同状态下的体积和热力学温度。

用 V-T 图表示盖-吕萨克定律如图 1.1.3 所示。

5. 三个定律的适用范围

需要注意的是，三个实验定律只能反映实验范围内的客观事实，它们都具有一定的近似性和局限性。对于一般的气体，只有当压强不太大，温度不太低时，用三个定律求出的结果与实验数据才符合得很好。如果压强很大或温度很低，用这三个定律求出的结果与实验结果就会有较大的偏差。

一般来说，我们可以认为，压强不超过 10 atm（大约为水下 100 m 处的压强），就可以视为不太大；温度不低于气体的沸点，不出现凝结，就不算太低。还有一点需要注意的是，我们研究的气体，其几何尺度只要不小于立方微米，就可以视为宏观系统。由此可见，气体定律的适用范围还是非常广泛的。在一般的研究中，如果没有特殊说明，我们就可以放心使用这三个气体定律。

核心问题讨论

1. 如何建立一种温标？

测温物质、固定标准点和温度随测温属性的变化关系，是制定温标的三要素。这三要素都选定了，温标也就建立好了。这也意味着，只要改变三要素中的某一要素，就可以建立一种新的温标。

例题 1 在日常生活中，有一些国家使用华氏温标。华氏温标是荷兰物理学家华伦海特（G. D. Fahrenheit）于 1714 年建立的。与水银摄氏温度计相似，华氏温度计也是利用水银在玻璃管内的体积变化来测量温度的。在标准大气压下，把冰水混合物的温度规定为 32 ℉，水的沸点温度规定为 212 ℉，中间有 180 等份，每等份为 1 ℉。求华氏温度和摄氏温度之间的换算关系。

分析 根据题意，在华氏温度计中，标准大气压下冰水混合物的温度与水的沸点温度之

间有 180 等份，说明华氏温标中规定温度随液体体积线性变化，而摄氏温标中也规定温度随体积线性变化，可见华氏温度 F 和摄氏温度 t 之间存在关系 $F=\alpha t+\beta$。根据各自温标对固定标准点的规定，可确定系数 α 和 β。

解 根据题意，可设华氏温度 F 和摄氏温度 t 之间的关系为

$$F = \alpha t + \beta$$

其中 α 和 β 是待定的常量。

将 $t=0\ ℃$，$F=32\ ℉$ 和 $t=100\ ℃$，$F=212\ ℉$ 代入上式，得

$$\begin{cases}32\ ℉ = \alpha \times 0\ ℃ + \beta \\ 212\ ℉ = \alpha \times 100\ ℃ + \beta\end{cases}$$

解得

$$\alpha = \frac{9\ ℉}{5\ ℃}, \quad \beta = 32\ ℉$$

可见华氏温度和摄氏温度之间存在关系

$$F = \frac{9\ ℉}{5\ ℃} t + 32\ ℉$$

点拨 在日常生活中，目前世界上大部分国家和地区使用摄氏温标，使用华氏温标的国家和地区已经很少。世界上仅有 5 个国家还在日常中使用华氏温标，包括巴哈马、伯利兹、英属开曼群岛、帕劳、美利坚合众国及其附属领土（波多黎各、关岛、美属维尔京群岛）。另外，热力学温标（理想气体温标）在科研和国际交流中使用较多。

例题 2 （2019 年北大博雅）在等体积状态下，新定义温标：$t=273.15+273.15\ln\frac{p}{p_0}$，单位为 D，$p_0$ 为理想气体在水的冰点时的压强，水的冰点温度定义为 273.15 D。已知气体常量为 R，则 1 mol 理想气体状态方程为________，该温标 t 的取值范围为________。

分析 在本题中，特别需要注意的是“等体积状态”。在这个约束下，可以建立气体的热力学温度 T 与压强 p 之间的关系，由此破题，进而得出结论。

解 对于一定质量的理想气体，等容过程满足

$$\frac{p}{p_0} = \frac{T}{T_0}$$

将上式代入新定义的温标，得

$$t = 273.15 + 273.15\ln\frac{T}{T_0}$$

解得

$$T = T_0 e^{\frac{t-273.15}{273.15}}$$

所以 1 mol 理想气体状态方程变为

$$pV = RT_0 e^{\frac{t-273.15}{273.15}} = 273.15 \times R e^{\frac{t-273.15}{273.15}}$$

该温标 t 的取值范围为 $(-\infty, +\infty)$。

点拨 实际上，温度的测量需要借助物体的热力学性质进行“可视化”，最典型的是物质

热胀冷缩的性质，而实际物质的温度又不可能太高或者太低。因此，虽然某种温标在理想情况下可以有很广的取值范围，但真正测量时只能取一段温度范围内的值。

2. 如何通过受力分析求解气体的压强?

受力分析是解决多数物理问题的基本操作，由于气体的宏观参量压强 p 与力息息相关，因此在分析热学问题时也一定少不了受力分析。一般来说，与理想气体有关的受力分析主要会用到连通器原理、受力平衡等基本方法。

例题 3 (2019 年中国科大自招)如图 1.1.4 所示，竖直放置的弯曲管 A 端开口，B 端封闭，密度为 ρ 的液体将两段空气封闭在管内，管内液面高度差分别为 h_1、h_2 和 h_3，则 B 端气体的压强为(已知大气压强为 p_0) ( )

A. $p_0-\rho g(h_1+h_2-h_3)$　　B. $p_0-\rho g(h_1-h_2+h_3)$

C. $p_0-\rho g(h_1+h_2)$　　D. $p_0-\rho g(h_1+h_3)$

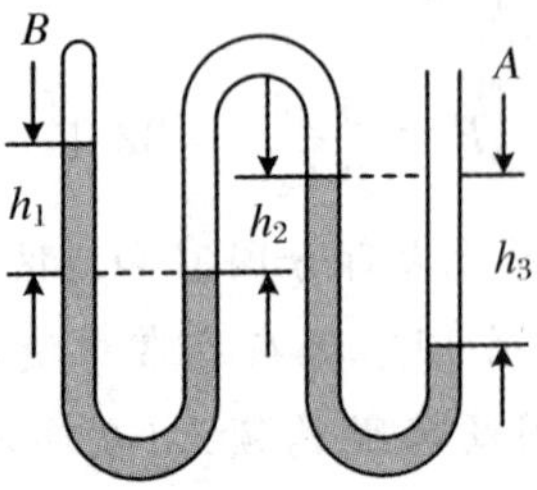

图 1.1.4

分析 在这类问题中，气体的状态参量 p、V、T 一般不直接给出，需要通过推算间接获得。在本题中，气体的压强 p 需要通过类似连通器原理进行推算。

解 设中间弯管处的气体压强为 p_1，B 端气体压强为 p_B。

根据图中液面的高度关系有

$$p_0 = p_1+\rho g h_3,\quad p_1 = p_B+\rho g h_1$$

联立，可得

$$p_B = p_0-\rho g(h_1+h_3)$$

点拨 一般来说，气体的压强 p 通过力学平衡条件可以获得；气体的体积 V 通过几何关系可以获得；气体的温度 T 通过热平衡条件可以获得。在解题时，要从题干中提取相关的条件，才能写出正确的气体状态参量。

例题 4 (2022 年湖南卷)如图 1.1.5 所示，小赞同学设计了一个液体拉力测量仪。一个容积 $V_0=9.9\ \text{L}$ 的导热气缸下接一圆管，用质量 $m_1=90\ \text{g}$、横截面积 $S=10\ \text{cm}^2$ 的活塞封闭一定质量的理想气体，活塞与圆管壁之间摩擦不计。活塞下端用轻质细绳悬挂一质量 $m_2=10\ \text{g}$ 的 U 形金属丝，活塞刚好处于 A 位置。将金属丝部分浸入待测液体中，缓慢升起气缸，使金属丝从液体中拉出，活塞在圆管中的最低位置为 B。已知 A、B 之间的距离 $h=10\ \text{cm}$，外界大气压强 $p_0=1.01\times10^5\ \text{Pa}$，重力加速度取 $10\ \text{m/s}^2$，环境温度保持不变。求：

(1) 活塞处于 A 位置时，气缸中的气体压强 p_1；

(2) 活塞处于 B 位置时,液体对金属丝拉力 F 的大小。

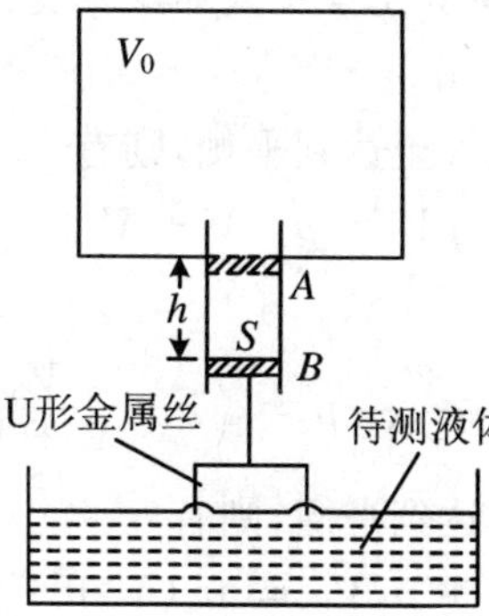

图 1.1.5

分析 由"温度保持不变"可知本题考查玻意耳定律。题中涉及的力学问题较为复杂,需要通过力学平衡条件导出气体的压强。

解 (1) 当活塞处于 A 位置时,对活塞和金属丝整体受力分析,有

$$p_1S + (m_1 + m_2)g = p_0S$$

解得 $p_1 = 1.00 \times 10^5$ Pa。

(2) 当活塞处于 B 位置时,设气缸中的气体压强为 p_2,由玻意耳定律得

$$p_1V_0 = p_2(V_0 + Sh)$$

对活塞和金属丝整体受力分析,有

$$p_2S + (m_1 + m_2)g + F = p_0S$$

解得 $F = 1$ N。

点拨 在此类问题中,经常考查的是力学平衡条件与气体压强之间的关系。在力学平衡中,常见的力有重力、绳或者弹簧的张力。如果涉及两种气体,可能还会简单考查两种气体的体积关系,比如:在一个气缸中,气体被活塞分成两部分,无论怎样变化,两部分气体的体积和都不变。

3. 如何解决气缸中气体质量变化的问题?

理想气体的几个实验定律都有一个共同的先决条件——一定质量的理想气体。然而实际中,我们经常会遇到气缸中的气体质量发生变化的问题,比如给自行车打气、压缩泵抽真空等问题。对于这类问题,如何选择"系统"成了解决问题的关键。

对于这类问题,我们所研究的"一定质量的气体"不能被气缸这个几何空间限制住,通常应当选择"最终状态需要研究的那部分气体"作为研究对象。比如给自行车打气,就应当选择打气完毕之后的所有气体作为研究对象,建立初状态、末状态的联系。

例题 5 贮气罐的体积为 V,罐内气体压强为 p。贮气罐经阀门与体积为 V_0 的真空室相连,打开阀门,为真空室充气,达到平衡后,关闭阀门;然后换一个新的相同的贮气罐继续为真空室(已非"真空")充气……如此不断,直到真空室中气体压强达到 p_0($p_0 < p$)为止。设充气过程中温度不变,试问:共需多少个贮气罐?

分析 第一次灌气是等温变化，气体体积变大，压强变小，之后每次灌气都是在等温条件下压强不同的两部分气体混合，使真空室中气体压强变大，多次灌气后可找到压强的递推关系。

解 第一个贮气罐向真空室充气至达到平衡，则有

$$pV = p_1(V + V_0)$$

整理得

$$p_1 = \frac{V}{V + V_0}p = \left(1 - \frac{V_0}{V + V_0}\right)p$$

第二个贮气罐向真空室充气至达到平衡，则有

$$pV + p_1 V_0 = p_2(V + V_0)$$

整理得

$$p_2 = \frac{pV + p_1 V_0}{V + V_0} = \left[1 - \left(\frac{V_0}{V + V_0}\right)^2\right]p$$

第 k 个贮气罐向真空室充气至达到平衡，则有

$$p_0 = \left[1 - \left(\frac{V_0}{V + V_0}\right)^k\right]p$$

解得

$$k = \frac{\ln\left(1 - \dfrac{p_0}{p}\right)}{\ln\dfrac{V_0}{V + V_0}}$$

点拨 本题的计算难点是要正确写出多次充气的过程中 p_n 与 p_{n-1} 之间的递推关系，进而得到 p_n 与 p 的关系式。利用数列方法处理物理问题很常见。

例题 6 增压玩具水枪是小朋友常玩的玩具，其原理是通过压缩空气提高储水腔内的压强。如图 1.1.6 所示，小明站在台阶上水平持水枪射向正前方水平地面上的竖直杆，已知水枪的出水口离地面的高度 $H = 1.8$ m，杆的高度 $h = 0.55$ m，水枪的出水口与杆的水平距离 $x = 6$ m。水枪的储水腔的容积 $V_0 = 1.5$ L，用充气管可以每次将 0.02 L、压强 $p_0 = 1$ atm 的空气注入储水腔。初始时，在储水腔中注入$\dfrac{2}{3}$容积的水，此时储水腔内气体压强为 p_0，然后充气 10 次。扣动水枪的扳机，水射出后击中杆的上端，经 Δt 时间，射出的水击中杆的下端。储水腔内气体的压强 p 与水的出射速度 v 满足 $p = p_0 + kv^2$（k 为定值），过程中忽略温度变化以及空气阻力影响，重力加速度 $g = 10\ \text{m/s}^2$。求：

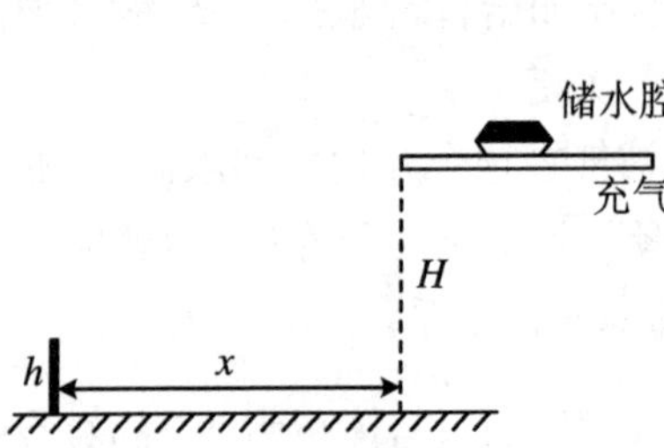

图 1.1.6

(1) 充气 10 次后储水腔内的气体压强；

(2) Δt 时间内，水枪射出水的体积（结果保留三位小数）。

分析 在此类问题中，最突出的特点是“研究对象发生了变化”。在充气的过程中，水枪内部气体的质量发生了变化，如果选择“水枪内的气体”作为研究对象，则显然不妥。对于此类问题，需要进行“倒叙”，将充气完毕之后枪内所有气体作为整体进行研究。

解 (1) 设充气10次后储水腔内的气体压强为 p_1，每次充气的气体体积为 $V'=0.02\ \text{L}$，由题意可知此时气体体积为 $V_1=\frac{1}{3}V_0=0.5\ \text{L}$，根据玻意耳定律有

$$p_0(V_1+10V')=p_1V_1$$

解得 $p_1=1.4\ \text{atm}$。

(2) 设扣动水枪的扳机时，水射出后的速度大小为 v_1；经 Δt 时间，水射出后的速度大小为 v_2，此时储水腔内气体的压强和体积分别为 p_2 和 V_2。根据题意和平抛运动规律有

$$v_1=\frac{x}{\sqrt{\frac{2(H-h)}{g}}}=12\ \text{m/s},\quad v_2=\frac{x}{\sqrt{\frac{2H}{g}}}=10\ \text{m/s}$$

由题意可知

$$p_1=p_0+kv_1^2,\quad p_2=p_0+kv_2^2$$

得

$$k=\frac{p_0}{360},\quad p_2=\frac{23}{18}p_0$$

根据玻意耳定律有

$$p_2V_2=p_1V_1$$

由此可知 Δt 时间内水枪射出水的体积为 $\Delta V=V_2-V_1=0.048\ \text{L}$。

点拨 本题中有一个书写上的易错点。气体的体积用大写英文字母 V 表示，速度用小写英文字母 v 表示。实际书写中，两者容易混淆。笔者在草稿纸上进行推算时，通常会利用字母 u 代替速度 v，在最后的表达式中再换回 v，这样就不易出错。

4. 如何利用气体的实验定律处理相关的力学综合问题？

在本节研究的问题中，不少问题的动力学情况比较复杂，比如受力数量较多或者受力后的运动情况较为复杂。对于这类问题，仅利用理想气体的实验定律进行分析是远远不够的，甚至有些题目要花更多的时间在动力学计算上。这类问题中，气体状态参量的分析往往是辅助方程。

例题7 一热气球具有不变的容积 $V=250\ \text{m}^3$，气球蒙皮体积忽略不计，蒙皮的质量 $m=100\ \text{kg}$。在外界气温 $t_0=27\ ℃$、气压 $p_0=1\ \text{atm}$ 的条件下使气球升空(此时外界空气的密度 $\rho_0=1.2\ \text{kg/m}^3$)。重力加速度取 $g=9.8\ \text{m/s}^2$。

(1) 气球内部热空气的温度 t_1 为多少时，恰能使气球升起？

(2) 若先把气球系牢在地上，将其内部空气加热到稳定温度 $t_2=327\ ℃$ 时释放气球，气球的初始加速度 a 是多大？

分析 在压强不变的条件下，一定质量的气体遵循盖-吕萨克定律，即 $\frac{V}{T}=$恒量，而 $V=$

$\frac{m}{\rho}$，所以 $\rho T=$ 恒量（ρ 为气体密度），盖-吕萨克定律可表达为 $\rho_0 T_0=\rho_1 T_1=\rho_2 T_2$。

解 （1）设此时热气球内气体密度为 ρ_1。

气球恰能升起时，对气球列平衡方程

$$mg+\rho_1 gV=\rho_0 gV$$

将 $\rho_1=\frac{T_0}{T_1}\rho_0$ 代入并整理，得

$$mg+\frac{T_0}{T_1}\rho_0 gV=\rho_0 gV$$

解得

$$T_1=\frac{\rho_0 gV}{\rho_0 gV-mg}T_0$$

代入数据并计算，得 $T_1=450\ \text{K}$。

所以 $t_1=177\ ℃$。

（2）气球内气体温度达到 $t_2=327\ ℃$ 即 $T_2=600\ \text{K}$ 时，对气球和球中的气体列牛顿第二定律方程

$$\rho_0 gV-\rho_2 gV-mg=(\rho_2 V+m)a$$

将 $\rho_2=\frac{T_0}{T_2}\rho_0$ 代入并整理，得

$$a=\frac{\rho_0 gV}{\frac{T_0}{T_2}\rho_0 V+m}-g$$

代入数据并计算，得 $a=2\ \text{m/s}^2$。

点拨 本题推导出的 $\rho T=$ 恒量是一个重要的关系，在类似于热气球这种变质量的问题中常常用到，需引起同学们的注意。热气球能升起的原理是空气浮力大于或等于热气球的重力，而热气球的重力包含气体重力和蒙皮重力。加热球内气体可以使得气体密度减小，进而满足上升条件。

例题 8 （2018 年北大博雅）如图 1.1.7 所示，一个放在水平面上的封闭的、导热性能良好的气缸被质量为 m、面积为 S 的光滑隔板分成两部分，初始时每边体积为 V_0，压强为 p_0。现将隔板移动一段小距离，隔板将做周期性的振动，求振动周期 T 的大小。

分析 等温条件下两边体积变化导致压强变化，从而引起活塞受力不平衡。通过计算可以得到活塞两边的压力差与偏离平衡位置的位移的定量关系。

解 建立图 1.1.8 所示的坐标轴，当隔板移动到位置 x（x 为小量）时，隔板受到的合外力为

$$F=(p_2-p_1)S$$

应用玻意耳定律，可得

$$p_1=\frac{p_0 V_0}{V_0-xS},\quad p_2=\frac{p_0 V_0}{V_0+xS}$$

将以上两式代入合外力表达式并整理，得

$$F = (p_2 - p_1)S = p_0 S\left(\frac{1}{1+\frac{xS}{V_0}} - \frac{1}{1-\frac{xS}{V_0}}\right)$$

因为 x 为小量，所以应用近似公式 $(1+y)^n = 1+ny$ 将上式化简，得

$$F = -p_0\frac{2S^2}{V_0}x = -kx$$

其中 $k = p_0\frac{2S^2}{V_0}$ 为常量。

所以隔板做简谐运动，简谐运动的周期为

$$T = 2\pi\sqrt{\frac{m}{k}} = 2\pi\sqrt{\frac{mV_0}{2p_0S^2}}$$

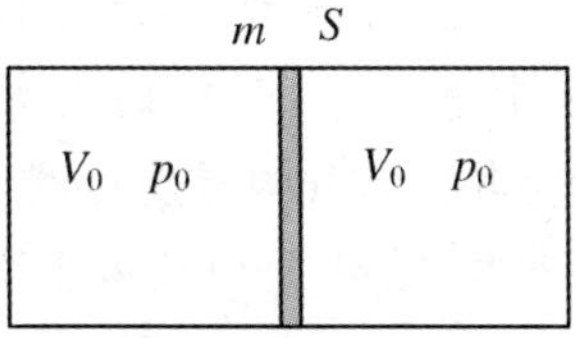

图 1.1.7

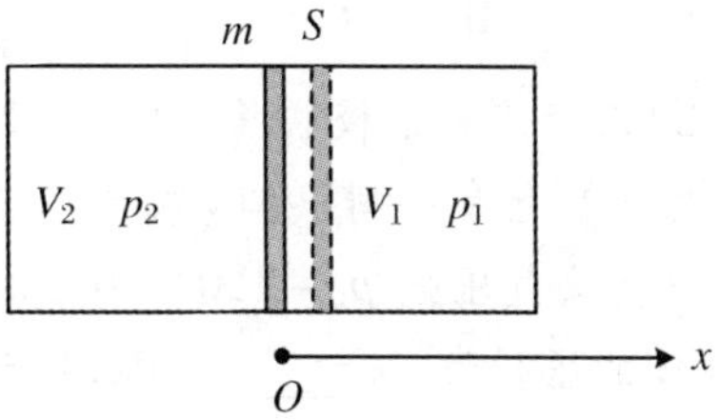

图 1.1.8

点拨　活塞两边气体体积一个变大、一个变小，则对应气体压强一个变小、一个变大，所以活塞受力不平衡，其合力会与活塞位移有关系。这个情景与活塞左右两侧各连接一个相同的弹簧差不多，可以形象地称之为“气体弹簧”。

习题实战演练

基 础 练 习

1. 图 1.1.9 所示为医院给病人输液的部分装置，A 为输液瓶，B 为滴壶，C 为进气管，与大气相通。在输液过程中(假设病人保持不动，瓶 A 液体未流完)　(　　)

A. 瓶 A 上方的气体压强、滴壶 B 中的气体压强均减小

B. 瓶 A 上方的气体压强、滴壶 B 中的气体压强均增大

C. 瓶 A 上方的气体压强增大，滴壶 B 中的气体压强不变

D. 瓶 A 上方的气体压强减小，滴壶 B 中的气体压强不变

2. (2021 年山东卷)血压仪由加压气囊、臂带、压强计等构成，如图 1.1.10 所示。加压气囊可将外界空气充入臂带，压强计示数为臂带内气体的压强高于大气压强的数值。充气前臂带内气体压强为大气压强，体积为 V；每次挤压气囊都能将 $60\ \text{cm}^3$ 的外界空气充入臂

带中，经5次充气，臂带内气体体积变为5 V，压强计示数为150 mmHg。已知大气压强等于750 mmHg，气体温度不变，忽略细管和压强计内的气体体积，则 V 等于 （　　）

A. 30 cm^3　　B. 40 cm^3　　C. 50 cm^3　　D. 60 cm^3

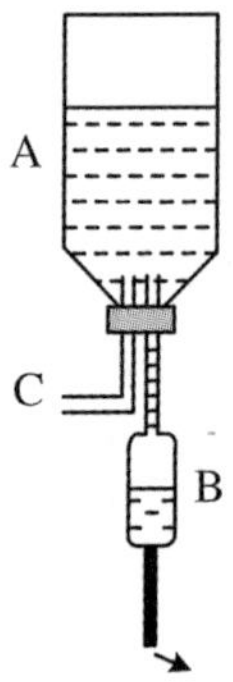

图 1.1.9

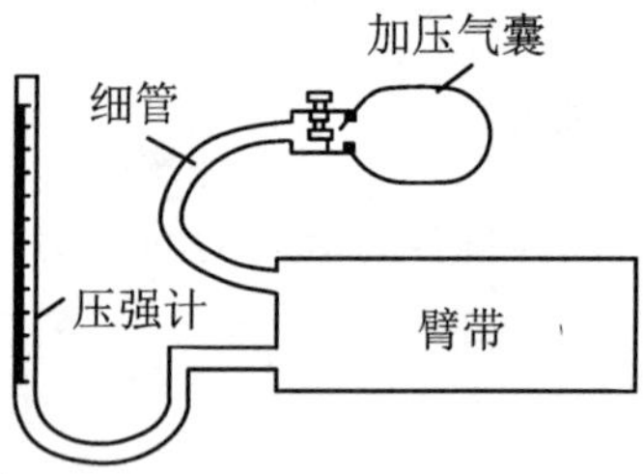

图 1.1.10

3.（2022年广东名校联考）图1.1.11(a)所示为可加热饭盒（可视为气缸），图(b)为其简化图，饭盒盖上有一排气口，饭盒内封闭了一定质量的理想气体，气体的初始温度为27 ℃，压强为大气压强 $p_0=1.0\times10^5$ Pa。现缓慢加热饭盒使其内部气体温度达到57 ℃，此时封闭气体的压强为__________ Pa；打开排气口，放出部分气体，当饭盒内气体压强与外界大气压强相等时，排出气体的质量与饭盒内原来气体的质量比为__________（假设此过程中饭盒内气体温度不变）。

(a)　　(b)

图 1.1.11

4. 有一水银气压计，水银柱上的玻璃管内有微量的空气，致使读数不准确。当大气压强为76 cmHg时，此气压计读数为74 cm，其上空气柱长为8.0 cm。若气压计读数为72 cm，则正确的压强为多少？（不考虑温度变化。）

5.（2012年全国卷）一个质量可不计的活塞将一定量的理想气体封闭在上端开口的直立圆筒形气缸内，活塞上堆放着铁砂，如图1.1.12所示。最初活塞搁置在气缸内壁的固定卡环上，气体柱的高度为 H_0，压强等于大气压强 p_0。现对气体缓慢加热，当气体温度升高了 $\Delta T=60$ K时，活塞（及铁砂）开始离开卡环而上升，继续加热直到气柱高度为 $H_1=1.5H_0$。此后，在维持温度不变的条件下逐渐取走铁砂，直到铁砂全部取走时，气柱高度变为 $H_2=1.8H_0$，求此时气体的温度。（不计活塞与气缸之间的摩擦。）

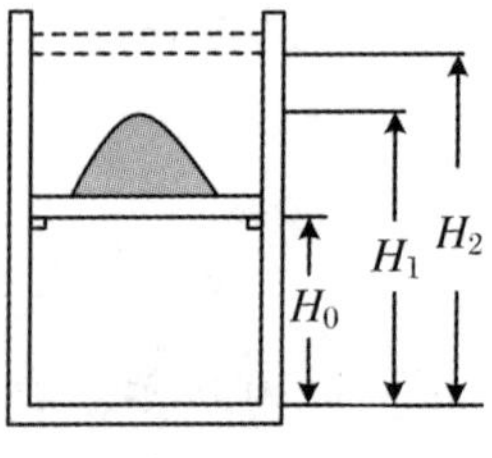

图 1.1.12

6. (2022年山东卷)某些鱼类通过调节体内鱼鳔的体积实现浮沉,如图1.1.13所示,鱼鳔结构可简化为通过阀门相连的A、B两个密闭气室,A室壁厚,可认为体积固定,B室壁薄,体积可变;两室内气体视为理想气体,可通过阀门进行交换,质量为M的鱼静止在水面下深H处,B室内气体体积为V,质量为m;设B室内气体压强与鱼体外压强相等,鱼体积的变化与B室气体体积的变化相等,鱼的质量不变,鱼鳔内气体温度不变,水的密度为ρ,重力加速度为g,大气压强为p_0,求:

(1) 鱼通过增加B室体积获得大小为a的加速度,需从A室充入B室的气体质量Δm;

(2) 鱼静止于水面下深H处时,B室内气体质量m_1。

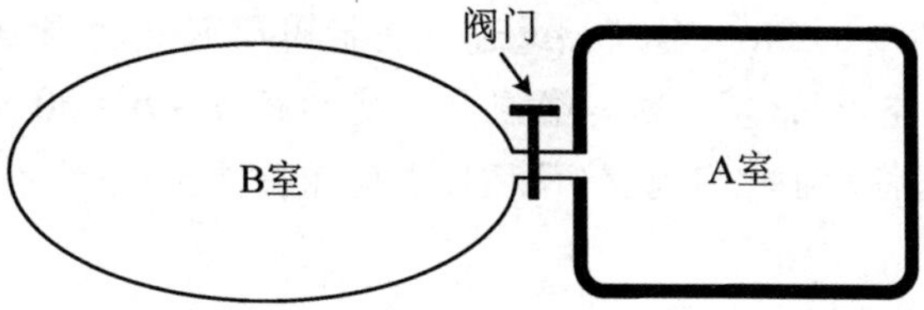

图 1.1.13

提 高 练 习

7. 铂电阻温度计的测量泡浸在水的三相点(水的三相点是水的固、液、气三相平衡共存时的温度)槽内时,铂电阻的阻值为90.35 Ω。当温度计的测温泡与待测物体接触时,铂电阻的阻值为90.28 Ω。试求待测物体的温度,假设温度与铂电阻的阻值成正比,并规定水的三相点为273.16 K。

8. 在历史上,对摄氏温标是这样规定的:假设测温属性X随温度t作线性变化,即$t=aX+b$,并规定冰点为0 ℃,汽化点为100 ℃。设X_i和X_δ分别表示在冰点和汽化点时X的值,试求上式中的常数a和b。

9. 实际应用中,常用到一种双金属温度计,如图1.1.14所示。已知其中双金属片被加热时,其弯曲程度会增大.

(1) 说明该温度计的测温原理。

(2) 结合图(a)判断双金属温度计的内、外层分别为何种金属。

(3) 这种温度计与水银温度计相比有什么优点和缺点?

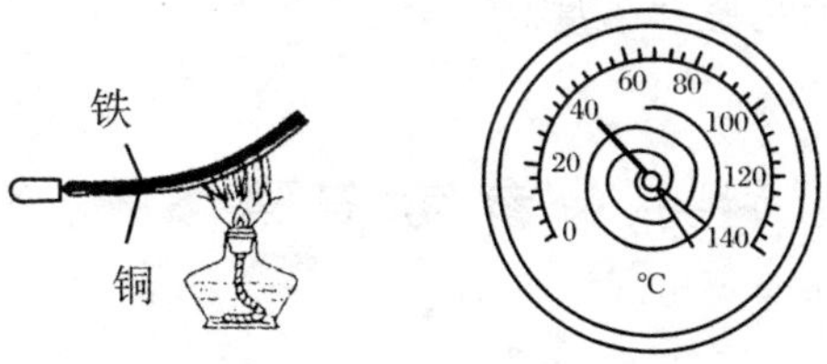

(a)　　　　(b)

图 1.1.14

10．(2022年高三八校联考)图1.1.15所示为一个压缩式喷雾器，该喷雾器储液桶的总容积为 V_0，当内部气体压强为 p(未知)时恰好能工作。初始时刻，内部液面在2/3处，内部气体压强等于外界大气压 p_0，用 $\Delta V=\frac{1}{10}V_0$ 的打气筒通过进气口给储液桶打气20次，喷雾器可以一直工作到液面下降到一半处。设定打气过程中，储液桶内空气温度保持不变，药液不会向外喷出，喷液管体积以及喷液口与储液桶底之间的高度差不计。

(1) 试求恰好能工作时内部气体压强 p。

(2) 然后再继续打气20次，那么一直可以工作到液面下降到多高处？

11．如图1.1.16所示，有两个固定的导热性能良好的水平气缸，由水平硬杆相连的活塞面积 $S_A=0.8\ m^2$，$S_B=0.2\ m^2$，两气缸通过一根带阀门K的细管连通，最初阀门关闭，A内贮有气体，B内为真空，两活塞分别与各自气缸底相距 $a=b=30\ cm$，活塞静止。今将阀门K打开，稳定后活塞将静止在何处？(设环境温度保持不变，不计摩擦，细管体积可忽略不计，大气压强为 p_0。)

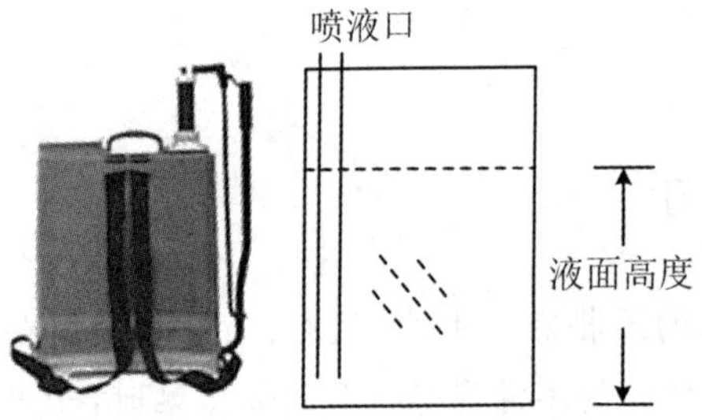

图1.1.15

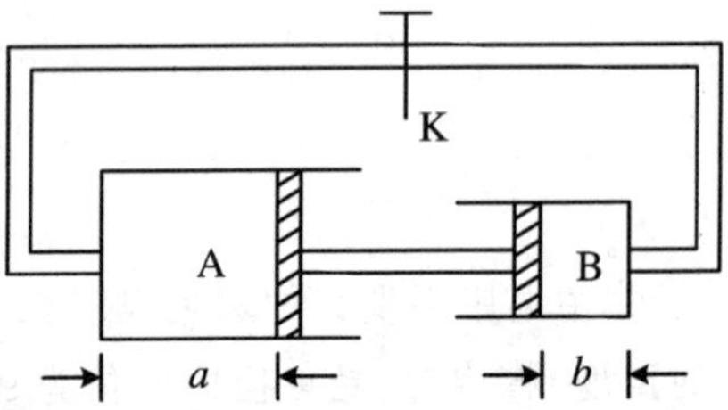

图1.1.16

12．(2022年全国乙卷)如图1.1.17所示，一竖直放置的气缸由两个粗细不同的圆柱形筒组成，气缸中活塞Ⅰ和活塞Ⅱ之间封闭有一定量的理想气体，两活塞用一轻质弹簧连接，气缸连接处有小卡销，活塞Ⅱ不能通过连接处。活塞Ⅰ、Ⅱ的质量分别为 $2m$、m，面积分别为 $2S$、S，弹簧原长为 l。初始时系统处于平衡状态，弹簧的伸长量为 $0.1l$，活塞Ⅰ、Ⅱ到气缸连接处的距离相等，两活塞间气体的温度为 T_0。已知活塞外大气压强为 p_0，忽略活塞与缸壁间的摩擦，气缸无漏气，不计弹簧的体积。

(1) 求弹簧的劲度系数。

(2) 缓慢加热两活塞间的气体，求当活塞Ⅱ刚运动到气缸连接处时，活塞间气体的压强和温度。

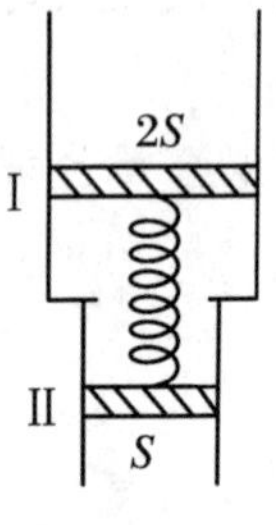

图1.1.17

参考答案

1．C。

2．D。

3. 1.1×10^5；1∶11。

4. 73.6 cmHg。

提示 此时空气柱气压为 $\Delta p=(76-74)\times\frac{8}{10}\text{ cmHg}=1.6\text{ cmHg}$，故正确的压强为73.6 cmHg。

5. 540 K。

提示 因为气体的初态压强等于大气压，铁砂全部取走后气体的压强也等于大气压 p_0，所以整体状态变化相当于一个等压变化，从而可将这三个过程当作一个过程研究。根据盖-吕萨克定律得 $\frac{H_0S}{T_1}=\frac{H_2S}{T_2}$。

再隔离气体的状态变化过程，从活塞开始离开卡环到温度升到气柱高度为 H_1，气体作等压变化，则

$$\frac{H_0S}{T_1+\Delta T}=\frac{H_2S}{T_2}$$

代入数据，可得 $T_2=540\text{ K}$。

6. (1) $\frac{mMa}{\rho gV}$；(2) $\frac{p_0+\rho gH_1}{p_0+\rho gH}m$。

提示 (1) 由题意可知B室内增加的气体使鱼增加的浮力提供鱼向上运动的加速度，有 $\rho g\Delta V=Ma$；由题意可知B室内气体的温度和压强不变，则气体的密度不变，有 $\frac{m}{V}=\frac{\Delta m}{\Delta V}$。两式联立，可解得 $\Delta m=\frac{mMa}{\rho gV}$。

(2) 鱼静止于水面下 H_1 处时B室内的气体体积与鱼静止于 H 处时相等，且气体温度不变，则B室内气体压强与气体质量成正比，有 $\frac{m}{m_1}=\frac{p}{p_1}$，$p=p_0+\rho gH$，$p_1=p_0+\rho gH_1$，解得 $m_1=\frac{p_0+\rho gH_1}{p_0+\rho gH}m$。

7. 272.9 K。

提示 依题给条件可得 $T=aR$，则 $a=\frac{T}{R}=\frac{T_{ty}}{R_{ty}}$，故 $T=\frac{T_{ty}}{R_{ty}}R=\frac{273.16\text{ K}}{90.35\ \Omega}\times90.28\ \Omega=272.9\text{ K}$。

8. $a=\frac{100}{X_\delta-X_i}$，$b=\frac{-100X_i}{X_\delta-X_i}$。

提示 设 $t=aX+b$，则由题给条件可知 $\begin{cases}aX_i+b=0\\aX_\delta+b=100\end{cases}$，解得 $a=\frac{100}{X_\delta-X_i}$，$b=\frac{-100X_i}{X_\delta-X_i}$。

9. (1) 双金属温度计是利用热膨胀系数不同的铜、铁两种金属材料制成的双金属片，运用其弯曲程度随温度变化的原理来工作。

(2) 图1.1.14(a)中，加热时，双金属片弯曲程度增大，即进一步向上弯曲，说明双金属下层热膨胀系数较大，即铜的热膨胀系数较大。图(b)中，温度计示数沿顺时针方向增大，说明当温度升高时温度计指针沿顺时针方向转动，则其双金属片的弯曲程度在增大，故可以推知双金属温度计的内层一定是铁，外层一定是铜。

(3) 优点是无危害、读数清晰、坚固耐用等；缺点是不能测量0℃以下的温度等。

10. (1) $\frac{14}{3}p_0$；(2) $\frac{1}{14}$。

提示 (1) 由 $20\times p_0\times\frac{1}{10}V_0+p_0\times\frac{1}{3}V_0=p\times\frac{1}{2}V_0$ 解得 $p=\frac{14}{3}p_0$。

(2) 由 $20\times p_0\times\frac{1}{10}V_0+p_0\times\frac{1}{2}V_0=p\times x\times V_0$ 解得液面可以下降到 $x=\frac{1}{14}$处。

11. 活塞向A移动10 cm。

提示 设稳定初态A、B两个气缸内的压强分别为 p_A、p_B，稳定后A、B两个气缸内的压强为 p'，两活塞分别与各自气缸缸底相距 l_A、l_B。

初态活塞平衡条件为

$$p_A\cdot S_A+p_0\cdot S_B=p_B\cdot S_B+p_0\cdot S_A$$

其中 $p_B=0$，可得 $p_A=\frac{S_A-S_B}{S_A}p_0=0.75p_0$。

对初、末状态，由理想气体实验定律得

$$\frac{p_A\cdot aS_A}{T_0}=\frac{p'\cdot(l_AS_A+l_BS_B)}{T_0}$$

由活塞平衡条件得

$$p'\cdot S_A+p_0\cdot S_B=p'\cdot S_B+p_0\cdot S_A$$

由几何约束关系得

$$l_A+l_B=a+b$$

各式联立，得 $l_A=10$ cm，$l_B=50$ cm，故活塞A向左移动20 cm。

12. (1) $\frac{40mg}{l}$；(2) $\frac{3mg+p_0S}{S}$，$\frac{4T_0}{3}$。

提示 (1) 对初始状态活塞Ⅰ、Ⅱ分别进行受力分析，如图1.1.18所示，设内部气体压强为 p，弹簧弹力大小为 T，则 $T=k\cdot 0.1l$。

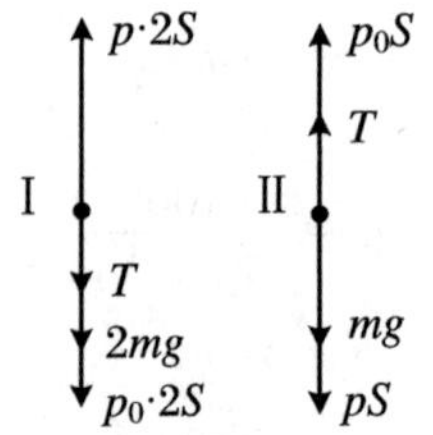

图1.1.18

对Ⅰ有

$$p\cdot 2S=p_0\cdot 2S+2mg+k\cdot 0.1l$$

对Ⅱ有

$$pS+mg=p_0S+k\cdot 0.1l$$

各式联立，得

$$p=\frac{3mg+p_0S}{S},\quad k=\frac{40mg}{l}$$

(2) 缓慢加热气体的过程中，活塞Ⅰ、Ⅱ整体处于平衡状态，对整

体受力分析，如图 1.1.19 所示，设内部气体压强为 p_1，则有

$$p_0S + p_1 \cdot 2S = p_0 \cdot 2S + p_1S + 3mg$$

解得

$$p_1 = \frac{3mg + p_0S}{S}$$

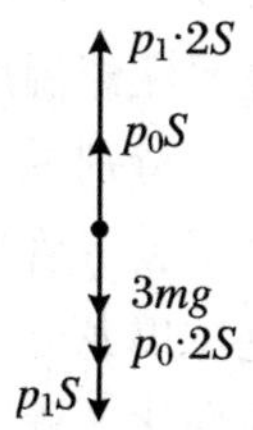

图 1.1.19

即活塞Ⅱ刚运动到气缸连接处时压强为 $\frac{3mg + p_0S}{S}$。

对单个活塞受力分析可知，弹簧伸长量不变。被封闭的气体作等压变化，对其初、末状态进行分析。

初态：体积为 $V_1 = 2S \cdot \frac{1.1l}{2} + S \cdot \frac{1.1l}{2} = \frac{3.3lS}{2}$，温度为 $T_1 = T_0$。

末态：体积为 $V_2 = 2S \cdot 1.1l = 2.2lS$，温度为 T_2。

由盖-吕萨克定律有 $\frac{V_1}{T_1} = \frac{V_2}{T_2}$，解得 $T_2 = \frac{4}{3}T_0$。

1.2　理想气体状态方程

课外知识延伸

1. 理想气体的状态方程

在上一节中，我们介绍了关于气体的几个实验定律。仔细观察这几个实验定律可以发现，对于一定质量的气体，这些方程可以统一成一个方程，即

$$\frac{pV}{T} = C$$

理论计算表明，C 与气体的物质的量有关，若 m 为气体的质量，M 为其摩尔质量，则上述方程可改写成

$$pV = \nu RT = \frac{m}{M}RT$$

该方程被称为理想气体状态方程，满足该方程的气体被称为理想气体。

根据以上关系可得出一个好用的推论——对于一定质量的气体，前后两个状态的状态参量 p、V、T 满足

$$\frac{p_1V_1}{T_1} = \frac{p_2V_2}{T_2}$$

这个推论的方便之处在于 p、V 的单位不一定非得代入国际单位制，比如：压强的单位除了 Pa（帕斯卡），还可以是 atm（标准大气压）、cmHg（厘米汞柱）；体积单位不一定是 m^3，还

可以是 L(升)、mL(毫升)。只要等号左右两边压强和体积的单位一致,公式就能成立。不过要注意温度必须代入热力学温标。

特别说明,在一些资料中将上述的理想气体状态方程称为克拉珀龙方程,这种称谓并不妥当。尽管理想气体方程是由克拉珀龙发现的,但是国际上并不把理想气体状态方程称为克拉珀龙方程。克拉珀龙方程另有含义,描述的是单元系在一阶相变相平衡的时候物理量的变化方程,此处不展开叙述,有兴趣的同学可以查阅热学专业教材学习。

在理想气体状态方程中,$R=8.31\ \mathrm{J/(mol\cdot K)}$,称为普适气体常量;$\nu$(希腊字母,读作"nju:",在光学中,光的频率也经常用这个符号表示)为气体的物质的量,若气体的质量为 m,气体的摩尔质量为 M,则 $\nu=\dfrac{m}{M}$。

2. 理想气体的微观模型

根据以上内容,我们就可以初步建立关于理想气体的微观模型了。在标准状态(温度为 273.15 K,压强为 101.325 kPa)下,根据实验观测,1 mol 任何气体的体积都约为 $V_0=22.4\times10^{-3}\ \mathrm{m^3}$,分子个数为 $N_A\approx6.02\times10^{23}$,则分子间的平均距离可估算如下:

$$L=\left(\frac{V_0}{N_A}\right)^{1/3}=3.34\times10^{-9}\ \mathrm{m}$$

分子直径估计值为 $d=10^{-10}$ m,分子间的平均距离与分子直径相差了一个数量级——分子间的平均距离比分子大小要大很多。考虑到这些分子始终在做热运动,那么这些分子的微观图像就像足球场上踢球的运动员一样——间隙很大,偶尔会有"碰撞"。由此可以建立起理想气体的经典微观模型。

在处理问题时,可以把气体分子视为没有大小的质点;同时可以认为,气体分子除了相互之间或者跟器壁的弹性碰撞,分子力也忽略不计,分子在空间自由移动,也没有分子势能。因此,理想气体是指分子间没有相互作用(除了气体分子之间的碰撞)和分子可以看作质点的气体。大家会发现,气体越稀薄越接近于理想气体的微观模型。

3. 混合气体

(1) 道尔顿分压定律

我们在研究气体时,多数情况下遇到的是混合气体(我们呼吸的空气就是典型的混合气体)。在混合气体中,有单原子分子气体,比如各种各样的稀有气体;有双原子分子气体,比如空气的主要成分氮气、氧气;还有一些多原子分子气体,比如二氧化碳、水蒸气。这些气体混合在一起时满足的物理规律也是值得我们研究的内容。

混合理想气体的总压强等于各种组分气体的分压强之和,即

$$p=p_1+p_2+p_3+\cdots+p_n$$

分压强是指这各部分气体在与混合气体体积、温度都相同的条件下单独存在时所产生的压强,这就是道尔顿分压定律。

上述定律可以形象地理解为:混合气体在某容器中的总压强等于将每种气体单独放置在该容器中并保持温度相同的情况下产生的压强之和。

(2) 混合气体的状态方程

设有 k 种温度均为 T 的理想气体混合在体积为 V 的容器中，它们的物质的量分别为 $\nu_1=\dfrac{m_1}{M_1}, \nu_2=\dfrac{m_2}{M_2}, \cdots, \nu_k=\dfrac{m_k}{M_k}$。每种组分的状态方程为 $p_iV=\nu_iRT$。对各组分求和：

$$\left(\sum p_i\right)V=\left(\sum \nu_i\right)RT=\left(\sum \frac{m_i}{M_i}\right)RT$$

结合道尔顿分压定律可得

$$pV=\left(\sum \frac{m_i}{M_i}\right)RT$$

如果气体混合之前的温度、体积、压强均不相同，那么由于混合气体的物质的量等于混合前各部分气体的物质的量之和，可以建立等量关系

$$\frac{p_1V_1}{T_1}+\frac{p_2V_2}{T_2}+\cdots+\frac{p_kV_k}{T_k}=\frac{pV}{T}$$

其中，带角标的量表示混合前各部分气体的状态参量，不带角标的量表示气体混合并达到平衡后的状态参量。

核心问题讨论

1. 如何利用气态方程求解与双气缸相关的问题？

在“双气缸”问题中，通常会有两个独立的气缸分别封闭一定质量的理想气体。两气缸之间会用硬杆、弹簧等装置进行力学连接。对于这类问题，两个气缸中的气体各自满足独立的理想气体状态方程，而两气缸中的气体的状态参量（如体积 V、压强 p 等）都有关联，由此建立方程组进行求解。

例题 1 （2019 年中国科大自招）如图 1.2.1 所示，绝热气缸 A 与导热气缸 B 均固定于地面，由刚性杆连接的绝热活塞与两气缸之间均无摩擦。两气缸内装有处于平衡状态的理想气体，开始时体积均为 V_0，温度均为 T_0。缓慢加热 A 中气体，停止加热达到稳定后，A 中气体压强为原来的 1.2 倍。设环境温度始终保持不变，求气缸 A 中气体的体积 V_A 和温度 T_A。

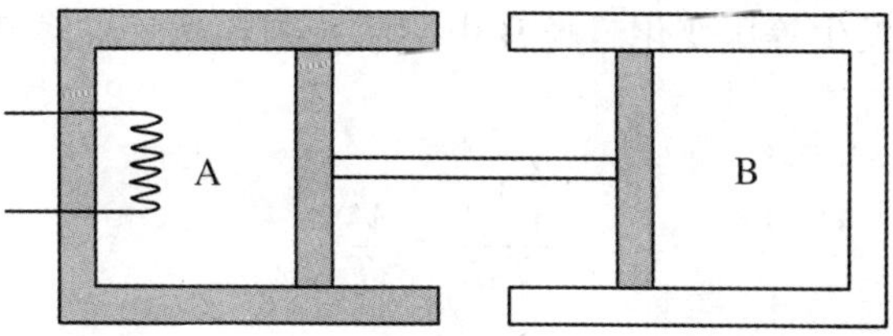

图 1.2.1

分析 在本题中，气缸 A 中的气体的温度、体积、压强均发生了变化，很难直接利用理想气体实验定律求解，此时就可以“请出”气态方程了。

解 设初态压强为 p_0，稳定后A、B压强相等，均为 $1.2p_0$。对B中气体，根据玻意耳定律，有

$$p_0V_0 = 1.2p_0(2V_0 - V_A)$$

解得

$$V_A = \frac{7}{6}V_0$$

对A中气体，根据理想气体的状态方程，有

$$\frac{p_0V_0}{T_0} = \frac{1.2p_0V_A}{T_A}$$

解得

$$T_A = 1.4T_0$$

点拨 气态方程将三种气体实验定律合体，是解决气体状态发生变化的问题的一把利刃，几乎所有气体问题都会用到气体状态方程。

例题2 （2022年全国卷甲）如图1.2.2所示，容积均为 V_0、缸壁可导热的A、B两气缸放置在压强为 p_0、温度为 T_0 的环境中。两气缸的底部通过细管连通，A气缸的顶部通过开口C与外界相通。气缸内的两活塞将缸内气体分成Ⅰ、Ⅱ、Ⅲ、Ⅳ四部分，其中Ⅱ、Ⅲ部分的体积分别为 $0.125V_0$ 和 $0.25V_0$。环境压强保持不变，不计活塞的质量和体积，忽略摩擦。

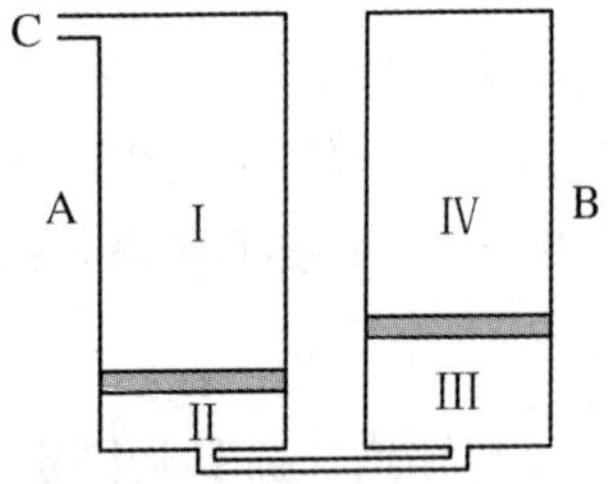

图1.2.2

（1）将环境温度缓慢升高，求B气缸中的活塞刚到达气缸底部时的温度。

（2）将环境温度缓慢改变至 $2T_0$，然后用气泵从开口C向气缸内缓慢注入气体，求A气缸中的活塞到达气缸底部后，B气缸内Ⅳ部分气体的压强。

分析 与前一题相比，本题的气体变化情况更为复杂。C端为开口状态，所以会有气体进出Ⅰ部分，四个部分的体积都会发生变化。整个过程中不变的只有外界环境压强。由此可以看出，Ⅱ、Ⅲ两部分气体质量总和保持不变，Ⅳ中的气体质量不变。整个变化过程中，Ⅰ中气体压强保持不变。抓住以上等量关系，则可破题。

解 （1）两活塞的质量、体积均不计，当环境温度缓慢升高时，Ⅳ内的气体压强总等于大气压强，则Ⅳ内气体发生等压变化。当B中的活塞刚到达气缸底部时，由盖-吕萨克定律可得

$$\frac{\frac{3}{4}V_0}{T_0} = \frac{V_0}{T}$$

解得

$$T = \frac{4}{3}T_0$$

（2）设当A中的活塞到达气缸底部时Ⅲ内气体的压强为 p，则Ⅳ内的气体压强也等于 p。设此时Ⅳ内气体的体积为 V，则Ⅱ、Ⅲ两部分气体被压缩后的体积为 $V_0 - V$，根据理想

气体状态方程,对Ⅳ中气体有

$$\frac{p_0 \cdot \frac{3}{4}V_0}{T_0} = \frac{pV}{2T_0}$$

对Ⅱ、Ⅲ两部分气体有

$$\frac{p_0 \cdot \left(\frac{1}{8}V_0 + \frac{1}{4}V_0\right)}{T_0} = \frac{p(V_0 - V)}{2T_0}$$

以上各式联立,得

$$V = \frac{2}{3}V_0, \quad p = \frac{9}{4}p_0$$

点拨 在本题的(1)问中,有一句表述:"B气缸中的活塞刚到达气缸底部时……"该表述中的"刚"强调的是,只有这样才能确定此时Ⅱ、Ⅲ、Ⅳ三个部分气体的压强是相同的。在竞赛题中,这样的字眼要着重注意。如果有类似于"恰好""刚好"等的表述,这往往就是隐含的关键信息和等量关系;如果没出现这类字眼,那就要通过一定的计算来进行判断。比如在本题中,如果继续加热B气缸,那么活塞势必会与气缸底部产生作用力,此时Ⅳ中气体的压强就要比外界大气压更大,气体经历的变化过程由等压过程转化成了等容过程。

2. 如何应用状态方程求解"溢汞"问题?

利用水银柱在试管中封闭一段气体,加热气体时,体积膨胀,水银柱被推向管口,直到逐渐溢出。这类问题常被称为"溢汞"问题。"溢汞"问题的关键点在于,并不需要一直加热气体才能将水银全部推出,因为在水银逐渐流出的过程中,气体压强在减小,气体体积在增大,根据理想气体状态方程,气体温度应当有个最大值。只要加热温度达到这个最大值,气体就会将水银全部推出。

例题3 如图1.2.3所示,开口向上、粗细均匀的玻璃管长为 $L = 100$ cm,管内有一段高为 $h = 20$ cm 的水银柱,封闭着长为 $a = 50$ cm 的空气柱,大气压强恒为 $p_0 = 76$ cmHg,初始温度为 $t_0 = 27$ ℃。

(1) 温度升高到多少时,水银开始溢出?

(2) 温度至少升到多高时,可使水银全部溢出?

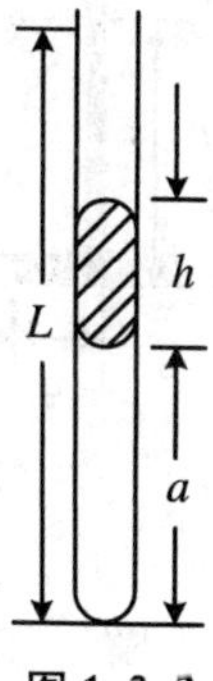

图1.2.3

分析 初看此题似乎没什么难度——当空气柱长度变为80 cm时,水银开始溢出;当空气柱长度变为100 cm时,水银全部溢出。但第二问需要考虑的事情比较复杂:当水银柱升至管口后,温度再升高,水银就开始溢出,气体的三个状态参量都发生变化。在水银全部溢出之前,气体的质量保持不变,由 $\frac{pV}{T} = C$ 可知,要使 T 有最大值,pV 应最大,设此时对应的温度为 T_2。此后若有微小的扰动,则水银溢出,使气体的压强减小 $\rho g \Delta h$,气体的体积增大 $S\Delta L$。如果此时气体的温度呈下降趋势,那么水银就会因温度过高而继续自动溢出,直到全部溢出。也就是说,在水银溢出的过程中,有一个临界状态,这个状态对应的温度最高,只要让水银柱能够达到这个状态，其后保持温度不变，水银柱就会完全溢出而无须继续加热。所以关键是需要求出水银全部溢出的临界温度 T_3。

解 (1) 当水银尚未溢出时，气体变化过程为等压过程，初状态和末状态的温度比值应该为 50∶80，由此可得所求温度为

$$T_2 = \frac{80}{50}T_1 = 480\ \text{K}$$

(2) 设管中剩余水银柱为 x 时停止加热，玻璃管的截面积为 S。气体的初始态 $p_1 = p_0 + \rho gh$，$V_1 = aS$，$T_1 = 300\ \text{K}$。气体的末状态 $p_3 = p_0 + \rho gx$，$V_3 = (100 - x)S$，根据

$$\frac{p_1 V_1}{T_1} = \frac{p_3 V_3}{T_3}$$

可得

$$\frac{(p_0 + \rho gh)a}{300\ \text{K}} = \frac{(p_0 + \rho gx)(100\ \text{cm} - x)}{T_3}$$

代入数据，得

$$\frac{(76\ \text{cm} + x)(100\ \text{cm} - x)}{T_3} = \frac{96\ \text{cm} \times 50\ \text{cm}}{300\ \text{K}}$$

要使 T_3 最大，$(76\ \text{cm} + x)(100\ \text{cm} - x)$ 应最大。由此可得，当 $76\ \text{cm} + x = 100\ \text{cm} - x$，即 $x = 12\ \text{cm}$，$T_3 = 484\ \text{K}$ 时，水银全部溢出。

点拨 这类问题千万不能“无脑”计算。水银溢出过程中，很可能在某时处于类似“不稳定平衡”的状态，这时稍有扰动，溢出过程就可以自发进行下去。我们需要计算的恰恰就是这个临界点的状态参量。

例题 4 (2003 年第 20 届全国中学生物理竞赛复赛)如图 1.2.4 所示，U 形管的两支管 A、B 和水平管 C 都是由内径均匀的细玻璃管做成的，它们的内径与管长相比都可忽略不计。已知三部分的截面积分别为 $S_A = 1.0 \times 10^{-2}\ \text{cm}^2$，$S_B = 3.0 \times 10^{-2}\ \text{cm}^2$，$S_C = 2.0 \times 10^{-2}\ \text{cm}^2$，在 C 管中有一段空气柱，两侧被水银封闭。当温度为 $t_1 = 27\ ℃$ 时，空气柱长为 $l = 30\ \text{cm}$，C 中气柱两侧的水银柱长分别为 $a = 2.0\ \text{cm}$，$b = 3.0\ \text{cm}$，A、B 两支管都很长，其中的水银柱高均为 $h = 12\ \text{cm}$，大气压强保持为 $p_0 = 76\ \text{cmHg}$ 不变。不考虑温度变化时管和水银的热膨胀。试求气柱中空气温度缓慢升高到 $t = 97\ ℃$ 时空气的体积。

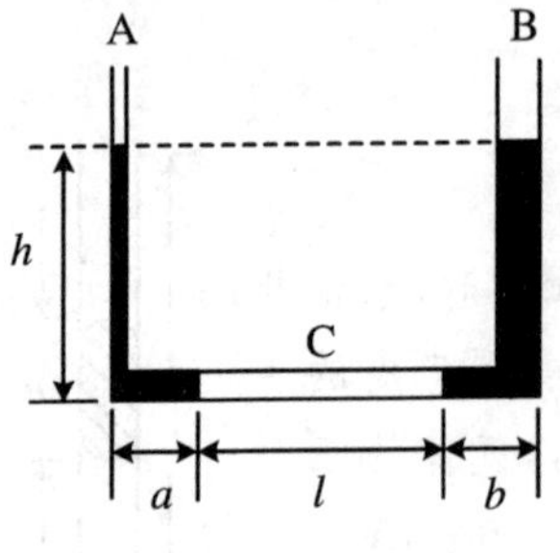

图 1.2.4

分析 题目需要求的是气柱中空气温度缓慢升高到 $t = 97\ ℃$ 时空气的体积，当温度升高到一定值时，气柱右侧水银刚好全部压到 B 管中，我们需要比较这两个温度值。

解 在温度为 $T_1 = 300\ \text{K}$($t_1 = 27\ ℃$)时，气柱中的空气的压强和体积分别为

$$p_1 = p_0 + \rho gh, \quad V_1 = lS_C$$

下面我们需要判断 $t = 97\ ℃$ 时两侧水银柱是否会全部压入竖直管中。考虑升温过程中两侧水银柱高度相同，通过分析两侧横截面积与两端水银柱长度可以发现，随着温度升高，

水银柱会先完全压到B管中。

设温度升高到 T_2 时，气柱右侧水银刚好全部压到B管中，使管中水银高度增大

$$\Delta h = \frac{bS_C}{S_B}$$

由此造成气柱中空气体积的增量为

$$\Delta V' = bS_C$$

与此同时，气柱左侧的水银也有一部分进入A管，进入A管的水银使A管中的水银高度也应增加 Δh，使两支管的压强平衡，由此造成气柱空气体积增量为

$$\Delta V'' = \Delta h S_A$$

所以，当温度为 T_2 时空气的体积和压强分别为

$$V_2 = V_1 + \Delta V' + \Delta V'', \quad p_2 = p_1 + \rho g \Delta h$$

由状态方程知

$$\frac{p_1 V_1}{T_1} = \frac{p_2 V_2}{T_2}$$

以上各式联立，代入数据，可得 $T_2 = 347.7\ \text{K}$。

此值小于题给的最终温度 $T = 370\ \text{K}$，所以水银全部压入B管后温度将继续升高。从这时起，气柱中的空气作等压变化。当温度达到 T 时，气柱体积为

$$V = \frac{T}{T_2} V_2$$

代入数据，可得 $V = 0.72\ \text{cm}^3$。

点拨　本题的物理情景不能够根据题目的叙述马上确定下来，需要计算，通过计算判断出应该是怎样的物理情景，这对学生的思维能力要求很高。

3. 如何利用图像获得理想气体状态参量的信息?

理想气体主要有三个宏观状态参量：p、V、T。由于利用二维平面构图只能建立其中两个参量的关系，因此还需要结合理想气体状态方程确定第三个参量的值。

例题5　(2018年西安交大自招)如图1.2.5所示，气体为理想气体，A、B、C、D 分别位于 p-V 图中某矩形的顶点，A、B 和 C 三点的气体温度分别为 T_A、T_B 和 T_C，求：

(1) D 点的温度 T_D；

(2) 矩形对角线交点 H 处的温度 T_H。

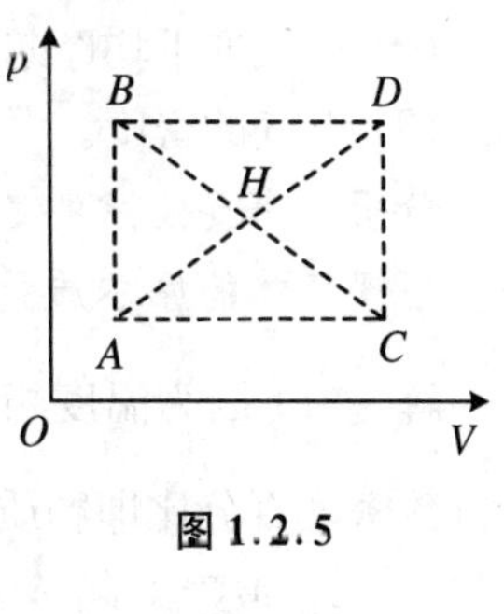

图1.2.5

分析　与之前的问题不同，本题并没有给出一个情境图，给出的是气体变化过程中的状态图。虽然将各个物理量更加直白地反映在了图像上，但显得比较抽象。在此类问题中，经常会根据图像的几何形状确定参量之间的数量关系。再结合气态方程，才能求解。

解　(1) AB、CD 为气体等容过程，则

$$\frac{p_1}{p_2} = \frac{T_A}{T_B} = \frac{T_C}{T_D}$$

解得

$$T_D = \frac{T_B T_C}{T_A}$$

(2) 各个物理量如图 1.2.6 所示，A、B、D、C 四个点构成一个矩形，根据几何关系可知

$$p_H = \frac{p_1 + p_2}{2}, \quad V_H = \frac{V_1 + V_2}{2}, \quad p_2 = \frac{T_B}{T_2} p_1$$

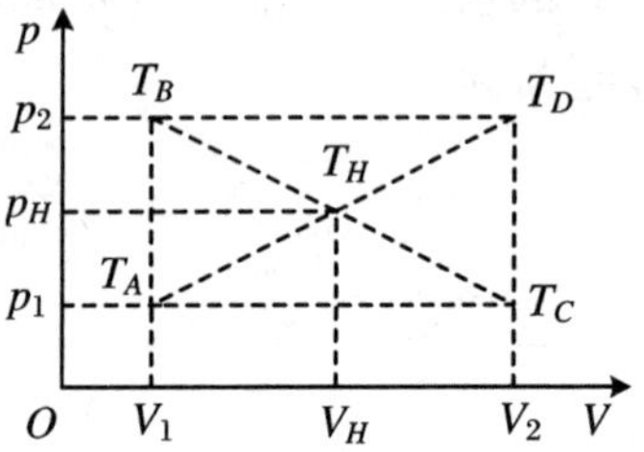

图 1.2.6

A 点与 C 点等压，可得

$$V_2 = \frac{T_C}{T_A} V_1$$

由此可知

$$p_H = \frac{p_1(T_A + T_B)}{2T_A}, \quad V_H = \frac{V_1(T_A + T_C)}{2T_A}$$

根据理想气体状态方程

$$\frac{p_H V_H}{T_H} = \frac{p_1 V_1}{T_A}$$

可得

$$T_H = \frac{(T_A + T_B)(T_A + T_C)}{4T_A}$$

点拨 在大学的课本(物理、化学等各学科皆如此)以及科研资料中，直接给出气体变化的图像是一种常用的方法，虽然略微抽象，但是从科研角度来说，这样的图像更能直接反映气体的状态参量。

4. 如何确定混合气体的状态参量的变化?

混合气体问题中，最核心的等量关系之一就是混合气体的物质的量等于各成分的物质的量之和。而每种气体成分又可以分别使用理想气体状态方程确定其状态参量。因此，解决混合气体问题主要是利用状态方程表示气体的物质的量，由此建立等量关系。

例题 6 标准状态下，已知空气中几种主要组分的分压百分比是氮(N_2)78%、氧(O_2)21%、氩(Ar)1%，求：

(1) 这三种气体的质量百分比；

(2) 空气的平均摩尔质量；

(3) 空气的密度。

分析 需要注意的是，每种气体的压强百分比、体积百分比、质量百分比是不太相同的。需要根据气体的摩尔质量进行换算。

解 (1) 因为温度相同，所以分压百分比即分子数密度百分比；因为数密度 $n_a = \frac{\nu_a N_A}{V}$，所以数密度百分比即物质的量百分比。令 M_a^{mol} 为摩尔质量，各组分的质量比例为

$$\nu_{N_2} M_{N_2}^{mol} : \nu_{O_2} M_{O_2}^{mol} : \nu_{Ar} M_{Ar}^{mol} = (0.78 \times 28) : (0.21 \times 32) : (0.01 \times 40)$$

即 N_2 的质量百分比为 75.4%，O_2 的为 23.2%，Ar 的为 1.4%。

(2) 每克空气的物质的量为

$$\frac{1\ \mathrm{g}}{M_{空气}^{mol}}=\nu_{空气}=\nu_{N_2}+\nu_{O_2}+\nu_{Ar}=\frac{0.76\ \mathrm{g}}{M_{N_2}^{mol}}+\frac{0.23\ \mathrm{g}}{M_{O_2}^{mol}}+\frac{0.01\ \mathrm{g}}{M_{Ar}^{mol}}$$

$$=\left(\frac{0.76}{28}+\frac{0.23}{32}+\frac{0.01}{40}\right)\mathrm{mol}=3.46\times10^{-2}\ \mathrm{mol}$$

空气的平均摩尔质量为

$$\bar{M}_{空气}^{mol}=\frac{1\ \mathrm{g}}{\nu_{空气}}=28.9\ \mathrm{g/mol}$$

(3) 标准状态下空气密度为

$$\rho=\frac{\bar{M}_{空气}^{mol}}{\omega_0}=\frac{28.9\ \mathrm{g}}{22.4\ \mathrm{L}}=1.29\ \mathrm{g/L}=1.29\ \mathrm{kg/m^3}$$

点拨　在中学物理的学习过程中，各位同学也许在教材上看到过空气密度为1.29 $\mathrm{kg/m^3}$这个数值。这个数值并不是随手写出的，根据我们的计算，发现按照空气中各种气体的含量百分比也可以计算出该数值。

比较有意思的事情是，能否通过实验测定空气密度呢？我们日常生活环境本身就充满着空气，要想在空气中测量空气的密度其实并不容易。有兴趣的同学可以查查相关资料：凡是不溶于水的气体，都可借助排水集气法，用天平、量筒测得其密度。

习题实战演练

基础练习

1. (2008年全国卷)已知地球半径约为6.4×10^6 m，空气摩尔质量约为29×10^{-3} kg/mol，一个标准大气压约为1.0×10^5 Pa。利用以上数据可估算出地球表面大气在标准状况下的体积为　(　　)

A. $4\times10^{16}\ \mathrm{m^3}$　B. $4\times10^{18}\ \mathrm{m^3}$　C. $4\times10^{30}\ \mathrm{m^3}$　D. $4\times10^{22}\ \mathrm{m^3}$

2. (2018年北大博雅)一个气泡在水下50 m处，体积是$1.0\times10^{-6}\ \mathrm{m^3}$，该处水的温度是4 ℃。在浮力的作用下，气泡将上升到水面，水面温度是17 ℃，则气泡的体积变为　(　　)

A. $6.3\times10^{-6}\ \mathrm{m^3}$　B. $2.8\times10^{-6}\ \mathrm{m^3}$　C. $9.8\times10^{-6}\ \mathrm{m^3}$　D. $12.6\times10^{-6}\ \mathrm{m^3}$

3. (2017年北大夏令营)容积为11.2 L的系统已被抽到1.3×10^{-3} Pa的真空，为了提高其真空度，将它放在300 ℃的烘箱内烘烤，使器壁释放出所吸附的气体。若烘烤后压强增至1.3 Pa，则器壁原来吸附的分子数的数量级为　(　　)

A. 10^{19}　B. 10^{18}　C. 10^{17}　D. 10^{16}

4. (2022年福建高三模拟)如图1.2.7所示，汽车安全气囊系统可以为乘客提供有效的防撞保护。汽车安全行驶时气囊内气体体积可忽略不计，受到猛烈撞击后，气囊内的化学物质迅速反应产生气体，对气囊充气，气囊上的可变排气孔在充气阶段封闭。充满气后，气囊内气体的压强为p，体积为V，温度为T。若大气压强恒为p_0，则充气过程中气囊克服外界大气压做的功为__________。当乘客因惯性挤压安全气囊，气囊的可变排气孔开始泄气，当内部气体体积变为$\frac{3V}{5}$，温度降为$\frac{2V}{3}$，压强变为$\frac{4p}{5}$时，恰好不再排气，将气体视为理想气体，则从气囊内排出的气体占总量的比例为__________。

图 1.2.7

5. 在暖水瓶内灌满开水后塞上瓶塞，瓶塞不会跳起来。当你倒些水出来以后再塞上瓶塞，瓶塞过一会儿往往会跳起来。试解释之，并在 p-V 图上画出瓶内空气经历的过程。

6. (2021 年山西太原一模) 篮球在器材室被打入温度为 7 ℃ 的空气后，球内压强为 1.50 atm。比赛过程中，篮球内气体的温度升高至 37 ℃。比赛中，篮球被刺出一小孔开始漏气，换下来放置于体育馆内，稳定后温度为 17 ℃，压强为 $p_0 = 1.00$ atm。将空气看成理想气体，认为整个过程中篮球的容积不变，求：

(1) 温度升高至 37 ℃ 时球内气体的压强；

(2) 篮球漏出空气的质量与比赛前篮球内空气质量的比值。

提 高 练 习

7. (2020 年北大强基) 三种气体 A、B、C 的物质的量之比为 1∶2∶3，当它们混合时，已知 $p_A = p$，则混合气体的总压强为 ( )

A. $3p$　　B. $5p$　　C. $8p$　　D. 以上都不对

8. (2020 年北大强基) 热气球中有摩尔质量为 μ、体积为 V 的理想气体，热气球及其载重总量为 G(不含球内气体)，大气压为 p_0，温度为 T_0，大气平均摩尔质量为 μ_0，普适气体恒量为 R，重力加速度为 g，为了使得气球悬浮，则气球中气体的温度为 ( )

A. $\dfrac{T_0\mu}{\mu_0 - \dfrac{GRT_0}{p_0Vg}}$　　B. $\dfrac{T_0\mu}{\mu_0 + \dfrac{GRT_0}{p_0Vg}}$

C. $\dfrac{T_0\mu_0}{\mu_0 - \dfrac{GRT_0}{p_0Vg}}$　　D. $\dfrac{T_0\mu_0}{\mu_0 + \dfrac{GRT_0}{p_0Vg}}$

9. (2022 年江苏高三模拟) 如图 1.2.8 所示，两个内壁光滑的导热气缸通过一个质量不能忽略的工字形活塞封闭了 A、B 两部分气体。下面气缸的横截面积大于上面气缸的横截面积，现使环境温度降低 10 ℃，外界大气压强保持不变，下列说法正确的是 ( )

A. 活塞下降　　B. 活塞上升

C. 活塞静止不动　　　　　　　　　D. 不能确定

10. 试证明道尔顿分压定律等效于道尔顿分体积定律,即 $V=V_\alpha+V_\beta+\cdots$,其中 V 是混合气体的体积,V_α,V_β,…是各组分的分体积。

11. 如图1.2.9所示,水平放置的气缸内壁光滑,活塞厚度不计,在 A、B 两处设有限制装置,使活塞只能在 A、B 之间运动,B 左边气缸的容积为 V_0,A、B 之间的容积为 $0.1V_0$。开始时活塞在 B 处,缸内气体的压强为 $0.9p_0$(p_0 为大气压强),温度为297 K,现缓慢加热气缸内气体,直至399.3 K。求:

(1) 活塞刚离开 B 处时的温度 T_B;

(2) 缸内气体最后的压强 p;

(3) 在图1.2.10中画出整个过程的 p-V 图像。

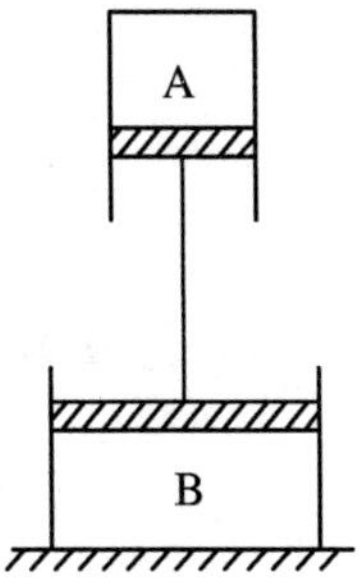

图1.2.8

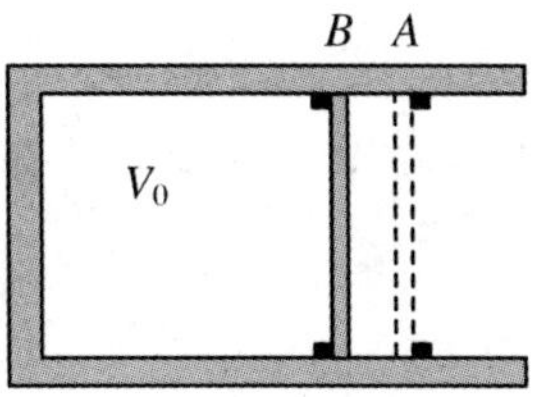

图1.2.9

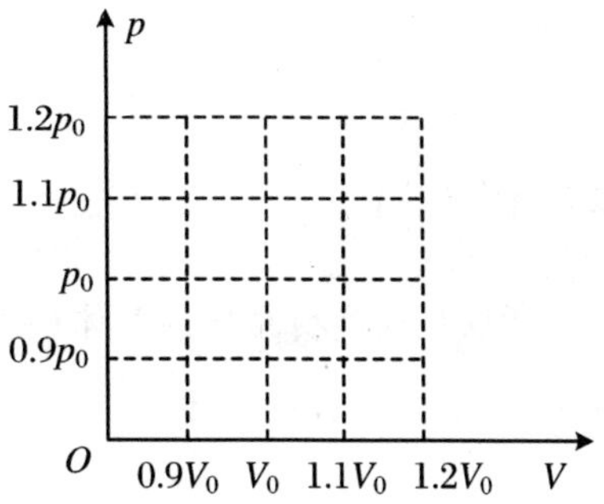

图1.2.10

参考答案

1. B。

2. A。

提示 将气泡中的气体看成理想气体,根据理想气体的状态方程得

$$\frac{p_1V_1}{T_1}=\frac{p_2V_2}{T_2}$$

得

$$V_2=\frac{p_1V_1T_2}{p_2T_1}$$

代入数据,得 $V_2=6.3\times10^{-6}\ \mathrm{m}^3$,选A。

3. B。

提示 烘烤后气体的压强增大了1000倍,则开始时气体的分子数可以忽略不计。设该气体在标准状态下的体积为 V_0,根据理想气体的状态方程

$$\frac{p_0V_0}{T_0}=\frac{pV}{T}$$

解得

$$V_0 = \frac{pT_0}{p_0 T}V = 7.10 \times 10^{-5}\ \text{L}$$

所以器壁原来吸附的分子数为

$$N = \frac{V_0}{V_m}N_A = 1.91 \times 10^{18}$$

4. $p_0 V$;28%。

提示 充气过程中气囊克服外界大气压做的功为 $W = p_0 V$。

以原气囊内气体为研究对象，当温度降为$\frac{3}{5}T$，压强变为$\frac{4}{5}p$ 时，对气囊内的气体，由理想气体状态方程得

$$\frac{pV}{T} = \frac{0.8pV'}{\frac{2}{3}T}$$

解得 $V' = \frac{5}{6}V$。

所以从气囊内排出的气体的体积为 $\Delta V = \frac{5}{6}V - \frac{3}{5}V = \frac{7}{30}V$，则排出气体占总量的比例为

$$\frac{\frac{7}{30}V}{\frac{5}{6}V} \times 100\% = 28\%$$

5. 暖水瓶内灌满开水后塞上瓶塞，瓶内没有气体，压强基本不变。倒些水出来后再塞上瓶塞，就有些冷空气被封在瓶内。这些冷空气将经历一个等容升温过程，压强大增，直到把瓶塞顶出。p-V 图像如图 1.2.11 所示。

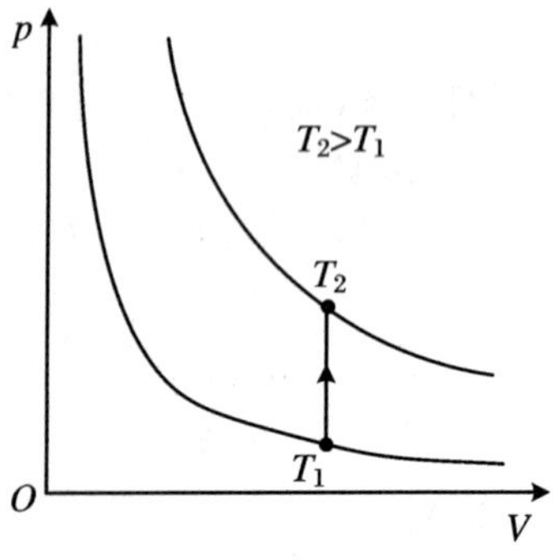

图 1.2.11

6. (1) 1.66 atm;(2) 0.357。

提示 (1) 球内空气经历等容变化，由查理定律$\frac{p_1}{T_1} = \frac{p_2}{T_2}$得 37 ℃时球内气体的压强

$p_2=\frac{310}{280}\times 1.5\ \text{atm}=1.66\ \text{atm}$。

(2) 以比赛前篮球内空气为研究对象，由理想气体状态方程$\frac{pV}{T}=C$得$\frac{p_1V_1}{T_1}=\frac{p_0V_3}{T_3}$，解得 $V_3=\frac{p_1T_3}{p_0T_1}V_1$。

设漏掉的空气体积为 ΔV，则 $\Delta V=V_3-V_1$。

在相同的温度和压强下，质量之比等于体积之比，即$\frac{\Delta m}{m}=\frac{\Delta V}{V_3}$，代入数据，得篮球漏出的空气质量与比赛前篮球空气质量之比$\frac{\Delta m}{m}=0.357$。

7. D。

提示 由道尔顿分压定律得总压强

$$p_{总}=p_A+p_B+p_C$$

利用理想气体状态方程得

$$p_{总}=\frac{\nu_A RT}{V}+\frac{\nu_B RT}{V}+\frac{\nu_C RT}{V}$$

已知 $p_A=p$，$\nu_A:\nu_B:\nu_C=1:2:3$，则 $p_{总}=6p$，故选 D。

8. A。

提示 对大气有

$$p_0V_0=\frac{m_0}{\mu_0}RT_0$$

则大气密度为

$$\rho_0=\frac{m_0}{V_0}=\frac{p_0\mu_0}{RT_0}$$

设热气球中气体温度为 T，热气球中气体密度 $\rho=\frac{p_0\mu}{RT}$(球内部与外界相通，故压强也为 p_0)。为使气球悬浮，须满足 $\rho_0gV-\rho gV=G$，解得

$$T=\frac{\mu}{\mu_0-\frac{GRT_0}{p_0Vg}}T_0$$

9. A。

提示 初态时，对工字形活塞整体受力分析，有

$$p_AS_A+Mg+p_0S_B=p_BS_B+p_0S_A$$

对上面气缸受力分析，有

$$p_AS_A=p_0S_A+M_{上缸}g$$

末态时，对工字形活塞整体受力分析，有

$$p'_AS_A+Mg+p_0S_B=p'_BS_B+p_0S_A$$

对上面气缸受力分析，有

$$p'_{A}S_{A} = p_0S_{A} + M_{上缸}g$$

以上各式联立，解得

$$p'_{A} = p_{A}, \quad p'_{B} = p_{B}$$

对A、B气体，根据理想气体状态方程可得

$$\frac{p_{A}V_{A}}{T} = \frac{p'_{A}V'_{A}}{T'}, \quad \frac{p_{B}V_{B}}{T} = \frac{p'_{B}V'_{B}}{T'}$$

温度降低，$p'_{A}=p_{A}$，$p'_{B}=p_{B}$，则 V'_{A}、V'_{B}均变小。因为下面气缸的横截面积大于上面气缸的横截面积，所以活塞下降，上面气缸下降，才能使A、B气体体积均变小。

10. 所谓某一组分的“分体积”，是指混合气体中该组分单独存在，而温度和压强与混合气体的温度和压强相同时所具有的体积。分压定律为

$$p = \sum_{\alpha} p_{\alpha} = \frac{2}{3}\sum_{\alpha} n_{\alpha}\bar{\varepsilon}_{\alpha}$$

其中 $n_{\alpha}=\frac{\nu_{\alpha}N_{A}}{V}$，$\bar{\varepsilon}_{\alpha}=\frac{3}{2}kT$。所以

$$p = \frac{N_{A}kT}{V}\sum_{\alpha}\nu_{\alpha} \quad \Rightarrow \quad V = \frac{N_{A}kT}{p}\sum_{\alpha}\nu_{\alpha} = \frac{RT}{p}\sum_{\alpha}\nu_{\alpha} = \sum_{\alpha}V_{\alpha}$$

式中 $V_{\alpha}=\frac{\nu_{\alpha}kT}{V}$为$\alpha$组分的分体积。

11. (1) 330 K；(2) $1.1p_0$；(3) 见解析图。

提示 (1) 气缸内的气体初态时 $p_1=0.9p_0$，$V_1=V_0$，$T_1=297\ \text{K}$。当活塞刚离开 B 处时，气体的状态参量分别为 $p_2=p_0$，$V_2=V_0$，$T_2=T_B$。根据$\frac{p_1}{T_1}=\frac{p_2}{T_2}$，得$\frac{0.9p_0}{297}=\frac{p_0}{T_B}$，所以 $T_B=330\ \text{K}$。

(2) 随着温度不断升高，活塞最后停在 A 处，此时气体的状态参量分别为 $p_4=p$，$V_4=1.1V_0$，$T_4=399.3\ \text{K}$。根据$\frac{p_1V_1}{T_1}=\frac{p_4V_4}{T_4}$，得$\frac{0.9p_0V_0}{297\ \text{K}}=\frac{1.1pV_0}{399.3\ \text{K}}$，解得 $p=1.1p_0$。

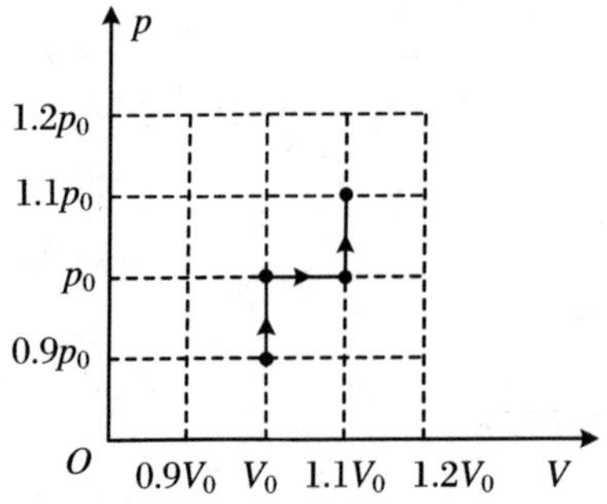

图 1.2.12

(3) 随着温度的升高，当活塞恰好停在 A 处时，气体的状态参量分别为 $p_3=p_0$，$V_3=1.1V_0$，$T_3=T_A$，由$\frac{p_1V_1}{T_1}=\frac{p_3V_3}{T_3}$得$\frac{0.9p_0V_0}{297\ \text{K}}=\frac{1.1p_0V_0}{T_A}$，解得 $T_A=363\ \text{K}$。

综上可知，气体的温度由 297 K 升高到 330 K 的过程中，气体作等容变化；由 330 K 升高到 363 K 的过程中，气体作等压变化；由 363 K 升高到 399.3 K 的过程中，气体作等容变化。故整个过程的 p-V 图像如图 1.2.12 所示。

1.3 绝热过程和多方过程

课外知识延伸

1. 绝热变化

(1) 绝热过程简介

在前面的两节中，我们主要学习了气体的简单变化。特别是在变化过程(或者分步变化过程)中，p、V、T 三个状态参量中的某一个参量保持不变。在本节中，我们将学习更一般化的气体变化过程，比如绝热变化、自由扩散等。

如果系统在整个变化过程中不和外界交换热量，则这样的过程称为绝热过程。绝对的绝热过程不可能存在，但可把某些过程近似看作绝热过程。例如在被良好的隔热材料包围的系统中进行的过程；又如进行得很快，系统来不及和外界发生明显的热量交换的过程(如汽车发动机中气体压缩时间一般不超过 0.1 s)。与之相反，深海中的洋流循环一次常需数10年，虽然它的变化时间很长，但由于海水质量非常大，热容很大，洋流和外界交换的热量与它本身的内能相比微不足道，同样可把它近似看作绝热过程。

(2) 理想气体绝热过程的规律

理想气体在准静态绝热过程中压强与体积的变化关系满足

$$pV^{\gamma} = 常量$$

其中 γ 为常量。此方程称为绝热方程，又称泊松方程。它与描述理想气体等温过程的玻意耳定律($pV=$ 常量)的形式有些类似，不同仅在 V 的指数上。

不同种类的理想气体的 γ 值是不同的。对于单原子分子气体，$\gamma=5/3$；温度不是太高时，常见的双原子分子气体和多原子分子气体的 γ 值一般取 7/5。至于不同气体的 γ 值为何不同，γ 值与哪些量有关，我们会在下一章中做介绍。

将理想气体状态方程代入泊松方程中，可得出绝热过程中的 T-V 关系、p-T 关系：

$$TV^{\gamma-1} = 常量, \quad \frac{p^{\gamma-1}}{T^{\gamma}} = 常量$$

以上三个关系均可以应用在理想气体的绝热过程中，具体使用哪个关系，需要视具体问题中所研究的物理量而定。

2. 理想气体的自由扩散

(1) 自由扩散过程

当物质中粒子数密度不均匀时，分子的热运动使粒子从数密度高的地方迁移到数密度低的地方，这种现象称为扩散。考虑一个气体扩散的例子：把一容器用隔板分隔为两部分，其中一部分装有某种气体，另一部分为真空。若把隔板抽掉，经过足够长的时间(这里所谓的“足够长”，可能仅需要毫秒的时间就够了），气体将均匀分布在整个容器中，这样的过程称为气体的自由扩散或自由膨胀。

（2）自由扩散与等温过程的区别

气体向真空区域扩散的过程不受外力作用，所以虽然气体体积膨胀，但并没有对外做功。如果容器是绝热的，那么也没有吸热或放热，这样气体的内能就保持不变，所以气体绝热自由扩散过程中温度保持不变。

需要着重区分的是气体的等温变化过程与绝热自由扩散过程。这两个过程从表象上来看，气体温度都不发生变化。然而这两个过程的主要区别是：等温变化过程是一个典型的“可逆过程”，绝热自由扩散过程是一个典型的“不可逆过程”。这两种过程的区别主要体现在“热力学第二定律”中，第2章会更加详细地介绍。

3. 多方过程

（1）多方过程

气体的三个状态参量可能都在发生变化，但是由于 p、V、T 三个量之间总是满足理想气体状态方程，因此这三个量中只有两个量是独立的，在变化过程中三个量的数量关系总可以化为其中某两个量的数量关系，这类关系大多可以表示为气体的“多方变化”过程。

现在我们先来比较一下理想气体等压、等容、等温及绝热四个过程的方程，它们分别是

$$p = C_1\text{（等压）}, \quad V = C_2\text{（等容）}$$

$$pV = C_3\text{（等温）}, \quad pV^{\gamma} = C_4\text{（绝热）}$$

这四个方程都可以用表达式 $pV^n = C$ 来统一表示，其中 n 是对应某一特定过程的常数。如果气体在变化过程中，其状态参量满足

$$pV^n = C \quad (n\text{ 为实常数})$$

则气体经历的就是多方过程，其中 n 称为多方指数。

（2）多方过程与其他过程的联系

等温过程中 $n=1$，等压过程中 $n=0$，绝热过程中 $n=\gamma$。而对于等容过程，可以这样理解其中的 n：将等容过程方程改写为 $p^{1/n}V=$ 常量，当 $n\to\infty$ 时，上式就变为 $V=$ 常量的形式。所以等容过程相当于 $n\to\infty$ 时的多方过程。

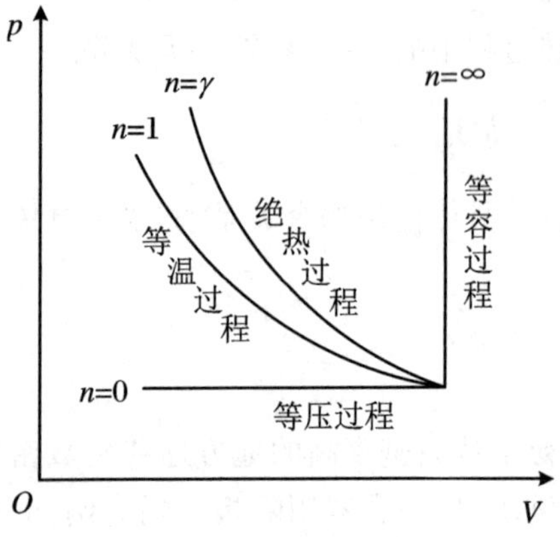

图 1.3.1

图 1.3.1 将等压、等温、绝热、等容曲线同时画在 p-V 图上，并标出它们对应的多方指数。从图上可看到，n 是从 0 到 1 到 γ 再到 ∞ 逐级递增的。

实际上 n 可取任意值，例如气体在气缸中的压缩过程处于 $n=1$ 到 $n=\gamma$ 曲线之间的区域，即 $1<n<\gamma$。当然 n 也可取负值，这时 p-V 曲线的斜率是正的。

与绝热过程一样，若以 T、V 或 T、p 为独立变量，可将多方过程满足的关系表示成

$$TV^{n-1} = \text{常量}, \quad \frac{p^{n-1}}{T^n} = \text{常量}$$

每个具体问题中使用哪个关系，需要视其中所研究的物理量而定。

核心问题讨论

1. 如何应用绝热(多方)过程方程求解相关参量?

绝热过程和多方过程相较于气体的等温、等压、等容过程，气体状态参量的数学关系略微复杂一些，在解题时，应当选用 p-V 关系还是 V-T 关系或者 p-T 关系也是一个问题。习惯上将 p-V 关系的 V 的指数称为多方指数，如果解题时需要用到其余关系，可以结合理想气体状态方程推导 V-T 关系和 p-T 关系。

例题1 (2020年北大强基)一定量的理想气体经历一准静态热力学过程，其规律满足 $pV^2=C$，其中 C 为常数。那么当气体的体积膨胀时，其温度 ( )

A. 升高　　B. 降低　　C. 不变　　D. 无法判断

分析 这是一道典型的气体多方过程问题。需要注意的是，已知条件给出的是 p-V 关系，而问的是 V-T 关系。所以需要利用理想气体状态方程将多方过程规律进行简单的转化。

解 利用理想气体状态方程$\dfrac{pV}{T}=$常量将 $pV^2=C$ 转化为 $TV=$常量，可知当气体的体积膨胀时，其温度下降，选B。

点拨 有兴趣的同学可以在 p-V 图中将该多方过程画出来，看看其过程曲线与常见的等压、等容、等温及绝热过程的曲线的关系。

例题2 (2013年“华约”自招)自行车胎打足气后骑着很轻快。当一车胎经历了慢撒气(缓慢漏气)过程后，车胎内气体压强下降了$\dfrac{1}{4}$。求漏掉的气体占原来气体的比例 η。已知漏气过程是绝热的，不考虑气体之间的热交换，且一定质量的气体在绝热过程中其压强 p 和体积 V 满足关系 $pV^{\gamma}=$常量，式中参数 γ 是与车胎内气体有关的常数。轮胎容积视为不变。

分析 本题中气体状态变化过程是一个绝热过程，需要满足题目中给的绝热方程，其他过程和处理等温变化的思路相似。

解 设车胎内原来气体质量为 m，压强为 p，体积为 V。绝热膨胀漏气后车胎内气体质量为 m'，压强变为 p'，体积仍为 V。根据题意有

$$p'=\frac{3}{4}p$$

可以设想，漏气前质量为 m'的气体占有体积 $V_1=\dfrac{m'}{m}V$，经绝热膨胀到整个轮胎体积 V，于是有

$$pV_1^{\gamma}=p'V^{\gamma}$$

以上各式联立，解得

$$\frac{m'}{m}=\sqrt[\gamma]{\frac{3}{4}}$$

漏掉的气体占原来气体的比例为

$$\eta=\frac{m-m'}{m}=\frac{\sqrt[\gamma]{\frac{4}{3}}-1}{\sqrt[\gamma]{\frac{4}{3}}}$$

点拨 本题也可以这样求解：

设车胎内原来气体压强为 p，体积为 V。绝热膨胀漏气后气体压强变为 p'，体积为 V'。根据题意有 $p'=\frac{3}{4}p$，漏气过程绝热膨胀，则有 $pV^{\gamma}=p'V'^{\gamma}$，解得

$$V'=\sqrt[\gamma]{\frac{p}{p'}}V=\sqrt[\gamma]{\frac{4}{3}}V$$

漏掉的气体占原来气体的比例为

$$\eta=\frac{V'-V}{V'}=\frac{\sqrt[\gamma]{\frac{4}{3}}-1}{\sqrt[\gamma]{\frac{4}{3}}}$$

2. 哪些物理过程可以利用气体绝热变化规律来解决问题?

如果系统在整个可逆变化过程中不和外界进行热量交换，那么该过程称为绝热过程。绝对意义上的绝热过程是不存在的。但是有些过程进行得较快或者所研究的系统非常巨大，那么这些过程可以近似看作绝热过程。比如汽车发动机中气体压缩时间一般不超过 0.1 s，气体来不及与外界进行明显的热量交换；再如声音在空气中的传播速度约为 340 m/s，因此空气发生振动的过程也可以近似看作绝热过程；很多爆炸的过程也可近似看作绝热过程。深海中的洋流循环一次需要数十年的时间，但是海水质量非常大，热容很大，因此洋流与外界进行的热量交换与其本身内能相比，实在微不足道，此循环过程也可以看作绝热过程。

由此可见，判断一个系统经历的是不是绝热过程，不能从时间长短简单地进行判断，还应当综合考虑所研究的系统的“体量”。另外，绝大多数题目在已知条件中会明确系统所发生的过程是怎样的，所以大可不必担心。

例题 3 在原子弹爆炸后 0.1 s 出现的“火球”是半径约为 15 m、温度为 300000 K 的气体球，试作一些粗略假设，以估计温度变为 3000 K 时气体球的半径。

分析 初看此题似乎束手无策，但是根据“原子弹”“爆炸”“粗略”等提示，结合我们对原子弹爆炸时的情境的了解(有很多视频资料可以查阅)，可以猜测：原子弹在爆炸的过程中，火球扩张速度极快，与周围大气来不及进行热交换，于是可以近似为绝热过程。

解 原子弹爆炸后形成一团温度和压强都非常大的气体，它在 0.1 s 的短暂时间内向外散发的热量和它的内能相比较完全可以忽略不计，因而可以认为空气作绝热变化，并且认为这是准静态过程，则

$$TV^{\gamma-1}=T_0V_0^{\gamma-1}$$

结合球体体积公式 $V=\frac{4}{3}\pi r^3$ 可得

$$r=\left(\frac{T_0}{T}\right)^{\frac{1}{3(\gamma-1)}}r_0$$

其中 $r_0=15\ \text{m}$，$T_0=300000\ \text{K}$，$T=3000\ \text{K}$，对于空气分子取 $\gamma=\frac{7}{5}$，可以得到温度变为 3000 K 时气体球的半径为 $r\approx 695\ \text{m}$。

点拨　物理过程速度快到什么程度就可以视为绝热过程呢？其实这个问题没有具体的答案，因为判断是不是绝热过程不仅跟我们所研究的气体有关，还与“背景大环境”有关。正如上文所提到的，洋流的循环过程需要以“年”来计时，但相对于全球海洋的大背景来说，该过程也可以视为绝热过程。

在物理学的发展过程中，关于绝热过程曾经有过一段有趣的故事，就是关于声速的计算。气体中的声波是依靠每一局部气体的周期性压缩、膨胀形成的疏密相间的波，也就是纵波。因为声波是靠介质的弹性来传播的，所以其传播的速度取决于介质的密度和弹性性质。牛顿据此并假设空气在压缩过程中保持温度不变，得到了一个声速公式

$$v_s=\sqrt{-\frac{V}{\rho}\cdot\frac{\partial p}{\partial V}}=\sqrt{\frac{p}{\rho}}$$

其中∂是偏微分的符号。我们无须掌握其中的推导关系，只需要知道最终声速仅取决于空气的压强和密度。按照标准情况，代入数据，可得空气中的声速为 $v_s=280\ \text{m/s}$，这个数值显然与实际情况差别较大。

法国数学家、物理学家拉普拉斯后来提出，由于空气的导热性能较差，在声频下的振动过程，即声波在气体中传播时这种压缩膨胀过程不可能是等温的，而应是在绝热条件下进行的。这样修正后的声速公式为

$$v_s=\sqrt{\frac{\gamma p}{\rho}}$$

其中空气的 γ 值取$\frac{7}{5}$。这样求得的声速为 $v_s=331\ \text{m/s}$，空气中声速的理论推导就得到了完美解决。

例题 4　如图 1.3.2 所示，在两端开口的 U 形管中注入水银，直到水银的全长为 h 时停止注入。

(1) 若将一边管中水银压下，然后使水银振荡，试证：不计摩擦时，振动周期为

$$T_1=2\pi\sqrt{\frac{h}{2g}}$$

(2) 若把管的左端封闭起来，使被封在管内的气柱高度为 L，然后使水银柱小幅振荡，假设摩擦可忽略，空气是理想气体，而气压计水银柱高度为 h_0，试证：这时周期变为(其中 γ 为空气绝热过程中的 p-V 关系多方指数)

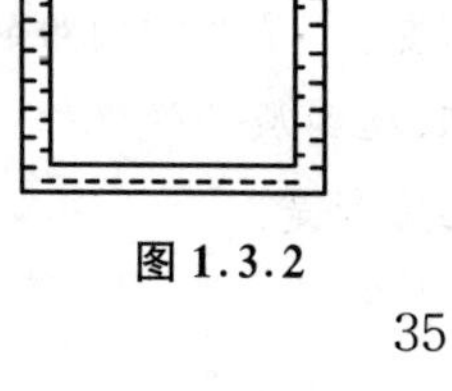

图 1.3.2

$$T_2 = 2\pi\sqrt{\frac{h}{2g+\frac{\gamma h_0 g}{L}}}$$

分析 这是一道典型的力学、热学综合类问题。当一边水银面被压下，以致另一边的水银面上升了高度 y 时，U形管两边液面不等高，从而产生回复力，液柱就会做简谐运动。尤其是在第二种情况下，在需要证明的周期公式中出现了 γ，这就提示我们应当将空气的变化视为绝热过程。

解 (1) 设水银密度为 ρ，U形管截面积为 S，则回复力大小为 $F=-2\rho gSy=-ky$，负号表示回复力方向与液面移动方向相反。因为 $m=\rho Sh$，所以振动周期为

$$T_1 = 2\pi\sqrt{\frac{m}{k}} = 2\pi\sqrt{\frac{h}{2g}}$$

(2) 把管的左端封闭以后，若把一侧液面压低，则水银柱将振荡起来。认为被封闭的气体经历的是准静态绝热过程，因此它满足关系 $pV^\gamma=C$。

设水银柱达到平衡时气体的体积为 LS，气体压强为 $\rho h_0 g$；左侧液面降低 y 时气体压强将变为 $\rho h_0 g+\Delta p$，气体体积为 $(L+y)S$。结合绝热关系，有

$$h_0\rho g\cdot(L\cdot S)^\gamma = (h_0\rho g+\Delta p)\cdot[(L+y)S]^\gamma$$

可得

$$\frac{h_0\rho g+\Delta p}{h_0\rho g} = \left(\frac{L}{L+y}\right)^\gamma = \left(1+\frac{y}{L}\right)^{-\gamma}$$

振幅很小，即 $y\ll L$，则对上式右边作级数近似展开到一级项，有

$$1+\frac{\Delta p}{h_0\rho g} = 1-\frac{\gamma\cdot y}{L}$$

可得

$$\Delta p = -\frac{\gamma\cdot h_0\rho g}{L}y$$

总的回复力为

$$F = -2\rho gSy+\Delta pS = -\left(2\rho gS+\frac{S\gamma h_0\rho g}{L}\right)y = -k'y$$

回复力仍与液面位移大小成正比，方向相反，考虑到水银柱的质量为 $m=\rho Sh$，可得

$$T_2 = 2\pi\sqrt{\frac{m}{k'}} = 2\pi\sqrt{\frac{h}{2g+\frac{\gamma h_0 g}{L}}}$$

点拨 本题作为一道证明题，难度大大降低，在周期公式的提示下，不少同学能独立完成。如果是一道解答题呢？能否想到空气柱是绝热变化？其实要想让气体发生真正的“等温变化”是非常困难的，需要足够慢，达到真正的“准静态”才可以。以上例题，大到洋流循环，猛到原子弹爆炸，小到声波传播，微到水银振荡，说明在实际中气体发生绝热变化的过程比比皆是。

例题5 大气温度随高度 z 降低的主要原因是低处与高处各层间不断发生空气交换。因为空气的导热性能不好，所以空气在升高时的膨胀（以及下降时的压缩）可认为是绝热过程。假设过程是准静态的，并注意到大气达到稳定机械平衡时压强差与高度的关系，证明空气的温度梯度为

$$\frac{dT}{dz}=-\frac{\gamma-1}{\gamma}\frac{T}{p}\rho g$$

其中 p 为空气压强，ρ、T 分别为密度与温度，γ 是空气的 $C_{p,m}/C_{V,m}$。

分析 “大气达到稳定机械平衡”是指重力场中气体分子在热运动和重力两种互相对立的作用下受力平衡，由此可得大气压强差与高度差的关系，再结合绝热过程方程可以得到温度梯度关系。

解 对 $z\sim z+dz$ 的一层气体进行受力分析，如图1.3.3所示。

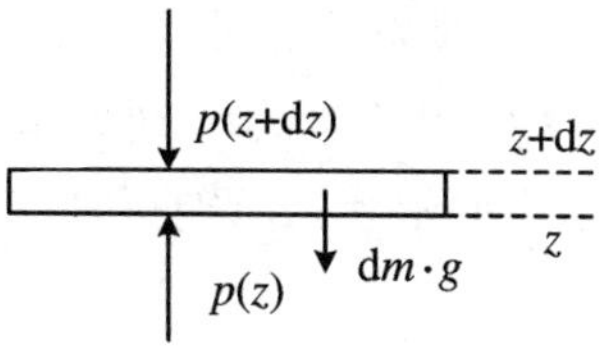

图1.3.3

根据受力分析，有

$$dm\cdot g+p(z+dz)\cdot S=p(z)\cdot S$$

代入 $dm=\rho S dz$，可得

$$p(z+dz)-p(z)=dp=-\rho g dz$$

认为一定量的空气上升时经历的过程是理想气体的准静态绝热膨胀，有

$$p^{\gamma-1}T^{-\gamma}=C$$

取对数，再微分并整理，有

$$dT=\frac{\gamma-1}{\gamma}\frac{T}{p}dp$$

将 $dp=-\rho g dz$ 代入此式，得

$$\frac{dT}{dz}=-\frac{\gamma-1}{\gamma}\frac{T}{p}\rho g$$

即空气的温度梯度。

点拨 等温大气是热学中一个常见的模型，分析过程中选取的研究对象很特殊，为“一层气体”，经受力分析，列出动力学方程或静力学方程，然后进一步分析，得出所求的关系。

习题实战演练

基础练习

1. 由理想气体的绝热过程公式 $pV^{\gamma}=C$ 推导 $V^{\gamma-1}T=C'$。

2. 由理想气体的绝热过程公式 $pV^{\gamma}=C$ 推导 $p^{\gamma-1}T^{-\gamma}=C''$。

3. 能在 p-V 图中描述一个绝热自由膨胀过程吗？为什么？

4. 室温下一定量理想气体氧的体积为 2.3 L，压强为 1.0 atm。经过一多方过程，体积变为 4.1 L，压强为 0.5 atm。试求多方指数 n。

5. 关于绝热过程的公式 $pV^{\gamma}=$常量对混合理想气体适用吗？其中的 γ 应怎样计算？

6. 为确定多方过程方程 $pV^{n}=C$ 中的指数 n，通常取 $\ln p$ 为纵坐标、$\ln V$ 为横坐标作图。试讨论在这种图中多方过程曲线的形状，并说明如何确定 n。

提高练习

7. 图 1.3.4 所示是一种测定 $\gamma=C_p/C_V$ 的装置。经活塞 B 将气体压入容器 A 中，使压强略高于大气压(设为 p_1)。然后迅速开启再关闭活塞 C，此时气体绝热膨胀到大气压 p_0。经过一段时间，容器中气体的温度又恢复到与室温 T_0 相同，压强变为 p_2，假设从开启 C 后到关闭 C 前气体经历的是准静态绝热过程，试求出 γ 的表达式。

8. 如图 1.3.5 所示，在一个质量为 M、内部横截面积为 A 的竖直放置的绝热气缸中，用活塞封闭了一定量温度为 T_0 的理想气体。活塞也是绝热的，活塞质量以及活塞和气缸之间的摩擦力都可忽略不计。已知大气压强为 p_0，重力加速度为 g。现将活塞缓慢上提，当活塞到达气缸开口处时，气缸刚好离开地面。已知理想气体在缓慢变化的绝热过程中 pV^{γ} 保持不变，其中 p 是气体的压强，V 是气体的体积，γ 是一常数。根据以上所述，求活塞到达气缸开口处时气体的温度。

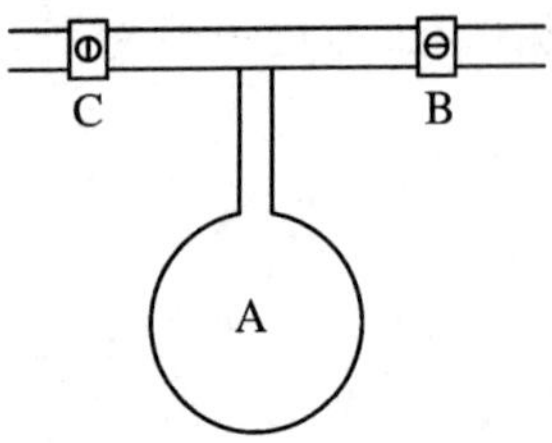

图 1.3.4

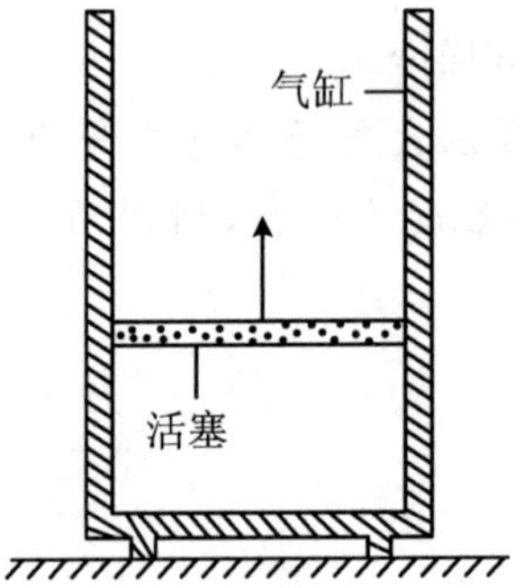

图 1.3.5

9. 在一个绝热气缸内封闭一定量的理想气体，气体的定容摩尔热容为 C_V。其内有一面积为 S、质量为 m 的绝热活塞将气体分成两部分，两部分气体的压强均为 p，体积均为 V。给活塞一微小扰动，求其振动周期。

10. 利用大气压随高度变化的微分公式 $\frac{\mathrm{d}p}{p}=-\frac{Mg}{RT}\mathrm{d}z$，证明高度 h 处的大气压强为

$$p = p_0\left(1-\frac{Mgh}{C_{p,m}T_0}\right)^{\frac{\gamma}{\gamma-1}}$$

其中 T_0 和 p_0 分别为地面的温度和压强，M 为空气的平均摩尔质量。假设上升空气的膨胀是准静态绝热过程。

参考答案

1. 利用 $pV^\gamma=C$，结合理想气体状态方程 $\frac{pV}{T}=$常量，可得

$$\frac{pV^\gamma}{pV/T} = V^{\gamma-1}T = C'$$

2. 利用 $pV^\gamma=C$，结合理想气体状态方程 $\frac{pV}{T}=$常量，可得

$$\frac{(pV/T)^\gamma}{pV^\gamma} = p^{\gamma-1}T^{-\gamma} = C''$$

3. 绝热自由膨胀过程中，气体与外界没有能量的交换，该系统是一个孤立系统；等温膨胀过程中，系统与外界存在能量交换，该系统是非孤立系统。虽然理想气体绝热自由膨胀后温度恢复，但整个过程并不是等温过程。理想气体绝热自由膨胀过程是非准静态过程，除初、末态外，系统每一时刻都处于非平衡态。在非静态的过程中，处于非平衡态的气体内各处性质不均匀，没有统一确定的参量。所以绝热自由膨胀这一非静态过程不能在状态图上用实线来描述。

4. $n=1.2$。

提示 $p_1V_1^n=p_2V_2^n$ 或 $\left(\frac{V_2}{V_1}\right)^n=\frac{p_1}{p_2}$，取对数，得

$$n = \frac{\ln\frac{p_1}{p_2}}{\ln\frac{V_2}{V_1}} = 1.2$$

5. 该公式对混合理想气体的各组分 α 均适用，$p_\alpha V^{\gamma_\alpha}=$常量。若各组分的 γ_α 不同，则该公式对混合气体整体不适用；若 γ_α 都相同，则该公式对混合气体整体适用，在此情况下 γ 自然是各组分共同的 γ。

6. 对 $pV^n=C$ 两边取对数，有

$$\ln p + n\ln V = \ln C$$

令 $y=\ln p, x=\ln V$,上式变为

$$y=-nx+\ln C$$

若以 y 为纵坐标,x 为横坐标对该方程作图,将会得到一条直线,直线的斜率是 $-n$。

7. $\gamma=\dfrac{\ln\dfrac{p_1}{p_0}}{\ln\dfrac{p_1}{p_2}}$。

提示 由于 p_1 略大于 p_0,当开启 C 后,将有一部分气体冲出容器 A,把仍留在 A 中的气体作为研究对象,则从开启 C 后到关闭 C 前,系统经历准静态绝热膨胀过程,由状态 1 (p_1, T_0) 到状态 $2(p_0, T_2)$;从关闭 C 到留在 A 中的气体恢复室温,系统经历准静态等容吸热过程,由状态 $2(p_0, T_2)$ 到状态 $3(p_2, T_0)$。

绝热过程中

$$\frac{p_1^{\gamma-1}}{T_0^{\gamma}}=\frac{p_0^{\gamma-1}}{T_2^{\gamma}}$$

整理得

$$\left(\frac{p_1}{p_0}\right)^{\gamma-1}=\left(\frac{T_2}{T_0}\right)^{-\gamma}$$

等容过程中 $\dfrac{T_2}{T_0}=\dfrac{p_0}{p_2}$，与上式联立,得

$$\left(\frac{p_1}{p_0}\right)^{\gamma-1}=\left(\frac{p_0}{p_2}\right)^{-\gamma}$$

取对数并整理,得

$$\gamma=\frac{\ln\dfrac{p_1}{p_0}}{\ln\dfrac{p_1}{p_2}}$$

8. $T=\left(1-\dfrac{Mg}{p_0 A}\right)^{1-\frac{1}{\gamma}}T_0$。

提示 提升活塞的过程中,气缸中的气体经历一个准静态绝热过程。气缸能够刚好离开地面,说明上提的力量恰等于气缸的重量(此处忽略了气体的重量),此时活塞的力学平衡条件为

$$Mg+pA=p_0 A$$

据此可求得气缸内气体的压强

$$p=p_0-\frac{Mg}{A}$$

气缸中气体初、末态的状态方程分别为

$$p_0 V_0=\nu R T_0,\quad pV=\nu RT$$

绝热过程中,$p_0 V_0^{\gamma}=pV^{\gamma}$,可得到

$$V = \left(\frac{p_0}{p}\right)^{\frac{1}{\gamma}} V_0$$

从而有

$$pV = p^{1-\frac{1}{\gamma}} p_0^{\frac{1}{\gamma}} V_0 = nRT$$

可得到末态缸中气体的温度为

$$T = \frac{p^{1-\frac{1}{\gamma}} p_0^{\frac{1}{\gamma}}}{p_0} T_0 = \frac{p^{1-\frac{1}{\gamma}}}{p_0^{1-\frac{1}{\gamma}}} T_0 = \left(1 - \frac{Mg}{p_0 A}\right)^{1-\frac{1}{\gamma}} T_0$$

9. $T = 2\pi\sqrt{\dfrac{mV}{2pS^2\gamma}}$。

提示 假设活塞偏离平衡位置的距离为 x，两侧气体都经历绝热过程，则活塞受力为

$$F = pS\left(\frac{V}{V+Sx}\right)^{\gamma} - pS\left(\frac{V}{V-Sx}\right)^{\gamma} \approx -\frac{2pS^2\gamma}{V}x$$

其中 $\gamma = \dfrac{C_V + R}{C_V}$。可见活塞做简谐振动，所以其振动周期为

$$T = 2\pi\sqrt{\frac{mV}{2pS^2\gamma}}$$

10. 因为上升空气的膨胀是准静态绝热过程，满足准静态绝热方程

$$\frac{T^{\gamma}}{p^{\gamma-1}} = \frac{T_0^{\gamma}}{p_0^{\gamma-1}}$$

大气压随高度变化的微分公式为

$$\frac{dp}{p} = -\frac{Mg}{RT}dz$$

以上两式联立，化简并两边积分，得

$$-\int_{p_0}^{p} \frac{RT_0}{Mgp_0^{\frac{\gamma-1}{\gamma}}} \cdot \frac{dp}{p^{\frac{1}{\gamma}}} = \int_0^h dz$$

可以得到

$$\frac{\gamma}{1-\gamma}\left(p^{\frac{\gamma-1}{\gamma}} - p_0^{\frac{\gamma-1}{\gamma}}\right) = \frac{Mghp_0^{\frac{\gamma-1}{\gamma}}}{RT_0}$$

最后得到

$$p = p_0\left(1 - \frac{Mgh}{\frac{\gamma}{\gamma-1}RT_0}\right)^{\frac{\gamma}{\gamma-1}} = p_0\left(1 - \frac{Mgh}{C_{p,m}T_0}\right)^{\frac{\gamma}{\gamma-1}}$$

第 2 章　热力学定律

1840 年前后，一位名叫迈耶（1814—1878）的德国医生基于当时物理学的知识与规律，发表了数篇论文，具体论述了在自然界中普遍存在的机械能、热能、化学能、电磁能、光和辐射能之间的相互转化情况，提出了能量守恒原理。

就在相同的时期，英国一位近而立之年的帅气小伙——焦耳（1818—1889）正在被热质、热量、热流等一系列含混不清的概念搞得焦头烂额。他设计了诸多著名的实验，比如磁电机实验、桨叶搅拌实验、水通过多孔塞实验、空气压缩与稀释实验……只为得出一个结论——功与热量之间的转化关系，可以用 4.18 J/cal 这个被称为热功当量的常量将它们联系在一起。

德国物理学家亥姆霍兹（1821—1894）发展了迈耶和焦耳的工作，讨论了当时的力学、热学、电学、化学等多方面科研成就，严谨地论证了如下规律：能量既不会凭空消失，也不会凭空产生，它只能从一种形式转化成另一种形式，或者从一个物体转移到另一个物体，在转化或转移过程中，能量的总和保持不变。

能量守恒定律不仅为热力学奠定了理论基础（热力学第一定律），它对大自然规律如此言简意赅的概括也让后续学习者、研究者娓娓称道。它激发着后辈物理学工作者们不断追求简洁、朴实、普适的自然规律。

正所谓“覆水难收，破镜难圆”，在前一章中我们提到的“自由扩散”之后的气体分子似乎永远不可能在同一时刻回到最初装载它们的那半边气缸中。冥冥之中，似有一只“看不见的手”在支配着各种物理现象发生的可能性。大自然中存在着诸多“不可逆”的物理过程，它们为什么不可逆？它们有没有规律可循？

对于不可逆过程的研究总结出来的热力学第二定律可以概括为一个字——“熵”。1923 年 5 月 25 日，一位名叫普朗克（此普朗克先生为德国“深度制冷之父”Rudolf Alois Valerian Plank，并不是提出量子论的那位 Max Karl Ernst Ludwig Planck）的教授在南京的东南大学作报告时，提到了 entropy 这个词，当时作为翻译的胡刚复教授将这个词翻译为“熵”，这个概念第一次有了它的中文名字。

时至今日，笔者也无法完全理解“熵”这个概念，而与它息息相关的一只“神兽”在物理学界大名鼎鼎——麦克斯韦妖。随着熵的面纱被人们一层层拨开，玻尔兹曼给出了热力学熵的微观表达，在他的墓碑上只有 $S = k\log W$ 这么一个表达式。

能，永恒不变；熵，勇往直前。随着热学宏观理论的建立，结合微观分子动理论，物理学家将这两者统一在一起，形成了研究物理学的“统计”方法。从微米级别的物质世界到宇宙的形成与演化，从低于 4.2 K 的超低温超导体到上亿度的恒星中心，热力学与统计物理在所有的研究领域发挥着重要作用。

本书不可能把热学的全貌呈现给各位读者，本章只能以基本的研究内容为框架，向各位介绍热力学的几条规律，包括能均分定理、热力学第一定律、热力学第二定律。在这部分内容中，我们也很难完全避免高等数学的出现，只能尽量简化处理。笔者更希望各位读者能以本章为起点，开启关于热力学系统性研究之旅，有兴趣的同学可以去寻找更多、更深的专业著作进行学习。

2.1　热力学系统的微观描述

课外知识延伸

1. 统计方法

自然界中一切物体都是由大量不连续的、彼此间有一定距离的粒子组成的，由大量粒子组成的系统呈现出不同于力学的新规律——统计规律。统计规律是对大量偶然事件起作用的规律，它表现了这些大量偶然事件的必然的内在联系。

统计规律不能单值预测在某一时刻系统处于何种状态，而是认为在一定条件下，在某一时刻系统处于何种状态是偶然的，但各种状态均有一定可能性出现，即均有一定概率出现。只要系统所处的条件一定，这种概率的分布是完全确定的。凡统计规律都具有这样的特点：对于所研究的大数量的偶然事件呈现稳定性和局部范围永远伴随涨落现象。

统计方法既不是力学研究方法的延续，也不是力学方法的极端，更不是在力学规律对客观事物的精确研究无能为力的情况下采取的一种近似方法。它适用的特征条件是所研究对象包含的基本粒子为数众多。统计方法就是要找出由大量粒子组成的系统在一定条件下服从的统计规律，找出系统的宏观性质及其变化规律。统计方法在物理学许多分支以及化学乃至自然现象的研究中普遍存在，且有着重要而独到的意义。在热学研究中，统计方法是重要的依据。

2. 理想气体速率分布规律

(1) 气体速率分布的特点

尽管分子做无规则运动，速率有大有小，但大量分子的速率却按一定的规律分布。表 2.1.1 是氧气分子在 0 ℃和 100 ℃两种不同情况下的速率分布情况。

表 2.1.1

速率区间/(m/s)		100以下	100～200	200～300	300～400	400～500	500～600	600～700	700～800	800～900	900以上
各速率区间的分子数占总分子数的百分比/%	0 ℃	1.4	8.1	17.0	21.4	20.4	15.1	9.2	4.5	2.0	0.9
	100 ℃	0.7	5.4	11.9	17.4	18.6	16.7	12.9	7.9	4.6	3.9

可以看到，0 ℃和 100 ℃氧气分子的速率都呈“中间多、两头少”的分布，但这两个温度下具有最大比例的速率区间是不同的。0 ℃时，速率在 300～400 m/s 的分子最多；100 ℃时，速率在 400～500 m/s 的分子最多。100 ℃的氧气中速率大的分子比例较多，其分子的平均速率比 0 ℃的大。从这里我们可以直观地体会“温度越高，分子的热运动越剧烈”这句话的含义。图 2.1.1 是根据表 2.1.1 中的数据绘制的图像。

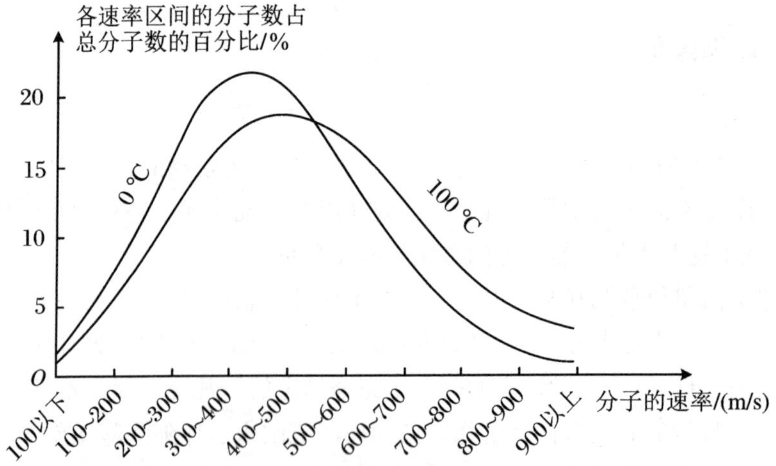

图 2.1.1

(2) 麦克斯韦速率分布

1859 年，英国物理学家麦克斯韦在统计基本规律的基础上建立数学模型，运用概率论得到了麦克斯韦速率分布函数，即

$$f(v)\mathrm{d}v = 4\pi\left(\frac{m}{2\pi kT}\right)^{\frac{3}{2}} \cdot \mathrm{e}^{-\frac{mv^2}{2kT}} \cdot v^2\mathrm{d}v$$

式中 $f(v)\mathrm{d}v$ 的含义是速率处于区间 $v \sim v+\mathrm{d}v$ 的分子数与总分子数的比值。

由 $f(v)$的表达式可以看出该函数与系统的温度 T、分子的质量 m 有关，但无论何种气体，该函数图像的形状都与图 2.1.1 类似。

(3) 常见的三种速率

在图 2.1.2 中标出了三个不同的速率，这三个速率的值和其物理含义如下所示。

最概然速率 $v_{\mathrm{p}}=\sqrt{\dfrac{2kT}{m}}=\sqrt{\dfrac{2RT}{M}}$，其物理含义是分子速率最可能取到的数值(实际上是

分布在此速率左右一小段速率范围内的分子占比最大)。

平均速率 $\bar{v}=\sqrt{\frac{8kT}{\pi m}}=\sqrt{\frac{8RT}{\pi M}}$，其物理含义就是所有分子速率的加权平均值。

方均根速率 $v_{\mathrm{rms}}=\sqrt{\overline{v^2}}=\sqrt{\frac{3kT}{m}}=\sqrt{\frac{3RT}{M}}$，注意根号下面是对 v^2 求平均的结果，并不是 v 的平均值的平方(也就是 v 的平均值)，数学上可以证明，这两个平均值通常不相等。可以猜到，这个值与分子平均动能有关。

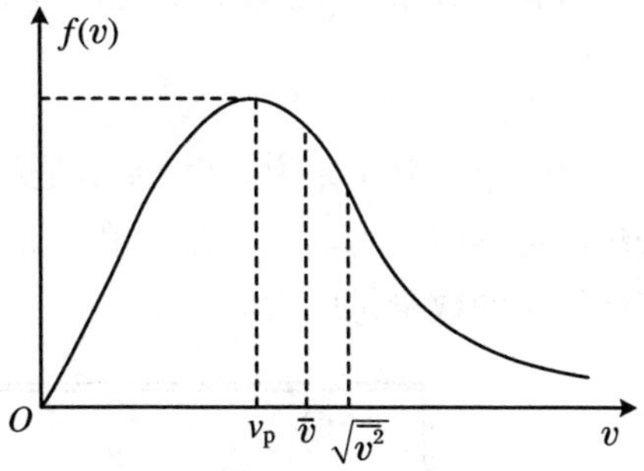

图 2.1.2

以上各式中，$R=8.314\ \mathrm{J/(mol\cdot K)}$ 为普适气体常量，$k=\frac{R}{N_{\mathrm{A}}}=1.380649\times10^{-23}\ \mathrm{J/K}$ 为玻尔兹曼常量，m 表示单个气体分子的质量，M 表示气体分子的摩尔质量。

3. 热力学系统的状态参量的微观表示

(1) 气体的内能

采用统计方式研究热现象，可以将分子的微观运动与气体的宏观状态参量联系在一起。气体的内能、压强、温度等宏观量都可以用气体分子的微观运动情况定量描述。

物体中所有分子的热运动的动能与分子势能的总和叫作物体的内能。理想气体不计分子之间的相互作用力，所以理想气体的内能就是所有分子动能的总和。

$$U=\sum\frac{1}{2}m_iv_i^2=N\cdot\bar{\varepsilon}$$

式中，N 表示系统中理想气体分子的个数；ε 表示单个分子动能，其上的横线表示分子平均动能的大小。如果只有一种气体分子，其质量记为 m_0，那么内能还可以用方均根速率表示为

$$U=N\cdot\frac{1}{2}m_0v_{\mathrm{rms}}^2$$

(2) 气体的压强

从分子动理论的观点来看，气体对容器的压强源于气体分子的热运动，当它们飞到器壁时，就会跟器壁发生碰撞(可视为弹性碰撞)，即这个撞击对器壁产生了作用力，从而产生了压强。

如图 2.1.3(a)所示，选择一个与器壁发生正碰的气体分子为研究对象，由于是弹性碰撞，气体分子与器壁碰撞前后的动量大小为 mv，方向相反(图 2.1.3(b))，则气体分子受到的冲量为

$$F\cdot\Delta t=-mv-mv=-2mv$$

气体分子受到的作用力为

$$F=\frac{-2mv}{\Delta t}$$

根据牛顿第三定律,器壁受到的作用力为

$$F' = \frac{2mv}{\Delta t}$$

对于单个分子来说,这种撞击是间断的、不均匀的,但是对于大量分子总的作用来说,就表现为连续的和均匀的。器壁单位面积上受到的压力就是气体的压强。从微观角度来看,气体分子的数量是巨大的。

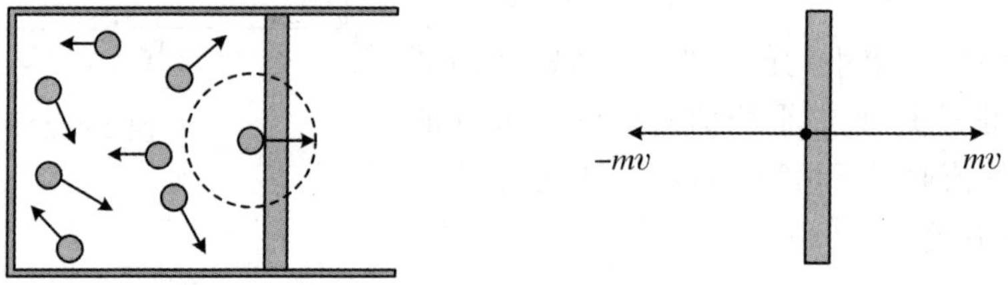

(a) (b)

图 2.1.3

一方面,某容器中气体分子的平均速率越大,单位时间内、单位面积上气体分子与器壁的碰撞对器壁的作用力就越大;另一方面,若容器中气体分子的数密度大,则在单位时间内,与单位面积器壁碰撞的分子数就多,平均作用力也会较大。

气体压强不仅存在于容器壁处,也存在于气体内部。如果是不计相互作用力的理想气体,那么这两个压强值是相同的。但是如果考虑到实际气体分子之间具有微小的相互吸引作用,那么可以推出容器壁处的压强比气体内部的压强略小一些。值得一提的是,将气压计放入气体内部,并不能测量出气体内部压强,因为气压计依然相当于一个容器壁。

为简化问题,我们假定:粒子大小可以忽略;其速率均为 v,且与器壁各面碰撞的机会均等;与器壁碰撞前后瞬间,粒子速度方向都与器壁垂直,且速率不变。设单位体积内的分子数为 n,利用本套书《力学》中介绍的流体柱模型,可得压强的微观表达式为

$$p = \frac{1}{6}\Delta N \cdot \frac{F'}{S}$$

考虑到 $\Delta N = nv\Delta tS$,上式可改写为

$$p = \frac{1}{6}nv\Delta tS \cdot \frac{2mv}{\Delta t}\frac{1}{S} = \frac{1}{3}nmv^2 = \frac{2}{3}n\bar{\varepsilon}$$

如果考虑到气体分子速率有一定分布,以及与器壁碰撞有斜碰的情况,也可以得到相同的结果。

(3) 气体的温度

将理想气体状态方程改写为

$$p = \nu \cdot R \cdot \frac{T}{V} = \frac{N}{N_A} \cdot R \cdot \frac{T}{V} = \frac{N}{V} \cdot \frac{R}{N_A} \cdot T$$

考虑到单位体积内分子的个数 $n = \frac{N}{V}$(分子的数密度),$k = \frac{R}{N_A}$(玻尔兹曼常量),上式可改写为

$$p = nkT$$

又 $p=\frac{2}{3}\bar{n\varepsilon}$，与以上两式联立，可得出温度 T 与分子平均动能之间具有简单的关系

$$\bar{\varepsilon} = \frac{3}{2}kT$$

可见，$\bar{\varepsilon}\propto T$。值得补充的是，$\bar{\varepsilon}$ 实际上指的是分子的平均平动动能。

至此，各位同学应该能够充分理解高中课程学习中所说的"温度升高，分子热运动的平均(平动)动能增大，分子热运动加剧"。因此，气体的温度是气体分子平均(平动)动能的标志，是分子热运动剧烈程度的量度。温度的变化直接反映出理想气体内能的变化。

4. 能均分定理

(1) 自由度

若要解释单原子分子、双原子分子、多原子分子理想气体热容的差异，必须引用"自由度"这一概念。双原子分子、多原子分子及单原子分子之间的差别在于它们的分子结构各不相同，描述它们的空间位置所需独立坐标数也就不同。描述一个物体在空间的位置所需的独立坐标称为该物体的自由度，而决定一个物体在空间的位置所需的独立坐标数称为自由度数。

对于单原子(原子不计大小)分子气体来说，只需要三个独立坐标(也就是 x、y、z)就能描述其空间位置，因此单原子气体分子的自由度数为 3。

对于双原子(原子不计大小)分子气体来说，将分子想象成为一根短棍两端连接两个小球，那么除了质心平动的 3 个自由度，还有"短棍"在两个方向的转动自由度，还有两个原子之间沿它们连线方向的相对位置变化(弹簧双振子模型)，因此双原子气体分子的自由度数为 6。对于双原子分子理想气体，不考虑其振动自由度，其自由度数为 5。

对于多原子(原子不计大小)分子气体来说，自由度数就更大了。通常来说，含有 N 个独立质点的系统，因为描述每个质点需要 3 个独立变量，因此该系统的自由度数为 $3N$。但构成气体分子的这些原子不能简单看成"独立质点"，原子之间有化学键的存在，因此描述起来相对复杂。对于多原子分子理想气体，不考虑原子间相对位置变化，其自由度数为 6。

(2) 能均分定理的表述

能均分定理的表述是："处于温度为 T 的平衡态的气体中，分子热运动动能平均分配到每个分子的每个自由度上，即每个分子的每个自由度的平均动能都是$\frac{kT}{2}$。"

经过简单推算，可知 1 mol 分子每个自由度的热运动的动能为

$$E_{k,i} = N_A \cdot \frac{1}{2}kT = \frac{1}{2}RT$$

需要特别指出的是，能均分定理并不是简简单单从实验中得到的规律，之所以被称为定理，是因为它是基于统计物理的基本原理进行理论推导而得到的一条普适规律，就像高中课程所学的动能定理、动量定理一样，也是普适的。

(3) 理想气体内能的表示

对于单原子分子的气体，其热运动自由度数为 3，因此物质的量为 ν 的气体总动能(也就

是内能)为

$$U = 3\times\frac{1}{2}RT\cdot\nu N_{\mathrm{A}} = \frac{3}{2}\nu RT = \frac{3}{2}pV$$

对于双原子分子理想气体，不考虑其振动自由度，只有平动(3 个)、转动(2 个)的 5 个自由度起作用，因此物质的量为 ν 的气体总动能(也就是内能)为

$$U = 5\times\frac{1}{2}RT\cdot\nu N_{\mathrm{A}} = \frac{5}{2}\nu RT = \frac{5}{2}pV$$

对于多原子分子理想气体，不考虑原子间相对位置变化，其自由度数为 6，因此物质的量为 ν 的气体总动能(也就是内能)为

$$U = 6\times\frac{1}{2}RT\cdot\nu N_{\mathrm{A}} = \frac{6}{2}\nu RT = 3pV$$

以上求得的是理想气体的内能的表达式，实际气体的内能和上述表达式有一些差别。既然能均分定理是由统计规律的基本原理得到的普适规律，为什么实际气体的内能与理论值有一些差别?

这是因为理想气体是个理想模型，实际气体与理想气体的差别主要体现在：第一，各个原子并不是点，是有一定大小的；第二，气体分子之间还具有微弱的相互作用势能；第三，双原子分子、多原子分子的振动情况比较复杂，有些气体分子的内部振动能量既不能忽略，又还没大到能跟平动能量、转动能量“掰手腕”的地步。

核心问题讨论

1. 怎样从微观的角度理解气体的压强和温度?

气体的压强来源于大量气体分子对器壁的频繁碰撞，因而与分子的数密度和分子的平均动能有关。分子数密度越大，分子与器壁的碰撞频率越大，单位时间内给予器壁的冲量越大，气体压强就越大；而平均平动动能的增大，不仅使碰撞频率增大，而且还使平均每次碰撞给予器壁的冲量增加，也导致气体压强的升高。

建立合适的模型可以推导出理想气体的压强 p 与分子数密度 n、平均动能 $\bar{\varepsilon}$ 的定量关系为

$$p = nkT = \frac{2}{3}n\bar{\varepsilon}$$

据此还可以得到温度的表达式，即

$$T = \frac{2}{3k}\bar{\varepsilon}$$

可见温度是分子平均平动动能的标志。

在处理这类问题时，需要建立合适的物理模型，模型不同，表达式可能会有所差异。

例题 1 (2020 年北京等级考试样题)对于同一物理问题，常常可以从宏观与微观两个不同角度进行研究，找出其内在联系，可以更加深刻地理解其物理本质。

(1) 单个微小粒子撞击巨大物体的力是局部而短促的脉冲，但大量粒子撞击物体的平

均效果是均匀而持续的力。我们假定单位体积内粒子数量为 n，每个粒子的质量为 m，粒子运动速率均为 v。如果所有粒子都垂直于物体表面运动并与其碰撞，利用所学力学知识，导出物体表面单位面积所受粒子压力 f 与 m、n 和 v 的关系。

(2) 实际上大量粒子运动的速率不尽相同。如果某容器中速率处于 100～200 m/s 区间的粒子约占总数的 10%，而速率处于 700～800 m/s 区间的粒子约占总数的 5%，论证上述两部分粒子中，哪部分粒子对容器壁的压力 f 贡献更大。

分析　第一问的基本假设是"所有粒子都垂直于物体表面运动并与其碰撞"，该模型相对简单，应用动量定理即可求解；对于第二问，速度小的粒子所占比例大，速度大的粒子所占比例小，因而需要定量计算才能得出谁的贡献更大。

解　(1) 在时间 t 内射向单位面积上的粒子数为

$$N = nvt$$

假设碰撞后粒子都静止，由动量定理得

$$Nmv = ft$$

可推导出

$$f = nmv^2$$

(2) 设炉子的总数为 $N_{总}$，则速率处于 100～200 m/s 区间的粒子数为 $\eta_1 = N_{总} \times 10\%$，它对物体表面单位面积的压力为

$$f_1 = \eta_1 mv_1^2 = N_{总} \times 10\% \times mv_1^2$$

同理可得速率处于 700～800 m/s 区间的粒子数为 $\eta_2 = N_{总} \times 5\%$，它对物体表面单位面积的压力为

$$f_2 = \eta_2 mv_2^2 = N_{总} \times 5\% \times mv_2^2$$

以 150 m/s 和 750 m/s 近似表示这两类粒子的方均根速率，则可得两类粒子对容器壁的压力比值为

$$\frac{f_1}{f_2} = \frac{N_{总} \times 10\% \times mv_1^2}{N_{总} \times 5\% \times mv_2^2} = \frac{10 \times 150^2}{5 \times 750^2} < 1$$

故速率大的粒子对容器壁的压力贡献更大。

点拨　第一问中，假设碰撞后所有粒子都静止，则可得出 $f = nmv^2$，这是一种极端情况，是物体表面单位面积所受粒子压力的下限。另一种极端情况是，假设碰撞后所有粒子都以原速率反弹，则可得出 $f = 2nmv^2$，这是物体表面单位面积所受粒子压力的上限。当然，也可以假设反弹的速率为 kv，则 $f = (1 + k)nmv^2$，这些都是合理的结果。

例题 2　(2017 年北京市朝阳区二模)科学精神的核心是对未知的好奇与探究。小君同学想寻找教科书中"温度是分子平均动能的标志"这一结论的依据。她以氦气为研究对象进行了一番探究。经查阅资料得知：第一，理想气体的模型是气体分子可视为质点，除了相互碰撞，分子间无相互作用力；第二，一定质量的理想气体，其压强 p 与热力学温度 T 的关系式为 $p = nkT$，式中 n 为单位体积内气体的分子数，k 为常数。她猜想氦气分子的平均动能可能跟其压强有关。她尝试从理论上推导氦气的压强，于是建立如下模型：如图 2.1.4 所

示，正方体容器静止在水平面上，其内密封着理想气体——氦气，假设每个氦气分子的质量为 m，氦气分子与器壁各面碰撞的机会均等；与器壁碰撞前后瞬间，分子的速度方向都与器壁垂直，且速率不变。请根据上述信息帮助小君完成下列问题：

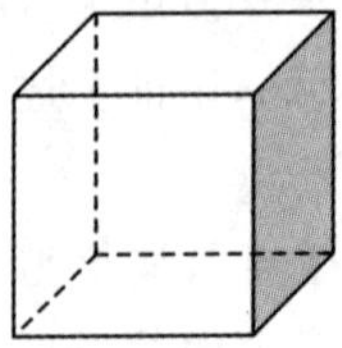

图 2.1.4

(1) 设单位体积内氦气的分子数为 n，且其热运动的平均速率为 v。

① 求一个氦气分子与器壁碰撞一次受到的冲量大小 I。

② 求该正方体容器内氦气的压强 p。

③ 请以本题中的氦气为例推导说明：温度是分子平均动能 $\left(\frac{1}{2}mv^2\right)$ 的标志。

(2) 小君还想继续探究机械能的变化对氦气温度的影响，于是进行了大胆设想：该正方体容器以水平速度 u 匀速运动，某时刻突然停下来，若氦气与外界不发生热传递，请你推断该容器中氦气的温度将怎样变化，并求出其温度变化量 ΔT。

分析 题目中最核心的信息是该同学建立的关于气体分子与容器壁碰撞的模型，该模型的核心要点有两条：上下、左右、前后六个方向等概率碰撞；分子碰壁时速度方向垂直。抓住这两条假设，本题迎刃而解。

解 (1) ① 对与器壁碰撞的一个氦气分子，由动量定理可得 $I=2mv$。

② 设正方体容器某一侧壁面积为 S，则 Δt 时间内碰壁的氦气分子数为

$$N=\frac{1}{6}n\cdot Sv\Delta t$$

由动量定理得

$$F\Delta t=N\cdot I$$

由牛顿第三定律可得器壁受到的压力 $F'=F$；由压强的定义式得 $p=\frac{F'}{S}$。

以上各式联立，得

$$p=\frac{1}{3}nmv^2$$

③ 压强 p 和温度 T 的关系式为 $p=nkT$，由此可得

$$\bar{\varepsilon}=\frac{1}{2}mv^2=\frac{3}{2}kT$$

即分子的平均动能 $\bar{\varepsilon}$ 与热力学温度 T 成正比，温度是分子平均动能的标志。

(2) 设正方体容器中有 N 个氦气分子，当氦气随容器匀速运动时，整个气体机械运动的动能为 $\frac{1}{2}(Nm)u^2$。

设此时氦气温度为 T_1，容器内氦气的内能等于分子热运动的动能之和，即 $N\cdot\frac{3}{2}kT_1$。

当氦气随容器突然停止时，气体机械运动的动能为零，设此时氦气温度为 T_2，则该容器内氦气的内能为 $N\cdot\frac{3}{2}kT_2$。

根据能量转化与守恒定律有

$$\frac{1}{2}(Nm)u^2 + \frac{3}{2}NkT_1 = \frac{3}{2}NkT_2$$

由此可得

$$\Delta T = T_2 - T_1 = \frac{mu^2}{3k}$$

所以氦气温度升高，升高的温度为$\frac{mu^2}{3k}$。

点拨　本题中建立的模型是：分子与器壁各面碰撞的机会均等；与器壁碰撞前后瞬间，分子的速度方向都与器壁垂直，且速率不变。这样的模型相对粗糙，现在我们用更一般的模型来推导气体的压强，可以表示成 $p = \frac{1}{3}nm_0\overline{v^2} = \frac{2}{3}n\left(\frac{1}{2}m_0\overline{v^2}\right) = \frac{2}{3}n\bar{\varepsilon}$。

为了计算方便，我们选一个边长分别为 l_1、l_2、l_3 的长方形容器，如图2.1.5所示。设容器中有 N 个同类气体的分子，每个分子的质量都为 m_0。在平衡态下，器壁各处的压强完全相同，现在我们计算器壁 A_1 面上所受的压强。

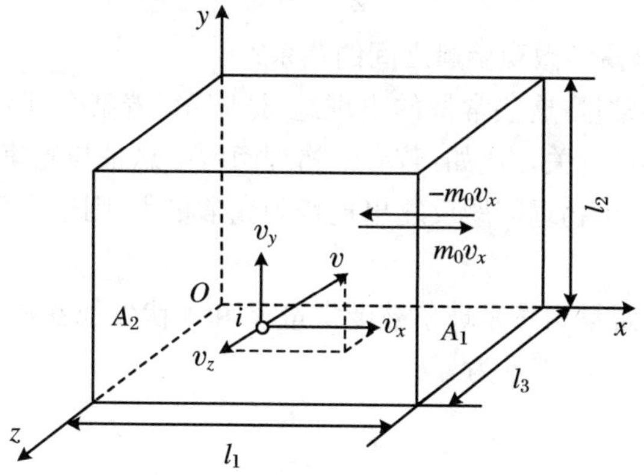

图2.1.5

任选一个分子 i 作为研究对象，设它的速度在 x、y、z 三个方向上的分量分别为 v_{ix}、v_{iy}、v_{iz}，则每与器壁 A_1 面撞击一次，它的动量改变量都为 $-2m_0v_{ix}$。在与 A_1 面连续两次碰撞之间，分子 i 在 x 方向上所经过的距离为 $2l_1$，所需时间为$\frac{2l_1}{v_{ix}}$。在单位时间内，分子 i 与 A_1 面碰撞的次数为$\frac{v_{ix}}{2l_1}$，分子 i 的动量改变量的大小即分子 i 与器壁 A_1 面之间的相互作用力的大小，为

$$F_i = 2m_0v_{ix} \cdot \frac{v_{ix}}{2l_1} = m_0\frac{v_{ix}^2}{l_1}$$

所有分子与器壁 A_1 面的作用力的大小可表示为

$$\bar{F} = \sum_{i=1}^{N}F_i = \sum_{i=1}^{N}\frac{m_0v_{ix}^2}{l_1} = \frac{m_0}{l_1}\sum_{i=1}^{N}v_{ix}^2$$

式中 v_{ix} 是第 i 个分子在 x 方向上的速度分量。由压强定义得

$$p=\frac{\overline{F}}{l_2l_3}=\frac{m_0}{l_1l_2l_3}\sum_{i=1}^{N}v_{ix}^2=\frac{Nm_0}{l_1l_2l_3}\sum_{i=1}^{N}\frac{v_{ix}^2}{N}=\frac{N}{l_1l_2l_3}\cdot m_0\cdot\overline{v_x^2}=nm_0\overline{v_x^2}$$

式中$\overline{v_x^2}$是容器内N个分子沿x方向速度分量的平方的平均值。在平衡状态时，因为气体内分子沿各方向运动的机会相等，所以容器内的分子沿各方向速度分量平方的平均值应该相等，即

$$\overline{v_x^2}=\overline{v_y^2}=\overline{v_z^2}$$

又因为

$$\overline{v_x^2}+\overline{v_y^2}+\overline{v_z^2}=\overline{v^2}$$

所以

$$\overline{v_x^2}=\frac{1}{3}\overline{v^2}$$

考虑到分子的平均动能$\bar{\varepsilon}=\frac{1}{2}m_0\overline{v^2}$，得

$$p=\frac{2}{3}n\left(\frac{1}{2}m_0\overline{v^2}\right)=\frac{2}{3}n\bar{\varepsilon}$$

2. 如何建立宏观参量和微观参量之间的联系？

在物理学中有很多常量，这些常量的出现经常“暗示”着某个问题或多或少与物理学中的某些“大概念”“大背景”有关。比如：若一个物理问题中总是与光速c打交道，则这个问题很可能涉及相对论；若一个物理问题反复出现普朗克常量h，则这个问题多少会牵扯到量子力学。

表征热学的物理学常量当然是玻尔兹曼常量k和阿伏伽德罗常数N_A，这两个量之间的关系可以用普适气体常量R表示为

$$k=\frac{R}{N_A}$$

一般来说，中学生对阿伏伽德罗常数较为熟悉，但是往往被“摩尔”这么一个看似奇怪的单位搞糊涂。科学家为什么要引入“摩尔”这个单位来“打包研究”约为6.02×10^{23}个分子的整体行为呢？

这就好比在生活中，我们每个人都是独立的个体，都拥有自己的个性。但是提到“中国人”，便是指这14亿人共有的特征，以及区别于其他国家的中华文化特质，这可能就是我们所说的文化。这样，我们的视角就从“微观的个体”转向了“宏观的整体”，在各种数据中体现出来的就是平均值、总量等统计指标。

在使用阿伏伽德罗常数进行计算时，经常使用的一个关系是单个分子质量m_0与物质摩尔质量M之间的关系。简单来说，摩尔质量的含义就是N_A个分子打包在一起的质量，因此这两个质量的关系为

$$m_0=\frac{M}{N_A}$$

例题3 （2019年北大科学营）已知氮气分子的有效半径3.7×10^{-10} m，则在常温常压时，每秒氮气分子与其他空气分子碰撞次数的数量级是 （　　）

A. 10^{12}　　B. 10^9　　C. 10^6　　D. 10^3

分析　初看此题有些无从下手的感觉，实际上这需要建立气体分子微观碰撞的模型。注意到题目的选项数量级差别都较大，因此对模型的精确度要求不是太高。气体分子实际上有大小，因此在其经过的路径上，以 2 倍半径为圆柱直径的“曲曲折折的圆柱筒”内的所有分子都会与其发生碰撞。

解　设氮气的摩尔质量为 M，则每个氮气分子的质量约为

$$m_0 = \frac{M}{N_A}$$

结合气态方程，得单位体积内的分子数

$$n = \frac{N}{V} = \frac{\frac{m}{M}N_A}{RT}$$

分子运动的速率满足

$$\frac{3}{2}kT = \frac{3}{2}\cdot\frac{R}{N_A}T = \frac{1}{2}m_0\bar{v}^2$$

得

$$\bar{v} = \sqrt{\frac{3RT}{M}}$$

单位时间内的碰撞次数等于单位时间内经过的体积与单位体积内的分子数的乘积，而单位时间内经过的体积等于分子的横截面积与其运动速度的乘积，则

$$\pi r^2\cdot\sqrt{\frac{3RT}{M}}\cdot\frac{pN_A}{RT} = \pi r^2\cdot pN_A\sqrt{\frac{3}{RTM}} = 5.4\times 10^9$$

点拨　(1) 需要指出的是，本题中将其余分子视为不动，这个显然不合理。如果考虑到分子与分子之间的相对运动，那么速率会有一个$\sqrt{2}$的倍数修正，其推算比较复杂，但这个倍数显然不会对估算的数量级造成本质影响。

(2) 这类“几乎没有给什么已知条件”的问题被趣称为“费米问题”。费米在给自己学生上课时，喜欢问诸如这样的问题：“地球大气中大约有多少个分子？”“太阳每秒损失多少质量？”……要想解决这类问题，不仅需要查阅一定的物理资料，还需要比较良好的建模能力。而这类问题也是科研工作中经常遇到的情况——没有人会罗列出所有的已知条件，需要自己进行摸索。

3. 如何应用速率分布函数处理实际问题？

如果有两个小球，它们的速率分别是 3 m/s 和 5 m/s，那么它们的平均速率就是 4 m/s。如果有三个小球，它们中有两个速率是 3 m/s，另一个速率是 5 m/s，那么它们的平均速率会比 4 m/s 小一些。

我们研究的热学系统涉及 N_A个分子，不可能将每个分子的速率依次写出，只能知道速率在某一小段区间内的分子数量占总量的百分比大致是多少，而且这个百分比对于处于平衡态的系统来说是不变的(但是对于每个分子个体来说速率却是不断变化的)。这就是所谓“速率分布函数”的本质含义。

有了这个分布函数，就相当于知道了每种不同速率的分子数量占总量的权重。因此，在计算其他物理量，如平均速率、平均动能等时，可以利用最基本的“加权平均”方式来进行。唯一稍显烦琐之处在于，这里的计算在不少情况下会涉及积分运算。

例题 4 假设有大量的某种粒子，总数目为 N，其速率分布函数为

$$f(v)=\begin{cases}-c(v-v_0)v & (0\leqslant v\leqslant v_0)\\ 0 & (v>v_0)\end{cases}$$

其中 c 和 v_0 均为正常数，且 v_0 为已知量。

(1) 求出最概然速率。

(2) 画出分布函数图像。

(3) 根据概率分布函数应满足的基本条件，确定系数 c。

(4) 求速率在 $0\sim0.3v$ 区间内的粒子数 ΔN。

分析 利用概率分布函数应满足归一化条件可以算得系数 c，进而确定率分布函数，根据分布函数即可求得 ΔN。

解 (1) 在 $0\sim v_0$ 区间内抛物线方程为 $f(v)=-cv^2+cvv_0$，最概然速率满足

$$\frac{\mathrm{d}f}{\mathrm{d}v}=0$$

解得

$$f_{\max}=\frac{cv_0^2}{4}>0,\quad v_{\mathrm{p}}=\frac{v_0}{2}$$

(2) 根据题目所给的表达式画出分布函数，如图 2.1.6 所示。

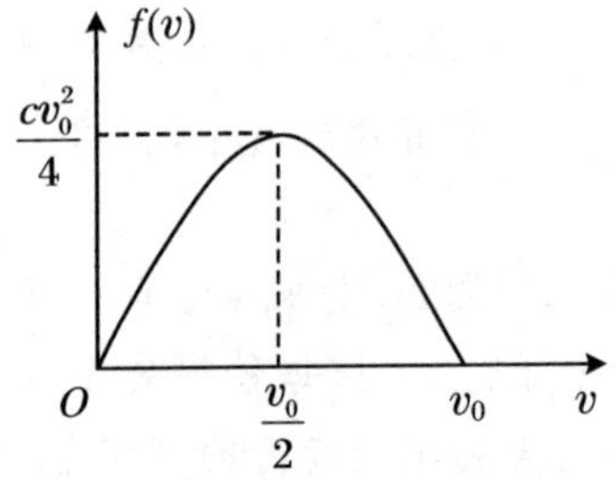

图 2.1.6

(3) 概率分布函数应满足归一化条件

$$\int_0^{\infty}f(v)\mathrm{d}v=1$$

本题 $v>v_0$ 时 $f(v)=0$，要求

$$\int_0^{v_0}-c(v-v_0)v\mathrm{d}v=\frac{1}{6}v_0^3c=1$$

解得

$$c=\frac{6}{v_0^3}$$

(4) 速率在 $0\sim0.3v_0$ 区间内的粒子数

$$\begin{aligned}\Delta N&=\int_0^{0.3v_0}Nf(v)\mathrm{d}v\\&=\int_0^{0.3v_0}-N\frac{6}{v_0^3}(v-v_0)v\mathrm{d}v=0.216N\end{aligned}$$

点拨 不同速率区间内的粒子数本质上就是分布函数图像下的面积，只要有了速率分布函数，就都可以用积分算得。

习题实战演练

基础练习

1. 在常温下，空气分子的平均速率约为 500 m/s。如果撞击课桌表面的空气分子的速度方向均与桌面垂直，并以原速率反弹回去，由此可以估算出 1 s 内打在课桌表面的空气分子个数是(已知大气压约为 1.0×10^5 Pa，一个空气分子的平均质量为 4.9×10^{-25} kg)　(　　)

A. 1×10^{29}　　B. 1×10^{26}　　C. 1×10^{23}　　D. 1×10^{20}

2. 图 2.1.7 为某人在旅游途中对同一密封的小包装食品拍摄的两张照片，图(a)摄于海拔为 500 m、气温为 18 ℃的环境下，图(b)摄于海拔为 3200 m、气温为 10 ℃的环境下。下列说法中不正确的是　(　　)

A. 图(a)中小包内气体的压强大于图(b)小包内气体的压强

B. 图(a)中小包内气体的压强小于图(b)小包内气体的压强

C. 图(a)中小包内气体分子间的引力和斥力都比图(b)中的大

D. 图(a)中小包内气体分子的平均动能大于图(b)中小包内气体分子的平均动能

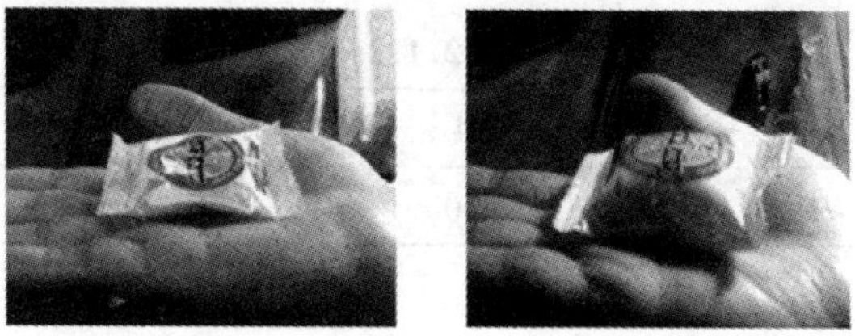

(a)　　(b)

图 2.1.7

3. (2017 年课标全国卷Ⅰ)氧气分子在 0 ℃和 100 ℃温度下单位速率间隔的分子数占总分子数的百分比随气体分子速率的变化分别如图 2.1.8 中两条曲线所示。下列说法正确的是　(　　)

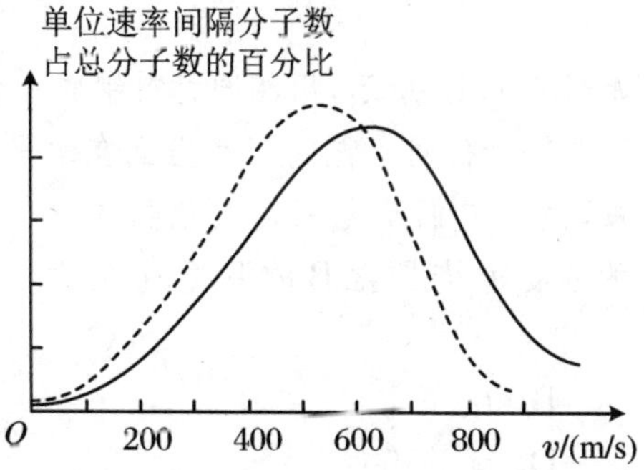

图 2.1.8

A. 图中两条曲线下面积相等

B. 图中虚线对应于氧气分子平均动能较小的情形

C. 图中实线对应于氧气分子在 100 ℃时的情形

D. 图中曲线给出了任意速率区间的氧气分子数目

E. 与 0 ℃时相比，100 ℃时氧气分子速率出现在 0～400 m/s 区间内的分子数占总分子数的百分比较大

4. 如图 2.1.9 所示，密闭绝热的容器中具有一定质量的活塞，活塞的上部封闭着气体，下部为真空，活塞与器壁的摩擦忽略不计，置于真空中的轻弹簧的一端固定于容器的底部。另一端固定在活塞上，弹簧被压缩后用绳扎紧，此时弹簧的弹性势能为 E_p(弹簧处于自然长度时的弹性势能为零)，现绳突然断开，弹簧推动活塞向上运动，经过多次往复运动，活塞静止，气体达到平衡态，经过此过程 （　　）

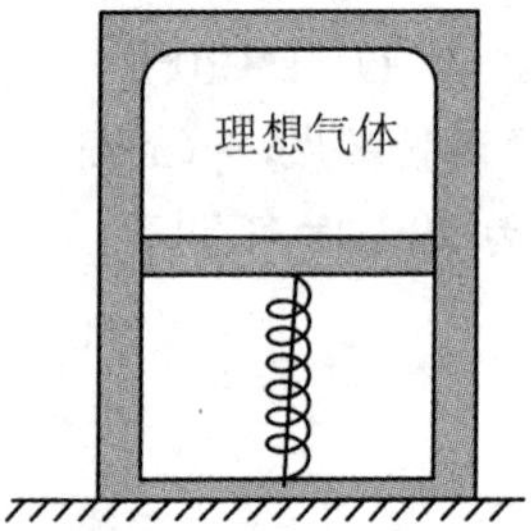

图 2.1.9

A. E_p全部转换为气体的内能

B. E_p一部分转换成活塞的重力势能，其余部分仍为弹簧的弹性势能

C. E_p全部转换成活塞的重力势能和气体的内能

D. E_p一部分转换成活塞的重力势能，一部分转换为气体的内能，其余部分仍为弹簧的弹性势能

5. 设有一群粒子按表 2.1.2 所示速率分布。

表 2.1.2

粒子数 N_i	2	4	6	8	2
速率 v_i/(m/s)	1.00	2.00	3.00	4.00	5.00

试求：

(1) 平均速率 $\bar{v}$；

(2) 方均根速率 $\sqrt{\overline{v^2}}$；

(3) 最概然速率 v_p。

提高练习

6. (2012 年“北约”卷)如图 2.1.10 所示，用相同材料制成一个圆环 A 和一个圆盘 B，其厚度相同，且两者起始温度和质量也相同。把它们都竖立在水平地面上，现给它们相同的热量，假设它们不与任何其他物体进行热交换，则升温后的圆环 A 的温度 t_A与圆盘 B 的温度 t_B 的大小关系是 （　　）

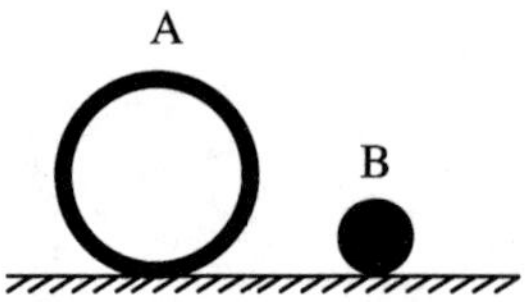

图 2.1.10

A. $t_A > t_B$　　B. $t_A < t_B$

C. $t_A = t_B$　　D. 无法确定

7. 试问：为什么不考虑单原子分子的转动自由度？单原子分子作为一个球体不是仍然会转动吗？

8. 既然理想气体是忽略分子间相互作用势能的，在能均分定理中，关于分子平均能量的公式 $\varepsilon=(t+r+2s)\frac{kT}{2}=\frac{i}{2}kT$（其中，$t$ 表示平动自由度；r 表示转动自由度；s 表示振动自由度，需要考虑振动势能项，所以乘2），为什么要在振动自由度中考虑势能？理想气体不是不考虑势能吗？

9. 已知0 ℃时，H_2 分子的方均根速率为 1.84×10^3 m/s。已知氢原子的质量是电子质量的约1840倍，试估算同一温度下导体中自由电子热运动的方均根速率。

10. 一个密闭容器中有一定质量的混合气体，其成分的质量百分比为氮气80%，二氧化碳15%，氧气5%，其余忽略不计。现在容器上开一个小孔，假定此孔不影响内部的平衡，气体始终保持温度均匀，则在单位时间内通过这个孔逃逸出的三种气体的分子数之比为多少？

参考答案

1. B。
2. B。
3. ABC。
4. D。
5. (1) 3.18 m/s；(2) 3.37 m/s；(3) 4 m/s。
6. B。

提示　圆环A膨胀得多，因而质心上升得更高，即吸收相同的热量，圆环A增加的重力势能更多，因而内能增加得相对少一些，即温度升高得要少一些。

7. 单原子分子确实是球形分子，但是它的质量几乎都集中在原子核上$\left(\text{因为电子质量仅是质子质量的}\frac{1}{1840}\right)$，而质子半径为 10^{-15} m 数量级，单原子分子半径的数量级却为 10^{-10} m。因为相同质量的均匀球体绕中心轴的转动惯量是与半径平方成正比的$\left(I=\frac{2mR^2}{5}\right)$，所以单原子分子的转动惯量远小于非单原子分子的转动惯量。我们知道，转动动能是与转动惯量成正比的$\left(E_k=\frac{I\omega^2}{2}\right)$，因而单原子分子的转动动能远小于非单原子分子的转动动能，它完全可忽略不计，所以单原子分子的转动自由度不对能均分定理做贡献。双原子分子的转动自由度中有一个自由度是绕通过两个原了中心的连心线转动的自由度，其回转半径也是原子核的半径 10^{-15} m，所以其转动动能同样可以忽略，这一转动自由度对能均分定理也无贡献。

8. 理想气体仅仅不考虑分子间的相互作用势能，但是分子内部原子之间的相互作用势能还是必须考虑的，所以当分子内部由于原子之间距离发生改变而产生振动时，它不仅有原子的振动动能，同时还有原子之间的振动势能。因为在一个周期内简谐振动的平均动能与平均势能是相等的，所以每个振动自由度不是均分$\frac{kT}{2}$的热运动能量，而是均分$2\times\frac{kT}{2}$的热运动能量。s个振动自由度均分$2s\times\frac{kT}{2}$的热运动能量。

9. 约为10^5 m/s。

提示　气体分子热运动的平均动能取决于温度，并且在同一温度下不同理想气体的分子平均平动动能相同，这一结论也应适用于自由电子热运动。

设电子的质量为m_e，方均根速率为$\sqrt{\overline{v_e^2}}$，H_2分子的质量为$2m_H$，方均根速率为$\sqrt{\overline{v_H^2}}$，则有

$$\frac{1}{2}m_e\overline{v_e^2}=\frac{1}{2}(2m_H)\overline{v_H^2}$$

所以

$$\sqrt{\overline{v_e^2}}=\sqrt{\frac{2m_H}{m_e}}\sqrt{\overline{v_H^2}}=\sqrt{3680}\times1.84\times10^3\ \text{m/s}\approx1.12\times10^5\ \text{m/s}$$

导体中存在着大量的自由电子，它们可以在导体内自由地运动，其形态与通常的气体类似，故又称为自由电子气，整个导体就是电子气的容器。在常温下，导体中的自由电子气可近似看作理想气体。有关理想气体的定律与公式均可近似适用于自由电子气。只是导体中自由电子做热运动时，不仅自由电子彼此之间可能发生碰撞，而且与晶格离子也发生频繁的碰撞，这使得自由电子自由活动的空间减小，也相当于导体容器的有效体积减小了。

10. 19.55∶1.86∶1。

提示　单位时间内射出的分子数与$n\bar{v}$成正比，其中n为粒子数密度，在一定体积下，n与物质的量ν成正比，即$n\propto\nu$，而分子的平均速度$\bar{v}\propto\sqrt{\frac{T}{M}}$，所以当温度相同时有

$$n\bar{v}\propto\frac{\nu}{\sqrt{M}}$$

由此可得

$$N_{N_2}:N_{CO_2}:N_{O_2}=\frac{\frac{0.8}{28}}{\sqrt{28}}:\frac{\frac{0.15}{44}}{\sqrt{44}}:\frac{\frac{0.05}{32}}{\sqrt{32}}=19.55:1.86:1$$

2.2 热力学第一定律

课外知识延伸

1. 热力学的基本定律

热力学的基本定律有四条，分别是第零、第一、第二、第三定律。之所以会有“第零”定律，是因为在历史上人们首先总结出来了热力学第一定律，但是随后在研究热平衡、温标等基本问题时，发现需要有一条先于热力学第一定律的规律来说明两个物体达到了热平衡（宏观上不再发生热交换）的状态，因此将后发现的定律规定为“热力学第零定律”。

在1939年，福勒首先提出：如果两个热力学系统中的每一个都与第三个热力学系统处于热平衡，则它们彼此也必定处于热平衡，该定律称为热力学第零定律。这条定律看似平淡无奇，但是非常重要，因为它为热力学规定温标、制作温度计提供了理论基础。

热力学第三定律的内容比较晦涩难懂，其最朴实的表述是：绝对零度无法达到。看似短短几个字，却与“熵”这个概念牢牢绑定在一起，最终解释了 -273.15 ℃这个永远无法达到的绝对零度极限。而究其内涵，却与量子化息息相关，这已经远远超出了本书的范围。本节重点介绍热力学第一定律，下一节重点介绍热力学第二定律。

2. 热力学第一定律的普适表达

热力学第一定律是能量守恒定律在热力学中的具体体现，也是热力学最早归纳总结出来的普适规律。

大量的实验发现：改变物体内能有两种方式，即做功和热传递。做功可以改变物体的内能。如果外界对系统做功 W，而系统与外界不发生热传递，做功前后系统的内能分别为 U_1、U_2，则有

$$U_2 - U_1 = W$$

热传递可以改变物体的内能。外界向系统传递了 Q 的热量，但没有做功，热传递前后系统的内能分别为 U_1、U_2，则有

$$U_2 - U_1 = Q$$

做功和热传递都能改变系统的内能，但两者在微观层面存在实质的差别。做功总是和一定宏观位移或定向运动相联系，是将大量分子有规则的定向运动能量转化为分子热运动的能量；热传递则是由于两部分的分子热运动能量不同，分子在碰撞过程中热运动能量不断趋于平均值的过程。在宏观上来看，高温物体的热运动逐渐变弱，温度下降；低温物体的热运动逐渐变强，温度上升。直到两部分热运动强弱相同、温度相同。

如果外界对系统做功，同时有热传递，那么普适的热力学第一定律为：物体内能的增加等于物体吸收的热量和对物体所做的功的总和。其表达式为

$$\Delta U = W + Q$$

需要注意的是此表达式中的符号。内能是系统的状态参量，因此内能的变化会用 ΔU 表示，也就是 $U_{末} - U_{初}$；做功和传递的热量都是过程量，不存在"初/末状态"的概念，因此这两个物理量之前不需要加上"Δ"符号。由此可见，该表达式也是典型的"状态量的变化等于过程量"的表达形式。

在实际应用中，还应当注意该表达式中各物理量的正负号。由于研究对象是该系统，因此做功和热传递都是外界对系统的。如果外界对系统做了正功，那么 W 为正；如果系统对外界做了功，那么 W 为负。如果外界向系统传递了热量，那么 Q 为正；如果系统向外界传递了热量，那么 Q 为负。这些正负号不必出现在定律的表达式中，而应当根据实际情况，各物理量自带正负号。

3. 理想气体的热力学第一定律

对于理想气体来说，外界对气体做的功以及外界传递给气体的热量都可以用气体的状态参量和一些常量来表示。

如果气体压强为 p，体积为 V，在微小的体积变化过程中，外界对气体做的功为

$$\mathrm{d}W = -p\mathrm{d}V$$

负号主要考虑到气体的体积减小时 $\mathrm{d}V$ 为负，而此时却恰好是外界对系统做功，因此外界对气体做功的正负与气体体积变化的正负正好相反。

考虑到气体等容过程中的内能变化量等于外界对气体的热传递，有

$$\mathrm{d}U = \mathrm{d}Q_{等容} = C_V\mathrm{d}T = \nu C_{V,m}\mathrm{d}T$$

其中角标 V 强调的是等容过程中的热容量。由上一章内容可知，对于单原子分子气体来说，其摩尔热容量为 $3R/2$；对于双原子分子气体来说，一般为 $5R/2$。

同时考虑做功和热传递，对理想气体来说，其热力学第一定律表达式为

$$\mathrm{d}U = -p\mathrm{d}V + \nu C_m\mathrm{d}T$$

4. 从 p-V 图看外界对气体做功

（1）p-V 图中曲线下方面积的含义

在 p-V 图中，外界对气体做的功具有很直观的几何含义。如图 2.2.1 所示，气体从状态 (p_1, V_1) 经过曲线变为状态 (p_2, V_2)，根据微元功的表达式可知，在此过程中外界对气体做的功等于 p-V 图曲线下方所围面积的负值。

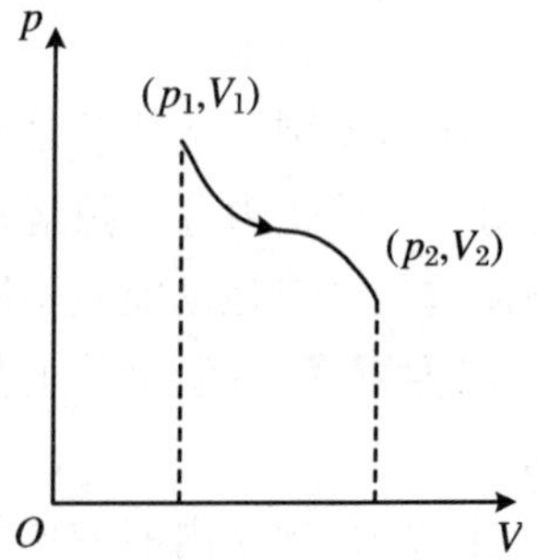

图 2.2.1

（2）常见过程做功的表达式

等容过程：等容过程中，气体体积不变，外界对气体做功为 0。

等压过程：气体压强不变，记为 p，气体体积从 V_1 变为 V_2，则

$$W_{等压} = -p(V_2 - V_1)$$

等温过程：气体的物质的量为 ν，温度为 T，气体从状态 (p_1, V_1) 经过等温线变为状态 (p_2, V_2)，则气体在整个过程中满足气态方程

$$\frac{pV}{T} = \nu R$$

外界对气体做的功为

$$W = -\int_{V_1}^{V_2} p\mathrm{d}V = -\int_{V_1}^{V_2} \frac{\nu RT}{V}\mathrm{d}V = \nu RT\ln\frac{V_1}{V_2} = \nu RT\ln\frac{p_2}{p_1}$$

绝热过程：气体的物质的量为 ν，气体从状态（p_1，V_1，T_1）经过绝热线变为状态（p_2，V_2，T_2），则气体在整个过程中满足绝热方程

$$pV^{\gamma} = C$$

外界对气体做的功为

$$W = -\int_{V_1}^{V_2} p\mathrm{d}V = -\int_{V_1}^{V_2} \frac{C}{V^{\gamma}}\mathrm{d}V = \frac{p_2V_2 - p_1V_1}{\gamma - 1} = \frac{\nu R}{\gamma - 1}(T_2 - T_1)$$

由于 p、V、T 三个状态参量不独立，因此具体题目中还需要将上面积分结果中的物理量转化为所给已知条件。比如已知 p_1、V_1、V_2，那么以上结果可以化为

$$W = \frac{p_1V_1}{\gamma - 1}\left[\left(\frac{V_1}{V_2}\right)^{\gamma-1} - 1\right]$$

5. 理想气体的摩尔热容

理想气体系统在等容过程中不涉及做功的过程，应用热力学第一定律可以计算出该过程的摩尔热容为

$$C_V = \frac{1}{\nu}\left(\frac{\Delta Q}{\Delta T}\right)_V = \frac{1}{\nu}\frac{\Delta U}{\Delta T} = \frac{i}{2}R$$

可见，对于理想气体系统，等容摩尔热容只与分子的自由度 i 有关。

对于理想气体系统，考虑到 $C_V = \frac{i}{2}R$，有时我们也把内能写成

$$U = \nu C_V T$$

但是这仅仅是一种写法，并不能说明内能与摩尔热容直接相关。

根据摩尔热容的定义，我们可以计算出等压过程的摩尔热容，称为等压摩尔热容，用 C_p 表示

$$C_p = \frac{1}{\nu}\left(\frac{\Delta Q}{\Delta T}\right)_p = \left(\frac{i}{2} + 1\right)R$$

与等容摩尔热容比较，得

$$C_p = C_V + R$$

这一公式称为迈耶公式，它说明 1 mol 理想气体温度升高 1 K 时，在等压过程中比在等容过程中多吸收 8.31 J 的热量。

核心问题讨论

1. 如何计算理想气体在不同过程中的摩尔热容？

理想气体的 p、V、T 三个状态参量可以形成 p-V、V-T、p-T 三种图像。在解题前，一定

要看清楚图像是哪两个状态量的关系图。其中 p-V 图使用最为方便，因为可以直接从图中得知外界对气体做的功，再结合气体状态参量的变化情况，便可了解内能的变化。得知做功和内能变化后，利用热力学第一定律就可以推算出气体吸放热的情况，利用摩尔热容的定义即可求解，即

$$C = \frac{1}{\nu}\left(\frac{\Delta Q}{\Delta T}\right)$$

例题 1 （2019 年北大科学营）假设一团双原子分子理想氧气从同一点出发，经历 a、b、c 三个过程，如图 2.2.2 所示，则在这三个过程中吸收热量最多的是__________过程。这三个过程中气体的摩尔热容分别写为 C_a、C_b、C_c，则从大到小的排列是__________。

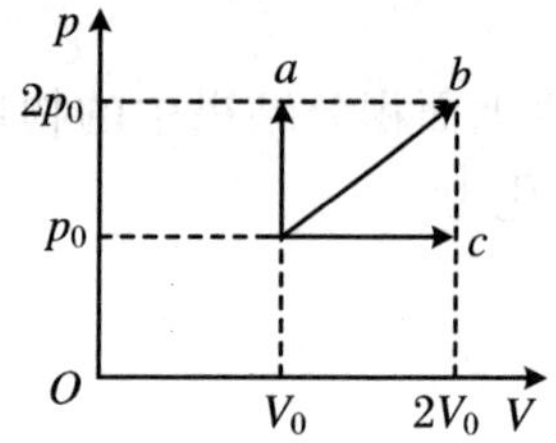

图 2.2.2

分析 要计算这三个过程中气体的摩尔热容量，就是需要计算吸热与温度的变化量的比值，计算吸热则需要先计算过程中气体做功的值，然后应用热力学第一定律，结合这三个过程末状态的温度，即可求得吸热量的值，从而计算出摩尔热容量。

解 设初态温度为 T_0，则 $T_a = T_c = 2T_0$，$T_b = 4T_0$，可见过程 b 的内能增加最多。

由 p-V 图可以看出，在过程 a 中气体不需要对外做功。

在过程 b 中气体对外做功值为

$$W_b = \frac{p_0 + 2p_0}{2}(2V_0 - V_0) = \frac{3}{2}p_0V_0 = \frac{3}{2}\nu RT_0$$

在过程 c 中气体对外做功值为

$$W_c = p_0(2V_0 - V_0) = \nu RT_0$$

由此可见，在过程 b 中气体对外做功最多，而且气体的内能增加最多，因此在这三个过程中吸收热量最多的是过程 b。

在这三个过程中气体从外界吸收的热量分别为

$$Q_a = \frac{5}{2}\nu R(2T_0 - T_0) = \frac{5}{2}\nu RT_0$$

$$Q_b = \frac{5}{2}\nu R(4T_0 - T_0) + W_b = 9\nu RT_0$$

$$Q_c = \frac{5}{2}\nu R(2T_0 - T_0) + W_c = \frac{7}{2}\nu RT_0$$

这三个过程中气体的摩尔热容量分别为

$$C_a = \frac{Q_a}{\nu T_0} = \frac{5}{2}R$$

$$C_b = \frac{Q_b}{\nu \cdot 3T_0} = 3R$$

$$C_c = \frac{Q_c}{\nu T_0} = \frac{7}{2}R$$

可见，这三个过程中气体的摩尔热容量从大到小排列为 $C_a>C_b>C_c$。

点拨　在此题中，我们求得的摩尔热容量实际上是整个过程的平均摩尔热容量。有兴趣的同学可以根据气体变化图线，求出每个过程的瞬时热容量的表达式。在气体经历的过程中，热容量很可能不是一个定值。

例题 2　1 mol 的理想气体等容摩尔热容量为 $C_{V,m}$，求其经历多方过程 $pV^n=C$（常量）的摩尔热容量 $C_{n,m}$。

分析　理想气体等容摩尔热容量 $C_{V,m}$ 很特殊：一方面，它是等容过程中吸热量和温度改变量的比值；另一方面，等容过程气体对外做功为零，根据热力学第一定律，吸热量应该等于气体内能的改变量，即气体内能改变量可以写成 $\Delta U=C_{V,m}\Delta T$，据此可以通过内能将 $C_{V,m}$ 在不同的过程之间建立联系。

解　将热力学第一定律等量关系两边同除以 $\mathrm{d}T$ 得

$$\frac{\mathrm{d}U}{\mathrm{d}T}=\frac{\mathrm{d}Q}{\mathrm{d}T}-p\frac{\mathrm{d}V}{\mathrm{d}T}$$

对于 1 mol 的理想气体，结合 $\mathrm{d}U=C_{V,m}\mathrm{d}T$，上式可整理成

$$\frac{\mathrm{d}Q}{\mathrm{d}T}=\frac{\mathrm{d}U}{\mathrm{d}T}+p\frac{\mathrm{d}V}{\mathrm{d}T}=\frac{C_{V,m}\mathrm{d}T}{\mathrm{d}T}+p\frac{\mathrm{d}V}{\mathrm{d}T}=C_{V,m}+p\frac{\mathrm{d}V}{\mathrm{d}T}$$

结合理想气体状态方程，可得

$$C_{n,m}=C_{V,m}+p\left(\frac{\mathrm{d}V_m}{\mathrm{d}T}\right)_n=C_{V,m}+\frac{RT}{V}\left(\frac{\mathrm{d}V}{\mathrm{d}T}\right)_n$$

从上式可见，要想得出 $C_{V,m}$，关键是确定该过程中 V-T 关系，气体经历多方过程，V 和 T 满足

$$V^{n-1}T=C'$$

对等式两边求导，得

$$V^{n-1}\mathrm{d}T+(n-1)TV^{n-2}\mathrm{d}V=0$$

由此可得

$$\left(\frac{\mathrm{d}V}{\mathrm{d}T}\right)_n=-\frac{1}{n-1}\cdot\frac{V}{T}$$

所以

$$C_{n,m}=C_{V,m}-\frac{R}{n-1}$$

点拨　实际上，理想气体经历的典型单一过程（如等容过程、等压过程、等温过程、绝热过程）都可以视为多方过程，只是多方指数 n 不同。仿照本题的解题思路，可得外界做功、外界传热、气体内能变化、气体摩尔热容量，表 2.2.1 给出这些过程的计算结果。

表 2.2.1

过程	过程方程式	初、末态参量间的关系	外界对系统做的功	系统从外界吸收的热量	摩尔热容量
等容	$V=$常量	$V_2=V_1$；$\dfrac{T_2}{T_1}=\dfrac{p_2}{p_1}$	0	$C_V(T_2-T_1)$	$C_{V,m}=\dfrac{R}{\gamma-1}$
等压	$p=$常量	$p_1=p_2$；$\dfrac{T_2}{T_1}=\dfrac{V_2}{V_1}$	$-p(V_2-V_1)$或 $-\nu R(T_2-T_1)$	$C_p(T_2-T_1)$	$C_{p,m}=\dfrac{\gamma R}{\gamma-1}$
等温	$pV=$常量	$T_2=T_1$；$\dfrac{p_2}{p_1}=\dfrac{V_1}{V_2}$	$-p_1V_1\ln\dfrac{V_2}{V_1}$或 $-\nu RT_1\ln\dfrac{V_2}{V_1}$	$p_1V_1\ln\dfrac{V_2}{V_1}$或 $\nu RT_1\ln\dfrac{V_2}{V_1}$	∞
绝热	$pV^\gamma=$常量	$\dfrac{p_2}{p_1}=\left(\dfrac{V_1}{V_2}\right)^\gamma$ $\dfrac{T_2}{T_1}=\left(\dfrac{V_1}{V_2}\right)^{\gamma-1}$ $\dfrac{T_2}{T_1}=\left(\dfrac{p_2}{p_1}\right)^{\frac{\gamma-1}{\gamma}}$	$\dfrac{1}{\gamma-1}(p_2V_2-p_1V_1)$或 $\dfrac{p_1V_1}{\gamma-1}\left[\left(\dfrac{V_1}{V_2}\right)^{\gamma-1}-1\right]$ 或 $C_V(T_2-T_1)=$ $\dfrac{\nu R}{\gamma-1}(T_2-T_1)$	0	0
多方	$pV^n=$常量	$\dfrac{p_2}{p_1}=\left(\dfrac{V_1}{V_2}\right)^n$ $\dfrac{T_2}{T_1}=\left(\dfrac{V_1}{V_2}\right)^{n-1}$ $\dfrac{T_2}{T_1}=\left(\dfrac{p_2}{p_1}\right)^{\frac{n-1}{n}}$	$\dfrac{1}{n-1}(p_2V_2-p_1V_1)$或 $\dfrac{p_1V_1}{n-1}\left[\left(\dfrac{V_1}{V_2}\right)^{n-1}-1\right]$ 或$\dfrac{\nu R}{n-1}(T_2-T_1)$	$\nu C_{V,m}(T_2-T_1)-$ $\dfrac{\nu R}{n-1}(T_2-T_1)=$ $\nu\left(C_{V,m}-\dfrac{R}{n-1}\right)\cdot$ $(T_2-T_1)(n\neq1)$	$C_{V,m}-\dfrac{R}{n-1}=$ $C_{V,m}\cdot\dfrac{\gamma-n}{1-n}$

2. 如何计算理想气体在某过程中做的功和吸的热?

一方面，若知道了某过程的 p-V 关系，分析某一微元过程有 $\mathrm{d}W=-p\mathrm{d}V$，然后积分即可求得该过程中外界对气体做功的情况，其间可能综合应用受力分析、理想气体状态方程等知识；另一方面，在许多情景中并不知道过程的 p-V 关系，但容易计算吸放热情况，加上容易得出气体的温度变化等状态参量，这时就需要综合应用比热、热力学第一定律等知识求解外界对气体做功的情况。

例题 3 （2019 年清华领军计划）2 mol 氢气的等容热容为 $5R$，经准静态过程从状态 (T_0,V_0) 变为 $(2T_0,\sqrt{2}V_0)$，已知过程中热容量为 $C=2R\left(1+\alpha\dfrac{T}{T_0}\right)$，则气体内能变化 ΔU 和对外做功 W 分别为（　　）

A. $\Delta U=5RT_0$，$W=2RT_0+6\alpha RT_0$　　B. $\Delta U=5RT_0$，$W=3\alpha RT_0-3RT_0$

C. $\Delta U=10RT_0$，$W=4RT_0+6\alpha RT_0$　　D. $\Delta U=10RT_0$，$W=12\alpha RT_0-6RT_0$

分析 气体的内能是状态函数，与温度有关，所以在整个过程中的内能变化可以根据温度变化求得；吸热可以利用题目中给出的热容量借助积分求出，再根据热力学第一定律可以得出做功的相关信息。

解　因为气体的等容热容为 $5R$，所以气体的内能变化为

$$\Delta U = 5R(2T_0 - T_0) = 5RT_0$$

气体在微小过程中吸热为

$$dQ = 2R\left(1 + \alpha\frac{T}{T_0}\right)dT$$

在整个过程中吸热为

$$Q = \int_{T_0}^{2T_0} 2R\left(1 + \alpha\frac{T}{T_0}\right)dT = (2 + 3\alpha)RT_0$$

根据热力学第一定律可知气体对外做功为

$$W = Q - \Delta U = 3(\alpha - 1)RT_0$$

所以本题选 B。

点拨　细心的同学可能会发现，最后一步的热力学第一定律的表达式与标准式 $\Delta U = Q + W$ 在功的前面的正负号正好相反，这是因为这里的 W 的含义是“气体对外做的功”。

例题 4　(2019 年成都市高考模拟)如图 2.2.3 所示，一横截面积为 S 的圆柱形气缸竖直放置在升降机中，质量为 m 的活塞在缸内封闭着一定质量的理想气体，活塞上表面水平，下表面与水平面的夹角为 θ。不计活塞与气缸内壁之间的摩擦，大气压强为 p_0，重力加速度大小为 g。

(1) 当升降机以加速度 a 竖直向上做匀加速运动时，求缸内气体的压强。

(2) 当升降机静止时，对缸内气体缓慢加热，气体吸收的热量为 Q，气柱高度增加了 ΔL，求加热过程中气体内能的增量。

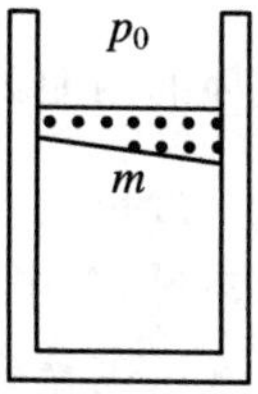

图 2.2.3

分析　在第二问中要求加热过程中气体内能的增量，关键是求外界对气体做的功，然后应用热力学第一定律 $\Delta U = W + Q$ 即可求出内能的增量。

解　(1) 活塞受力如图 2.2.4 所示，设缸内气体的压强为 p，则缸内气体对活塞的压力大小为

$$F_p = \frac{pS}{\cos\theta}$$

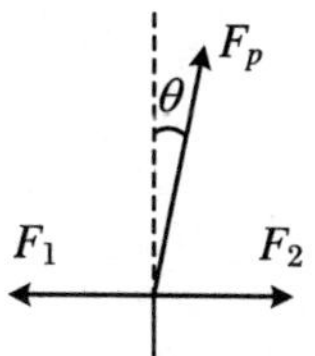

图 2.2.4

在竖直方向，根据牛顿第二定律有

$$\frac{pS}{\cos\theta} \times \cos\theta - p_0S - mg = ma$$

解得

$$p = p_0 + \frac{m(a + g)}{S}$$

(2) 加热过程中缸内气体等压膨胀，活塞处于平衡状态，设缸内气体的压强为 p'，内能增量为 ΔU，根据受力平衡得

$$\frac{p'S}{\cos\theta}\times\cos\theta = p_0S + mg$$

可得

$$p' = p_0 + \frac{mg}{S}$$

外界对气体做的功为

$$W = -\frac{p'S}{\cos\theta}\times\cos\theta\times\Delta L = -p'S\Delta L$$

由热力学第一定律有

$$\Delta U = Q + W$$

以上各式联立，得

$$\Delta U = Q - (p_0S + mg)\Delta L$$

点拨 本题第一问在求解气体的压强时需注意活塞下表面是斜面，而气体的压力来源于气体分子对斜面的频繁碰撞，根据对称性，该碰撞宏观上表现出垂直于斜面的压力，即气体对斜面的压力是垂直于斜面的。

例题 5 绝热容器 A 经一阀门与另一容积比 A 的容积大得多的绝热容器 B 相连。开始时阀门关闭，两容器中盛有同种理想气体，温度均为 30 ℃，B 中气体的压强为 A 中的 2 倍。现将阀门缓慢打开，直至压强相等时关闭。问：此时容器 A 中气体的温度为多少？假设在打开到关闭阀门的过程中处在 A 中的气体与处在 B 中的气体之间无热交换。已知每摩尔该气体的内能为 $U=\frac{5}{2}RT$，式中 R 为普适气体常量，T 是绝对温度。

分析 因为 B 的容积比 A 大得多，所以过程中 B 中气体的压强可以近似看作不变，即末态时，A 中气体的压强变为原来的 2 倍。另外，本题在应用热力学第一定律时，研究对象的选取也需要合适，应该选取“A 中初始的气体和末态被压入 A 中的气体”这个整体作为研究对象。

解 设容器 A 的容积为 V，初始 A 中气体的物质的量为 ν_A，压强为 p，温度为 T_0；末态，从 B 进入 A 中的气体的物质的量为 ν_B，对应在 B 中的初态体积为 ΔV，在 A 中的初态温度为 T_0。

根据题意可列出方程

$$pV = \nu_A RT_0$$

$$2p\Delta V = \nu_B RT_0$$

$$2pV = (\nu_A + \nu_B)RT$$

根据以上各式可得

$$pV - 2p\Delta V = R(\nu_A + \nu_B)(T - T_0)$$

选取“A 中初始的气体和末态被压入 A 中的气体”这个整体作为研究对象，应用热力学第一定律得

$$2p\Delta V = \frac{5R}{2}(\nu_A + \nu_B)(T - T_0)$$

根据以上两式可知

$$pV - 2p\Delta V = 2p\Delta V \times \frac{2}{5}$$

可得

$$\Delta V = \frac{5V}{14}$$

将该结果代入前述方程，可得

$$\frac{2}{7}pV = R(v_A + v_B)(T - T_0)$$

由此得

$$7 = \frac{T}{T - T_0}$$

解得

$$T = \frac{7}{6}T_0 = 353.5\ \mathrm{K}$$

点拨　在本题中如何理解“比A大得多的容器B”呢？其实容器B完全可以是没有容器壁的地球大气，那么这类问题就可以看作“低压容器罐充气”类问题的模型。有些气罐中装有易燃易爆甚至有毒的气体，当使用到较低压强不满足要求时，敢不敢直接打开阀门让空气冲进去？根据本题的计算结果，气罐中的气体会升温，因此工业上使用完毕的废气罐不能随意处理，更不能扔到废品站进行野蛮拆卸，需要统一回收、特殊处理。

3. 如何推导理想气体在某个过程中状态参量需满足的方程？

在一定的物理过程中，对于理想气体，三个状态参量（p、V、T）除了满足理想气体的状态方程，还需要满足一些特定的方程，这些特定的方程和物理过程有关。比如，第1章学过的等温过程，压强和体积需满足 $pV = C$，等容过程，压强和温度需满足 $\frac{p}{T} = C$ 等。找出这些特定的方程，往往需要综合利用理想气体状态方程、热力学第一定律等。

例题6　证明理想气体绝热过程的状态方程为 $pV^{\gamma} = C$，其中 γ 为绝热系数，其表达式为 $\gamma = \frac{C_{V,m} + R}{C_{V,m}}$，$C$ 为常数。

分析　因为热力学第一定律、理想气体状态方程都具有普适性，所以可以从这两个方面入手思考，再考虑到本题是绝热过程，其显著特征是气体与外界没有吸放热的能量交换，这样就可以进一步简化热力学第一定律，再结合理想气体状态方程尝试求解。

解　将气体的内能用 $\mathrm{d}U = \nu C_{V,m}\mathrm{d}T$ 表示，热力学第一定律可改写成

$$\mathrm{d}Q = \nu C_{V,m}\mathrm{d}T + p\mathrm{d}V$$

对于绝热过程有 $\mathrm{d}Q = 0$，上式可化简为

$$-p\mathrm{d}V = \nu C_{V,m}\mathrm{d}T$$

对理想气体状态方程 $pV = \nu RT$ 两边求微分，可得

$$p\mathrm{d}V + V\mathrm{d}p = \nu R\mathrm{d}T$$

以上两式结合就可以消去 $\mathrm{d}T$，建立起仅含有 p、V 的微分方程，即

$$(C_{V,m}+R)p\mathrm{d}V=-C_{V,m}V\mathrm{d}p$$

令 $\gamma=\dfrac{C_{V,m}+R}{C_{V,m}}$，可得

$$\frac{\mathrm{d}p}{p}+\gamma\frac{\mathrm{d}V}{V}=0$$

对上式积分，可得

$$\ln p+\gamma\ln V=C_1$$

整理得

$$pV^{\gamma}=C$$

点拨 本题中得到了一个很重要的结论——绝热过程中的指数 γ 的具体含义是

$$\gamma=\frac{C_{V,m}+R}{C_{V,m}}$$

结合单原子分子、双原子分子、多原子分子气体的 $C_{V,m}$ 值可知：单原子分子气体 $\gamma=5/3$；双原子分子气体 $\gamma=7/5$；多原子分子气体的 $C_{V,m}$ 值比较复杂，若以 $C_{V,m}=3R$ 计算，则 $\gamma=4/3$。

习题实战演练

基础练习

1.（2011年重庆卷）某汽车后备箱内安装有撑起箱盖的装置，它主要由气缸和活塞组成。开箱时，密闭于气缸内的压缩气体膨胀，将箱盖顶起，如图2.2.5所示。在此过程中，若缸内气体与外界无热交换，忽略气体分子间相互作用，则缸内气体（　　）

A. 对外做正功，分子的平均动能减小

B. 对外做正功，内能增大

C. 对外做负功，分子的平均动能增大

D. 对外做负功，内能减小

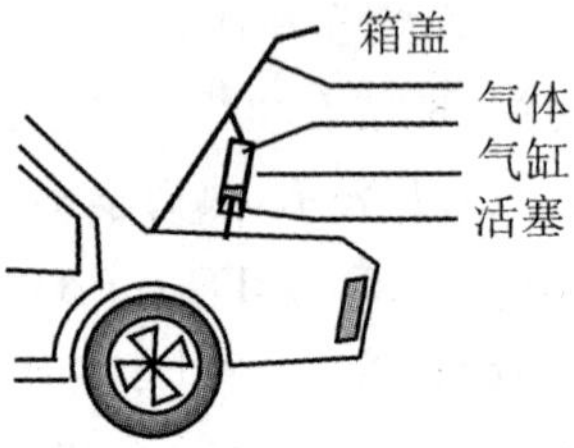

图 2.2.5

2.（2019年中国科大自招）恒温的水池中，有一气泡缓慢上升，在此过程中，气泡的体积

会逐渐增大。不考虑气泡内气体分子势能的变化,则下列说法正确的是 ( )

A. 气泡对外界做功,气泡内气体分子的平均动能保持不变

B. 气泡对外界做功,气泡内气体分子的平均动能减小

C. 外界对气泡做功,气泡内气体分子的平均动能保持不变

D. 外界对气泡做功,气泡内气体分子的平均动能增加

3. (2010年全国卷)如图2.2.6所示,一绝热容器被隔板K隔开成a、b两部分。已知a内有一定量的稀薄气体,b内为真空。抽开隔板K后,a内气体进入b,最终达到平衡状态。在此过程中 ( )

A. 气体对外界做功,内能减少　　B. 气体不做功,内能不变

C. 气体压强变小,温度降低　　D. 气体压强变小,温度不变

4. (2017年江苏卷)一定质量的理想气体从状态A经过状态B变化到状态C,其V-T图像如图2.2.7所示。下列说法正确的有 ( )

A. $A\to B$的过程中,气体对外界做功　　B. $A\to B$的过程中,气体放出热量

C. $B\to C$的过程中,气体压强不变　　D. $A\to B\to C$的过程中,气体内能增加

5. (2022年全国甲卷)一定量的理想气体从状态a变化到状态b,其过程如p-T图上从a到b的线段所示(图2.2.8)。在此过程中 ( )

A. 气体一直对外做功

B. 气体的内能一直增加

C. 气体一直从外界吸热

D. 气体吸收的热量等于其对外做的功

E. 气体吸收的热量等于其内能的增加量

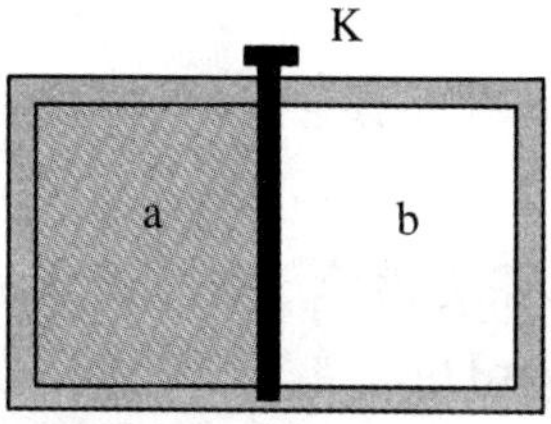

图2.2.6

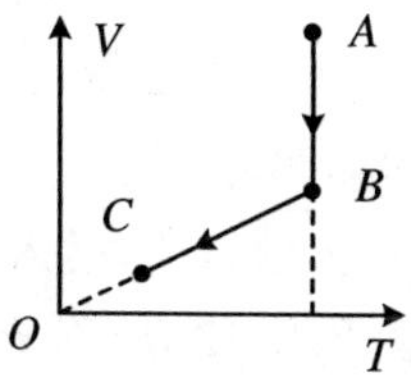

图2.2.7

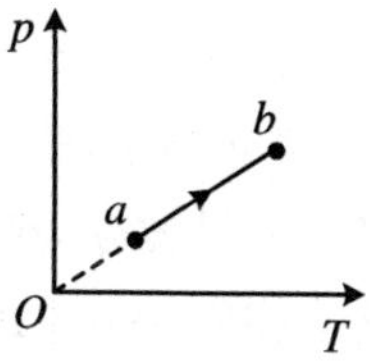

图2.2.8

6. (2022年全国乙卷)一定量的理想气体从状态a经状态b变化到状态c,其过程如T-V图上的两条线段所示(图2.2.9),则 ( )

A. 气体在状态a处的压强大于在状态c处的压强

B. 由a变化到b的过程中,气体对外做功

C. 由b变化到c的过程中,气体的压强不变

D. 由a变化到b的过程中,气体从外界吸热

E. 由a变化到b的过程中,从外界吸收的热量等于其增加的内能

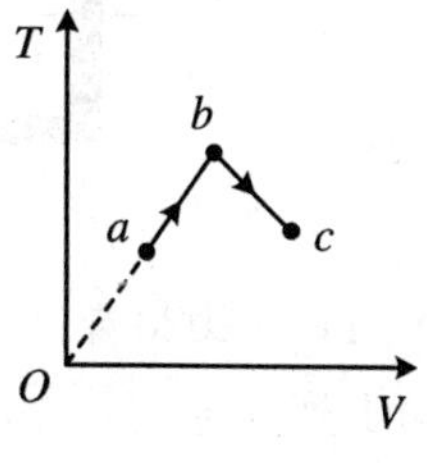

图2.2.9

7. 有人说“任何没有体积变化的过程就一定不对外做功”,对吗?

8. (2020 年江苏卷)一定质量的理想气体从状态 A 经状态 B 变化到状态 C，其 $p\text{-}\frac{1}{V}$ 图像如图 2.2.10 所示，求该过程中气体吸收的热量 Q。

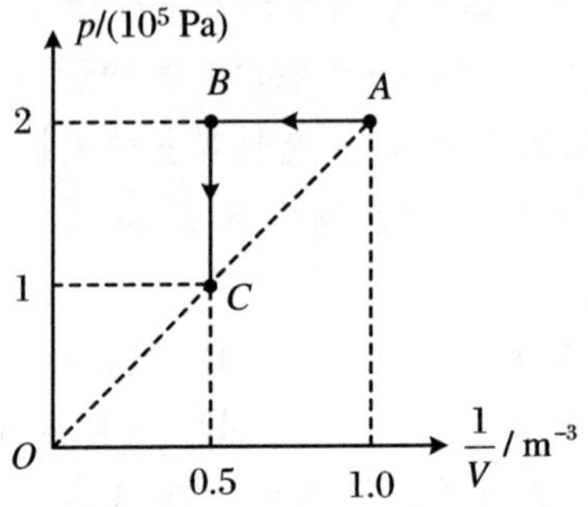

图 2.2.10

提 高 练 习

9. (2007 年第 24 届全国中学生物理竞赛预赛)如图 2.2.11 所示，绝热的活塞 S 把一定质量的稀薄气体(可视为理想气体)密封在水平放置的绝热气缸内。活塞可在气缸内无摩擦地滑动。气缸左端的电热丝可通弱电流对气缸内气体十分缓慢地加热。气缸处在大气中，大气压强为 p_0。初始时，气体的体积为 V_0，压强为 p_0。求以下两种过程中电热丝传给气体的热量 Q_1 与 Q_2 之比。已知 1 mol 该气体温度升高 1 K 时其内能增加 C_V。

(1) 从初始状态出发，保持活塞 S 位置固定，在电热丝中通以弱电流，并持续一段时间，然后停止通电，待气体达到热平衡时，测得气体的压强为 p_1。

(2) 仍从初始状态出发，让活塞处于自由状态，在电热丝中通以弱电流，也持续一段时间，然后停止通电，最后测得气体的体积为 V_2。

10. 一根长为 76 cm 的玻璃管，上端封闭，插入水银中。水银充满管子的一部分。封闭体积内有空气 1.0×10^{-3} mol，如图 2.2.12 所示，大气压为 76 cmHg。空气的摩尔定容热容量 $C_V=20.5\ \text{J/(mol}\cdot\text{K)}$，当玻璃管温度缓慢降低 10 ℃时，求封闭管内空气损失的热量。

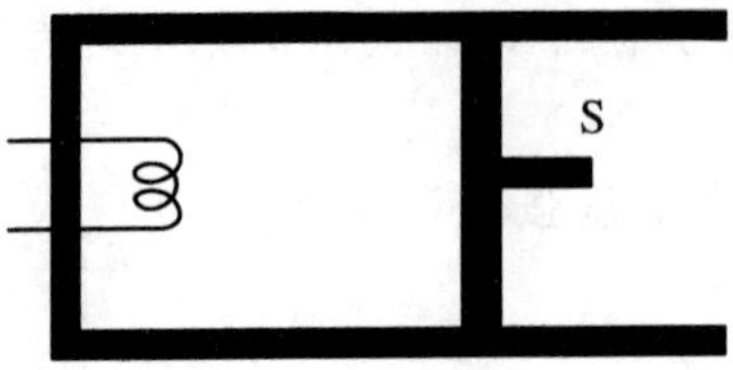

图 2.2.11

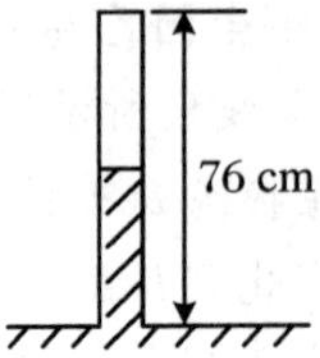

图 2.2.12

11. (2020 年中国科大强基)如图 2.2.13 所示，一系统由 a 状态沿 abc 到达 c 状态，有 334 J 热量传入系统，而系统对外做功为 126 J。若沿 adc 过程，则系统对外做功为 42.0 J。

(1) 问：沿 adc 过程有多少热量传入系统？

(2) 当系统由 c 状态沿 cea 返回 a 状态时，外界对系统做功为 84.0 J，试问：系统是吸热还是放热？热量传递多少？

(3) 若系统在 a、d 两处的内能分别为 E_a、E_d，且 $E_d - E_a = 40.0\ \text{J}$，试问：沿 ad 过程和沿 dc 过程各吸收多少热量？

12. 一位大学生在自己的实验中引用了二维气体特征的见解。他在浅平的容器中（在该容器里分子只能沿平面运动），放置 $N = 10^{19}$ 个单原子分子。结果绝热的、“伸长的”气体从 $T_1 = 300\ \text{K}$ 冷却到 $T_2 = 200\ \text{K}$。若图 2.2.14 中 $L = 5\ \text{cm}$ 为初状态，求活塞发生的位移和气体最初作用在活塞上的力的大小。

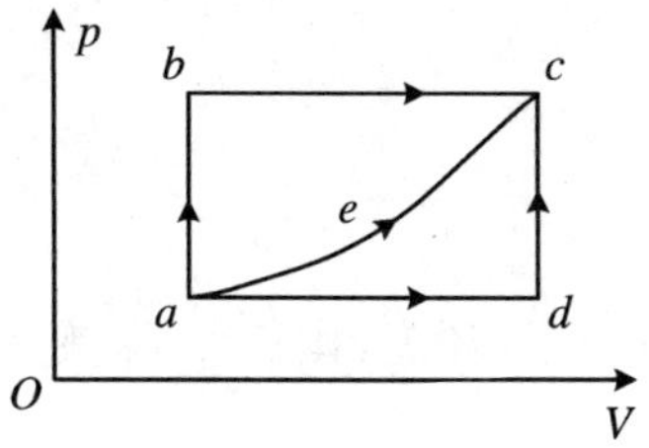

图 2.2.13

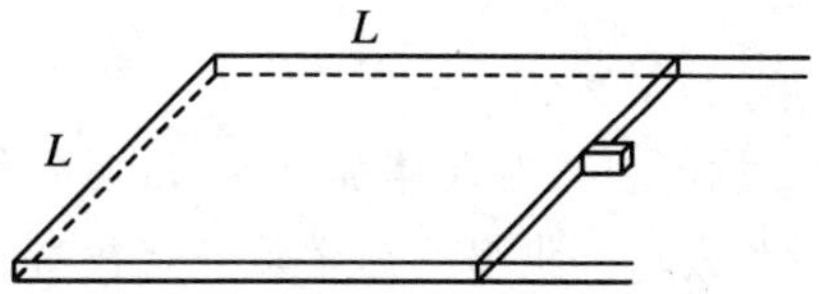

图 2.2.14

参考答案

1. A。
2. A。
3. BD。
4. BC。
5. BCE。
6. ABD。
7. 不对。

提示　功的形式不止一种，除了因体积变化而做的功，还有拉伸固态材料做的功、表面张力功等。以上这些都是力学功，此外还有电磁功（如电池充放电做的功）等。在做上述这些功时，其体积都是不变的。

8. $Q = 2 \times 10^5\ \text{J}$。

提示　$A \to B$ 过程中，外界对气体做的功 $W_1 = p(V_A - V_B)$；$B \to C$ 过程中，$W_2 = 0$，根据热力学第一定律得 $\Delta U = (W_1 - W_2) + Q$。$A$ 和 C 的温度相等，$\Delta U = 0$，代入数据，解得 $Q = 2 \times 10^5\ \text{J}$。

9. $\dfrac{Q_1}{Q_2} = \left(\dfrac{C_V}{C_V + R}\right) \cdot \dfrac{(p_1 - p_0)V_0}{(V_2 - V_0)p_0}$。

提示　以 m 表示气缸内气体的质量，μ 表示其摩尔质量。当气体处于初始状态时，已知其压强为 p_0，体积为 V_0。设其温度为 T_0，则由理想气体状态方程有

$$p_0 V_0 = \frac{m}{\mu} R T_0$$

在过程1中，对气体加热时，活塞S位置固定不动，气体体积保持不变，气体对外不做功。根据热力学第一定律有

$$Q_1 = \frac{m}{\mu} C_V (T_1 - T_0)$$

式中 T_1 为加热后气体的温度。根据题意，这时气体的压强为 p_1。由理想气体状态方程可知

$$p_1 V_0 = \frac{m}{\mu} R T_1$$

以上各式联立，可得

$$Q_1 = \frac{C_V}{R} V_0 (p_1 - p_0)$$

在过程2中，对气体加热时，活塞要移动，气体的压强保持 p_0 不变，体积由 V_0 变为 V_2，气体对外做功。根据热力学第一定律有

$$Q_2 = \frac{m}{\mu} C_V (T_2 - T_0) + p_0 (V_2 - V_0)$$

式中 T_2 为加热后气体的温度。由理想气体状态方程可得

$$p_0 V_2 = \frac{m}{\mu} R T_2$$

以上各式联立，可得

$$Q_2 = \frac{C_V + R}{R} p_0 (V_2 - V_0)$$

由此可知

$$\frac{Q_1}{Q_2} = \frac{C_V}{C_V + R} \cdot \frac{(p_1 - p_0) V_0}{(V_2 - V_0) p_0}$$

10. $Q = 0.247$ J。

提示 取封闭在管内的空气为研究对象，为求出空气在降温过程中的放热，关键是确定空气在降温过程中遵循的过程方程。由于管内空气压强 p 等于大气压强与管内水银柱压强之差，且管长刚好76 cm，故 p 与空气柱高度成正比，即封闭气体的压强与其体积成正比。随着温度降低，管内水银柱上升，空气的压强与体积均减小，但仍保持正比关系。设在降温过程中管内封闭空气柱的高度为 h，水银柱高度为 h'，则

$$h + h' = 76\ \text{cm}$$

管内封闭空气的压强为

$$p = p_0 - \rho g h' = \rho g h$$

式中 ρ 为水银密度。上式表明，在降温过程中，空气的压强 p 与空气柱高度 h 成正比，因管粗细均匀，故 p 与空气体积 V 成正比，即 $p \propto V$。这就是管内封闭空气在降温过程中所遵循的过程方程。不难看出 p-V 图(图2.2.15)中阴影部分面积为空气对外做的功，即

$$W = \Delta\left(\frac{1}{2}pV\right)$$

空气在此过程中放出的热量为

$$Q = W + (-\Delta E) = -\Delta\left(\frac{1}{2}pV\right) + (-\nu C_V \Delta T)$$

$$= -\frac{1}{2}\nu R\Delta T + (-\nu C_V\Delta T) = -\nu\left(\frac{1}{2}R + C_V\right)\cdot\Delta T$$

$$= -10^{-3}\times\left(\frac{8.31}{2} + 20.5\right)\times(-10)\ \text{J} = 0.247\ \text{J}$$

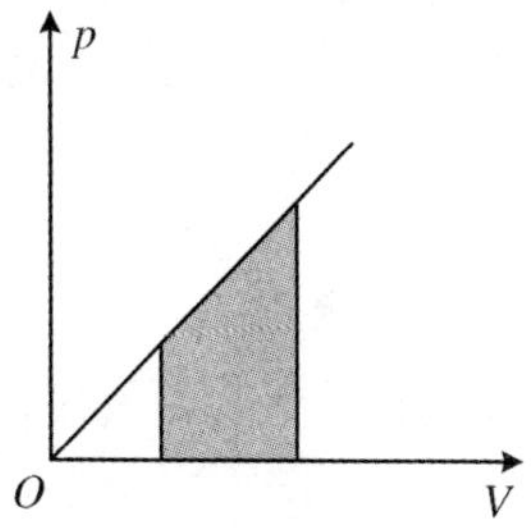

图 2.2.15

11. (1)250 J;(2) 放热,292 J;(3) 沿 ad 过程吸热 82 J,沿 dc 过程吸热 168 J。

提示　(1) 沿 abc 过程传入系统的热量为

$$Q' = (E_c - E_a) + W_{abc} = 250\ \text{J}$$

(2) 系统沿 cea 由 c 返回 a 的过程中,内能减少 208 J,故此过程放热

$$Q = \Delta E + W_3 = 292\ \text{J}$$

(3) 系统沿 ad 过程吸热

$$Q_3 = (E_d - E_a) + W_{ad} = 82\ \text{J}$$

沿 dc 过程吸热

$$Q_{dc} = E_c - E_d = E_c - E_a + E_a - E_d = 208\ \text{J} - 40\ \text{J} = 168\ \text{J}$$

12. 2.5 cm,0.83 N。

提示　首先确定二维气体压强的微观意义:它是由大量气体分子对器壁的持续弹性碰撞引起的。以此为据,可确定二维气体的宏观特性:设气体的平均速率为 v,对大量分子而言,二维方向的速度 $v_x = v_y$,$v_x^2 + v_y^2 = v^2$,取 T 状态时的短瞬 Δt,分子质量设为 m,气体长度为 l,根据压强的定义,在伸长方向上有

$$pL\cdot\Delta t = \left(\frac{N}{2lL}\cdot Lv_x\Delta t\right)m\cdot 2v_x,\quad pL = \frac{N}{2l}mv^2 = \frac{N}{l}\left(\frac{1}{2}mv^2\right)$$

由气体状态方程得

$$pLl = \frac{N}{N_A}RT$$

两式联立,可得

$$\frac{1}{2}mv^2 = \frac{RT}{N_A} = kT$$

二维气体压强为

$$p = \frac{kN}{Ll}T$$

二维气体内能为

$$U = NkT$$

最初,当 $T_1 = 300\ \text{K}$,$l = L$ 时,气体作用在活塞上的力为

$$F_1 = p_L L = \frac{kN}{L^2}T_1\cdot L = \frac{kNT_1}{L} = 0.83\ \text{N}$$

再来计算绝热冷却过程活塞的位移。在绝热过程中，由能量守恒知每个元过程均有

$$Nk\Delta T + p_1 \cdot L\Delta l = 0, \quad T \cdot \Delta l = -l \cdot \Delta T$$

由此可知

$$\frac{\Delta l}{l} = -\frac{\Delta T}{T}$$

对该式两边取和的极限，得

$$\ln \frac{l}{l_0} = \ln \frac{T_0}{T}$$

故$\frac{l}{L} = \frac{T_1}{T_2}$，由此可得

$$l = \frac{T_1}{T_2}L = \frac{3}{2}L$$

于是求得活塞移动了

$$\Delta l = \frac{1}{2}L = 2.5\ \text{cm}$$

2.3　循环过程与热力学第二定律

课外知识延伸

1. 理想气体的循环过程

（1）循环过程与准静态

在生活中存在着多种多样的循环过程，如日升日落、潮涨潮退、新陈代谢等。若一系统由某一状态出发，经过任意的一系列的过程，最后又回到原来的状态，则这样的过程称为一个循环过程。

在本章的一般问题中，如果没有特殊说明，循环过程都可以视为“准静态”，也就是说系统各部分的温度、压强都是均匀、相同的。科学地理解“准静态”的含义，需要引入“弛豫时间”的概念，即系统改变状态后能够达到各处温度、压强均匀分布所需要的时间。这个时间的长短是跟系统的规模紧密联系的：洋流需要数十年的时间完成循环，过程很慢，可以是准静态；汽车发动机的气缸在 1 s 内要完成几十次的循环过程，但是对于其中的气体来说，每次循环过程也足以让气缸中的气体达到热平衡，这也是准静态。

所以不能简单地用弛豫时间的长短来判断一个过程是否为准静态过程。在我们所研究的问题中，如果没有特殊说明，系统经历的过程都是准静态的过程。

（2）循环过程做的功

在循环过程中，是不是外界对气体不做功了呢？并非如此。如果气体状态没有变化，只

能确定其内能不变。在变化过程中很可能还有做功与热传递，只是两者之和为零而已。

图 2.3.1 所示为一典型的循环过程：气体从状态(p_1，V_1)经过曲线 1 变为状态(p_2，V_2)，再经过曲线 2 变回到(p_1，V_1)，完成循环过程。

第一阶段，外界对气体做功为负，功的大小是曲线 1 与 V 轴所围面积；第二阶段，外界对气体做功为正，功的大小是曲线 2 与 V 轴所围面积。气体经逆时针的循环过程回到初状态，在此过程中外界对气体做的功恰好等于该循环曲线的面积。

由此可见，当气体的循环过程在 p-V 图中为逆时针循环时，外界对气体做功为正；当气体的循环过程在 p-V 图中为顺时针循环时，外界对气体做功为负。功的大小都是该封闭曲线所围的面积。

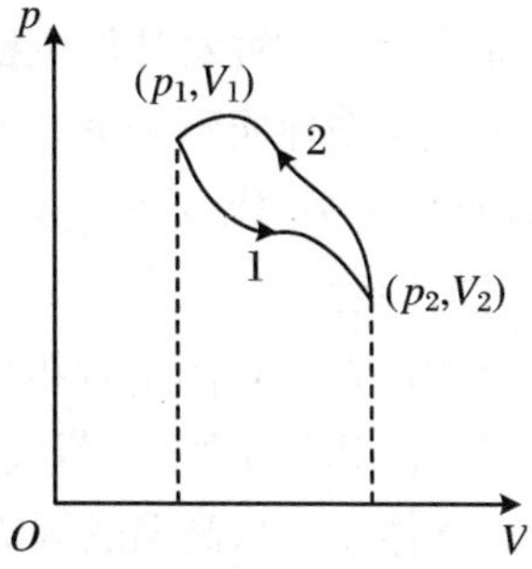

图 2.3.1

(3) 卡诺循环

在生产和生活中，常见的气体的循环过程多种多样，如卡诺循环、奥拓循环、狄赛尔循环等，这里重点介绍卡诺循环。

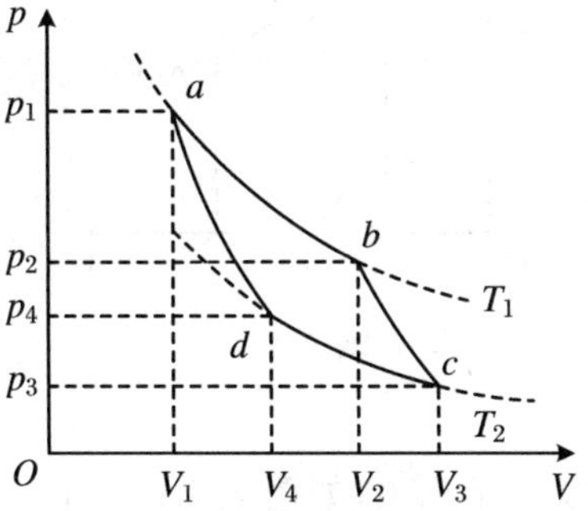

图 2.3.2

卡诺循环是在两个温度恒定的热源之间工作的循环过程。气体与温度为 T_1 的高温热源接触而吸热是等温膨胀过程；气体与温度为 T_2 的低温热源接触而放热是等温压缩过程。因为工作物只与两个热源交换能量，所以当工作物脱离两热源时所进行的过程必然是绝热的准静态过程。

如图 2.3.2 所示，在理想气体卡诺循环的 p-V 图中，曲线 ab 和 cd 是温度分别为 T_1 和 T_2 的两条等温线，曲线 bc 和 da 是两条绝热线。

细心的同学可能会发现，两个等温过程和两个绝热过程组成的循环过程有两个方向，一个是沿 $abcda$ 方向的顺时针循环，另一个是沿 $adcba$ 方向的逆时针循环，这恰好就是所谓的热机循环和制冷机循环。

2. 热机及其效率

(1) 热机的工作过程

热机是把内能转化为机械功的装置。18 世纪第一台蒸汽机问世以后，经过许多人的改进，特别是瓦特的工作，成为了普遍适用于工业的万能原动机，但当时的热机效率仅约为 3%(只能把约 3% 的燃烧热能转化为功)。下面以活塞式蒸汽机为例，介绍一般热机的工作过程。

如图 2.3.3 所示，高压锅炉 A 中的水受到高温热源加热变为温度较高的高压饱和蒸汽(饱和蒸汽也可以称为湿蒸汽)，进入过热器 B 中继续加热而成为温度更高、压强更高的非饱和的干蒸汽，然后进入气缸 C 中绝热膨胀，推动活塞对外做动，从 C 中流出的低压蒸汽进入冷凝器 D，向低温热源(图中所示为通有冷却水的盘管)放热而冷凝为水，水重新进入锅炉加热，如此周而复始地循环。

工作物质（水）进行一系列的循环过程，每一次循环中都把从高温热源吸收的热量中的一部分用于气缸对外做机械功，而其余的能量则以热量方式向低温热源释放。工作物质每经过一次循环回到原来状态。所以，一个热机至少应包括如下三个组成部分：循环工作物质；至少两个温度不同的热源，使工作物质从高温热源吸热，向低温热源放热；用于对外做功的机械装置。

(2) 从 p-V 图中看热机循环

如图 2.3.4 所示，若气体的循环过程在 p-V 图中沿顺时针方向进行，则气体对外做功为正。气体需要从高温热源吸热，再在低温热源放热。根据热力学第一定律可知，气体吸热量与放热量的差正好就是气体对外做功的值。这样的循环过程称为正循环，这是热机将热量转化为机械功的基本工作原理图。

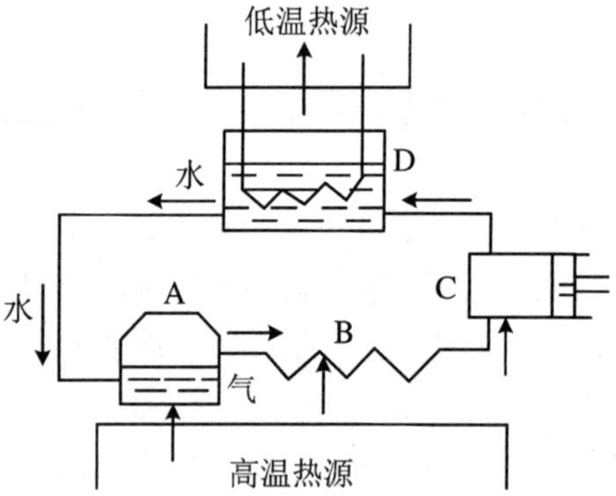

图 2.3.3

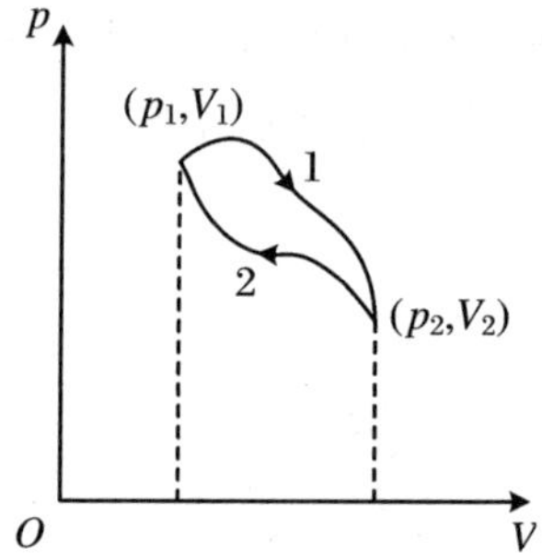

图 2.3.4

(3) 热机的效率

将蒸汽机循环过程中从高温热源吸收的热量和对外做功表示出来，如图 2.3.5 所示。对于热机，最重要的问题在于从高温热源吸取的热量 Q_1 中究竟有多少可以转变为功 W，而向低温热源放出的热量 Q_2 则无法变为有用功。因此，定义了热机的效率 η，即在一次循环中，气体对外所做的功 W 与由高温热源吸取的热量 Q_1 的比值，表达式为

$$\eta = \frac{W}{Q_1} = \frac{Q_1 - Q_2}{Q_1} = 1 - \frac{Q_2}{Q_1}$$

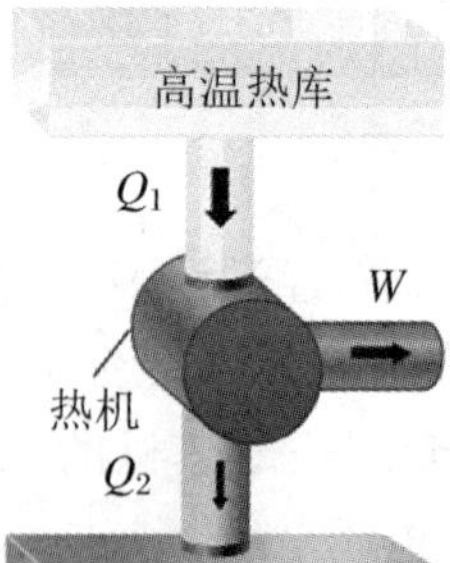

图 2.3.5

热机效率的大小由循环的具体结构和性质决定。一定有同学会有这样的疑问：既然 Q_2 被白白浪费掉了，那么何不将其利用起来，不仅节约了能量，还提高了效率？诚然，这也是物理学家们在最初研究热力学时提出的疑惑。殊不知随着理论的发展和多次应用尝试，人们发现一个事实——不可能从单一热源吸热将其变成有用功而不产生其他影响。这个发现已经超越热力学第一定律所掌控的范围，成为独立支配物理过程发生的另一条线索，而最终被总结为热力学第二定律，后面我们再详细介绍。

由此可见，无论是何种热机，其效率都不可能达到或超过 100%。随之而来的问题是：什么样的热机具有最高的效率呢？在本节的例题中，我们会给出答案。

3. 制冷机及其效率

(1) 逆循环与制冷机

若气体的循环过程在 p-V 图中沿逆时针方向进行，则气体对外做功为负，即外界对气体做正功。气体从低温热源吸热，再在高温热源放热，这个过程中就必须有外界对气体做功，如图 2.3.6 所示。

根据热力学第一定律可知，气体吸热量 Q_2 与外界对气体做功量 W 的和正好就是气体对高温热源释放的热量 Q_1。这样的循环过程称为逆循环，这是制冷机从低温热源吸热、向高温热源放热的工作基本原理。生活中最常见的制冷机就是制冷空调。

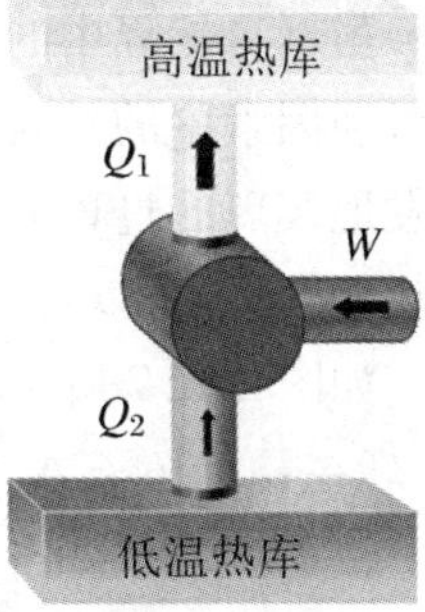

图 2.3.6

(2) 制冷机的效率

对于制冷机，我们需要关注的问题是：在一次循环中，外界对系统做了多少功 W，将多少热量 Q_2 从低温热源输送到高温热源。因此，定义了制冷机的制冷系数，即在一循环过程中，气体从低温热源吸收的热量与外界对气体所做的功 W 的比值，表达式为

$$\varepsilon = \frac{Q_2}{W} = \frac{Q_2}{Q_1 - Q_2}$$

由此可见，制冷机的制冷系数越高，说明同样的制冷结果需要提供的功(比如空调的所用的电能)越小，制冷机越节能。由于制冷机循环过程中的 Q_2 和 W 的大小关系并不确定，因此制冷系数很可能会大于 1，节能制冷机的制冷系数甚至可以达到 10。这也是为什么制冷机没有“效率”这个概念。

制冷机为什么必须对气体做功才能将热量从低温热源排向高温热源？结合实际生活中空调的实例来想，其实很好理解：夏天外界温度如果是 38 ℃，开空调之后屋内保持 26 ℃的低温。如果空调关闭，则热量一定是从高温处传向低温处，屋内的温度只会越来越高。也就是说“热量不会自发地从低温热源传向高温热源而不引起其他变化”。而所谓的“心静自然凉”，显然不是物理学所能掌控的范围。

4. 热力学第二定律的多种表述

(1) 热力学第二定律的两种常见表述

汽车发动机每分钟转动上千周，这是物理学所研究的典型的热循环过程。在这样的过程中，人们一直寻找如何用尽量少的汽油走尽量远的路。后来人们认识到，虽然能量是守恒的，但发动机无论如何也不能完全利用燃料的能量带动发动机做功，总会有一部分能量直接变为热量被耗散到空气中浪费掉。再后来，物理学家才意识到“效率总不会达到 100%”这个事实的深刻物理本质，进而总结出了热力学第二定律。

热力学第二定律总被蒙上一层“神秘的面纱”，一个原因是它具有很多种等价的表述，其中两种常用的表述是克劳修斯表述和开尔文表述。克劳修斯表述：热量不能自发地从低温物体传到高温物体。开尔文表述：不可能从单一热库吸收热量，使之完全变成功，而不产生其他影响。

要想理解热力学第二定律的深刻之处,必须注重这两种表述中的"自发地""不产生其他影响"这类字眼。热量能不能从低温物体传向高温物体？当然可以！空调就是实现这个过程的机器。只是在这个过程中,空调必须消耗掉一部分电流的功,该过程并不是自发的。

能不能从单一热源吸热使之全部转化为功呢？当然可以,比如将一个带可以自由移动活塞且足够长的绝热气缸与一个高温热源接触,活塞等压膨胀,对外做功,此过程就是从单一热源吸热,使之全部转化为功,但是产生了"活塞没法回到初始位置"这个影响。

(2) 热力学第二定律与不可逆过程

虽然自然界中的不可逆过程多种多样,可能在一个过程中同时兼有力学、热学、化学等不可逆因素中的某几种或全部,但它们都有如下特点:在一切与热相连的自然现象中,它们自发地实现的过程都是不可逆的。这就是热力学第二定律的实质。因为一切实际过程必然与热相联系,所以自然界中绝大部分的实际过程严格来讲都是不可逆的。

如图 2.3.7 所示,水平桌面上有两个相同的杯子,杯子 A 中装满某种饮料,杯子 B 是空的,现在要将杯子 A 中的饮料都倒到杯子 B 中,问:这样的过程是可逆的还是不可逆的？

图 2.3.7

从力学上考虑,它是可逆的,将杯子 A 中的水倒到杯子 B 中后水的重力势能不变。但从热学上考虑,它是不可逆的。因为要把 A 中的水全部倒到 B 中,总需要额外做些功(例如把杯子抬高一些),这部分功使水从杯子 A 倒到杯子 B 中后产生流动,而黏性又使流动的水静止,额外做的功全部转化为热,所以此过程是与热现象相联系的过程,是不可逆的。

由此可见,只要以某一种不可逆过程作为描述对象,都可以叙述一条"热力学第二定律"。比如对于上面的这两杯水,我们可以这样叙述:"不可能将杯子 A 中的水倒到杯子 B 中而不产生其他任何影响。"

(3) 热力学第二定律各种表述的等价性

开尔文表述和克劳修斯表述分别揭示了功转变为热和热传递的不可逆性。除了这两种表述,热力学第二定律还可以有很多其他的表述形式,比如普朗克表述、卡拉西奥多里表述等。这些表述很不相同,只有在它们等价的情况下,才可把它们同时称为热力学第二定律。下面以开尔文表述和克劳修斯表述为例,用反证法来证明这两种表述的等价性。

按照反证法,假如开氏(或克氏)表述是正确的,克氏(或开氏)表述也是正确的,那么必然有:若开氏(或克氏)表述不真,则克氏(或开氏)表述也不真。也就是说,只要违反其中的任一表述,必然会违反另一种表述。由此说明两者都是等价的。

反证Ⅰ:若开氏表述不真,则克氏表述也不真。

设有某一违反开氏表述的热机 A(如图 2.3.8(a)中的虚线方框所示)从热源 T_1 吸收热

量 Q_1 并把它全部转化为功 W。现利用 W 去驱动另一制冷机 B(图(a)中以一圆表示)，B 工作于热源 T_1 与 T_2 之间($T_1 > T_2$)，它从 T_2 吸热 Q_2，与 Q_1 一起向热源 T_1 释放，所释放热量为 $W + Q_2 = Q_1 + Q_2$。若把 A 和 B 一起看作一部联合制冷机，它们在一个循环过程中与外界之间的净的交往是把热量 Q_2 从低温热源输入高温热源，由于外界并未对联合制冷机做功，没有产生其他影响，故这样的联合制冷机违背了克氏表述。产生克氏表述不真的唯一可能是违背开氏表述的热机存在的假设是错误的。

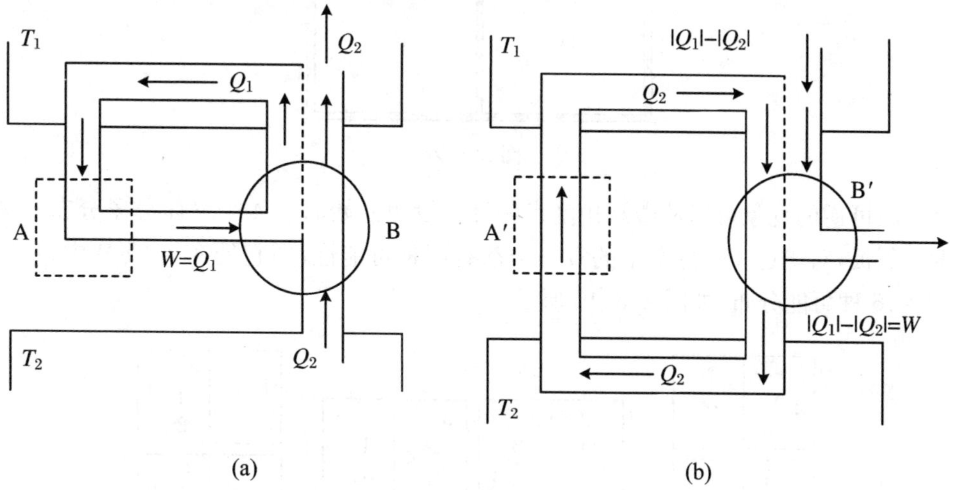

图 2.3.8

反证Ⅱ：若克氏表述不真，则开氏表述也不真。

设有一违反克氏表述的制冷机 A′存在(如图 2.3.8(b)中虚线框所示)，它不断从低温热源 T_2 吸热 Q_2 传到高温热源 T_1，在一个循环中从热源 T_2 吸热 Q_2，外界不需对它做功。现设想另有一部热机 B′工作于热源 T_1、T_2 之间。它从热源 T_1 吸热 Q_1，向热源 T_2 放热 Q_2，同时向外输出功 $W = Q_1 - Q_2$。现把 A′与 B′一起看作一部联合热机。其净效果是：它从热源 T_1 吸热 $Q_1 - Q_2$，向外输出 $W = Q_1 - Q_2$ 的功，而不产生其他影响，因而违背了开氏表述。这样就证明了开氏表述与克氏表述的等价性。

热力学第二定律还可以有其他许多种表述，这些表述间也是等价的，证明的方法与上述类似。

5. 热力学第二定律的微观解释

(1) 自发过程进行的方向

宏观自发过程不可逆的本质需要从微观层次理解，即搞清楚宏观态和微观态概率(热力学概率)的关系。宏观系统的无序度是以微观状态数 W 来表示的。通常人们又把微观状态数称为热力学概率(注意：热力学概率与通常所说的概率不同，它不是小于 1，相反一般远远大于 1)。

无序是相对于有序来讲的，利用对称性可以证明，粒子的空间分布越均匀，分散得越开，即粒子数密度在空间分布上的差异越小的系统越无序。粒子的空间分布越不均匀，越集中在某一很小区域内，越有序。

如图 2.3.9 所示，一个容器被隔板均分为 A 和 B 两部分。一定量的气体处于容器 A 中，而 B 为真空。抽去隔板 K，A 中的气体会扩散到 B 中，最后整个容器 A 和 B 两部分都均匀地分布了这种气体。这个过程显然是不可逆的。

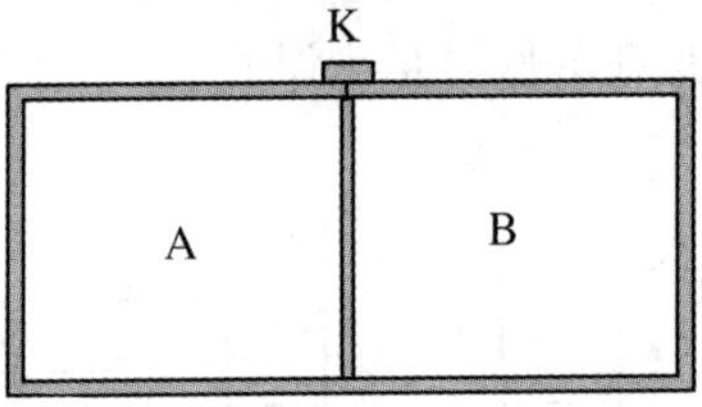

图 2.3.9

这种不可逆的现象可以从微观角度来解释。设想开始时有 4 个气体分子分布在 A 中。如果没有隔板，对于这 4 个分子中的每一个都有两种可能性，即它处在 A 或 B 中，4 个分子共有 $2^4=16$ 种可能分布，如图 2.3.10 所示。

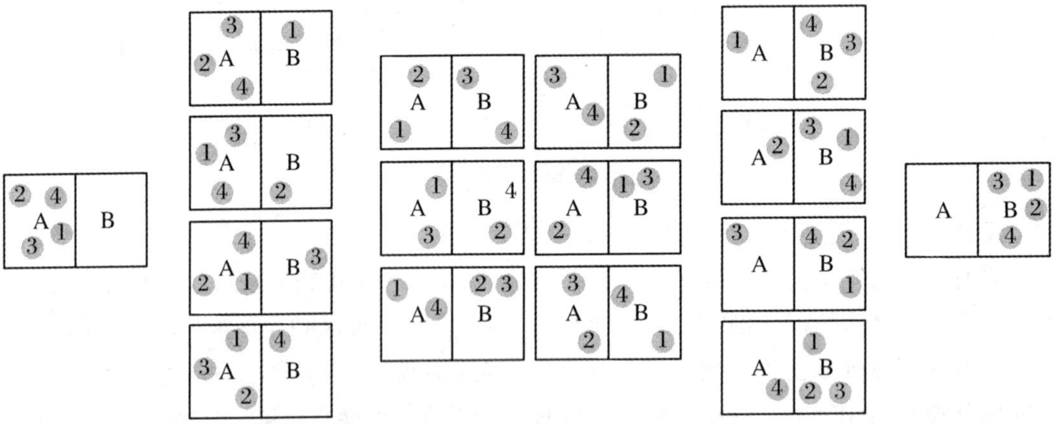

图 2.3.10

自由膨胀前的宏观态只包含第一个微观态，即 4 个分子都在 A 中。自由膨胀后的宏观态包含这 16 种分布，每种分布都是一种可能实现的微观态。其中可能性最高的分布是 A、B 两边各有两个分子，有 6 种情况。对于宏观气体，分子个数具有 10^{23} 的数量级，气体分子全都集中在某一半边的可能性比气体均匀分布在两边的可能性小很多。所以自由膨胀是从热力学概率小的宏观态向概率大的宏观态过渡，这个过程可以自发地进行。

其逆过程，即气体从整个容器退居到一半，是从热力学概率大的宏观态向概率小的宏观态过渡，不可能自发地进行，这就是自发的宏观过程不可逆的微观本质。

(2) 宏观熵的计算

熵的概念本来是克劳修斯提出的，他通过宏观量来定义熵。宏观熵的表达式可以利用积分来定义：以 S 表示“熵”这个态函数（关于熵是热力学系统的态函数这个问题，在本书不作论证），则在某个可逆过程中，熵的变化为

$$\Delta S = S - S_0 = \int_{初}^{末} \frac{\delta Q}{T}$$

系统吸热时 δQ 为正，放热时 δQ 为负。可见宏观方式定义的熵比较抽象，难以理解。但是利用这个式子，可以比较方便地计算系统的熵的变化量。

(3) 熵增加原理

刻在奥地利物理学家玻尔兹曼墓碑上那个不朽的公式揭示了熵的微观本质，即

$$S = k\ln W$$

式中，W 是热力学概率，$k = R/N_A$ 为玻尔兹曼常量，S 就是系统的熵。由于数学发展历史的原因，在他的墓碑上对数符号使用的是 log，但其真正的含义是以 e 为底的自然对数。热力学概率的自然对数 $\ln W$ 随 W 单调增大，故熵也随 W 单调增大。自发的宏观过程总是朝热力学概率 W 增大的方向进行，即总是朝着熵增大的方向进行。

从微观角度看，热力学第二定律是一个统计规律：一个孤立系统总是从熵小的状态向熵大的状态发展。熵值较大表示较为无序，所以自发的宏观过程总是向无序度更大的方向发展，此为熵增加原理。

根据热力学第一定律，一切能量不会消失，因此理论上不会出现能源危机。然而，根据热力学第二定律，人类生产的过程正在消耗可用的资源。一些能量转化为有用的机械功，或者矿石被提炼成金属，但对整个自然界来说，更多的能量被耗散成了不可用的热。这正是能源危机的本质。其后果远不仅仅是资源的枯竭，还包括全球气候的变化、冰川的消融。这一切可能都是不可逆的。

笔者每次看到图 2.3.11 所示的一辆辆共享单车被荒废在“单车坟场”，就会想到当初制造它们的时候，从矿石中提炼铁所消耗的大量能源，不禁感慨：学了物理，我们应当为我们所在的地球做些事情了！

图 2.3.11

核心问题讨论

1. 如何计算理想气体在循环过程中做的功？

与普通的气体热力学过程相比，循环过程的气体热力学过程需要回到初始状态。也就是说，经历完整的循环过程，气体的所有状态参量又回到了初始值，当然也就包括了气体的

内能，这就要求气体的内能必须保持不变。然而，该循环过程中气体可能从外界吸收了热量（或向外界放出了热量）；气体也可能对外做了功（或外界对气体做了功）。

在 p-V 图中，外界对气体做功还是气体对外界做功，可以从图中 V 的变化情况直接获得。V 减小则外界对气体做功，W 为正；V 增大则气体对外做功，W 为负。如果是循环过程，那么在 p-V 图中逆时针循环 W 为正；顺时针循环 W 为负。

例题 1 （2010 年北大自招）如图 2.3.12 所示，有一定量的单原子分子理想气体，从初态 $a(p_1, V_1)$ 开始经过一个等容过程达到状态 b，最后经等温过程而完成一个循环。已知 1 mol 该气体温度改变 1 K 时内能变化为 $C_V = \dfrac{3}{2}R$，且在等温膨胀过程中，由体积 V_1 到 V_2 对外做功可以用 $W = RT\ln\dfrac{V_2}{V_1}$ 计算，问：

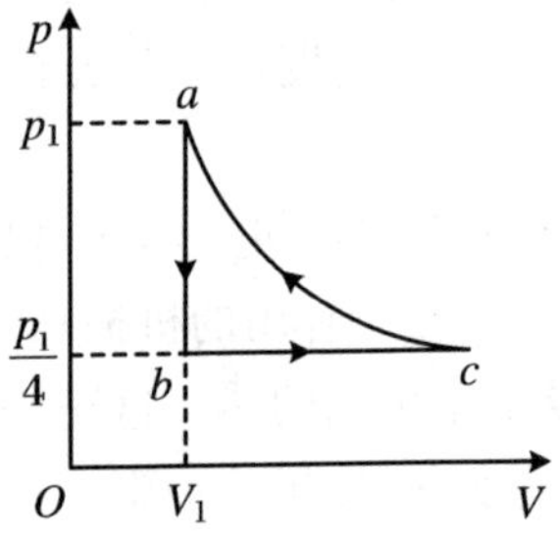

图 2.3.12

（1）由 c 到 a 气体是吸热还是放热？具体热量 Q_1 是多少？

（2）由 a 到 b 气体是吸热还是放热？具体热量 Q_2 是多少？

（3）由 b 到 c 气体是吸热还是放热？具体热量 Q_3 是多少？

（4）整个循环过程总的净吸/放热量 Q 是多少？净功 W 又是多少？

分析 根据热力学第一定律，气体的吸/放热情况可以根据气体内能的变化以及气体与外界之间做功的情况获知。气体温度升高时内能变化量 ΔU 为正，气体温度降低时内能变化量 ΔU 为负。

解 设气体的物质的量为 ν，则 $pV = \nu RT$。由气态方程知道，在状态 c 时气体的体积为 $V_2 = 4V_1$。

（1）由 c 到 a 外界压缩气体做功，则外界对气体做的功为

$$W_1 = \nu RT\ln\frac{V_2}{V_1}$$

在此过程中，由于温度不变，内能不变，根据热力学第一定律，气体对外放热，则

$$Q_1 = W_1 = \nu RT\ln\frac{V_2}{V_1} = p_1V_1\ln 4$$

（2）由 a 到 b 体积不变，没有做功，但温度降低，所以放热。由于条件给的是体积和压强，计算内能变化适合用 pV 乘积变化计算，即

$$Q_2 = \Delta U = \frac{3}{2}\Delta(pV) = \frac{3}{2}(p_2V_2 - p_1V_1) = \frac{9}{8}p_1V_1$$

（3）由 b 到 c 体积增加，压强不变，由气态方程可以知道，温度必升高，内能必变多，且恒定压强膨胀对外做功，两个因素都要求必须吸热，即

$$Q_3 = W + \Delta U = \frac{p_1(4V_1 - V_1)}{4} + \frac{3}{2}\left(\frac{p_1\times 4V_2}{4} - \frac{p_1V_1}{4}\right) = \frac{15}{8}p_1V_1$$

(4) 整个循环过程净吸热量为

$$Q_3 = \frac{15}{8} p_1 V_1$$

净放热量为

$$Q_1 + Q_2 = \left(\frac{9}{8} + 2\ln 2\right) p_1 V_1$$

整个循环过程总的净吸/放热量 Q 与对外做净功 W 相等,即

$$Q = W = Q_3 - Q_1 - Q_2 = \left(\frac{3}{4} - 2\ln 2\right) p_1 V_1$$

点拨　本题气体经历的是循环过程,内能不变,因此整个过程中 $W + Q = 0$。而 p-V 图中的面积就是 W。有兴趣的同学可以根据这个方法直接计算一下(4)问,看看与前三问的计算是否能吻合,这也是此类问题的一种常用检验方法。

2. 如何计算热机的效率?

计算任何热机的效率时都要注意,从整个循环过程来看,似乎 W 和 Q 两个数值应当大小相等。但是热机效率的定义中要求的是用 W 与 $Q_{吸}$ 的比值来进行计算,即

$$\eta = \frac{W}{Q_{吸}} = \frac{Q_{吸} - Q_{放}}{Q_{吸}} = 1 - \frac{Q_{放}}{Q_{吸}}$$

因此,在实际计算中,需要先区分清楚气体在哪些阶段是吸热的,在哪些阶段是放热的,在计算 $Q_{吸}$ 时,只计算气体在吸热阶段所吸收的热量。

例题 2　如图 2.3.13 所示,热机在温度为 T_1 的高温热源与温度为 T_2 的低温热源之间进行卡诺循环,求卡诺热机的效率。

分析　本题计算的是卡诺热机的效率,其循环过程由两个绝热过程和两个等温过程组成。若以状态 a 为始点,则沿闭合曲线 $abcda$ 所作的一个循环过程就是卡诺循环。在 abc 的膨胀过程中,气体从高温热源吸热 Q_1,对外做功 W_1 是曲线 abc 下方的面积;在 cda 的压缩过程中,气体向低温热源放热 Q_2,外界对气体做功 W_2 是曲线 cda 下方的面积。气体对外所做的净功 $W = W_1 - W_2$ 就是闭合曲线 $abcda$ 所围面积。

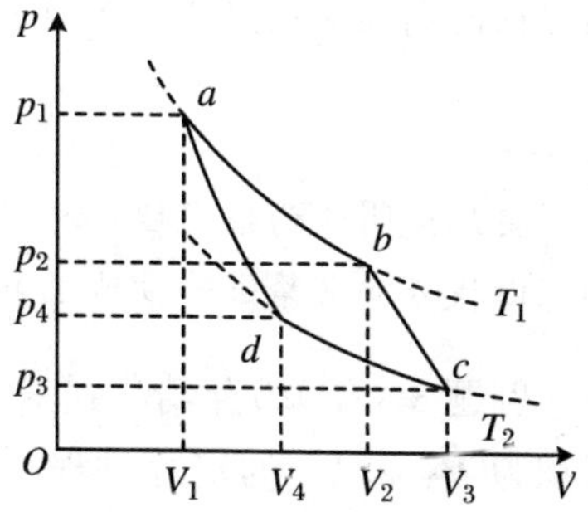

图 2.3.13

解　设气体的物质的量为 ν,在等温膨胀过程 ab 中,从高温热源吸热等于气体对外做的功 W_1,即

$$Q_1 = W_1 = \int_{V_1}^{V_2} p\,\mathrm{d}V = \int_{V_1}^{V_2} \frac{\nu R T_1}{V}\mathrm{d}V = \nu R T_1 \ln \frac{V_2}{V_1}$$

在等温压缩过程 cd 中,向低温热源放热等于外界对气体做的功 W_2,即

$$Q_2 = W_2 = -\int_{V_3}^{V_4} p\,\mathrm{d}V = \int_{V_3}^{V_4} \frac{\nu R T_2}{V}\mathrm{d}V = \nu R T_2 \ln \frac{V_3}{V_4}$$

应用绝热方程

$$T_1 V_2^{r-1} = T_2 V_3^{r-1},\quad T_1 V_1^{r-1} = T_2 V_4^{r-1}$$

可得

$$\frac{V_2}{V_1} = \frac{V_3}{V_4}$$

由此可得

$$Q_2 = \nu R T_2 \ln \frac{V_3}{V_4} = \nu R T_2 \ln \frac{V_2}{V_1}$$

可见

$$\frac{Q_1}{T_1} = \frac{Q_2}{T_2}$$

所以卡诺热机的效率为

$$\eta = \frac{W}{Q_1} = \frac{Q_1 - Q_2}{Q_1} = 1 - \frac{T_2}{T_1}$$

点拨 (1) 几乎所有的热力学教材都以卡诺热机作为第一台热机介绍给大家，原因是：卡诺循环是非常简单的循环过程，对于其他热机也有一定借鉴意义。

(2) 本题中讨论的是按照顺时针循环的卡诺热机，如果工作物质按照逆时针循环，那么该设备可以用作制冷机，根据制冷机的制冷系数定义可以很容易得到

$$\eta_{卡诺制冷机} = \frac{T_2}{T_1 - T_2}$$

(3) 卡诺热机相关的计算结果可以总结为两个卡诺定理：在相同的高温（温度为 T_1）和低温（温度为 T_2）之间工作的所有可逆机，不论用什么工作物，效率都等于

$$\eta_{卡诺热机} = 1 - \frac{T_2}{T_1}$$

在相同的高温和低温热源之间工作的所有不可逆机的效率都不可能超过可逆机，即

$$\eta_{任何热机} \leqslant 1 - \frac{T_2}{T_1}$$

要想证明这两条定理，必须结合热力学第二定律来论证，其过程较为复杂。有兴趣的同学可以找专业书籍进一步地了解。

例题 3 (2020 年清华强基计划)热机的斯特林循环由温度为 T_1 和 T_2 的等温过程和体积为 V_1 和 V_2 的定容过程围成。已知工作物质为一定量的双原子分子气体，且 $T_1 = 800\ \mathrm{K}$，$T_2 = 300\ \mathrm{K}$，$V_2/V_1 = 2.73$，则该循环的效率为 ( )

A. 12.2%　　B. 24.4%　　C. 36.26%　　D. 48.8%

分析 在斯特林循环中，吸热过程出现在等容升温和等温膨胀两个阶段，公式 $\eta = \frac{W}{Q_1} = \frac{Q_1 - Q_2}{Q_1}$ 中的 Q_1 应为两个过程中吸收的总热量；同理，放热过程出现在等容降温和等温压缩两个阶段，公式 $\eta = \frac{W}{Q_1} = \frac{Q_1 - Q_2}{Q_1}$ 中的 Q_2 应为两个过程中放出的总热量。

解 设气体的物质的量为 ν，则吸收的总热量为

$$Q_1 = \frac{5}{2}\nu R(T_1 - T_2) + \int \frac{\nu R T_1}{V}\mathrm{d}V$$

代入数据，可得

$$Q_1 = \frac{5}{2}\nu R(T_1 - T_2) + \nu R T_1 \ln\frac{V_2}{V_1} = 2053.4\nu R$$

同理，放出的总热量为

$$Q_2 = \frac{5}{2}\nu R(T_1 - T_2) + \nu R T_2 \ln\frac{V_2}{V_1} = 1551.3\nu R$$

所以该循环的效率为

$$\eta = 1 - \frac{Q_2}{Q_1} = 24.4\%$$

点拨　(1) 在斯特林循环中，吸热过程出现在等容升温和等温膨胀两个阶段，前一过程中吸热都用来增加气体的内能，后一过程中吸热都用来对外做功。

(2) 在等容升温过程中，吸收的热量常用 $C_V\Delta T$ 来计算（本题中双原子分子气体 $C_V = \frac{5}{2}\nu R$），等温膨胀吸收的热量常用做功来计算。

例题 4　如图 2.3.14 所示，理想气体经历了 1→2→3→4→1 的奥拓循环过程，其中：1→2 为绝热压缩过程；2→3 为等容吸热过程；3→4 为绝热膨胀过程；4→1 为等容放热过程。已知状态 1 和状态 2 对应的体积之比为 K，该理想气体的绝热系数为 γ，求该循环对应的热机效率。

分析　初看这个问题，似乎已知条件太少了，只知道两个状态的体积之比。由此可见这个循环的效率最终能化成用这两个状态的体积之比表示的代数式。其余条件都隐藏在该循环过程中气体状态参量的关系中。

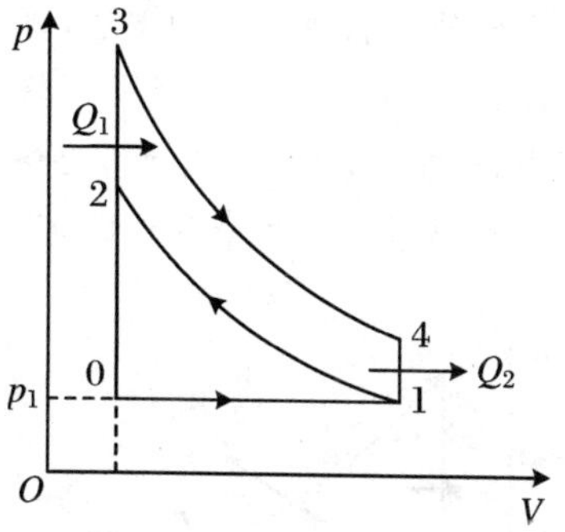

图 2.3.14

解　整个循环仅在 2→3 等容吸热 Q_1，4→1 等容放热 Q_2。设气体定容摩尔热容为 $C_{V,m}$，气体的物质的量为 ν，则

$$Q_1 = \nu C_{V,m}(T_3 - T_2),\quad Q_2 = \nu C_{V,m}(T_4 - T_1)$$

所以热机效率为

$$\eta = 1 - \frac{Q_2}{Q_1} = 1 - \frac{T_4 - T_1}{T_3 - T_2}$$

因为 1→2 和 3→4 都是绝热过程，所以

$$\frac{T_2}{T_1} = \left(\frac{V_1}{V_2}\right)^{\gamma-1},\quad \frac{T_3}{T_4} = \left(\frac{V_1}{V_2}\right)^{\gamma-1}$$

上两式相等，可得

$$\frac{T_2}{T_1} = \frac{T_3}{T_4} = \frac{T_3 - T_2}{T_4 - T_1}$$

故

$$\eta_{热} = 1 - \frac{T_4 - T_1}{T_3 - T_2} = 1 - \frac{T_1}{T_2} = 1 - \left(\frac{V_1}{V_2}\right)^{1-\gamma} = 1 - K^{1-\gamma}$$

点拨 （1）从解题角度来说，题目给出的已知条件很少，就需要结合各种关系式来得出结论。这种结论对汽油机的生产具有非常重要的参考价值。

（2）$K = \frac{V_1}{V_2}$称为绝热容积压缩比。对于奥拓循环，K 越大，效率越高。但 K 太大将引起所谓爆震现象，对机件保养不利。另外，汽油机的压缩比大于 10 可能会使汽油蒸气与空气的混合气体在尚未压缩到“2”点时，温度即升到足以引起混合气体爆发的程度。现假设 K 为 7，算得奥托循环的效率为 $\eta = 1 - 7^{-0.4} = 55\%$。实际的汽油机，由于气体并非准静态地变化，也由于运动部件之间的摩擦、气体湍流流动、气体不完全燃烧以及存在热传导等不可逆因素，其效率低于此数，一般为 40%左右。

3. 如何计算制冷机的制冷系数？

常常根据制冷系数的定义计算制冷机的制冷系数，即一循环过程中，气体从低温热源的吸热量与外界对气体做的功 W 的比值，即

$$\varepsilon = \frac{Q_2}{W} = \frac{Q_2}{Q_1 - Q_2}$$

又常常需要结合热力学第一定律和气体的比热或气体做功等知识求解 Q_1 和 Q_2。

例题 5 一定量的理想气体经历以下准静态循环过程：等温压缩，由 (V_1, T_1) 到 (V_2, T_1)；等容降温，由 (V_2, T_1) 到 (V_2, T_2)；等温膨胀，由 (V_2, T_2) 到 (V_1, T_2)；等容升温，由 (V_1, T_2) 到 (V_1, T_1)。求该循环对应的制冷机的制冷系数。

分析 根据题目的叙述，可以画出该过程的 p-V 图，如图 2.3.15 所示，将该图线与上一例题对比，可知该循环过程恰好是逆向斯特林循环。过程 2→3 和 4→1 都不做功，且 2 与 1 等温，3 与 4 等温，所以过程 2→3 放出的热量与过程 4→1 吸收的热量相等。因此，只需计算两个等温过程的热量变化即可。

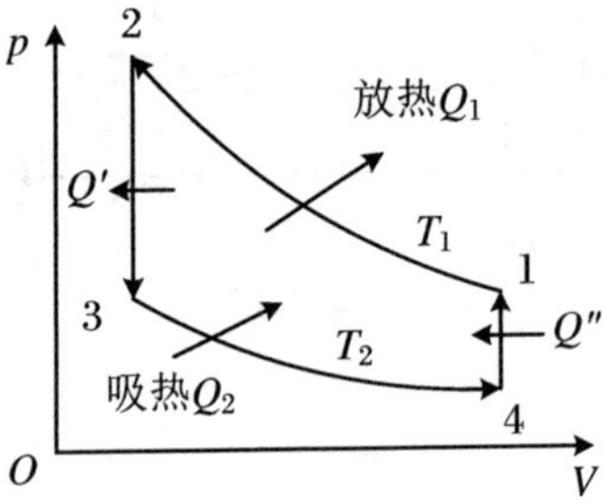

图 2.3.15

解 设物质的量为 ν，在高温处放热量与外界对气体做的功相等，即

$$Q_1 = W_1 = -\int_{V_1}^{V_2} p\,\mathrm{d}V$$

应用理想气体状态方程并积分，可得

$$Q_1 = -\int_{V_1}^{V_2} \frac{\nu R T_1}{V}\mathrm{d}V = \nu R T_1 \ln\frac{V_1}{V_2}$$

同理，可得在低温热源处的吸热量为

$$Q_2 = \nu R T_2 \ln\frac{V_1}{V_2}$$

因而整个循环过程中，外界需要对气体做功

$$W = Q_1 - Q_2 = \nu R T_1 \ln\frac{V_1}{V_2} - \nu R T_2 \ln\frac{V_1}{V_2}$$

又因为制冷系数为

$$\varepsilon = \frac{Q_2}{W} = \frac{Q_2}{Q_1 - Q_2}$$

所以

$$\varepsilon = \frac{T_2}{T_1 - T_2}$$

点拨　我们知道,对于卡诺循环也有$\frac{Q_2}{Q_1}=\frac{T_2}{T_1}$,可以看出,以理想气体为工作物质的斯特林循环制冷机的制冷系数与逆向卡诺循环的制冷机的制冷系数一样。

4. 如何计算理想气体在不同过程中的宏观熵变?

宏观熵的计算公式为

$$\Delta S = S - S_0 = \int_{初}^{末} \frac{\mathrm{d}Q}{T}$$

上述物理量必须是可逆过程对应的物理量,但熵变却是两个状态之间的差值,连接两个状态的过程有无数多种,大部分是不可逆过程,这就需要我们选择(或创设)一个可逆过程,才能应用上述公式计算熵变。

根据宏观熵的定义,热力学第一定律可以改写为

$$C\mathrm{d}T = T\mathrm{d}S - p\mathrm{d}V$$

这样,热力学第一定律中所有物理量均为系统的态函数,而根据此表达式就可以进行熵变的计算,即

$$\Delta S = \int_1^2 \left(C\frac{\mathrm{d}T}{T} + p\frac{\mathrm{d}V}{T} \right)$$

例题 6　一容器被一隔板分隔为体积相等的两部分,左半中充有物质的量为 ν 的理想气体,右半是真空,试问:将隔板抽除,经自由膨胀,稳定后系统的熵变是多少?

分析　理想气体在自由膨胀中 $Q=0, W=0, \Delta U=0$,故温度不变。若将 $Q=0$ 代入熵的计算式 $\Delta S = \int_{初}^{末} \frac{\delta Q}{T}$,则会得到自由膨胀中熵变为零的错误结论。这是因为自由膨胀是不可逆过程,不能直接利用宏观熵的计算式求熵的变化量。要想求一个不可逆过程中熵的变化量,也并不困难:找一个连接相同初、末态的可逆过程计算熵的变化量即可。

解　可设想物质的量为 ν 的气体经历一可逆等温膨胀。例如,将隔板换成一个无摩擦活塞,使这一容器与比气体温度高一无穷小量的恒温热源接触,并使气体从 V 准静态地膨胀到 $2V$,这样的过程是可逆的。由此可得

$$S_2 - S_1 = \int_{(1)}^{(2)} \frac{\mathrm{d}Q}{T}$$

因为等温过程 $\mathrm{d}U=0$,所以 $\mathrm{d}Q = p\mathrm{d}V$,故

$$S_2 - S_1 = \int_{(1)}^{(2)} \frac{p}{T}\mathrm{d}V = \nu R \int_V^{2V} \frac{\mathrm{d}V}{V} = \nu R \ln 2$$

可见在自由膨胀这一不可逆绝热过程中 $\Delta S > 0$。

点拨　需要注意的是,“可逆”是指系统(气体)回到原先的状态,外界也回到原先状态,

就像任何事情都没有发生过一样。这样看来，现实世界的宏观过程都是不可逆的，因为避免不了能量的耗散。根据本题的计算结果，我们才能大胆地说出这样的结论——不可逆过程与熵的变化量紧密相关，所谓的"不可逆过程"其实就是伴随着有用能损耗的过程，也就是熵变大的过程，这就是所谓的"熵增加原理"。

例题 7 如图 2.3.16 所示，1 mol 氢气（理想气体）在"1"点的状态参量为 $V_1=0.02\ \text{m}^3$，$T_1=300\ \text{K}$；在"3"点的状态参量为 $V_3=0.04\ \text{m}^3$，$T_3=300\ \text{K}$。图中 1→3 为等温线，1→4 为绝热线，1→2 和 4→3 均为等压线，2→3 为等容线。试分别用如下三条路径计算 S_3-S_1：

(1) 1→2→3；

(2) 1→3；

(3) 1→4→3。

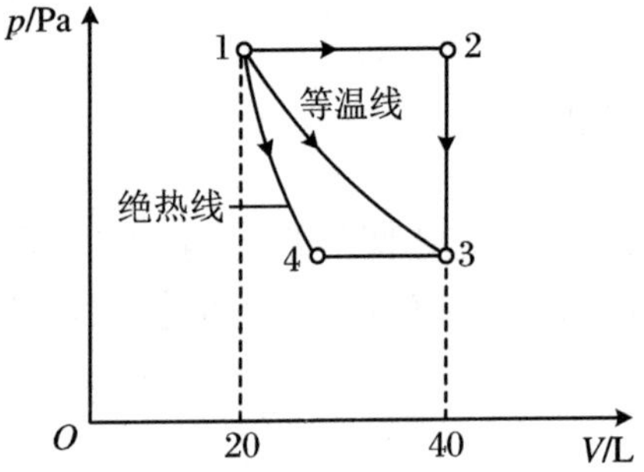

图 2.3.16

分析 熵的变化量可以通过气体所经历的任何可逆过程进行计算，而在 p-V 图中，能够用实线表示的状态变化图线都可以认为是可逆变化过程，据此可以计算三种情况的熵变。

解 (1) 1→2 为等压过程，则

$$T_2=\frac{V_2}{V_1}\cdot T_1=600\ \text{K}$$

2→3 为等容过程，注意到 H_2 为双原子分子，$C_{p,m}=\frac{7}{2}R$，$C_{V,m}=\frac{5}{2}R$，所以在 1→2→3 过程中的熵变为

$$S_3-S_1=\int_{(1)}^{(2)}\frac{\text{d}Q}{T}+\int_{(2)}^{(3)}\frac{\text{d}Q}{T}=C_{p,m}\int_{300}^{600}\frac{\text{d}T}{T}+C_{V,m}\int_{600}^{300}\frac{\text{d}T}{T}=R\ln 2$$

(2) 1→3 为等温过程，其熵变为

$$S_3-S_1=\int_{(1)}^{(3)}\frac{\text{d}Q}{T}=\int_{(1)}^{(3)}\frac{p\text{d}V}{T}=\int_{(1)}^{(3)}\frac{R\text{d}V}{V}=R\ln\frac{V_3}{V_1}=R\ln 2$$

(3) 1→4→3 过程是由 1→4 的绝热过程和 4→3 的等压过程组成的，这两个过程中的 T、V 满足

$$T_1V_1^{\gamma-1}=T_4V_4^{\gamma-1},\quad \frac{T_4}{T_3}=\frac{V_4}{V_3}$$

可得气体在状态"4"点的温度 $T_4=2^{-\frac{2}{7}}\times 300\ \text{K}$，熵变为

$$S_3-S_1=(S_4-S_1)+(S_3-S_4)=0+\int_{T_4}^{T_3}\frac{\text{d}Q}{T}=\frac{7}{2}R\int_{300\times 2^{-\frac{2}{7}}}^{300}\frac{\text{d}T}{T}$$

$$=\frac{7}{2}R\ln 2^{\frac{2}{7}}=R\ln 2$$

点拨 我们知道，熵是状态函数，熵的变化仅和初、末状态有关，而和变化路径无关，本题三问的计算结果一样，正好说明了这一点。

习题实战演练

基础练习

1. 图2.3.17为电冰箱工作原理示意图。压缩机工作时，强迫制冷剂在冰箱内外的管道中不断循环。在蒸发器中制冷剂汽化吸收箱体内的热量，经过冷凝器时制冷剂液化，放出热量到箱体外。下列说法正确的是（　　）

A. 热量可以自发地从冰箱内传到冰箱外

B. 电冰箱的制冷系统能够不断地把冰箱内的热量传到外界，是因为其消耗了电能

C. 电冰箱的工作原理不违反热力学第二定律

D. 电冰箱的工作原理违反热力学第一定律

2. (2017年课标全国卷Ⅲ)如图2.3.18所示，一定质量的理想气体从状态 a 出发，经过等容过程 ab 到达状态 b，再经过等温过程 bc 到达状态 c，最后经过等压过程 ca 回到状态 a。下列说法正确的是（　　）

A. 在过程 ab 中气体的内能增加

B. 在过程 ca 中外界对气体做功

C. 在过程 ab 中气体对外界做功

D. 在过程 bc 中气体从外界吸收热量

E. 在过程 ca 中气体从外界吸收热量

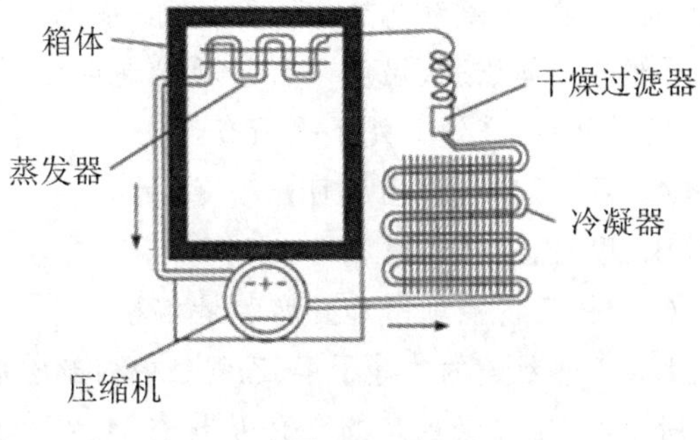

图2.3.17

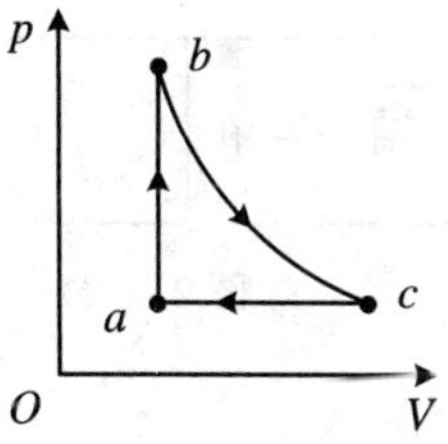

图2.3.18

3. (2016年全国卷Ⅱ)一定量的理想气体从状态 a 开始，经历等温或等压过程 ab、bc、cd、da 回到原状态，其 p-T 图像如图2.3.19所示，其中对角线 ac 的延长线过原点 O。下列判断正确的是（　　）

A. 气体在 a、c 两状态的体积相等

B. 气体在状态 a 时的内能大于它在状态 c 时的内能

C. 在过程 cd 中气体向外界放出的热量大于外界对气体做的功

D. 在过程 da 中气体从外界吸收的热量小于气体对外界做的功

E. 在过程 bc 中外界对气体做的功等于在过程 da 中气体对外界做的功

4. (2022 年湖南卷)利用“涡流效应”可实现冷热气体的分离。如图 2.3.20 所示，一冷热气体分离装置由喷嘴、涡流室、环形管、分离挡板和冷热两端管等构成。高压氮气由喷嘴切向流入涡流室中，然后以螺旋方式在环形管中向右旋转前进，分子热运动速率较小的气体分子将聚集到环形管中心部位，而分子热运动速率较大的气体分子将聚集到环形管边缘部位。气流到达分离挡板处时，中心部位气流与分离挡板碰撞后反向从 A 端流出，边缘部位气流从 B 端流出。下列说法正确的是 (　　)

A. A 端为冷端，B 端为热端

B. A 端流出的气体分子热运动平均速率一定小于 B 端流出的

C. A 端流出的气体内能一定大于 B 端流出的

D. 该装置气体进出的过程满足能量守恒定律，但违背了热力学第二定律

E. 该装置气体进出的过程既满足能量守恒定律，也满足热力学第二定律

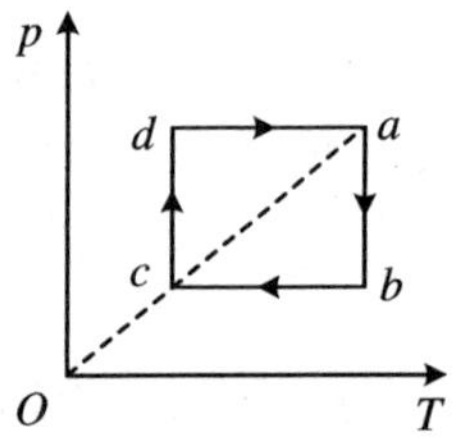

图 2.3.19

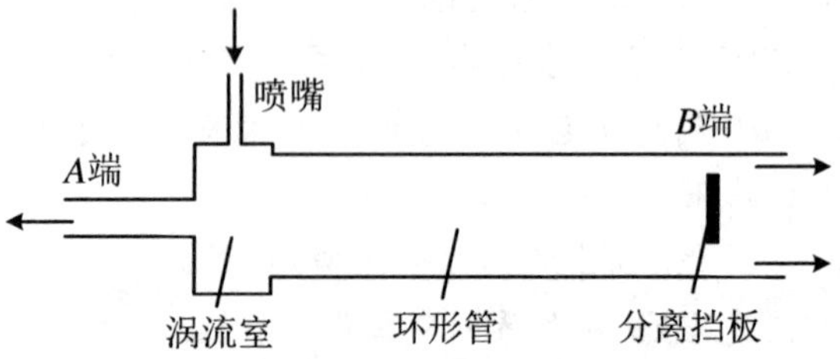

图 2.3.20

5. (2010 年第 27 届全国中学生物理竞赛预赛)如图 2.3.21 所示，a 和 b 是绝热气缸内部的两个活塞，它们把气体分为等量的甲、乙两部分，a 是导热的，且位置固定；b 是绝热的，可以自由无摩擦滑动，但不漏气。b 右方为大气，图中 k 为电热丝。开始时，系统处于平衡态，两部分气体压强、温度一样。现接通电源，缓慢加热一段时间后，系统又处于平衡态，则 (　　)

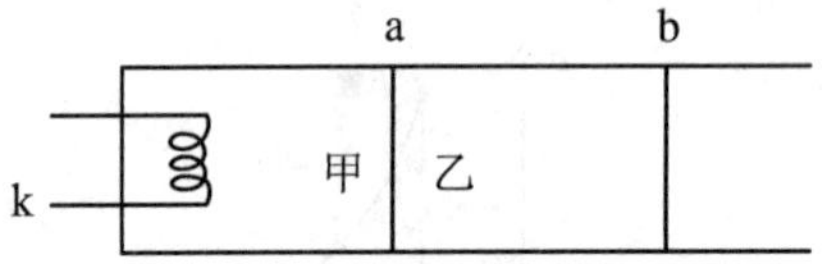

图 2.3.21

A. 甲、乙中气体温度可能不变

B. 甲、乙压强都增加

C. 甲、乙内能都增加且增加量相等

D. 电热丝放的热等于甲、乙气缸中内能增量总和

6. (2014 年“北约”自招)如图 2.3.22 所示，一定质量的理想气体从状态 A 依次经过状态 B、C 和 D 后再回到状态 A。其中，$A\to B$ 和 $C\to D$ 为等温过程，$B\to C$ 和 $D\to A$ 为绝热过程(气体与外界无热量交换)。这就是著名的“卡诺循环”。该循环过程中，下列说法正确的是 (　　)

A. $A\to B$ 过程中，外界对气体做功

B. $B\to C$ 过程中，气体分子的平均动能增大

C. $C\to D$ 过程中，单位时间内碰撞单位面积器壁的分子数增多

D. $D\to A$ 过程中，气体分子的速率分布曲线不发生变化

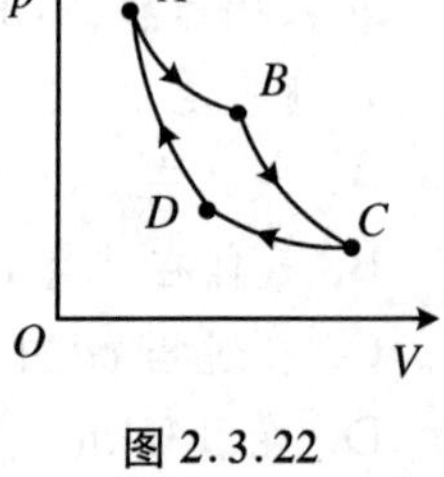

图 2.3.22

7.（2022年广东卷）利用空调将热量从温度较低的室内传递到温度较高的室外环境，这个过程__________（填“是”或“不是”）自发过程。该过程空调消耗了电能，空调排放到室外环境的热量__________（填“大于”、“等于”或“小于”）从室内吸收的热量。

8. 一定量的理想气体经历图2.3.23所示的循环过程，$A\to B$ 和 $C\to D$ 是等压过程，$B\to C$ 和 $D\to A$ 是绝热过程。已知 $T_C=300\ \mathrm{K}$，$T_B=400\ \mathrm{K}$。求此循环对应的热机效率。

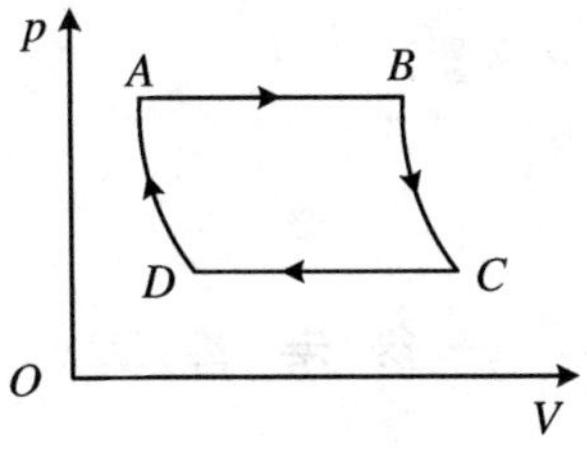

图2.3.23

提高练习

9.（2017年复旦望道计划）在 p-V 平面上，具有稳定定容热容 C_V 的理想气体通过两个循环过程 $A_1B_1C_1A_1$ 和 $A_2B_2C_2A_2$，如图2.3.24所示，相应的效率分别为 η_1 和 η_2。试比较 η_1 和 η_2 的大小。

10. 一台电冰箱放在室温为20℃的房间里，冰箱储藏柜中的温度维持在5℃。现每天有 2.0×10^7 J的热量自房间传入冰箱内，若要维持冰箱内温度不变，外界每天需做多少功？设在5～20℃运转的制冷机（冰箱）的制冷系数是卡诺制冷机制冷系数的55%。

11. 如图2.3.25所示，理想气体经历了 $1\to2\to3\to4\to1$ 的狄塞尔循环过程，其中 $1\to2$ 为绝热压缩过程；$2\to3$ 为等压吸热过程；$3\to4$ 为绝热膨胀过程；$4\to1$ 为等容放热过程。状态1、状态2和状态3所对应的体积分别为 V_1、V_2 和 V_3。计算狄塞尔循环的热机效率$\left(\text{结果用 }K、\rho、\gamma\text{ 表示，其中 }K=\dfrac{V_1}{V_2},\rho=\dfrac{V_3}{V_2},\gamma=\dfrac{C_p}{C_V}\right)$。

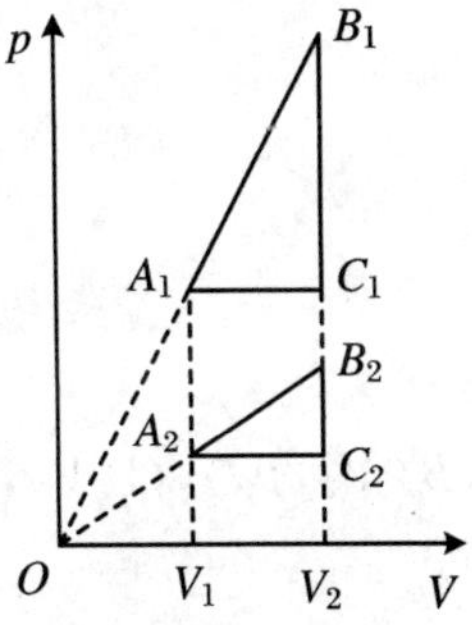

图2.3.24

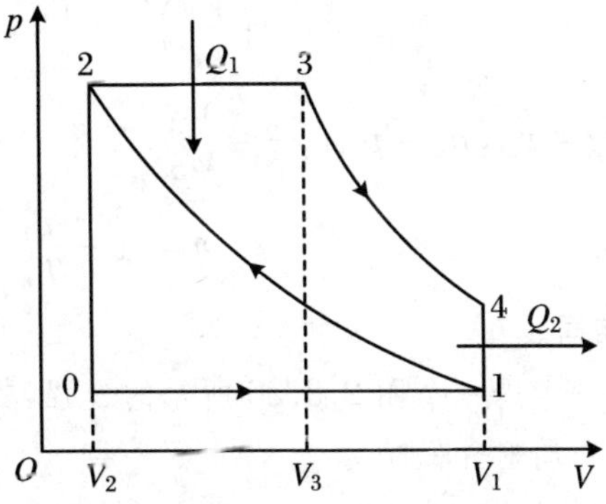

图2.3.25

12. 绝热壁包围的气缸被一绝热活塞分隔成A、B两室。活塞在气缸内可无摩擦地自由滑动。A、B内各有1 mol双原子分子理想气体。初始时气体处于平衡态，它们的压强、体积、温度分别为 p_0、V_0、T_0。A室中有一电加热器使之徐徐加热，直到A室中压强变为 $2p_0$，试问：

(1) 最后A、B两室内气体温度分别是多少？

(2) 在加热过程中，A室气体对B室做了多少功？

(3) 加热器传给A室气体多少热量？

(4) A、B两室的总熵变是多少？

参考答案

1. BC。
2. ABD。
3. ABE。
4. ABE。
5. C。
6. C。
7. 不是；大于。
8. 25%。

提示 $B\to C$、$D\to A$ 过程均是绝热过程，无热量交换；$A\to B$ 是吸热过程，设吸热 Q_1；$C\to D$ 是放热过程，设放热 Q_2。故效率为

$$\eta = \frac{Q_1 - Q_2}{Q_1} = 1 - \frac{Q_2}{Q_1}$$

$A\to B$、$C\to D$ 是等压过程，故

$$\frac{T_A}{T_B} = \frac{V_A}{V_B},\quad \frac{T_C}{T_D} = \frac{V_C}{V_D}$$

根据绝热方程得

$$\left(\frac{V_B}{V_C}\right)^{\gamma} = \frac{p_C}{p_B},\quad \left(\frac{V_D}{V_A}\right)^{\gamma} = \frac{p_A}{p_D}$$

又 $p_A = p_B$，$p_C = p_D$，$\dfrac{V_B}{V_C} = \dfrac{V_A}{V_D}$，可得

$$\eta = 1 - \frac{T_C}{T_B} = \frac{1}{4} = 25\%$$

9. 相同。

提示 考虑一个图2.3.26所示的过程，其中 $A(V_1,p_1)$，$B(V_2,p_2)$，$C(V_2,p_1)$。循环一周对外做功为

$$W = \frac{1}{2}(V_2 - V_1)(p_2 - p_1)$$

BC 过程和 CA 过程对外界放热，AB 过程一直从外界吸热，则

$$\Delta T = \frac{p_2V_2 - p_1V_1}{nR}, \quad Q = C_V\Delta T + W_{AB}$$

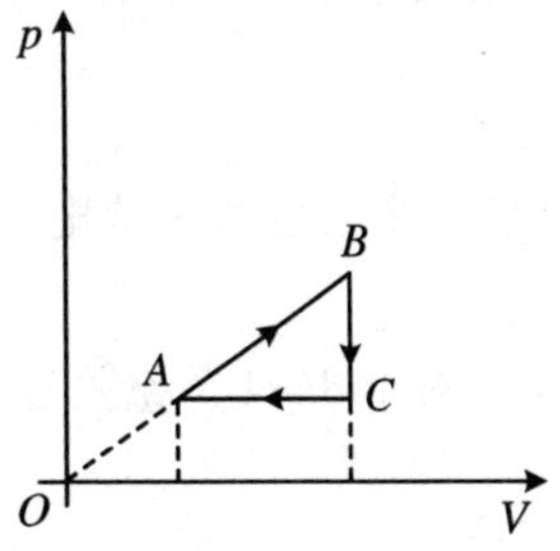

图 2.3.26

由 $p_1V_1 = nRT_1, p_2V_2 = nRT_2$ 可得

$$\Delta T = \frac{p_2V_2 - p_1V_1}{nR}$$

$$Q = \frac{C_V(p_2V_2 - p_1V_1)}{nR} + \frac{1}{2}(p_1 + p_2)(V_2 - V_1)$$

由于 A、B 连线过原点，故

$$\frac{p_1}{V_1} = \frac{p_2}{V_2}$$

设 $p_1 = kV_1, p_2 = kV_2$，则

$$W = \frac{k}{2}(V_2 - V_1)^2, \quad Q = \left(\frac{C_Vk}{nR} + \frac{k}{2}\right)(V_2^2 - V_1^2)$$

所以

$$\eta = \frac{W}{Q} = \frac{nR(V_2 - V_1)}{(2C_V + nR)(V_2 + V_1)}$$

可看出图中的两个循环的效率相同，即 $\eta_1 = \eta_2$。

10. 2×10^6 J。

提示　制冷系数为

$$e = e_{卡} \times 55\% = \frac{T_2}{T_1 - T_2} \times 55\% = 10.2$$

由制冷机制冷系数的定义得

$$Q_1 = \frac{e+1}{e}Q_2$$

已知房间传入冰箱的热量 $Q' = 2.0\times10^7$ J，热平衡时 $Q' = Q_2$，则

$$Q_1 = \frac{e+1}{e}Q_2 = \frac{e+1}{e}Q' = 2.2\times10^7 \text{ J}$$

保持冰箱储藏柜在 5 ℃，每天需做功

$$W = Q_1 - Q_2 = 2\times10^6 \text{ J}$$

11. $\eta = 1 - \frac{\rho^\gamma - 1}{\gamma(\rho - 1)K^{\gamma-1}}$。

提示　计算 2→3 的吸热 Q_1 和 4→1 的放热 Q_2。

$$Q_1 = \nu C_{p,m}(T_3 - T_2), \quad Q_2 = \nu C_{V,m}(T_4 - T_1)$$

$$\eta = 1 - \frac{Q_2}{Q_1} = 1 - \frac{C_{V,m}(T_4 - T_1)}{C_{p,m}(T_3 - T_2)} = 1 - \frac{T_4 - T_1}{\gamma(T_3 - T_2)}$$

1→2 为绝热过程，有

$$\frac{T_2}{T_1} = \left(\frac{V_1}{V_2}\right)^{\gamma-1} = K^{\gamma-1}$$

K 称为绝热容积压缩比。2→3 为等压过程，有

$$\frac{T_3}{T_2} = \frac{V_3}{V_2} = \rho$$

ρ 称为定压容积压缩比。由上两式可得

$$T_3 = \rho K^{\gamma-1} T_1$$

对于 3→4 的绝热过程，也有

$$\frac{T_4}{T_3} = \left(\frac{V_3}{V_4}\right)^{\gamma-1}$$

从图 2.3.25 中又可知 $V_1 = V_4$，则 $T_4 = \rho^{\gamma} T_1$。

以上各式联立，可得狄塞尔循环效率为

$$\eta = 1 - \frac{\rho^{\gamma} - 1}{\gamma(\rho - 1)K^{\gamma-1}}$$

12. (1) $2.78T_0$；(2) $0.55RT_0$；(3) $5RT_0$；(4) $2.89R$。

提示　(1) B 经历的是准静态绝热过程，设 B 的末态温度与体积分别为 T_B、V_B，A 的末态温度与体积分别为 T_A、V_A，则有

$$\frac{(2p_0)^{\gamma-1}}{T_B^{\gamma}} = \frac{p_0^{\gamma-1}}{T_0^{\gamma}}$$

双原子分子理想气体的 $\gamma = \frac{7}{5}$，所以 B 室气体温度为

$$T_B = 2^{\frac{\gamma-1}{\gamma}} T_0 = 2^{\frac{2}{7}} T_0 \approx 1.22T_0$$

另外，$p_0 V_0^{\gamma} = 2p_0 V_B^{\gamma}$，可以得到 $V_B = 2^{-\frac{5}{7}} V_0 = 0.61V_0$，由此可得

$$V_A = 2V_0 - V_B = 2V_0 - 0.61V_0 = 1.39V_0$$

对 A 应用理想气体状态方程，得到 A 室气体温度为

$$T_A = \frac{2p_0 V_A}{p_0 V_0} \cdot T_0 = 2 \times 1.39T_0 = 2.78T_0$$

(2) 由于气缸和活塞都是绝热的，A 室气体对 B 室气体做的功就是 B 室气体内能的增量，则

$$W = \Delta U_B = C_{V,m}(T_B - T_0') = \frac{5}{2}R \times (1.22T_0 - T_0) = 0.55RT_0$$

(3) 加热器传给 A 室的热量等于 A 室气体和 B 室气体内能增量的和，即

$$\Delta Q = \Delta U_A + \Delta U_B = C_{Am}(2.7T_0 - T_0) + 0.55RT_0 = 5RT_0$$

(4) 根据理想气体熵变公式，可知

$$\Delta S_A = C_{Am} \ln \frac{T_A}{T_0} - R \ln \frac{2p_0}{p_0} = 2.885R$$

$$\Delta S_B = C_{Am} \ln \frac{T_B}{T_0} - R \ln \frac{2p_0}{p_0} = 2.88 \times 10^{-3} R$$

总熵变为

$$\Delta S = \Delta S_A + \Delta S_B = 2.89R$$

第 3 章　物质的聚集态

前两章的研究对象主要是气体，相对简单，本章的内容涉及固体、液体及其相互转化等，相对复杂，属于凝聚态物理学范畴。

虽然从 20 世纪 70 年代才开始出现“凝聚态”的说法，到现在也不过短短 50 年，但凝聚态物理学已经成为了物理学中最大的分支。凝聚态物理学是固体物理学的向外延拓，其研究对象除固体物质以外，还包括许多液态物质，如液氦、熔盐、液态金属，以及液晶、乳胶与聚合物等，甚至某些特殊的气态物质，如经玻色-爱因斯坦凝聚的玻色气体和量子简并的费米气体。另一方面，它也引入了新的概念体系，既有利于处理传统固体物理中遗留的许多疑难问题，也便于推广应用到一些比常规的固体更加复杂的物质。

对于传统的固体、液体中的分子，我们不能再将它们简单地当作“几乎没有相互作用力的弹性小球”，每个分子与邻近分子之间都有着相互作用，它们的行为与自由运动相差甚远。还有一点需要考虑：在原子尺度下，物质之间的相互作用恐怕很难用牛顿力学的方式来描述其本质，量子力学的引入是不可避免的。

基于本书的难度和目标，我们不能将本章写成凝聚态物理，只能从最传统的物质分类方式介入，借助经典力学的分析方法，对固体、液体的宏观现象作一些定性、半定量的研究与解释，比如热胀冷缩、表面张力、毛细现象等。这些解释恐怕是“唯象的”，无法彻底回答“为什么会这样”，但又是好用且相对浅显易懂的理论。

在前两章的学习中，我们研究的气体属于平衡态或者准静态。本章研究的输运过程是那些接近平衡态的非平衡过程，这些过程多数可归类为满足线性规律的稳态过程（也有不满足线性规律的稳态），比如冷热不均的梯度产生的热传导、速度不同的梯度带来的黏滞性……这些现象广泛地存在于固体、液体、气体中。

斗转星移、四季更替，冬日的北方被冰雪覆盖时，一杯热腾腾的茶饮总会让人倍感暖意。即便是最常见的水，我们也经常见到它的固、液、气三种状态（严格来说，热水表面升腾的水汽其实是小水珠，真正的气态水分子是看不到的）。相变是不可避免需要进行研究的内容。有些同学始终被“相”这个名词困扰，笔者提供一条思路帮助各位理解：相的英文单词是 phase，或许出于某种巧合与 face 同音。这不禁让人想起了一首老歌：“你看，你看，月亮的脸偷偷地在改变。”

3.1 固体和液体的性质

课外知识延伸

1. 晶体和非晶体

固体(固态物质)具有一定的几何形状,也具有一定的硬度。根据固体的宏观特性和微观结构,可以将固体分为晶体和非晶体两大类。晶体在宏观上都表现出具有一定的熔点,而非晶体则没有一定的熔点。岩盐、云母、水晶、金刚石、金属等都是晶体。

晶体通常分为单晶体和多晶体。单晶体具有规则的宏观几何形状,如 NaCl 晶体呈立方体形。单晶体在各个不同方向上具有不同的物理性质,即各向异性。单晶的力学性质(硬度、弹性模量等)、热力学性质(热膨胀系数、热导率等)、电学性质(介电常数、电阻率等)、光学性质(吸收系数、折射率等)都表现出各向异性。例如,云母的结晶薄片在外力作用下很容易沿平行于薄片的平面裂开。多晶体是由大量晶粒(小晶体)无规则地排列组合而成的,这就导致多晶体不仅没有规则的几何外形,而且宏观物理性质也表现出各向同性。

2. 晶体的微观结构

晶体的诸多宏观特性是由其微观结构决定的。从微观结构上看,晶体是由大量物质粒子在空间周期性排列而成的。晶体粒子的质心所在的几何点(称为结点)在空间周期性规则排列的总体称为空间点阵。从点阵中任何一个结点出发,如经过一段距离遇到另一个结点,则经过相同距离必遇到第三个结点,这个距离称为平移周期,晶体的空间点阵在不同方向上的平移周期一般不同。

取一个结点为顶点,边长等于平移周期的平行六面体作为一个基本的几何单元,这种几何单元称为原胞,原胞各边的尺寸称为晶格常量。例如,金属铜具有面心立方结构,如图 3.1.1 所示;金属钠具有体心立方结构,如图 3.1.2 所示。

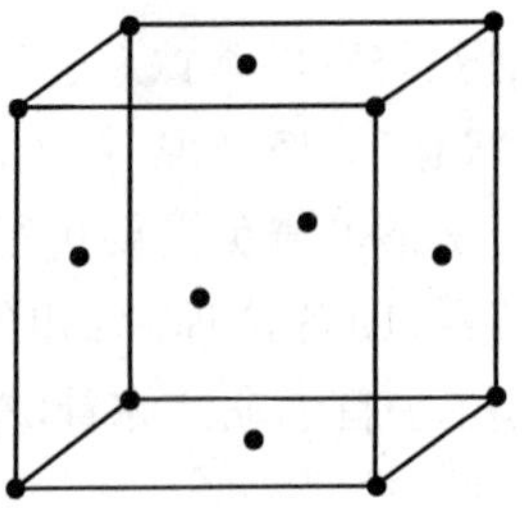

图 3.1.1

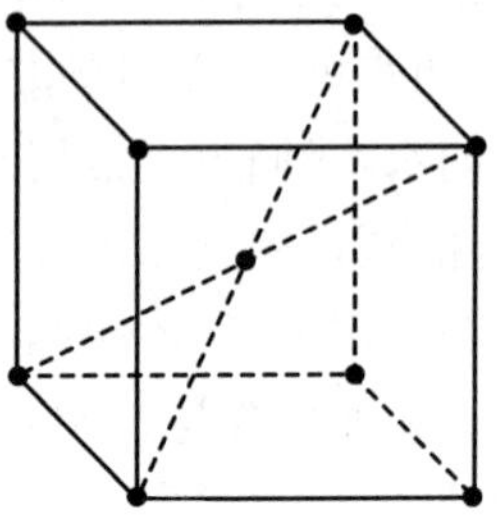

图 3.1.2

3. 固体的热膨胀

(1) 固体的线膨胀

固体受热后,组成固体的粒子在平衡位置附近的微小振动加剧,从而导致粒子间的平均距离变大。从宏观上看，固体的线度和体积都会随着温度的升高而增大，这就是固体的热膨胀现象。

固体沿着某一方向线度的膨胀称为线膨胀。大量的实验表明，对于线状固体，当物体的温度变化不是太大时，其长度的变化量 $L-L_0$ 近似满足与温度的变化量 $t-t_0$ 成正比，与物体的原长 L_0 成正比。设比例系数为 α，则表达式为

$$L - L_0 = \alpha L_0(t - t_0)$$

其中，比例系数 α 就是这种物质在温度区间 $t_0 \sim t$ 的平均线膨胀系数，简称线膨胀系数。不同物质的线膨胀系数不同，即使是同种物质，在不同的温度区间的线膨胀系数也略有差异。

由于单晶体的各向异性，不同方向上的线膨胀系数可能不同。例如，石英晶体沿着对称轴方向的线膨胀系数是 $7.8\times10^{-6}\ \mathrm{K}^{-1}$，而沿垂直方向的线膨胀系数是 $14.2\times10^{-6}\ \mathrm{K}^{-1}$。这导致单晶体的体膨胀系数较难计算。

(2) 固体的面和体的膨胀

当固体发生线膨胀时，固体的表面积 S 和体积 V 也会发生变化。类似地，当物体的温度从 t_0 变到 t 时，其面积从 S_0 变到 S，体积从 V_0 变到 V，可以定义物体的面积和体积膨胀系数分别为

$$\beta = \frac{S - S_0}{S_0(t - t_0)}, \quad \gamma = \frac{V - V_0}{V_0(t - t_0)}$$

(3) 体膨胀系数和线膨胀系数之间的关系

对于各向同性的固体，体膨胀系数和线膨胀系数之间存在简单的倍数关系，下面我们来推导两者之间的关系。

设固体在 x、y、z 方向的线度分别为 x_0、y_0、z_0。若温度改变 ΔT，上述方向上长度的改变量分别为 Δx、Δy、Δz，依据线膨胀系数的定义有

$$\Delta x = \alpha x_0 \Delta T, \quad \Delta y = \alpha y_0 \Delta T, \quad \Delta z = \alpha z_0 \Delta T$$

可以计算出膨胀前后固体的体积分别为

$$V_0 = x_0 y_0 z_0, \quad V = (x_0 + \Delta x)(y_0 + \Delta y)(z_0 + \Delta z)$$

将 V 的表达式展开后得到

$$V = x_0 y_0 z_0 + x_0 y_0 \Delta z + y_0 z_0 \Delta x + x_0 z_0 \Delta y + x_0 \Delta y \Delta z + y_0 \Delta x \Delta z + z_0 \Delta x \Delta y + \Delta x \Delta y \Delta z$$

经过观察发现 V 的表达式中含有一阶小量、二阶小量和三阶小量，只保留一阶小量得

$$V = x_0 y_0 z_0 + x_0 y_0 \Delta z + y_0 z_0 \Delta x + x_0 z_0 \Delta y$$

代入含 ΔT 的表达式和 $V_0 = x_0 y_0 z_0$，得

$$V = V_0 + 3\alpha V_0 \Delta T$$

结合体膨胀系数的定义式 $\gamma = \dfrac{\Delta V}{V_0 \Delta T}$，最终得到

$$\gamma = 3\alpha$$

同理，可得面积膨胀系数和线膨胀系数之间的关系为 $\beta = 2\alpha$。

4. 液体的表面张力

(1) 液体的性质

液体的性质介于气体与固体之间。液体一方面像气体，具有流动性，不能保持一定的几

何外形；另一方面像固体，不容易被压缩，能保持一定的体积。液体分子在一段短暂的时间内具有近程有序的特点，这些近程有序的微小区域无序排列，导致了液体宏观上的各向同性。液体分子主要是在平衡位置附近做微小振动，但经过一段短暂的时间就会转到另一个平衡位置附近振动。

(2) 液体的表面张力

许多现象表明液体表面有收缩的趋势。液体表面有一定厚度的薄层，称为表面层。表面层的厚度等于分子引力的有效作用距离 s。液体表面层分子与内部分子相比，缺少了一些能吸引它的分子，导致表面层的势能增高。液体的表面积越大，整个表面层的势能越大。由于势能总是有减小的趋势，因此液体表面就有收缩的趋势，也就说明液体表面存在张力。表面张力的大小可以用表面张力系数 α 来描述。

从力的视角出发，我们可以将表面张力系数定义为

$$\alpha = \frac{F}{L}$$

其中 F 为液体表面中长为 L 的线段对应的表面张力。

同样地，从外力克服表面张力做功的视角出发，我们还可以将表面张力系数定义为

$$\alpha = \frac{W}{S}$$

其中 W 为外力克服表面张力所做的功，S 为液面增加的表面积。

(3) 表面张力产生的附加压强

若液体表面是弯曲的，由于表面张力的存在，液面内和液面外会产生一压强差，称为附加压强。

若液体表面是半径为 R 的凸液面，则附加压强为

$$p = \frac{2\alpha}{R}$$

即液面内压强大于液面外压强。

若液体表面是半径为 R 的凹液面（如液体中气泡的内表面），则附加压强为

$$p = -\frac{2\alpha}{R}$$

即液面外压强大于液面内压强。

对于半径为 R 的球形液膜（如空气中的肥皂泡），可以得出附加压强的表达式为

$$p = \frac{4\alpha}{R}$$

下面以最简单的情况——球形液面的附加压强来说明上述公式的得出过程。如图 3.1.3 所示，在半径为 R 的球形液滴上任取一球冠小液块来分析（小液块与空气的分界面的面积是 S'，底面积是 S，底面上的 A 点极靠近表面）。此球冠形小液块的受力情况为：在 S' 面上处处受到与球面垂直的大气压力作用，由对称性易知，大气压力的合力方向垂直于 S 面，大小可表示为 $F = p_0S$。在分界面上（图中的虚线处）处处受到与球面相切的表面张力的作用，这些表面张力的水平分力相互抵消，故合力也与 S 面垂直，大小为

$$F_{液} = \sum \Delta F' = \sum \Delta F \sin\phi = \alpha \cdot 2\pi r \sin\phi = 2\pi\alpha R \sin^2\phi$$

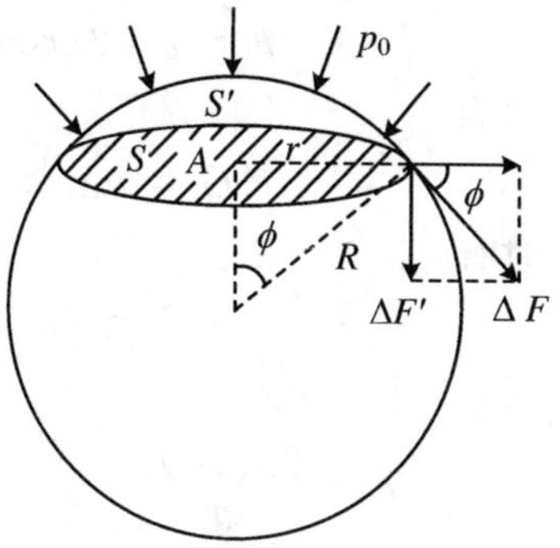

图 3.1.3

球冠形液块的重力为 mg，但因为 A 点极靠近液面，所以液块很小，mg 的数值可以忽略。根据小液块的力学平衡条件可得

$$pS = F_{液} + F$$

将 $S = \pi R^2 \sin^2\phi$ 和 F 的表达式代入上式，可得

$$p - p_0 = \frac{2\alpha}{R}$$

5. 毛细现象

(1) 浸润与不浸润

当液体与固体接触时，固体表面处的分子与液体分子之间也存在相互吸引的作用力，这种吸引力称为附着力。液体分子之间的相互吸引力称为内聚力。当附着力大于内聚力时，液体能润湿固体(浸润固体)；当附着力小于内聚力时，液体不能润湿固体。

在液体与固体接触处，分别作液面和固体表面的切线，两者通过液面内部所成的角度 θ 称为接触角。当 $\theta < 90^\circ$ 时，液体浸润固体，如图 3.1.4 所示，特例是当 $\theta = 0^\circ$ 时为完全浸润；当 $\theta > 90^\circ$ 时，液体不浸润固体，如图 3.1.5 所示，特例是当 $\theta = 180^\circ$ 时为完全不浸润。

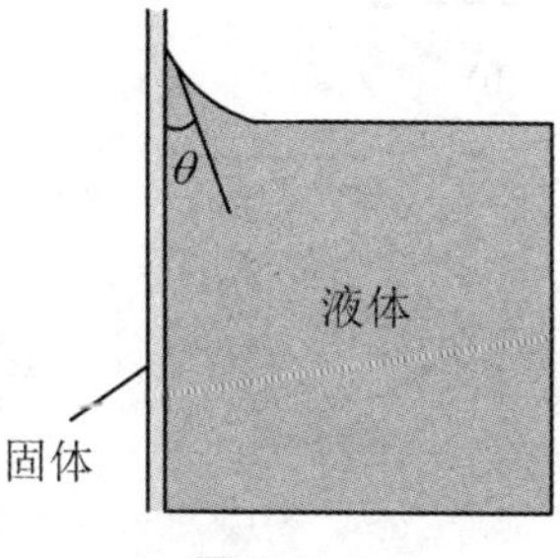

图 3.1.4

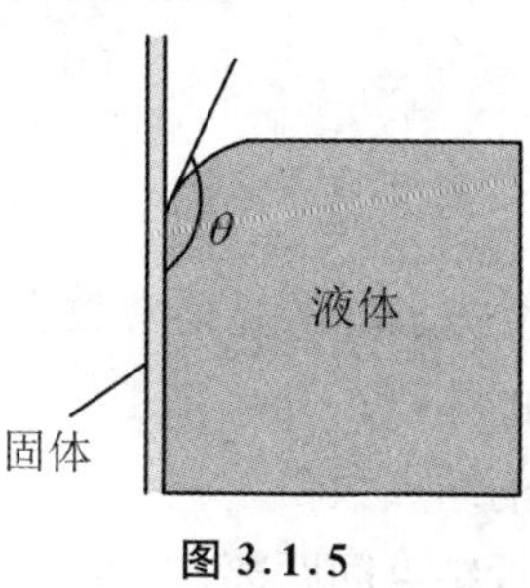

图 3.1.5

(2) 毛细现象

将极细的玻璃管插入水中时，可以看到管子里的水升高；如果将相同的玻璃管插入水银中，管子里的水银面会降低。这种润湿管壁的液体在细管里升高，不润湿管壁的液体在细管里降低的现象，称为毛细现象。

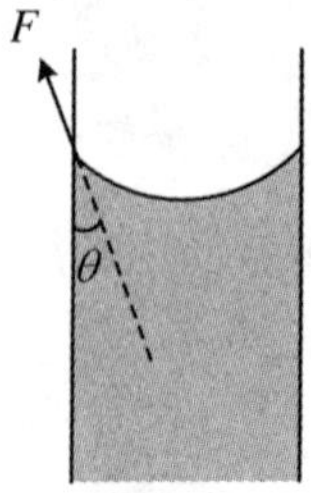

图 3.1.6

如图 3.1.6 所示，液面与管壁的接触线长为 $2\pi r$，在接触线任意处的表面张力都垂直于接触线并与液面相切，则竖直向上的合力为

$$F = \alpha \cdot 2\pi r\cos\theta$$

液柱的重力为

$$G = \rho\pi r^2 gh$$

液柱稳定时有

$$F = G$$

以上各式联立，得

$$h = \frac{2\alpha\cos\theta}{\rho gr}$$

核心问题讨论

1. 如何计算与晶体原胞相关的参数?

在结晶学中，根据原胞各边所夹的角度、各边的长短，以及结点在原胞中排列的情况，将晶体分为 7 个晶系，将晶格分为 14 种类型。这些晶系主要靠原胞的三条边 a、b、c 和每两边之间的夹角 α、β、γ 来进行分类。立方晶系包含简单立方、体心立方和面心立方三种晶格。体心立方晶格如图 3.1.7(a)所示，面心立方晶格如图 3.1.7(b)所示。体心立方晶格的原胞除了在立方体顶点处有结点，在立方体的中心处也有结点；而面心立方晶格除了在立方体顶点处有结点，在立方体的每个表面的面心处也有结点。涉及原胞体积计算时，我们需要提前知道平行六面体体积的计算公式 $V = a \cdot b \cdot c$。

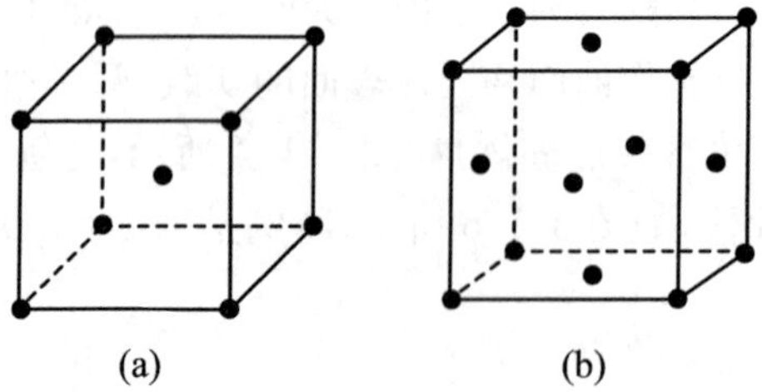

图 3.1.7

例题 1　立方点阵的晶格常数为 a，在体心立方点阵情况下，求：

(1) 原胞的体积；

(2) 原胞的结点数；

(3) 最邻近结点间距离；

(4) 最邻近结点的数目；

(5) 以顶点到体心连线为边所形成的菱面体作为原胞，此原胞的体积和包含的结点数。

分析　题目中直接给出了晶格类型和晶格常数，结合图像可以很快计算出原胞体积。在计算原胞结点数时要注意，由于部分结点同时归属于多个原胞，计入总数时应乘相应的比例系数。在求最邻近结点距离和数目时，建立适当的空间直角坐标系并写出结点坐标可以方便判断和计算。

解　(1) 体心立方原胞的体积为 a^3。

(2) 原胞有8个顶点，共有8个结点，但每个结点为8个原胞所共有，每个顶点上的结点只有$\frac{1}{8}$属于该原胞，因此顶点上的结点只有一个属于该原胞。另外，外心也对应一个结点。故体心立方原胞的结点数为2。

(3) 最邻近结点之间的距离为顶点到邻近体心之间的距离，以 A 表示任一顶点，O 表示体心，则

$$AO = \sqrt{OC^2 + AC^2} = \sqrt{OC^2 + BC^2 + AB^2} = \sqrt{\left(\frac{a}{2}\right)^2 + \left(\frac{a}{2}\right)^2 + \left(\frac{a}{2}\right)^2} = \frac{\sqrt{3}}{2}a$$

即最邻近结点的距离为$\frac{\sqrt{3}}{2}a$。

(4) 以体心结点为坐标原点(0,0)，最邻近的8个结点的坐标为$\left(\frac{a}{2},\frac{a}{2},\frac{a}{2}\right)$，$\left(-\frac{a}{2},\frac{a}{2},\frac{a}{2}\right)$，$\left(-\frac{a}{2},-\frac{a}{2},\frac{a}{2}\right)$，$\left(\frac{a}{2},-\frac{a}{2},\frac{a}{2}\right)$，$\left(\frac{a}{2},\frac{a}{2},-\frac{a}{2}\right)$，$\left(-\frac{a}{2},\frac{a}{2},-\frac{a}{2}\right)$，$\left(-\frac{a}{2},-\frac{a}{2},-\frac{a}{2}\right)$，$\left(\frac{a}{2},-\frac{a}{2},-\frac{a}{2}\right)$。

(5) 以这种方式形成的菱面体称为固体物理学原胞，是空间点阵的最小几何重复单元，如图3.1.8所示。若取点 D 为坐标原点，则菱面体三条边的端点的坐标分别为$\left(\frac{a}{2},-\frac{a}{2},-\frac{a}{2}\right)$，$\left(-\frac{a}{2},\frac{a}{2},-\frac{a}{2}\right)$，$\left(-\frac{a}{2},-\frac{a}{2},-\frac{a}{2}\right)$。

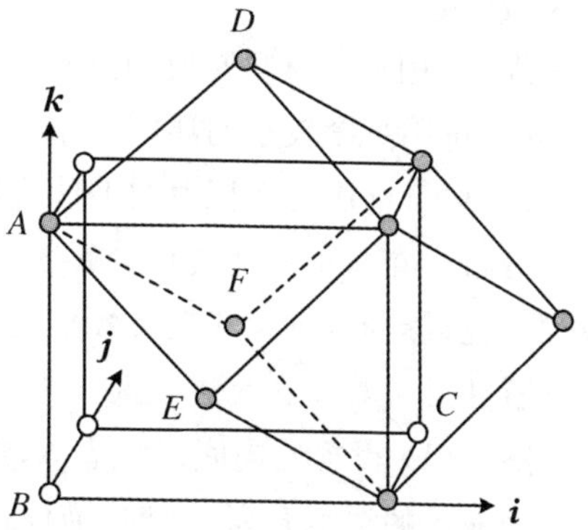

图3.1.8

由平行六面体的体积公式求得菱面体的体积为$\frac{a^3}{2}$，此原胞的结点数为 $8\times\frac{1}{8}=1$。

点拨　本题旨在帮助读者了解基本的晶体类型和原胞参数的计算方法。通过计算不同的原胞构造方式下的原胞体积，我们发现原胞体积会随构造方式改变。很明显，体心立方晶型能更直观地反映晶体的空间对称性。

2. 如何得到固体或液体的膨胀系数?

固体或液体的体膨胀系数一般可以通过实验测量得到。分析测量装置原理时应从体膨胀系数的定义 $\alpha=\frac{\Delta V}{V\Delta t}$ 出发。温度变化量 Δt 一般为实验过程中的已知量，所以如何测量体积变化量 ΔV 就成为了实验测量原理的重点。

例题2　(2011年“华约”卷)当压强不变、温度变化量 Δt 不太大时，液体或固体在某一

温度下的体膨胀系数 α 可以表示为 $\alpha=\dfrac{\Delta V}{V\Delta t}$，其中 V 为该温度时的体积，ΔV 为体积的变化量。一般来说，在常温常压下液体和固体的体膨胀系数分别在 $10^{-3}/\mathrm{K}$ 量级和 $10^{-6}\sim10^{-5}/\mathrm{K}$ 量级。

图 3.1.9 所示的装置可以用来测量控温箱中圆筒形玻璃容器内液体的体膨胀系数，实验步骤如下：

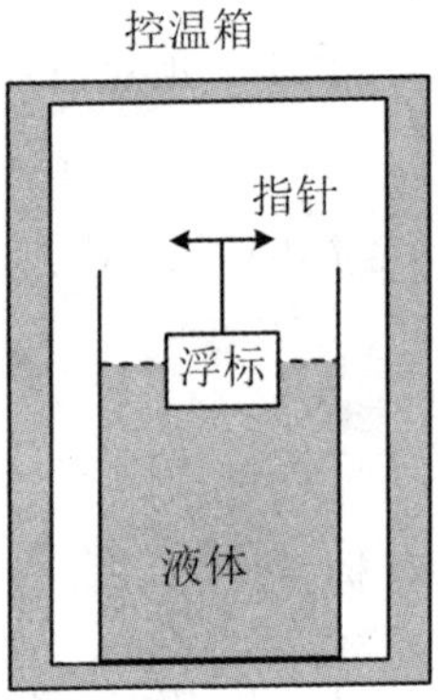

图 3.1.9

① 拿掉浮标，将液体的温度调控为接近室温的某一温度 t_0，测量液柱的高度 h。

② 放入浮标，保持压强不变，将液体的温度升高一个不太大的量 Δt，用精密的位置传感器确定指针高度的变化量 Δh。

③ 利用步骤①和②中测得的数据计算液体在 t_0 时的体膨胀系数 α。

回答下列问题：

(1) 不考虑温度变化导致的液体密度变化，写出用测量量表示的 α 的表达式。

(2) ① 在温度升高的过程中，液体密度变化会对用上面的表达式计算出的结果有什么影响？为什么？

② 在所用浮标为直立圆柱体时，某同学对如何减小这一影响提出了以下几条建议，其中有效的是 (　　)

A. 选用轻质材料制成的浮标　　B. 选用底面积较大的浮标

C. 选用高度较小的浮标　　D. 尽量加大液柱的高度 h

E. 尽量选用底面积大的玻璃容器

分析　在利用定义式计算膨胀系数时应提前设出容器底面积，同时在考虑实验原理导致的系统误差时，应该从定义式出发思考实验原理对测量量的影响，这样可以很容易完成误差分析并对实验提出改进方案。

解　(1) 设容器内底面积为 S，则温度为 t_0 时液体体积为 $V_0=Sh$。

当液体的温度升高 Δt 时，液体体积变化量为 $\Delta V=S\Delta h$。

依据体膨胀系数的定义 $\alpha=\dfrac{\Delta V}{V_0\Delta t}$，代入数据，得 $\alpha=\dfrac{\Delta h}{h\Delta t}$。

(2) ① 温度升高，导致液体体积变大，故液体密度 ρ 会变小，由阿基米德原理可得浮标排开的液体体积变大，即浮标进入液体的深度会增大，指针升高的高度小于液面升高的高度，相应的 Δh 会偏小，即测得的 α 会偏小。

(2) ② ABD。

由(1)可知 $\alpha=\dfrac{1}{h}\cdot\dfrac{\Delta h}{\Delta t}$，又

$$\Delta h_{测}=\frac{m_{液}+m_{标}}{\rho_{t_0液}\cdot S_{容}}-\frac{m_{液}+m_{标}}{\rho_{t_0+\Delta t液}\cdot S_{容}}-\left(\frac{m_{标}}{\rho_{t_0+\Delta t液}\cdot S_{标}}-\frac{m_{标}}{\rho_{t_0液}\cdot S_{标}}\right)$$

$$\Delta h_{真} = \frac{m_{液}}{\rho_{t_0+\Delta t液} \cdot S_{容}} - \frac{m_{液}}{\rho_{t_0液} \cdot S_{容}}$$

所以

$$\Delta\alpha_{减} = \alpha_{真} - \alpha_{测} = \frac{m_{标}}{h\Delta t}\left(\frac{1}{S_{标}} - \frac{1}{S_{容}}\right)\left(\frac{1}{\rho_{t_0+\Delta t液}} - \frac{1}{\rho_{t_0液}}\right)$$

所以 h 越大，$m_{标}$ 越小，$S_{标}$ 越大，$S_{容}$ 越小，$\Delta\alpha_{减}$ 越小，误差越小。故选 A、B、D。

点拨　本题向大家展示了测量液体体膨胀系数的实验方案。初始的实验原理因未考虑温度对液体密度的影响而引入了系统误差，通过分析系统误差的来源并适当改进实验方案，实验测量结果的系统误差得以减小。

3. 如何处理与表面张力相关的问题?

熟练掌握上文介绍的表面张力公式 $F = \sigma L$ 和附加压强公式 $p - p_0 = \frac{2\sigma}{R}$，将表面张力和附加压强纳入平衡态分析中，同时将表面能 $W = \sigma S$ 纳入能量转化与守恒的分析中，大部分涉及表面张力的问题可以顺利得到解决。

例题 3　如图 3.1.10 所示，容器内盛有肥皂液，AB 为一轻质杠杆，$AC = 15$ cm，$BC = 12$ cm。在其 A 端挂一边长 $a = 2.5$ cm 的方形细钢丝框，在 B 端加砝码使杠杆平衡。然后先将钢丝框浸于肥皂液中，再慢慢地将它拉起一小段距离（不脱离肥皂液），使钢丝框被拉起的部分蒙上一层肥皂膜，这时需将杠杆 B 端砝码的质量增加 5.0×10^{-4} kg，杠杆才重新平衡（钢丝框的钢丝很细，在肥皂中受到的浮力可不计）。已知重力加速度 $g = 10\ \text{m/s}^2$。

(1) 肥皂液的表面张力为多少?

(2) 肥皂液的表面张力系数为多少?

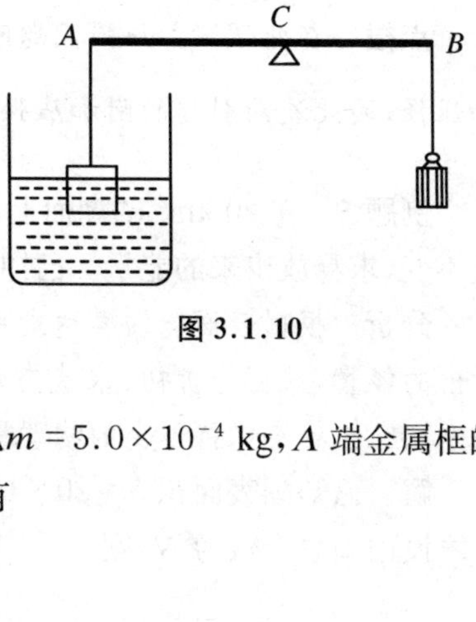

图 3.1.10

分析　钢丝框初始时未接触肥皂液，并与右端的砝码共同作用使得 AB 杠杆处于力矩平衡状态。在钢丝框开始受到液体表面张力作用后，为保持 AB 杠杆平衡需要增加右端砝码的质量。很明显，我们可以从上述分析中得到两个力矩平衡方程，并最终求出肥皂液表面张力的大小。

解　(1) 设 B 端砝码初始质量为 m_0，增加的质量为 $\Delta m = 5.0\times10^{-4}$ kg，A 端金属框的质量为 m'。金属框未接触肥皂液时，依据力矩平衡条件有

$$m'g \cdot AC = m_0 g \cdot BC$$

金属框接触肥皂液后，依据力矩平衡条件有

$$(m'g + F) \cdot AC = (m_0 + \Delta m)g \cdot BC$$

解得 $F = 4.0\times10^{-3}$ N。

(2) 肥皂膜有两个表面，则表面张力系数为

$$\sigma = \frac{F}{2a}$$

代入数据，得 $\sigma = 8.0\times10^{-2}$ N/m。

点拨　实际上，两个力矩平衡的方程也可以只表达为一个变化量平衡的方程，虽然方程数减少，但物理过程不如上述解答清晰。另外，在求解表面张力系数时尤其要注意液体薄膜有两个表面，这是高频易错点。

例题4　用室温的氮气吹肥皂泡。当肥皂泡的直径为多大时，泡开始“浮”在空气中？已知肥皂泡的表面张力系数 $\sigma=0.04\ \mathrm{N/m}$，$p_0=10^5\ \mathrm{Pa}$，$M_{氮}=28\ \mathrm{g/mol}$，$M_{空}=29\ \mathrm{g/mol}$，泡膜的重力不计。

分析　由于不考虑泡膜的重力，要使肥皂泡在空中处于平衡态，要求肥皂泡内氮气的密度与泡外空气的密度相等。显然，表面张力引起的附加压强压缩了肥皂泡内的氮气，使其密度增加。利用附加压强公式，结合理想气体状态方程，问题可以得到解决。

解　肥皂泡“浮”起在空气中的条件是 $\rho_{\mathrm{N}}V\cdot g=\rho_0V\cdot g$，即 $\rho_{\mathrm{N}}=\rho_0$。

对同体积(同质量)的空气与氮气，由理想气体状态方程得

$$\frac{p_0M_{空}}{\rho_0}=\frac{p_{\mathrm{N}}M_{氮}}{\rho_{\mathrm{N}}}=RT$$

故有 $p_0M_{空}=p_{\mathrm{N}}M_{氮}$，即 $p_{\mathrm{N}}=\dfrac{M_{空}}{M_{氮}}p_0$，代入数据，得 $p_{\mathrm{N}}=\dfrac{29}{28}p_0$。

而肥皂泡内氮气的压强为 $p_{\mathrm{N}}=p_0+\dfrac{4\sigma}{R_0}$，式中 R_0 为肥皂泡的半径。

由以上两式可得$\dfrac{4\sigma}{R_0}=\dfrac{1}{28}p_0$，即 $R_0=\dfrac{112\sigma}{p_0}$。

所以当肥皂泡的直径 $D=2R_0=8.96\times10^{-5}\ \mathrm{m}$ 时，泡开始“浮”在空气中。

点拨　在处理附加压强问题时要注意，肥皂泡有内外两个表面，这两个表面都会引起附加压强，因此液面引起的附加压强表达式应为 $p_{附}=\dfrac{4\sigma}{R}$。

例题5　在 $20\ \mathrm{km^2}$ 的湖面上，下了一场 50 mm 的大雨，雨滴的半径 $r=1.0\ \mathrm{mm}$。设温度不变，求释放出来的能量。已知水的表面张力系数 $\alpha=73\times10^{-3}\ \mathrm{N/m}$。

分析　根据表面能的表达式可知表面能与液体的表面积成正比。要求雨水落入湖面释放出的能量，只需分析初、末状态水的表面积变化，并分别算出两状态下水的表面能即可。注意，初、末状态保持不变的物理量是水的体积。

解　已知湖表面积 $S=20\times10^6\ \mathrm{m^2}$，下雨使湖水面升高 $h=50\times10^{-3}\ \mathrm{m}$。

设雨滴总个数为 N，则

$$N=\frac{hS}{\frac{4}{3}\pi r^3}$$

现只考虑因雨水本身表面积变化而释放的能量 ΔE，有

$$\Delta E=\alpha(N\cdot4\pi r^2-S)=\alpha S\left(\frac{3h}{r}-1\right)$$

代入数据，得 $\Delta E=2.18\times10^8\ \mathrm{J}$。

点拨　通过上述解答可以发现，在处理涉及能量的问题时，即便出现了新的表面能，我

们也同样只需考虑初、末状态，而无须考虑雨水入湖过程释放的能量。

4. 如何计算毛细现象中液面高度差?

当液体浸润固体时接触角 θ 的范围为 $0\leqslant\theta<\frac{\pi}{2}$，当液体不浸润固体时接触角 θ 的范围为 $\frac{\pi}{2}<\theta\leqslant\pi$。液体表面张力使液面内外产生压强差，导致液体浸润固体时液面上升，液体不浸润固体时液面下降。考虑管内外同一液面高度处压强相等，通过平衡态分析可以得出管内液面上升或下降的高度。

例题 6　在细长的、半径为 $2R$ 的毛细管内，液体上升高度为 H。如果在毛细管内部放入半径为 R 的、与毛细管同一材料的圆柱体，毛细管中液体的高度如何改变? 毛细管与圆柱体共轴。

分析　若毛细管内液体浸润管壁，则接触角为锐角，液面变为凹液面，使得液面下方的压强比液面上方的大气压强小。由于流体静止时同高度两点的压强应相等，故管内液面上升，直至管内外液面同高度处的压强等于大气压强。当毛细管内部放入圆柱体后，与圆柱体接触的液面边缘处表面张力继续向上提拉液体，导致毛细管内液面再次升高。

解　设管中液面与管壁的接触角为 $\theta\left(\theta<\frac{\pi}{2}\right)$，液体表面张力系数为 σ，液体表面张力的竖直分力与上升高度 H 的液体的重力平衡。

在第一种情况下，有

$$\sigma\cdot 2\pi(2R)\cos\theta=\rho gH\pi(2R)^2$$

在第二种情况下，表面张力增加，其竖直分力为

$$F_y=\sigma[2\pi(2R)+2\pi R]\cos\theta$$

高度变为 h 的液体的重力为

$$G=\rho gh\cdot\pi[(2R)^2-R^2]$$

即有

$$\sigma\cdot 2\pi\cdot 3R\cos\theta=\rho gh\cdot\pi\cdot 3R^2$$

比较，得

$$h=2H$$

点拨　由于插入圆柱体后，液面不可再被视作球面，故分析问题时应尽量直接从表面张力出发来列式。这也提醒我们在利用一些二级结论时不应忘记推导过程和适用条件。

习题实战演练

基础练习

1. (2014 年第 31 届全国中学生物理竞赛预赛试题)有一线膨胀系数为 α 的正立方体物块，当膨胀量较小时，其体膨胀系数等于　　(　　)

A. α　　　　B. $\alpha^{1/3}$　　　　C. α^{3}　　　　D. 3α

2. 钢尺A、钢尺B和一段角钢是用同样的材料制成的。钢尺A在+20℃使用是准确的；钢尺B在-30℃使用时是准确的。

(1) 用这两把尺子在-30℃的野外去测量上述角钢的长度，其读数分别为 l_A 和 l_B，则（　　）

A. $l_A > l_B$　　　　B. $l_A = l_B$　　　　C. $l_A < l_B$

(2) 在+20℃温度下，用这两把尺子去测量角钢的长度，其读数分别为 l'_A 和 l'_B，则（　　）

A. $l'_A > l'_B$　　　　B. $l'_A = l'_B$　　　　C. $l'_A < l'_B$

3. 原来20℃的金属降温到0℃，其密度增加了1/3000，求金属的线膨胀系数。

4. 如图3.1.11所示，氯化钠的晶体点阵由立方晶胞组成，在立方晶胞中心有一个钠离子，氯离子排布方式与钠离子相同。已知氯化钠的摩尔质量为 $\mu = 5.85\times10^{-2}$ kg/mol，密度为 $\rho = 2.22\times10^{3}$ kg/m³，估算两个相邻钠离子的最近距离（保留一位有效数字）。

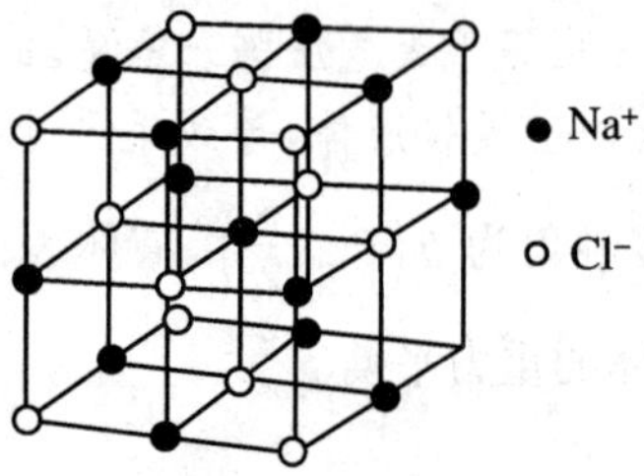

图3.1.11

5. 在航天飞机座舱中原来有两个圆柱形洁净的玻璃容器，其中分别封装有水和水银，如图3.1.12(a)、(b)所示。当航天飞机处于失重状态时，试把水和水银的表面形状分别画在图3.1.12(c)、(d)所示两空框内。

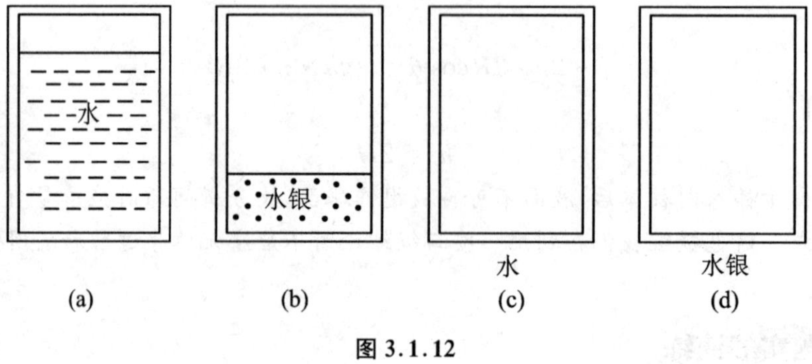

图3.1.12

提高练习

6. 将一定量的水银放在两块水平的平板玻璃之间，问：要在上面的玻璃板上施加多大的压力，才能使两板间的水银厚度处处都等于 1.0×10^{-4} m，并且每板与水银的接触面积都

为 $4.0\times10^{-3}\ m^2$？设水银的表面张力系数是 0.45 N/m，水银与玻璃的接触角为 135°。

7. 水和油边界的表面张力系数为 $\sigma=1.8\times10^{-2}$ N/m，为了使 1.0×10^{-3} kg 的油在水内散成半径为 $r=10^{-6}$ m 的小油滴，若油的密度为 900 kg/m^3，问：至少做多少功？

8. 将充满水银的气压计下端浸入一广阔的盛水银的容器中，读数为 $p=0.95\times10^5$ Pa。

(1) 求水银柱的高度。

(2) 考虑到毛细现象，真正的大气压强为多大？已知气压计玻璃管直径 $d=0.20$ cm，接触角 $\theta=\pi$，水银的表面张力系数 $\alpha=0.490$ N/m。

(3) 若允许误差 0.1%，求毛细管直径所允许的最小值。

9. 如图 3.1.13 所示，竖直壁的水壕里水中浮着长方体木块，其一侧面平行于水壕壁且与壁相隔小距离 d 放置(图为其俯视图)，边长 $l\gg d$。求木块与壁相互作用力的大小和方向。水对壁和木块完全浸润，且表面张力系数为 α，水的密度为 ρ。

10. (2013 年第 30 届全国中学生物理竞赛复赛)如图 3.1.14 所示，温度开关用厚度均为 0.20 mm 的钢片和青铜片作感温元件；在温度为 20 ℃时，将它们紧贴，两端焊接在一起，成为等长的平直双金属片。已知钢和青铜的线膨胀系数分别为 $1.0\times10^{-5}\ ℃^{-1}$ 和 $2.0\times10^{-5}\ ℃^{-1}$。当温度升高到 120 ℃时，双金属片将自动弯成圆弧形，如图所示。试求双金属片弯曲的曲率半径（忽略加热时金属片厚度的变化）。

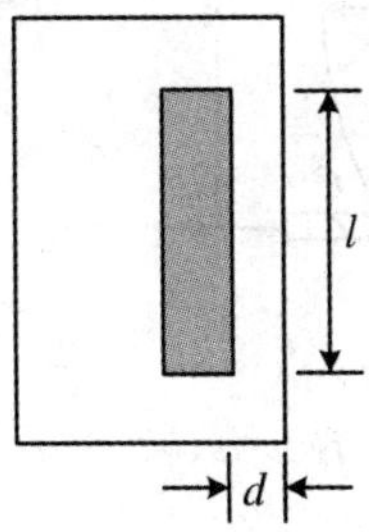

图 3.1.13

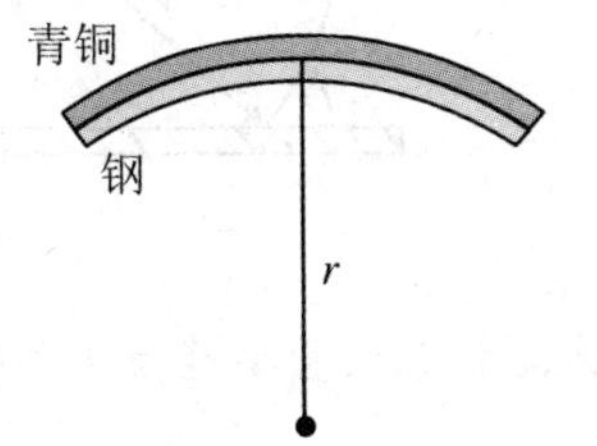

图 3.1.14

11. (2011 年"华约"卷)在压强不太大、温度不太低的情况下，气体分子本身的大小比分子间的距离小很多，因此在理想气体模型中通常忽略分子的大小。已知液氮的密度 $\rho=808.3\ kg/m^3$，氮气的摩尔质量 $M_m=28\times10^{-3}$ kg/mol。假设液氮可看作由立方体分子堆积而成，根据所给数据对标准状态下的氮气分了间距大小和氮气分子大小作出估算，说明上述结论的合理性。

《参考答案》

1. D。
2. (1) A；(2) A。
3. $5.55\times10^{-6}\ ℃^{-1}$。
4. 4×10^{-10} m。

5. 如图 3.1.15 所示。

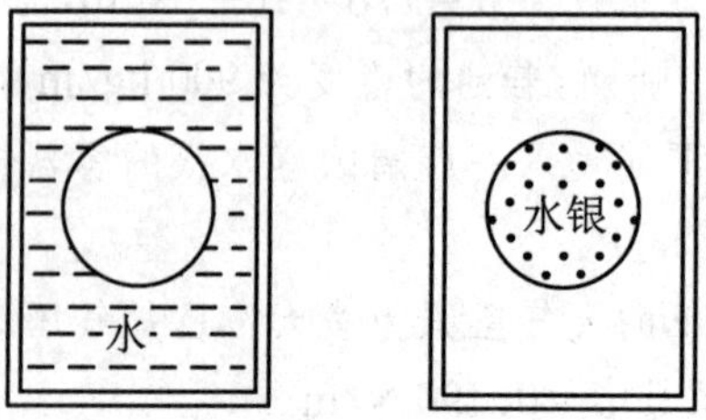

图 3.1.15

6. 25.5 N。

提示 如图 3.1.16 所示，水银的厚度为 h。通过水银滴中央点、垂直于玻璃板作纵剖面 $ABCD$。

由几何关系得$\overset{\frown}{AD}$的曲率半径为 $r=\frac{\sqrt{2}}{2}h$。

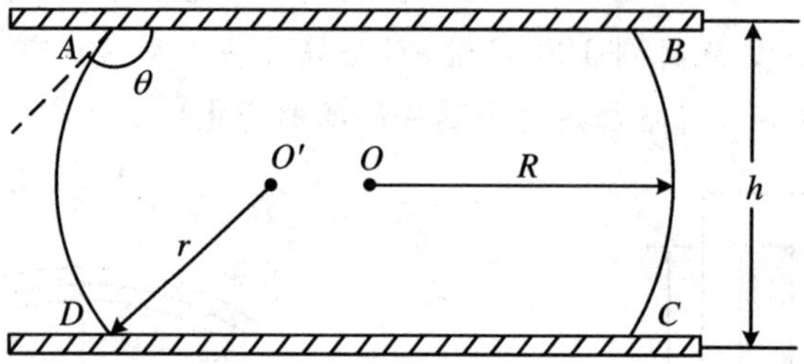

图 3.1.16

玻璃板与水银接触的圆半径为 $R=3.57\times10^{-2}$ m，显然 $R\gg h$，故可认为水银滴的半径不随高度变化。

水银滴内，水银自重产生的平均压强为$\overline{p_{\mathrm{Hg}}}=\frac{1}{2}\rho_{\mathrm{Hg}}gh$。

设上板所加压力 F 对应的压强为 p，则满足 $p=\alpha\left(\frac{1}{r}+\frac{1}{R}\right)-\overline{p_{\mathrm{Hg}}}$，所以 $F=pS=25.5$ N。

7. 6×10^{-2} J。

提示 开始时将油滴视为半径为 R 的球，则 $V=\frac{m}{\rho}=\frac{4}{3}\pi R^3$。

分散后有 N 个小油滴，每个小油滴的半径为 r，则 $V=\frac{m}{\rho}=N\times\frac{4}{3}\pi r^3$。

前后两种情况的面积差为 $\Delta S=N\cdot4\pi r^2-4\pi R^2$，则表面能增量为

$$\Delta E=\alpha\Delta S=6\times10^{-2}\ \mathrm{J}$$

8. (1) 0.713 m；(2) 9.6×10^4 Pa；(3) 2.04×10^{-2} m。

提示　(1) 水银柱高度为 $h=\dfrac{p}{\rho g}=0.713\ \mathrm{m}$。

(2) 真正的大气压为 $p_0=\rho gh+\dfrac{4\alpha}{d}=9.6\times10^4\ \mathrm{Pa}$。

(3) 相对误差为$\dfrac{4\alpha}{p_0 d}\leqslant0.1\%$，得 $d\geqslant2.04\times10^{-2}\ \mathrm{m}$。

9．$F=\dfrac{2\alpha^2 l}{\rho g d^2}$，相互吸引。

提示　木块靠近水壕壁一侧，水对壁和木块完全浸润，如图3.1.17所示，设平衡时木块一侧与壁间的水面比木块另一侧的水面高 h，满足 $2l\alpha=\rho lhdg$，解得 $h=\dfrac{2\alpha}{\rho dg}$。

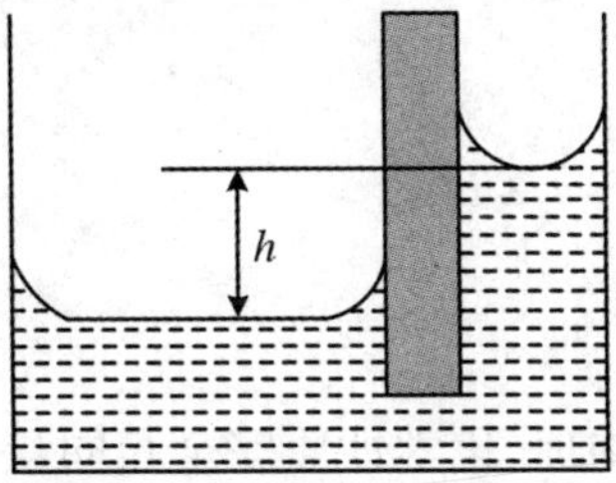

图3.1.17

因此，木块与壁的相互作用力大小为 $F=\dfrac{1}{2}\rho ghS=\dfrac{2\alpha^2 l}{\rho g d^2}$，两者互相吸引。

10．$r=2.0\times10^2\ \mathrm{mm}$。

提示　设弯成的圆弧的半径为 r，金属片原长为 l，圆弧所对的圆心角为 ϕ，钢和青铜的线膨胀系数分别为 α_1 和 α_2，钢片和青铜片的温度由 $T_1=20\ ℃$ 升高到 $T_2=120\ ℃$ 时的伸长量分别为 Δl_1 和 Δl_2。

对于钢片，有

$$\left(r-\frac{d}{2}\right)\phi=l+\Delta l_1$$

$$\Delta l_1=l\alpha_1(T_2-T_1)$$

式中 $d=0.20\ \mathrm{mm}$。

对于青铜片，有

$$\left(r+\frac{d}{2}\right)\phi=l+\Delta l_2$$

$$\Delta l_2=l\alpha_2(T_2-T_1)$$

以上各式联立，得 $r=2.0\times10^2\ \mathrm{mm}$。

11．$d=3\times10^{-9}\ \mathrm{m}$，$d'=3.86\times10^{-10}\ \mathrm{m}$。

提示　液氮的密度为 $808.3\ \mathrm{kg/m^3}$，氮的摩尔质量为 $28\times10^{-3}\ \mathrm{kg/mol}$。论证其线度比间距小很多，故可忽略大小视为质点。

标准状态下气体分子数密度为 $n=\dfrac{N_\mathrm{A}}{V_\mathrm{m}}=\dfrac{6.02\times10^{23}}{22.4\times10^{-3}}=2.7\times10^{25}(\mathrm{m^{-3}})$。

氮气分子的间距为 $d=\frac{1}{n^{1/3}}=\frac{1}{(2.7\times10^{25})^{1/3}}\ \mathrm{m}=3\times10^{-9}\ \mathrm{m}$。

而液氮中单位体积的氮分子数为 $n'=\frac{\rho N_{\mathrm{A}}}{M_{\mathrm{m}}}=\frac{808.3\times6.02\times10^{23}}{28\times10^{-3}}=1.74\times10^{28}$。

据此可以估算液氮分子的线度为 $d'=\frac{1}{\sqrt[3]{n'}}=\frac{1}{\sqrt[3]{1.74\times10^{28}}}\ \mathrm{m}=3.86\times10^{-10}\ \mathrm{m}$。

因为 $d=8d'$，所以气体分子间距比分子直径大很多。

3.2 物 态 变 化

课外知识延伸

1. 相与相变

相是指在没有外力作用下，物理、化学性质完全相同且成分相同的均匀物质的聚集态。对固体而言，不同的点阵结构对应不同的物理性质，不同的点阵结构对应不同的相，如金刚石和石墨属于不同的相，再比如冰有多个固相。

相变是指物质在压强、温度等外界条件不变的情况下从一个相转变为另一个相的过程。相变过程也就是物质结构发生突然变化的过程。相变过程伴随某些物理性质的突然变化，如液体变为气体时，密度突然变小，体膨胀系数、压缩系数突然增大等。在一定的压强下，相变是在一定的温度下发生的。相变往往伴随体积变化和吸/放热，这种热量称为相变潜热。

设 u_1 和 u_2 分别表示 1 相和 2 相单位质量的内能，v_1 和 v_2 分别表示 1 相和 2 相的比体积，即单位质量的体积，则根据热力学第一定律，单位质量的物质由 1 相转变为 2 相时，所吸收的相变潜热 l 应等于内能的增量 u_2-u_1 加上克服恒定外部压强 p 所做的功 $p(v_2-v_1)$，即 $l=(u_2-u_1)+p(v_2-v_1)$。因此，相变潜热可以分为两部分：一部分是 u_2-u_1，它表示两相的内能之差，称为内潜热；另一部分是 $p(v_2-v_1)$，它表示相变时克服外部压强所做的功，称为外潜热。观察相变潜热的表达式，将初、末状态对应的项合并，则可以写成 $l=(u_2+pv_2)-(u_1+pv_1)$，所以可以定义单位质量的物质处于某相时的焓为 $h=u+pv$，相变潜热的表达式可改写为 $l=h_2-h_1$。

2. 熔化与凝固

物质从固相转变为液相的过程称为熔化；从液相转变为固相的过程称为凝固。晶体的熔液凝固时形成晶体，这个过程又称为结晶。晶体的分子是周期性排列的，分子之间的化学键都是相同的，也就是说当分子具有一定大小的动能时，化学键同时遭到破坏。因为分子的动能取决于温度，所以在晶体熔解过程中温度保持不变，这一温度就是晶体的熔点。非晶体分子无序排列，随着温度的升高，一部分分子先挣脱化学键的束缚，随着温度升高，越来越多的分子挣脱束缚,直至非晶体全部熔解。因此,非晶体没有固定的熔点。

晶体在熔解时,不断吸收热量用于破坏分子间的化学键,过程中温度保持不变。单位质量的固体熔解成同温度的液体过程中所吸收的热量,称为该物质的熔解热。凝固是与熔解相反的过程。在结晶的过程中,单位质量的液体对外释放的热量称为凝固热。

3. 升华与凝华

物质从固相不经液相直接转化为气相的过程称为升华。物质从气相直接转变为固相的过程称为凝华。例如,干冰就是气相的二氧化碳在低温下经凝华形成的固相的二氧化碳。在常温下干冰迅速升华为气相,升华过程中吸收大量热量,从而使周围空气的温度迅速降低。冬季晾在寒冷地区室外的衣物即使结冰了也能变干,这也是升华过程。常温常压下,干冰、硫、磷等有显著的升华现象。

固体表面分子要想逃逸固体中其他分子的束缚和外界分子的作用,需要从外界吸收能量。单位质量的物质升华所吸收的热量称为升华热,它等于汽化热与熔解热之和,即 $L_{升}=L_{熔}+L_{汽}$。升华热与温度有关。凝华和升华总是同时发生,固体中动能较大的分子不断逸出,成为气相分子,气相分子在运动过程中也会重新进入固体中。若两者数目相等,就达到动态平衡,此时固相分子数和气相分子数不再发生变化,处于这种状态的气体称为饱和蒸气。温度越高,饱和蒸气压强越大。多数稳定的固态物质在常温下的饱和蒸气压很低,但也有少数饱和蒸气压很高的固体,如干冰在 -78.5 ℃时的饱和蒸气压可达 760 mmHg。

4. 汽化与液化

物质从液相转变为气相的过程称为汽化,从气相转变为液相的过程称为液化或凝结。在一定的压强下,单位质量的液体变为同温度气体所吸收的热量称为汽化热;在一定的压强下,单位质量的气体凝结为同温度液体所放出的热量称为凝结热。汽化的过程有两种:蒸发和沸腾。

(1) 蒸发

蒸发是发生在液体表面的汽化过程,任何温度下都能进行。温度越高,液体中具有较大动能的分子越多,挣脱液面分子束缚而逃逸的分子就越多。同时,液体的表面积越大,单位时间从液面逸出的分子数也越多。与蒸发相反的过程是凝结。液面上方分子由于做无规则热运动也会重新回到液体中。液面上方的气相分子越多,单位时间转化为液相的分子也就越多,从而净蒸发量就越小。蒸发过程中逸出的分子都具有较大的分子动能,如无外界能量补充,则剩余的液相分子平均动能就会减小,宏观上对应液体温度降低。

在密闭的容器中,随着蒸发的不断进行,容器内蒸气的密度不断增大,这时返回液体中的蒸气分子数也不断增多,直到单位时间内逸出液面的分子数与进入液面的分子数相等时,宏观上看蒸发现象就停止了。这时液面上的蒸气与液体保持动态平衡,此时的蒸气叫作饱和蒸气,它的压强叫作饱和蒸气压。

饱和蒸气压与液体的种类有关,在相同的温度下,易蒸发的液体的饱和蒸气压大,不易蒸发的液体的饱和蒸气压小。例如,20 ℃时乙醚的饱和蒸气压为 437 mmHg,水的饱和蒸气压为 17.5 mmHg,水银的饱和蒸气压则只有 0.0012 mmHg。实验表明,对于同一种液体,饱和蒸气压只与温度有关。温度越高,分子平均动能越大,能跑出液面的分子越多,因此与液体保持动态平衡的饱和蒸气密度也越大。这表明饱和蒸气压随温度升高而增大，饱和蒸气压的数值与液面上蒸气的体积无关，与该体积中有无其他气体无关。描述饱和蒸气压随温度变化的曲线称为饱和蒸气压曲线，如图 3.2.1 所示。

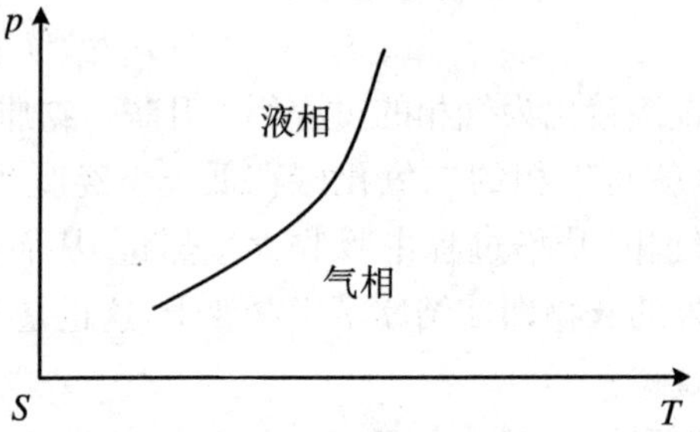

图 3.2.1

弯曲的液面会引起液面附近饱和蒸气压的改变。如图 3.2.2(a)所示，在凹液面情形下，逸出的分子需要克服比平直液面多出的液体分子的束缚，因而必须具有更大的动能，这导致同一温度下饱和蒸气压比平直液面的低。如图 3.2.2(b)所示，凸液面附近的饱和蒸气压要高于同一温度下平直液面的饱和蒸气压。因为分子引力的有效作用距离很短(数量级为 10^{-9} m)，所以一般情况下，弯曲液面与平直液面上方饱和蒸气压的差别不大。只有气液分界面的曲率半径很小，如形成小液滴和小气泡时，这个区别才能显现出来。

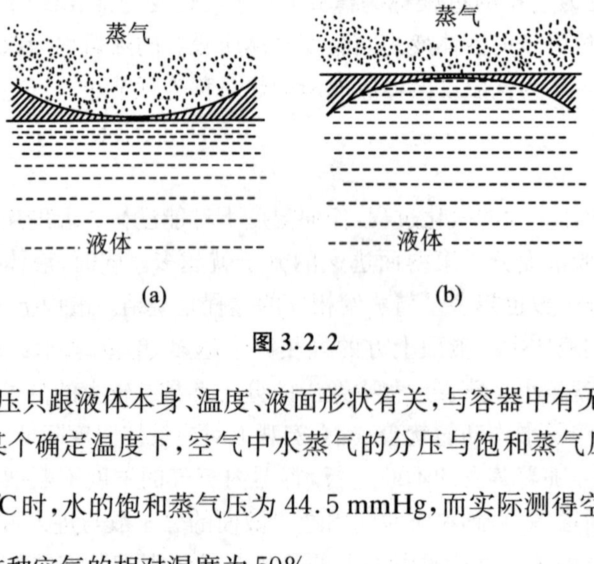

图 3.2.2

总之，饱和蒸气压只跟液体本身、温度、液面形状有关，与容器中有无其他气体无关。

相对湿度是指某个确定温度下，空气中水蒸气的分压与饱和蒸气压的百分比，即 $B=\frac{p}{p_0}\times 100\%$，如在 20 ℃时，水的饱和蒸气压为 44.5 mmHg，而实际测得空气中水蒸气的分压为 22.3 mmHg，则这种空气的相对湿度为 50%。

气温越低，水的饱和蒸气压就越小。所以对于含有一定量水蒸气的空气，在气压不变的情况下降低温度，使饱和蒸气压降至与当时实际的水蒸气分压相等时的温度称为露点。形象地说，就是空气中的水蒸气变为露珠时的温度称为露点。该温度低于 0 ℃时又称为霜点。

（2）沸腾

沸腾是同时发生在液体表面和液体内部的汽化现象。在一定的压强下，加热液体达到某一温度时，液体内部和器壁上涌现出大量的气泡，整个液体上下翻滚剧烈汽化，这种现象称为沸腾，相应的温度称为沸点。

一般液体的内部和器壁上都有很多小气泡。在气泡内部，由于液体的不断蒸发，其内部蒸气总处于饱和状态，具有饱和蒸气压 p_0。同时气泡内还有其他气体，两部分气体的压强和为常数，近似为外界大气压。随温度升高，蒸气的饱和蒸气压变大，这样气泡体积必须增大，使得其他气体的分压减小，才能保证气泡内的总气压与外界大气平衡。但是当饱和蒸气压等于外界大气压时，气泡体积无论如何增大都无法使气泡内外压强再平衡，最终导致气泡体积急剧膨胀，浮出液面，发生沸腾。沸腾时由于汽化的剧烈进行，外界供给的热量全部用于液体的汽化上，所以沸腾时液体温度不再升高，直到液体全部变成气体为止。

对于同种液体，沸点与液面上的压强有关，压强越大，沸点越高。沸点还与液体的种类有关，在同一压强下，不同液体的沸点不同。地面附近大气压为 1 atm，水沸腾时，若要饱和蒸气压达到 1 atm，则需要温度升高到 100 ℃才行；但是在高山上，大气压较低，水在不到 100 ℃时就会沸腾，所以高山上不易煮熟食物，此时需要高压锅。高压锅是用人为的方法让密闭的锅内产生一个高于外界大气压的环境，在这样的环境中水就会升温到 100 ℃以上才沸腾，最高可达 120 ℃。

5. 三相图

将同一种物质的汽化曲线 *OK*、熔化曲线（熔点随外界压强的变化关系）*OL*、升华曲线（固体上饱和蒸气压随温度的变化关系）*OS* 同时画在 p-T 图上，我们就能标出固、液、气三态存在的区域，这称为三相图。每条曲线对应着两态平衡共存的情况。三条曲线的交点 *O* 对应三态平衡共存的状态，称为三相点。

图 3.2.3 为水的三相图。水的三相点 *O* 是水、冰、水蒸气平衡共存的状态，其饱和蒸气压 $p_S = 6.107 \times 10^2$ Pa、温度 $T = 273.16$ K，这是国际温标规定的基本固定点。选三相点温度作为温标的固定点比选沸点、熔点优越之处在于它的确立不依赖于压强的测量。只要在没有空气的密闭容器内使水的三相达到平衡共存，其温度就是三相点的温度。

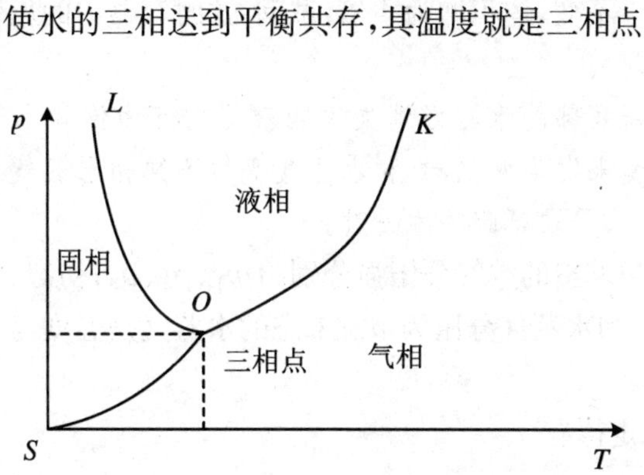

图 3.2.3

6. 克拉珀龙方程

表示 p-T 图上相平衡曲线微分斜率$\frac{\mathrm{d}p}{\mathrm{d}T}$的公式称为克拉珀龙方程。克拉珀龙方程可写为$\frac{\mathrm{d}p}{\mathrm{d}T}=\frac{l_{12}}{T(v_2-v_1)}$，其中 l_{12}为单位质量的相变潜热，v_1 和 v_2 分别为“1”相和“2”相单位质量的体积(称为比容)，T 为相变温度。对于固液相变而言，由于固体和液体的比容相差不大，熔化曲线斜率很大。对于大多数物质来说，熔化时体积要膨胀，即 $v_2>v_1$，因此熔化曲线斜率$\frac{\mathrm{d}p}{\mathrm{d}T}$为正，而冰在熔化为水时体积要收缩，这导致水的熔化曲线斜率$\frac{\mathrm{d}p}{\mathrm{d}T}$为负。克拉珀龙方程可以由卡诺定理推导得出，是热力学第二定律的直接推论，它将相平衡曲线的斜率$\frac{\mathrm{d}p}{\mathrm{d}T}$和相变潜热 l、相变温度 T 以及相变时体积的变化 v_2-v_1 联系起来。

核心问题讨论

1. 如何处理含水蒸气的混合气体的相变问题?

闭合容器中的气液相变问题通常结合理想气体状态方程进行考察。当容器中留有液体时，液体上方为饱和蒸气；当容器中不再留有液体时，上方蒸气状态应具体分析。由于液体上方除蒸气之外常含有其他气体，道尔顿分压定律在此类问题中经常被用到。由于是密闭容器，容器内各物质的量保持不变。此外，饱和蒸气和不饱和蒸气一般可视作理想气体，蒸发导致的液体体积减小一般可以忽略不计。

例题1 有一体积为22.4 L的密闭容器，充有温度为 T_1、压强为3 atm的空气和饱和水蒸气，并有少量的水。设饱和水蒸气可看作理想气体。

(1) 今保持温度 T_1 不变，将体积加倍，压强变为 2 atm，底部的水恰好消失，试问：T_1 是多少?

(2) 若保持温度 T_1 不变，体积增为 4 倍，试问：这时容器内的压强是多少？容器内水和空气的物质的量各是多少?

分析 (1)问中容器底部的水恰好消失说明容器内部为饱和水蒸气，而(2)问中容器体积继续增大时，由于温度未发生变化，饱和水蒸气变为不饱和水蒸气。识别题目信息并将其转化为已知量或已知关系是求解此题的关键。

解 设初态、中态和末态的空气分压强分别为 p_1、p_2、p_3；初态、中态的水蒸气均是温度为 T_1 的饱和蒸气，设饱和水蒸气分压为 p_x；末态的水蒸气是温度为 T_1 的未饱和气，水蒸气分压为 p'。

(1) 由道尔顿分压定律有

$$p_1+p_x=3\ \text{atm}$$

$$p_2+p_x=2\ \text{atm}$$

从初态变为中态的过程中，空气质量未变，而水蒸气质量增加，对空气分压可用玻意尔

定律，有

$$(3\ \text{atm} - p_x) \times 22.4\ \text{L} = (2\ \text{atm} - p_x) \times 44.8\ \text{L}$$

得 $p_x = 1$ atm，故 $T_1 = 373$ K，$p_1 = 2$ atm，$p_2 = 1$ atm。

(2) 若末态气体的压强为 p，则由道尔顿分压定律有

$$p_3 + p' = p$$

从中态变为末态的过程中，水蒸气和空气的总质量不变，应用玻意耳定律，有

$$2\ \text{atm} \times 44.8\ \text{L} = p \times 22.4\ \text{L} \times 4$$

得 $p = 1$ atm。

容器内空气的物质的量为 $n_1 = \dfrac{p_1 V_1}{RT_1} = 1.46$ mol，末态空气和水蒸气的总物质的量为

$$n = \frac{pV_3}{RT_1} = 2.92\ \text{mol}$$

故容器内水和水汽的总物质的量为 $n_2 = n - n_1 = 1.46$ mol。

点拨　若题目中未给出临界条件，则在求解相变问题时需具体判断容器中的蒸气是否为饱和蒸气，通常经过状态参量变化尤其是温度变化，可能出现液化现象或蒸发现象，如变化后依然是气液或固液共存，则说明上方气体压强为饱和蒸气压。

例题 2　用固态导热材料做成的长方体容器被一隔板等分为两个互不连通的部分，其中分别贮存相等质量的干燥空气和潮湿空气，在潮湿空气中水汽质量占 2%。

(1) 若隔板可自由无摩擦地沿器壁滑动，试求达到平衡后干、湿空气所占体积的比值。

(2) 若一开始采用能确保不漏气的方式将隔板抽出，试求达到平衡后容器内气体的压强与未抽出隔板时干、湿空气各自的压强这三者的比值(设干、湿空气均可视为理想气体)。

分析　隔板达到平衡时左右两端的气体压强相等，隔板一端气体压强即为空气压强，另一端气体压强则由空气压强和水蒸气压强构成。依据隔板抽出前后的三个平衡态可以分别列出三个理想气体状态方程。

解　(1) 隔板平衡的条件是隔板两侧气体的压强相同，温度也相同(因为容器和外界导热)。

对干空气有

$$pV_{干} = \frac{M}{m_{空}} RT$$

对潮湿空气有

$$p_1 V_{湿} = \frac{M_{空}}{m_{空}} RT$$

$$p_2 V_{湿} = \frac{M_{水}}{m_{水}} RT$$

$$p = p_1 + p_2$$

$$M_{空} = 0.98M,\quad M_{水} = 0.02M$$

以上各式联立，得

$$pV_{湿}=\left(\frac{0.98}{m_{空}}+\frac{0.02}{m_{水}}\right)MRT$$

所以

$$V_{干}:V_{湿}=\frac{1}{m_{空}}:\left(\frac{0.98}{m_{空}}+\frac{0.02}{m_{水}}\right)=1:1.012$$

(2) 抽出隔板前，干、湿空气的体积为 V_0，压强分别为 $p_{干}$ 和 $p_{湿}$，则由理想气体状态方程得

$$p_{干}V_0=\frac{M}{m_{空}}RT$$

$$p_{湿}V_0=\frac{0.98M}{m_{空}}RT+\frac{0.02M}{m_{水}}RT$$

抽出隔板后，干、湿空气混合系统的压强为 p，则

$$p\cdot 2V_0=\left(\frac{1.98M}{m_{空}}+\frac{0.02M}{m_{水}}\right)RT$$

故要求的三个压强之比为

$$p:p_{干}:p_{湿}=1.006:1:1.012$$

点拨 含水蒸气的气体状态分析若涉及水蒸气的液化，所研究气体的物质的量会发生变化。同学们在列理想气体状态方程时应注意识别在状态参量发生变化时是否存在相变。

2. 如何处理三相平衡问题?

对于密闭容器中的固、液、气三相平衡问题，首先要通过题目中所给条件判断系统末态是否为三相共存。经判断，确认末态为三相共存情况，则可确定容器内部的温度和压强处于三相点状态。

例题 3 现有冰、水和水蒸气各 1 g 在一密闭容器内处于平衡状态。若保持容器总体积不变而对此系统缓慢加热，输入的热量 $Q=0.255$ kJ。试估算系统再次达到平衡时冰、水和水蒸气的质量。已知此条件下冰的升华热 $L_{升}=2.83$ kJ/g，水的汽化热 $L_{汽}=2.49$ kJ/g。

分析 已知冰、水和水蒸气在一密闭容器内(容器内没有任何其他物质)，如能三态平衡共存，则系统的温度和压强必定分别是 $t_1=0.01$ ℃和 $p_1=4.58$ mmHg，即水的三相点。$L_{熔}=L_{升}-L_{汽}=0.34$ kJ/g。比较 $L_{熔}$ 与 Q 的大小关系，判断出冰不能全部熔化，在物态变化过程中始终保持三态共存且接近平衡，所以系统的温度和压强均不变。

解 估算在题给温度和压强条件下水蒸气的密度 $\rho_{汽}=\dfrac{m_{水}p}{RT}$，$m_{水}$ 是水蒸气的摩尔质量，代入数据，得 $\rho_{汽}=5\times10^{-3}\ \mathrm{kg/m^3}$。

在相同的条件下水的密度 $\rho_{水}=1\times10^3\ \mathrm{kg/m^3}$，冰的密度 $\rho_{冰}=0.9\times10^3\ \mathrm{kg/m^3}$。水的三个状态在质量相同的条件下，水蒸气的体积远大于水和冰的体积之和。又已知冰熔化成水时体积变化不大。在总体积不变的条件下，完全可以认为这系统的物态变化中水蒸气的体积不变，也就是系统再次达到平衡时水蒸气的质量是 1 g。这样，系统的物态变化几乎完全是冰熔化为水的过程。

设再次达到平衡时冰、水、水蒸气的质量分别是 x、y、z，则有

$$z = 1\,\mathrm{g},\quad x + y = 2\,\mathrm{g},\quad Q = (1 - x)L_{熔}$$

将 Q、$L_{熔}$ 的数值代入，得 $x = 0.25\,\mathrm{g}$，$y = 1.75\,\mathrm{g}$。

点拨　处理物态变化问题时，确定最终究竟处于什么状态十分重要。本题中，就可能存在三种不同的末态：只有冰；冰和水的混合物；只有水。当然，如能用定性分析的方法先确定末态，则可使解题变得更简捷。

3. 如何利用饱和蒸气压曲线求解相变过程？

在相变过程中经常涉及系统温度的变化，因而饱和蒸气压也随之变化。要想从系统的初状态出发求解系统的末状态，需要知道初、末状态的饱和蒸气压，而饱和蒸气压经常通过图像的方式给出。由于不了解饱和蒸气曲线的具体函数形式，图解法成为了解决此类问题的常用方法。

例题 4　图 3.2.4 所示是在 10～30 ℃范围内水的饱和蒸气压曲线。现将温度为 27 ℃、压强为 1 atm、相对湿度为 80%的空气封闭在某一容器中，把它逐渐冷却到 12 ℃。试问：

(1) 这时空气的压强是多少？

(2) 温度降到多少时开始有水凝结？这时空气中所含的水蒸气为百分之几？

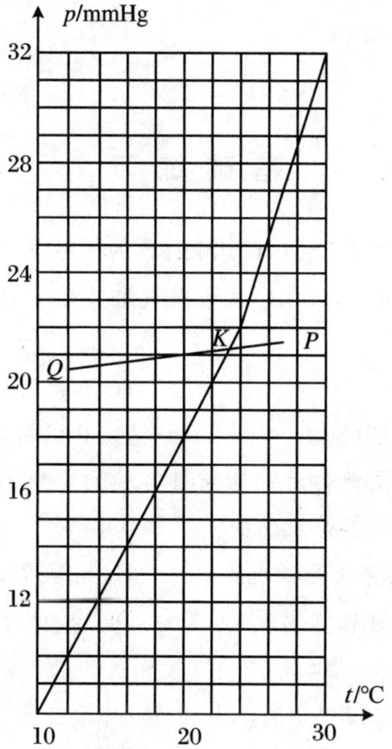

图 3.2.4

分析　本题并未给出水的饱和蒸气压随温度变化的函数关系，却提供了水的饱和蒸气压曲线，故用图解法求出水蒸气开始凝结时的温度和饱和蒸气压。显然，在降温过程中，尚未凝结的水蒸气作等容变化。这时 p 与 T 成正比关系。但我们不妨设从 27 ℃降到 12 ℃的过程中水蒸气一直作等容变化，该直线与饱和气曲线的交点就是水蒸气开始达到饱和时的状态，即图中 K 点，以后随着温度的降低，水蒸气压强沿饱和气曲线非线性变小。

解 (1) 27 ℃水的饱和蒸气压为 27 mmHg。由 $RH_1=80\%$ 得水蒸气分压为 $p_{水}=21.6\ \text{mmHg}$，空气分压为 $p_{空}=738.4\ \text{mmHg}$。

设密闭容器中的空气冷却到 12 ℃的空气分压为 $p'_{空}$，应用盖-吕萨克定律得 $p'_{空}=701.5\ \text{mmHg}$。此温度水蒸气分压 $p'_{水}=20.5\ \text{mmHg}>10$ ℃水的饱和蒸气压 10.3 mmHg，所以有部分水凝结，故 12 ℃空气的压强为 $p'=701.5\ \text{mmHg}+10.3\ \text{mmHg}=711.8\ \text{mmHg}$。

(2) 初态 P 点为 27 ℃、21.6 mmHg，末态 Q 点为 12 ℃、20.5 mmHg，直线 PQ 与水的饱和蒸气压曲线的交点 K 为 23.0 ℃、21.3 mmHg，此时空气分压为 728.1 mmHg，空气中所含水蒸气百分比为 $\dfrac{21.3}{728.1+21.3}\times100\%=2.84\%$。

点拨 若题目中某些信息是以图像方式给出的，一般应考虑利用物理规律来找出另一种数学约束。这种约束关系可以通过图线呈现于同一幅图像中，而两图线的交点往往就是问题的解。

习题实战演练

基础练习

1. 已知水的汽化热为 $L=2.26\times10^6$ J/kg，冰的熔解热为 $\lambda=3.34\times10^5$ J/kg，水的比热容为 $c=4.2\times10^3$ J/(kg·℃)，100 ℃的水蒸气和等质量 0 ℃的冰混合后达到热平衡时为 ( )

A. 100 ℃的水、汽混合物　　B. 0 ℃的冰水混合

C. 高于 0 ℃而低于 100 ℃的水　　D. 0 ℃的水

2. 图 3.2.5 所示的 p-T 图像表示一定质量某种物质的不同物相所存在的区域。下面关于这种物质的几个说明中，哪些是正确的？ ( )

A. 当 $T>T_{三相点}$ 时，可以存在升华现象　　B. 在凝固过程中体积增大

C. 当 $T>T_{临界点}$ 时，可以存在沸腾现象　　D. 当 $p<p_{三相点}$ 时，它是一种稳定的液体

E. 以上说法都不对

3. 图 3.2.6 所示为一两臂内径相同的 U 形管，其中盛有乙醚。两臂中各有一活塞与液面紧密接触。开始时两活塞在同一水平面上，现将两活塞同时十分缓慢地上提，左右臂活塞提高的距离分别为 h 和 $2h$，然后将两活塞固定，两臂中液面的高度差为________。

4. 某地大气中的水汽没有达到饱和状态，若无其他水汽来源，则当气温升高后，以下物理量的变化情况为：饱和蒸气压________；相对湿度________；绝对湿度________；露点________。

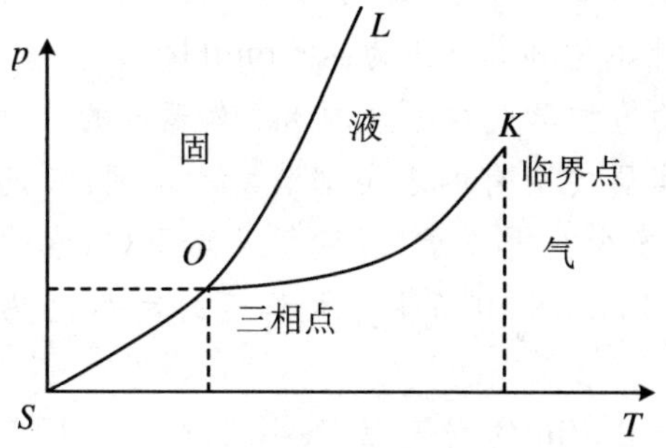

图 3.2.5

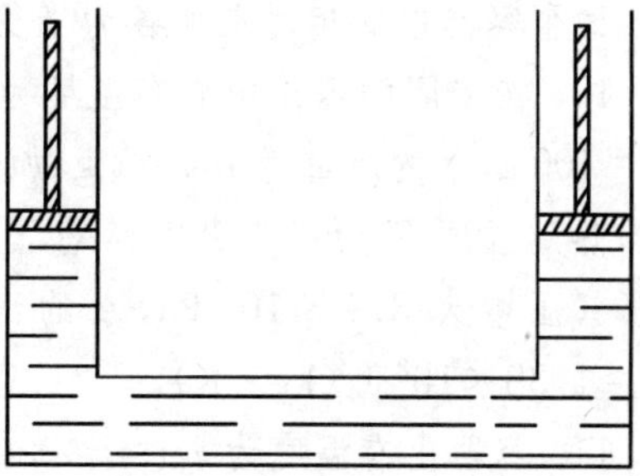

图 3.2.6

5. 有一壶水，水温是 10 ℃，把它放到火力恒定的炉火上烧。当气压为 1 atm 时，经 20 min 即沸腾。若继续放在火上，试估算再经过多少分钟，这壶水被烧干(结果取 3 位有效数字)。已知水的比热为 $c=4.2\times10^3$ J/(kg·℃)，汽化热为 $L=2.25\times10^6$ J/kg。

6. 如图 3.2.7 所示，把两个托里拆利管倒立在水银槽中，甲管的上端略有空气，乙管的上端则为真空。今将两种液体分别导入这两管中，水银柱的上端各略有少许未蒸发的液体，两水银柱的高度则相同。那么哪只试管中的液体的沸点温度较高?

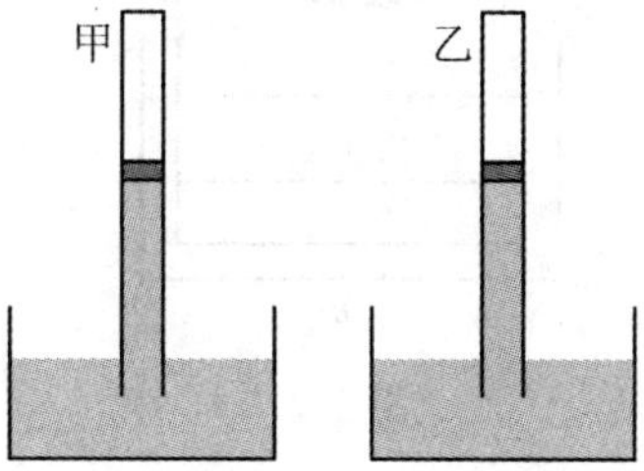

图 3.2.7

提 高 练 习

7. 一密闭气缸内有空气，平衡状态下缸内底部还有极少量的水。缸内气体的温度为 T，体积为 V_1，压强为 $p_1=2.00$ atm。现将活塞缓慢下压，并保持缸内温度不变，当气体体积减少到 $V_2=0.5V_1$ 时，压强变为 $p_2=3.00$ atm。求温度 T 的数值。

8. 一气缸的初始体积为 V_0，其中盛有 2 mol 空气和少量的水(水的体积可以忽略)。平衡时气体的总压强是 3.0 atm，等温膨胀使其体积加倍，在膨胀结束时，其中的水刚好全部消失，此时总压强为 2.0 atm。若让其继续作等温膨胀，使体积再次加倍，假定空气和水蒸气均可以当作理想气体处理，试计算此时：

(1) 气缸中气体的温度；

(2) 气缸中水蒸气的物质的量；

(3) 气缸中气体的总压强。

9. 用不导热细管连接的两个相同的容器里装有压强为 1 atm、相对湿度为 $B=50\%$、温度为 100 ℃的空气。现将其中一个容器浸在温度为 0 ℃的冰中，试问：系统的压强改变为多少？两个容器中的相对湿度各为多少？已知 0 ℃水的饱和蒸气压为 4.6 mmHg。

10. 在密闭的容器中盛有温度为 $t_s=100$ ℃的饱和蒸气和剩余的水。如蒸气的质量为 $m_1=100$ g，水的质量为 $m_2=1$ g，加热容器直到容器内所有的水全部蒸发。试问：应把容器加热到温度 T 为多少开？给容器的热量 Q 为多少？需注意，温度每升高 1 ℃，水的饱和蒸气压增大 3.7×10^3 Pa，水的汽化热为 $L=2.25\times10^6$ J/kg，水蒸气的定容比热为 $C_V=1.38\times10^3$ J/(kg·K)。

11. 容器里有温度为 $t_0=-23$ ℃、压强为 $p_0=1$ atm 的空气，放入小块冰，此后用盖子封闭。现使容器加热到温度 $t_1=227$ ℃，结果容器压强升高到 $p_1=3$ atm。问：当容器冷却到温度 $t_2=100$ ℃后容器里空气的相对湿度为多少？

12. (2013 年南京大学强化班考试)如图 3.2.8 所示，在质量为 m_1、比热为 c_1 的铜质容器中盛有质量为 m_2、比热为 c_2 的水，它们的共同温度为 t_{12}。现有一块质量为 m_3、比热为 c_3、温度为 t_3 的冰块，被投入水中，已知冰的熔解热为 L，求三者的最终温度。在计算中 t_3 应取负值。

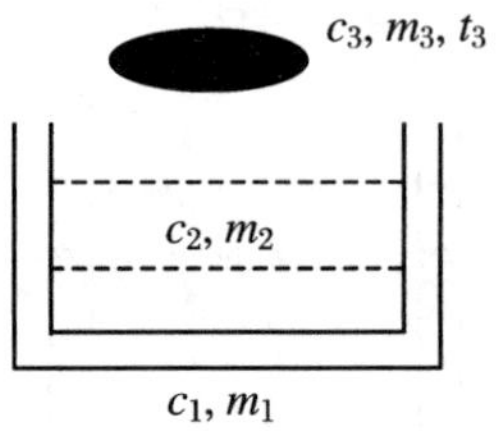

图 3.2.8

参考答案

1. A。

提示 设水蒸气和冰的质量均为 m，混合后，若水蒸气完全液化成 100 ℃的水，则放出的热量为

$$Q_1=Lm=2.26\times10^6\ \text{J/kg}\times m$$

冰完全熔化成 0 ℃的水需吸收的热量为

$$Q_2=\lambda m=3.34\times10^5\ \text{J/kg}\times m$$

0 ℃的水温度上升至 100 ℃需要吸收的热量为

$$Q_3=cm\Delta t=4.2\times10^3\ \text{J/(kg·℃)}\times m\times(100-0)\ ℃=4.2\times10^5\ \text{J/kg}\times m$$

$Q_1>Q_2+Q_3$，可见水蒸气并未完全液化，所以两者混合后达到热平衡时为 100 ℃的水、水蒸气混合物，故选项 A 正确，B、C、D 错误。

2. E。

提示 当 $T>T_{三相点}$ 时，这种物质从固态必须经过液态才能变化为气态，所以选项 A 不正确。在凝固过程中，看固态和液态之间的 OL 曲线，它的熔点随压强的增大而升高，熔化过程中体积是膨胀的，凝固过程中体积是缩小的，与水的反常膨胀不同，所以选项B也不正确。当 $T>T_{临界点}$ 时，这种物质不可能以液体存在，不论压强有多大，它总不能凝结为液相，所以不存在沸腾现象，临界点的温度已高于任何情况下的沸点温度，选项C也不正确。当 $p<p_{三相点}$ 时，这种物质只有固态与气态，而不是一种稳定的液体，选项D也不正确。

3. 0。

提示　活塞上提后，管中有乙醚饱和蒸气。因为两臂等温，所以其中的饱和蒸气压相等。因此，液面高度差为零。

4. 增大；减小；不变；不变。

提示　饱和蒸气压只与温度有关，温度升高，饱和蒸气压增大；温度升高，相对湿度减小，绝对湿度不变，露点不变。

5. 120 min。

提示　设水的质量为 m g，则在20 min内，水所吸收的来自火炉的热量为 $90m\times4.2$ J，每分钟吸收的热量为 $18.9m$ J。水的汽化热为2.26 kJ/g，则这些水全部蒸发所需的时间为120 min。

6. 甲。

提示　两种液体各自蒸发，在液面上方形成饱和蒸气。由题意可知，甲管中液体的饱和气压与空气压强之和等于乙管中液体的饱和气压，所以相同温度下甲管中液体的饱和气压小于乙管中液体的饱和气压。沸腾的条件是液体的饱和气压等于外界大气压，即甲管中液体的沸点温度较高。

7. 100 ℃。

提示　初始状态，由道尔顿分压定律有

$$p_{干}+p_{气}=p_1$$

活塞下压后，缸内水蒸气依然为饱和蒸气，满足

$$p'_{干}+p_{气}=p_2$$

对缸内空气应用理想气体状态方程，可得

$$p_{干}V_1=p'_{干}V_2$$

以上各式联立，得 $p_{干}=p_{气}=1$ atm，因此缸内温度为100 ℃。

8. (1) 373 K；(2) 2 mol；(3) 1.0 atm。

提示　(1) 气缸中气体的总压强为

$$p_{总0}=p_{空0}+p_{饱}=3.0\ \text{atm}$$

第一次膨胀后

$$V_1=2V_0,\quad p_{总1}=p_{空1}+p_{饱}=2.0\ \text{atm}$$

因为第一次膨胀是等温过程，所以

$$p_{空0}V_0=p_{空1}V_1=2p_{空1}V_0$$

以上各式联立，得 $p_{饱}=1.0$ atm，$p_{空0}=2.0$ atm，$p_{空1}=1.0$ atm。

由 $p_{饱}=1.0$ atm 可知气缸中气体的温度为 $T_0=373$ K。

根据题意，经两次膨胀，气体温度未改变。

(2) 设水蒸气的物质的量为 $\gamma_{水}$。经第一次膨胀，水全部变成水蒸气，水蒸气的压强仍为 $p_{饱}$，这时对于水蒸气和空气分别有

$$p_{饱}V_1 = \gamma_{水}RT_0$$

$$p_{空1}V_1 = \gamma_{空}RT_0 = 2RT_0$$

已知 $p_{饱}=1.0\ \text{atm}$，$p_{空1}=1.0\ \text{atm}$，则 $\gamma_{水}=2\ \text{mol}$。

(3) 在第二次膨胀的过程中，混合气体可按理想气体处理，有

$$p_{总2}V_2 = p_{总1}V_1$$

已知 $V_2=4V_0$，$V_1=2V_0$，$p_{总1}=2.0\ \text{atm}$，则 $p_{总2}=1.0\ \text{atm}$。

9. 326 mmHg，100%，0.6%。

提示 当一个容器浸在 0 ℃的冰中时，另一容器中的空气与水蒸气将流入这一容器，整个系统的压强将逐步降低，达到平衡时，空气在两个容器中的分压也应相等。

设平衡时空气在两个容器中的分压分别为 $p_{空2}$和 $p_0=1\ \text{atm}$，V_0 为每一容器的体积，由空气的总物质的量不变的条件得

$$\frac{p_{空2}\cdot V_0}{RT_{100}}+\frac{p_{空2}\cdot V_0}{RT_0}=\frac{2pV_0}{RT_0}$$

解得 $p_{空2}=321\ \text{mmHg}$。

由于水蒸气分压不可能比同一温度下饱和蒸气压大，即 $p_{水2}\leqslant p_{饱}=4.6\ \text{mmHg}$，若没有水蒸气凝结，则按理想气体方程，在末态的水汽分压应等于 321 mmHg，因为在初态时空气和水蒸气的分压是相等的。但 $p_{空2}$比 4.6 mmHg 大得多，说明在 0 ℃的容器中已有水凝结，所以 $p_{水2}=4.6\ \text{mmHg}$，因此末态的压强 $p_2=p_{空2}+p_{水2}=326\ \text{mmHg}$。故在 0 ℃的容器中的相对湿度为 $B_0=100\%$，在 100 ℃的容器中的相对湿度为 $B_{100}=\frac{4.6}{760}\times100\%=0.6\%$。

10. $T=373.29\ \text{K}$，$Q=2290\ \text{J}$。

提示 题中 1 g 水的体积可忽略不计，对密闭容器内初、末状态水蒸气应用理想气体状态方程。

水蒸气的初态满足

$$p_1V=\frac{m_1}{M}RT_s,\quad T_s=273+t_s=373\ \text{K}$$

当水全部蒸发时有

$$p_2V=\frac{m_1+m_2}{M}RT$$

以上各式联立，结合 $p_2=p_1+3.7\times10^3(T-T_s)$，$p_1=10^5\ \text{Pa}$，解得 $T=373.29\ \text{K}$。

根据能量守恒定律，容器吸收的热量用于水的汽化和水蒸气内能的增加，故

$$Q=Lm_2+c_1(m_1+m_2)(T-T_s)$$

代入数据，得 $Q=2290\ \text{J}$。

11. 74.6%。

提示 容器加热和冷却过程是在体积不变的情况下进行的，所以在温度 T_1 时容器内的

压强为

$$p_1 = p_{空1} + p_{水1} = p_0 \frac{T_1}{T_0} + p_{水1}$$

式中 $p_{水1}$ 为温度 T_1 时水蒸气的压强。

$$p_{水1} = p_1 - p_0 \frac{T_1}{T_0} = 1\ \text{atm} < p_{饱1}$$

温度从 $t_1 = 227\ ℃$ 降到 $t_2 = 100\ ℃$，水蒸气的压强变为

$$p_{水2} = p_{水1} \frac{T_2}{T_1} = 0.746\ \text{atm}$$

温度 $t_2 = 100\ ℃$ 时容器里空气的相对湿度为

$$B = \frac{p_{水2}}{p_{饱2}} \times 100\% = 74.6\%$$

12. $\dfrac{(c_1m_1 + c_2m_2)t_{12} + c_3m_3t_3 - m_3L}{c_1m_1 + c_2m_2 + c_2m_3}$，$\dfrac{(c_1m_1 + c_2m_2)t_{12} + c_3m_3t_3 + m_2L}{c_1m_1 + c_3m_2 + c_3m_3}$，0 ℃。

提示　达到热平衡后容器中可能存在三种不同的状态：冰完全熔解成水；水全部凝结成冰；冰水混合。下面依次进行讨论、求解。

冰完全熔解成水时的终态温度 $t_a \geqslant 0\ ℃$，冰全部熔解成水，它吸收的热量等于容器、水放出的热量，热平衡方程为

$$c_3m_3(0 - t_3) + m_3L + c_2m_3(t_a - 0) = (c_1m_1 + c_2m_2)(t_{12} - t_a)$$

解得

$$t_a = \frac{(c_1m_1 + c_2m_2)t_{12} + c_3m_3t_3 - m_3L}{c_1m_1 + c_2m_2 + c_2m_3}$$

因为 $t_a \geqslant 0$，所以满足条件

$$m_3L \leqslant c_3m_3t_3 + (c_1m_1 + c_2m_2)t_{12} \quad ①$$

水全部凝结成冰时的终态温度 $t_b \leqslant 0\ ℃$，容器中的水全部结成冰，热平衡方程为

$$c_3m_3(t_b - t_3) = (c_1m_1 + c_2m_2)(t_{12} - 0) + m_2L + c_3m_2(0 - t_b) + c_1m_1(0 - t_b)$$

解得

$$t_b = \frac{(c_1m_1 + c_2m_2)t_{12} + c_3m_3t_3 + m_2L}{c_1m_1 + c_3m_2 + c_3m_3}$$

因为 $t_b \leqslant 0$，所以

$$(c_1m_1 + c_2m_2)t_{12} \leqslant -c_3m_3t_3 - m_2L \quad ②$$

冰水混合时的终态温度 $t_c = 0\ ℃$，可见所满足条件应处于②式与①式之间，即

$$m_3L - c_3m_3t_3 > (c_1m_1 + c_2m_2)t_{12} > -c_3m_3t_3 - m_2L$$

3.3 输运过程

课外知识延伸

1. 热传递

内能从一个物体转移到另一个物体，或者从物体的一部分转移到同一物体的邻近部分的过程称为热传递。

热传递的方式有三种：对流、传导和辐射。实际情况中，通常几种方式是同时并存的，每种方式所占的比例由传热的环境等因素决定。

2. 热传导

物体或物体系各处温度不同引起的热量从温度高处传递到温度低处的现象称为热传导。它是固体中热传递的主要形式；在气体或液体中，热传导过程往往和对流同时发生。

从分子动理论的观点看，温度高处分子的平均热运动能量大，温度低处分子的平均热运动能量小，于是通过分子间的相互碰撞，一部分内能将从温度高处传递到温度低处。

如果导热体各点温度不随时间变化，则这种导热过程称为稳定导热，在这种情况下，考虑长度为 l、横截面积为 S 的柱体，两端截面处的温度分别为 T_1 和 T_2，且 $T_1>T_2$，则热量沿着柱体长度方向传递，在 Δt 时间内通过横截面 S 所传递的热量为

$$\Delta Q = \kappa \frac{T_1 - T_2}{l} S \Delta t$$

移项，可得

$$\frac{\Delta Q}{\Delta t} = \kappa \frac{T_1 - T_2}{l} S$$

若写成微分形式，则有

$$\frac{\mathrm{d}Q}{\mathrm{d}t} = -\kappa \frac{\mathrm{d}T}{\mathrm{d}l} S$$

式中比例系数 κ 称作热导率。由于上式左端为热传导的功率，记作 $P=\frac{\mathrm{d}Q}{\mathrm{d}t}$，上式可改写为 $P=-\kappa \frac{\mathrm{d}T}{\mathrm{d}l}S$。固体、液体和气体都可以进行热传导，其中金属的导热性最好，除水银和熔化的金属之外液体的导热性不好，气体的导热性比液体更差。石棉的热传导性能极差，因此常作为绝热材料。

3. 热对流

固体、液体、气体都能导热，但在液体和气体中还有另一种传热方式，就是流体中温度不同的各部分相互混合的宏观运动所引起的传热现象。具有流动性的液体和气体一旦相遇，

就会相互混合，这是一种相互扩散的过程。如果混合之前两部分的温度不同，则混合后，一方面，相互接触的部分会发生热传导；另一方面，各部分由于温度不同，压强也不同，这样一来，各部分之间就会有宏观的运动，这种运动称作热对流。对流分为自然对流和强迫对流。流体温差引起密度差，较热的流体密度小而上升，较冷的流体密度大而下沉，从而引起对流传热，这种现象称为自然对流。强迫对流是通过外界(如风扇)来迫使流体流动的。

4. 热辐射

物体因自身的温度而向外发射能量，发射出的是不同波长的电磁波，这种热传递方式的特点是：① 不依靠气体或液体的流动，又不依靠分子之间的碰撞来传导，因而在真空环境中也能进行；② 热辐射与周围物体的温度高低是无关的。

有一类物体，能在任何温度下吸收所有的电磁辐射，其表面却并不反射，这类物体称为黑体。黑体是热辐射理想的吸收体和发射体，例如太阳可近似看作黑体。黑体单位表面积的辐射功率为 J，与其温度的 4 次方成正比，即 $J=\sigma T^4$，式中 $\sigma=5.67\times10^{-8}\ \mathrm{W/(m^2\cdot K^4)}$，称为斯特藩常数。太阳的辐射就可以近似看成黑体辐射。

如果不是黑体，单位表面积的辐射功率 J 记为 $J=\varepsilon\sigma T^4$，式中 ε 是表面辐射系数，其值在 0 和 1 之间，由物体的性质决定。

核心问题讨论

1. 如何处理与热传导相关的问题?

在处理与热传导相关的问题时，常常需要用到物体比热、能量守恒和热传递规律 $\dfrac{\mathrm{d}Q}{\mathrm{d}t}=-\kappa\dfrac{\mathrm{d}T}{\mathrm{d}l}S$ 等知识。在具体的计算中，可能会依据各个过程的比例关系求解，题目中可能不会给出具体的热传导系数和横截面积。

例题 1　(2014 年“华约”卷)假设房间向环境传递热量的速率正比于房间和环境之间的温度差，暖气片向房间传递热量的速度也正比于暖气片与房间之间的温度差。暖气片温度恒为 T。当环境温度为 -5 ℃时，房间温度保持为 22 ℃。当环境温度为 -15 ℃时，房间温度保持为 16.5 ℃。

(1) 估算暖气片的温度 T。

(2) 给房子加一层保温材料，使得温差一定时房间散热的速率下降 20%，求环境温度为 -15 ℃时房间的温度。

分析　在热传递过程中，能量是守恒的，再根据题目中给出的信息“房间向环境传递热量的速率正比于房间和环境之间的温度差，暖气片向房间传递热量的速度也正比于暖气片与房间之间的温度差”，问题可以得到求解。

解　(1) 设暖气片的与室内空气之间等效热导率为 κ_1，室内与户外之间等效热导率为 κ_2，暖气片的温度为 T，则

$$\kappa_1(T-22\ ℃)=\kappa_2[22\ ℃-(-5\ ℃)]\qquad①$$

$$\kappa_1(T-16.5\ ℃)=\kappa_2[16.5\ ℃-(-15\ ℃)]$$ ②

①②式联立，得 $T=55\ ℃$。

(2) 将 $T=55\ ℃$代入①式，得

$$\kappa_1=\frac{9}{11}\kappa_2$$ ③

设室内温度为 T_1，则

$$\kappa_1(55\ ℃-T_1)=0.8\kappa_2[T_1-(-15\ ℃)]$$

将③式代入，得 $T_1=20\ ℃$。

点拨 房间向环境传递热量的速率正比于房间和环境之间的温度差，暖气片向房间传递热量的速度也正比于暖气片与房间之间的温度差，这一条件即便题目不明确给出，参加强基考试的同学也应能够熟练掌握。

例题 2 （2003 年第 20 届全国中学生物理竞赛预赛）在野外施工中，需要使质量 $m=4.20$ kg 的铝合金构件升温；除了保温瓶中尚存有温度 $t=90.0\ ℃$的 1.200 kg 热水，无其他热源。试提出一个操作方案，能利用这些热水使构件从温度 $t_0=10.0\ ℃$升温到 66.0 ℃以上（含 66.0 ℃），并通过计算验证你的方案。已知铝合金的比热容 $c=0.880\times10^3$ J/(kg·℃)，水的比热容 $c=4.20\times10^3$ J/(kg·℃)，不计向周围环境散失的热量。

分析 若直接将全部热水与铝合金构件充分接触，通过能量守恒计算看末状态的温度是否能达到 66.0 ℃或 66.0 ℃以上。如果不能达到 66.0 ℃，则可以将部分热水与铝合金构件充分接触，倒掉平衡后的凉水，再倒入热水，重复上面的过程即可；如果已经超过 66.0 ℃，则只需要将部分热水与铝合金构件充分接触即可。

解 先给出操作方案。

将保温瓶中 $t=90.0\ ℃$的热水分若干次倒出来。第一次先倒出一部分，与温度为 $t_0=10.0\ ℃$的构件充分接触，并达到热平衡，构件温度已升高到 t_1，将这部分温度为 t_1 的水倒掉。再从保温瓶倒出一部分热水，再次与温度为 t_1 的构件充分接触，并达到热平衡，此时构件温度已升高到 t_2，再将这些温度为 t_2 的水倒掉。然后再从保温瓶中倒出一部分热水来使温度为 t_2 的构件升温……直到最后一次，将剩余的热水全部倒出来与构件接触，达到热平衡。只要每部分水的质量足够小，最终就可使构件的温度达到所要求的值。

下面进行验证计算。

例如，将 1.200 kg 热水分 5 次倒出来，每次倒出 $m_0=0.240$ kg，在第一次使热水与构件达到热平衡的过程中，水放热

$$Q_1=c_0m_0(t-t_1)$$

构件吸热

$$Q_1'=cm(t_1-t_0)$$

由 $Q_1=Q_1'$和题给的数据可得 $t_1=27.1\ ℃$。

同理，第二次倒出 0.240 kg 热水，可使构件升温到 $t_2=40.6\ ℃$。

依次计算出 $t_1\sim t_5$ 的数值，分别列在表 3.3.1 中。

表 3.3.1

倒水次数	1	2	3	4	5
平衡温度/℃	27.1	40.6	51.2	59.5	66.0

可见 $t_5 = 66.0$ ℃时，符合要求。

附：若将 1.200 kg 热水分 4 次倒出来，每次倒出 0.300 kg，依次算出 $t_1 \sim t_4$ 的值，如表 3.3.2 所示。

表 3.3.2

倒水次数	1	2	3	4
平衡温度/℃	30.3	45.50	56.8	65.2

因为 $t_4 = 65.2$ ℃ $<$ 66.0 ℃，所以如果将热水等分后倒到构件上，则倒出次数不能少于 5 次。

点拨　(1) 操作方案应包含两个要点：① 将保温瓶中的水分若干次倒到构件上；② 倒在构件上的水与构件达到热平衡后，把与构件接触的水倒掉。

(2) 使用的验证计算方案可以与参考解答不同，但必须满足两条：① 通过计算求出的构件的最终温度不低于 66.0 ℃；② 使用的热水总量不超过 1.200 kg。例如，把 1.200 kg 热水分 4 次倒出来，每次倒出 0.300 kg，尽管验算过程中的计算正确，但构件最终温度低于 66.0 ℃，故不可行。

2. 如何处理与热辐射有关的问题？

处理热辐射问题的主要依据是斯特藩-玻尔兹曼定律和能量守恒定律。涉及多个研究对象之间的辐射、吸收过程时，主要关注每个研究对象的热力学温度不变这一特性，即辐射功率和吸收功率相等，针对每个研究对象列出方程即可解决问题。同时，此类问题可能涉及高考内容中的球辐射模型等。

例题 3　(2020 年海淀二模)处于自然状态的物体会不断地向外辐射电磁波，同时也会吸收由其他物体辐射来的电磁波，当辐射和吸收达到平衡时，物体的温度保持不变。如果某物体能完全吸收入射到其表面的各种波长的电磁波而不发生反射，这种物体就称为黑体。黑体也会同时向外辐射电磁波，已知单位时间内从黑体表面单位面积辐射出的电磁波能量 I 与黑体表面热力学温度 T 的 4 次方成正比，即 $I = \sigma T^4$，其中 σ 为已知常量。

(1) 若将火星看成表面温度相同的球形黑体，火星的半径为 r，火星中心到太阳中心的距离为 L，且 L 远远大于 r，所以火星接收到的来自太阳的辐射可视为垂直射到面积为 πr^2 的圆面上的。已知太阳向外辐射电磁波的总功率为 P_1。火星大气层对太阳辐射的吸收和反射、太阳辐射在传播过程中的能量损失，以及其他天体和宇宙空间的辐射均可忽略不计。

① 求在火星表面垂直于太阳和火星连线的单位面积接收到的来自太阳辐射的功率 P_0。

② 设火星向四面八方各个方向均匀辐射，请写出当吸收和辐射达到平衡时火星表面热力学温度 $T_火$ 的表达式。

(2) 太阳辐射电磁波的能量来源于图3.3.1(a)所示的太阳中心的核反应区。核反应区产生的电磁波在向太阳表面传播的过程中会不断被太阳的其他部分吸收，然后再辐射出频率更低的电磁波。为了研究核反应区的温度，某同学建立如下简化模型：如图3.3.1(b)所示，将核反应区到太阳表面的区域视为由很多个薄球壳层组成，第1薄球壳层的外表面为太阳表面；各薄球壳层的内外表面都同时分别向相邻内薄球壳层和外薄球壳层均匀辐射功率相等的电磁波(第1薄球壳层的外表面向太空辐射电磁波，最内侧的薄球壳层的内表面向核反应区辐射电磁波)，如图3.3.1(c)所示；核反应区产生的电磁波的能量依次穿过各薄球壳层到达太阳的表面，每个薄球壳层都视为黑体，且辐射和吸收电磁波的能量已达到平衡，所以各薄球壳层的温度均匀且恒定。

已知太阳表面热力学温度为T_1，所构想的薄球壳层数目为N，太阳的半径R_1与核反应区的半径R_N满足$R_1=kR_N$(k为已知的常数)，第1薄球壳层的外表面向外辐射电磁波的总功率为P_1。请根据该同学建立的模型和题目中给出的信息，解答下列问题。

① 求第2、第3和第N薄球壳层向相邻的外薄球壳层辐射电磁波的功率P_2、P_3和P_N。

② 若认为核反应区的温度和第N薄球壳层的温度T_N相等，请推导出核反应区热力学温度T_N的表达式。结合所得到的T_N表达式，请说明该同学的模型是否合理。若不合理，请说明理由。

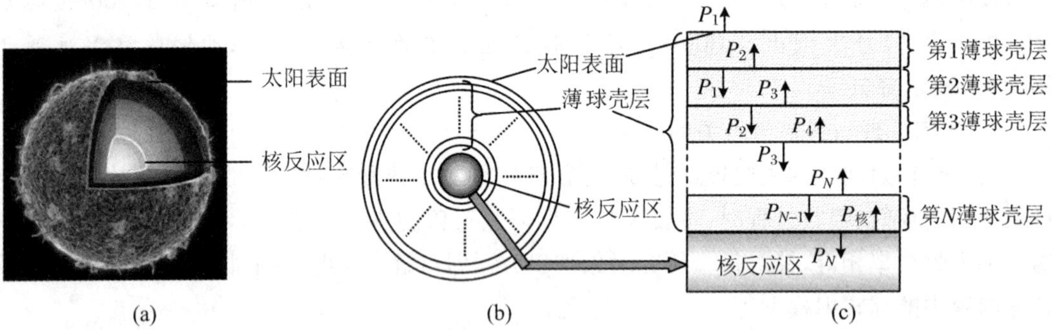

图3.3.1

分析 本题目难点在于涉及多个研究对象的辐射、吸收过程，但由于每个研究对象的温度不变，物理图景十分清晰。读者需要把握的核心是辐射功率等于吸收功率。针对每个研究对象列出温度不变的约束条件，即吸收功率等于辐射功率，问题即可得到解决。

解 (1) ① 在以太阳为中心、L为半径的球面上，单位面积接收到的来自太阳辐射的功率

$$P_0=\frac{P_1}{4\pi L^2}$$

这就是在火星表面垂直于太阳和火星连线的单位面积接收到的来自太阳辐射的功率。

② 火星接收到的来自太阳辐射的总功率为

$$P_{火}=P_0\cdot\pi r^2=\frac{P_1 r^2}{4L^2}$$

火星吸收的来自太阳的电磁波能量与自身辐射的电磁波能量达到平衡时有

$$P_{火} = I \cdot 4\pi r^2$$

根据题意有

$$I = \sigma T_{火}^4$$

以上各式联立，得

$$T_{火} = \sqrt[4]{\frac{P_1}{16\pi\sigma L^2}}$$

(2) ① 根据题意，当辐射和吸收的电磁波能量达到平衡时：

对于第 1 层有 $P_2 = 2P_1$；

对于第 2 层有 $2P_2 = P_3 + P_1$，所以 $P_3 = 3P_1$；

对于第 3 层有 $2P_3 = P_4 + P_2$，所以 $P_4 = 4P_1$；

……

由此可推知 $P_N = NP_1$。

② 太阳表面单位时间内向外辐射的总功率为 P_1，则

$$\frac{P_1}{4\pi R_1^2} = \sigma T_1^4$$

同理，对于第 N 薄球壳层应有

$$\frac{NP_1}{4\pi R_N^2} = \sigma T_N^4$$

以上两式联立，得

$$T_N = T_1 \cdot \sqrt[4]{Nk^2}$$

薄球壳的层数没有确定，而根据表达式，分的薄球壳层数越多，核反应区温度越高，当 N 趋近无穷大时，温度趋近于无穷大。但实际核反应区的温度应该是一个有限值，所以这个模型不合理。

点拨　涉及黑体辐射规律的问题经常会涉及多个研究对象，看似复杂的情境背后蕴含的是十分简洁的物理规律：能量的转化与守恒。另外，在强基考试中，即便题目中没有给出斯特藩-玻尔兹曼定律，同学们也应能够熟练利用它解决具体问题。

例题 4　(2010 年第 27 届全国中学生物理竞赛复赛)地球上的能量从源头上说来自太阳辐射。到达地面的太阳辐射(假定不计大气对太阳辐射的吸收)一部分被地球表面反射到太空，其余部分被地球吸收。被吸收的部分最终转换成为地球热辐射(红外波段的电磁波)。热辐射在向外传播的过程中，其中一部分会被温室气体反射回地面，地球以此方式保持了总能量平衡。作为一个简单的理想模型，假定地球表面的温度处处相同，且太阳和地球的辐射都遵从斯特藩-玻尔兹曼定律：单位面积的辐射功率 J 与表面的热力学温度 T 的 4 次方成正比，即 $J = \sigma T^4$，其中 σ 是一个常量。已知太阳表面温度为 $T_S = 5.78 \times 10^3$ K，太阳的半径为 $R_S = 6.69 \times 10^5$ km，地球与太阳的平均距离为 $d = 1.50 \times 10^8$ km。假设温室气体在大气层中集中形成一个均匀的薄层，并设它对热辐射能量的反射率为 $\beta = 0.38$。

(1) 如果地球表面对太阳辐射的平均反射率为 $\alpha = 0.30$，试问：考虑到温室气体对热辐

射的反射作用，地球表面的温度是多少？

(2) 如果地球表面一部分被冰雪覆盖，覆盖部分对太阳辐射的反射率为 $\alpha_1=0.85$，其余部分的反射率为 $\alpha_2=0.25$。问：冰雪覆盖面占总面积多少时地球表面的温度为 273 K？

分析 地球作为一个系统，进入这个系统的能量和从这个系统出去的能量应该相等，这也是能量守恒定律的体现。

解 (1) 根据题意，太阳辐射的总功率为 $P_S=4\pi R_S^2\sigma T_S^4$。太阳辐射各向同性地向外传播。设地球的半径为 r_E，可以认为地球所在处的太阳辐射是均匀的，故地球接收太阳辐射的总功率为

$$P_I = \sigma T_S^4\left(\frac{R_S}{d}\right)^2 \cdot \pi r_E^2$$

地球表面反射太阳辐射的总功率为 αP_I。设地球表面的温度为 T_E，则地球的热辐射总功率为

$$P_E = 4\pi r_E^2\sigma T_E^4$$

考虑到温室气体向地球表面释放的热辐射，输入地球表面的总功率为 $P_I+\beta P_E$。当达到热平衡时，输入的能量与输出的能量相等，有

$$P_I + \beta P_E = \alpha P_I + P_E$$

由以上各式得

$$T_E = T_S \cdot \frac{\sqrt{2}}{2}\left(\frac{1-\alpha}{1-\beta}\right)^{1/4}\left(\frac{R_S}{d}\right)^{1/2}$$

代入数据，得 $T_E=281$ K。

(2) 当地球表面一部分被冰雪覆盖后，以 α' 表示地球表面对太阳辐射的平均反射率，根据这时地球表面的平均温度为 $T_E=273$ K，可求得 $\alpha'=0.43$。

设冰雪覆盖的地表面积与总面积之比为 x，则

$$\alpha' = \alpha_1 x + \alpha_2(1-x)$$

代入数据，得 $x=30\%$。

点拨 热辐射问题中的反射率和热传导问题中的热导率具有较为相近的地位，处理具体问题时注意情境前后反射率的变化情况。

习题实战演练

基础练习

1. 把加热后的金属块迅速投入装有冷水的量热器的小筒中，用于测量这种金属的比热容。如果实验中不考虑小筒吸收的热量，那么测出的比热容与真实值相比的结果是（　　）

A. 偏大　　B. 偏小　　C. 相等　　D. 无法判断

2. 一个铜块和一个铁块的质量相等，铜块的温度 t_1 比铁块的温度 t_2 高，当它们接触在

一起时，如果不和外界交换能量，那么　　　　　　　　（　　）

A. 从两者开始接触到热平衡的整个过程中，铜块放出的总热量等于铁块吸收的总热量

B. 在两者达到热平衡以前的任一段时间内，铜块放出的热量不等于铁块吸收的热量

C. 达到热平衡时，铜块的温度 $t=\frac{t_1+t_2}{2}$

D. 达到热平衡时，两者的温度相等

3. (2016年北大博雅)(1) 两个一样的乒乓球，一个涂黑，另一个涂白，将一个白炽灯放在两个小球的中间照明一段时间，涂__________的球表面更烫。

(2) 两个一样的白炽灯，一个涂黑，另一个涂白，将它们同时打开一段时间，涂__________的白炽灯表面更烫。

4. 横截面积为 $3\times10^{-2}\ \mathrm{m}^2$ 的圆筒内装有 0.6 kg 水，太阳光垂直照射了 2 min，水温升高了 1 ℃。设大气顶层的太阳能只有45%到达地面，试估算出太阳全部辐射功率（保留一位有效数字，设太阳与地球的平均距离为 $R=1.5\times10^{11}$ m，球面积公式为 $S=4\pi R^2$）。

5. 某太阳能热水器集光板面积为 $1.5\ \mathrm{m}^2$，贮水容量为 $0.2\ \mathrm{m}^3$。冬天，太阳照射到集光板上，与太阳光垂直的每平方米面积上接收的太阳能为 $600\ \mathrm{J/(s\cdot m^2)}$。设太阳光连续照射 10 h，试估算水温最多升高多少（水的比热容 $c=4.2\times10^3\ \mathrm{J/(kg\cdot ℃)}$）。

6. 一临街房间由暖气管供热，设暖气管的温度恒定。已知当街上的温度为 −20 ℃时，测得房间的温度为 +20 ℃；当街上的温度为 −40 ℃时，测得房间的温度为 +10 ℃。求房间里暖气管的温度 T。

7. 从地球看太阳，张角约为 0.53°，设地球表面的平均温度为 300 K，不考虑地球对太阳光的反射，试估算太阳表面的温度 T。

8. 两个相同的轻金属容器内装有相等质量的水。一个重球挂在不导热的细线上，放入其中一个容器内，使球位于容器内水的体积中心。球的质量等于水的质量，球的密度比水的密度大得多。将两个容器加热到水的沸点，再冷却。已经知道：放有球的容器冷却到室温所需时间为未放球的容器冷却到室温所需时间的 k 倍，试求制作球的物质的比热 $C_{球}$ 与水的比热 $C_{水}$ 之比。

提高练习

9. 一个全部黑色的球形空间探测器位于距离太阳系很远处。由于位于探测器内部的功率为 P 的核能源的加热作用，探测器表面的温度为 T。现在探测器被封闭在一个薄的热防护罩中，防护罩内外两面均为黑色，并且通过几个隔热棒附着于探测器表面，如图 3.3.2 所示。

(1) 试确定探测器新的表面温度。

(2) 若使用 N 个这样的防护罩，则探测器表面的温度又为多少？

10. 密闭容器中有等量的冰和水，初始时温度为 0 ℃，经过 160 min 冰全部熔化。

(1) 再经过多久容器内温度升高 1 ℃？

(2) 容器内温度从 20 ℃升高到 21 ℃需要多长时间?

11. (2017 年北大博雅)如图 3.3.3 所示,真空中有四块完全相同且彼此靠近的大金属板 A、B、C、D 平行放置,表面涂黑(可看成黑体),最外侧两块板的热力学温度分别维持为 T_1 和 T_4,且 $T_1 > T_4$。当达到热稳定时,求 B 板的温度。

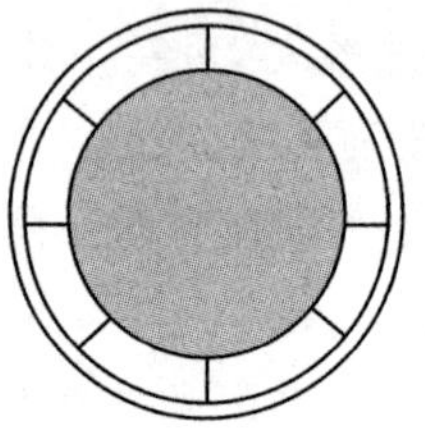

图 3.3.2

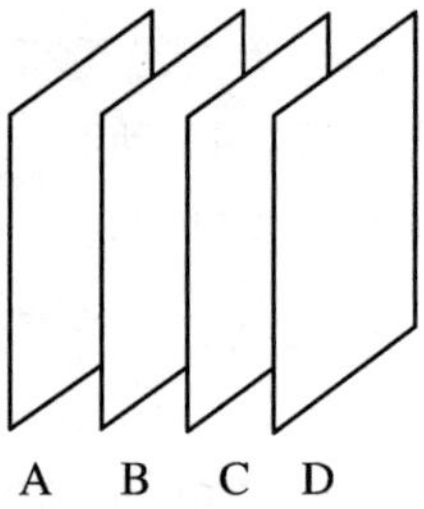

图 3.3.3

12. 若将一可调温的电熨斗的温度调节旋钮调至“丝绸”位置,则可周期性地通电 10 s,再断电 40 s,使熨斗加热到表面温度为 100 ℃。若把旋钮调至“棉布”位置,则熨斗周期性通电 20 s,再断电 30 s。求旋钮在此位置时熨斗表面达到的温度。如果温度调节器坏了,则通电的熨斗可加热到什么温度?设熨斗的散热和熨斗表面温度与周围空气温度的差成正比,房间里空气的温度为 20 ℃。

13. 在大气压下用电流加热一个绝热金属片,使其在恒定的功率 P 下获得电热能,这导致金属片绝对温度 T 随时间 t 的增长关系为 $T(t)=T_0[1+a(t-t_0)]^{1/4}$。其中 T_0、a、t_0 均为常量。求金属片热容量 $c_p(T)$。(本题讨论内容只在一定的温度范围内适用。)

参考答案

1. B。

2. AD。

3. (1) 黑;(2) 白。

提示 黑色乒乓球吸收本领更强,黑色白炽灯辐射本领更大,所以在电功率恒定且灯泡温度稳定以后,白色白炽灯需要更高的温度才能和黑色白炽灯有相同的辐射功率。

4. 4×10^{26} W。

提示 $P=cm\Delta t\times4\pi R^2/S\times t\times45\%=4\times10^{26}$ W。

5. 38.6 ℃

提示 集光板吸收的太阳能最大值为 $Q=600\times1.5\times10\times3600\ \text{J}=3.24\times10^7$ J,故贮水器中水的内能最多增加 $\Delta U=3.24\times10^7$ J。设水升温 Δt,则

$$0.2\ \text{m}^3\times1.0\times10^3\ \text{kg/m}^3\times4.2\times10^3\ \text{J/(kg}\cdot{}^\circ\text{C)}\times\Delta t=3.24\times10^7\ \text{J}$$

解得 $\Delta t=38.6$ ℃。

6. $T=60$ ℃。

提示 传导暖气管与房间之间

$$Q_1 = K_1(T - T_{F1}), \quad Q_2 = K_1(T - T_{F2})$$

街与房间之间

$$Q_1 = K_2(T_{F1} - T_{J1}), \quad Q_2 = K_2(T_{F2} - T_{J2})$$

以上各式联立,得 $T = 60$ ℃。

7. 4400 K。

8. $k-1$。

9. (1) $T_1 = \sqrt[4]{2}T$;(2) $T_N = \sqrt[4]{N+1}T$。

提示 参见例题 4。

10. (1) 4.0 min;(2) 20.0 min。

提示 设环境温度为 T_m,则热传导功率为 $k(T_m - T_0)$。

冰全部熔化的过程中吸收的热量为

$$Q_1 = k(T_m - T_0)\tau = m\lambda$$

水温升高 1 ℃所吸收的热量为

$$Q_2 = k(T_m - T_0)\tau_1 = c \cdot 2m \cdot \Delta T$$

水温从 20 ℃升高到 21 ℃所吸收的热量为

$$Q_3 = k(T_m - T_1)\tau_2 = c \cdot 2m \cdot \Delta T$$

以上各式联立,得 $\tau_1 = 4.0$ min,$\tau_2 = 20.0$ min。

11. $T_B = \sqrt[4]{\dfrac{2T_1^4 + T_2^4}{3}}$。

提示 达到稳定后,设 B、C 的温度分别为 T_B 和 T_C,此时 B、C 的辐射功率应当等于其接收功率,则有

$$\sigma T_1^4 + \sigma T_C^4 = 2\sigma T_B^4$$

$$\sigma T_B^4 + \sigma T_2^4 = 2\sigma T_C^4$$

解得 $T_B = \sqrt[4]{\dfrac{2T_1^4 + T_2^4}{3}}$。

12. 180 ℃,420 ℃。

提示 在稳定的状态下,熨斗自加热得到的热量因散热而全部传给周围的空气,则有

$$P\tau_1 = aS(T_1 - T_0)(\tau_1 + \tau_2) \qquad ①$$

$$P\tau_1' = aS(T_1' - T_0)(\tau_1' + \tau_2') \qquad ②$$

式中,P 是加热器功率;τ_1、τ_1'是温度调节器分别置于两种温度位置的通电时间,τ_2 和 τ_2'为断电时间;T_1 和 T_1'分别为两种情况下熨斗表面的温度;T_0 为室温;S 是熨斗表面积;a 是散热系数。

若温度调节器坏了,则在时间 τ 内有

$$P\tau = aS(T_\infty - T_0)\tau \qquad ③$$

式中 T_∞ 为这种情况下熨斗的表面温度。

①÷②得 $T_1'=180\ ℃$。

由①式得

$$\frac{P}{aS}=\frac{(T_1-T_0)(\tau_1+\tau_2)}{\tau_1}$$

代入③式，得 $T_\infty=420\ ℃$。

13. $c_{\mathrm{p}}=\dfrac{4P}{T_0\alpha}\left(\dfrac{T}{T_0}\right)^3$。

提示 由热容量的定义 $c_{\mathrm{p}}=\dfrac{P\cdot\Delta t}{\Delta T}$，即$\dfrac{\mathrm{d}T}{\mathrm{d}t}=\dfrac{P}{c_{\mathrm{p}}}$，解得 $c_{\mathrm{p}}=\dfrac{4P}{T_0\alpha}\left(\dfrac{T}{T_0}\right)^3$。

第4章 几何光学

光学是物理学的重要分支,光学的研究可以追溯到2000多年前。约在公元前400多年,我国的《墨经》记载了世界上最早的光学实验以及所获得的关于影、针孔成像和镜面成像的知识。差不多相同的时期,西方也有一些光学研究,公元前300年,希腊欧几里得的《反射光学》已经有光的直线传播和反射定律的叙述。

到了17世纪,光学才有了真正的发展。1621年斯涅耳发现光的折射定律,与早先已经发现的光的直线传播定律和反射定律一起构成了几何光学的基础,使得稍早发明的望远镜、显微镜等光学仪器有了长足的发展,并得到了日益广泛的应用。

本章首先讲述光的平面反射与折射、光的球面反射与折射,在球面折射规律的基础上进一步研究近轴条件下透镜成像的规律,然后介绍透镜(组)在光学仪器中的简单应用。

4.1 光的平面反射与折射

课外知识延伸

1. 实像与虚像

(1) 光线与光束

表示光的传播方向的线称为光线。光线是一个抽象的数学概念,并非实际存在的物质。但有了光线的概念,就可以借助几何学的方法研究光的传播。以几何定律和基本的实验定律为基础的光学称为几何光学。

光束是光线的集合。若光束中所有光线都发自或会聚于同一点(或者延长线会聚于同一点),这种光束称为单心光束。光束的交点称为光束的心。常见的光束有平行光束、发散光束和会聚光束。

(2) 实像与虚像

从物点发出的发散光束经过光学元件后有三种可能:① 会聚于一点,该点就称为物点的实像点;② 还是发散光束,其反向延长线的交点称为物点的虚像点;③ 成为平行光束,则成像于无穷远处,即认为不成像。

物到镜面的距离称为物距,常用字母 u 来表示;像到镜面的距离称为像距,常用字母 v

来表示。当成像为实像时，$v>0$；当成像为虚像时，$v<0$。

2. 几何光学的三个基本实验定律

（1）光的直线传播定律

光在真空或同种均匀介质中沿直线传播。光在真空中的传播速度大小 $c\approx 3.0\times 10^8$ m/s，光在介质中的传播速度大小 $v=c/n$，其中 n 是介质的折射率，$n>1$。

图 4.1.1 所示是迈克耳孙用转动八面镜法测光速的实验示意图，图中 S 为发光点，T 是望远镜，平面镜 O 与凹面镜 B 构成了反射系统。八面镜与反射系统的距离为 $AB=L$（L 可长达几十千米），且远大于 OB 以及 S 和 T 到八面镜的距离。现使八面镜转动起来，并缓慢增大其转速，当转动频率达到 f_0 并可认为是匀速转动时，恰能在望远镜中第一次看见发光点 S。根据所测量的物理量得到光速的表达式为 $c=16Lf_0$，由此迈克耳孙最早比较精确地测出了光速 c。

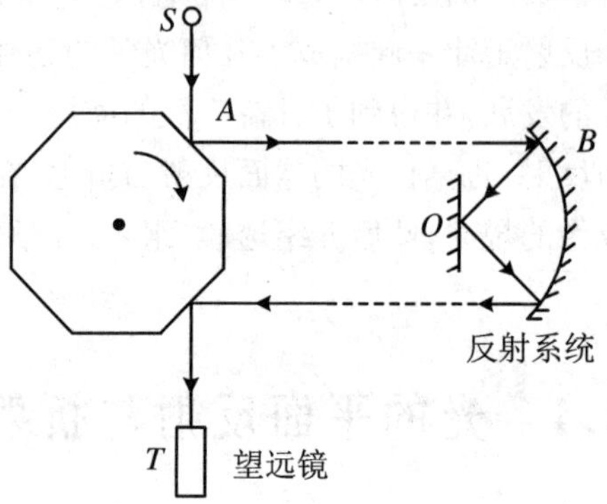

图 4.1.1

（2）光的反射定律

光的反射定律揭示反射光线的方向随入射光线的方向发生变化的规律，即：反射光线跟入射光线和法线在同一平面内，反射光线与入射光线分居法线两侧，反射角等于入射角。

（3）光的折射定律

光的折射定律揭示折射光线的方向随入射光线的方向发生变化的规律。如图 4.1.2 所示，折射光线跟入射光线和法线在同一平面内，折射光线和入射光线分居法线两侧，折射角与入射角满足折射定律，即

$$n_1\sin\theta_1 = n_2\sin\theta_2$$

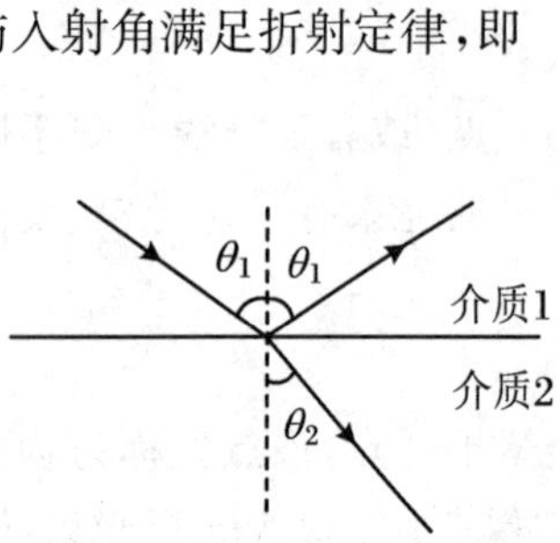

图 4.1.2

如果 $n_1>n_2$，即光由光密介质射向光疏介质，我们把折射角等于 90°时的入射角称作临界角 C，则

$$\sin C = \frac{n_2}{n_1}$$

当入射角大于或等于临界角时，折射光将不再存在，入射光全部被反射，这种现象称作光的全反射。

3. 棱镜与色散

(1) 光的色散

如图 4.1.3 所示，光线经棱镜折射向底面偏折，偏向角记为 δ，则

$$\delta = (i_1 - r_1) + (i_2 - r_2) = i_1 + i_2 - \theta$$

因为同一种介质对不同的色光有不同的折射率，各种色光的偏向角不同，所以白光经过棱镜折射后产生色散现象。

另外，需要指出的是，当 i_1、θ 很小时，可以认为 $i_1 = nr_1$，$i_2 = nr_2$，所以

$$\delta = (n - 1)\theta$$

此时偏向角与入射角大小无关。

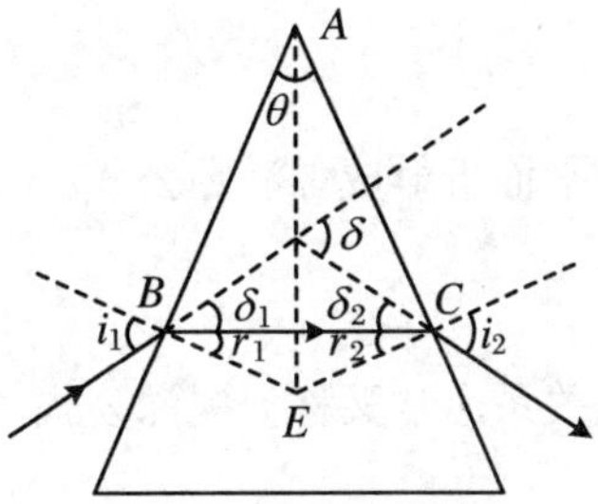

图 4.1.3

(2) 测棱镜的折射率

从实验或数学的论证知道，入射线和出射线的位置关于棱镜对称，也就是 $i_1 = i_2$，$r_1 = r_2$ 时，δ 的值最小，这一偏向角叫作最小偏向角，可用 δ_m 来表示。由 $r_1 + r_2 = \theta$ 得

$$r_1 = \frac{\theta}{2}$$

又由 $i_1 = i_2$ 得

$$\delta_1 = \delta_2 = \frac{\delta_m}{2}, \quad i_1 = \delta_1 + r_1 = \frac{\delta_m + \theta}{2}$$

根据折射定律得

$$n = \frac{\sin i_1}{\sin r_1} = \frac{\sin \dfrac{\delta_m + \theta}{2}}{\sin \dfrac{\theta}{2}}$$

在最小偏向角时，偏向角的变化最小，容易被准确地测定，所以测棱镜的折射率 n 时，常用分光镜测出顶角 θ 和最小偏向角 δ_m，用以上公式求得 n 的值。

4. 平面反射成像与平面折射成像

(1) 平面反射成像

实物经平面反射所成的像是正立、等大的虚像，像和物关于反射面对称。物距记为 u，像距记为 v，则有 $u = \quad v$。平面镜是最简单的、不改变光束单心性的、能成完善像的光学系统。

如图 4.1.4 所示，会聚光束通过平面镜反射后还是会聚光束。图中的 S 通常称为虚物，物距为负数；S' 是实际光线的交点，称为实像，像距为正数。可见平面镜能使虚物成实像。

(2) 平面折射成像

如图 4.1.5 所示，物点 S 发出的光线经平面折射，成像于像点 S'(虚像)。在近轴条件(入射角、折射角趋于零)下

$$\theta \to 0, \quad \sin\theta = \tan\theta = \theta$$

所以折射定律 $n_1 \sin\theta_1 = n_2 \sin\theta_2$ 可以改写成

$$n_1 \tan\theta_1 = n_2 \tan\theta_2$$

进一步写成

$$n_1 \frac{x}{u} = n_2 \frac{x}{|v|}$$

因为是实物、虚像，所以 u 为正，v 为负，故

$$v = -\frac{n_2}{n_1}u$$

即平面折射成像满足公式

$$\frac{n_1}{u} + \frac{n_2}{v} = 0$$

该关系通常又称为视深公式。

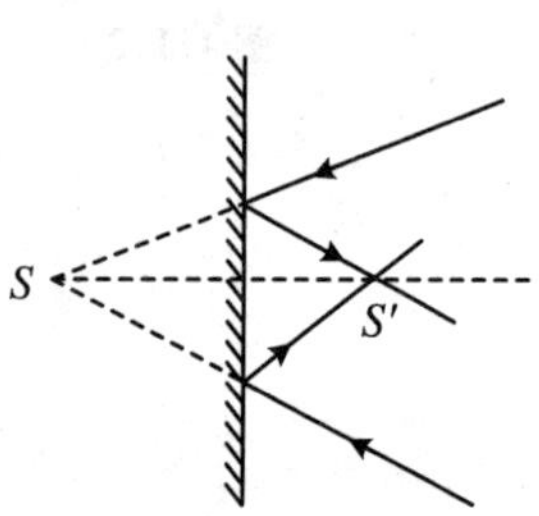

图 4.1.4

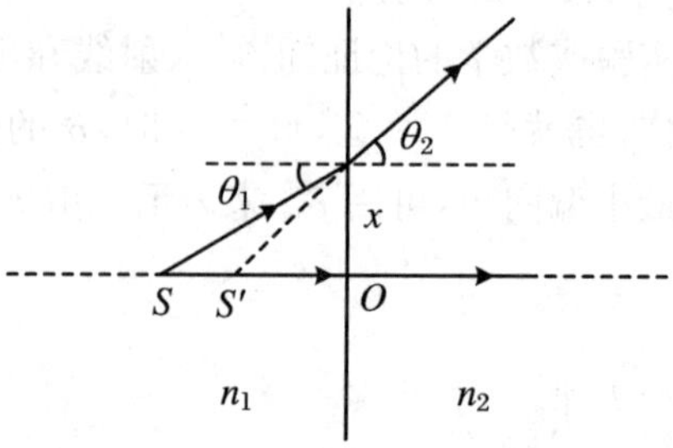

图 4.1.5

核心问题讨论

1. 如何快速作出平面反射光路图解决实际问题？

解决观察范围、光线传播路径的长度等实际问题时，经常需要作出平面反射光路图。如何快速、准确地作出光路图是解决这类问题的关键。

作光路图的方法有两种：方法一是利用光的反射定律作图；方法二是利用平面镜成像的特点（物和像关于镜面对称）作图。通常情况下，利用方法二作图更为简便。

例题 1 如图 4.1.6 所示，AB 表示一平直的平面镜，P_1P_2 是水平放置的米尺（有刻度的一面朝着平面镜），MN 是屏，三者相互平行，屏 MN 上的 ab 表示一条竖直的缝（a、b 之间是透光的）。某人眼睛紧贴米尺上的小孔 S（其位置如图所示），可通过平面镜看到米尺的一部分刻度。试在本题图上用三角板作图求出可看到的部位，并在 P_1P_2 上把这部分涂以标志。

分析 本题考查平面镜成像规律和成像作图。人眼通过小孔看见的是米尺刻度的像。由反射定律可知，米尺刻度必须经过平面镜反射，反射光线进入人的眼睛，人才会看到米尺刻度的像。可以通过两种方法来解决这个问题。

解 方法一 如图 4.1.7(a)所示，以平面镜 AB 为对称轴作出人眼 S 的像 S'。连接 S 与 a 并延长交平面镜于点 C，连接 S' 与点 C 并延长交米尺 P_1P_2 于点 E，点 E 就是人眼看到

的米尺刻度的左端；连接 S' 与 b 并延长交米尺 P_1P_2 于点 F，且 $S'b$ 与平面镜交于点 D，连接 S 与点 D，则点 F 就是人眼看到的米尺刻度的右端。E 与 F 两点之间的米尺刻度就是人眼可看到部分。

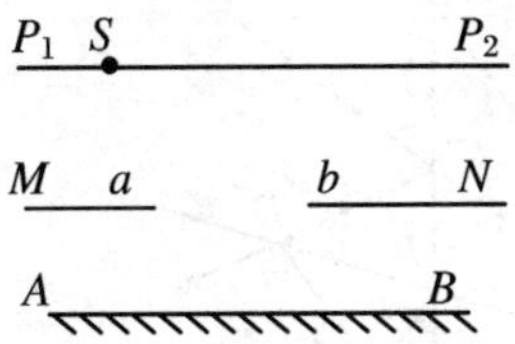

图 4.1.6

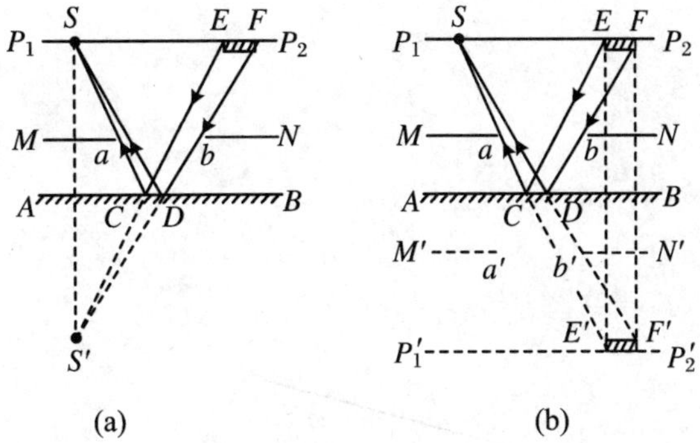

图 4.1.7

方法二　如图 4.1.7(b)所示，根据平面镜成像的对称性，作米尺 P_1P_2 和屏 MN 的像，分别是 $P_1'P_2'$ 和 $M'N'$，a、b 的像分别为 a'、b'。连接 S 与 a 并延长交 AB 于点 C，交 $P_1'P_2'$ 于点 E'，过点 E' 作 P_1P_2 的垂线于点 E，此点就是人眼看到的米尺刻度的左端；连接 S 与 b' 并延长交 AB 于点 D，交 $P_1'P_2'$ 于点 F'，过点 F' 作 P_1P_2 的垂线于点 F，点 F 就是人眼看到的米尺刻度的右端。EF 部分就是人眼通过平面镜可看见的米尺部分。

点拨　观察范围需要用边缘光线来确定，边缘光线往往是一般光线(非特殊光线)，其作图需要借助于物和像的对称关系，方能比较快捷地画出。有的同学由于没有注意到题目中“用三角板作图”这个特殊要求，仅仅根据“反射角等于入射角”这个关系大致地作出光路图，导致作图不准确。另外，作图时还要注意标注箭头，区分实线、虚线。

例题 2　如图 4.1.8 所示，两镜面 L_1、L_2 之间夹角 $\alpha = 15^\circ$，$OA = 10\ \text{cm}$，A 点发出的垂直于 L_2 的光线射向 L_1 后在两镜间反复反射，直到光线平行于某一镜面射出，则从 A 点开始到最后一次反射点，光线所走的路程是多少？

分析　如图 4.1.9 所示，光线经 L_1 第一次反射的反射光线为 BC，根据平面镜反射的对称性，$BC' = BC$，且 $\angle BOC' = \alpha$。同理，光线经 L_2 第一次反射的反射光线 $CD = C'D'$，且 $\angle C'OD' - \alpha$。上述 A、B、C'、D' 均在同一直线上，因此光线在 L_1、L_2 之间的反复反射就跟光线沿 ABC' 直线传播等效。

解　设 N' 是光线第 n 次反射的入射点，且这次反射后的光线不再射到另一个镜面上，则 n 值应满足的关系是

$$n\alpha < 90^\circ \leqslant (n+1)\alpha$$

解得

$$n < \frac{90^\circ}{\alpha} = 6$$

取 $n = 5$，得

$$\angle N'OA = n\alpha = 75^\circ$$

总路程为

$$AN' = OA\tan 75^\circ = 37.3\ \mathrm{cm}$$

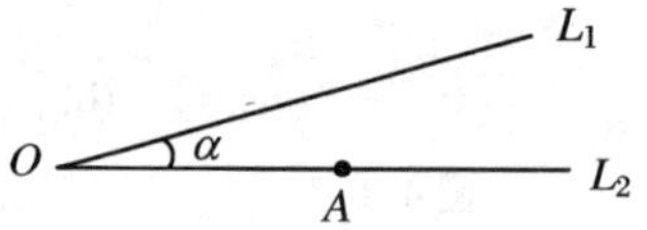

图 4.1.8

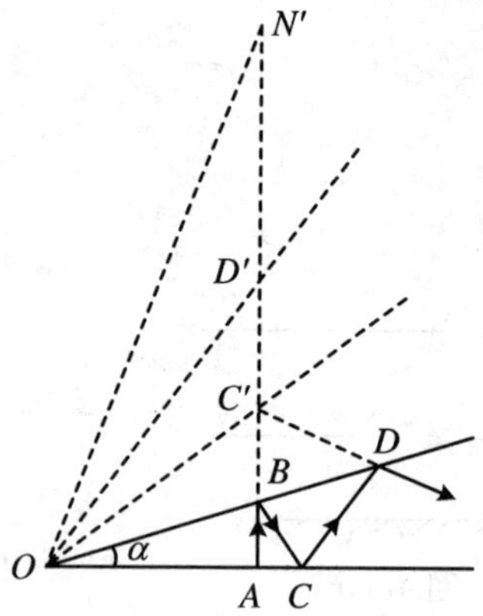

图 4.1.9

点拨　通过作图不难发现，光线每反射一次，入射角就增加 15°，直至第 n 次反射后，$90^\circ \leqslant (n+1)\alpha$。在光路分析的基础上，依据光的平面反射的对称性，把多次反射问题等效转化为光的直线传播问题。本题这种转化的思想值得借鉴。

2. 如何确定组合平面镜问题中成像的个数？

由两个以上的平面镜组成的光学系统称为组合平面镜，射向组合平面镜的光线往往要在平面镜之间发生多次反射，因而会出现多次成像的现象。

处理这类问题时，要抓住平面镜成像的本质——反射成像，即：光线发生一次反射就会成一个像。确定成像个数时，要灵活运用“物和像关于镜面对称”这一关键特征。

例题 3　平面镜 OA、OB 相互垂直，点光源 S 放在两平面镜之间，请确定成像的个数和像的位置。

分析　如图 4.1.10 所示，点光源 S 发出的光线在平面镜 OA 上发生第一次反射，成像于 S_1，然后在平面镜 OB 上发生第二次反射，成像于 S_3；同理，S 发出的光线在平面镜 OB 上发生第一次反射，成像于 S_2，然后在平面镜 OA 上发生第二次反射，成像于 S_3。（S_1 在 OB 中的像与 S_2 在 OA 中的像重合，都在 S_3 处。）

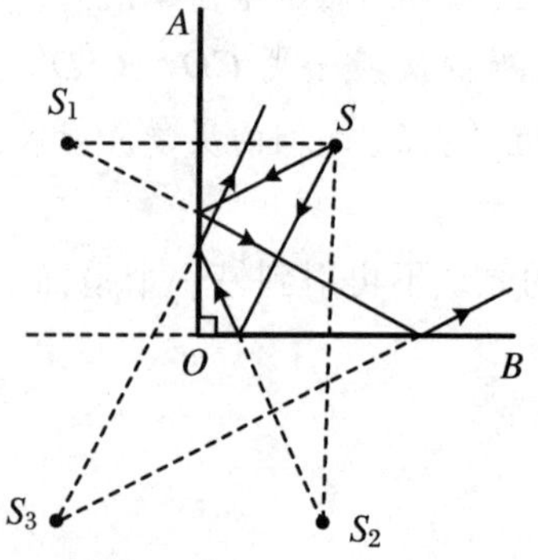

图 4.1.10

解　能成 S_1、S_2、S_3 三个虚像，位置如图 4.1.10 所示：S 和 S_1 关于 OA 对称，S 和 S_2 关于 OB 对称，S 和 S_3 关于 O 点对称。

点拨　根据几何关系不难发现，除了“物和像关于镜面对称”，所有的虚像都在以 O 为圆心、OS 为半径的圆上。

例题4 两个平面镜间的夹角为60°、45°、120°，物体 P 总是放在平面镜的夹角平分线上，试分别求出像的个数。

分析 第一个平面镜所成的像可看作第二个平面镜的物，这个物由第二个平面镜成的像又成为第一个平面镜的物……如此反复下去以至无穷。在特定条件下，经过有限次循环，两镜所成的像重合，像的数目不再增多，就有确定的像的个数。

解 如图4.1.11(a)所示，两个平面镜之间夹角为60°时，共能成5个虚像。物体 P 在 OA 中成像 P_1，P_1 在 OB 中成像 P_4，P_4 在 OA 中成像 P_5；同理，物体 P 在 OB 中成像 P_2，P_2 在 OA 中成像 P_3，P_3 在 OB 中成的像也位于 P_5 处，与 P_4 在 OA 中成的像重合。所有的像都在以 O 为圆心、OP 为半径的圆上。

如图4.1.11(b)所示，两个平面镜之间夹角为45°时，共能成7个虚像。

如图4.1.11(c)所示，两个平面镜之间夹角为120°时，共能成2个虚像。物体 P 在 OA 中成像 P_1，落在镜面 OB 延长线上；物体 P 在 OB 中成像 P_2，落在镜面 OA 延长线上。

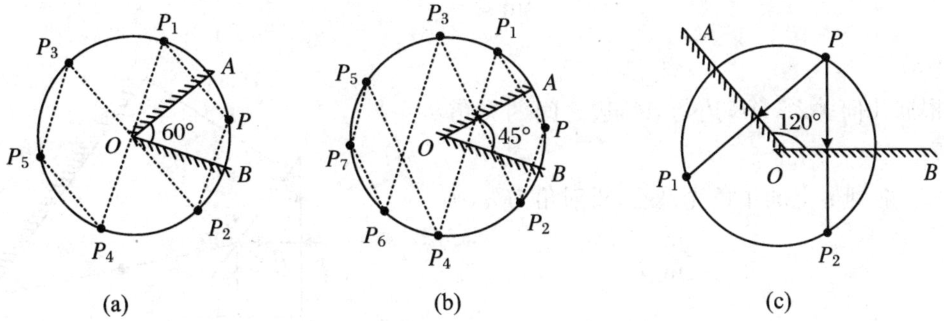

图4.1.11

点拨 若两平面镜的夹角为 θ，$180^\circ = k\theta$（k 取整数），物点 P 在 θ 的平分线上（不在角平分线上分析起来稍微有些复杂，读者可以自行分析），所有的虚像都在以 O 为圆心、OP 为半径的圆上，两镜所成的像重合。进一步分析发现，相邻的虚像对应的圆心角为 θ，物点与像点的总数为 $360^\circ/\theta = 2k$，像点的个数为 $2k-1$。

3. 如何求解与全反射相关的问题？

全反射现象有重要的实用意义，如全反射棱镜、现代通信中的光导纤维、医院的内窥镜等都是光的全反射现象的典型应用。

运用全反射原理求解有关实际问题时，应注意临界角的确定，然后画出光路图，结合几何关系列式求解。

例题5 （2023年清华中学生标准学术能力测试）玻璃对单色光甲的折射率为 $n_1 = \dfrac{5}{3}$，对单色光乙的折射率为 $n_2 = \dfrac{5}{4}$。现由单色光甲、乙组成的一束复色光由玻璃三棱镜的 AB 边的中点 P 垂直射入，如图4.1.12所示，发现其中有一束单色光在 AC 边上恰好发生了全反射，在平行于 AC 边相距 L 处放置一光屏。已知 AB 边的长度为 a，光在空气中的传播速

度为 c。求：

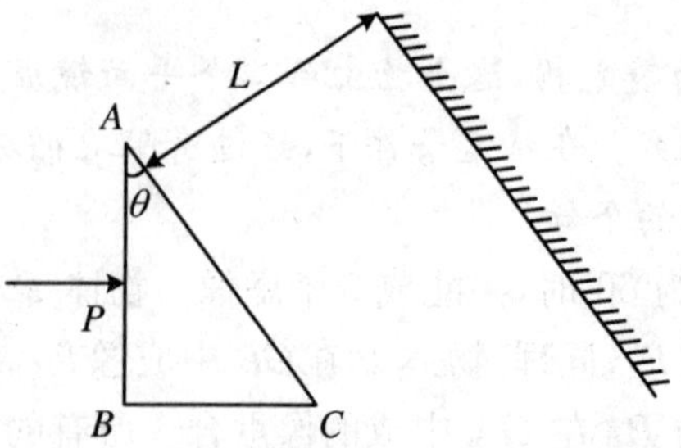

图 4.1.12

(1) AB 边与 AC 边之间的夹角 θ；

(2) 射到屏上的单色光从射入玻璃三棱镜至射到光屏所用时间 t。

分析 (1) 光从玻璃射入空气中时，临界角 C 的计算公式为 $\sin C=\frac{1}{n}$，折射率大则临界角小，即 $C_{甲}<C_{乙}$；(2) 某种介质中光速与折射率的关系为 $n=\frac{c}{v}$，结合几何关系即可求解。

解 (1) 如图 4.1.13 所示，由 $\sin C=\frac{1}{n}$ 可知单色光甲的折射率较大，则在 AC 边上恰好发生了全反射的光是单色光甲，此时在 AC 边上的入射角 β 等于临界角，即

$$\sin\beta=\frac{1}{n_1}$$

得 $\beta=37^{\circ}$。

根据几何关系，AB 边与 AC 边之间的夹角 $\theta=\beta=37^{\circ}$。

(2) 射到屏上的单色光是乙，折射角为 α，则

$$n_2=\frac{\sin\alpha}{\sin\beta}$$

得 $\sin\alpha=\frac{3}{4}$。

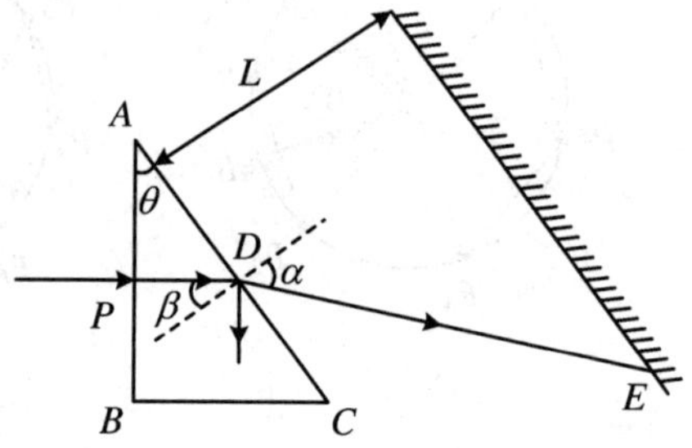

图 4.1.13

根据几何关系，单色光乙从玻璃三棱镜出射点到光屏通过的距离为

$$DE=\frac{L}{\cos\alpha}=\frac{4\sqrt{7}L}{7}$$

单色光乙在三棱镜中通过的距离与传播速度为

$$PD=\frac{a}{2}\tan\theta=\frac{3a}{8},\quad v=\frac{c}{n_2}$$

所以从射入玻璃三棱镜至射到光屏所用时间

$$t=t_1+t_2=\frac{PD}{v}+\frac{DE}{c}=\frac{15a}{32c}+\frac{4\sqrt{7}L}{7c}$$

点拨 许多光学仪器要利用全反射来改变光的传播方向和使像倒转。全反射发生之前，随着入射角的增大，折射角和反射角都增大，但折射角增大得快。在入射光强度一定的情况下，折射光越来越弱，反射光越来越强，发生全反射时折射光消失，反射光的强度等于入射光的强度。这种反射时无能量损耗的现象在生产生活实际中得以广泛的应用。

4. 如何分析光在折射率变化的介质中的折射问题?

光在同种均匀介质中沿直线传播。若介质不均匀，则光在介质中的速度将发生变化(发

生折射)，光可能不再沿直线传播。

若介质的折射率变化是不连续的，则可以运用折射定律 $n_1\sin\theta_1=n_2\sin\theta_2$ 解决，常见的问题有平面折射成像问题、透光面积问题(全反射)。若介质的折射率连续变化，则可以运用微元思想将介质沿折射率变化的方向切成无数个薄层，从而将问题转化为折射率不连续变化的问题。我们所熟悉的蒙气差、海市蜃楼等问题都属于折射率连续变化的问题。

例题6 如图4.1.14所示，厚度为 $d=10\text{ cm}$ 的平行玻璃砖的折射率为 $n=1.5$，一点光源 S 距离玻璃砖左侧面 20 cm，则人从右侧面看，点光源在何处？(人眼与 S 的连线与玻璃砖垂直。)

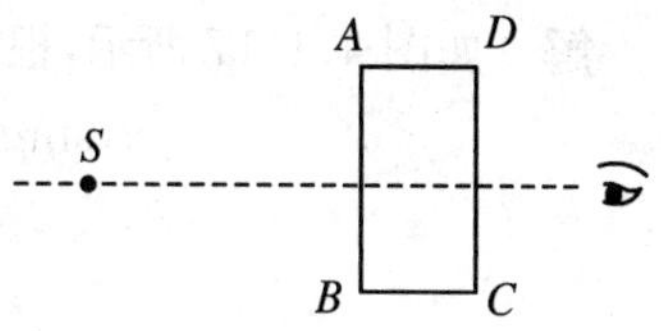

图4.1.14

分析 本题涉及两次近轴光线平面折射成像，点光源 S 在左侧面折射成像 S_1，实物成虚像；虚像经右侧面第二次平面折射成像，属于虚物成虚像。

解 左侧面折射成像，物距 $u_1=20\text{ cm}$，$n_1=1$，则

$$\frac{1}{u_1}+\frac{n}{v_1}=0$$

解得 $v_1=-30\text{ cm}$，即像点 S_1 在 AB 左侧 30 cm 处。

右侧面成像，物距 $u_2=40\text{ cm}$，物方折射率 $n=1.5$，则

$$\frac{n}{u_2}+\frac{1}{v_2}=0$$

解得 $v_2=-26.7\text{ cm}$，即像点 S_2 在左侧面 AB 的左侧 16.7 cm 处。

点拨 运用公式 $\frac{n_1}{u}+\frac{n_2}{v}=0$ 解决平面折射成像问题时，要准确理解各字母的含义、符号法则。n_1 为物方折射率，n_2 为像方折射率。物点在界面左侧(光线入射方)，则物距为正；物点在界面右侧，则物距为负。像点在界面右侧(出射方)，则像距为正；像点在界面左侧，则像距为负。

另外，本题也可以根据折射定律 $n_1\sin\theta_1=n_2\sin\theta_2$ 近似求解。如图4.1.15所示，根据小量近似，θ_1、θ_2 很小，$\sin\theta_1\approx\tan\theta_1\approx\theta_1$，$\sin\theta_2\approx\tan\theta_2\approx\theta_2$。再根据折射定律 $n_1\theta_1=n_2\theta_2$ 与几何关系可得视深公式 $h=\frac{n_2}{n_1}H$，其中 H 为实际深度。

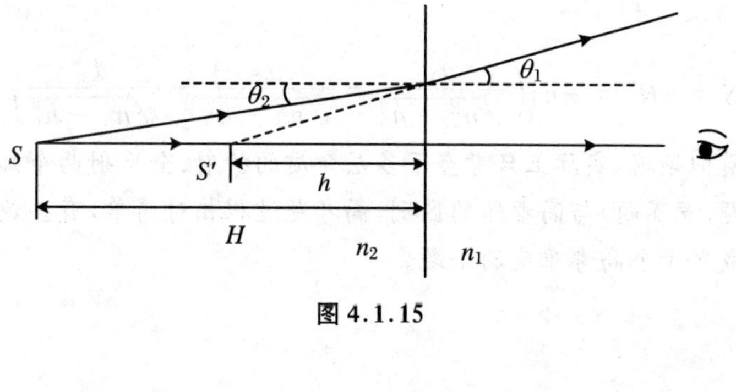

图4.1.15

例题 6 对 AB 边应用视深公式得 $v_1 = u_1 n = 30$ cm，再对 CD 边应用视深公式得 $v_2 = \dfrac{v_1 + d}{n} = 26.7$ cm，即 CD 边的左侧 26.7 cm 处。

例题 7 （2011 年北大保送生测试）如图 4.1.16 所示，厚度分别为 d_2、d_3，折射率分别为 n_2、n_3 的无限大透明介质平板放置于无限大透明液体中，左侧液体的折射率为 n_1，右侧液体的折射率为 n_0，点光源 S 置于左侧液体中，到平板左侧面的距离为 d_1，求在右侧面上透光的面积。已知 $n_1 > n_2 > n_3 > n_0$。

分析 本题涉及多层介质的折射，可以用 $n_1 \sin\theta_1 = n_2 \sin\theta_2$ 求解。题目要求右侧界面上的透光面积，实为全反射的临界条件问题。

解 如图 4.1.17 所示，根据折射定律得

$$n_1 \sin\theta_1 = n_2 \sin\theta_2 = n_3 \sin\theta_3 = n_0 \sin\theta_0$$

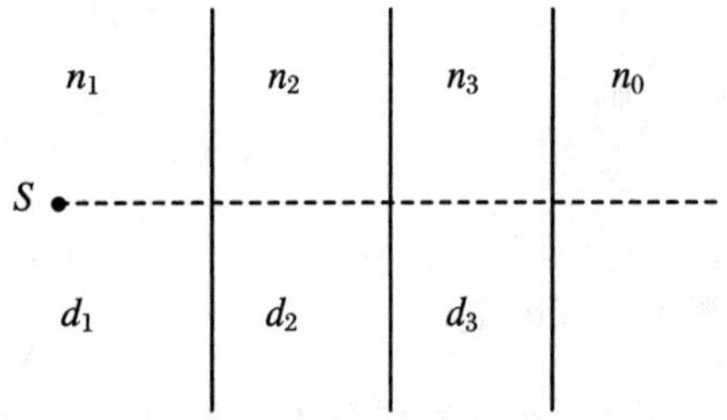

图 4.1.16

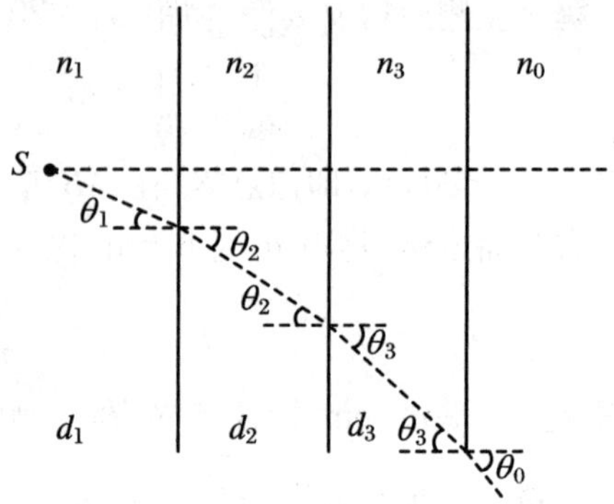

图 4.1.17

由于 $n_1 > n_2 > n_3 > n_0$，因此

$$\theta_0 > \theta_3 > \theta_2 > \theta_1$$

当 $\theta_0 = 90^\circ$ 时，对应光线刚好可以从右侧面射出的情况，此时

$$\sin\theta_1 = \frac{n_0}{n_1}, \quad \sin\theta_2 = \frac{n_0}{n_2}, \quad \sin\theta_3 = \frac{n_0}{n_3}$$

右侧透光区域为圆形，半径为

$$R = d_1 \tan\theta_1 + d_2 \tan\theta_2 + d_3 \tan\theta_3$$

则透光面积为

$$S = \pi R^2 = \pi n_0^2 \left(\frac{d_1}{\sqrt{n_1^2 - n_0^2}} + \frac{d_2}{\sqrt{n_2^2 - n_0^2}} + \frac{d_3}{\sqrt{n_3^2 - n_0^2}} \right)^2$$

点拨 本题看似烦琐，实际上只考查了多层介质的折射、全反射两个知识点，难度不大。这体现了强基试题（竞赛题）与高考题的区别，高考题过程相对简单，有些貌似复杂的强基试题其实可以拆分成若干个高考难度的小题。

习题实战演练

基础练习

1. 关于日食和月食,下列说法中正确的是 ( )

A. 在月球的本影区里可看到日全食

B. 在月球的半影区里可看到日偏食

C. 在月球进入地球的半影区时,可看到月偏食

D. 在月球完全进入地球的本影区时,可看到月全食

2. (2014年北京理综卷)以往多数材料的折射率都为正值($n>0$)。现已有针对某些电磁波设计制作的人工材料,其折射率可以为负值($n<0$),称为负折射率材料。位于空气中的这类材料,入射角 i 与折射角 r 依然满足$\dfrac{\sin i}{\sin r}=n$,但是折射线与入射线位于法线的同一侧(此时折射角取负值)。现空气中有一上下表面平行的负折射率材料,一束电磁波从其上表面射入,下表面射出。若该材料对于电磁波的折射率 $n=-1$,则正确反映电磁波穿过该材料的传播路径的示意图是 ( )

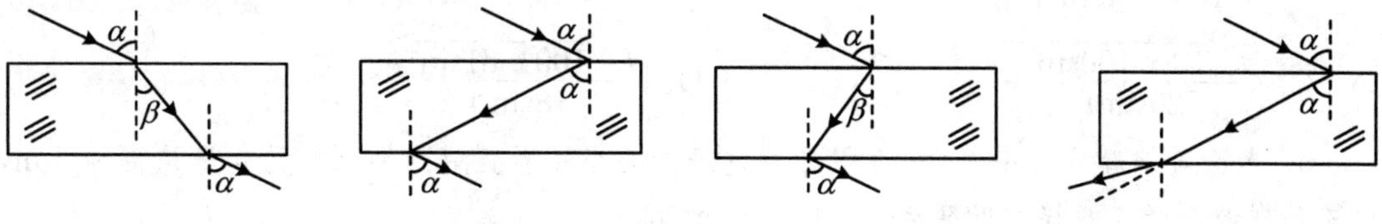

A　　B　　C　　D

3. 如图4.1.18所示,一个三棱镜的截面为等腰直角△ABC,∠A 为直角。此截面所在平面内的光线沿平行于 BC 边的方向射到 AB 边,进入棱镜后直接射到 AC 边上,并刚好能发生全反射。该棱镜材料的折射率为 ( )

A. $\dfrac{\sqrt{6}}{2}$　　B. $\sqrt{2}$　　C. $\dfrac{3}{2}$　　D. $\sqrt{3}$

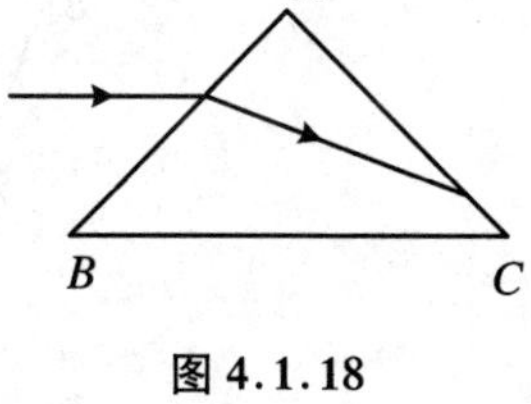

图 4.1.18

4. 如图4.1.19所示,空气中有一折射率为$\sqrt{2}$的玻璃柱体,其横截面是圆心角为90°、半径为 R 的扇形 OAB。一束平行光平行于横截面,以45°入射角射到 OA 上,OB 不透光。若

只考虑首次入射到圆弧 AB 上的光，则 AB 上有光透出部分的弧长为 （　　）

A. $\frac{1}{6}\pi R$　　B. $\frac{1}{4}\pi R$　　C. $\frac{1}{3}\pi R$　　D. $\frac{5}{12}\pi R$

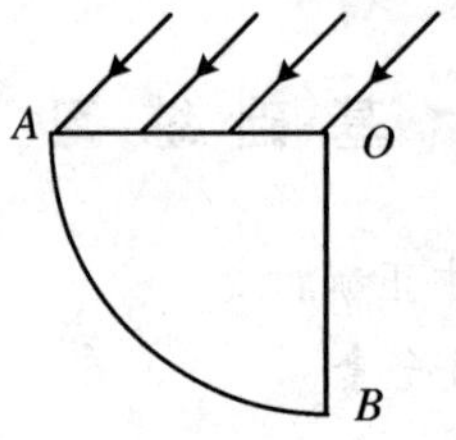

图 4.1.19

5. "B 超"可用于探测人体内脏的病变状况。图 4.1.20 是超声波从肝脏表面入射，经折射与反射，最后从肝脏表面射出的示意图。超声波在进入肝脏发生折射时遵循的规律与光的折射规律类似，可表述为 $\frac{\sin\theta_1}{\sin\theta_2}=\frac{v_1}{v_2}$（式中，$\theta_1$ 是入射角；θ_2 是折射角；v_1 和 v_2 分别是超声波在肝外和肝内的传播速度），超声波在肿瘤表面发生反射时遵循的规律与光的反射规律相同。已知 $v_2=0.9v_1$，入射点与出射点之间的距离是 d，入射角为 i，肿瘤的反射面恰好与肝脏表面平行，则肿瘤离肝脏表面的深度 h 为 （　　）

A. $\frac{9d\sin i}{\sqrt{100-81\sin^2 i}}$　　B. $\frac{d\sqrt{81-100\sin^2 i}}{100\sin i}$

C. $\frac{d\sqrt{81-100\sin^2 i}}{20\sin i}$　　D. $\frac{d\sqrt{100-81\sin^2 i}}{18\sin i}$

6. 赤道某地春分日中午，一束阳光穿过房顶的小孔竖直射到地面。已知房顶离地 4 m，则该时刻地面光点的移动速度为__________m/h。

7. 图 4.1.21 为单反照相机取景器的示意图，$ABCDE$ 为五棱镜的一个截面，$AB\perp BC$。光线垂直于 AB 射入，分别在 CD 和 EA 上发生反射，且两次反射的入射角相等，最后光线垂直于 BC 射出。若两次反射都为全反射，则该五棱镜折射率的最小值是多少？（计算结果可用三角函数表示。）

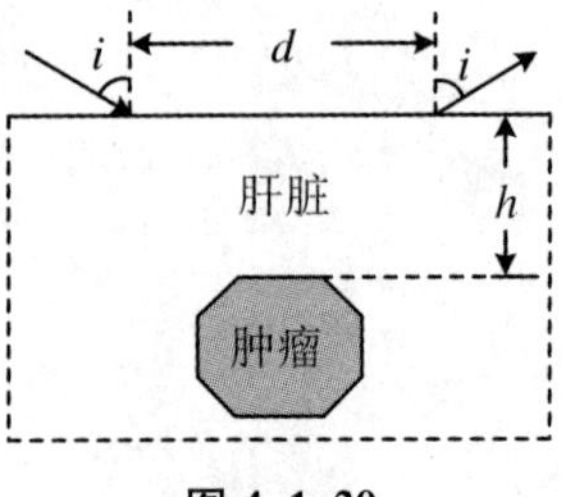

图 4.1.20

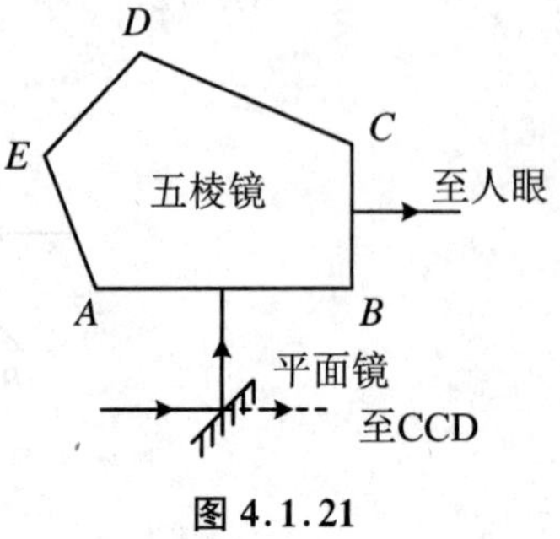

图 4.1.21

提高练习

8. (2013年"北约"卷)人在平面镜前看到站在自己身边的朋友在镜中的像时,虽然上下不颠倒,左右却互换了。今将两块相互平行的平面反射镜如图4.1.22所示放置,观察者A在图示右侧位置可看到站在图示左侧位置的朋友B,则A看到的像必定是　　(　　)

A. 上下不颠倒,左右不互换　　B. 上下不颠倒,左右互换

C. 上下颠倒,左右不互换　　D. 上下颠倒,左右互换

9. (2012年"华约"卷)用折射率为$\frac{2}{\sqrt{3}}$的透明材料制成圆柱形棒,圆柱的直径为4 cm,长为40 cm。一束光线射向圆柱棒一个底面的中心,如图4.1.23所示,折射入圆柱棒再由棒的另一底面射出。该光线可能经历的全反射次数最多为　　(　　)

A. 5　　B. 6　　C. 7　　D. 8

10. 如图4.1.24所示,O点是小球平抛运动抛出点;在O点有一个频闪点光源,闪光频率为30 Hz;在抛出点的正前方,竖直放置一块毛玻璃,小球初速度与毛玻璃平面垂直。在小球抛出时点光源开始闪光,当点光源闪光时,在毛玻璃上有小球的一个投影点。已知图中O点与毛玻璃水平距离为$L=1.20$ m,测得第一、二个投影点之间的距离为0.05 m,取重力加速度$g=10$ m/s^2,下列说法正确的是　　(　　)

A. 小球平抛运动的初速度为4 m/s

B. 小球平抛运动的过程中,在相等时间内的动量变化不相等

C. 小球投影点的速度在相等时间内的变化量越来越大

D. 小球第二、三个投影点之间的距离为0.15 m

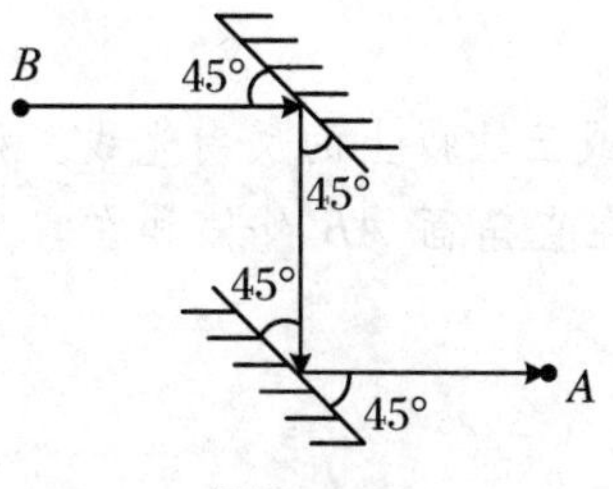

图4.1.22

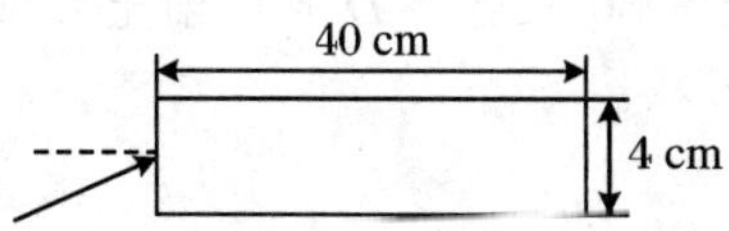

图4.1.23

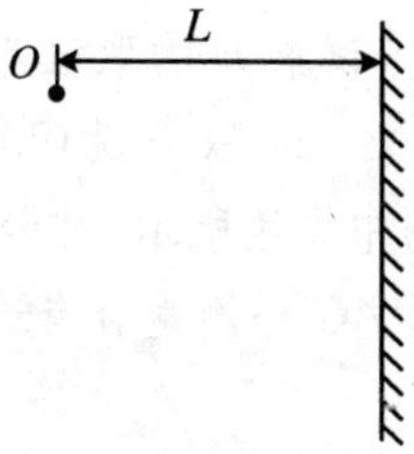

图4.1.24

11. (2012年"北约"卷)如图4.1.25所示,两平面反射镜A和B斜交,交点为O,两镜夹角为36°,两反射镜的反射面相对。在两反射面之间有一物点P,观察者位于两镜之间,观察者在A镜中最多可以看到______个P的像,在B镜中最多可以看到______个P的像。

12. 如图4.1.26所示,平面镜MN的镜面原来与屏P平行,两者相距d。入射细光束SAO通过屏上小孔A垂直射到镜面中心O点,MN绕垂直于SO的O轴以角速度ω匀速转过30°角的瞬时,反射光束在屏上形成的光斑在P上移动的瞬时速度为多少?

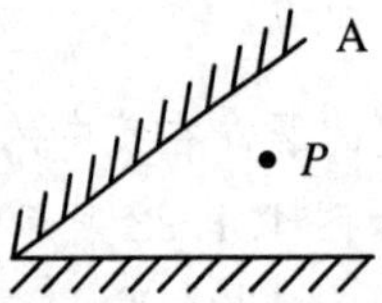

图 4.1.25

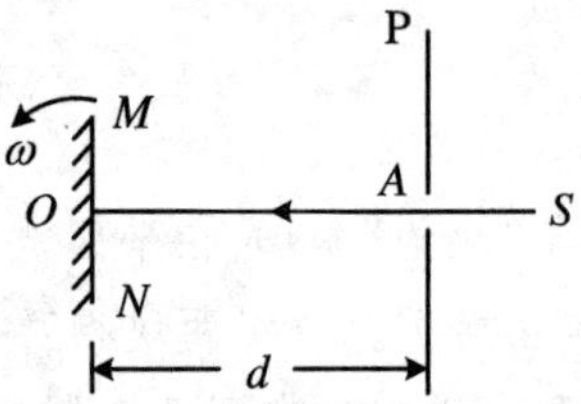

图 4.1.26

13. 内表面只反射而不吸收光的圆筒内有一半径为 R 的黑球，距球心 $2R$ 处有一点光源 S，球心 O 和光源 S 皆在圆筒轴线上，如图 4.1.27 所示。若使点光源向右半边发出的光最后全被黑球吸收，则筒的内半径 r 最大为多少？

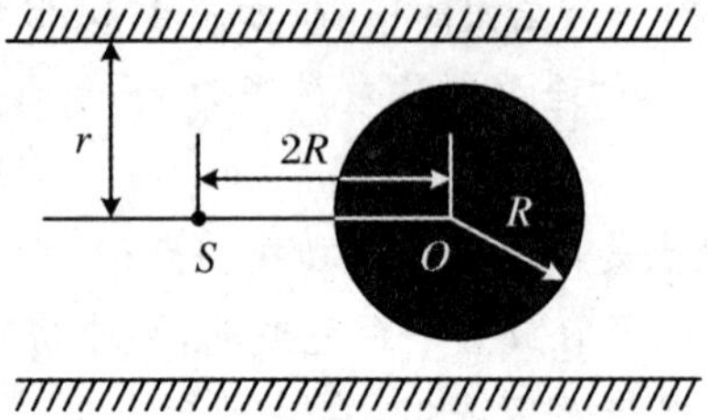

图 4.1.27

14. 有一半导体砷化镓发光管，它发出波长为 $0.9\,\mu\text{m}$ 的红外光，发光区为直径 AB 等于 3 mm 的圆盘，发光面上覆盖一折射率为 $n=3.4$ 的半球形介质，如图 4.1.28 所示。问：要使发光区发出的全部光线在球面上都不发生全反射，介质半球的半径 R 至少为多大？

15. (2011 年北大自招)如图 4.1.29 所示，置于空气中的等腰直角三棱镜 ABC 的斜面长 $4l$，其中 BD 段长 l，棱镜材料折射率为 n。

(1) 如图 4.1.29 中实线所示，从 D 点正入射的细光束在直角面 AB、AC 外侧均无透射光，试求 n 的取值范围。

(2) 取 n 为(1)问所得最小值，略去入射光在镜内经过三次或三次以上的反射光线。如图中虚线所示，对于从斜上方 30°入射到 D 点的细光束，试问：在直角面 AB 外侧和在直角面 AC 外侧是否有透射光？

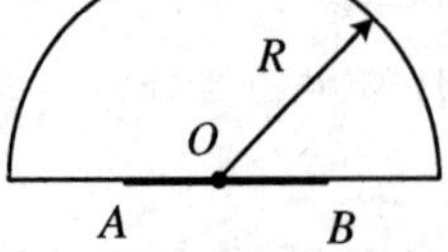

图 4.1.28

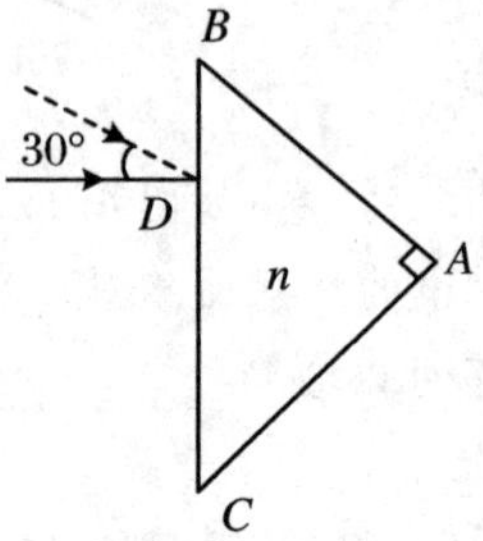

图 4.1.29

参考答案

1. ABD。

2. B。

3. A。

4. B。

5. D。

6. $\frac{\pi}{3}$。

提示 角速度 $\omega=\frac{2\pi}{T}, T=24\ \text{h}$。

7. $\frac{1}{\sin 22.5^\circ}$。

提示 光线在棱镜中的光路图如图4.1.30所示，根据反射定律与几何关系有

$$4\alpha = 90^\circ$$

得入射角 $\alpha=22.5^\circ$。由全反射规律 $\sin C=\frac{1}{n}$ 有

$$\sin 22.5^\circ \geqslant \frac{1}{n}$$

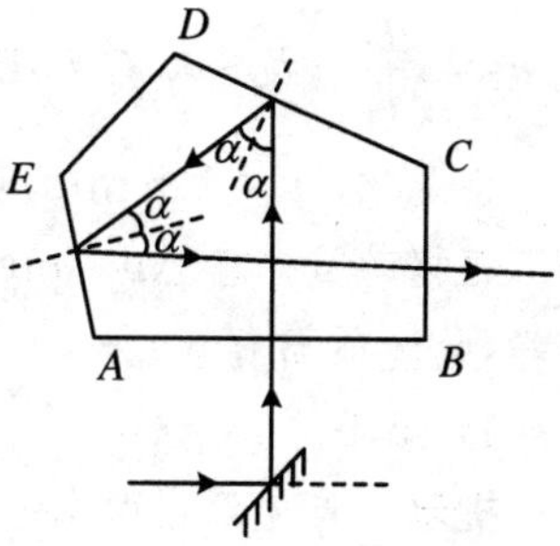

图 4.1.30

得 $n\geqslant\frac{1}{\sin 22.5^\circ}$，即折射率最小值为 $\frac{1}{\sin 22.5^\circ}$。

8. A。

提示 根据平面镜成像规律，A 看到的像必定是上下不颠倒，左右不互换，选项 A 正确。

9. B。

提示 由 $\sin C=\frac{1}{n}=\frac{\sqrt{3}}{2}$ 可得临界角 $C=60^\circ$。在侧面上恰好发生全反射时，光线经历的全反射次数最多。第一次全反射时，光线沿中心线通过的距离为

$$x_0 = \frac{d}{2}\tan 60^\circ = 2\sqrt{3}\ \text{cm}$$

之后每次全反射时，光线沿中心线通过的距离为

$$x = 2\times\frac{d}{2}\tan 60^\circ = 4\sqrt{3}\ \text{cm}$$

则

$$\frac{L-x_0}{x} = \frac{40-2\sqrt{3}}{4\sqrt{3}} = 5.3$$

即光线最多经历6次全反射。

10. A。

提示 如图 4.1.31 所示，以 O 点为坐标原点建立直角坐标系，水平向右为 x 轴正方向，竖直向下为 y 轴正方向。

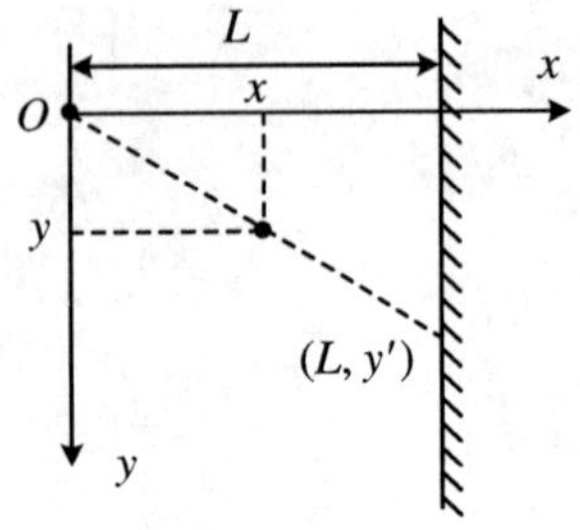

图 4.1.31

小球抛出后做平抛运动，则任意时刻 t 的坐标为

$$\begin{cases} x = v_0 t \\ y = \dfrac{1}{2}gt^2 \end{cases}$$

影子在墙上的坐标为(L, y')，根据相似三角形的知识得

$$\frac{x}{L} = \frac{y}{y'}, \quad 即 \quad \frac{v_0 t}{L} = \frac{\frac{1}{2}gt^2}{y'}$$

整理，得 $y' = \dfrac{gL}{2v_0}t = v_y t$，即影子沿墙匀速向下运动，其速度大小 $v_y = \dfrac{gL}{2v_0}$。故选项 C 和 D 错误。

由题意，$v_y = 1.5\ \mathrm{m/s}$，可得 $v_0 = 4\ \mathrm{m/s}$，故选项 A 正确。

根据动量定理 $\Delta \boldsymbol{p} = m\boldsymbol{g}t$ 不难发现，小球平抛运动的过程中，在相等时间内的动量变化相等，故选项 B 错误。

11. 5,5。

提示 点光源在两个平面镜中共可以成像 9 个，因此人在 A 镜中和在 B 镜中最多都只能看到 5 个像。

12. $8\omega d$。

提示 如图 4.1.32 所示，$OB = 2AO = 2d$，注意当平面镜以角速度 ω 旋转时，反射光线是以 2ω 旋转的，所以 B 点的瞬时线速度为

$$v = 2\omega R = 2\omega \cdot 2d$$

线速度只是光斑移动速度的一个切向分速度，所以

$$v_{\mathrm{P}} = \frac{v}{\cos 60^\circ} = 8\omega d$$

13. $\dfrac{2\sqrt{3}}{3}R$。

提示 临界情况的光路如图 4.1.33 所示，自 S 作球的切线 SM，画出 S 经管壁反射形成的虚像 S'，并由 S' 画出球面的切线 $S'N$。若 r 的大小能使 $S'N$ 与 $S'M$ 重合，则 S 向右的光线恰好完全落在球上被吸收。此时 SM 与 MN 的交点到球心的距离 MO 就是所要求的筒的最小半径 r，则

$$r = \frac{R}{\cos\theta} = \frac{R}{\sqrt{1 - \sin^2\theta}}$$

由几何关系可知

$$\sin\theta = \frac{R}{2R} = 0.5$$

以上各式联立，得 $r=\dfrac{2\sqrt{3}}{3}R$。

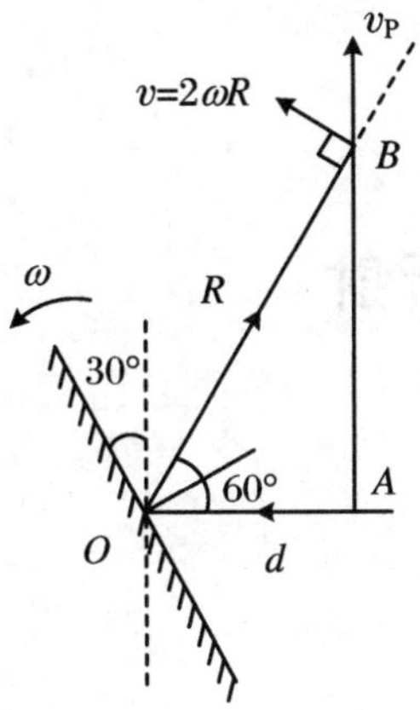

图 4.1.32

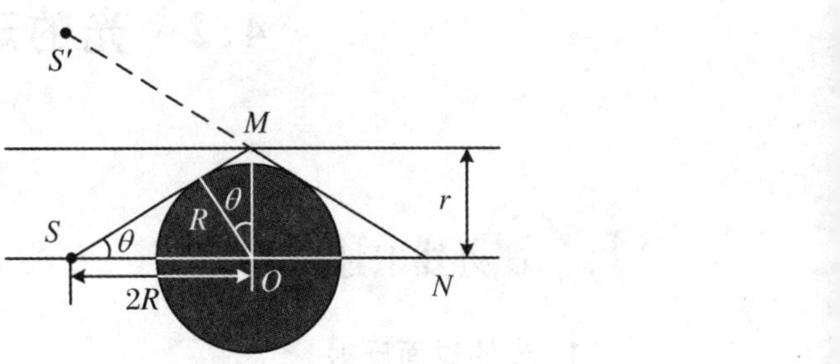

图 4.1.33

14. 5.1 mm。

提示 如图 4.1.34 所示，不发生全反射的条件为

$$\theta_B < C,\quad \sin C = \frac{1}{3.4}$$

根据正弦定理得

$$\frac{r}{\sin\theta_B} = \frac{R}{\sin\angle PBO}$$

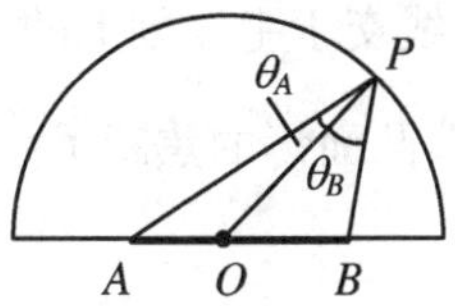

图 4.1.34

可得

$$\sin\theta_B = \frac{r}{R}\sin\angle PBO$$

当 $\angle PBO$ 为直角时，$\sin\theta_B=\dfrac{r}{R}$，此为最大值。

15. (1) $n\geqslant\sqrt{2}$；(2) AB 外侧无透射光，AC 外侧有透射光。

提示 (1) 光线入射到 AB 边恰好发生全反射，则 $\dfrac{\sin 45^\circ}{\sin 90^\circ}=\dfrac{1}{n}$，得 $n=\sqrt{2}$，此时 AC 边也全反射。故两直角边均无透射光的条件为 $n\geqslant\sqrt{2}$。

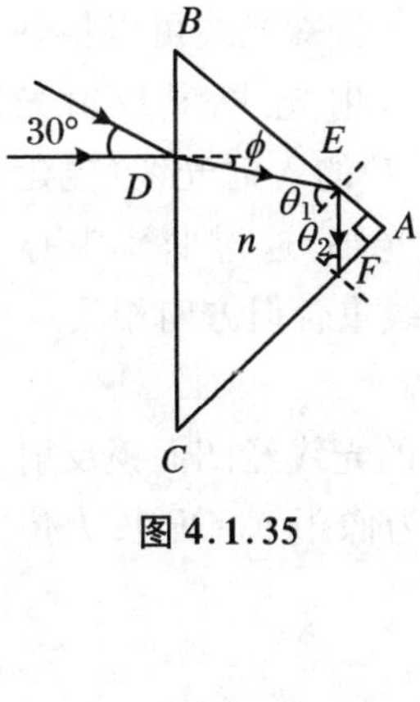

图 4.1.35

(2) 光路如图 4.1.35 所示，而镜内出射光线发生全反射的入射角为 45°。故 AB 外侧无透射光，直角边 AC 外侧有透射光。

根据折射定律有

$$\sin 30^\circ = n\sin\phi = \sqrt{2}\sin\phi$$

得 $\phi=\arcsin\dfrac{1}{2\sqrt{2}}$。

由几何关系得

$$\theta_1 = 45^\circ + \varphi > 45^\circ$$

表明 AB 外侧无透射光。

光线射至 AC 面上的 F 点，入射角

$$\theta_2 = 90^\circ - [180^\circ - 90^\circ - (90^\circ - \theta_1)] = 45^\circ - \phi < 45^\circ$$

故直角边 AC 外侧有透射光。

4.2 光的球面反射与折射

课外知识延伸

1. 光的球面反射

(1) 球面镜的焦距

反射面是球面的一部分的反射镜称为球面镜。球面镜对光线的反射遵守反射定律，法线是球面的半径。凹面镜对光线有会聚作用，凸面镜对光线有发散作用。

如图 4.2.1(a)所示，一束近轴平行光线经凹面镜反射将会聚于主光轴上的一点 F，该点称为凹面镜的焦点；如图 4.2.1(b)所示，一束近轴平行光线经凸面镜反射将发散，其反向延长线交于主光轴上的一点 F，这点称为凸面镜的虚焦点。对于近轴光线，凹面镜的焦距 $f=\dfrac{R}{2}$，凸面镜的焦距 $f=-\dfrac{R}{2}$。

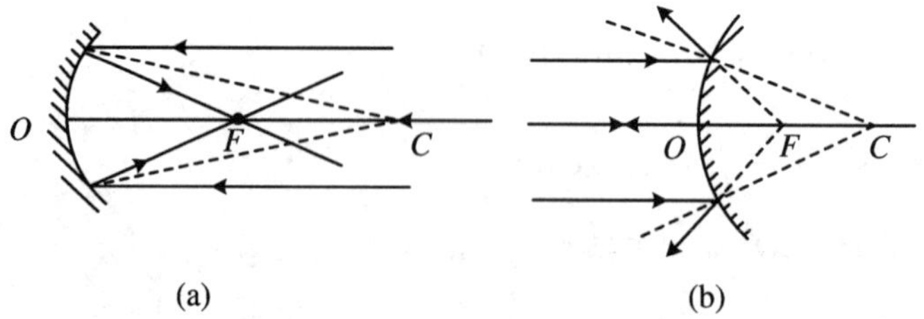

图 4.2.1

(2) 3 条特殊光线

在球面镜作图的过程中，我们常常用到 3 条特殊光线，利用这 3 条特殊光线可以精确地作出像的位置。平行于主光轴的入射光线，其反射光线(或反向延长线)过焦点 F；过焦点 F 的入射光线(或延长线过焦点)，其反射光线平行于主光轴；通过曲率中心 C 的入射光线，其反射光线与入射光线重合但方向相反。

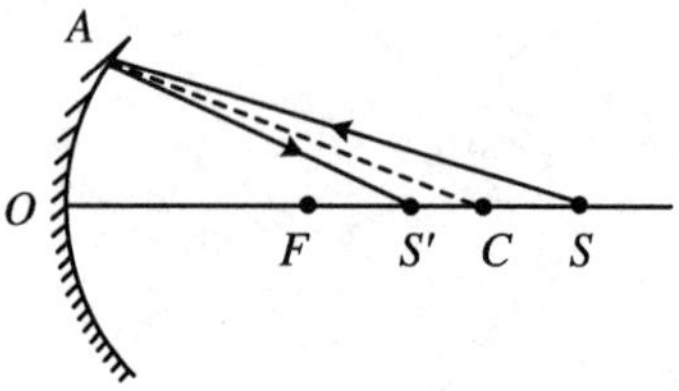

图 4.2.2

(3) 球面镜成像公式

如图 4.2.2 所示，物点 S 发出的光线经凹面镜反射通过像点 S'，OS 长为物距 u，OS' 长为像距 v，OF 长为焦距

f。下面我们利用光的反射定律来推导球面反射成像公式。

根据角平分线性质有

$$\frac{AS}{CS} = \frac{AS'}{CS'} \quad ①$$

对于近轴成像，有

$$AS = OS, \quad AS' = OS'$$

①式可改写为

$$\frac{OS}{OS'} = \frac{CS}{CS'} \quad ②$$

其中

$$CS = OS - OC = u - 2f, \quad CS' = OC - OS' = 2f - v$$

②式可写为

$$\frac{u}{v} = \frac{u - 2f}{2f - v}$$

整理，得

$$\frac{1}{u} + \frac{1}{v} = \frac{1}{f}$$

上式即为球面镜成像公式，也称高斯公式，适用于凹面镜成像和凸面镜成像。各物理量符号遵循"实正虚负"的原则：凹面镜的焦距 f 取正，凸面镜的焦距 f 取负；实物 u 取正，虚物 u 取负；实像 v 为正，虚像 v 为负。

(4) 横向放大率

物体与主光轴垂直时，像长与物长的比值称为像的横向放大率，用 m 表示，即

$$m = \left|\frac{v}{u}\right|$$

需要注意的是，当 $R\to\infty$ 时，$f\to 0$，$v = -u$，$m = 1$，此为平面镜成像的特点。

2. 光的球面折射

(1) 球面折射成像公式

如图 4.2.3 所示，物点 S 发出的近轴光线经球面折射通过像点 S'，球面半径为 R。下面我们利用光的折射定律来推导在近轴条件下球面折射成像公式。

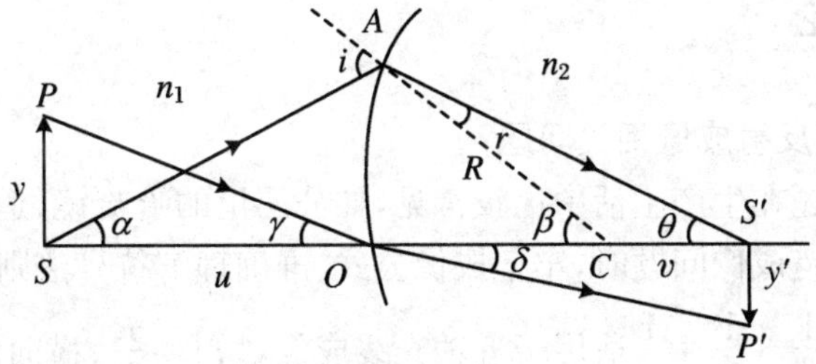

图 4.2.3

根据折射定律得

$$n_1\sin i = n_2\sin r$$

考虑近轴条件,有

$$n_1 \cdot i = n_2 \cdot r$$

根据几何关系有

$$i = \alpha + \beta,\quad r = \beta - \theta,\quad \alpha = \frac{AO}{SO} = \frac{AO}{u},\quad \beta = \frac{AO}{CO} = \frac{AO}{R},\quad \theta = \frac{AO}{S'O} = \frac{AO}{v}$$

进一步整理,得球面折射成像公式

$$\frac{n_1}{u} + \frac{n_2}{v} = \frac{n_2 - n_1}{R}$$

(2) 对公式的理解

适用条件:近轴光线成像;n_1 为物方折射率,n_2 为像方折射率。

符号法则:u、v 遵守“实正虚负”法则;球面的凸面朝向入射光时 R 为正,凹面朝向入射光时 R 为负。

令 $v\to\infty$,此时的物距称为物方焦距 f_1;令 $u\to\infty$,此时的像距称为像方焦距 f_2。即

$$f_1 = \frac{n_1}{n_2 - n_1}R,\quad f_2 = \frac{n_2}{n_2 - n_1}R$$

球面折射成像公式可改写为

$$\frac{f_1}{u} + \frac{f_2}{v} = 1$$

当 $R\to\infty$ 时,$\frac{n_1}{u} + \frac{n_2}{v} = 0$,此为平面折射成像公式。

(3) 横向放大率

我们仍然可以定义横向放大率为

$$m = \left|\frac{y'}{y}\right|$$

如图 4.2.3 所示,根据 $n_1\gamma = n_2\delta$,放大率

$$m = \left|\frac{\delta \cdot v}{\gamma \cdot u}\right| = \left|\frac{n_1 v}{n_2 u}\right|$$

核心问题讨论

1. 怎样研究球面反射成像相关问题?

球面反射成像问题在生产生活中比较常见,如公园里的哈哈镜、道路转弯处的反射镜都是球面镜。解决球面镜成像问题时,牢记成像公式、准确理解符号法则是关键。

球面镜成像公式 $\frac{1}{u} + \frac{1}{v} = \frac{1}{f}$ 适用于近轴光线成像,$|f| = \frac{R}{2}$;横向放大率 $m = \left|\frac{v}{u}\right|$。

公式中各物理量遵循“实正虚负”的符号法则:凹面镜的焦距 f 取正,凸面镜的焦距 f 取负;实物 u 取正,虚物 u 取负;实像 v 为正,虚像 v 为负。

例题1　一凹面镜所成的实像，像高为物高的$\frac{1}{3}$，已知物、像间距为1 m，且满足近轴条件，求凹面镜的曲率半径。

分析　本题可以直接用成像公式解决，但由于物的虚实不明确，可能是实物成实像，也可能是虚物成实像，需要分类讨论方可求解。

解　第一种情况是实物成实像：物、像都在镜面的凹侧，则有

$$u - v = 1\ \text{m},\quad u = 3v$$

得 $u=1.5\ \text{m}$，$v=0.5\ \text{m}$。

由成像公式$\frac{1}{u}+\frac{1}{v}=\frac{1}{f}$得焦距$f=0.375\ \text{m}$。

所以凹面镜的曲率半径为 $R=0.75\ \text{m}$。

第二种情况是虚物成实像，则有

$$|u| + v = 1\ \text{m},\quad u = -3v$$

得 $u=-0.75\ \text{m}$，$v=0.25\ \text{m}$。

由成像公式$\frac{1}{u}+\frac{1}{v}=\frac{1}{f}$得焦距$f=0.375\ \text{m}$。

所以凹面镜的曲率半径 $R=0.75\ \text{m}$。

点拨　为了对球面镜成像规律有全面的认识，建议同学梳理不同物距时的成像情况。凹面镜成像情况如表4.2.1所示。

表4.2.1

物的性质	物距	像　距	像的大小	像的正倒	像的虚实
实物	∞	f（物、像同侧）	缩小	倒立	实像
	$\infty\sim 2f$	$f\sim 2f$（物、像同侧）	缩小	倒立	实像
	$2f$	$2f$（物、像同侧）	等大	倒立	实像
	$2f\sim f$	$2f\sim\infty$（物、像同侧）	放大	倒立	实像
	f	∞	放大		
	$f\sim 0$	$-\infty\sim 0$（物、像异侧）	放大	正立	虚像
虚物	$0\sim-\infty$	$0\sim f$（物、像异侧）	缩小	正立	实像

例题2　如图4.2.4所示，半径均为R的凸面镜和凹面镜主轴相互重合放置，两镜顶点O_1、O_2相距$2.6R$。现在主轴上与凹面镜顶点O_1相距$0.6R$处放一点光源S。设点光源的光只能直接射到凹面镜上，问：S经凹面镜和凸面镜各反射一次所成的像在何处？

分析　点光源S发出的光线先经过凹面镜反射成像于点S_1；凹面镜反射的光线在凸面镜表面发生二次反射，像点S_1看作第二次成像的物。

解　物点S在凹面镜中反射成像，物距$u_1=0.6R$，焦距$f_1=\frac{R}{2}$，代入公式

$$\frac{1}{u_1}+\frac{1}{v_1}=\frac{1}{f_1}$$

解得 $v_1=3R$。

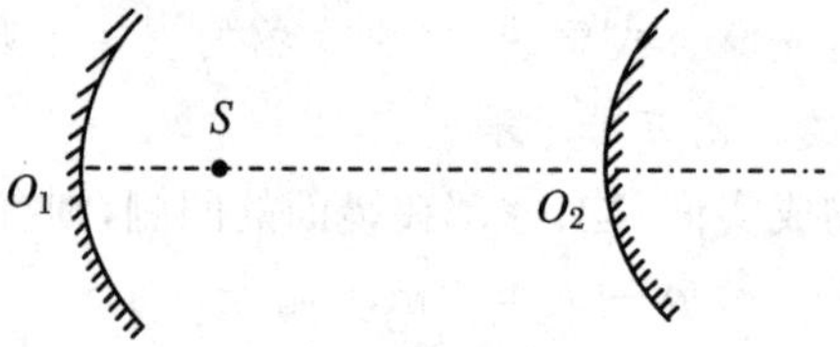

图 4.2.4

据题意，凹面镜反射的光线尚未成像便被凸面镜反射，可将像 S_1 作为凸面镜的虚物来处理，如图 4.2.5 所示，则

$$\frac{1}{u_2}+\frac{1}{v_2}=\frac{1}{f_2}$$

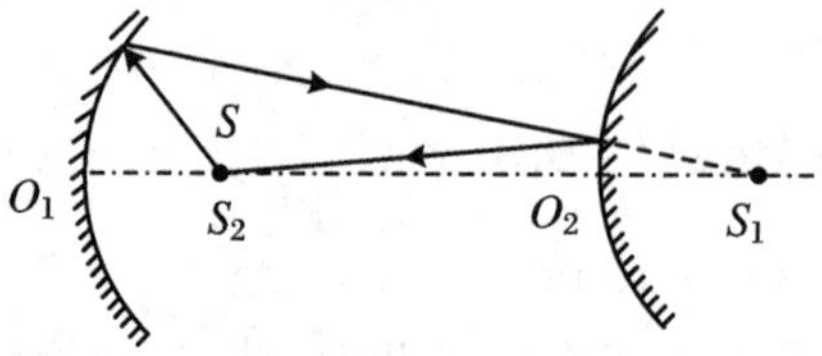

图 4.2.5

其中 $u_2=-0.4R$，$f_2=-\dfrac{R}{2}$，解得 $v_2=2R$。

所以经凸面镜第二次反射所成的像 S_2 和 S 在同一位置上。

点拨　分析球面镜多次成像问题时，只要多次运用球面镜成像公式即可。但有时前一个球面镜反射的光线尚未成像便又遇上了后一个球面镜，此时就要引进虚物的概念。本题中第一次反射成像属于“实物成实像”，第二次反射成像属于“虚物成实像”。

2. 怎样分析球面折射成像相关问题?

分析解决近轴光线下球面折射成像问题时，首先要辨别物和像，结合实际情境确定物距、像距，利用折射成像公式解决问题。具体计算时要把握符号法则，u、v 遵守“实正虚负”法则；球面的凸面朝向入射光时 R 为正，凹面朝向入射光时 R 为负。

除公式法之外，不管是平面折射还是曲面折射，本质上都是折射现象，所以也可以根据折射定律 $n_1\sin i=n_2\sin r$ 解决实际问题。考虑近轴条件，折射定律可近似为 $n_1\cdot i=n_2\cdot r$。

例题 3　(2019 年北大博雅)一束平行光垂直于平面射入到半球形透明玻璃透镜上，如图 4.2.6 所示，光线经过偏转后交会到光轴 l 上。已知 O 为透镜的球心，透镜球面半径 $R=5\ \text{cm}$，折射率 $n=1.5$。那么所有折射光线与光轴 l 的交会点中，与 O 的最大距离为__________，与 O 的最小距离为__________。

分析　光线垂直于平面入射，不会发生折射现象，但是当光到达曲面时会发生以半径为法线的折射现象。入射角不同，折射光线与光轴 l 的交会点不同，与 O 点的距离也不同。根据折射定律可表示出该距离，该距离应该是入射角的函数，根据该函数即可求出最大距离和最小距离。在此过程中，需要注意发生全反射的情况，发生全反射将没有光线射出。

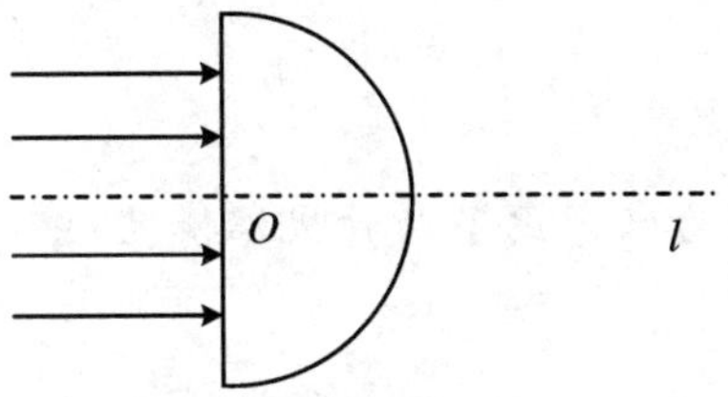

图 4.2.6

解 如图 4.2.7 所示，设交会点到 O 点的距离为 x，根据正弦定理得

$$\frac{x}{\sin r} = \frac{R}{\sin(r-i)}$$

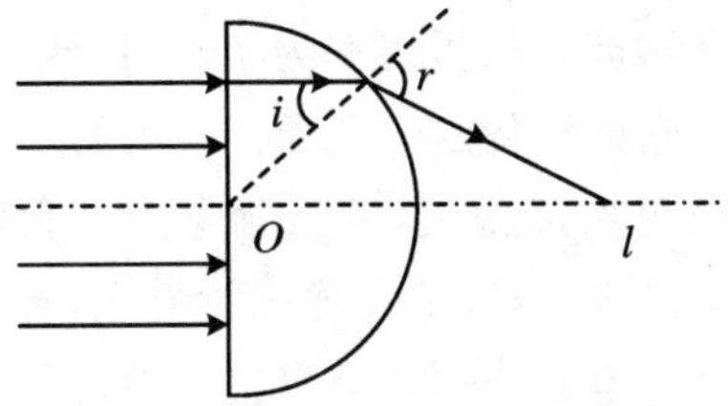

图 4.2.7

解得

$$x = \frac{R\sin r}{\sin(r-i)} = \frac{R\sin r}{\sin r\cos i - \cos r\sin i}$$

应用折射定律 $\sin r = n\sin i$，上式可化简成

$$x = \frac{Rn\sin i}{n\sin i\cos i - \sqrt{1-(n\sin i)^2}\sin i}$$

进一步整理成

$$x = \frac{R}{\cos i - \sqrt{\frac{1}{n^2} - \sin^2 i}} = \frac{\cos i + \sqrt{\frac{1}{n^2} - \sin^2 i}}{1 - \frac{1}{n^2}}R$$

可见 x 是角度 i 的单调递减函数。当 $i=0$ 时，$x_{max} = 3R$；当 $i = \arcsin\frac{2}{3}$（全反射）时，$x_{min} = \frac{3\sqrt{5}}{5}R$。

点拨 本题也可以采用近轴成像公式来快速猜出结果，即

$$\frac{1.5}{\infty} + \frac{1}{v} = \frac{1.5-1}{R}$$

解得 $v = 2R$。

所以 $x_{max}=3R$。

考虑刚要发生全反射时角度 i 满足

$$\sin i=\frac{2}{3}=\frac{\sqrt{x^2-R^2}}{x}$$

解得 $x_{min}=\frac{3\sqrt{5}}{5}R$。

之所以是猜出结果，是因为只考虑了两种极端情况，中间是否是单调变化，并不能说清楚。

例题 4 （2004 年第 21 届全国中学生物理竞赛预赛）有一种高脚酒杯，如图 4.2.8 所示。杯内底面为一凸起的球面，球心在顶点 O 下方玻璃中的 C 点，球面的半径为 $R=1.50\ \text{cm}$，O 到杯口平面的距离为 8.0 cm。在杯脚底中心处 P 点紧贴一张画片，P 点距 O 点 6.3 cm。这种酒杯未斟酒时，若在杯口处向杯底方向观看，看不出画片上的景物，但如果斟了酒，再在杯口处向杯底方向观看，将看到画片上的景物。已知玻璃的折射率为 $n_1=1.56$，酒的折射率为 $n_2=1.34$。试通过分析计算与论证解释这一现象。

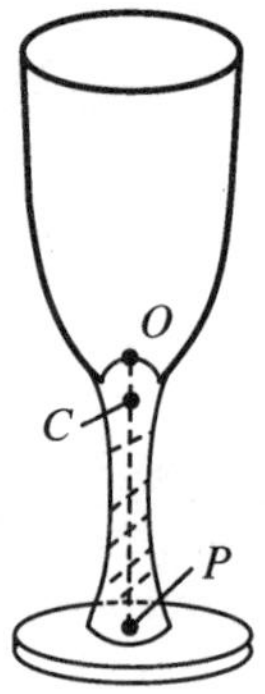

图 4.2.8

分析 本题为实际问题，可以抽象为球面折射模型。未斟酒时，像方折射率为 $n=1$；斟满酒后，改变了像方折射率，再在杯口处向杯底方向观看（眼贴近液面），能否看清画片的内容取决于像的位置。

解 方法一 利用公式法求解。

(1) 未斟酒时，由成像公式 $\frac{n_1}{u}+\frac{n_2}{v}=\frac{n_2-n_1}{R}$ 有

$$\frac{1.56}{6.3\ \text{cm}}+\frac{1}{v}=\frac{1-1.56}{-1.50\ \text{cm}}$$

得 $v=7.95\ \text{cm}$（实像）。

由此可见，像点在 O 点正上方 7.95 cm 处。已知 O 点到杯口平面的距离为 8.0 cm，当人眼在杯口处向杯底方向观看时，该实像离人眼太近，所以看不出画片上的景物。

(2) 斟酒后，由成像公式有

$$\frac{1.56}{6.3\ \text{cm}}+\frac{1.34}{v}=\frac{1.34-1.56}{-1.50\ \text{cm}}$$

得 $v=-13.3\ \text{cm}$（虚像）。

由此可见，像点在 O 点正下方 13.3 cm 处，距离人眼 21.3 cm（正常眼睛的明视距离附近）。人眼在杯口处向杯底方向观看时，可以看到画片上景物的虚像。

需要说明的是，虚像还会因酒液平表面的折射而向杯口处拉近一定距离，但仍然离杯口处足够远。

方法二 利用折射定律近似求解。

把酒杯放平，分析成像问题。

(1) 未斟酒时，杯底凸球面的两侧介质的折射率分别为 n_1 和 $n_0=1$，如图 4.2.9 所示，

P 为画片中心。

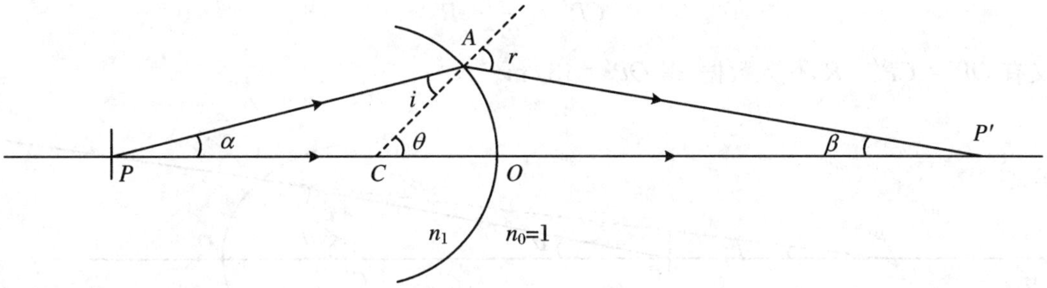

图 4.2.9

由 P 发出经过球心 C 的光线 PO 经过顶点方向不变地进入空气中；PA 与 PO 成 α 角。设 A 处入射角为 i，折射角为 r，半径 CA 与 PO 的夹角为 θ，由折射定律和几何关系可得

$$n_1 \sin i = n_0 \sin r, \quad \theta = i + \alpha$$

在$\triangle PAC$ 中，由正弦定理有

$$\frac{R}{\sin \alpha} = \frac{PC}{\sin i}$$

考虑近轴光线成像，α、i、r 都是小角度，则有

$$r = \frac{n_1}{n_0} i, \quad \alpha = \frac{R}{PC} i$$

以上各式联立，结合 $PC = PO - CO = 4.8\ \text{cm}$，可得 $\theta = 1.31i$，$r = 1.56i$，$r > \theta$。

如图 4.2.9 所示，折射线将与 PO 延长线相交于 P'，P'即为 P 点的实像。画片将成实像于 P'处。

在$\triangle CAP'$中，由正弦定理有

$$\frac{R}{\sin \beta} = \frac{CP'}{\sin r}$$

又有 $r = \theta + \beta$，考虑到近轴光线，可得

$$CP' = \frac{r}{r - \theta} R$$

又有 $OP' = CP' - R$，可得 $OP' = 7.9\ \text{cm}$。

由此可见，未斟酒时，画片上景物所成实像在杯口距 O 点 7.9 cm 处。已知 O 点到杯口平面的距离为 8.0 cm，当人眼在杯口处向杯底方向观看时，该实像离人眼太近，所以看不出画片上的景物。

(2) 斟酒后，杯底凸球面两侧介质分别为玻璃和酒，折射率分别为 n_1 和 n_2，如图 4.2.10 所示。

考虑到近轴光线，有 $r = \frac{n_1}{n_2} i$，代入 n_1 和 n_2 的值，可得

$$r = 1.16i, \quad r < \theta$$

折射光线将与 OP 延长线相交于 P'，P'即为 P 点的虚像。由几何知识可得

$$CP' = \frac{r}{\theta - r}R$$

又有 $OP' = CP' + R$，代入数据，得 $OP' = 13\ \text{cm}$。

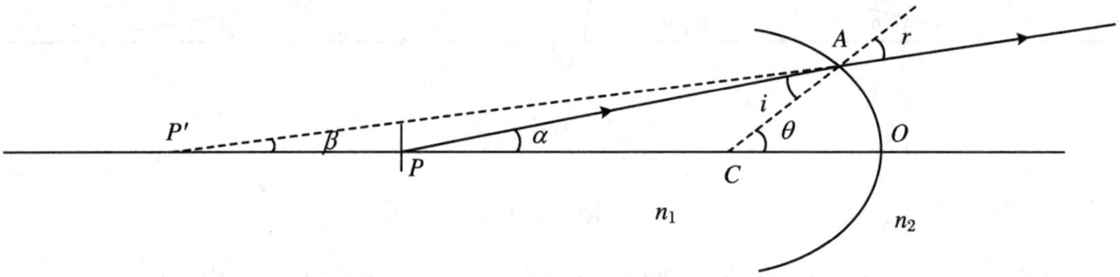

图 4.2.10

点拨　对比两种方法的难易程度，相信读者会优先选择方法一（公式法）解决问题。回顾近轴条件下球面折射成像公式的推导可以发现，公式 $\frac{n_1}{u}+\frac{n_2}{v}=\frac{n_2-n_1}{R}$ 本来就是结合折射定律通过近似计算推导出来的，我们在解决实际问题时不建议重新推导。

习题实战演练

基础练习

1. 如图 4.2.11 所示，由同种玻璃制成的厚度为 d 的立方体 A 和半径为 d 的半球体 B 分别放在报纸上。从正上方（对 B 来说是从最高点的正上方）竖直向下分别观察 A、B 中心处报纸上的字，下面观察记录描述正确的是　　（　　）

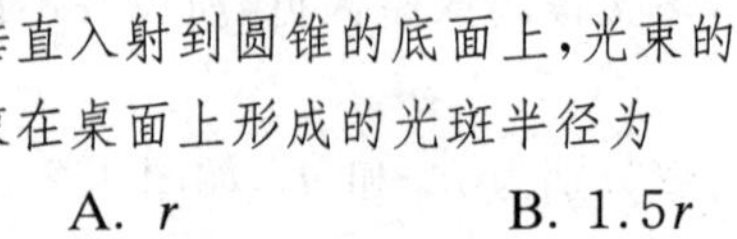

图 4.2.11

A. 从 A 中看到的字比从 B 中看到的字高一些

B. 从 B 中看到的字比从 A 中看到的字高一些

C. 从 A、B 中看到的字一样高

D. 从 B 中看到的字比没有放 B 时看到的字高一些

2. 在桌面上有一倒立的玻璃圆锥，其顶点恰好与桌面接触，圆锥的轴（图中虚线）与桌面垂直，过轴线的截面为等边三角形，如图 4.2.12 所示。有一半径为 r 的圆柱形平行光束垂直入射到圆锥的底面上，光束的中心轴与圆锥的轴重合。已知玻璃的折射率为 1.5，则光束在桌面上形成的光斑半径为　　（　　）

A. r　　B. $1.5r$　　C. $2r$　　D. $2.5r$

3. 如图 4.2.13 所示，一细束单色光从真空中斜射到一个由均匀介质做成的圆柱形光学元件表面上的 P 点，下列说法中正确的是　　（　　）

A. 该光线可能在 P 点发生全反射而不能进入该光学元件

B. 该光线进入该光学元件后有可能因连续发生全反射而不再射出

C. 该光线一定能进入该光学元件,而且在进入后第一次射到介质和真空的界面时就一定能射出该元件

D. 该光线一定能进入该光学元件,而且进入后可能先经过一次全反射,然后再发生一次折射从介质内射出

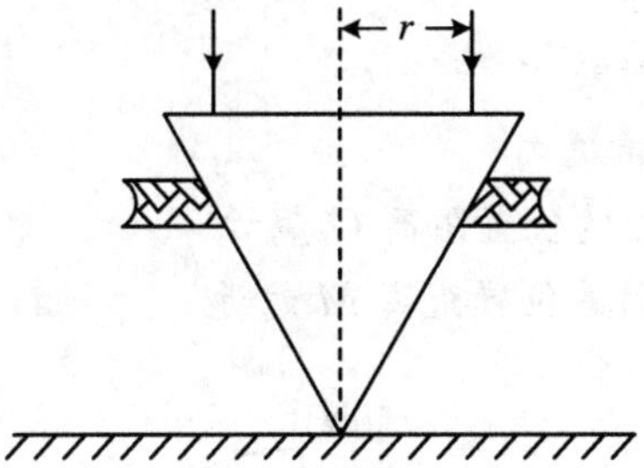

图 4.2.12

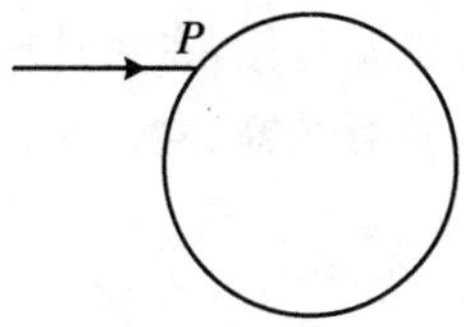

图 4.2.13

4. 虹和霓是太阳光在水珠内分别经过一次和两次反射后出射形成的,可用白光照射玻璃球来说明。两束平行白光照射到透明玻璃球后,在水平的白色桌面上会形成 MN 和 PQ 两条彩色光带,光路如图 4.2.14 所示。M、N、P、Q 点的颜色分别为 ( )

A. 紫、红、红、紫　　B. 红、紫、红、紫

C. 红、紫、紫、红　　D. 紫、红、紫、红

5. 如图 4.2.15 所示,空气中有一横截面为半圆环的均匀透明柱体,其内圆半径为 r,外圆半径为 R,$R=\sqrt{2}r$。现有一束单色光垂直于水平端面 A 射入透明柱体,只经过两次全反射就垂直于水平端面 B 射出。设透明柱体的折射率为 n,光在透明柱体内传播的时间为 t。若真空中的光速为 c,则 ( )

A. n 可能为 1.3　　B. n 可能为 2.3

C. t 可能为$\frac{4r}{c}$　　D. t 可能为$\frac{8r}{c}$

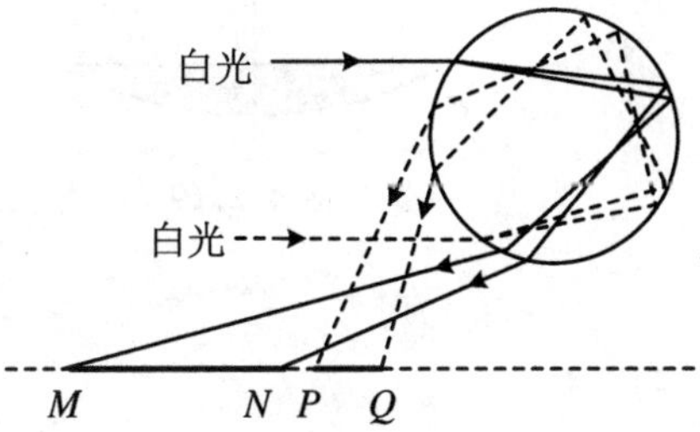

图 4.2.14

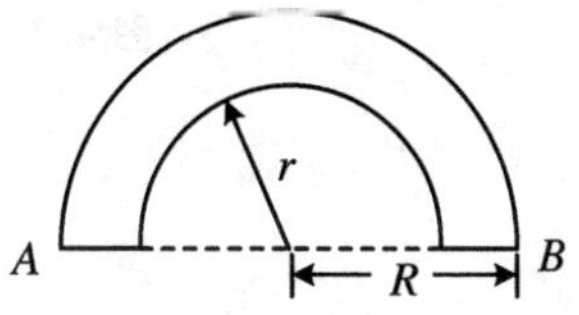

图 4.2.15

6. 如图 4.2.16 所示,将一物体 AB 从远处移向凹面镜到 $2f$ 处。在此过程中,下列情况哪些是正确的? ( )

① 像的大小总是不断增加;② 像的大小总是大于物;③ 像的大小总是小于物;④ 像总是正立的;⑤ 像总是倒立的。

A. 只有③正确　　　　　　　　B. 只有①②正确

C. 只有②④正确　　　　　　　　D. 只有③④正确

E. 只有①⑤正确

7. (2014 年卓越联盟卷)四分之一圆柱形玻璃砖截面如图 4.2.17 所示，OM、ON 为其半径。现将 OM 面置于水平桌面上，单色光束 a、b 分别从 MN 曲面和 ON 平面水平入射，只考虑 a、b 第一次到达 ON 和 MN 面的情况，则　　(　　)

A. a 的位置越低，在到达 ON 平面时入射角越大

B. b 的位置越高，在到达 MN 曲面时入射角越大

C. a 的位置越低，在穿过玻璃砖后到达桌面的位置距离 O 越近

D. b 的位置越高，在穿过玻璃砖后到达桌面的位置距离 M 越近

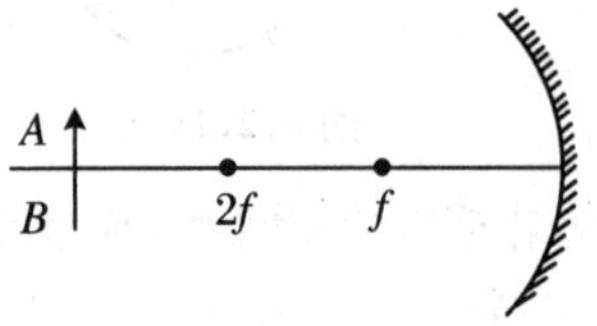

图 4.2.16

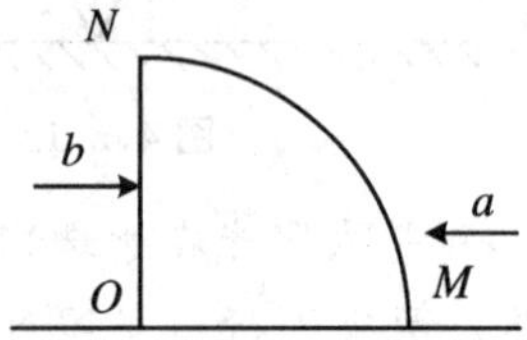

图 4.2.17

8. 如图 4.2.18 所示，半径为 2 cm 的玻璃球($n=1.5$)放置在空气中，球内 P 点有一个小气泡，$PO=1$ cm，眼沿着 PO 方向观察，求气泡的像的位置。

9. 如图 4.2.19 所示，在凹面镜中盛有一层清水，球心 C 到水面的距离 $CP=40.0$ cm，从主光轴上物点 Q 发出的近轴光线经折射和反射所成的像仍位于 Q 点。已知 $QP=30$ cm，求水的折射率。

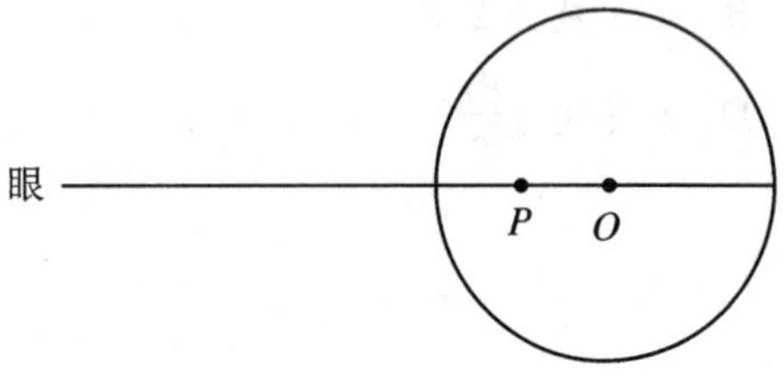

图 4.2.18

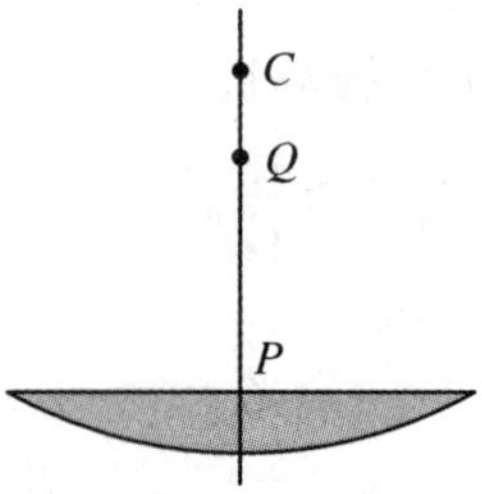

图 4.2.19

提高练习

10. 体温计的横截面如图 4.2.20 所示，已知细水银柱 A 与圆柱面顶点 O 的距离为 $2R$，R 为该圆柱面半径，C 为圆柱面中心轴位置。玻璃的折射率为 $n=\frac{3}{2}$，E 代表人眼，求图示横截面上人眼所见水银柱像的位置、虚实、正倒和放大倍数。

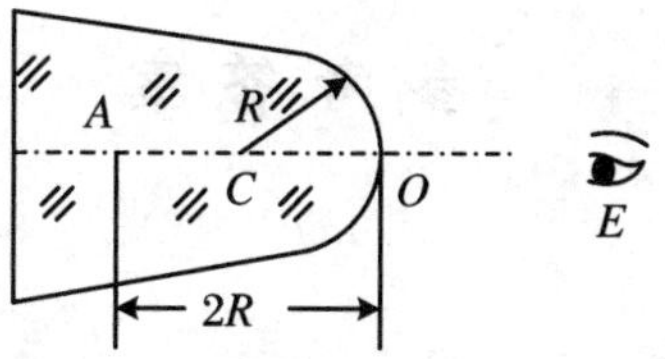

图 4.2.20

11.(2008 年第 25 届全国中学生物理竞赛预赛卷)如图 4.2.21 所示,一细长的圆柱形均匀玻璃棒,其一个端面是平面(垂直于轴线),另一个端面是球面,球心位于轴线上。现有一很细的光束沿平行于轴线的方向且很靠近轴线入射。当光从平端面射入棒内时,光线从另一端面射出后与轴线的交点到球面的距离为 a;当光线从球形端面射入棒内时,光线在棒内与轴线的交点到球面的距离为 b。试近似地求出玻璃的折射率 n。

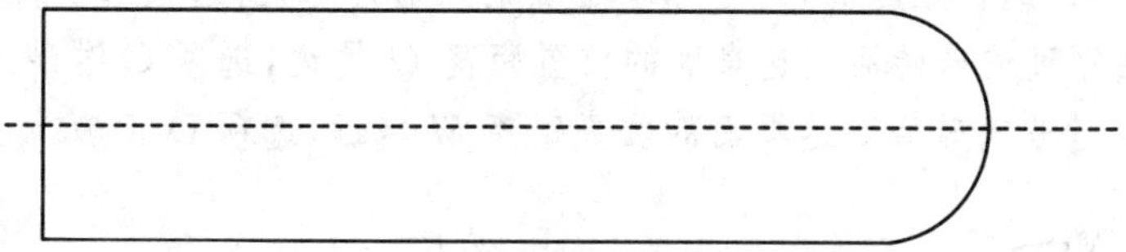

图 4.2.21

12.(2013 年南京大学强化班考试)一束光线入射到空心球面上,光线与一条半径的夹角为 θ,光路如图 4.2.22 所示。已知同心球的外、内半径分别为 $R_1=80\ \text{cm}$,$R_2=30\ \text{cm}$。

(1) 若大球外空间、两球夹层空间、小球内的折射率分别为 n_0、n_1、n_2,求证:$R_1 n_0 \sin\theta = R_2 n_2 \sin\alpha$。

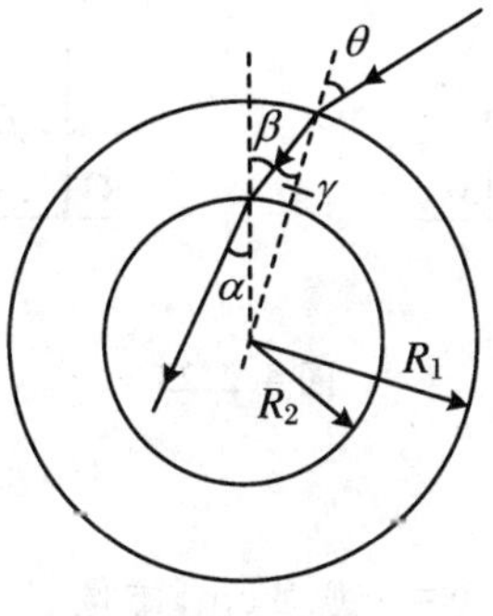

图 4.2.22

(2) 若从大球面到小球面空间的折射率是渐变的,$n(r)=\dfrac{rn_0}{R_1}(R_2<r<R_1)$,式中 r 为两球夹层空间中一点到球心的距离,$n(r)$ 为该点所在处介质的折射率,光线以 $\theta=30^\circ$ 的入射角入射,求折射到内球的光线到球心的最近距离。

参考答案

1. A。
2. C。
3. C。
4. A。
5. BD。
6. E。
7. BD。

提示 如图4.2.23(a)所示，a 的位置越低，到达 ON 平面的入射角越小，故选项A错误。如图(b)所示，b 的位置越高，到达 MN 曲面的入射角越大，选项B正确。如图(c)所示，a 的位置越低，在穿过玻璃砖后到达桌面的位置距离 O 越远，选项C错误；如图(d)所示，b 的位置越高，在穿过玻璃砖后到达桌面的位置距离 M 越近，选项D正确。

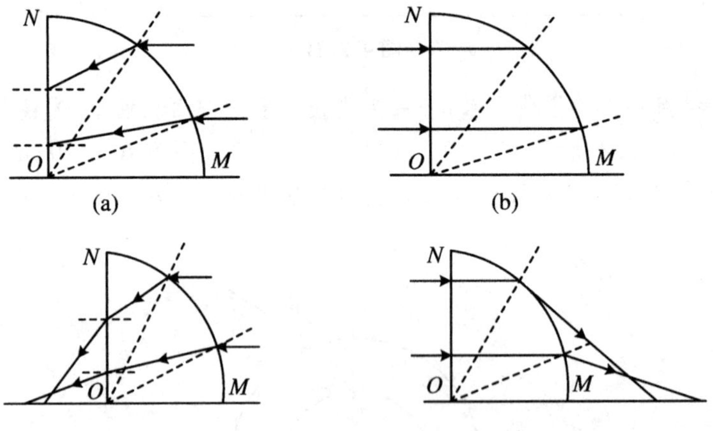

图 4.2.23

8. 距离球面0.8 cm。

提示 $\dfrac{1.5}{1\,\text{cm}}+\dfrac{1}{v}=\dfrac{1-1.5}{-2\,\text{cm}}$，得 $v=-0.8\,\text{cm}$，虚像。

9. $n=1.33$。

提示 如图4.2.24所示，要使像与物重合，水中的光线应重合，即从 Q 点发出的近轴光线经水面折射后反向延长线过球心 C 点，则

$$n=\frac{\sin\beta}{\sin\alpha}\approx\frac{\tan\beta}{\tan\alpha}=\frac{\dfrac{RP}{PQ}}{\dfrac{RP}{CP}}=\frac{4}{3}$$

10. 在 OA 延长线上距离 O 点 $4R$ 处成正立放大的虚像，放大倍数为3。

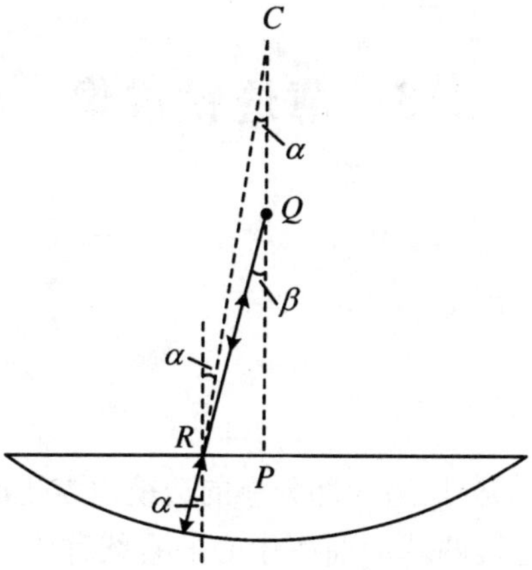

图 4.2.24

提示 从圆弧形表面看过去，此温度计相当于凸透镜，水银柱处于焦点以内，可以成正立放大的虚像，属于放大镜原理。

11. $n=b/a$。

提示 从平端面入射，$\frac{n}{\infty}+\frac{1}{a}=\frac{1-n}{-R}$；从球形端面入射，$\frac{1}{\infty}+\frac{n}{b}=\frac{n-1}{R}$。

12. (1) 证明见提示；(2) $40\sqrt{2}$ cm。

提示 (1) 利用折射定律得

$$n_0\sin\theta = n_1\sin\gamma,\quad n_1\sin\beta = n_2\sin\alpha$$

同时由正弦定理得

$$\frac{R_1}{\sin(180^\circ-\beta)} = \frac{R_2}{\sin\gamma}$$

化简得

$$R_1 n_0\sin\theta = R_2 n_2\sin\alpha$$

(2) 由(1)的结果可知，光线在球对称介质里传播，则有 $rn(r)\sin\varphi(r)=$ 常量，式中 r 为当前半径值，$n(r)$ 为该半径处对应的折射率，$\varphi(r)$ 是半径为 r 的球形界面上光的入射角，将 $n(r)=\frac{rn_0}{R_1}$ 代入上式，得

$$\frac{n_0}{R_1}r^2\sin\varphi = \text{常量}$$

上式中取 $\varphi=90^\circ$，所以

$$\frac{n_0}{R_1}R_1^2\sin 30^\circ = \frac{n_0}{R_1}R_{\min}^2$$

即

$$R_{\min} = R_1\sqrt{\sin 30^\circ} = \frac{\sqrt{2}}{2}R_1 = 40\sqrt{2}\text{ cm}$$

4.3　薄透镜成像

课外知识延伸

1. 薄凸透镜与薄凹透镜

如图 4.3.1 所示，凡中间部分比边缘部分厚的透镜称为凸透镜，凡中间部分比边缘部分薄的透镜称为凹透镜。连接透镜两球面曲率中心的直线称为透镜的主轴，包含主轴的任意平面称为主截面。物点在主轴上时，由于对称性，任意主截面内的光线分布都相同，故通常只研究其中一个主截面的情况即可。当透镜都制成圆片形，并以主轴为对称轴时，圆片的直径称为透镜的孔径。

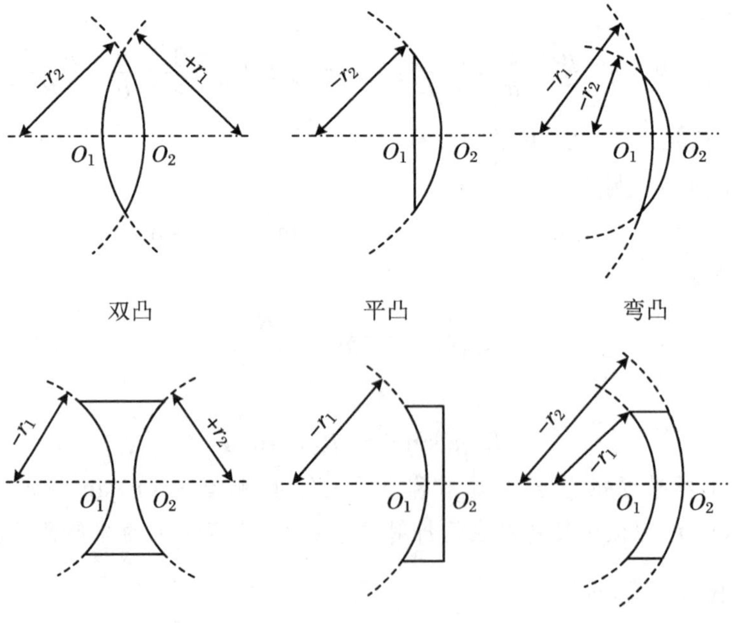

图 4.3.1

透镜的厚度(穿过光轴的两个镜子表面的距离)与焦距的长度相比较可以忽略不计的透镜称为薄透镜(不能忽略的称为厚透镜)。薄透镜的主要参数有焦距、色差、球差、折射率、口径等，本书重点讨论透镜的焦距。

2. 近轴条件下的薄透镜成像公式

如图 4.3.2 所示，透镜前后两面均为球面，半径分别为 r_1 和 r_2，顶点分别为 O' 和 O''，透镜中心点(光心)为 O,透镜材料的折射率为 n_L,物方和像方的折射率分别为 n_1 和 n_2,默认只考虑近轴光线的折射成像。对于一般的情况,我们可以将透镜的成像过程视为两次单球面折射成像,第一次所成的像相当于第二次成像过程的物,即按照逐次成像的方法来处理,按此思路计算就可得到成像的有关性质。

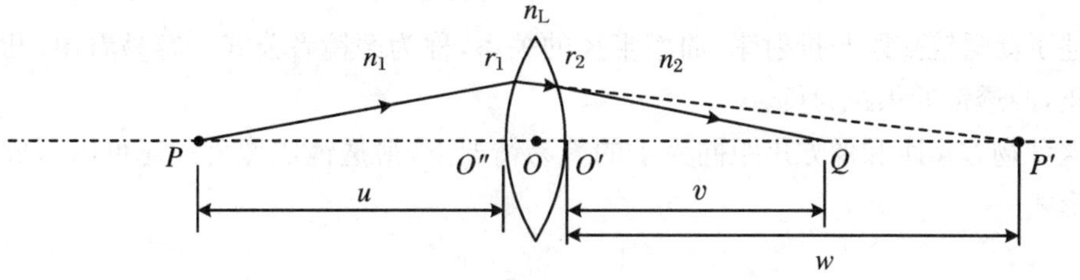

图 4.3.2

对于薄透镜,考虑物距与像距时可以简单认为 O、O' 和 O'' 三点重合,从而给成像计算带来便利。设第一次成像的像距为 w,则对第一次成像有

$$\frac{n_1}{u}+\frac{n_L}{w}=\frac{n_L-n_1}{r_1}$$

式中 w 以像在 O' 右侧为正,即第一次成的像在 O' 右侧 w 距离处。由于 O、O' 和 O'' 三点重合,故可认为第一次成的像在 O'' 右侧 w 距离处的 P'。P' 在第二次成像过程中充当虚物,其物距应为负,记为 $-w$,所以对第二次成像有

$$\frac{n_L}{-w}+\frac{n_2}{v}=\frac{n_2-n_L}{r_2}$$

两式联立消去 w,可得

$$\frac{n_1}{u}+\frac{n_2}{v}=\frac{n_L-n_1}{r_1}+\frac{n_2-n_L}{r_2}$$

上式就是一般情况下的薄透镜成像公式,其中的 r_1 和 r_2 均以凸为正、凹为负。

3. 高斯公式和牛顿公式

当平行光由物方入射时,相当于 $u\to\infty$,根据薄透镜成像公式可得

$$v=f'=\frac{n_2}{\dfrac{n_L-n_1}{r_1}+\dfrac{n_2-n_L}{r_2}}$$

这个像点称为像方焦点,此时的像距称为像方焦距,记为 f'。

当像方以平行光出射时,相当于 $v\to\infty$,根据薄透镜成像公式可得

$$u=f=\frac{n_1}{\dfrac{n_L-n_1}{r_1}+\dfrac{n_2-n_L}{r_2}}$$

这个物点称为物方焦点,物距称为物方焦距,记为 f。

引入物方焦距 f 和像方焦距 f' 之后,薄透镜成像公式还可等价写为高斯公式

$$\frac{f}{u}+\frac{f'}{v}=1$$

若两侧都是空气，即 $n_1=n_2\approx1$，则物方焦距和像方焦距相等，由前述焦距公式可得

$$f=f'=\frac{1}{(n_L-1)\left(\frac{1}{r_1}-\frac{1}{r_2}\right)}$$

该式描述了薄透镜焦距与折射率、曲率半径的关系，称为磨镜者公式。容易看出，凸透镜的焦距为正，凹透镜的焦距为负。

在这种物方焦距和像方焦距同为 f 的简易情况下，薄透镜成像公式还可以写成更为人熟知的形式

$$\frac{1}{u}+\frac{1}{v}=\frac{1}{f}$$

前面的物距、像距都是从光心算起的。若把两焦点分别作为计算物距和像距的起点，物距记为 x，像距记为 x'，则可得到薄透镜成像公式的牛顿公式

$$x\cdot x'=f\cdot f'$$

上式的详细推导略。

4. 横向放大率

连续成像的总横向放大率等于其中每次成像的横向放大率的连乘积。对于前面描述的薄透镜成像，总的横向放大率等于两次单球面折射成像的横向放大率的乘积，即

$$m=m_1\cdot m_2=\left(-\frac{n_1w}{n_Lu}\right)\cdot\left[-\frac{n_Lv}{n_2(-w)}\right]=-\frac{n_1v}{n_2u}$$

在物方和像方折射率相等的简易情况下，有

$$m=-\frac{v}{u}$$

在简易情况下，连接物像顶点和光心，结合上述横向放大率公式容易看出，通过光心的光线传播方向不变。

5. 薄透镜的作图求像法

薄透镜的一般作图成像法是利用三条特殊光线（分别通过两焦点和光心）中的两条画出像点的方法。如果物点在主轴上，三条特殊的光线就合并成一条，这时要用作图法确定像的位置，就必须利用焦平面的性质。

近轴条件下，通过物方焦点 f 与主轴垂直的平面称为物方焦平面，通过像方焦点 f' 与主轴垂直的平面称为像方焦平面。

如图 4.3.3 所示，与主轴成一定倾角入射的平行光束折射后会聚于像方焦平面上的一点 P'，其中图(a)所示为凸透镜的情况，图(b)所示为凹透镜的情况。

如图 4.3.4 所示，物方焦平面上任意一点 P 发出的光经透镜折射将成为一束与主轴成一定倾角的平行光，其中图(a)所示为凸透镜的情况，图(b)所示为凹透镜的情况。

下面通过作图法找到凸透镜主轴上物点 P 的像的位置。如图 4.3.5(a)所示：① 从 P 点作沿主轴的入射光线，折射后方向不变；② 从 P 点作任意光线 PA，与透镜交于 A 点，与

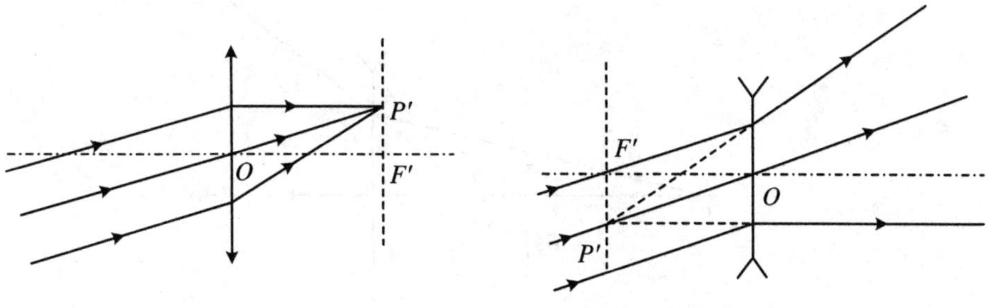

(a) (b)

图 4.3.3

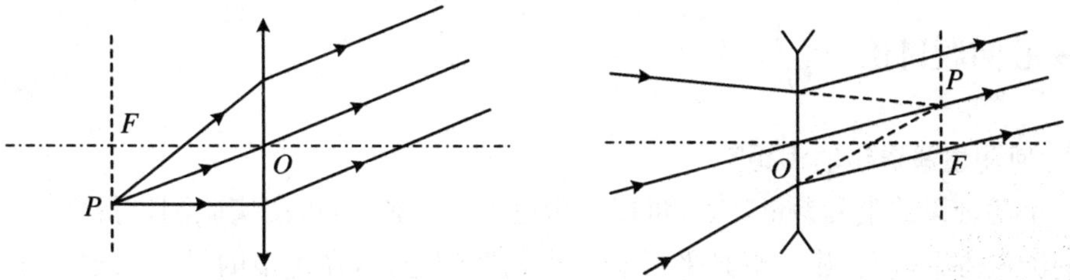

(a) (b)

图 4.3.4

物方焦平面交于 B 点(称为副焦点);③ 连接 BO(BO 称为副轴,即副焦点与光心的连线),过 A 点作与 BO 平行的折射光线与沿着主轴的折射光线交于点 P',则 P' 就是物点 P 的像点。同样也可以利用像方焦平面和副轴 OB' 作图,如图 4.3.5(b)所示。

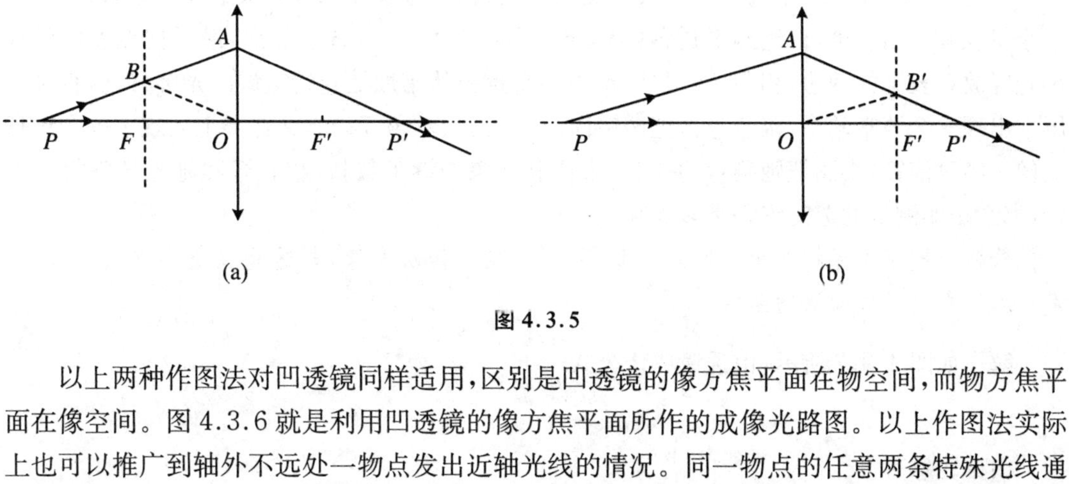

(a) (b)

图 4.3.5

以上两种作图法对凹透镜同样适用,区别是凹透镜的像方焦平面在物空间,而物方焦平面在像空间。图 4.3.6 就是利用凹透镜的像方焦平面所作的成像光路图。以上作图法实际上也可以推广到轴外不远处一物点发出近轴光线的情况。同一物点的任意两条特殊光线通过透镜折射后的交点便是对应的像点。用这种方法处理复杂光学系统的成像问题相当方便。

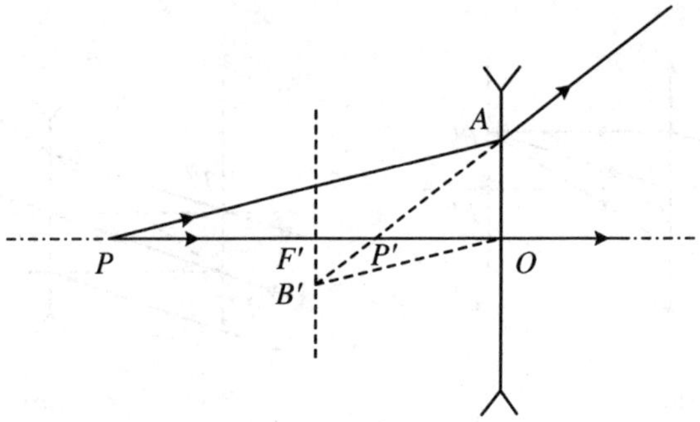

图 4.3.6

核心问题讨论

1. 如何测量薄透镜的焦距?

焦距是薄透镜的重要参量，除了可以由理论公式计算，也可由实验测量得到。我们很容易想到的测量方案就是：让一束光平行于主光轴射向透镜，在透镜的另一侧放一屏幕，移动屏幕，在屏幕上观察到的亮斑位置就是焦点的位置，由此即可测出焦距。当然，我们还可以利用薄透镜成像公式$\frac{1}{u}+\frac{1}{v}=\frac{1}{f}$，测出物距和像距，即可得到焦距。然而要想比较精确地测量凸透镜的焦距，这些方法并不是很靠谱，因为这些方法在实际操作过程中都会引起较大的误差。

例题 1 （2014 年“华约”卷）暑假小丽到他叔叔的工具店帮忙，叔叔给他一个薄透镜、一只小蜡烛和一组光屏，让她测量透镜的焦距。小丽想了一下，试了几次，最后把点着的蜡烛和光屏放在较远的两边，相距 $L=1.8\ \text{m}$，然后把透镜从蜡烛处开始缓慢向光屏移动，直到在屏上出现一个清晰的像，接着她再把透镜向前移动了 $D=0.72\ \text{m}$，又在屏上出现了一个清晰的像。经过演算，小丽把她测量的原理、方法和结果告诉了叔叔，叔叔夸奖她光学学得真不错，那么小丽测得的透镜焦距是多少呢?

分析 题目中保持物距与像距之和不变，得到了两次实像，与透镜成像公式联立求解，发现方程有两个成像的物距解。

解 如图 4.3.7 所示，由透镜成像公式$\frac{1}{u}+\frac{1}{v}=\frac{1}{f}$得

$$uv=f(u+v)$$

根据题意有

$$u+v=L$$

所以有

$$u(L-u)=fL$$

当蜡烛和光屏相距较远($L>4f$)时，方程有两个成像的物距解

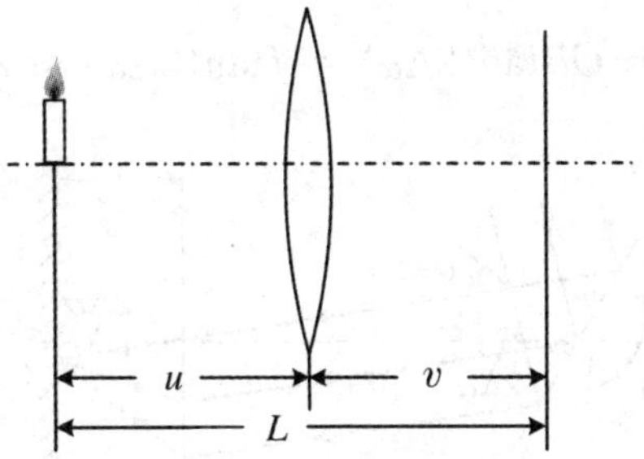

图 4.3.7

$$u_1 = \frac{L - \sqrt{L^2 - 4fL}}{2}, \quad u_2 = \frac{L + \sqrt{L^2 - 4fL}}{2}$$

由此得到焦距

$$u_2 - u_1 = \sqrt{L^2 - 4fL} = D$$

代入数据,算出小丽测得的透镜焦距为 $f = 0.38\ \text{m}$。

点拨　此方法在实验上称为"共轭成像法"测凸透镜焦距,也称"二次成像法"测凸透镜焦距,该方法能比较精确地测量凸透镜的焦距。通过上述求解过程可以看出,利用该方法测凸透镜焦距时,必须要求 $L>4f$。

2. 如何分析与透镜相关的移动光源成像问题?

移动光源的透镜成像问题比较复杂,需要结合运动学知识综合求解。常见的光源移动可以分为三种类型:平行光以某角速度转动、沿着主光轴水平运动以及沿着垂直于光轴的方向运动。我们在例题 2 和例题 3 中分别选取前两种典型情况进行讨论。

例题 2　如图 4.3.8 所示,在焦距为 f 的会聚透镜主光轴 AB 上装有一块平面镜。它绕垂直于 AB 的轴以角速度 ω 转动。一束平行光线射在平面镜上,反射后聚焦在位于透镜焦平面上的光屏上,求当光斑透过透镜焦点时,它在光屏上的速度。

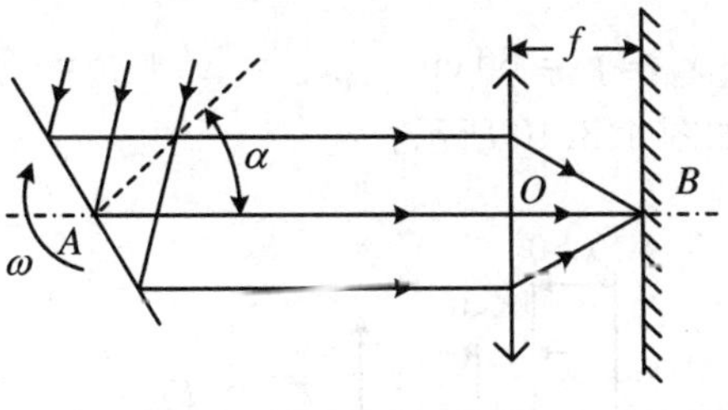

图 4.3.8

分析　分析光源的变化情况,平行光入射后入射角度在均匀变化,但始终会聚在光屏上。题目要求的是通过透镜焦点时的瞬时速度,故只需要分析极短的时间间隔 Δt 内光斑的位移变化率即可,利用几何关系以及瞬时速度的定义式可求。

解　初始,透镜主光轴与平面镜的垂线之间的夹角记为 α。通过很短的时间间隔 Δt 后光路图如图 4.3.9 所示,平面镜转动的小角度 $\Delta\alpha = \omega\Delta t$,此时光斑位于光屏上的 B 点下方,

则时间 Δt 内光斑的位移为

$$BC = OB\tan(2\Delta\alpha) = f\tan(2\Delta\alpha) \approx 2f\Delta\alpha$$

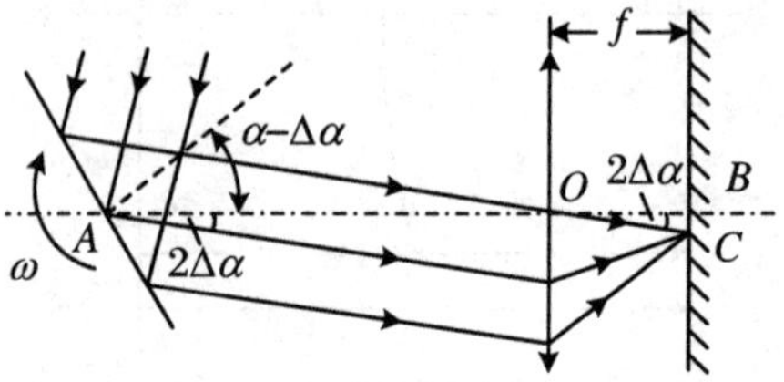

图 4.3.9

则瞬时速度为

$$v = \frac{BC}{\Delta t} = \frac{2f\Delta\alpha}{\Delta t} = \frac{2f\omega\Delta t}{\Delta t} = 2f\omega$$

点拨 本题考查了两种光学元件结合后成像问题，能否正确画出光路图尤为关键。光斑透过透镜焦点时，光斑位于主光轴与光屏的焦点上，如图中的 B 点，即从平面镜反射后光线平行主光轴；时间间隔 Δt 后，平面镜转动角度 $\Delta\alpha$，则平面镜反射的光线转过 $2\Delta\alpha$。

例题 3 一个光源以 $V=0.2$ m/s 的速度沿着焦距 $f=20$ cm 的凸透镜主光轴向光心运动，当它经过距光心 $u_1=30$ cm 和 $u_2=15$ cm 的两点时，求像所在的位置和速度。

分析 本题光源的物距在均匀改变，求像的位置与速度，则考查了物像关系式。成像公式有三种形式，根据题目条件，本题选用了牛顿公式。

解 根据题意有

$$x_1 = u_1 - f = 10\text{ cm}, \quad x_2 = u_2 - f = -5\text{ cm}$$

代入牛顿公式 $f^2 = xx'$，得

$$x_1' = \frac{f^2}{x_1} = 40\text{ cm}, \quad x_2' = \frac{f^2}{x_2} = -80\text{ cm}$$

所以

$$v_1 = x_1' + f = 60\text{ cm}, \quad v_2 = x_2' + f = -60\text{ cm}$$

其中 x_1、x_1'、x_2、x_2' 的意义如图 4.3.10 所示。

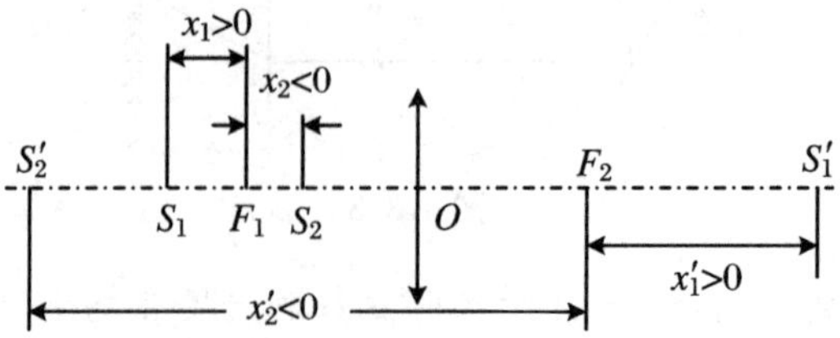

图 4.3.10

为了求得像点的移动速度，设在 Δt 时间内，点光源的位移为 Δx，像点的位移为 $\Delta x'$，则有

$$x' + \Delta x' = \frac{f^2}{x - \Delta x} = \frac{f^2(x + \Delta x)}{x^2 - (\Delta x)^2}$$

当 $\Delta t \to 0$ 时,$\Delta x \to 0$,略去 Δx 的二阶小量,则有

$$x' + \Delta x' = \frac{f^2}{x} + \frac{f^2 \Delta x}{x^2} = x' + \frac{f^2 \Delta x}{x^2}$$

可见

$$\Delta x' = \frac{f^2 \Delta x}{x^2} = \frac{x'}{x}\Delta x, \quad V' = \frac{\Delta x'}{\Delta t} = \frac{x'}{x}V$$

将 x_1、x_1'、x_2、x_2'的值代入,求得 $V_1' = 0.8\ \text{m/s}$, $V_2' = 3.2\ \text{m/s}$。

点拨 本题光源的运动方式与上题不同,随着物距的改变,像的位置也在改变。从结论来看,物近像远,像的移动方向与物的移动方向相同。

3. 如何分析共轴透镜组成像问题?

在实际中,我们往往需要将两个或更多的透镜组合起来使用。利用成像公式或作图法都可直接给出一次成像过程中的物像关系。逐次使用这些方法,就可解决共轴透镜组的成像问题。其中,困难往往发生在如何处理虚共轴点(特别是虚物)上,下面的例题 5 就是这样的例子。

例题 4 凸透镜 L_1 和凹透镜 L_2 的焦距分别为 20.0 cm 和 40.0 cm,L_2 在 L_1 之右 40.0 cm,傍轴小物(光线与系统光轴之间形成一个微小的角度,且在系统中与光轴非常接近)放在 L_1 之左 30.0 cm,求它的像。

分析 我们可以用作图法、高斯公式、牛顿公式三种方法求像,所得结果可以互相验证。其中作图法应选取三条特殊光线中的两条;高斯公式与牛顿公式则分别应用公式 $\frac{f}{u} + \frac{f'}{v} = 1$ 与 $x \cdot x' = f \cdot f'$ 定量计算出像距和放大率。

解 (1) 用作图法。

首先根据题意,将两透镜和它们焦点的位置以及物体的位置按比例标在图 4.3.11(a)上。第一次 QP 对 L_1 成实像 Q_1P_1(见图(b)),第二次虚物 Q_1P_1 对 L_2 成实像 $P'Q'$(见图(c))。两图中 1-1′都代表平行于光轴折射后通过像方焦点的光线,2-2′都代表通过物方焦点折射后平行于光轴的光线,实线表示光线实际经过的部分,虚线表示它的延长线。

为了把整个成像过程中由 P 点发出的同心光束逐次转化的情形显示出来,我们将它的边缘光线和波面示于图(d)中。可见,发散的同心光束经凸透镜 L_1 折射,转化为会聚到 P_1 的同心光束。它再经凹透镜 L_2 折射,转化为会聚到 P' 的同心光束,由于 L_2 的发散作用,最后的光束与中间光束相比,会聚程度较小。

(2) 用高斯公式。

第一次成像,有

$$\frac{1}{s_1'} + \frac{1}{s_1} = \frac{1}{f_1}$$

其中 $s_1 = 30\ \text{cm}$, $f_1 = 20\ \text{cm}$。由此得 $s_1' = 60\ \text{cm}$(实像),则横向放大率为 $m_1 = -\frac{s_1'}{s_1} = -2$

（倒立）。

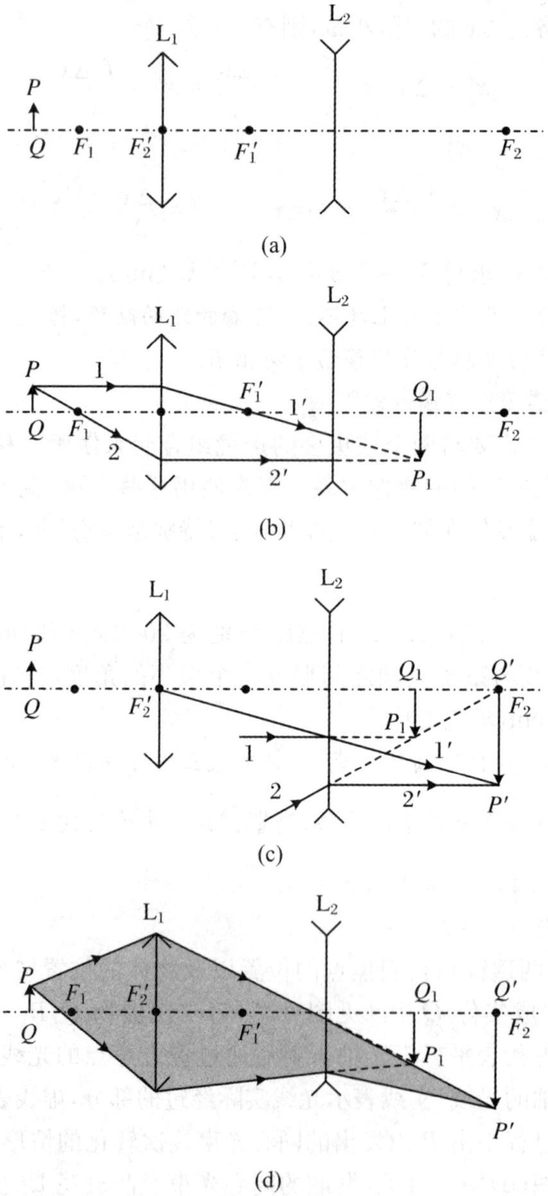

图 4.3.11

第二次成像，有

$$\frac{1}{s_2'}+\frac{1}{s_2}=\frac{1}{f_2}$$

由于 L_1 和 L_2 间距 $d=40\ \text{cm}$，因此 $s_2=-20\ \text{cm}$（虚物），$f_2=-40\ \text{cm}$。由此得 $s_2'=40\ \text{cm}$（实像），则横向放大率为 $m_2=-\frac{s_2'}{s_2}=+2$（正立）。

两次成像的横向放大率为 $m = m_1 m_2 = -4$(倒立)。

(3) 用牛顿公式。

第一次成像,有

$$x_1 x_1' = f_1 f_1'$$

其中 $x_1 = 10\ \text{cm}, f_1 = f_1' = 20\ \text{cm}$。由此得 $x_1' = 40\ \text{cm}$,横向放大率为 $m_1 = -\dfrac{x_1'}{f_1} = -2$(倒立)。

第二次成像,有

$$x_2 x_2' = f_2 f_2'$$

其中 $x_2 = 20\ \text{cm}, f_2 = f_2' = -40\ \text{cm}$。由此得 $x_2' = 80\ \text{cm}$(实像),横向放大率为 $m_2 = -\dfrac{x_2'}{f_2} = 2$(正立)。

两次成像的横向放大率为 $m = m_1 m_2 = -4$(倒立)。

点拨　由此可见,三种方法得到的结果完全一致。三种方法是等效的,我们可以根据题目条件选取合适的方法进行求解。

例题5　(2018年北大博雅)如图4.3.12所示,三个相同的理想凸透镜共轴放置,等间隔排列,间隔为 λf,焦距均为 f,对于任意的从左侧射入透镜的光线,出射时的方向都与入射光平行。

(1) 画出可能的光路图。

(2) 求出 λ 的可能值。

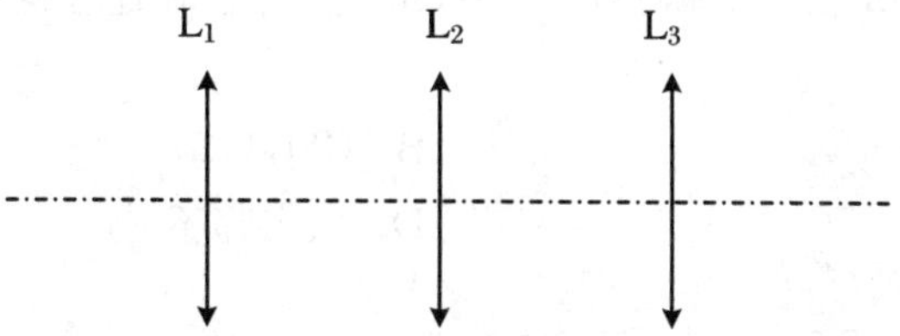

图4.3.12

分析　根据光路可逆,光路必须是关于整个系统中心对称的。作图时,应先作出 L_1 的像方焦平面与 L_3 的物方焦平面,然后分别选取过 L_2 的光心与过 L_1 的光心的两条特殊光线进行作图。

解　(1) 先作光线1(过 L_1 的光心),与焦平面相交于 F' 和 F'';再作光线2(与光线1平行,且过 L_2 的光心),该过程考虑对称性,光路图只可能如图4.3.13所示。

(2) 对于 L_2,F' 可以看成物,F'' 可以看成像,物距等于像距,所以 $\lambda = 3$。

点拨　本题只有一种可能情况。本题还可以拓展为更多相同透镜共轭放置,逐次成像,解题时应充分考虑光路的对称性,以此来判断中间透镜的光线的可能情况。

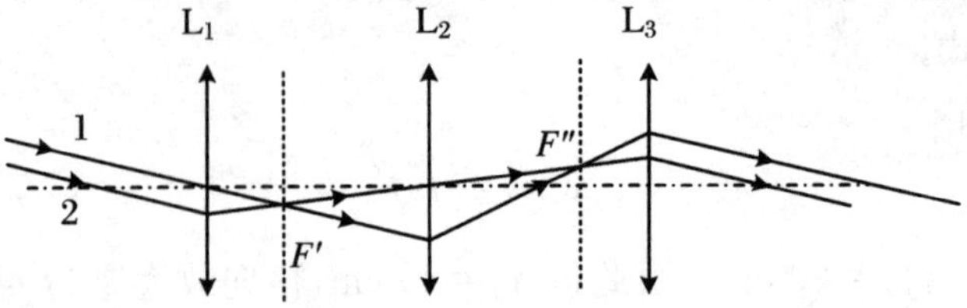

图 4.3.13

习题实战演练

基 础 练 习

1. 图 4.3.14 中 L 为一薄凸透镜，*ab* 为一发光圆面，二者共轴，S 为与 L 平行放置的屏，已知这时 *ab* 可在屏上成清晰的像。现将透镜切除一半，只保留主轴以上的一半透镜，这时 *ab* 在 S 上的像 (　　)

A. 尺寸不变，亮度不变　　B. 尺寸不变，亮度降低

C. 只剩半个圆，亮度不变　　D. 只剩半个圆，亮度降低

2. 如图 4.3.15 所示，将焦距为 5 cm 的凸透镜对称地切为两半，并沿 y 轴向两侧对称地分开。设图中 x 轴为原主轴，F 为原焦点位置，O 为原光心位置，两半间隙 0.4 cm 用不透光板条封闭。设一点光源 S 位于 x 轴上 $x=-6$ cm 处，则它通过透镜所成的像的位置坐标可能是 (　　)

A. (30,0)　　B. (30,1.2)

C. (30,−1.2)　　D. 以上都不对

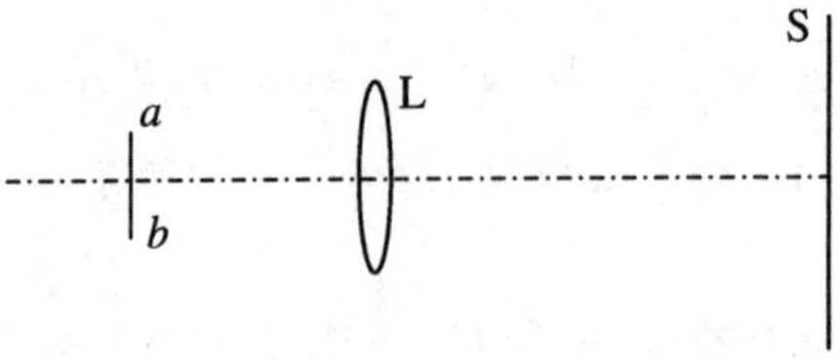

图 4.3.14

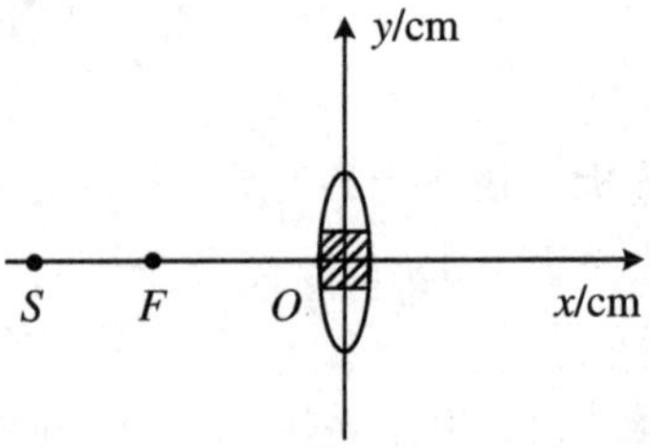

图 4.3.15

3. 某物体从凸透镜焦点外一点处(非常靠近焦点)沿主轴向远离凸透镜方向匀速移动，在此过程中 (　　)

A. 像的速度逐渐变大，像一直变小

B. 像的速度逐渐变小，像一直变小

C. 像的速度先变大后变小，像一直变小

D. 像的速度先变小后变大，像一直变小

4. 物体经焦距为 f 的凸透镜成像，要得到放大率为 m 的虚像，物体与透镜的距离应是 (　　)

A. $\frac{m+1}{m}f$　　B. $\frac{m-1}{m}f$　　C. $\frac{m}{m-1}f$　　D. $\frac{m}{m+1}f$

5. 凸透镜的焦距为 f，一个在透镜光轴上的物体从距透镜 $3f$ 处沿主光轴逐渐移到距透镜 $1.5f$ 处，在此过程中 (　　)

A. 像不断增大　　B. 像和透镜的距离不断减小

C. 像和物之间的距离不断增大　　D. 像和焦点的距离不断增大

6. 如图 4.3.16 所示，焦距为 f 的凸透镜，其主轴和水平的 x 轴重合，x 轴上有一光点位于透镜的左侧，光点到透镜的距离大于 f 而小于 $2f$。若将透镜沿 x 轴向右平移 $2f$ 的距离，则在此过程中，光点经透镜所成的像点将 (　　)

A. 一直向右移动　　B. 一直向左移动

C. 先向左移动，接着向右移动　　D. 先向右移动，接着向左移动

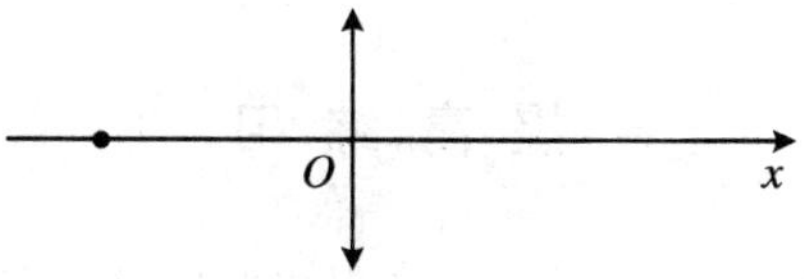

图 4.3.16

7. (2013 年第 30 届全国中学生物理竞赛预赛卷)如图 4.3.17 所示，两条虚线之间为一光学元件所在处，AB 为其主光轴。P 是一点光源，其傍轴光线通过此光学元件成像于 Q 点。该光学元件可能是 (　　)

A. 薄凸透镜　　B. 薄凹透镜

C. 凸球面镜　　D. 凹球面镜

图 4.3.17

8. (2017 第 34 届全国中学生物理竞赛预赛卷)如图 4.3.18 所示，一焦距为 20 cm 的薄透镜位于 $x=0$ 平面上，光心位于坐标原点 O，光轴与 x 轴重合。在 $z=0$ 平面内的一束平行光入射到该透镜上，入射方向与光轴的夹角为 30°。该光束通过透镜后会聚点的位置坐标为__________。

9. (2003 年第 20 届全国中学生物理竞赛预赛卷)两个薄透镜 L_1 和 L_2 共轴放置，如图 4.3.19 所示。已知 L_1 的焦距 $f_1=f$，L_2 的焦距 $f_2=-f$，两透镜间的距离也是 f。小物

体位于物面 P 上，物距 $u_1=3f$。

(1) 小物体经这两个透镜所成的像在 L_2 的__________边，到 L_2 的距离为__________，是__________像（“虚”或“实”）、__________像（“正”或“倒”），放大率为__________。

(2) 现在把两透镜位置调换，若还要给定的原物体在原像处成像，两透镜作为整体应沿光轴向__________边移动距离__________。这个新的像是__________像（“虚”或“实”）、__________像（“正”或“倒”），放大率为__________。

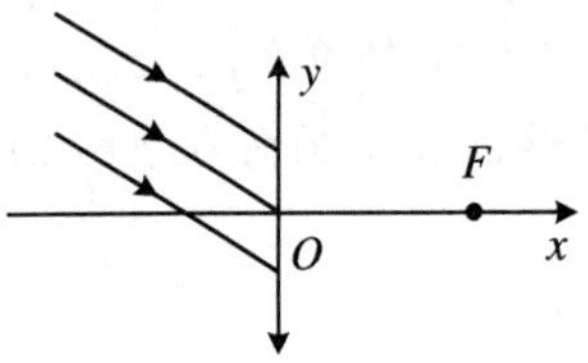

图 4.3.18

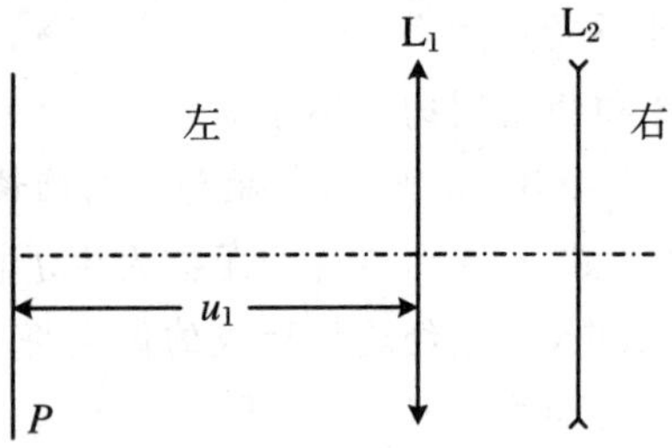

图 4.3.19

提 高 练 习

10. 一凸透镜在空气中的焦距为 40 cm，在水中时焦距为 136.8 cm，问：此透镜的折射率为多少？水的折射率为 1.33。若将此透镜置于另一种液体中，折射率为 1.62，其焦距又为多少？

11. 有两片极薄的表玻璃，其曲率半径分别为 20 cm 和 25 cm，将两片的边缘连起来，形成内含空气的双凸透镜，把它置于水中，求其焦距。

12. 凸透镜 L_1 和 L_2 及其焦点的位置如图 4.3.20 所示，将傍轴小物 PQ 放在 L_1 的第一焦面上，用作图法求它的像。

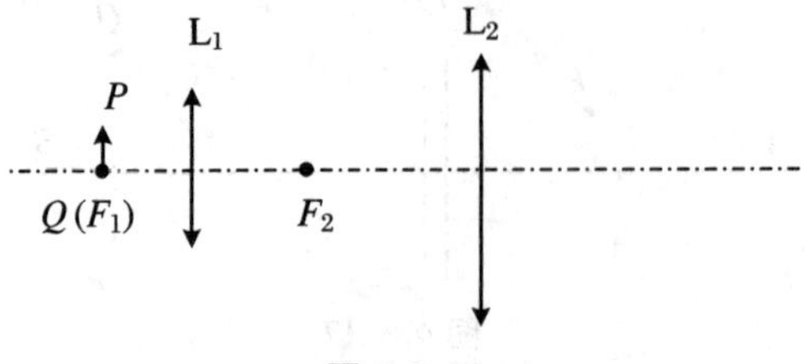

图 4.3.20

13. (2016 年中国科大自主招生)如图 4.3.21 所示，三棱镜的顶角 α 为 60°，在三棱镜两侧对称位置上放置焦距均为 $f=30$ cm 的两个完全相同的凸透镜 L_1 和 L_2，若在前焦平面上主光轴下方 $h=15$ cm 处放一个单色光源 S，发现其像 S' 与 S 对于该光学系统是左右对称的，求该三棱镜的折射率 n。

14. (2002 年第 19 届全国中学生物理竞赛复赛)凸透镜放在空气中时，两侧焦点与透镜中心的距离相等。如果此薄透镜两侧的介质不同，其折射率分别为 n_1 和 n_2，则透镜两侧各

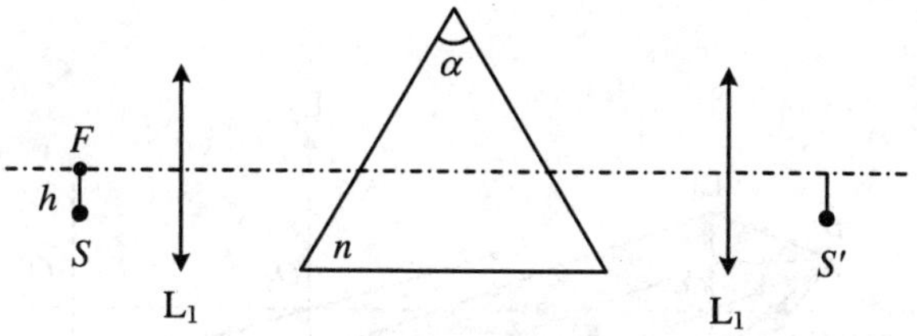

图 4.3.21

有一个焦点(设为 F_1 和 F_2),但 F_1、F_2 和透镜中心的距离不相等,其值分别为 f_1 和 f_2。现有一个薄凸透镜 L,已知此凸透镜对平行光束起会聚作用,在其左右两侧介质的折射率和焦点的位置如图 4.3.22 所示。

(1) 试求出此时物距 u、像距 v 和焦距 f_1、f_2 四者之间的关系式。

(2) 若有一傍轴光线射向透镜中心,已知它与透镜主轴的夹角为 θ_1,则与之相应的出射线与主轴的夹角 θ_2 为多大?

(3) f_1、f_2、n_1、n_2 四者之间有何关系?

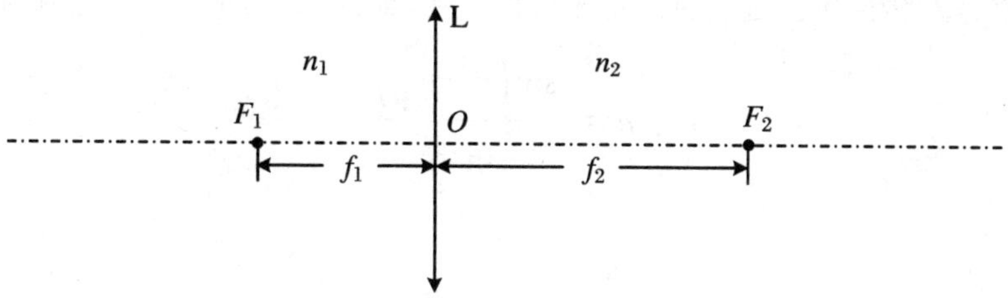

图 4.3.22

参 考 答 案

1. B。
2. BC。
3. B。
4. B。
5. AD。
6. C。
7. D。
8. $\left(20,-\frac{20}{3}\sqrt{3}\right)$。
9. (1) 右,f,实,倒,1;(2) 左,$2f$,实,倒,1。
10. (1) $n=1.54$;(2) $f=-437.4\ \text{cm}$。
11. $-44.8\ \text{cm}$。

12. 如图 4.3.23 所示。

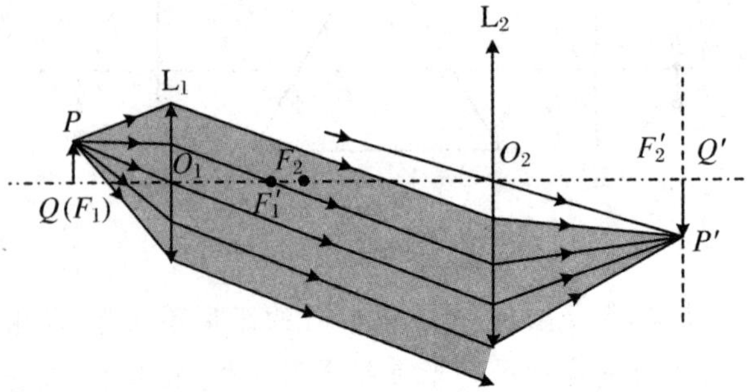

图 4.3.23

提示 由 P 发出的光线经 L_1 折射，成为倾斜的平行光，它平行于通过光心的光线 PO_1，通过 L_2 的光心作平行于这束光的辅助光线 O_2P'，它与像方焦面的交点 P' 即是所求像点。

13. $n=1.67$。

提示 根据对称性作出通过凸透镜光心的光线，如图 4.3.24 所示。根据折射定律有

$$n=\frac{\sin\left(\theta+\frac{\alpha}{2}\right)}{\sin\frac{\alpha}{2}}$$

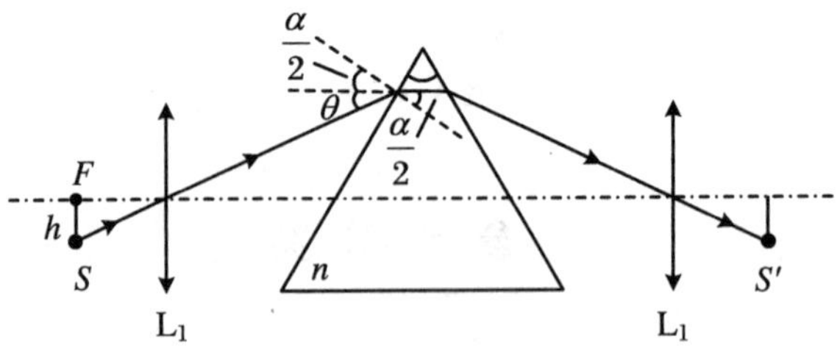

图 4.3.24

根据几何关系有

$$\sin\theta=\frac{h}{\sqrt{h^2+f^2}},\quad \cos\theta=\frac{f}{\sqrt{h^2+f^2}}$$

以上各式联立，得 $n=1.67$。

14. (1) $\frac{f_1}{u}+\frac{f_2}{v}=1$；(2) $\theta_2=\frac{n_1}{n_2}\theta_1$；(3) $\frac{f_2}{f_1}=\frac{n_2}{n_1}$。

提示 利用焦点的性质，用作图法可求得小物 PQ 的像 $P'Q'$，如图 4.3.25 所示。

(1) 用 y 和 y' 分别表示物和像的大小，则由图中的几何关系可得

$$\frac{y}{y'}=\frac{u-f_1}{f_1}=\frac{f_2}{v-f_2},\quad (u-f_1)(v-f_2)=f_1f_2 \qquad ①$$

简化即得物像距公式，即 u、v、f_1、f_2 之间的关系式为

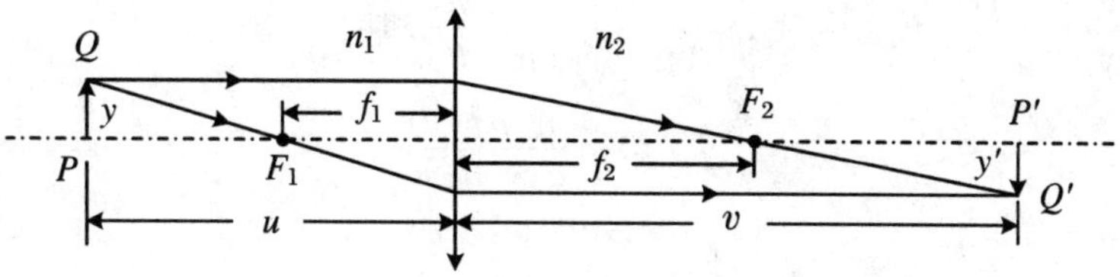

图 4.3.25

$$\frac{f_1}{u} + \frac{f_2}{v} = 1 \qquad ②$$

(2) 薄透镜中心附近可视为薄平行板，入射光线经过两次折射后射出，放大后的光路如图 4.3.26 所示。

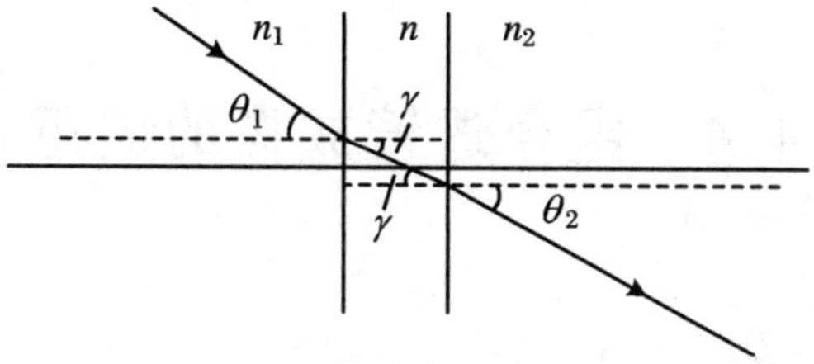

图 4.3.26

图 4.3.26 中 θ_1 为入射角，θ_2 为与之相应的出射角，γ 为平行板中的光线与法线的夹角。设透镜的折射率为 n，则由折射定律得

$$n_1 \sin\theta_1 = n \sin\gamma = n_2 \sin\theta_2 \qquad ③$$

对傍轴光线，$\theta_1 \leqslant 1$，$\theta_2 \leqslant 1$，得 $\sin\theta_1 \approx \theta_1$，$\sin\theta_2 \approx \theta_2$，因而得

$$\theta_2 = \frac{n_1}{n_2}\theta_1 \qquad ④$$

(3) 由物点 Q 射向中心 O 的入射线经 L 折射，出射线应射向 Q'，如图 4.3.27 所示。

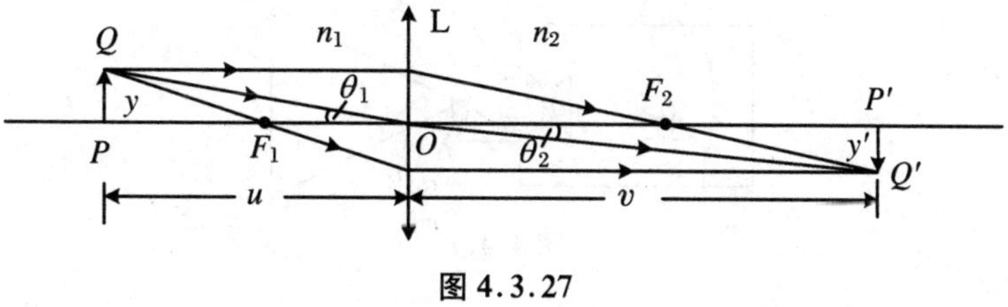

图 4.3.27

在傍轴的条件下，有

$$\frac{y}{u} = \tan\theta_1 \approx \theta_1, \quad \frac{y'}{v} = \tan\theta_2 \approx \theta_2 \qquad ⑤$$

二式相除并利用④式，得

$$\frac{y'u}{yv} = \frac{n_1}{n_2} \qquad ⑥$$

用①式的$\dfrac{y'}{y}=\dfrac{f_1}{u-f_1}$代入⑥式，得$\dfrac{f_1 u}{(u-f_1)v}=\dfrac{n_1}{n_2}$，即

$$f_1=\frac{n_1 uv}{n_2 u+n_1 v}$$

用①式的$\dfrac{y'}{y}=\dfrac{v-f_2}{f_2}$代入⑥式，得

$$f_2=\frac{n_2 uv}{n_2 u+n_1 v}$$

所以 f_1、f_2、n_1、n_2 之间关系式为

$$\frac{f_2}{f_1}=\frac{n_2}{n_1}$$

4.4 组合透镜成像的应用

课外知识延伸

1. 投影仪与照相机

电影机、幻灯机、投影仪等都属于投影仪器。它们的主要部分是一个会聚的投影镜头，使画片于屏幕上成放大的实像，如图 4.4.1 所示。由于通常镜头到像平面(幕)的距离比焦距大得多，因此画片总在物方焦面附近，物距 $s\approx f$，故放大率 $m=-\dfrac{s'}{s}\approx\dfrac{s'}{-f}$，与像距 s' 成正比。

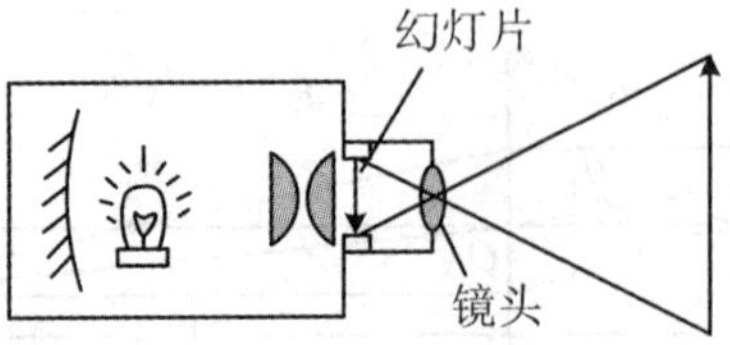

图 4.4.1

2. 眼睛与眼镜

人的眼睛是天然进化而来的精密光学仪器，可以将物体发出的光线会聚于眼底视网膜成像，并将光信号转换为神经系统中的电化学信号，从而在大脑中形成物体的影像。如图 4.4.2 所示，在人眼中，虹膜控制瞳孔大小，调整射入人眼的进光量，相当于照相机的光圈；角膜和晶状体共同完成光的折射，使入射光会聚于视网膜成像，相当于照相机的透镜组，其中晶状体的形状还可由睫状肌(睫状体)进行调节，从而实现人眼的调焦；视网膜负责成像和信号转换，能够将投射过来的光信号转换为电化学信号，并通过视神经传输给大脑处理，

相当于数码照相机的图像传感器。物体在视网膜上所成的像是倒立的，但人们感觉到的视觉形象却是正立的。这是因为在形成视觉的过程中，大脑皮层根据人们长期的生活经验，对倒像进行自动"翻译"，作出正确的判断。

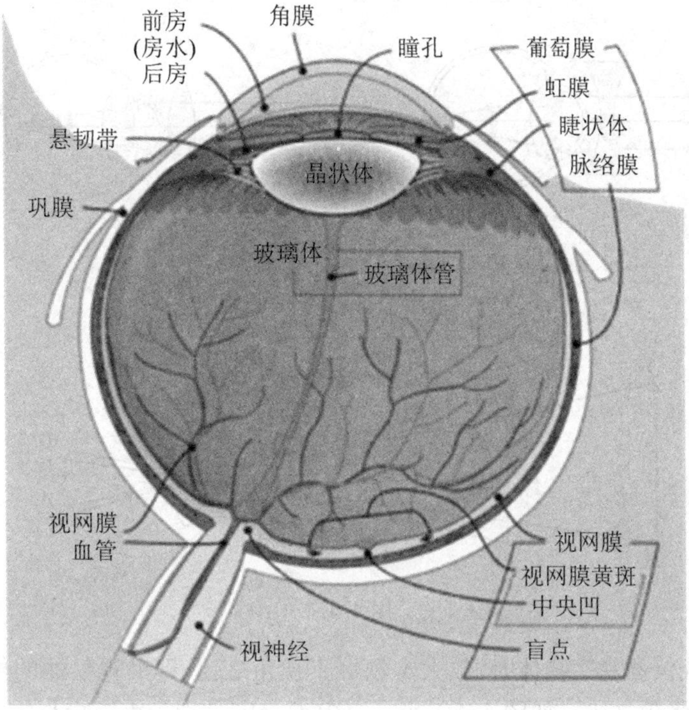

图 4.4.2

从几何光学的观点来看，人眼可以看作由不同介质构成的共轴光具组，由于其结构很复杂，因此在许多情况下往往将人眼简化为只有一个折射球面的简化眼。

在合适的照明条件下，人眼最舒服而不易疲劳的观察距离称为明视距离，健康人眼的明视距离 25 cm。人眼能看清的最远和最近的点分别称为远点和近点，健康人眼的远点在无穷远处，即当人眼调节完全放松时，来自无穷远处的平行光束应当恰好会聚于视网膜，这种情况称为正视。如果入射平行光会聚于视网膜之前，如图 4.4.3(a)所示，则称为近视，近视眼的远点、近点和明视距离都近于健康人眼；如果入射平行光会聚于视网膜之后，如图 4.4.3(b)所示，则称为远视。近视和远视属于典型的屈光不正，可以通过佩戴眼镜来进行矫正，图 4.4.3(c)所示为近视眼的矫正，图 4.4.3(d)所示为远视眼的矫正。

在人眼看来，不同物体的视觉形象大小不同。直接决定物体视觉形象大小的并不是物体本身的大小，而是物体对于人眼所形成的视角大小。如图 4.4.4 所示，视角是指物体对人眼光心所张开的夹角，它直接决定了物体的像在眼底视网膜上所占据的面积，从而影响该物体在人眼中形成的视觉形象大小。视角越大，所成的像越大，视网膜上受到刺激的感光细胞就越多，眼睛对物体也就看得越清楚。同一物体，离眼睛近时视角大，离眼睛远时视角小，这就是物体离眼睛近时比远时看得清楚的原因。

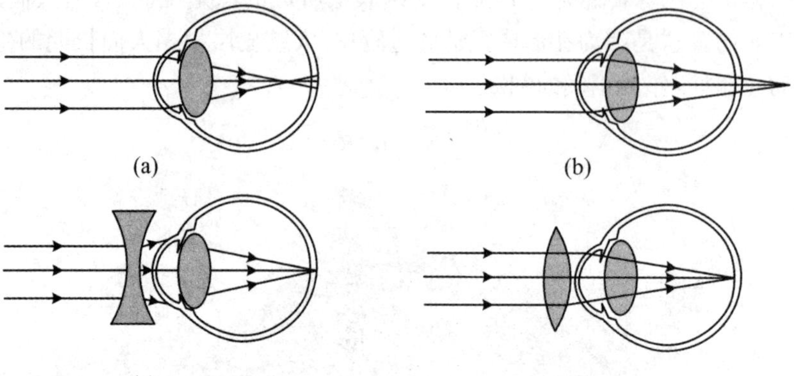

图 4.4.3

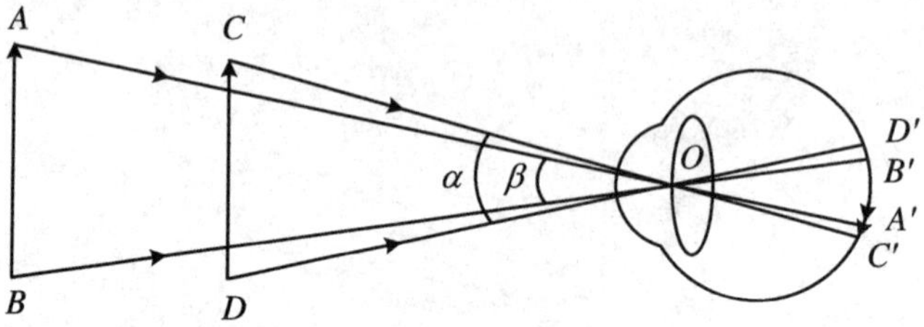

图 4.4.4

因此，用助视仪器观察物体时，放大本领等于视角之比，即助视仪器的像对眼的张角与物体直接对眼的张角之比。如图 4.4.5 所示，图(a)、(b)分别为直接看与使用了助视仪器的示意图。图中的物体 QP 与图(b)中的虚像 $Q'P'$ 均位于眼睛的明视距离处，H-H' 为助视仪器的位置，U、U' 为视角，则视角放大率定义为

$$M = \frac{U'}{U}$$

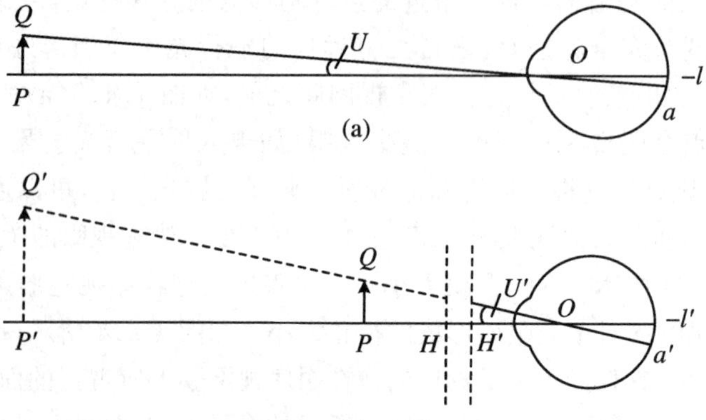

图 4.4.5

3. 放大镜

放大镜实际上就是短焦距的凸透镜，当物体位于凸透镜一倍焦距以内时，其发出的光经凸透镜折射将成正立放大的虚像。就放大视觉形象的用途而言，放大镜的放大率一般并不是指横向放大率 m，而是视角放大率 M，根据图 4.4.6 中光线几何关系，容易算出视角放大率

$$M = \frac{y'/25\ \mathrm{cm}}{y/25\ \mathrm{cm}} = \frac{y/f}{y/25\ \mathrm{cm}} = \frac{25\ \mathrm{cm}}{f}$$

上式是假设眼睛在交点 F 附近推导出来的，但实际使用放大镜时，眼睛和虚像的位置都可能发生变化。因此，具体情况下的视角放大率与上式会略有不同。

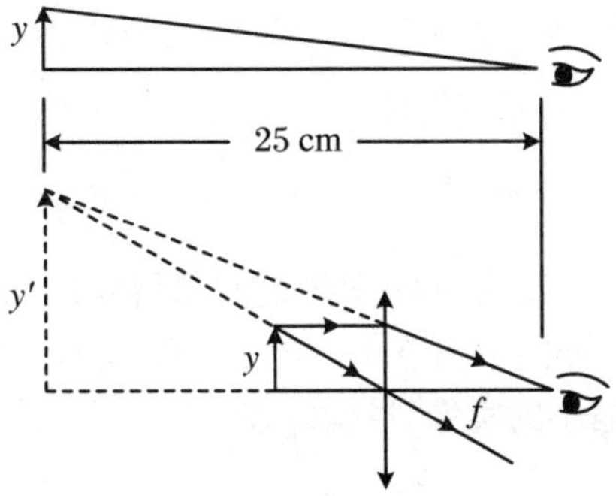

图 4.4.6

目镜也是放大视角用的仪器。通常放大镜用来直接放大实物，而目镜则用来放大其他光具组(称为物镜)所成的像。下面要讲的显微镜和望远镜中的目镜从原理上看就是一个放大镜。不过为了消除像差以及其他一些原因，目镜常采用各种复合透镜的形式，最典型的有惠更斯目镜和拉姆斯登目镜，这部分内容在此不再赘述。

4. 显微镜

显微镜是用于观察近处非常微小物体的光学仪器，其光路一般包含复杂的透镜组。这里只考虑最简单的显微镜，其透镜组仅由两个凸透镜构成，其中靠近被观察物体的称为物镜，靠近人眼的称为目镜。物镜的焦距很短，目镜的焦距则比物镜的长。如图 4.4.7 所示，物镜的像方焦点 F_0' 与目镜的物方焦点 F_E 之间有一定的距离 Δx(称为显微镜的光学筒长)，被观察物体位于物镜一倍焦距与二倍焦距之间。先经物镜成倒立放大实像 $A'B'$，此实像位于目镜一倍焦距以内，再经目镜成放大虚像 $A''B''$，因此整体上物体经显微镜成倒立放大虚像。

5. 望远镜

望远镜是用于观察天体或远处物体的光学仪器，其光路一般包含复杂的透镜或面镜组。这里只考虑最简单的两种折射式望远镜，其透镜组同样仅由两个透镜构成，即对着远处物体的物镜和靠近人眼的目镜。望远镜观察物体的距离一般远大于望远镜的尺寸和透镜的焦距，所以可近似认为进入望远镜的光束是来自无穷远的平行光束。

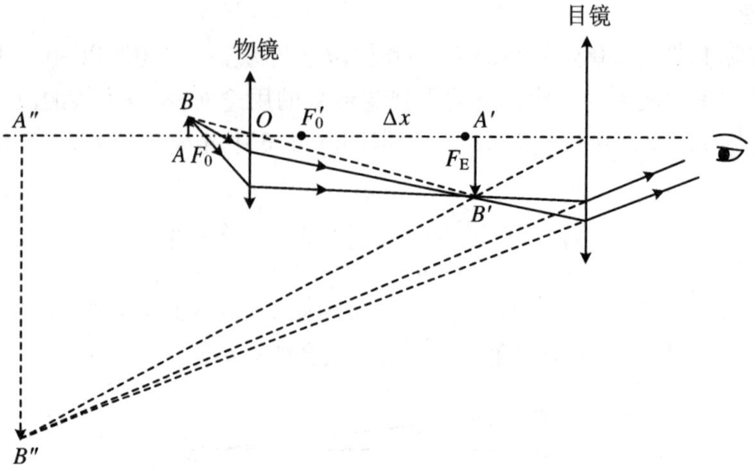

图 4.4.7

(1) 开普勒式望远镜

如图 4.4.8 所示，物镜和目镜均为凸透镜，与显微镜相反的是，物镜焦距较长，目镜焦距较短。二者有一个共同焦点，即图中焦点 F_0 和焦点 F_E 重合。因此，物镜在焦点 F_0 以外距离 F_E 很近的地方成一倒立缩小的实像，目镜以该实像为物，形成放大的虚像(此虚像在左侧很远处，图中并未画出)。

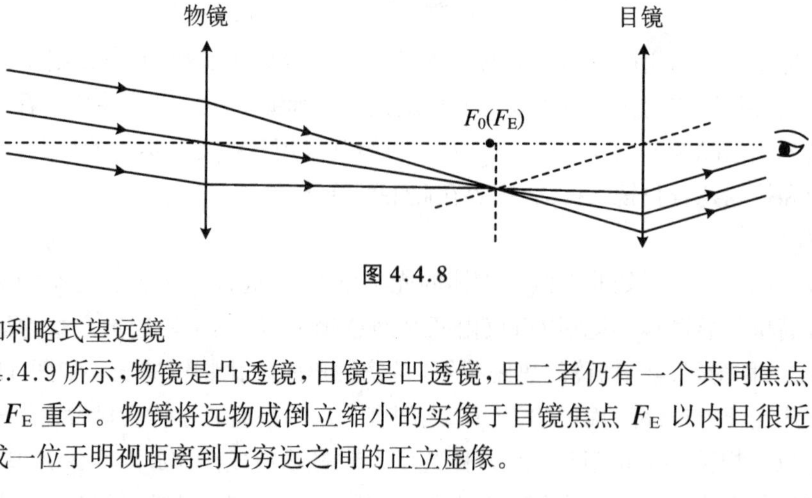

图 4.4.8

(2) 伽利略式望远镜

如图 4.4.9 所示，物镜是凸透镜，目镜是凹透镜，且二者仍有一个共同焦点，图中焦点 F_0 和焦点 F_E 重合。物镜将远物成倒立缩小的实像于目镜焦点 F_E 以内且很近的地方，通过目镜形成一位于明视距离到无穷远之间的正立虚像。

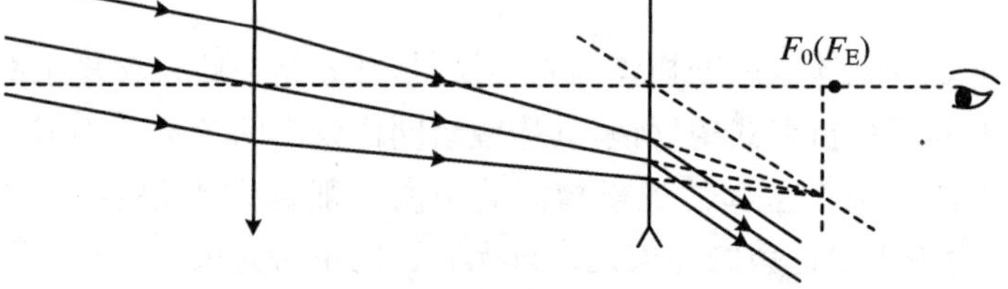

图 4.4.9

6. 费马原理

(1) 光程的概念

如图 4.4.10 所示，考虑光由 Q 点沿一条路径经过 m 种不同的均匀介质到达 P 点，所经历的时间为

$$t = \frac{s_1}{v_1} + \frac{s_2}{v_2} + \cdots + \frac{s_m}{v_m} = \sum_{i=1}^{m} \frac{s_i}{v_i}$$

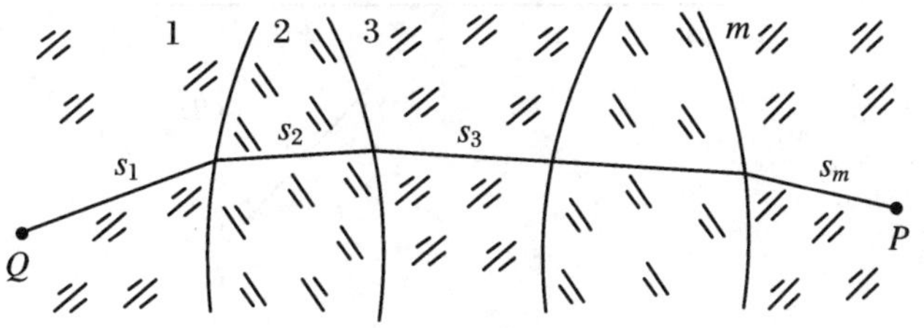

图 4.4.10

式中 s_i、v_i 分别为光在第 i 种介质中的几何路程和速率。结合 $v_i = \frac{c}{n_i}$，上式写为

$$t = \frac{1}{c}\sum_{i=1}^{m} n_i s_i$$

式中路程与相应折射率乘积之和称为光从 Q 到 P 的光程，记为 L，$L = \sum_{i=1}^{m} n_i s_i$。

如果介质的折射率连续变化，上述求和转化为积分，即 $L = \int_Q^P n\mathrm{d}s$。

不难发现，一段路程的光程等于相同时间内光在真空中传播的距离。

(2) 费马原理

费马在 1657 年提出一条关于光的传播的普遍原理，该原理称为费马原理，表述为：光从空间一点传播到另一点是沿着光程为极值的路径传播的。也就是说，把光传播的实际路径与附近的其他路径相比较，光的实际路径的光程为极小、极大或稳定值。

根据费马原理可以导出几何光学的三个基本实验定律。如果反射面是旋转椭球面，把点光源放在其中一个焦点上，则反射光线总是通过另外一个焦点，这也是光程恒定的例子。

(3) 从费马原理看折射定律

如图 4.4.11 所示，光线从折射率为 n_1 的介质进入折射率为 n_2 的介质，光线传播路径为 QOP，Q 点到界面的距离为 h_1，P 点到界面的距离为 h_2，两垂足 A、B 之间的距离记为 d，以 A、O 之间的距离 x 为自变量。

Q、P 之间的光程为

$$\delta = n_1\sqrt{x^2 + h_1^2} + n_2\sqrt{(d-x)^2 + h_2^2}$$

$$\frac{\mathrm{d}\delta}{\mathrm{d}t} = \frac{n_1 x}{\sqrt{x^2 + h_1^2}} - \frac{n_2(d-x)}{\sqrt{h_2^2 + (d-x)^2}}$$

根据费马原理，光程极小的条件是 $\frac{\mathrm{d}\delta}{\mathrm{d}t} = 0$，整理得

$$n_1 \frac{x}{\sqrt{x^2 + h_1^2}} = n_2 \frac{d - x}{\sqrt{h_2^2 + (d - x)^2}}$$

即 $n_1 \sin \theta_1 = n_2 \sin \theta_2$。

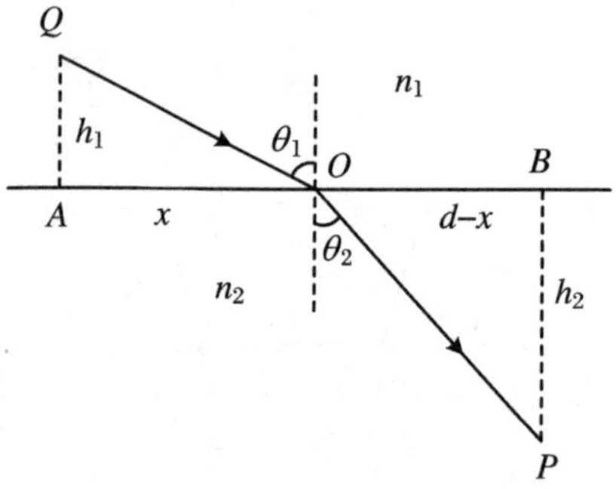

图 4.4.11

核心问题讨论

1. 如何解决眼睛与眼镜相关的实际问题?

正常人眼的远点在无限远处,而近视眼的远点在眼前有限距离处。通过佩戴眼镜把远点移到无限远处。其光学原理是,放在无限远处的物体近视眼不能直接看清。通过眼镜把无限远处的物体成像在近视眼的远点处,这样眼睛就可以看清物体了。根据近视眼和远视眼的形成原因,近视眼可以用凹透镜矫正,远视眼可以用凸透镜矫正。矫正后,远点、近点和明视距离均与健康眼睛相同。矫正用的眼镜度数计算公式为

$$D = 100 \times \frac{1}{f}$$

式中,f 为镜片焦距,单位为 m;D 为眼镜度数,单位为度。

例题 1 (2006 年第 23 届全国中学生物理竞赛预赛)如图 4.4.12 所示,爷爷的眼睛是老花眼。

(1) 一物体 P 放在明视距离处,老爷爷看不清楚。试在图(a)中画出此时 P 通过眼睛成像的光路示意图。

(2) 戴了一副 300 度的老花镜,老爷爷就能看清楚放在明视距离处的物体 P。试在示意图(b)中画出 P 通过老花镜和眼睛成像的光路示意图。

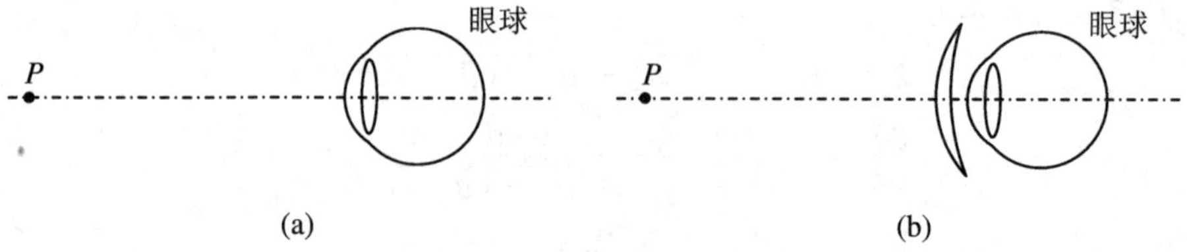

图 4.4.12

(3) 300 度的老花镜的焦距 $f=$ ________ m。

分析　老花眼成像特点于远视眼相似，物体放置于明视距离处，将成实像于视网膜的后方。矫正用的老花镜也是凸透镜，矫正后，像恰好落在视网膜上。眼镜度数与焦距的关系为公式 $D=100\times\frac{1}{f}$。

解　(1) 如图 4.4.13 所示。

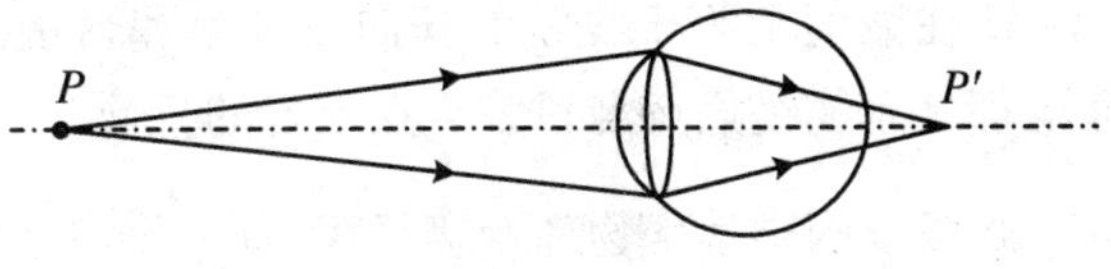

图 4.4.13

(2) 如图 4.4.14 所示。

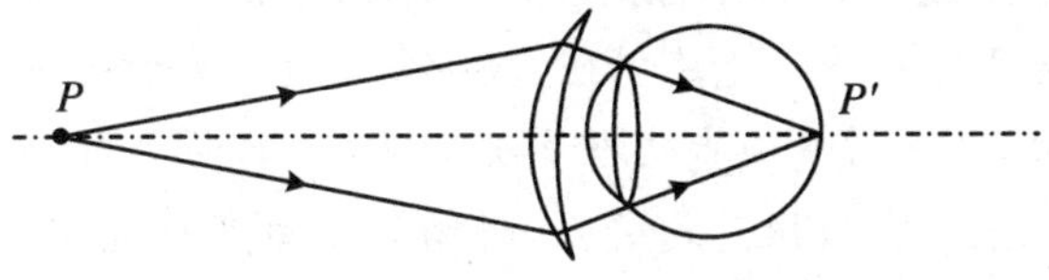

图 4.4.14

(3) 根据公式 $D=100\times\frac{1}{f}$求得 300 度的老花镜的焦距 $f=\frac{1}{3}$ m。

点拨　将眼睛、眼镜理想化为共轴的薄透镜组，视网膜看作光屏。一般老年人由于睫状肌调节功能减弱，常患远视，需戴眼镜（俗称老花镜）。老年人戴上眼镜后，观察如题中的近物时很清晰，但观察远物时眼镜会使得像点落于视网膜前，故需要摘下眼镜。

例题 2　有人打算利用焦距 $f=10$ cm 的凸透镜和平面镜来观察自己的眼睛。这时透镜到眼睛的距离为 $u=15$ cm。为了使观察到的像位于明视距离 $d=25$ cm 处，同时平面镜应该放在透镜后面什么地方？

分析　平面镜的“物”为光线第一次通过透镜后的“像”，而平面镜反射光线会聚的点则作为光线第二次通过透镜的“物”，光线第二次通过透镜后的“像”则应落在明视距离处；结合透镜成像公式以及平面镜成像的对称性即可定量求解平面镜的位置。

解　虚像在透镜的后焦点处，有 $d=u+f$。这时从平面镜反射光线会聚的点作“物”，设它到透镜的距离为 u_1，根据透镜成像的公式有

$$\frac{1}{f}=\frac{1}{u_1}-\frac{1}{f},\quad u_1=\frac{f}{2}=5\ \text{cm}$$

在光线第一次通过透镜后，如果没有平面镜，所成的像到透镜的距离为

$$v=\frac{uf}{u-f}=30\ \text{cm}$$

因为平面镜成的像与物相对于平面镜是对称的，所以所求的距离为

$$l=u_1+\frac{1}{2}(v-u_1)=17.5\ \text{cm}$$

点拨 分析光路,眼睛的像是光线两次通过透镜在透镜后方形成的虚像,且平面镜成像的特征为物、像关于平面镜对称。因此,本题相当于共轴放置的三个光学元件成像,可逐次分析成像特征。

2. 如何综合应用显微镜模型与望远镜模型?

显微镜与望远镜的作用都是增大被观察物对人眼的张角,起着视角放大的作用,放大能力也是通过视角放大率来体现的。二者光学系统比较近似,都是利用目镜观察物镜的像。对于显微镜而言,放大率 M 在数值上等于物镜的横向放大率和目镜的视角放大率的乘积。常见的两类折射式望远镜都具有物镜焦点与目镜焦点重合的特征。

例题 3 (2001 年第 18 届全国中学生物理竞赛复赛)有一放在空气中的玻璃棒,其折射率为 $n=1.5$,中心轴线长为 $L=45$ cm,一端是半径为 $R_1=10$ cm 的凸球面。

要使玻璃棒的作用相当于一架理想的天文望远镜(使主光轴上无限远处的物成像于主光轴上无限远处的望远系统),取中心轴线为主光轴,玻璃棒另一端应磨成什么样的球面?

分析 本题充分应用望远镜的光路特征,取一条无限远处物体发出的光线作图,入射光为平行于主光轴的光线,其出射光线也应与主光轴平行,可见两球面的焦点重合,记为 F_1。在正确画出光路的基础上综合应用几何关系,再结合小角度近似即可求解。问什么样的球面则应答出球面的半径。

解 对于一个望远系统来说,从主光轴上无限远处的物点发出的入射光为平行于主光轴的光线,它经过系统后的出射光线也应与主光轴平行,即像点也在主光轴上无限远处,如图 4.4.15 所示,图中 C_1 为左端球面的球心。

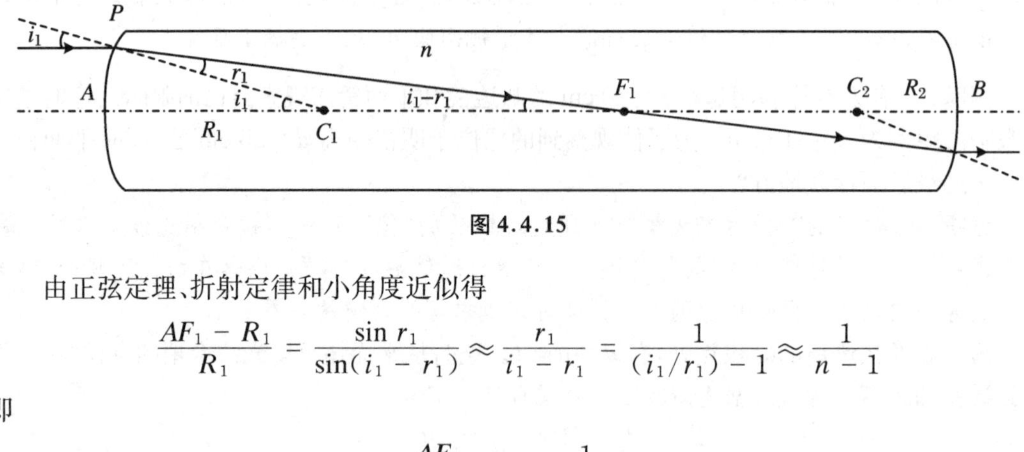

图 4.4.15

由正弦定理、折射定律和小角度近似得

$$\frac{AF_1-R_1}{R_1}=\frac{\sin r_1}{\sin(i_1-r_1)}\approx\frac{r_1}{i_1-r_1}=\frac{1}{(i_1/r_1)-1}\approx\frac{1}{n-1}$$

即

$$\frac{AF_1}{R_1}-1=\frac{1}{n-1}$$

光线 PF_1 射到另一端面时,其折射光线为平行于主光轴的光线,由此可知该端面的球心 C_2 一定在端面顶点 B 的左方,C_2B 等于球面的半径 R_2,如图 4.4.15 所示。

仿照左端球面上的折射关系可得

$$\frac{BF_1}{R_2}-1=\frac{1}{n-1}$$

由几何关系得

$$BF_1 = L - AF_1$$

以上三个式子联立并代入数值,可得 $R_2 = 5$ cm。

所以右端为半径等于 5 cm、向外凸的球面。

点拨 本题还可以进一步拓展为求解望远系统的视角放大率。考虑由无限远物点射来的平行光束与玻璃棒的主光轴成小角度 ϕ_1 时,从棒射出的平行光束与主光轴成小角度 ϕ_2,综合几何知识可求解出$\frac{\phi_2}{\phi_1}$。

3. 如何求解薄透镜与其他光具(组)成像的综合问题?

本章讨论的问题均为理想成像问题,即物方每个同心光束均转化为像方的一个同心光束。满足这种理想成像要求的光具组为理想光具组。共轴球面组在傍轴条件(光线与系统光轴之间形成一个微小的角度,且在系统中与光轴非常接近)下近似地满足理想成像要求。因此,题目中经常出现小量近似,可以使表达式简化。

例题4 (2001年第18届全国中学生物理竞赛复赛)一束平行光沿薄平凸透镜的主光轴入射,经透镜折射,会聚于距透镜 $f = 48$ cm 处,透镜的折射率为 $n = 1.5$。若将此透镜的凸面镀银,物体置于透镜平面前 12 cm 处,求最后所成像的位置。

分析 本题的难点在于建立两次成像的模型,合理选用物理规律,并综合应用几何关系。镀银前为平凸透镜成像问题,镀银后则属于凹面镜成像问题。由于球面镜公式中含有球面半径 R,需根据镀银前折射成像的数据求解半径 R。

解 如图 4.4.16 所示,先求凸球面的曲率半径 R。平行于主光轴的光线与平面垂直,不发生折射,它在球面上发生折射,交主光轴于 F 点。C 点为球面的球心,$CO = R$。

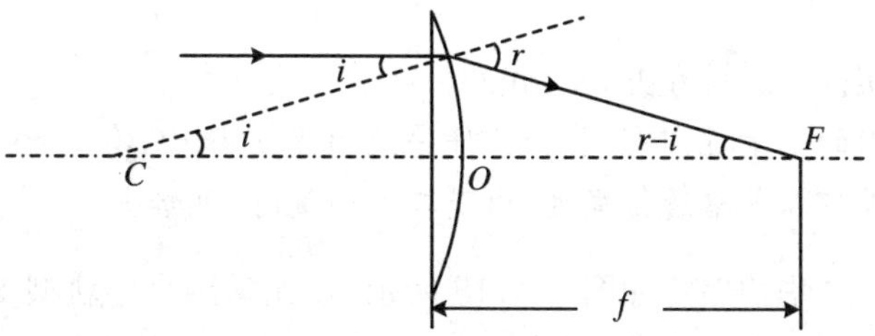

图 4.4.16

由正弦定理可得

$$\frac{R+f}{R} = \frac{\sin r}{\sin(r-i)}$$

由折射定律知

$$\frac{\sin i}{\sin r} = \frac{1}{n}$$

当 i、r 很小时,$\sin r \approx r$,$\sin(r-i) \approx r-i$,$\sin i \approx i$,由以上两式得

$$1 + \frac{f}{R} = \frac{r}{r-i} = \frac{n}{n-1} = 1 + \frac{1}{n-1}$$

所以

$$R = (n-1)f$$

凸面镀银后将成为半径为 R 的凹面镜，如图 4.4.17 所示，令 P 表示物所在位置，P 点经平面折射成像 P'。

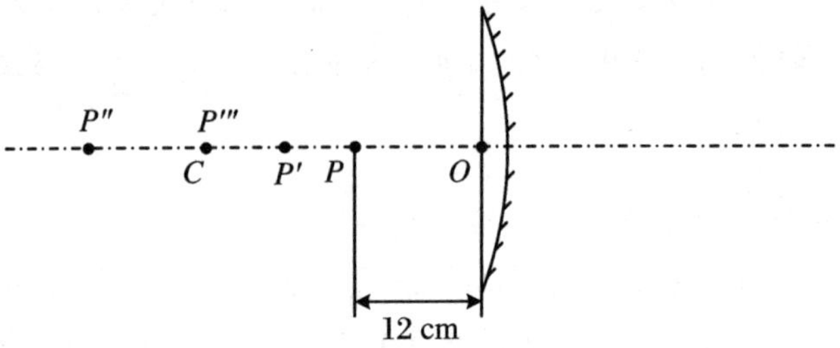

图 4.4.17

根据折射定律可推出

$$P'O = n \cdot PO$$

由于这是一个薄透镜，P' 与凹面镜的距离可认为等于 $P'O$。设反射成像于 P''，则由球面镜成像公式可得

$$\frac{1}{P''O} + \frac{1}{P'O} = \frac{2}{R}$$

由此可解得 $P''O = 36$ cm，可知 P'' 位于平面的左方。

对平面折射来说，P'' 是一个虚物，经平面折射成实像于 P''' 点。由

$$\frac{P'''O}{P''O} = \frac{1}{n}$$

得 $P'''O = 24$ cm。

所以最后所成实像在透镜左方 24 cm 处。

点拨 本章常用的小量近似有：傍轴条件导致角度 r 很小，有 $r \approx \sin r \approx \tan r$；薄透镜也可能导致小角度或可以忽略透镜宽度；出现二阶小量时，可略去。

例题 5 （2013 年“华约”卷）如图 4.4.18 所示，在光学用直导轨型支架上，半径为 R 的球面反射镜放置在焦距为 f 的凸透镜右侧，其中心位于凸透镜的光轴上，并可沿凸透镜的光轴左右调节。

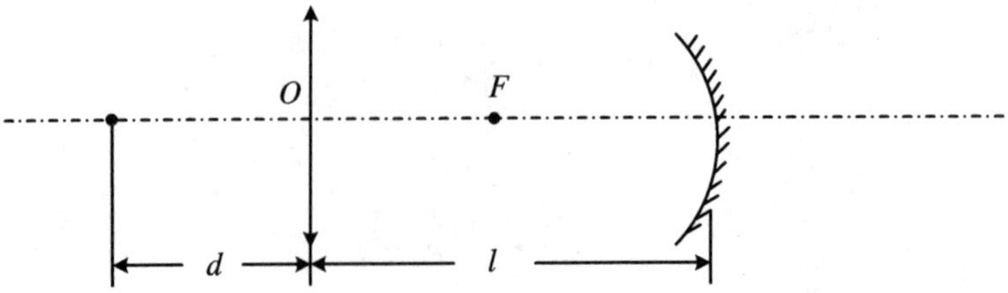

图 4.4.18

(1) 固定凸透镜与反射镜之间的距离为 l，将一点光源放置于凸透镜的左侧光轴上，调

节光源在光轴上的位置，使该光源的光线经凸透镜折射—反射镜反射—凸透镜成实像于点光源处。问：该光源与凸透镜之间的距离 d 可能是多少？

(2) 根据(1)的结果，若固定距离 d，调节 l 以实现同样的实验目的，则 l 的调节范围是多少？

分析 本题存在多种情况，需分类作图求解。作图后发现有三类情况：① 点光源成实像于透镜右侧光轴上的 C 点，而 C 点恰好在反射镜的球心位置上；② 点光源发出的光线穿过透镜后，点光源成虚像于透镜左侧光轴上的 C 点，而 C 点正好处在反射镜的球心位置上；③ 点光源发出的光线通过透镜后，点光源成实像于透镜右侧光轴上的 C 点，而 C 点正好处在反射镜的对称中心。

解 (1) 第一种情况：通过调节光源与透镜之间的 d 值($d>f$)，如图 4.4.19 所示。

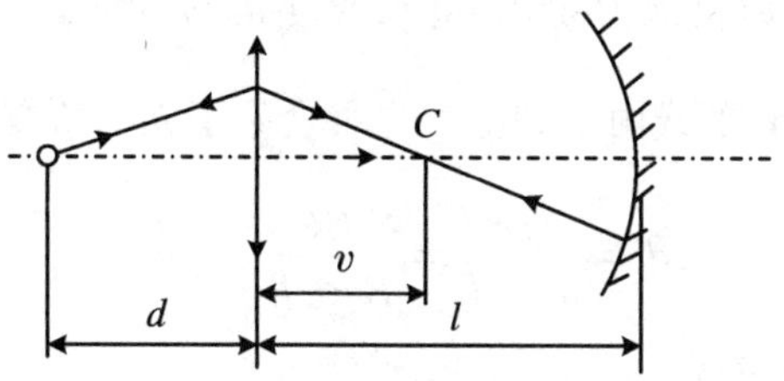

图 4.4.19

当 $v+R=l$，即点光源成实像于透镜右侧光轴上的 C 点，而 C 点恰好在反射镜的球心位置上时，光线沿反射镜的半径方向入射到它上面，并将沿同一路径反射回去，所有这样的光线都将会聚于光源所在点。由 $\frac{1}{d}+\frac{1}{v}=\frac{1}{f}$ 得

$$d=\frac{fv}{v-f}=\frac{f(l-R)}{l-R-f}$$

第二种情况：调节左侧光源与透镜之间的 d 值($d<f$)，如图 4.4.20 所示。

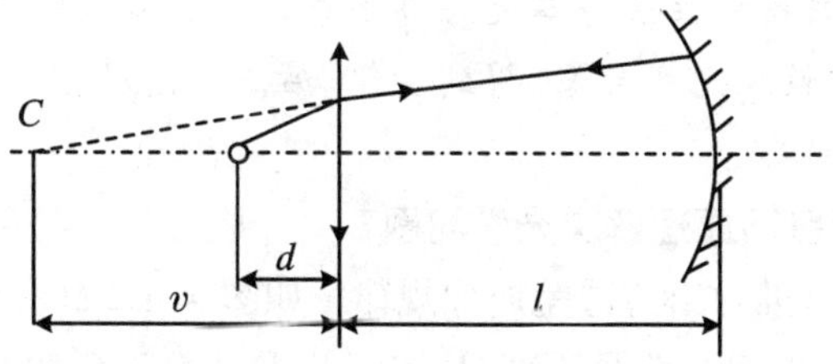

图 4.4.20

当 $v+R=l$，$v<0$，即由点光源发出的光线穿过透镜后，点光源成虚像于透镜左侧光轴上的 C 点，而 C 点正好处在反射镜的球心位置上时，光线会沿反射镜的半径方向入射到它上面，并将沿同一路径反射回去，所有这样的光线都会聚于光源所在点。由 $\frac{1}{d}+\frac{1}{v}=\frac{1}{f}$ 得

$$d=\frac{fv}{v-f}=\frac{f(l-R)}{l-R-f}=\frac{f(R-l)}{R+f-l}$$

第三种情况：如正好有条件 $R=l$，调节左侧光源与透镜之间的 d 值（$d>l$），如图 4.4.21 所示。

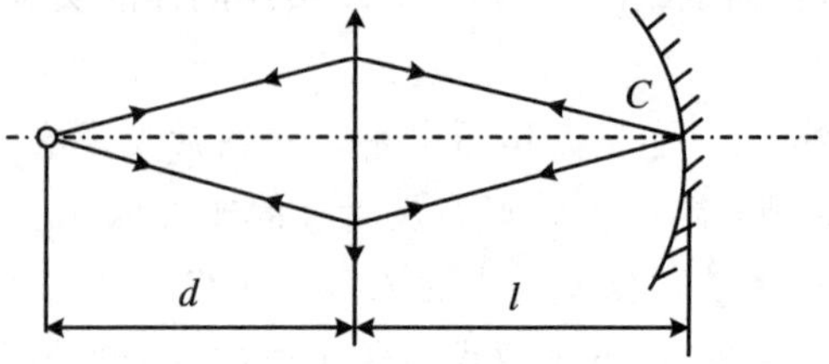

图 4.4.21

当 $v=R=l$，即由点光源发出的光线通过透镜后，点光源成实像于透镜右侧光轴上的 C 点，而 C 点正好处在反射镜的对称中心时，光线可被反射镜对称反射，再经凸透镜形成图 4.4.21 所示光路（由上到下或由下到上），也将会聚于光源所在点。由 $\frac{1}{d}+\frac{1}{v}=\frac{1}{f}$ 得

$$d=\frac{fv}{v-f}=\frac{fR}{R-f}=\frac{fl}{l-f}$$

(2) 对应(1)中的 3 种情况。

对应第一种情况，即 $d>f$，$d=\frac{fv}{v-f}=\frac{f(l-R)}{l-R-f}$，实现实验目的可调节范围是 $l>R+f$。

对应第二种情况，即 $d<f$，$d=\frac{fv}{v-f}=\frac{f(l-R)}{l-R-f}=\frac{f(R-l)}{R+f-l}$，实现实验目的可调节范围是 $l<R$。

对应第三种情况，即 $d>l$，$R=v$，$d=\frac{fv}{v-f}=\frac{fR}{R-f}=\frac{fl}{l-f}$，实现实验目的需调节 $l=R$。

点拨　凹面镜反射的特殊性使得本题存在多种情况。需要小心的是，第二种情况中虽然第一次成像是虚像，但最终光线会聚，得到实像；第三种情况中光线在凹面镜处是对称反射的，比较特殊，容易被忽略。

4. 如何巧妙地应用费马原理解决光学问题？

利用费马原理也可以推导出薄透镜成像规律。如图 4.4.22(a)所示，S 为薄透镜主光轴上的一点光源，其像为 S'。根据费马原理，从 S 发出并会聚于 S' 的所有光线的光程都相等。

分别以 S、S' 为圆心，SA、$S'B$ 为半径作圆，则有光程 $\delta_{CED}=\delta_{AB}$，近轴条件下有 $\delta_{CED}=\delta_{AB}=n\cdot AB$。$M$、$L$、$N$ 分别为过 C、E、D 向光轴作垂线的垂足，有

$$MA+AL+LB+BN=n\cdot AL+n\cdot LB$$

由于是近轴光线，根据几何关系（图 4.4.22(b)），取近似可得到关系式

$$LB=-\frac{EL^2}{2R_2},\quad AL=\frac{EL^2}{2R_1},\quad MA=\frac{EL^2}{2u},\quad BN=\frac{EL^2}{2v}$$

代入并整理，得

$$\frac{1}{u}+\frac{1}{v}=(n-1)\left(\frac{1}{R_1}-\frac{1}{R_2}\right),\quad f=\frac{1}{(n-1)\left(\frac{1}{R_1}-\frac{1}{R_2}\right)}$$

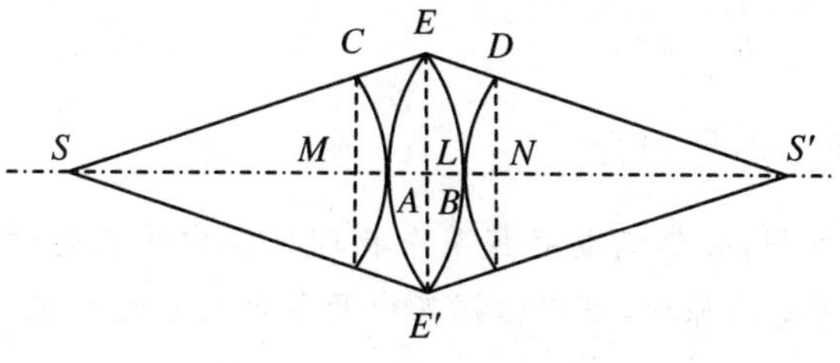

(a)

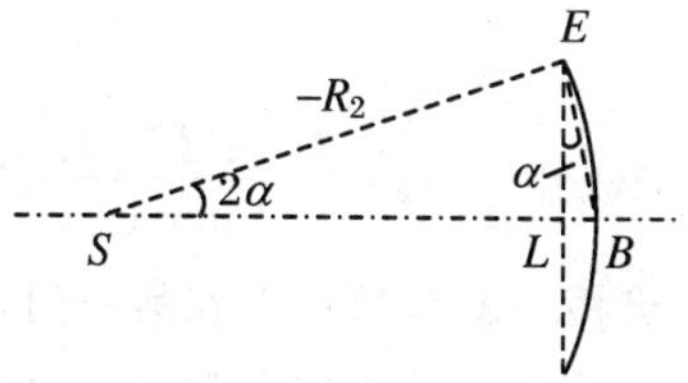

(b)

图 4.4.22

例题 6　一平凸透镜的折射率为 n，放置在空气中，透镜面孔的半径为 R。在透镜外主光轴上取一点 F'，$OF'=f$，如图 4.4.23 所示。当平行光沿主光轴入射时，为使所有光线均会聚于 F' 点：

(1) 透镜凸面应取什么形状？

(2) 透镜顶点 A 与点 O 相距多远？

(3) 对透镜的孔径 R 有何限制？

分析　形状可通过写出凸面圆的方程来阐述，可以利用费马原理列等式。为方便，其中一条光线取 x 轴，另一光线任取，根据两会聚光线的光程相等，可以求得圆方程；(2)、(3)两问则可结合数学知识以及(1)中的结果求得。

解　(1) 在图 4.4.24 所示的坐标中，设透镜凸面的坐标为 (x,y)，根据成像等光程原理有

$$\sqrt{f^2+R^2}=nx+\sqrt{y^2+(f-x)^2}$$

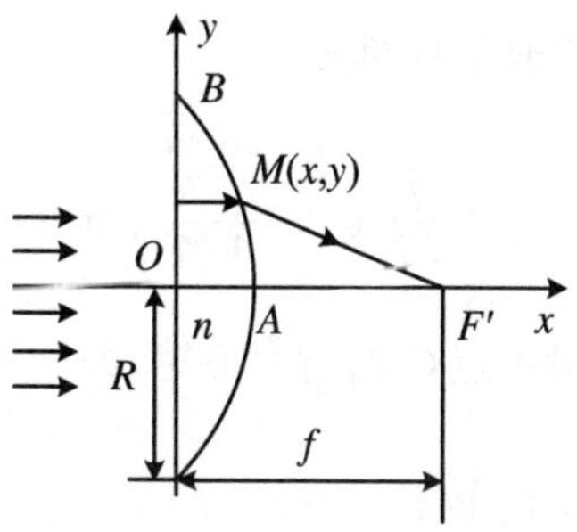

图 4.4.23

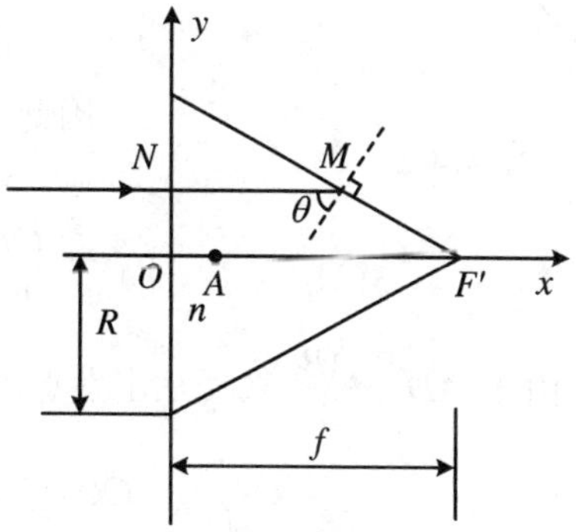

图 4.4.24

整理可得

$$y^2+(1-n^2)x^2+(2n\sqrt{f^2+R^2}-2f)x-R^2=0$$

(2) 透镜凸面为二次圆锥曲面，在透镜顶点 A 的位置有 $y=0$，则

$$(1-n^2)x^2+(2n\sqrt{f^2+R^2}-2f)x-R^2=0$$

A 点与 O 点相距

$$x_0=\frac{f+\sqrt{f^2+R^2}}{n+1}$$

(3) 由于 $x_0=\dfrac{f+\sqrt{f^2+R^2}}{n+1}\leqslant f$,故 $R\leqslant\sqrt{n^2-1}f$。

点拨 本题的难点在第一问,想要列方程,必然需要寻找某个物理过程中的不变量,进而列出等式。对几何光学部分,巧妙地利用费马原理,可以根据其中两条会聚光线的光程相等列式,从而达到求解目的。

例题7 某教授是一位精通几何光学的专家,他站在距直线公路1 km处的田野上,思考一个问题。公路上 A 点离教授最近,离 A 点2 km处有大车站 B,沿田野行走时他的速度为3 km/h,沿公路行走时他的速度为4 km/h。问:

(1) 他至少需要多少时间到达车站?

(2) 他至少花多少时间可以到达 AB 段中点处?

分析 根据费马原理,当光线在两种均匀介质的界面发生折射时,遵循折射定律的光程最小,即时间最短。故借助折射模型可以求解运动学中的最短时间问题。

解 (1) 教授应走光传播的路径 ODB,如图4.4.25所示,其中 DB 段沿公路方向。借助光折射(掠射)模型,有

$$\sin\theta=\frac{v_1}{v_2}=\frac{3}{4}$$

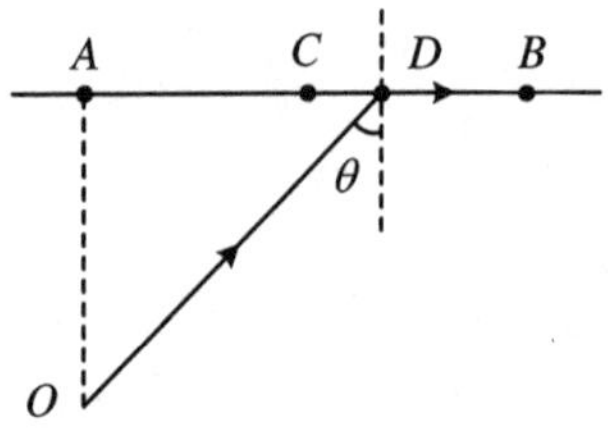

图4.4.25

根据几何关系有

$$AD=OA\tan\theta=1\times\frac{3}{\sqrt{7}}\text{ km}=\frac{3\sqrt{7}}{7}\text{ km}$$

$$OD=\frac{OA}{\cos\theta}=1\times\frac{4}{\sqrt{7}}\text{ km}=\frac{4\sqrt{7}}{7}\text{ km}$$

因此,教授到达车站的最短时间为

$$t_1=\frac{OD}{v_1}+\frac{AB-AD}{v_2}=\left(\frac{4\sqrt{7}}{3\times7}+\frac{2-\frac{3\sqrt{7}}{7}}{4}\right)\text{h}\approx0.72\text{ h}$$

(2) 由于 $AD>\dfrac{AB}{2}$,教授从出发点沿直线到达 AB 段中点 C 的时间最短,即

$$t_2=\frac{OC}{v_1}=\frac{\sqrt{OA^2+AC^2}}{v_1}\approx0.47\text{ h}$$

点拨 费马原理又称平稳时间原理:光沿着所需时间平稳的路径传播。这里的"平稳"是数学上的微分概念,可以理解为一阶导数为零,它可以是极大值、极小值甚至是拐点。约翰·伯努利在解决最速降线问题时曾利用到费马原理。他将小球运动类比光线的运动,从而得出最速降线为摆线。

习题实战演练

基础练习

1. 放映幻灯片的时候，在银幕上得到一个清晰的图像。如果银幕固定不动，要使画面增大，应该　(　　)

A. 幻灯机向前移，同时镜头也向后缩

B. 幻灯机向前移，同时镜头也向前伸

C. 幻灯机向后移，同时镜头也向后缩

D. 幻灯机向后移，同时镜头也向前伸

2. 变焦照相机的镜头可视为焦距能够连续变化的凸透镜。用变焦照相机对人拍照。若人和照相机的距离保持不变，要使人在底片上的像变大，可以采用的办法是　(　　)

A. 增大镜头的焦距，减小镜头和底片之间的距离

B. 增大镜头的焦距，增大镜头和底片之间的距离

C. 减小镜头的焦距，减小镜头和底片之间的距离

D. 减小镜头的焦距，增大镜头和底片之间的距离

3. 用照相机拍完人的半身像后要拍全身像，需要　(　　)

A. 使照相机移近被拍对象　　B. 使照相机远离被拍对象

C. 拉长照相机暗箱的长度　　D. 缩短照相机暗箱的长度

4. (2016年清华领军)以下说法正确的是　(　　)

A. 物体在视网膜上成正立虚像

B. 物体在视网膜上成倒立实像

C. 人可以看清不同距离的物体表明眼睛的焦距可以变化

D. 矫正近视眼需佩戴凸透镜

5. 如果一个人要在水中正常观察东西，则此人应该戴什么样的眼镜？

6. 图4.4.26为某一圆形水池的示意图(竖直截面)。AB为池中水面的直径，MN为水池底面的直径，O为圆形池底的圆心。已知ON为11.4 m，AM、BN为斜坡，池中水深为5.00 m，水的折射率为$\frac{4}{3}$。水的透明度极好，不考虑水的吸收。图中a、b、c、d为四个发光点，天空是蓝色的，水面是平的。在池底中心处有一凹槽，一潜水员仰卧其中，他的眼睛位于O处，仰视水面的最大范围的直径为AB。

(1) 潜水员仰视时所看到的蓝天图像对他的眼睛所张的视角为__________。

(2) 四个发光点a、b、c、d中，其发出的光能通过全反射到达潜水员眼睛的是__________。

7. 请根据费马原理证明光的反射定律。

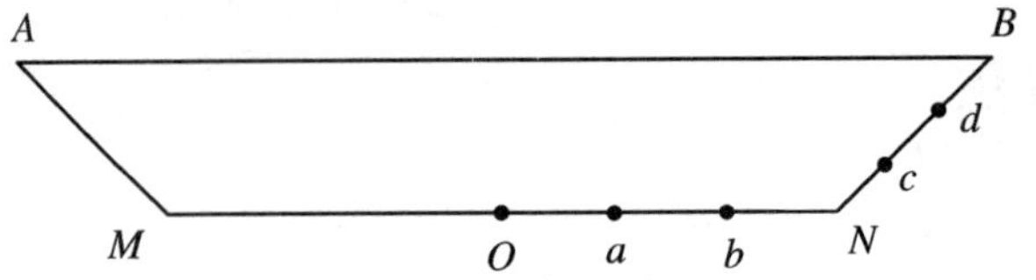

图 4.4.26

8. 把人眼的晶状体看成距视网膜 2 cm 的两个简单透镜。有人能看清距离在 100～300 cm 的物体。试问：

(1) 此人看清远点和近点时，眼睛透镜的焦距是多少？

(2) 为看清 25 cm 远的物体，需佩戴什么样的眼镜？

9. (2006 年第 23 届全国中学生物理竞赛预赛)有两个凸透镜，它们的焦距分别为 f_1 和 f_2；还有两个凹透镜，它们的焦距分别为 f_3 和 f_4。已知 $f_1 > f_2 > |f_3| > |f_4|$。如果要从这四个透镜中选取两个透镜，组成一架最简单的单筒望远镜，要求能看到放大倍数尽可能大的正立的像，则应选焦距为__________的透镜作为物镜，焦距为__________的透镜作为目镜。

提 高 练 习

10. (2021 年中国科大强基)如图 4.4.27 所示，两块非常长的光滑挡板围成一个夹角为 10°的三角形区域，一小球以沿着角平分线方向的初速度入射，设球与挡板间的碰撞是弹性的，这球与挡板一共会发生__________次碰撞。

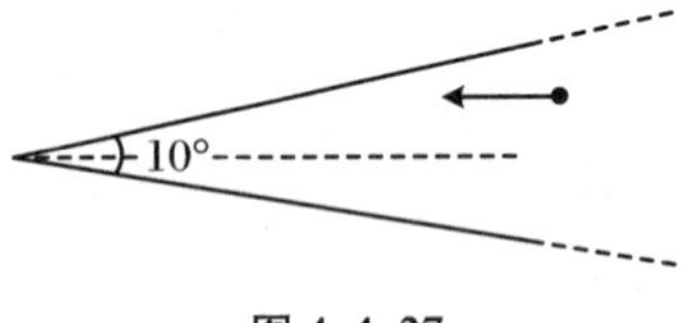

图 4.4.27

11. 近距离对蚂蚁拍照时，实验者使用了加长圈，它使从胶片到物镜的距离增加了 $\Delta l = 7.5$ mm。在物镜标度上调整距离 $u = 1.05$ m(在标度上表示没有采用加长镜头从物体到物镜的距离)情况下，得到蚂蚁清晰的像。物镜的焦距 $f = 50$ mm。问：蚂蚁位于离物镜多远处？(物镜为薄透镜。)

12. (2007 年第 19 届全国中学生物理竞赛复赛)如图 4.4.28 所示，L 是焦距为 f 的薄凸透镜(F 与 F'为焦点)。在透镜右侧焦点 F'处放置一半径为 R 的球面反射镜(顶点位于 F'处)，透镜和球面镜组成一轴对称的光学系统，透镜 L 左侧光轴上有限远处有发光点 P，它发出的近轴光线经此光学系统恰好成像在 P 点。

(1) 若球面镜为凹面镜，则 P 点到透镜的距离等于__________；若球面镜为凸面镜，则 P 点到透镜的距离等于__________。

(2) 若将一短细杆垂直于光轴放置，杆的下端位于 P 点，则此细杆经上述光学系统所成的最后的像的大小与物的大小之比对凹面镜等于__________，对凸面镜等于__________。

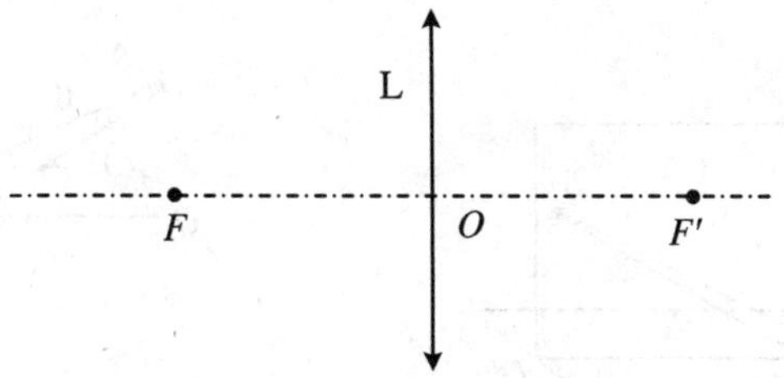

图 4.4.28

(3) 若球面镜的半径大小 $R=2f$，试按作图法的规范要求，画出(2)问中杆对上述光学系统逐次成的像和成像光路图。(要求将凹面镜和凸面镜分别画在两张图上。评分时只按图评分，不要求写出作图理由和说明，但需用已知量标出各个像在光轴上的具体位置。)

参考答案

1. D。
2. B。
3. BD。
4. BC。
5. 在水中正常则在空气中是近视眼，应戴凹透镜，如图 4.4.29 所示。

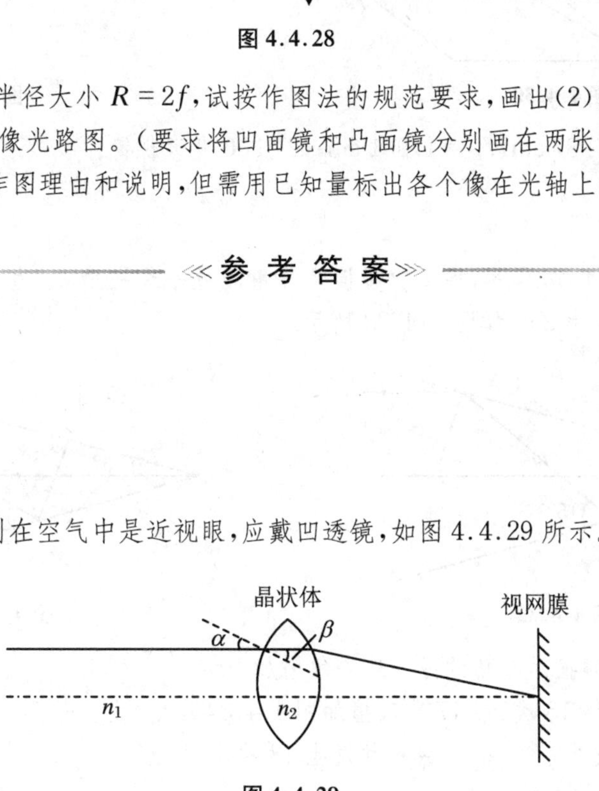

图 4.4.29

6. (1) 97.2°；(2) c、d。

7. 第一步：先证反射光线、入射光线和法线在同一平面内。两种介质的分界面为 α，如图 4.4.30 所示，光从 A 点经平面反射到达 B 点。过 A 点和 B 点作平面 $\beta\perp\alpha$，它与平面 α 的交线为 OO'。考虑 OO' 线外任意一点 P'，它到 OO' 的垂足为 P，显然 $AP<AP'$，$PB<P'B$。因此，光程 APB 小于光程 $AP'B$。可见，光程最短的路径应在 β 平面内，即实际的反射光线、入射光线和法线都应在 β 平面内。

第二步：再证反射角等于入射角。在 β 平面内，考虑从 A 点出发经界面 α 反射到达 B 点的各种可能的光线，如图 4.4.31 所示。作 B 点关于 OO' 的对称点 B'，由对称性可知，从 A 点到 B 点的任意路径 $AP''B$ 的长度都与 $AP''B'$ 相等，显然 $AP'B'$ 是其中最短的一条，从而 $AP'B$ 的长度最短。根据费马原理，$AP'B$ 是实际光线的路径，从图中易得 $i=\angle P'B'B$，$r=\angle P'BB'$，而 $\angle P'B'B=\angle P'BB'$，因此 $i=r$。

可见，满足费马原理的反射光线必然遵守反射定律。

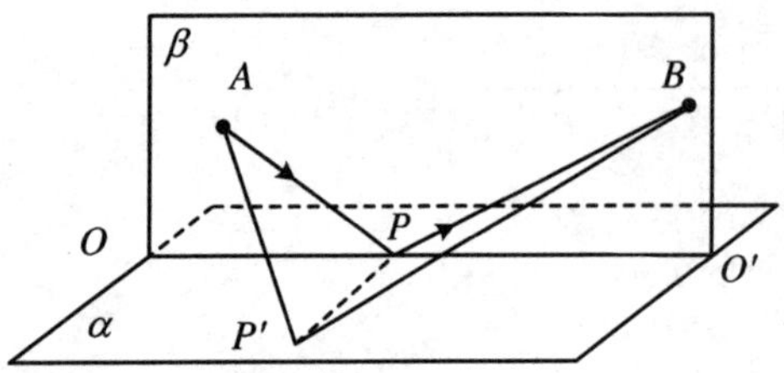

图 4.4.30

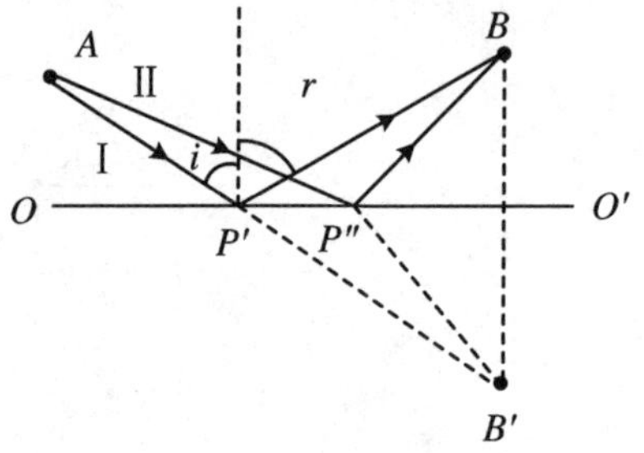

图 4.4.31

8. (1) $f_{远}=1.987\ \text{cm}$，$f_{近}=1.961\ \text{cm}$；(2) 300 度远视镜片。

9. f_1，f_4。

10. 18。

提示 如图 4.4.32 所示，第 1 次碰撞后与角的另一边夹角 α_1 为 15°，第 2 次碰撞后与角的另一边夹角 α_2 为 25°，如图 4.4.33 所示。

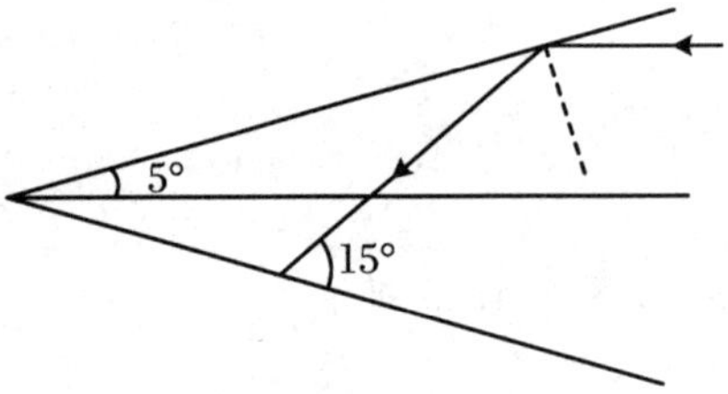

图 4.4.32

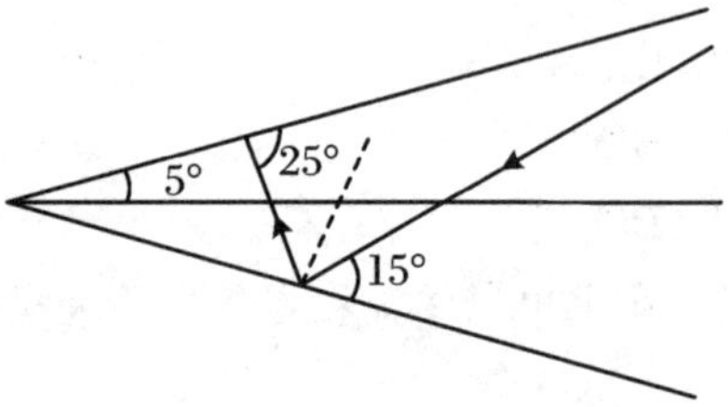

图 4.4.33

由此可得每次碰撞后与角的另一边夹角增加 10°。

由此可以推断第 16 次、第 17 次碰撞如图 4.4.34 所示，发生第 18 次反射后，由于 $\alpha_{17}+10^\circ>180^\circ$，无法再发生一次反射，故一共发生 18 次碰撞。

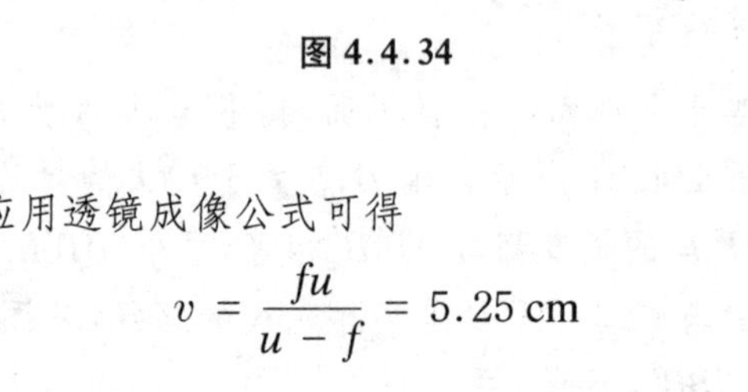

图 4.4.34

11. 30 cm。

提示 $u=1.05\ \text{m}$，应用透镜成像公式可得

$$v=\frac{fu}{u-f}=5.25\ \text{cm}$$

当带长镜头拍照时，物镜与胶片的距离 $v' = v + \Delta l = 6\ \text{cm}$，再次应用透镜成像公式，可得

$$\frac{1}{f} = \frac{1}{u'} + \frac{1}{v + \Delta l}$$

由此得

$$u' = \frac{f(v + \Delta l)}{v + \Delta l - f} = 30\ \text{cm}$$

12. (1) $\dfrac{f(R-f)}{R}$；$\dfrac{f(R+f)}{R}$。

(2) 1；1。

(3) 对于凹面镜，光路图如图4.4.35所示；对于凸面镜，光路图如图4.4.36所示。

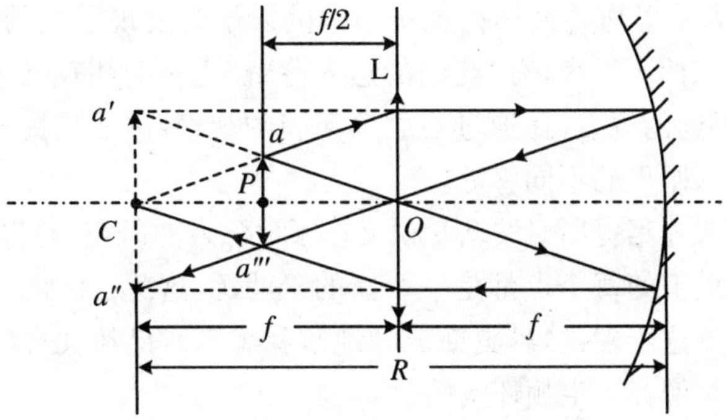

图4.4.35

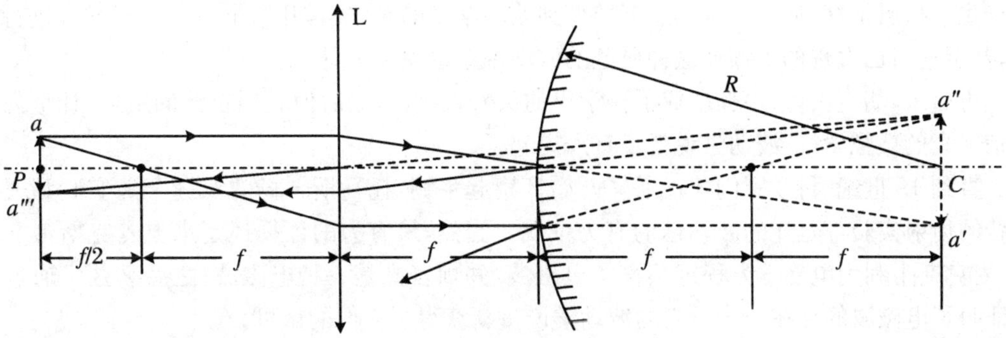

图4.4.36

第5章　物理光学和波粒二象性

人类对光的研究经历了漫长的岁月，但对光的本性的思考却只是近几百年的事情。在17世纪首先由笛卡儿在《屈光论》中提出了两种假说，他认为光可能是一种高速传播的粒子，也可能是一种通过“以太”传播的波。可能连他本人都不会想到，他的这两个观点对后世产生的影响极其深远。

1655年，意大利人格里马迪最早在观察小棍的影子时发现了光的衍射现象，并猜想光是一种类似于水波的东西。后来，有“英国的达·芬奇”之称的胡克又重复了格里马迪的实验，他不仅赞同格里马迪的观点，还通过对肥皂薄膜的观察，进一步提出了不同的颜色实际上是不同频率的光在人眼里的不同感觉。

同时期的另一位天才惠更斯对波动学说又作了更深入的研究，并提出了他的新理论，认为光在某一时刻的波前上的每个点都是一个新的子波源，这些子波源在后续进行叠加就可以形成新的波前。根据这个理论，惠更斯成功地解释了当时已经发现的光的反射、折射、双折射、衍射等现象，甚至解释了牛顿环实验。

但是，之后惠更斯和牛顿在剑桥的一次会面却让历史变得曲折了很多，这两位天才本来互相欣赏，但在关于光的本性的问题的讨论中，惠更斯非常坚定地认为光是一种波，却让牛顿产生了抵触情绪，使得牛顿的态度转变到波动学说的对立面，开始全力为粒子学说进行辩护，甚至连自己发现的牛顿环这种典型的波动现象也视而不见。

再后来，胡克去世，牛顿就成了科学界的头号人物，这之后他利用自己的威望，让世人都相信了光的微粒学说，波动学说就鲜有人提起了。

直到19世纪，科学家们才逐渐又开始怀疑起牛顿，托马斯·杨的双缝干涉实验和夫琅禾费的衍射实验都是光的波动性的有力证明。当然，最有力的证据还是来自麦克斯韦和赫兹，麦克斯韦利用电磁学方程组预言了电磁波，并预言光是一种电磁波；之后赫兹又通过实验证明了电磁波的存在。于是光的波动学说重新获得了人们的认可。

然而事情还有转变，20世纪初，普朗克对黑体辐射现象的解释和爱因斯坦对光电效应实验的解释让人们又重新意识到必须将光考虑成一个个波包（粒子性）。最终，还是由爱因斯坦给出了一个非常反直觉但确实合理的解释：光应当同时兼备粒子性和波动性，即波粒二象性。几百年后，再回头看笛卡儿当年的猜想，颇受震撼。

爱因斯坦关于光的波粒二象性的想法启发了当时年轻的德布罗意，德布罗意大胆地猜想任何实物粒子也应当具有波的属性，即物质波。他还根据自己的猜想从理论上推导出了物质波的波函数表达式，最终这些猜想也被电子衍射实验证实。

至此，人类对物质本性的认识已经达到了地球文明前所未有的高度，我们终于意识到：

无论是光还是实物粒子，都同时兼备波动性和粒子性这两种看起来似乎矛盾的性质。就像人并不是非黑即白的简单个体一样，任何物体也不会只是非波即粒的简单模型。

5.1　光 的 干 涉

课外知识延伸

1. 光的双缝干涉

(1) 双缝干涉的实现

虽然光的双缝干涉和机械波的干涉都是两列频率相同的波的干涉，但是要实现光的双缝干涉却比机械波困难得多。把两个相同的音箱放在屋子的不同位置，同时播放一个固定频率的连续声音，然后你在房间里移动，就可以感觉到不同区域的声音强弱明显不同；但如果将两盏一样的灯在屋里点亮，我们即使采用相同的滤光片产生频率相同的两个波源，也不能看到明暗相间的光的干涉条纹。这是为什么呢？

上面现象的解释如下：两个音箱发出的是连续不断的声音，因此空间中某一位置接收到任意一个音箱所发出的声波相位都是连续变化的，所以到达该位置的两列声波可以有恒定的相位差，从而使得该位置合成后的声波振幅稳定，于是空间中处处振幅也都稳定分布，就形成了干涉现象；但光波则不然，普通光源发出的光并不是连续的，原子跃迁发出一列光波时间大概是 10^{-8} s 的数量级，也就是空间中某位置接收到普通光源发出的光波每过大概 10^{-8} s 就会发生一次相位的随机突变，因此即使产生了干涉条纹，也只能稳定存在 10^{-8} s，之后条纹在空间的强弱分布将发生随机突变。而我们人眼是无法分辨 0.1 s 内接收到的所有景象的，也就是说，在人眼的最小分辨时间 0.1 s 内，空间的干涉条纹至少随机变化了 10^7 次，这些场景叠加在一起，我们感觉到的空间就是一片均匀的光亮了。当然，可以想象，如果我们拥有分辨率极高的眼睛，比如最小分辨时间为 10^{-9} s，我们将真的可以看到不断变化的干涉条纹，在这样的世界里，可能我们的审美能力都将和现在有很大不同了。

因此要想得到人眼可以观察的光的干涉现象，我们就需要两个相位差始终恒定的光源，这样的波源就称为相干光源。如果用普通光源直接照射两条非常靠近的平行狭缝，则到达两条狭缝的光波相位将会各自快速频繁突变，因此在狭缝后方空间无法观察到稳定的干涉现象；但如果用激光去照射这两条狭缝，激光特殊的光学特性使得到达两束狭缝的光波相位始终保持恒定，于是就可以用人眼在狭缝后方空间观察到稳定的干涉条纹了。

(2) 双缝干涉的条纹间距

如图 5.1.1 所示，用波长为 λ 的激光照射间距为 d 的双缝，在挡板后方 L 处的屏上进行观察，就可以看到形如图 5.1.2 所示的干涉图样了。需要知道一些关于该实验装置的基本的数量级：λ 一般是 10^{-7} m，d 一般是 10^{-4} m，而 L 一般是 1 m 左右。可见 $d \ll L$，所以在图 5.1.1 上半部分显示的示意图中几乎看不清楚双缝的结构，因而从屏的位置来观察双缝，可以将从双缝射到屏上某一位置的两条光线视为平行光(如图 5.1.1 下方的双缝放大视角)。需要注意的是，这里我们暂时先忽略缝本身的宽度而将其看成一个理想的线光源。

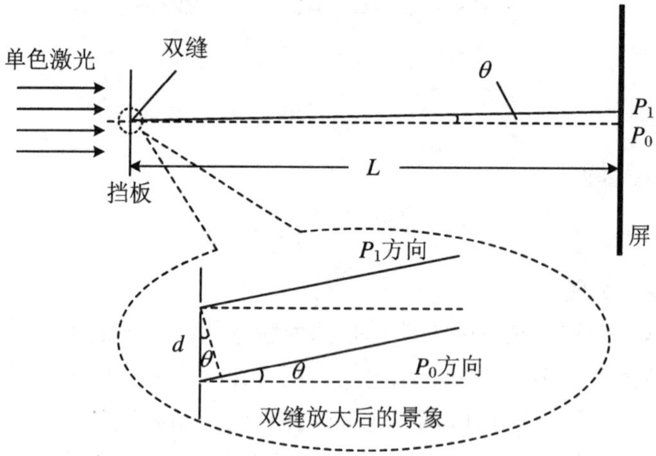

图 5.1.1

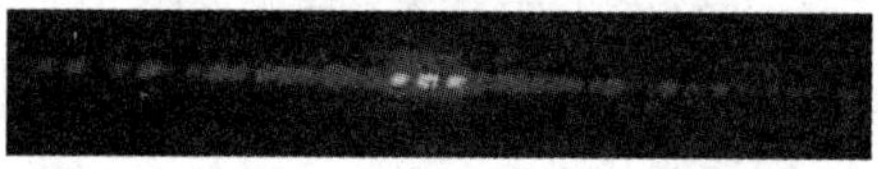

图 5.1.2

屏上的 P_0 是从双缝出发，沿垂直于屏和挡板的方向出射的两条光线在屏上的交点，即 P_0 在双缝的垂直平分线上，P_0 是为零级亮条纹。屏上的 P_1 是从双缝出发，沿与 P_0 方向成 θ 角的方向出射的两条光线在屏上的交点。从图 5.1.1 中对双缝放大后的景象图可以很容易地看出，P_1 到双缝的距离差为

$$\Delta r = d\sin\theta$$

若 $d\sin\theta = \lambda$，则 P_1 为一级亮条纹。

设 P_0 和 P_1 的距离为 x_1，由图 5.1.1 可知 $\tan\theta = \frac{x_1}{L}$。又根据前面对数量级的介绍，我们可以得知 $\sin\theta = \frac{\lambda}{d} \ll 1$，故 θ 为非常小的角度，所以可以有 $\theta = \sin\theta = \tan\theta$，结合前面的分析，可得

$$\theta = \frac{\lambda}{d} = \frac{x_1}{L}$$

读者需要敏锐地意识到，由前面 λ、d 和 L 的数量级可以很容易估算出 x_1 的数量级是 10^{-4} m，所以 x_1 的确是远小于 L 的。

同理，第 n 级亮条纹出射的 P_n 方向与 P_0 方向的夹角 θ_n 应当满足

$$d\sin\theta_n = n\lambda$$

而第 n 级亮条纹与零级亮条纹的间距 x_n 满足 $\tan\theta_n = \frac{x_n}{L}$，一般情况下，$\theta_n$ 同样是非常小的角度，所以 $\theta_n = \sin\theta_n = \tan\theta_n$，故可得

$$\theta_n = \frac{n\lambda}{d} = \frac{x_n}{L}$$

所以在角度很小的情况下，相邻条纹间距 Δx 是个常量，且满足

$$\Delta\theta = \frac{\lambda}{d} = \frac{\Delta x}{L}$$

这便是计算双缝干涉相邻亮条纹间距的定量公式了。

2. 薄膜干涉

(1) 薄膜干涉的原因

当光源发出的光照射到一层透明的薄膜上时，有一部分光被上表面直接反射回来，还有一部分光从上表面透射进薄膜，又在下表面被反射，再经过上表面透射出去，和第一部分被直接反射的光相互叠加，可以产生干涉现象，这种干涉称为薄膜干涉。

需要注意的是，为了产生稳定的干涉图样，这两部分进行叠加的光也需要具有相干性，但一束光波的波列的长度是有限的，能产生干涉的薄膜厚度就应当与波列长度相当。而理论可以证明，一束光波的波列长度与其单色性有关，其单色性越好，波列长度越长，自然光的波列长度大概是几微米，钠光灯的波列长度大概是几毫米，低压氪灯的波列长度大概有几十厘米，而激光的单色性非常好，其波列长度能达到上千米。

如图 5.1.3 所示，在重力的作用下，肥皂液膜会形成上薄下厚、厚度极薄的楔形薄膜。这个楔形薄膜的前后表面都会反射光，这两列反射光波是由同一波列的光波产生的，因而是相干的。当这两列波在薄膜的前表面附近相遇时，就会相干叠加。在不同的高度，肥皂液膜的厚度不同，两列反射光波的相位差也不同。当在某个高度处，肥皂液膜的厚度恰好使两列波的相位差为 $2k\pi$（k 为整数）时，两列波干涉加强；当在另一高度处，肥皂液膜的厚度恰好使两列波的相位差为 $(2k+1)\pi$（k 为整数）时，两列波干涉减弱。

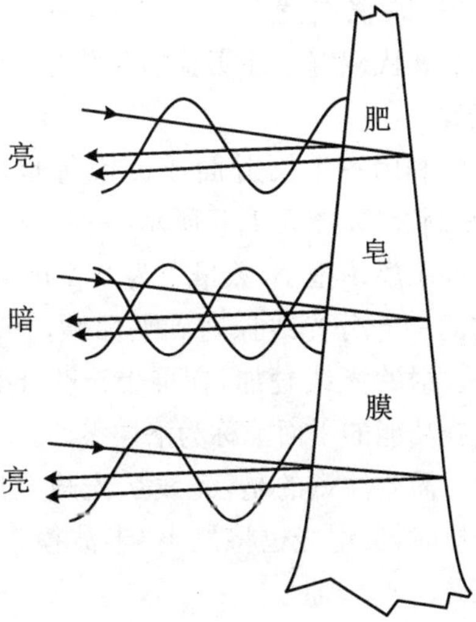

图 5.1.3

虽然波列长度是限制薄膜厚度的因素之一，但用肉眼观察时，限制薄膜厚度更重要的原因其实是扩展光源带来的反衬度下降。具体地说，由于光源具有一定的宽度，而瞳孔也有一定的大小，会有来自不同方向的光线入射到薄膜，经过薄膜的反射，在上表面的同一点各自发生干涉并进入人眼，这些光线的光程差是不一样的，会造成反衬度的降低，具体计算详见例题 2。

(2) 薄膜干涉中的相位差

下面先计算一下薄膜干涉中的光程差，如图 5.1.4 所示，厚度为 d、折射率为 n 的薄膜

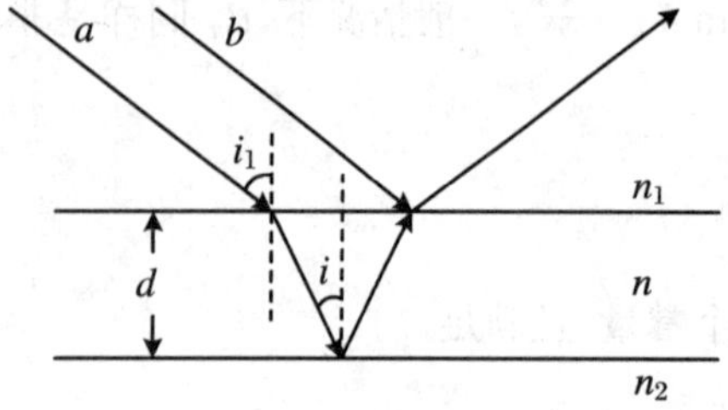

图 5.1.4

位于折射率分别为 n_1 和 n_2 的两种介质之间。在介质 1 中，从远处同一光源传来光线 a 和 b（可认为平行），a 经过薄膜透射在 2 的上表面发生反射又透射回 1 中，与 b 直接在薄膜上表面发生反射的光线相叠加。光线在 1 中与法线的夹角为 i_1，在薄膜中与法线的夹角为 i。若暂不考虑界面上反射时的半波损问题，则由薄膜造成的这两束光线光程差为

$$\Delta L = 2n\frac{d}{\cos i} - 2n_1 d\tan i\sin i_1$$

再利用折射定律 $n_1\sin i_1 = n\sin i$，可得

$$\Delta L = 2n\frac{d}{\cos i} - 2n_1 d\tan i\sin i_1 = \frac{2nd(1-\sin^2 i)}{\cos i} = 2nd\cos i$$

这里我们主要研究正入射的情形，即 $\cos i = 1$，则此时 $\Delta L = 2nd$。

有了光程差，再计算两列波的相位差就简单了，但是也需特别注意反射波可能存在相位突变 π 的情况。在正入射的情况下，若入射光线所在介质的折射率小于透射光线所在介质的折射率，则其对应的反射光线的相位就需要加 π 或减 π。需要注意的是，对于所有的透射光线，都不存在相位跃变的问题。

3. 利用成像实现干涉

(1) 洛埃镜

杨氏双缝干涉实验的精妙之处在于将一个光源“一分为二”，分成的这两个光源是相干光源。

利用一个反射面或棱镜等也能实现这样的“复制”。如图 5.1.5 所示，一个与反射面 L 所在平面距离 d 很小（数量级为 0.1 mm）的点光源 S，它的一部分光线掠射到平面镜，其反射光线与未经反射的光线叠加，在屏上产生干涉条纹。实现这样功能的平面镜称为洛埃镜。

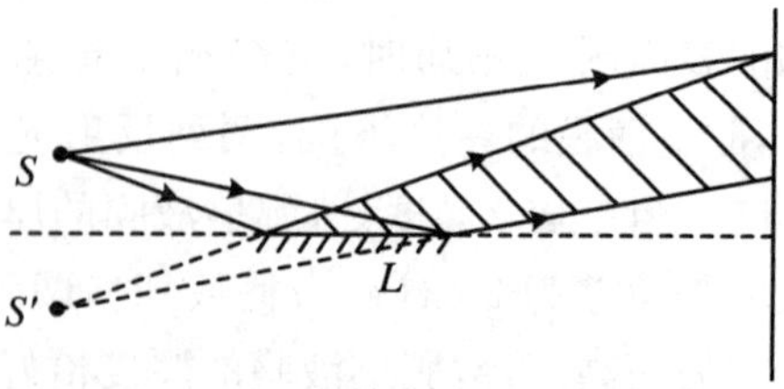

图 5.1.5

需要注意的是，光线从光疏介质掠射到光密介质时，反射光也将发生“半波损失”，即存在 π 的相位突变。因此，S 与 S' 是反相位相干光源。

设条纹间距为 Δx，光源到屏的距离为 D，则根据双缝干涉的知识，应当有

$$\frac{\Delta x}{D} = \frac{\lambda}{2d}$$

(2) 菲涅尔双棱镜

同样的道理，利用折射也能“复制”出相干光源。图 5.1.6 所示是菲涅尔双棱镜，其结构是一个柱体，底面为图中所示的底角 α 很小的等腰钝角三角形，三角形的底边所在平面与光屏平行，光源位于底边的中垂线上。设棱镜的折射率为 n，狭缝光源 S 到棱镜的距离为

L_1，棱镜底边到光屏的距离为 L_2，则光源通过棱镜所成的两个像就会在屏上形成干涉条纹。

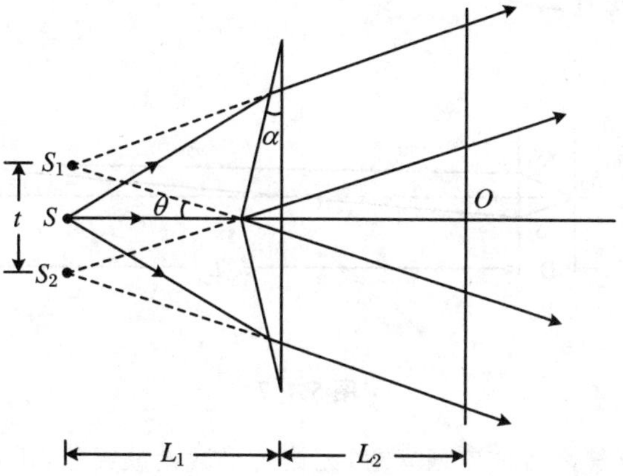

图 5.1.6

由几何光学知识可知，S 通过棱镜的上下两部分分别成两个虚像 S_1 和 S_2，在 α 很小的情况下，两个虚像几乎与 S 位于同一竖直线上，且到 S 的距离为

$$\frac{t}{2} = L_1(n-1)\alpha$$

所以 S_1 和 S_2 之间的距离为

$$t = 2L_1(n-1)\alpha$$

根据双缝干涉的规律，易得屏上的干涉条纹间距为

$$\Delta x = \frac{L_1 + L_2}{2L_1(n-1)\alpha}\lambda$$

核心问题讨论

1. 如何处理杨氏双缝干涉实验相关的问题?

在研究双缝干涉相关问题时，不能只是简单地背公式 $\frac{\Delta x}{L} = \frac{\lambda}{d}$，更重要的是关注光程差，方可抓住问题本质。

例题 1　在图 5.1.7 所示的杨氏双缝干涉实验中，单缝和双缝所在挡板之间的距离为 D，双缝到光屏的距离为 L，双缝间的距离为 d，光波长为 λ，屏上相邻条纹之间的距离为 Δx，且实际中一定有 $d \ll D, L$。

(1) 若分别用红光和绿光做两次实验，则哪次的条纹间距更大？如果用白光做实验，则看到的条纹大致是什么情况？

(2) 若将单缝 S_0 看作一个宽度足够小的线光源，保持双缝 S_1、S_2 与屏不动，将单缝向下平移一个很小的距离 δy，请定量分析屏上的条纹将如何移动。

(3) 实际单缝是有一定宽度的，若逐渐增大单缝宽度，条纹就会逐渐变得模糊，当单缝

宽度 a 增到多大时，条纹会完全消失(反衬度为0)？某次实验中，$a=0.1\ \text{mm}$，$d=0.4\ \text{mm}$，取光波长 $\lambda=600\ \text{nm}$，从保证实验的反衬度的角度来说，为了可以观察到干涉条纹，单缝到双缝的距离 D 应当满足什么条件？

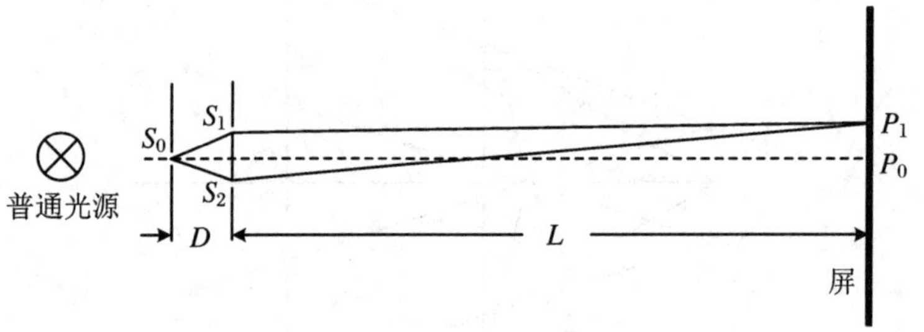

图 5.1.7

分析 如果单从双缝之后的空间来看，无论是用激光做实验，还是采取托马斯·杨的方法，分析双缝干涉的条纹强弱分布情况的方法都是一样的。但杨氏实验最大的特点是单缝的使用，因此我们在分析单缝的作用和影响时，还需要考虑单缝到双缝的光程差，才可以得到正确结论。

解 (1) 根据双缝干涉条纹间距公式

$$\Delta\theta=\frac{\lambda}{d}=\frac{\Delta x}{L}$$

可以看出，其他条件不变时，λ 越大，Δx 就越大，所以红光比绿光的条纹间距更大。

如果用白光做实验，因为所有条纹的零级亮条纹都重合在 P_0 位置，所以中央零级条纹处将会是白色。但因为不同色光的波长不同，所以在更高级数的亮条纹位置就会分散开来，形成彩色条纹。

(2) 图5.1.8是双缝附近的光路图，若单缝到双缝的距离相等，则虚线方向就是零级亮条纹的方向。零级亮条纹中心处到双缝的距离相等，其本质应当是光线分别沿着两条虚线从单缝传到零级亮条纹中心处的光程相等。所以，当单缝向下平移了 δy 后，单缝传到双缝光线将变为图中实线方向，该方向与原虚线方向的夹角为

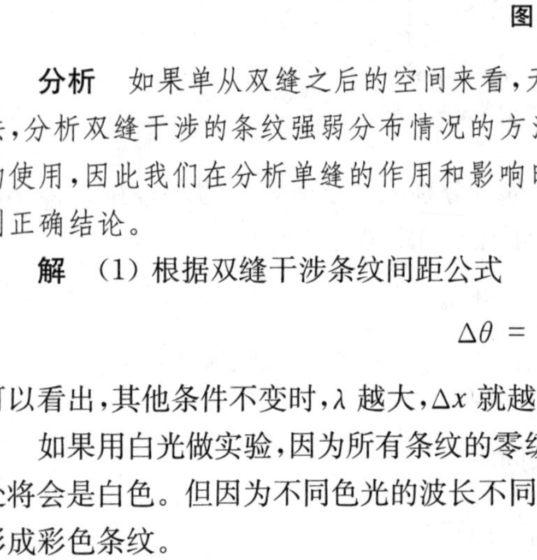

图 5.1.8

$$\delta\theta=\frac{\delta y}{D}$$

所以 S_1 的相位将比 S_2 的相位提前，且 S_0 到双缝的光程差为

$$\Delta l_1=d\delta\theta=d\,\frac{\delta y}{D}$$

因此，在双缝后方区域，新的零级亮条纹所在方向必然也必须与原虚线方向夹 $\delta\theta$ 角，这样才能使得零级亮条纹中心到双缝的光程差为

$$\Delta l_2=d\delta\theta=\Delta l_1$$

这样就保证了从 S_0 出发的光线沿图中实线的方向传到屏上具有相等的光程。

综上所述，单缝向下平移 δy 后，屏上的条纹间距不会发生变化，但条纹将整体向上平移 δY，并且满足关系

$$\delta\theta = \frac{\delta y}{D} = \frac{\delta Y}{L}$$

即单缝、双缝中心和零级亮条纹的中心总是在同一条直线上。

(3) 若考虑单缝有一定的宽度 a，则可以将单缝看作若干理想线光源的连续集合。当然，这些线光源的条纹位置并不一致，它们各自形成的零级亮条纹中心将连成一条较宽的带。可以想到，如果这条零级亮条纹中心带的宽度 δx 恰好等于原本的相邻亮条纹中心间距 Δx，则整个屏都将被均匀地照亮，反衬度降到 0，也就看不到条纹了。所以，单缝的最大宽度限制就是要让

$$\delta x < \Delta x \qquad ①$$

再根据(2)问的讨论易知，δx 就是 $\delta y = a$ 时对应的 δY 值，则

$$\frac{a}{D} = \frac{\delta x}{L} \qquad ②$$

由①②可得

$$\delta x = \frac{a}{D}L < \Delta x = \frac{L}{d}\lambda$$

从而得

$$D > \frac{ad}{\lambda} = 6.8\,\text{cm} \qquad ③$$

事实上，我们应该意识到，不让反衬度降到 0 的条件就是：让单缝最上边对应的一级亮条纹方向比单缝最下边对应的零级亮条纹方向更加靠外侧，即

$$\theta_{上1} = \frac{\lambda}{d} > \theta_{下0} = \frac{a}{D}$$

也能得到③式的结果。

点拨　(1) 杨氏双缝干涉实验的精妙之处在于利用了单缝的衍射，让双缝位于单缝的衍射场中，从而变成两个相干波源。虽然到达单缝的自然光的光波相位仍然会迅速突变，从而使得到达双缝的光波相位也都在迅速突变，但双缝的突变却是同步的，因此双缝依然是相干波源，可以在屏上形成稳定的干涉条纹。另外，单缝的缝宽对双缝的张角不能太大，否则会影响到条纹的反衬度。

(2) 还有一点有趣的：在可见光中，波长最短的紫光 $\lambda_p = 380$ nm，而波长最长的红光 $\lambda_r = 760$ nm，正好 $\lambda_r = 2\lambda_p$。这意味着利用白光进行双缝干涉实验时，红光的一级暗条纹所在位置是紫光的一级亮条纹所在位置。

2. 如何计算薄膜干涉中的条纹间距?

薄膜干涉一般有等厚干涉和等倾干涉两种。等厚干涉是指入射角确定(一般是正入射)，而发生干涉的两束光的光程差主要由膜的厚度决定；等倾干涉的入射角则有一定的分布，并且发生干涉的两束光的光程差不仅与膜的厚度有关，还与入射光线的角度有关。由于

等倾干涉比较复杂，而且在考查中主要还是以等厚干涉为主，因此这里我们只讨论等厚干涉的情形。在研究薄膜干涉问题时，若只关心条纹间距情况，则一般不必讨论半波损失的问题，但如果要研究具体位置条纹的明暗情况，半波损失问题则无法避免。

例题 2 图 5.1.9 是利用光的薄膜干涉检查待测平面的平整度的示意图，图 5.1.10 是牛顿环的实验装置图，两幅图中光波都从样板上方正入射。在图 5.1.9 中样板和被检查平面之间的夹角为 α（α 非常小），在图 5.1.10 中平凸透镜的球面半径 R 远大于透镜半径。

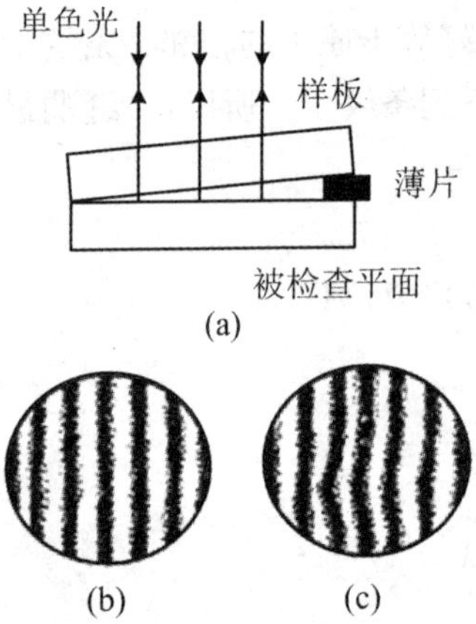

图 5.1.9

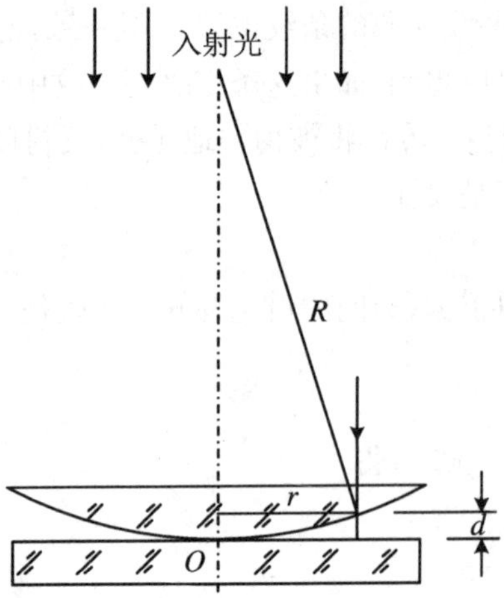

图 5.1.10

(1) 这两幅图中人眼应当在哪里观察？假如用白光作为入射光，会看到什么现象？

(2) 在两幅图中都会发生薄膜干涉现象，那么分别来自哪两个表面的反射光发生了干涉？

(3) 在图 5.1.9 中，若被检查平面是平整的，观察者发现在垂直于条纹方向上 D 距离内有 N 条亮条纹，求所用单色光的波长 λ。

(4) 在图 5.1.9 中，图(b)、(c)分别表明被检查平面是什么情况？

(5) 在图 5.1.10 中，观察到的条纹是中间更密还是边缘更密？

(6) 在图 5.1.10 中半径为 r 的观察区域内能看到多少条条纹？中心是亮斑还是暗斑？

(7) 考虑扩展光源和人眼瞳孔大小导致的衬比度问题，若人眼从斜上方进行观察，估算两幅图中能发生干涉区域的薄膜最大厚度。可用数据有：瞳孔直径 $A = 4$ mm，观察距离 $l = 25$ cm（明视距离），光波长取 $\lambda = 500$ nm，光线出射角可取为 30°。

分析 在对干涉进行计算时，重要的是计算参与干涉的两条光路的光程差，在计算条纹间距时，只需要考虑光程差随空间的变化情况就可以，但如果要关注条纹具体的亮暗情况，就还需要考虑界面处是否有半波损。决定薄膜干涉的膜厚度的因素除了光的波列长度，最重要的还是扩展光源造成的反衬度降低。

解 (1) 两幅图中人眼都应当在正上方观察。用白光入射时，在两幅图中都会看到彩色条纹，图 5.1.9 中的条纹是平行直线，图 5.1.10 中的条纹是同心圆环。

(2) 在两幅图中发生干涉的都是来自中间两个界面的反射光，即主要考虑的是光线在空气薄膜中传播所对应的光程。

(3) 相邻亮条纹对比，光在空气薄膜中运行的光程差相差了一个波长，即对应的空气膜厚度相差了半个波长，则

$$\frac{D}{N}\tan\alpha = \frac{\lambda}{2}$$

由于 α 非常小，可以有

$$\lambda = \frac{2D}{N}\tan\alpha = \frac{2D}{N}\alpha$$

(4) 图 5.1.9(b)中条纹间距是均匀的，这反映了被检测平面是平整的；图 5.1.9(c)中有部分条纹向左突起，这说明对应区域空气膜的厚度比“标准厚度”更大，即被检测平面在此处有凹陷。

(5) 对于牛顿环的干涉条纹，每个局部的条纹间距疏密情况都可以利用(3)问结论来分析，从中心向外球面对应的斜率越来越大，对应的纹密度也会变大，所以牛顿环是中间疏、外面密。

(6) 半径 r 处对应的空气膜厚度为 $d = R - \sqrt{R^2 - r^2}$，设半径 r 内的条纹数为 N_r，则有

$$2d = N_r\lambda$$

得

$$N_r = \frac{2(R - \sqrt{R^2 - r^2})}{\lambda}$$

中心处空气膜的厚度为 0，对应光程差为 0。因为在空气膜的上表面反射的光没有半波损，但在空气膜的下表面有半波损，所以在中心处发生干涉的两束反射光的相位相差 π，故中心圆斑是暗的。

(7) 想象来自光源上同一点 P 的某两束光，可以分别经过空气薄膜上下表面反射从上表面的同一点 M 出射并叠加，而后进入人眼。根据图 5.1.4 可知，这两束光的光程差为 $\Delta L = 2nd\cos i$，其中 d 为薄膜厚度，i 为光线在薄膜中与法线的夹角，n 为薄膜介质的折射率，对于空气薄膜取 $n = 1$，即 $\Delta L = 2d\cos i$。再考虑光源上离 P 很近的另一点 Q 发出的两束光，也可以分别经过空气薄膜上下表面反射，同样都从上表面的 M 点出射并叠加，而后进入人眼，则来自 Q 点的两束光的光程差与来自 P 点的两束光的光程差就会相差

$$\delta\Delta L = 2d\delta(\cos i) = -2d\sin i\delta i \quad ①$$

其中 δi 为分别来自 P 和 Q 且经过薄膜下表面一次反射进入人眼的两束光线各自在薄膜中与法线的夹角之差。作为估算，可认为 δi 近似等于人的瞳孔相对于 M 点的张角，即

$$\delta i = \frac{A}{l} \quad ②$$

如果 $\delta\Delta L$ 的大小达到了 λ，则条纹的反衬度将会降到 0，此时对应的薄膜厚度 d 为最大厚度，再结合①②，可得

$$\lambda = 2d\frac{A}{l}\sin i$$

从而得

$$d = \frac{l\lambda}{2A\sin i} \quad ③$$

将 $i=30^\circ$ 代入，得 $d=31.25\ \mu\text{m}$。

点拨 对于薄膜干涉问题的计算，最重要的是计算发生干涉的两束光的光程差，半波损不会影响条纹的间距，但会影响其明暗关系。我们平时观察薄膜干涉时，需要膜很薄的原因在很大程度上是光源的扩展性造成的条纹反衬度降低。由③式可以看出，如果发生干涉的光线在薄膜中的角度 i 越小，对膜的最大厚度限制就越宽。所以我们观察薄膜干涉时，一般会选择视线和膜平面垂直的方向去观察，这样条纹的反衬度才会更高，我们才会看到更清晰、范围更大的干涉条纹。

3. 如何利用成像实现干涉?

无论哪种利用成像进行干涉的实验，其原理都与双缝干涉类似，只要判断出进行干涉的两个像的位置，就可以利用双缝干涉的成像公式判断出条纹分布情况。

例题 3 如图 5.1.11 所示，一个会聚透镜的直径为 $D=5$ cm，焦距为 $f=50$ cm。沿其直径分成两半，再分开相距 $d=5$ mm，点光源 S 到透镜的距离为 $u=1$ m，透镜两半之间空隙被遮盖。

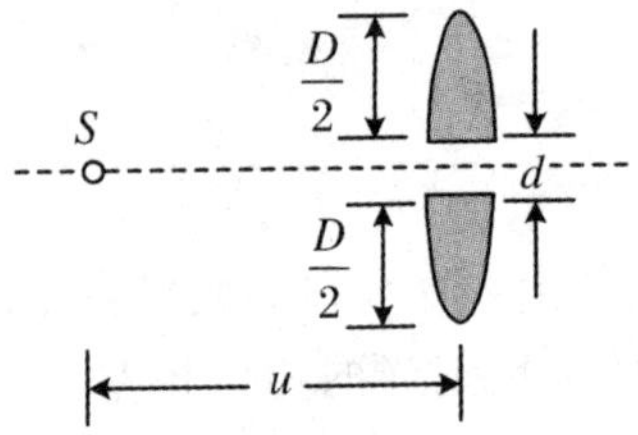

图 5.1.11

(1) 求点光源 S 成像的位置。

(2) 通过作图画出干涉区域。

(3) 求开始出现干涉的区域与透镜的距离。

(4) 对于波长为 $\lambda=5\times10^{-7}$ m 的光，求在图中平面内相邻两明条纹之间的角距离。

分析 S 分别通过上下两块透镜成了两个实像，两个实像犹如杨氏双缝干涉装置中的双缝产生的相干光源，但由于光路的限制，两个像只在其后的部分空间进行干涉。

解 (1) 由透镜成像公式

$$\frac{1}{u}+\frac{1}{v}=\frac{1}{f}$$

得

$$v = 100\ \text{cm} = u$$

所以 S 的两个像点 S_1 和 S_2 的位置如图 5.1.12 所示，它们到透镜的距离均为 100 cm。

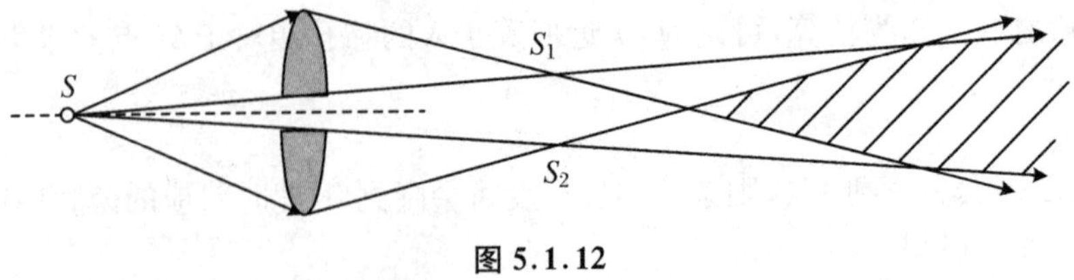

图 5.1.12

(2) 干涉区域如图 5.1.12 中阴影部分所示。

(3) 设干涉区域左端到透镜的距离为 x，由几何关系可知

$$\frac{S_1S_2}{d}=\frac{u+v}{u}$$

$$\frac{S_1S_2}{D+d}=\frac{x-v}{x}$$

由以上二式解得

$$x=\frac{1+\dfrac{D}{d}}{\dfrac{D}{d}-\dfrac{v}{u}}v=\frac{11}{9}v=122\ \text{cm}$$

(4) 由(3)问方程可解得

$$S_1S_2=\frac{u+v}{u}d=1\ \text{cm}$$

再由双缝干涉的知识可知在图中平面内的角距离为

$$\Delta\theta=\frac{\lambda}{S_1S_2}=5\times10^{-5}\ \text{rad}$$

点拨　对于这种利用成像进行干涉的问题，首先需要利用几何光学知识找到像点位置。然后再注意观察各种几何上的相似图形，就可以确定关于干涉的各个主要参数，从而确定干涉条纹的情况。

习题实战演练

基 础 练 习

1. (2011年“华约”卷)在杨氏双缝干涉实验中，如果单色光源 S 从图5.1.13所示的中轴位置沿垂直于 SO 的方向向上移动一段微小的距离，则屏幕上的干涉条纹将　(　　)

A. 向上移动，间距不变　　B. 向上移动，间距变大

C. 向下移动，间距不变　　D. 向下移动，间距变大

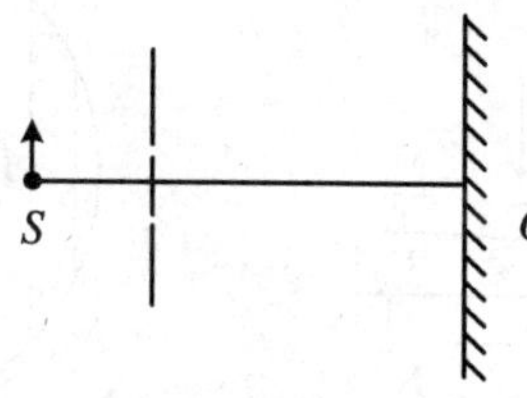

图5.1.13

2. 利用肥皂薄膜可以观察薄膜干涉现象，图5.1.14是肥皂膜的截面图，由于重力的影响，下方要比上方更宽，白光从肥皂膜的右侧垂直于肥皂膜表面入射，人眼从右侧观察反射光就可以看到薄膜干涉现象，则　(　　)

A. 会看到竖直排列的条纹

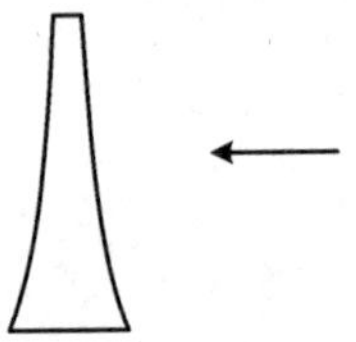

图 5.1.14

B. 会看到水平排列的条纹

C. 会看到黑白条纹

D. 会看到彩色条纹

E. 从肥皂膜左侧进行观察也会看到条纹

F. 干涉条纹在膜的下方更加密集

3. (2017 年新课标Ⅱ卷)在双缝干涉实验中,用绿色激光照射在双缝上,在缝后的屏幕上显示出干涉图样。若要增大干涉图样中两相邻亮条纹的间距,可选用的方法是 ( )

A. 改用红色激光

B. 改用蓝色激光

C. 减小双缝间距

D. 将屏幕向远离双缝的位置移动

E. 将光源向远离双缝的位置移动

4. 为了增大照相机镜头的透光率,我们可以在镜头上镀上一层折射率比镜头小的增透膜。如果让阳光中强度最大的绿光有最大的透射率,则 ( )

A. 增透膜的厚度可以是绿光在空气中波长的四分之一

B. 增透膜的厚度可以是绿光在膜材料中波长的四分之一

C. 该增透膜也可以让红光和紫光的透射强度增加

D. 在增透膜的前后表面都会有半波损失

5. 利用薄膜干涉可检查工件表面的平整度,如图 5.1.15(a)所示,现使透明标准板 M 和待检工件 N 之间形成一楔形空气薄层,并用单色光红光照射,可观察到图(b)所示的干涉条纹,条纹的弯曲处 P 和 Q 对应 A 和 B 处。下列判断中正确的是 ( )

A. 条纹的 d、e 点对应处的薄膜厚度相同

B. N 的上表面 B 处向上凸起

C. 若增大图(a)中标准板与被检查平面之间的夹角,则图(b)中的条纹分布将变密

D. 若将图(a)中的红光改为蓝光,则图(b)中的条纹分布将变疏

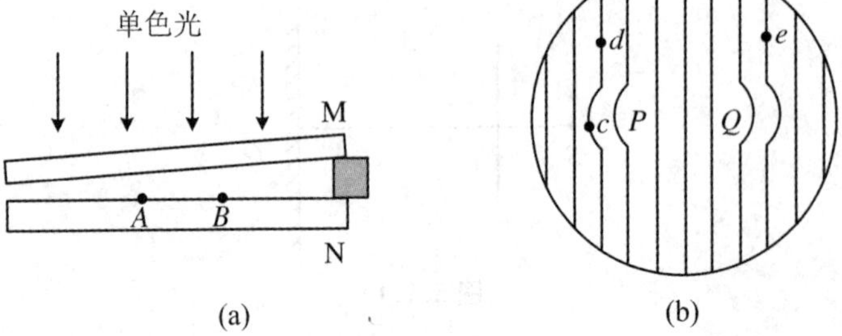

图 5.1.15

6. 用肉眼直接观测薄膜干涉条纹时,有时候观测条纹会不够清晰,这时若用针在纸上扎一个小孔,然后再将孔放在眼前观察,就可以看到清晰的干涉条纹了。这是为什么呢?

7. 如图 5.1.16 所示，在两块平行玻璃板的一端放入一根细丝，使得两板之间形成空气薄膜。然后用 $\lambda = 589.3\ \text{nm}$ 的钠黄光垂直于玻璃表面进行正入射，并从正上方进行观察，从左到右恰好可以观察到 10 条亮条纹，求细丝的直径 D。

8. 1801 年，托马斯·杨用双缝干涉实验研究了光波的性质。1834 年，洛埃利用单面镜同样得到了杨氏干涉的结果(称为洛埃镜实验)。洛埃镜实验的基本装置如图 5.1.17 所示，S 为单色光源，M 为一平面镜。

(1) 试用平面镜成像作图法画出 S 经平面镜反射的光与直接发出的光在光屏上相交的区域。

(2) 设光源 S 到平面镜的垂直距离为 a，到光屏的垂直距离为 L，该单色光的波长为 λ，在光屏上形成了干涉条纹。求相邻两条亮纹(或暗纹)间的距离 Δx。

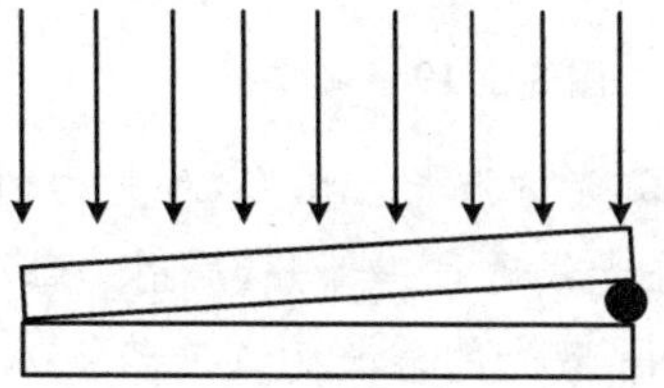

图 5.1.16

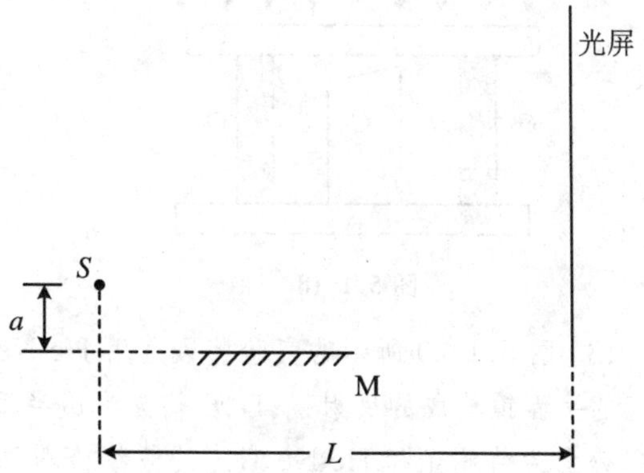

图 5.1.17

提 高 练 习

9. (2017 年清华领军)杨氏双缝实验中，双缝距光屏为 8 cm，现在将光屏靠近双缝，屏上原来 3 级亮纹处依旧为亮纹，则移动的距离可能为（　　）

A. 4.8 cm　　B. 4.0 cm　　C. 3.4 cm　　D. 3.0 cm

10. (2020 年清华强基)已知两束平行的波长为 λ 的相干光束入射到一屏上，它们与屏法线的夹角分别为 α 和 β，两者均为小角，则屏上相邻干涉条纹的间距为（　　）

A. $\dfrac{\lambda}{\cos\alpha + \cos\beta}$　　B. $\dfrac{\lambda}{\alpha + \beta}$　　C. $\dfrac{2\lambda}{\sin\alpha + \sin\beta}$　　D. 以上都不对

11. 图 5.1.18 所示装置可以用来测量材料的膨胀系数，G_1 和 G_2 是长度相同的标准石英柱，C 是膨胀系数待测的材料，其上表面向右下略有倾斜。在石英柱上方放一块透明平板，利用波长为 $\lambda = 589\ \text{nm}$ 的钠黄光垂直入射到平板上表面，可以在 C 的上方区域观察到干涉条纹。已知样品和石英柱的长度 L 都约等于 1 cm，且石英的线膨胀系数为 $\alpha_G = 0.35 \times 10^{-6}/℃$。当温度升高了 $\Delta t = 100\ ℃$ 时，视场中的条纹移动了 20 条，求 C 的线膨胀系数 α_C。

12. (2011年卓越同盟)利用光的干涉可以测量待测圆柱形金属丝与标准圆柱形金属丝的直径差(约为微米量级)。实验装置如图5.1.19所示，T_1、T_2是具有标准平面的玻璃平晶；A_0为标准金属丝，直径为D_0；A为待测金属丝，直径为D；两者中心间距为L。实验中用波长为λ的单色光垂直照射平晶表面，观察到的干涉条纹如图5.1.19所示，测得相邻暗条纹的间距为Δl。

(1) 证明：$|D-D_0|=\dfrac{\lambda L}{2\Delta l}$。

(2) 若轻压T_1的右端，发现条纹间距变大，试由此分析D与D_0的大小关系。

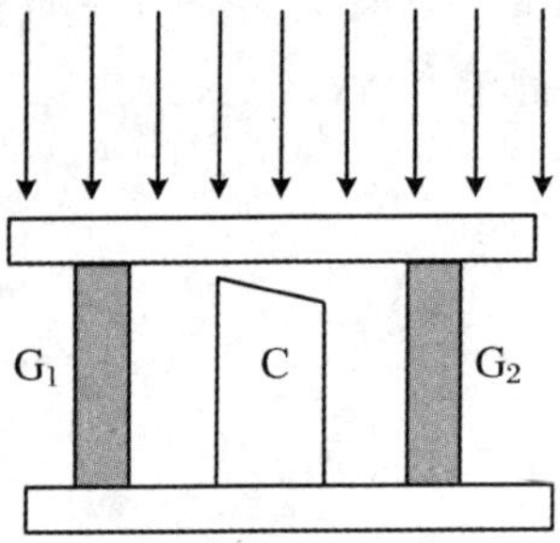

图5.1.18

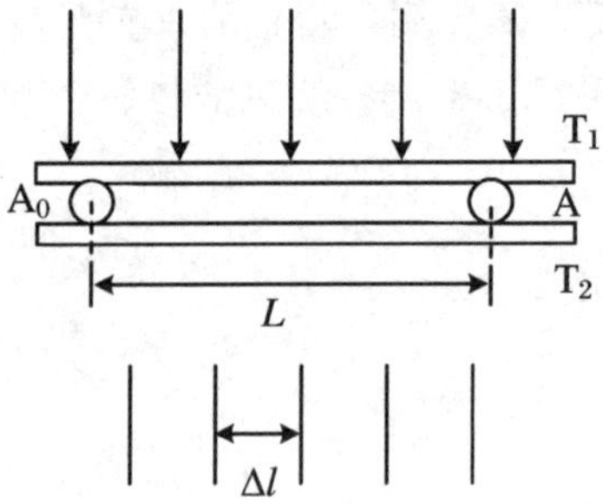

图5.1.19

13. 图5.1.20所示的实验装置是用He-Ne激光测量待测光的波长。图中，A是由两个垂直的平面镜构成的反射镜；D、E均为半透半反镜，可将允许光线透过一部分，反射一部分；B、C分别为待测光和He-Ne激光的波纹检测器。已知He-Ne激光的波长为λ。若将A向右移动Δx距离，在B中监测到了n_1条亮纹移动，在C中监测到了n_2条亮纹移动。试求：

(1) 待测光的波长λ_1；

(2) Δx。

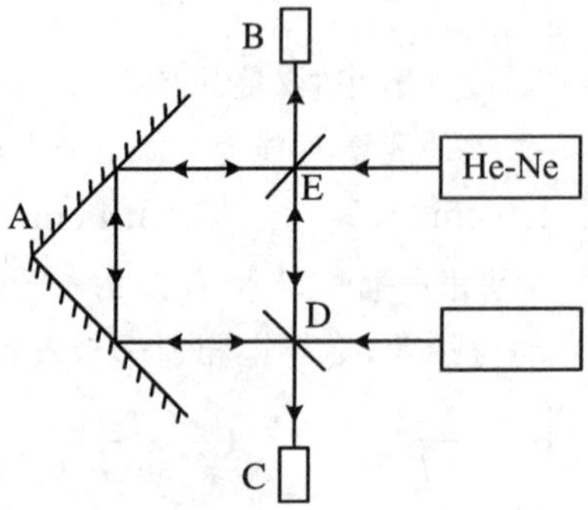

图5.1.20

14. 图5.1.21所示是双镜干涉实验的装置，设双镜的夹角为$\alpha=10^{-3}$ rad，单色光源S与两镜相交处C的距离为$r=0.50$ m，单色光的波长为$\lambda=500$ nm，从两镜相交处到屏幕EE'的距离为$L=1.50$ m。求：

(1)屏幕上两相邻条纹之间的距离；

(2)在屏幕上最多可看到的明条纹数目。

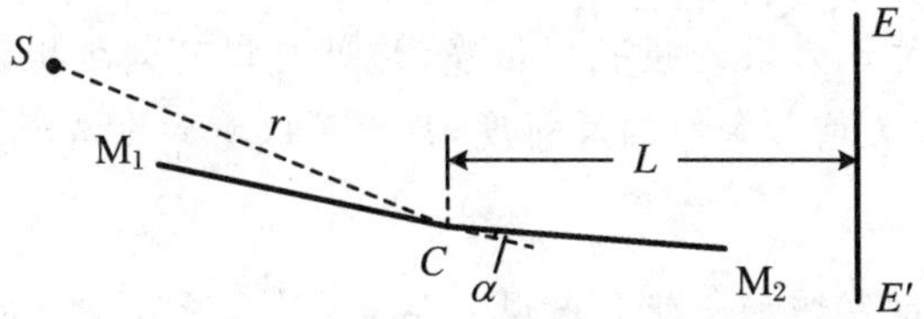

图 5.1.21

15.（2016年第33届全国中学生物理竞赛复赛）如图5.1.22所示，上下两个平凸透光柱面的半径分别为R_1、R_2，且两柱面外切；其剖面（平面）分别平行于各自的轴线，且相互平行；各自过切点的母线相互垂直。取两柱面切点O为直角坐标系O-xyz的原点，下侧柱面过切点O的母线为x轴，上侧柱面过切点O的母线为y轴。一束在真空中波长为λ的可见光沿z轴负方向傍轴入射，分别从上下柱面反射回来的光线会发生干涉；借助于光学读数显微镜，逆着z轴方向，可观测到原点附近上方柱面上的干涉条纹在x-y平面的投影。R_1和R_2远大于傍轴光线干涉区域所对应的两柱面最大间隙。空气折射率为$n_0=1.00$。试推导第k级亮纹在x-y平面的投影的曲线方程。

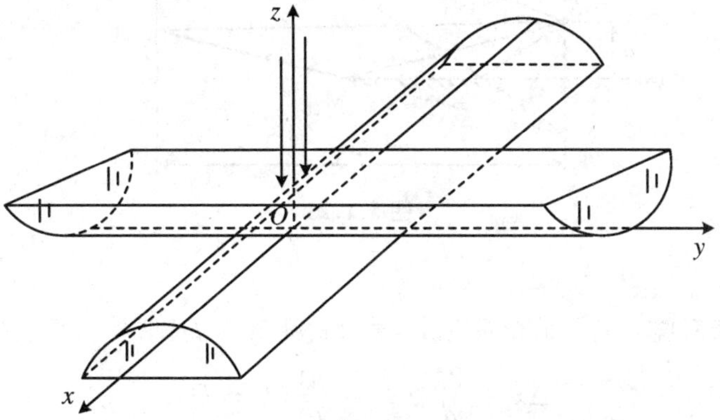

图 5.1.22

已知：在两种均匀、各向同性的介质的分界面两侧，折射率较大（小）的介质为光密（疏）介质；光线在光密（疏）介质的表面反射时，反射波存在（不存在）半波损失。在任何情形下，折射波不存在半波损失。伴随半波损失将产生大小为π的相位突变。

参考答案

1. C。
2. BDEF。
3. ACD。
4. BD。

5. BC。

6. 为了增大条纹的反衬度，我们希望从膜的上表面某点反射进入人眼的光线来自尽量少的方向。而针孔的尺寸比人眼的瞳孔小很多，这就可以有效地限制从膜上表面某点进入人眼的光束大小，从而大大增加条纹的反衬度，故而可以看到更清晰的条纹。

7. $D=2.95\ \mu\text{m}$。

提示 空气膜的厚度每增加$\frac{\lambda}{2}$就会出现一条亮条纹，所以细丝的直径为 $D=10\times\frac{\lambda}{2}=2.95\ \text{nm}$。

8. (1) 如图 5.1.23 所示；(2) $\Delta x=\frac{L\lambda}{2a}$。

提示 类比干涉条纹间距公式 $\Delta x=\frac{L}{d}\cdot\lambda$，因为 $d=2a$，所以 $\Delta x=\frac{L\lambda}{2a}$。

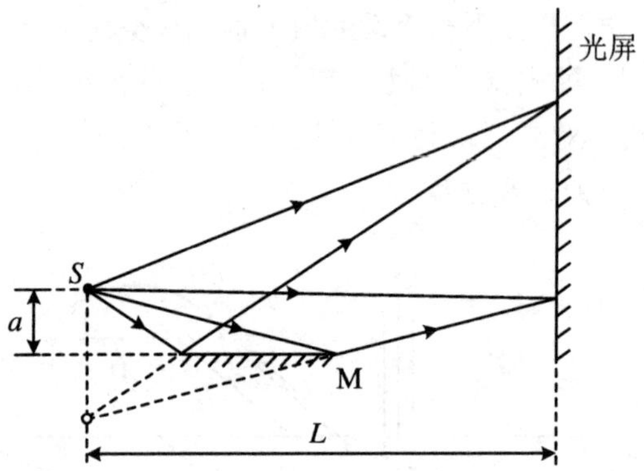

图 5.1.23

9. B。

提示 设原来双缝与光屏的距离为 L，移动的距离为 D，则屏上亮条纹位置满足

$$\Delta x=\frac{3\lambda}{d}\cdot L=\frac{n\lambda}{d}(L-D)$$

可算得 $D=L\left(1-\frac{3}{n}\right)$，当 $n=6$ 时，$D=4\ \text{cm}$。

10. B。

提示 考查了平行光束的干涉。$d\sin\alpha+d\sin\beta=\lambda$，当入射角都很小时，可近似有

$$d=\frac{\lambda}{\alpha+\beta}$$

11. $\alpha_C=6.24\times10^{-6}/℃$。

提示 条纹移动说明空气膜的厚度发生变化，膜厚度的改变量为 $20\times\frac{\lambda}{2}$，这是由于石英和样品受热后的伸长量不同，但不知道膜是变厚了还是变薄了，所以有

$$L(\alpha_G\pm\alpha_C)\Delta t=20\times\frac{\lambda}{2}$$

得

$$\alpha_C = \alpha_G \pm \frac{10\lambda}{L\Delta t} = (0.35 \pm 5.89) \times 10^{-6}\ ℃^{-1}$$

但 α_C 应大于 0,所以上式应当取“+”,因此 $\alpha_C = 6.24 \times 10^{-6}\ ℃^{-1}$。这说明空气膜的厚度变小了,而条纹应当是向右移动的。

12. 见提示。

提示　(1) 由 $\tan\theta = \frac{\lambda/2}{\Delta l} = \theta = \frac{|D - D_0|}{L}$ 可证;(2) 若轻压 T_1 的右端,发现条纹间距变大,则说明 D 大于 D_0。

13. (1) $\lambda_1 = \frac{n_2\lambda}{n_1}$;(2) $\Delta x = \frac{n_2\lambda}{2}$。

提示　在 A 向右移动 Δx 距离的过程中,无论哪种光,发生干涉的两束光的光程差变化均为 $2\Delta x$,则有

$$2\Delta x = n_1\lambda_1 = n_2\lambda$$

得

$$\lambda_1 = \frac{n_2\lambda}{n_1},\quad \Delta x = \frac{n_2\lambda}{2}$$

14. (1) $\Delta x = 1 \times 10^{-3}$ m;(2) 4。

提示　(1) 如图 5.1.24 所示,由几何关系可知,S 通过两个平面镜成的像 S_1 和 S_2 分别与 C 点的连线的夹角为 2α,所以 $S_1S_2 = 2r\alpha = 1 \times 10^{-3}$ m。然后根据双缝干涉规律可知条纹间距为

$$\Delta x = \frac{\lambda(L + r)}{S_1S_2} = 1 \times 10^{-3}\ \text{m}$$

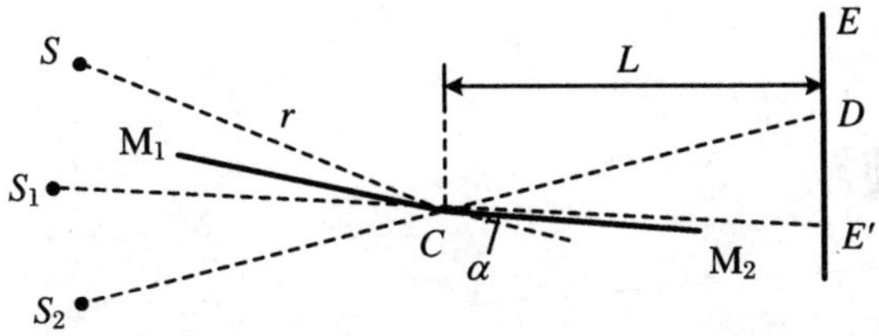

图 5.1.24

(2) 由图 5.1.24 可知,两个像的“出射光”只有从 C 点向右在夹角为 2α 的区域内才发生了重叠,该区域也就是发生干涉的区域,所以在屏上的叠加区域宽度为

$$D = 2\alpha L = 3 \times 10^{-3}\ \text{m}$$

所以

$$N = \frac{D}{\Delta x} = 3$$

所以最多可以看到 4 条明条纹。

15. $\frac{x^2}{2R_1} + \frac{y^2}{2R_2} = \left(k - \frac{1}{2}\right)\lambda$。

提示 上方柱面上的点 z 方向坐标应当都小于 R_1，所以上方柱面的方程为

$$z_1 = R_1 - \sqrt{R_1^2 - x^2}$$

下方柱面上的点 z 方向坐标应当都大于 $-R_2$，所以下方柱面的方程为

$$z_2 = \sqrt{R_2^2 - y^2} - R_2$$

所以两个柱面之间任一位置的空气膜厚度为

$$\begin{aligned} h &= z_1 - z_2 = R_1 - \sqrt{R_1^2 - x^2} + R_2 - \sqrt{R_2^2 - y^2} \\ &= \frac{x^2}{R_1 + \sqrt{R_1^2 - x^2}} + \frac{y^2}{R_2 + \sqrt{R_2^2 - y^2}} \end{aligned}$$

当 $x, y \ll R_1, R_2$ 时，上式可以写成

$$h = \frac{x^2}{2R_1} + \frac{y^2}{2R_2}$$

光在上表面反射时没有半波损失发生，但在下表面反射时会有半波损失，因此两个柱面的反射光干涉条纹的第 k 级亮条纹满足

$$k\lambda = 2n_0 h + \frac{\lambda}{2} = \frac{x^2}{R_1} + \frac{y^2}{R_2} + \frac{\lambda}{2}$$

即

$$\frac{x^2}{R_1} + \frac{y^2}{R_2} = \left(k - \frac{1}{2}\right)\lambda$$

5.2 光的衍射和偏振

课外知识延伸

1. 光的单缝衍射

(1) 单缝衍射图样

把双缝干涉实验装置中的双缝替换成一条单缝，就变成了光的单缝衍射实验。单缝的宽度越小，衍射现象越明显，图 5.2.1 所示是一幅典型的单缝衍射图样。

图 5.2.1

从图 5.2.1 中可以看出，单缝衍射条纹的中央亮条纹的宽度是其他级亮条纹宽度的两倍，这和双缝以及多缝干涉的图像有很大的不同，那些干涉条纹都是等宽分布的。而且理论上可以证明(本书略)，中央亮条纹包含的能量也比其他级亮条纹要多得多，例如第一级亮条纹包含的能量只有中央亮条纹的 0.047。

(2) 零级亮条纹中心的位置

上一节用到的对双缝和多缝干涉的研究方法还可以进一步用来研究单缝的衍射现象。这里单缝宽度 a 的数量级大概是 10^{-3} m,故而也有 $\lambda \ll a$。

如图 5.2.2 所示,将单缝放大来看,图中 O、A_1 之间的区域为单缝($OA_1 = a$),其被从左侧来的单色激光垂直照射。根据惠更斯原理,我们可以将单缝视为 O、A_1 之间无穷多个次波源的集合,这些次波源具有相同的相位和强度,它们发出的波在右方空间进行叠加,我们在远处的屏上观察其衍射条纹。

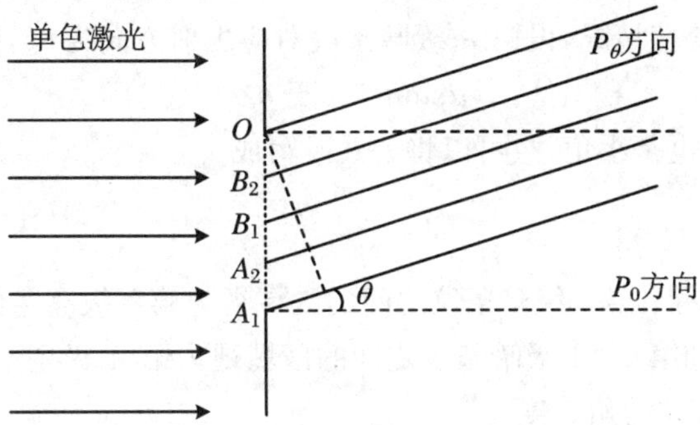

图 5.2.2

先来看和单缝垂直的 P_0 方向,O、A_1 之间所有次波源发出的波沿该方向在远处汇聚时具有相同的相位,所以 P_0 方向一定是叠加加强的方向,我们称其为零级亮条纹的中心。

(3) 一级亮条纹中心的位置

现在,我们来研究这些次波源发出的波沿某 P_θ 方向在远处叠加的情况,P_θ 方向与 P_0 方向的夹角为 θ。若让 θ 从零开始逐渐增大,读者可以思考一个问题:θ 满足什么条件时,这些次波源发出的波会第一次完全相消? 即确定一级暗条纹的位置。

因为有了前面双缝的经验,很多初学者可能都会认为一级暗条纹需要满足的条件是 $a\sin\theta = \frac{\lambda}{2}$,然而这个答案却是错误的。我们仔细分析一下就能发现问题所在。如果 $a\sin\theta = \frac{\lambda}{2}$,那么图 5.2.2 中的 θ 方向上,O 和 A_1 发出的波相位正好相差 π,故而可以完全相消,但 O 和 A_1 之前的所有其他次波源发出的波都无法再找出两个相位相差 π 的点了,事实上其他任意两个次波源发出的波的相位差都会小于 π,因此在此 θ 方向上的光波叠加后绝不可能完全相消为 0,实际上其强度还是较强的。

实际上,一级暗条纹所在方向的 θ 角满足的条件应当是

$$a\sin\theta = \lambda$$

即在 θ 方向上,O 点和 A_1 点发出的波相位差应当正好是 2π。下面我们对此结论作定性半定量的分析说明:如图 5.2.2 所示,我们取 B_1 为 OA_1 的中点,若 $a\sin\theta = \lambda$,则在 θ 方向上,B_1 点发出的波和 A_1 点发出的波相位正好相差 π,即这两个次波源在 θ 方向上正好完全相消。再在 A_1、B_1 之间取 A_2,B_1、O 之间取 B_2,使得 $A_1A_2 = B_1B_2$,则在 θ 方向,A_2 点发出的波和 B_2 点发出的波相位差也是 π,因此也可以完全相消。如此 A_1、B_1 之间的任意一点

都可以在 B_1、O 之间找到一个唯一的对应点$\left(两点间距为\frac{a}{2}\right)$，使得它们发出的波在 θ 方向上可以正好相消。因此在 θ 方向上，A_1、B_1 之间的所有次波源发出的波就可以正好被 B_1、O 之间的所有次波源发出的波完全相消，所以这样 θ 方向必然就是一级暗条纹了。容易看出，图 5.2.2 中的条纹分布应该是上下对称的，因此沿 $-\theta$ 方向也应当是一级暗条纹，事实上所有级的暗条纹都有上下对称的两条。

(4) 条纹的宽度

读者可以自行进一步地分析，不难想到，二级暗条纹对应出射方向的 θ 应当满足条件 $a\sin\theta = \pm 2\lambda$，推广到普遍情况，设第 n 级暗条纹对应出射方向为 θ_n，则有

$$a\sin\theta_n = \pm n\lambda$$

因为有 $\lambda \ll a$，所以 θ_n 也是小角，故可以将上式改写成

$$\theta_n = \pm\frac{n\lambda}{a}$$

我们作如下约定：两个第一级暗条纹之间的区域视为第零级亮条纹（中心亮条纹），而在同侧的第 n 级暗条纹和第 $n+1$ 级暗条纹之间的区域视为第 n 级亮条纹（$n=1,2,3,\cdots$），于是我们发现第零级亮条纹的角宽度为

$$\Delta\theta_0 = 2\theta_1 = \frac{2\lambda}{a}$$

而其他所有第 n 级亮条纹（$n=1,2,3,\cdots$）的角宽度均为

$$\Delta\theta_n = \theta_{n+1} - \theta_n = \frac{\lambda}{a}$$

所以 $\Delta\theta_0 = 2\Delta\theta_n$，这就是单缝衍射条纹的中央零级亮条纹的宽度是其他级亮条纹宽度的两倍的原因。

2. 光的圆孔衍射

(1) 艾里斑

用圆孔来做衍射实验，会得到和单缝类似的结果，即孔越小，衍射现象越明显，且衍射后绝大部分的能量都集中在零级亮斑内，约占总能量的 84%，这个零级衍射亮斑称为艾里斑。

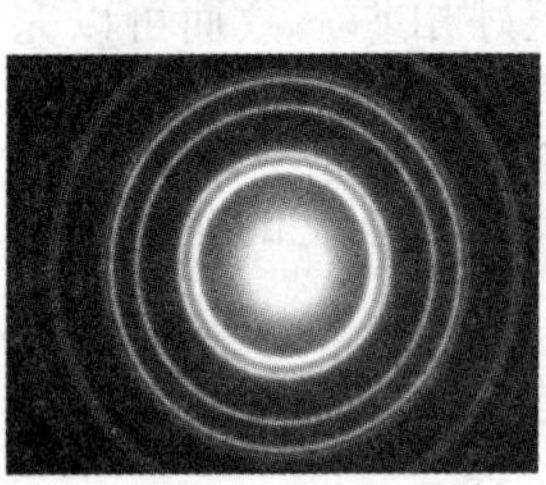

图 5.2.3

零级亮斑的角宽度的计算方法却比单缝衍射要复杂得多，因此这里直接给出直径为 D 的圆孔衍射的零级亮斑角半径的表达式：

$$\Delta\theta_0 = 1.22\frac{\lambda}{D}$$

(2) 光学仪器的分辨率

因为大量的光学仪器都近似是圆形的（包括人眼），所以艾里斑可以用来估计这些光学仪器的灵敏程度。

如果用某个光学仪器去观察一个物体的细节，可将这个物体上的每一个细节点都看作一个光源，这些点光源通过光学仪器后都会变成一个个艾里斑，当这些艾里斑互相重叠在一起时，就会影响到成像的分辨率。

我们通常会用瑞利判据来规定光学仪器的最小角分辨率：当一个艾里斑的边缘落在另一个艾里斑的中心时，就算这两个像能分辨开来的临界情况。用 $\delta\theta$ 来表示两个艾里斑中心的角距离，用 $\delta\theta_m$ 表示仪器的最小分辨角。很明显，瑞利判据的临界情况就是 $\delta\theta_m$ 正好等于单个艾里斑的角半径 $\Delta\theta$，即

$$\delta\theta_m = \Delta\theta_0 = 1.22\frac{\lambda}{D}$$

上面这个公式说明了光学仪器的最小分辨角由 λ 和 D 决定，为了获得理论上更高的分辨能力，就需要增大光学仪器的口径。

3. 光的光栅衍射

(1) 光栅的简介

通过前面对光的双缝干涉实验的定量讨论，我们应当意识到：决定干涉条纹的亮暗情况应当是光线的出射方向，即比较 $d\sin\theta$ 和 λ 的关系。那这种分析方法对于许多条缝的情形也可以使用吗？答案是肯定的，下面我们就尝试将上面的分析方法延伸到光栅的干涉。

光栅指的就是大量等宽且平行的狭缝构成的光学仪器，我们可以将其简单地理解为一个拥有多缝的挡板。最早的光栅是在 1821 年由德国科学家夫琅禾费用细金属丝绕制而成的，现代光栅的制作则要高效且精密得多，是用刻画机在底板上刻制而成的，每毫米的距离上可以刻几百条甚至上千条缝。

根据工作方式的不同，光栅一般可分为反射光栅和透射光栅，即分别利用反射光和透射光进行干涉。这里我们将以透射光栅为例进行分析。

(2) 光栅的缝间干涉

如图 5.2.4 所示，设光栅上相邻缝之间的距离为 d（数量级为 10^{-6} m），在光栅左侧用垂直于光栅平面的单色激光照射，与上面研究双缝时一样，不妨先忽略缝本身的宽度，则在光栅右侧可将这些缝视为同相位的理想线光源。

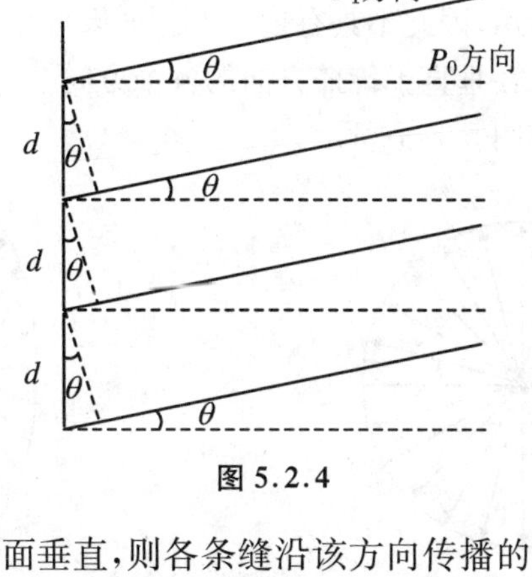

图 5.2.4

图中虚线方向与光栅平面垂直，则各条缝沿该方向传播的光线在远处汇聚时一定也是等相位的，因此该虚线方向就是零级亮条纹的方向，记作 P_0 方向。

那么第一级亮条纹的 P_1 方向与 P_0 方向的夹角 θ 应当满足什么条件呢？答案居然和双缝时的结果是一样的，即 $d\sin\theta = \lambda$。对于这个结果的出现，我们不应当感到意外，因为相

邻狭缝发出的光线沿 P_1 方向出射在远处会聚时的光程差正好都是 λ，所以所有狭缝发出的光线沿 P_1 方向出射在远处会聚时相位差都是 2π 的整数倍，因此 P_1 方向必然是这些光线叠加加强的方向。

同理，第 n 级亮条纹的出射方向与 P_0 方向的夹角 θ_n 自然就应当满足

$$d\sin\theta_n = n\lambda$$

(3) 光栅缝间干涉与双缝干涉的比较

虽然光栅干涉和双缝干涉的加强条纹方向有着相同的计算公式，但是在实验现象上却有两点明显不同。

首先，双缝干涉在某个加强方向上只有来自两条缝的光进行叠加，因此强度相对要弱一些；而光栅干涉在某个加强方向则有来自许多条缝的光进行叠加，因此亮度更高，实验现象更明显。

其次，实际双缝的间距较大(10^{-4} m)，所以双缝干涉实验中前十几级亮条纹的出射方向与 P_0 方向的夹角都非常小，因此 $\sin\theta$ 可近似用 θ 替代，且这些条纹的间距几乎是均匀的；而光栅的缝间距则非常小(10^{-6} m)，因此光栅干涉实验中的亮条纹的出射方向与 P_0 方向的夹角就不能看作小角了，故光栅干涉实验的条纹间距较大且并不均匀。

图 5.2.5 是激光照射光栅时产生干涉的图样，对比图 5.1.2 可以明显看到亮条纹的间距更宽，条纹更清晰。

图 5.2.5

4. 光的偏振

(1) 自然光和偏振光

光是一种横波，因此具有偏振性。对于自然光而言，其振幅在垂直于传播方向的各个方向上均匀分布，如图 5.2.6 所示，因此不具有偏振性。如果自然光通过某些特殊晶体或者被一些界面反射，则光波的振幅在垂直于传播方向的各个方向上将可能出现不一样的分布，这种分布一般是椭圆形状的，如图 5.2.7 所示。

图 5.2.6

图 5.2.7

对于椭圆偏振光，我们可以利用其强度的极大值 I_{max} 和极小值 I_{min} 来定义其偏振程度。定义偏振度 P 如下：

$$P = \frac{I_{\max} - I_{\min}}{I_{\max} + I_{\min}}$$

明显有 $0 \leqslant P \leqslant 1$，且 P 越大，表示光波的偏振程度越高。特殊地，当 $P=0$ 时，代表的是自然光；当 $P=1$ 时，表示振幅完全分布在某个特定方向上，这种光称为线偏振光。

(2) 偏振光的电场分量

如果一束光中的电场在某一时刻只分布在某一方向上，且电场矢量随时间周期性变化，则我们可以用电场在垂直于传播方向的 x、y 方向的分量 E_x、E_y 来进行描述。这里主要介绍三种常见情形，即椭圆偏振光、圆偏振光和线偏振光。

对于椭圆偏振光，其 E_x、E_y 的一般表达式为

$$E_x = A_x \cos \omega t, \quad E_y = A_y \cos(\omega t + \varphi)$$

如图 5.2.8 所示，当 $A_x = A_y$，且 $\varphi = \pm \frac{\pi}{2}$ 时，就变成了圆偏振光；当 $\varphi = 0$ 或 $\varphi = \pi$ 时，就变成了一种线偏振光。

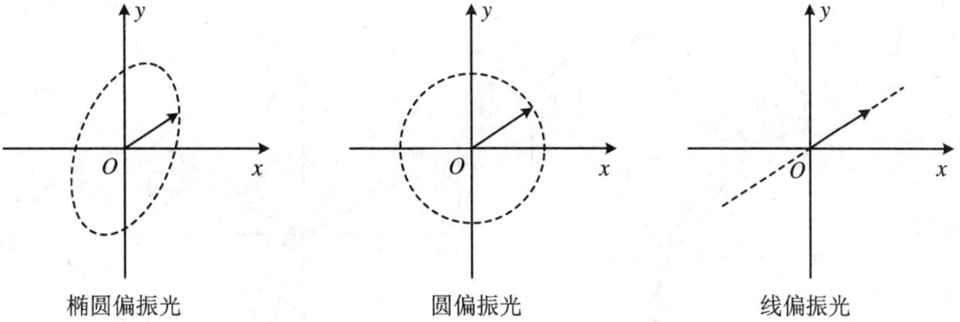

图 5.2.8

(3) 马吕斯定律

如图 5.2.9 所示，自然光通过偏振片 P，只剩下振动方向与偏振片的透振方向平行的光（或光在这个方向的分量），这个过程称为起偏。转动偏振片 Q，当 Q 的透振方向与 P 的透振方向一致时，屏上光的强度最大。当 Q 的透振方向与 P 的透振方向垂直时，屏上光的强度最小，出现消光。通常把偏振片 P 称为起偏器，偏振片 Q 称为检偏器。

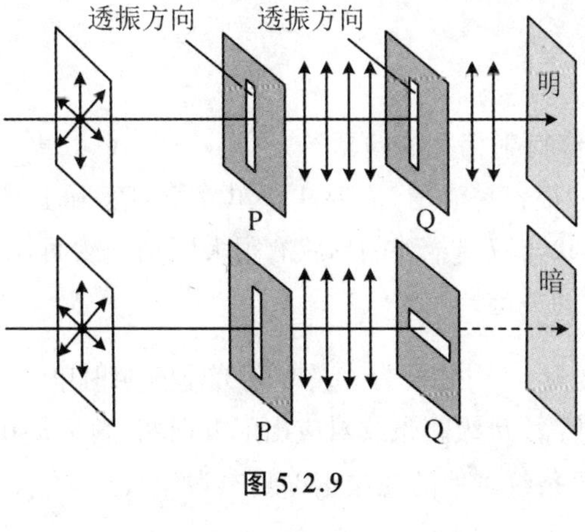

图 5.2.9

研究表明，当 P 的透振方向和 Q 的透振方向成任意夹角 θ 时，穿越两个偏振器的光强是随两个偏振器的透射轴间的夹角的余弦的平方而变化的，其数学表达式为

$$I(\theta) = I(0)\cos^2\theta$$

这一规律称为马吕斯定律。

(4) 布儒斯特角

自然光在两介质面上的反射与折射实质上是光波的电磁场与物质的相互作用，这一作用会导致光的许多特征量发生变化，如传播方向、能流分配、相位突变等，其偏振态也会发生相应的变化。

研究表明：当自然光入射到两介质的界面上时，反射光是部分偏振状态，以垂直入射面振动为主，而折射光（透射光）也是部分偏振光，它的偏振状态以平行入射面振动为主，如图 5.2.10(a)所示；当反射光和折射光垂直时，反射光中无平行振动，是一垂直于入射面的直线偏振光，其入射角称为起偏角或布儒斯特角，这一结论称为布儒斯特定律，如图 5.2.10(b)所示。

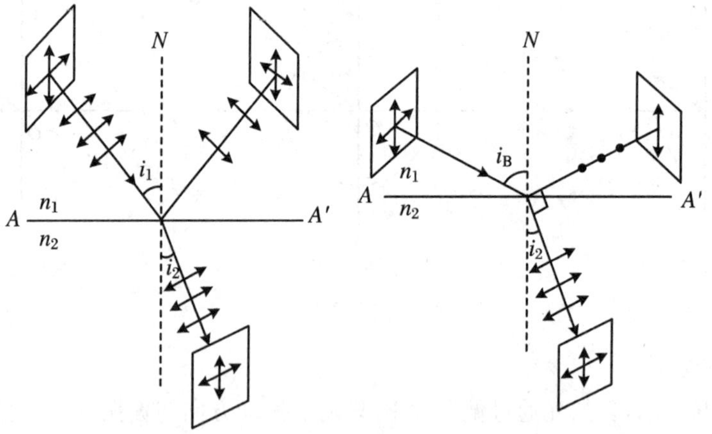

(a)　　(b)

图 5.2.10

核心问题讨论

1. 如何处理光的单缝衍射相关的问题？

单缝衍射与双缝干涉很容易混淆，需要注意单缝衍射实际上是很多个连续光源产生光波的叠加，所以其条纹形状与双缝干涉的形状有很大区别。然而，与双缝干涉的研究方法一样，光程差才是解决问题的关键。

例题 1　设单缝宽度为 a，用波长为 λ 的单射光垂直照射单缝，请思考下面的问题：

(1) 有同学认为：既然第 n 级暗条纹对应出射方向 θ_n 满足 $a\sin\theta_n = \pm n\lambda$，那么取 $n = 0$，可得 $\theta_0 = 0$ 时是零级暗条纹。他的想法正确吗？为什么？

(2) 在杨氏双缝干涉实验中，要求双缝都能落在单缝的零级衍射区内，同时为了保证双缝接收到的衍射波强度，我们可以规定双缝必须都落在单缝的零级亮条纹的中间 50% 的区域，从这个角度出发，再次思考 5.1 节例题 1(3) 问所提到的问题：某次实验中，$a=0.1\ \text{mm}$，$d=0.4\ \text{mm}$，取光波长 $\lambda=589\ \text{nm}$，则单缝到双缝的距离 D 应当满足什么条件？

分析　单缝衍射条纹的暗条纹形成的原因是：单缝上所有子波源在光屏处产生的波可以完全抵消，从而可以确定所有暗条纹的方向，进而可以得到条纹的基本分布。

解　(1) 该同学的想法不正确。当出射方向的角度满足 $a\sin\theta_n=\pm n\lambda$ 时，单缝上所有子波源发出的波都可以两两相消，但 θ_n 只能为非零整数，因为 $\theta=0$ 时，所有子波源发出的波都是同相位的，不会有任何相消的情况出现，所以这对应的情况是亮度最高的主极强。

(2) 经过单缝衍射的零级亮条纹角宽度为

$$\Delta\theta_0=\frac{2\lambda}{a}$$

要让双缝能落在 S_0 的零级衍射亮条纹的中间 50% 的区域，应有

$$\frac{d}{D}<\frac{\Delta\theta_0}{2}=\frac{\lambda}{a}$$

得

$$D>\frac{ad}{\lambda}=6.8\ \text{cm}$$

点拨　波的叠加原理是研究一切干涉和衍射现象的基础。在杨氏双缝干涉实验中，单缝的宽度会影响到单缝的衍射场范围，但有趣的是，该题从衍射场的角度出发，得到了关于 a 和 D 的限制条件，居然与 5.1 节例题 1 从反衬度的角度出发所得到的对 a 和 D 的限制条件是完全一样的。

2. 如何处理光的光栅衍射相关的问题？

光栅的缝间干涉原理和双缝干涉类似，可以利用双缝干涉的公式方法来处理光栅的缝间干涉问题。但光栅的每条缝都会有单缝衍射的现象，具体情况在高中阶段不必研究过细。

例题 2　进一步研究光栅，图 5.2.11 为光栅的微观结构图，其每条缝宽为 a，且空间每 d 的距离上就有一条狭缝，显然有 $a<d$。若用平行激光束垂直照射(沿 P_0 方向)，假设总共有 N 条狭缝被照射，显然图中虚线所示的 P_0 方向为等光程的零级亮条纹方向，这称为零级主极强。现在来研究沿其他方向出射时光波的叠加情况，可用某出射方向与 P_0 方向所夹角度 θ 作为参量。

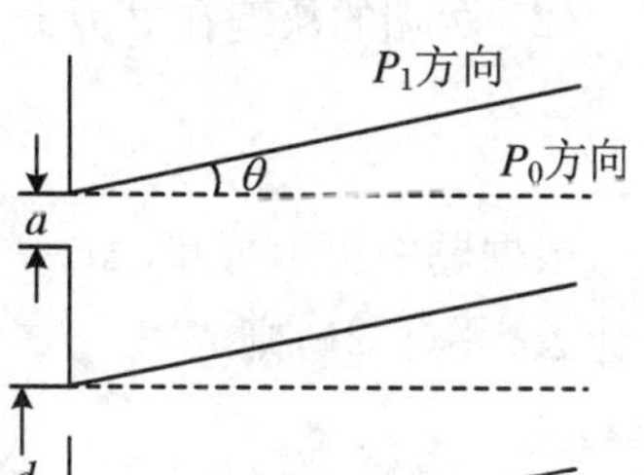

图 5.2.11

(1) 若只考虑不同缝之间发出的光波进行叠加，则 θ 从零开始逐渐增大，第 n 级亮条纹出现时对应的 θ_n 是多大？这条亮纹称为 n 级主极强。

(2) 在 N 较大的情况下，光栅干涉场中主极强会显得非常尖锐，其半角宽度 $\Delta\theta$ 可以用以下方法计算：从某一级主极强对应角度 θ_n 开始变化 $\Delta\theta$ 后，两端的狭缝的相位差

变化为 2π，请计算第 n 级主极强对应的 $\Delta\theta$ 大小。

(3) 若考虑某一条缝发出的所有光波进行叠加，则 θ 从零开始逐渐增大，第1级暗条纹出现时对应的 $\theta_{暗1}$ 是多大？再结合(1)问的结论思考：众多的 θ_n 中有没有可能出现某些主极强变为暗条纹的情况？

(4) 理论上可以证明：将宽度为 a 的单缝的衍射场强度分布和缝间距为 d 的理想光栅的干涉场强度分布直接相乘，乘积对应的强度分布就是光栅对应的叠加场的强度分布。所以在宽度为 a 的单缝衍射场的零级加强区域内，最多可以出现几条主极强亮线？

(5) 如果光源中含有 $\lambda=\lambda_0\pm\dfrac{\Delta\lambda}{2}$ 的两条谱线（$\Delta\lambda\ll\lambda_0$），采用瑞利判据，若要能够分辨这两条谱线的第 n 级主极强，则 N 至少为多少？

(6) 若激光不是沿 P_0 方向入射，而是入射方向与 P_0 方向有一个夹角 α，则干涉屏上的条纹与前几问的情况相比会如何变化？（注意，此时的效果相当于调节了各次波源的相位。）

(7) 相控阵雷达原理如图 5.2.12 所示，一条直线上整齐排列有若干个相邻间距为 b 的无线电波发射源，可以发出波长为 λ 的电磁波。每个波源的相位都可以单独控制，通过控制各个波源相位的连续变化，就可以控制主极强传播方向在空间的变化，从而使得雷达不需要机械转向就可以进行快速扫描。如图 5.2.12 所示，某时刻雷达波的传播方向与波源所在直线的夹角为 β，求此时相邻波源的最小相位差 $\Delta\varphi$。

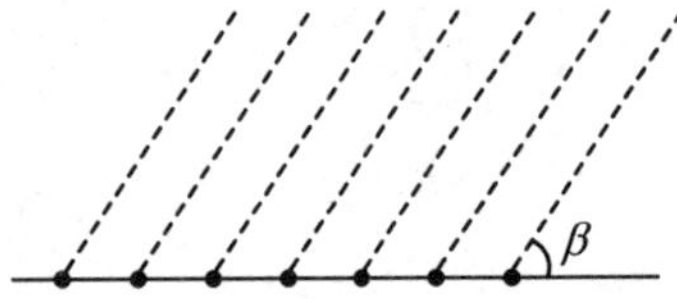

图 5.2.12

分析 实际计算光栅的干涉场分布时，应当考虑将所有缝上所有位置的次波源发出的波进行叠加。然而高中阶段我们无须涉及如此繁杂的数学，可以综合考虑理想的多缝干涉场与单缝干涉场，因为实际的干涉场中会同时展现出这两个干涉场各自的特点。

解 (1) 考虑缝之间的干涉，在某方向，只要相邻缝上对应点发出的波在远处的相位相差 $2n\pi$，则该方向就是第 n 级主极强所在方向，故有

$$\sin\theta_n=\frac{n\lambda}{d} \quad ①$$

(2) 两端的狭缝在 θ 方向上的相位差可以写成

$$\delta=2\pi\times\frac{Nd\sin\theta}{\lambda} \quad ②$$

根据题中提示可知，$\Delta\theta$ 一定是非常小的角度，所以我们可以对②式在 θ_n 附近求微分，并让 $\Delta\delta$ 等于 2π，则

$$\Delta\delta=2\pi=2\pi\times\frac{Nd\cos\theta_n}{\lambda}\times\Delta\theta$$

得

$$\Delta\theta=\frac{\lambda}{Nd\cos\theta_n} \quad ③$$

可见 N 越大，$\Delta\theta$ 就越小，因此光栅可以得到比双缝更加清晰的条纹。

(3) 根据单缝衍射的知识可知 $\theta_{暗1}$ 满足的条件为

$$\sin\theta_{暗1} = \frac{\lambda}{a} \qquad ④$$

在 $\theta_{暗1}$ 方向上每个单缝发出的光都完全自行相消为零。

对比①式和④式可以发现，如果 θ_n 恰好位于 $\theta_{暗1}$ 的位置上，则这第 n 级主极强将会变成暗条纹，即

$$\sin\theta_{暗1} = \frac{\lambda}{a} = \sin\theta_n = \frac{n\lambda}{d}$$

得

$$n = \frac{d}{a}$$

(4) 宽度为 a 的单缝衍射场中的零级加强区域的半角宽度为 $\arcsin\frac{\lambda}{a}$，而主极强对应的最大角度不能超过这个限制，所以只需讨论多缝干涉的第 n 级主极强是否恰好落在单缝衍射场的第 1 级暗条纹处即可。

情况一：若$\frac{\lambda}{a}$恰好可以被$\frac{\lambda}{d}$整除，即 d 是 a 的整数倍，则在零级主极强区域可以看到的亮条纹条数为$\frac{2d}{a}-1$。

情况二：若$\frac{\lambda}{a}$不可被$\frac{\lambda}{d}$整除，则在零级主极强区域可以看到的亮条纹条数为$\left[\frac{2d}{a}\right]+1$。

(5) 对①式在 θ_n 附近求微分可以得到两条谱线的第 n 级主极强的角距离 $\delta\theta$ 满足

$$\cos\theta_n\delta\theta = \frac{n\Delta\lambda}{d} \qquad ⑤$$

再由③式可知两条谱线的第 n 级主极强半角宽为

$$\Delta\theta = \frac{\lambda}{Nd\cos\theta_n} \qquad ⑥$$

再根据瑞利法则，要想能分辨这两条谱线的第 n 级主极强，就必须要求 $\delta\theta>\Delta\theta$，将⑤⑥式代入，可算得

$$N > \frac{\lambda}{n\Delta\lambda}$$

(6) 此时无论是单缝的衍射场还是多缝的干涉场，其条纹宽度都不会发生变化，但它们的零级亮条纹所在方向都将偏移 α 角。所以改变各次波源的初相位就可以改变干涉场的主极强传播方向，这就是相控阵雷达的工作原理。

(7) 为了让图 5.2.12 中沿虚线方向为零级主极强，相邻点波源之间的相位差应为

$$\Delta\varphi = \frac{2\pi}{\lambda}b\cos\beta$$

点拨　光栅的干涉场中要同时考虑单缝衍射和多缝干涉的因素，但由于单缝衍射的能量主要集中在零级主极强的区域内，因此观察条纹时在零级主极强内的亮条纹也更加清晰。而根据(4)问的分析可以断定，衍射的零级主极强区域内至少会存在 3 条多缝干涉的亮条纹(一条零级亮条纹和两条一级亮条纹)，所以我们就可以利用多缝干涉的一级亮条纹区域制

作光栅分光计。另外，对于光栅而言，可以通过调节各次波源之间的相位差来控制衍射能量的主要传播方向。

3. 如何计算圆孔衍射中的分辨率?

圆孔衍射是人眼视物、光学仪器成像的重要背景，根据圆孔衍射可以确定不同情景下光学仪器的最小分辨率。利用公式确定艾里斑的大小，再根据瑞利判据就可以解决一般性的问题。

例题3 (2016年清华领军)在天气晴朗的夜晚，一辆汽车行驶在高速公路上，行驶前方有一个人注视着该车的车灯。人眼瞳孔直径为 $D=4.0\ \text{mm}$，车灯间距离为 $h=1.2\ \text{m}$，车灯光波长为 $\lambda=630\ \text{nm}$，则人能分辨出两束灯光时至车的最远距离 S 为 ( )

A. 12 km　　B. 9 km　　C. 3 km　　D. 6 km

分析 远处的两个物体经过瞳孔衍射，衍射光斑的直径相同。如图5.2.13所示，当其中一个光斑的半径落在另一个光斑的圆心时，这是两物体能区分开的临界条件，据此可以求出最小分辨角，从而估算出至车的最远距离。

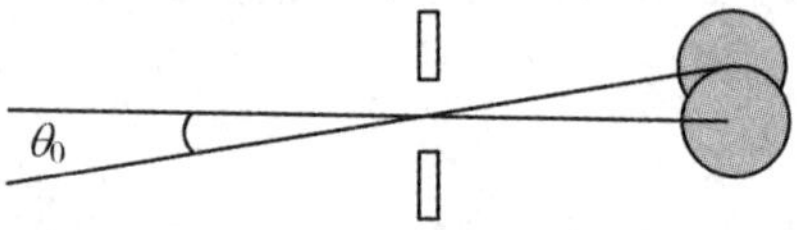

图5.2.13

解 因为人眼的瞳孔较小，近似为球形，所以光线经过人眼的瞳孔时近似认为发生了圆孔衍射，其衍射角为

$$\theta = 1.22\frac{\lambda}{D}$$

设瞳孔到视网膜的距离为 l，则衍射光斑的直径 d(艾里斑直径)满足

$$\frac{d}{2} = \theta l = 1.22\frac{\lambda}{D}l$$

所以最小分辨角(瑞利判据)为

$$\theta_0 = \frac{\frac{d}{2}}{l} = \theta = 1.22\frac{\lambda}{D}$$

则人能分辨出两束灯光时至车的最远距离

$$S = \frac{h}{\theta_0} = \frac{h}{1.22\frac{\lambda}{D}} = 6.2\times10^3\ \text{m}$$

点拨 实际上只需要两个车灯的视张角恰好等于一个车灯通过瞳孔形成的艾里斑的焦半径即可，所以孔径越大的光学仪器可以分辨越远的车灯。

4. 如何处理光的偏振的相关问题?

光的偏振问题需要注意两个考点：① 入射角为布儒斯特角时，反射光只有垂直于光路平面的电场分量，是线偏振光；折射光是以平行于光路平面的振动为主的部分偏振光。

② 偏振片只可以通过与其透振方向相同的光。

例题4　如图5.2.14所示，一块折射率为 n 的玻璃板上下两表面平行，光线1从空气入射到玻璃板的上表面，反射光为2，折射光为3。

(1) 如果反射光2为完全偏振光，求入射角 i_1 的大小。

(2) 若在光线2的传播路径上放置一个偏振片Q，发现没有光线能通过Q，请求Q的透振方向。

(3) 在(2)问的基础上，若在Q的前方再平行放置另一偏振片P，发现可以有光线透过Q，且透过Q的光线强度为光线2强度的一半，求P与Q的透振方向夹角 θ。(假设沿偏振片透振方向的光能完全通过偏振片。)

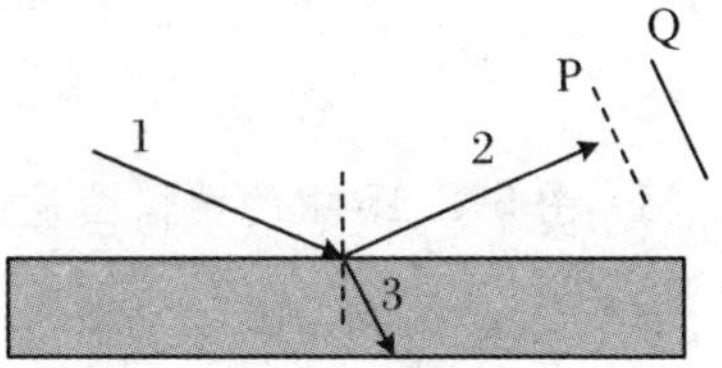

图5.2.14

(4) 光线3的反射光是偏振光吗？为什么？

(5) 实际上由于界面的反射率并不高，光线2的强度很低。请利用这样的玻璃板(若干)设计一个可以获得强度足够的线偏振光的方案。

分析　布儒斯特角的大小可以根据反射光与折射光垂直的特点进行求解；在计算偏振片透光强度时，需要将电场进行正交分解。

解　(1) 此时入射角为布儒斯特角，反射角 i_2 和折射角 i_3 互余，所以有

$$\cos i_1 = \cos i_2 = \sin i_3 = \frac{\sin i_1}{n}$$

解得

$$i_1 = \arctan n$$

(2) 光线2的偏振方向是垂直于纸面的线偏振光，而Q不能让其通过，所以Q的透振方向是与纸面平行且垂直于光线2的传播方向。

(3) 根据马吕斯定律有

$$I(\theta) = I(0)\cos^2\theta = \frac{1}{2}I(0)$$

解得 $\theta = \frac{\pi}{4}$。

(4) 由几何光学知识易知，光线3在玻璃板的下表面入射后，其折射光与反射光也是互相垂直的，所以光线3的反射光也是线偏振光。

(5) 可以在图5.2.14中玻璃板下方再平行放置若干这样的玻璃板(彼此都有间隔)，这样光线每一次在界面处都会反射掉一部分垂直于纸面振动的分量，而平行于纸面的振动分量始终不会减少，这样多次过滤之后，就可以得到振动方向平行于纸面且强度较大的偏振光了。

点拨　日常生活中的大部分非金属物体的反射光和透射光都是偏振光，读者有兴趣可以用偏振片(或偏光眼镜)进行检验。

习题实战演练

基 础 练 习

1. 图 5.2.15 中的两幅图是由同种单色光入射到圆孔而形成的图像，以下说法正确的是 （　　）

A. 图(a)是光的干涉图像

B. 图(a)是光的衍射图像

C. 图(a)所对应的圆孔的直径大于图(b)所对应的圆孔的直径

D. 图(a)所对应的圆孔的直径小于图(b)所对应的圆孔的直径

2. (2012 年江苏卷)如图 5.2.16 所示，白炽灯的右侧依次平行放置偏振片 P 和 Q，A 点位于 P、Q 之间，B 点位于 Q 右侧。旋转偏振片 P，A、B 两点光的强度变化情况是 （　　）

A. A、B 均不变　　B. A、B 均有变化

C. A 不变，B 有变化　　D. A 有变化，B 不变

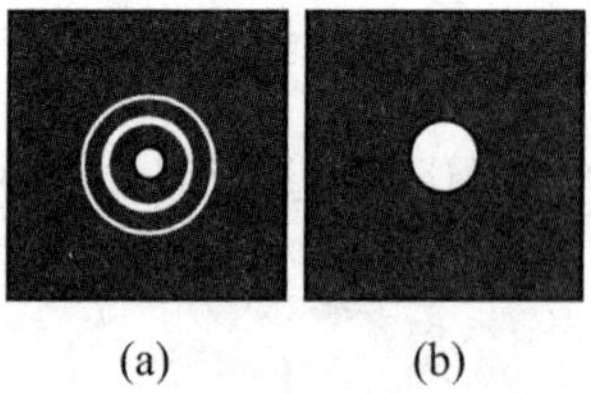

图 5.2.15

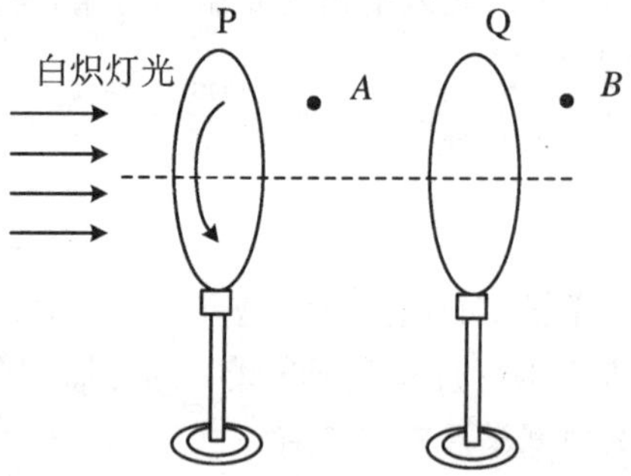

图 5.2.16

3. 奶粉的碳水化合物(糖)的含量是一个重要指标，可以用旋光法来测量糖溶液的浓度，从而鉴定含糖量。偏振光透过糖的水溶液后，偏振方向会相对于传播方向向左或向右旋转一个角度 α，这一角度 α 称为旋光度。α 的值只与糖溶液的浓度有关，将 α 的测量值与标准值比较，就能确定被测样品的含糖量了。如图 5.2.17 所示，S 是自然光源，A、B 是偏振片，转动 B，使到达 O 处的光最强，然后将被测样品 P 置于 A、B 之间。下列说法中正确的是 （　　）

A. 将偏振片 B 转动一个角度，使得 O 处的光强度最大，偏振片 B 转过的角度等于 α

B. 将偏振片 A 转动一个角度，使得 O 处的光强度最大，偏振片 A 转过的角度等于 α

C. 到达 O 处光的强度会明显减弱

D. 到达 O 处光的强度不会明显减弱

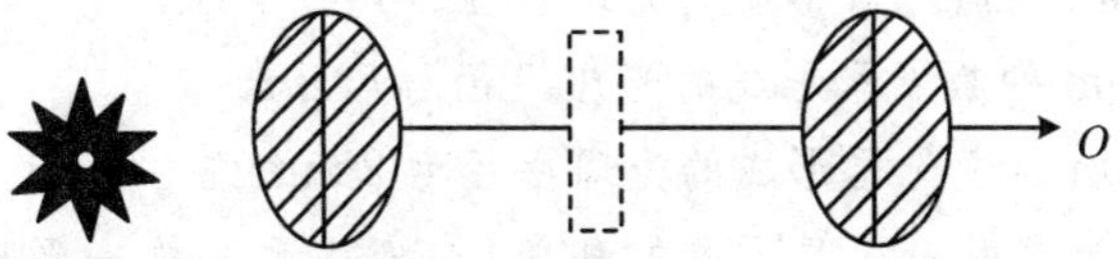

图 5.2.17

4. (2016 年朝阳一模)2016 年是爱因斯坦发表广义相对论 100 周年。引力波是爱因斯坦在广义相对论中预言的,即任何物体加速运动时给宇宙时空带来的扰动,可以把它想象成水面上物体运动时产生的水波。引力波在空间传播的方式与电磁波类似,以光速传播,携带有一定能量,并有两个独立的偏振态。

引力波探测是难度最大的尖端技术之一,因为只有质量非常大的天体加速运动时才会产生较容易探测的引力波。2016 年 2 月 11 日,美国激光干涉引力波天文台宣布探测到了引力波,该引力波是在距离地球 13 亿光年之外的两个黑洞合并时产生的。探测装置受引力波影响,激光干涉条纹发生相应的变化,从而间接探测到引力波。下列说法正确的是　(　　)

A. 引力波是横波

B. 引力波是电磁波

C. 只有质量非常大的天体加速运动时才能产生引力波

D. 爱因斯坦因预言了引力波的存在而获得诺贝尔物理学奖

5. 人的瞳孔直径为 $D=2\ \mathrm{mm}$,视网膜到瞳孔的距离为 $f=2\ \mathrm{cm}$,对于从远处传来的波长为 $\lambda=560\ \mathrm{nm}$ 的光,估算其在视网膜上形成的艾里斑直径 d 的大小。

6. 一天文望远镜的物镜直径为 2.5 m。已知入射光的波长为 550 nm,人眼瞳孔的直径为 2.5 mm。

(1) 求能够被望远镜分辨的双星对它张开的最小夹角。

(2) 该望远镜与人眼相比,其分辨率是人眼的多少倍?

7. 水的折射率为 $n=\dfrac{4}{3}$,一束光线从水中射向空气,入射角等于多大时,会使得水面的反射光为线偏振光?

提 高 练 习

8. (2019 年清华领军)孔径为 d 的激光器发出的红色激光将在月球表面形成一光斑,则下列选项正确的是　(　　)

A. 孔径 $d_1=2\ \mathrm{mm}$ 的激光器形成的光斑半径是孔径 $d_2=4\ \mathrm{mm}$ 的激光器形成的光斑半径的 2 倍

B. 孔径 $d_1=2\ \mathrm{mm}$ 的激光器形成的光斑半径是孔径 $d_2=4\ \mathrm{mm}$ 的激光器形成的光斑半径的$\dfrac{1}{2}$

C. 孔径 $d_1=2$ mm 的激光器形成的光斑半径为几百千米

D. 孔径 $d_1=2$ mm 的激光器形成的光斑半径为几百米

E. 孔径 $d_1=2$ mm 的激光器形成的光斑半径为 2 mm 左右

9. 如用单色平行光照射一宽度可调的狭缝，在缝后远处放一接收光屏，分别用红色平行光（波长为 655 nm）和绿色平行光（波长为 532 nm）入射。以下说法正确的是（　　）

A. 红光透过 0.8 mm 的狭缝，绿光透过 0.7 mm 的狭缝，接收屏上绿光对应的亮斑更宽

B. 红光透过 0.8 mm 的狭缝，绿光透过 0.7 mm 的狭缝，接收屏上红光对应的亮斑更宽

C. 红光透过 0.7 mm 的狭缝，绿光透过 0.8 mm 的狭缝，接收屏上绿光对应的亮斑更宽

D. 红光透过 0.7 mm 的狭缝，绿光透过 0.8 mm 的狭缝，接收屏上红光对应的亮斑更宽

10. 取一小片废弃光盘的局部，用胶带处理掉其表面的不透光材料，将其封装在一个不透光的盒里，再在盒的一端开一条狭缝，让光盘局部位于狭缝的衍射零级亮条纹区域，这就做成了一个简易的光谱仪。已知光盘上每 1 mm 内有 600 条狭缝，钠原子光谱中的两条谱线对应波长为 $\lambda_1=589.0$ nm 和 $\lambda_2=589.6$ nm。

(1) 求这两束谱线的一级主极强所在方向与零级主极强方向的夹角 θ_1 和 θ_2。

(2) 若要能够分辨这两条谱线，至少需要多宽的光栅？

11. 偏振片是一种特殊的光学器件，它可以只让电场强度沿特定方向的光通过，这个方向称为透光方向，如图 5.2.18 所示，强度为 I_0 的自然光沿 z 正方向入射，垂直于入射方向前后放了两块偏振片 P_1 和 P_2。其中 P_1 的透光方向为 y 方向，P_2 的透光方向可以在 xy 平面内旋转。假设光通过偏振片后沿透光方向的光可以完全通过，垂直于透光方向的光完全不能通过。

(1) 通过 P_1 后的光强 I_1 是多大？

(2) 若 P_2 的透光方向与 x 轴的夹角为 θ，则通过 P_2 后的光强 I_2 是多大？

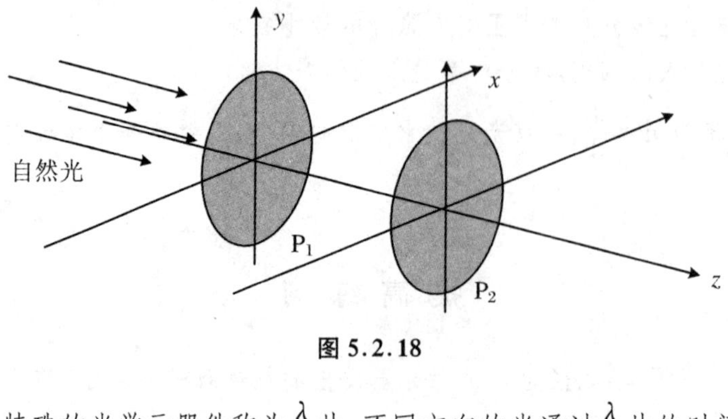

图 5.2.18

12. 有一种特殊的光学元器件称为 $\frac{\lambda}{4}$ 片，不同方向的光通过 $\frac{\lambda}{4}$ 片的时间会不同，从而导致不同方向的光在经过 $\frac{\lambda}{4}$ 片内的空间后产生相位差别。如图 5.2.19 中的 R_1 和 R_2 就是 $\frac{\lambda}{4}$ 片，若有电场强度分别沿 x 和 y 方向的某种光同时垂直于 R_1 或 R_2 入射，从 R_1 或 R_2 出射后，电场强度沿 x 方向的光要比电场强度沿 y 方向的光少经历 $\frac{\pi}{2}$ 的相位。图中 P_1 是透光方

向与 x 方向成 45° 的偏振片，若沿 z 正方向用自然光垂直入射 P_1，请问：通过 R_1 之后的光是什么性质？通过 R_2 之后的光呢？

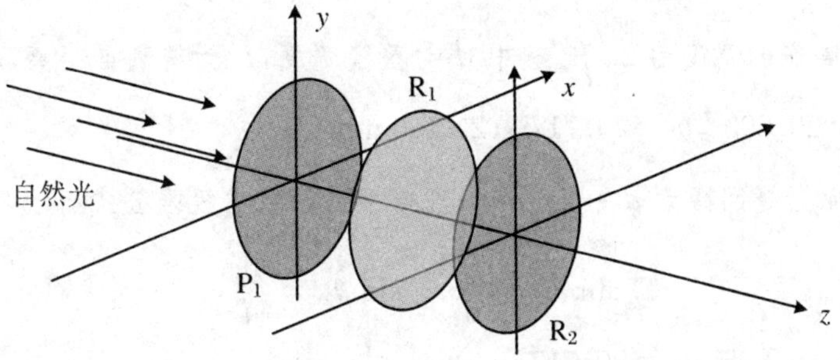

图 5.2.19

《参考答案》

1．BD。

2．C。

3．ABC。

4．A。

5．$d=1.4\times10^{-5}$ m。

提示　$d=2f\Delta\theta=2f\times1.22\dfrac{\lambda}{D}=1.4\times10^{-5}$ m。

6．(1) 2.68×10^{-7} rad；(2) 1000。

提示　(1) $\Delta\theta=1.22\dfrac{\lambda}{D}=2.68\times10^{-7}$ rad。

(2) $\dfrac{\Delta\theta_{镜}}{\Delta\theta_{眼}}=\dfrac{D_{眼}}{D_{镜}}=10^{-3}$，所以望远镜的分辨率是人眼的 1000 倍。

7．$i_1=37^\circ$。

提示　设入射角、反射角、折射角分别为 i_1、i_2、i_3，因为 $i_1=i_2$，且 $i_2+i_3=90^\circ$，所以有 $\dfrac{\sin i_2}{\sin i_3}=\dfrac{\sin i_1}{\cos i_1}=\dfrac{1}{n}=\dfrac{3}{4}=\tan i_1$，解得 $i_1=37^\circ$。

8．AC。

提示　根据夫琅禾费圆孔衍射的特征得

$$\theta=1.22\frac{\lambda}{d}$$

衍射光斑(艾里斑)的直径为

$$D=2\theta\cdot L=2.44\frac{\lambda}{d}\cdot L$$

可见选项 A 正确。

作为估算，取红光 $\lambda=700\ \mathrm{nm}$，$L=3.8\times10^8\ \mathrm{m}$，$d_1=2\ \mathrm{mm}$，可得 $D=3.2\times10^2\ \mathrm{km}$，所以选项C正确。

9. BD。

提示 零级亮斑的宽度为 $2\dfrac{L\lambda}{d}$，其中 d 为狭缝宽度，L 为缝到屏距离，λ 为波长。

10. (1) $\theta_1=20.695^\circ$，$\theta_2=20.717^\circ$；(2) 1.6 mm。

提示 (1) 光栅缝间距为 $d=\dfrac{1}{600}\ \mathrm{mm}$，直接根据一级主极强公式有

$$\sin\theta_1=\frac{\lambda_1}{d},\quad \sin\theta_2=\frac{\lambda_2}{d}$$

代入数据，得 $\theta_1=20.695^\circ$，$\theta_2=20.717^\circ$。

(2) 若要能够分辨这两条谱线，则要求其条纹的半角宽度 $\Delta\theta\leqslant\theta_2-\theta_1$。设光栅宽度为 D，则有

$$\Delta\theta=\frac{\lambda_1}{D\cos\theta_1}\approx\frac{\lambda_2}{D\cos\theta_2}\leqslant\theta_2-\theta_1=\frac{\lambda_2-\lambda_1}{d\cos\theta_1}$$

得

$$D\geqslant\frac{\lambda_1 d}{\lambda_2-\lambda_1}=1.6\ \mathrm{mm}$$

11. (1) $I_1=\dfrac{I_0}{2}$；(2) $I_2=\dfrac{I_0}{2}\sin^2\theta$。

提示 (1) 自然光中电场强度在 x 和 y 方向的分量是一样大的，且光强应当正比于电场强度的平方，设比例系数为 k，则有 $I_0=k(E_x^2+E_y^2)=2kE_y^2$，通过 P_1 后，只有电场强度沿 y 方向的光被保留，是线偏振光，则 $I_1=kE_y^2=\dfrac{I_0}{2}$。

(2) 通过 P_1 的线偏振光中的电场 E_y 在 P_2 的透光方向上的分量为 $E_y\sin\theta$，所以 $I_2=kE_y^2\sin^2\theta=\dfrac{I_0}{2}\sin^2\theta$。可见当 P_1 和 P_2 的透光方向互相垂直时，I_2 的强度为0；当 P_1 和 P_2 的透光方向互相平行时，I_2 的强度达到最大，为 I_1。

12. 通过 R_1 之后的光变成了迎着传播方向看顺时针旋转的圆偏振光，通过 R_2 之后的光变成了电场方向沿直线 $y=-x$ 的线偏振光。

提示 通过 P_1 的光是电场方向沿 x、y 轴夹角平分线的线偏振光，所以不妨将从 P_1 刚到达 R_1 表面的光的两个分量写成

$$E_x=A\cos\omega t,\quad E_y=A\cos\omega t$$

根据题意，经过 R_1，两个分量会分别变为

$$E_x=A\cos(\omega t+\varphi_1)$$

$$E_y=A\cos\left(\omega t+\varphi_1+\frac{\pi}{2}\right)=-A\sin(\omega t+\varphi_1)$$

所以通过 R_1 之后的光变成了迎着传播方向看顺时针旋转的圆偏振光。

再通过 R_2，光的两个分量变为

$$E_x = A\cos(\omega t + \varphi_2)$$

$$E_y = -A\sin\left(\omega t + \varphi_2 + \frac{\pi}{2}\right) = -A\cos(\omega t + \varphi_2)$$

所以通过 R_2 之后的光变成了电场方向沿直线 $y=-x$ 的线偏振光。

5.3　波粒二象性

课外知识延伸

1. 黑体辐射

(1) 理想黑体

想象在一间封闭的屋子里，屋子的墙壁很厚，而且墙体选用了绝热性能非常好的材料，使得在不太长的时间内（比如 1 min）屋子里和外界几乎没有热量交换。屋子里有各种物品，由于摆放时间足够长，都已经达到了热平衡（温度一样）。想象屋子中悬挂着一些不同颜色的小球，这些小球也都和屋子里的其他物品达到了相同的温度。为了避免空气和这些物品发生热量交换，我们再进一步假想已经将屋内的空气也全部抽走，形成一个真空环境。然而即使这样，屋内的物体依然在通过热辐射进行能量交换，因为每一个物体都在不停地向外辐射电磁波，同时也在不停地吸收空间中的电磁波，吸收和辐射的能量相等，所以它们之间达到了等温状态。

现在我们来关注屋子里悬挂的小球，从各种颜色的小球中选取一个黑球和一个白球，我们知道黑球吸收电磁波的本领要比白球强得多，因为这些小球的温度都不会发生变化，即每个球吸收电磁波的功率一定等于其发射电磁波的功率，所以我们可以推断，黑球向外辐射电磁波的本领也要比白球强得多。再进一步推广，吸收电磁波越厉害的物体（深色）辐射电磁波也一定越厉害。

于是我们定义：可以完全吸收到达其表面电磁波的物体称为黑体，而完全不吸收到达其表面的电磁波的物体则可称为白体。相同的温度下，黑体向外辐射电磁波的本领是最强的，因此研究黑体在不同温度下的辐射功率很有意义。

然而，理想的黑体并不存在，即使黑如煤炭，也会反射 6%～20%的电磁波，但科学家们利用一个绝妙的方法找到了“非常黑”的物体。如图 5.3.1 所示，在一个空腔上留有一个小孔，当光从小孔入射到空腔内后，要经历很多次随机的反射才有机会再次从小孔射出，而每次反射时空腔内壁都会吸收一定比例的电磁波，这样最终能从小孔射出的电磁波就只占极少的比例了。那么对这个小孔而言，光线照在其上几乎没有反射，这不就是一个非常

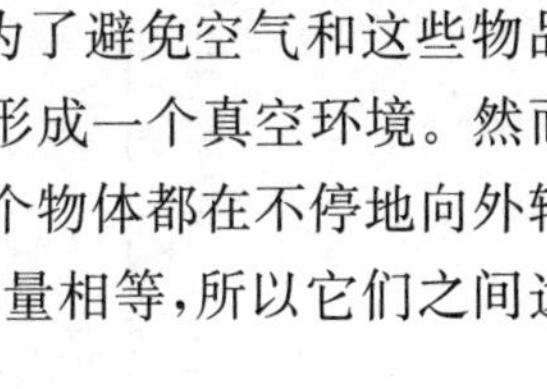

图 5.3.1

理想的黑体吗?

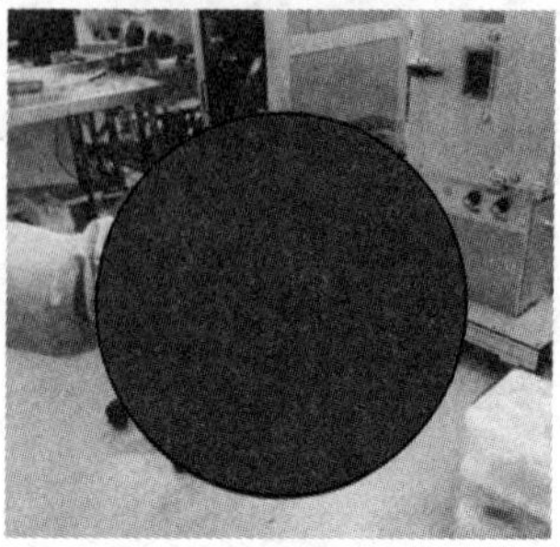

图 5.3.2

其实生活中有大量这样的“黑体”存在,比如足球的气孔、深井,甚至是人的瞳孔。而科学家们也利用这个原理造出了世界上最黑的材料。如图 5.3.2 所示,该材料的微观形态就是大量的碳纳米管,这些碳纳米管就类似于大量带有小孔的空腔,光线可以在其内部经历多次反射被吸收,这样最终从材料表面只反射极少的光,这种材料对光的吸收率已经可以达到 99.99%。

(2) 黑体辐射

有了可研究的黑体,科学家们通过一系列的实验测出了黑体的辐射规律。图 5.3.3 显示了不同温度下黑体在不同波段的辐射强度。图中横轴代表了波长;纵轴为相应波长的“单色辐射出射度”,即单位时间内,从物体表面单位面积上所发射的波长在 $\lambda \sim \lambda + d\lambda$ 范围内的辐射能 dE_λ 与 $d\lambda$ 的比值 $M_{B\lambda}$。

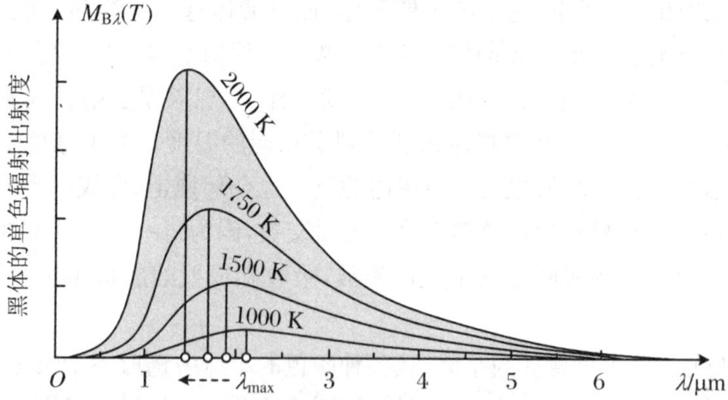

图 5.3.3

可以看到,随着温度 T 的升高,各个波段的辐射强度都会增大。事实上,每条曲线与横轴所夹的面积 R(单位面积辐射的总功率)是正比于 T^4 的(T 是热力学温度),即

$$R = \sigma T^4 \tag{①}$$

这个规律称为斯特藩-玻尔兹曼定律。式中 $\sigma = 5.669 \times 10^{-8}\ W/(m^2 \cdot K^4)$称为斯特藩-玻尔兹曼常量,该式是普适的,与物质的种类无关。

另外,随着 T 的增大,最大辐射强度对应的波长 λ_{max}还会向短波移动,从实验数据中能发现非常简单的关系

$$\lambda_{max} T = C = 2.897 \times 10^{-3}\ m \cdot K \tag{②}$$

上式称为维恩位移定律,其中 C 也是与物质种类无关的常量。

2. 普朗克辐射定律

(1) 普朗克公式

为了解释黑体辐射规律,早期科学家们遇到了很多困难,因为用经典的物理学理论怎么

都无法推导出符合实验规律的黑体辐射公式。在其他科学家的理论基础上，最终由普朗克首先猜出空腔内的“单色辐射出射度”关于温度 T 和波长 λ 的表达式

$$M(\lambda, T) = \frac{C_1}{\lambda^5} \cdot \frac{1}{e^{\frac{C_2}{\lambda T}} - 1} \quad ③$$

普朗克是在 1900 年 10 月 19 日向德国物理学会提出③式的，在这个猜想公式中虽然引入了两个还不清楚本质的常量 C_1 和 C_2，但是这个公式却与实验符合得相当好。

(2) 量子力学的开端

最初，普朗克只是猜出了③式，但并不清楚其理论依据，大约两个月后，普朗克才完成了对③式的理论解释。然而这项工作的成果却极大地困扰了他本人，因为要想让③式成立，就必须作一个奇怪的假设，即空腔中电磁波的能量必须是一份份地被释放或接收，且每份能量都是某个最小能量 ε 的整数倍，ε 的大小正比于电磁波的频率 ν，可以写成

$$\varepsilon = h\nu \quad ④$$

我们可以把④式称为能量子假设，普朗克在此引入了一个新的常量 h，用 h 和玻尔兹曼常数 k 就可以表示③式中的 C_1 和 C_2（详见例题 2），从而将③式改写为

$$M(\lambda, T) = \frac{2\pi hc^2}{\lambda^5} \cdot \frac{1}{e^{\frac{hc}{\lambda kT}} - 1} \quad ⑤$$

上式就是我们现在普遍接受的黑体辐射公式的形式，其中 c 是光速，k 为玻尔兹曼常量。在当时因为有实验数据的支持，科学家们能肯定⑤式是正确的，但即使是普朗克本人也不敢相信④式的假设，即能量只能按一些固定值发射和接收。

的确，这个假设在当时看来实在太“离经叛道”了，但这正是量子力学的开端，他也因这项工作在 1918 年获得了诺贝尔物理学奖。

3. 光的波粒二象性

(1) 光电效应实验装置的再讨论

对于光电效应实验装置，我们需要再深入地讨论一下。如图 5.3.4 所示，很多人都以为只要用紫外光去照射锌板，就可以打出光电子，从而让验电器张开（这样的练习题也很多），但事实上基本不可能有人能做成这样的实验。后来有人改进了这个实验，先将验电器和锌板带上负电，让验电器张开一个角度，然后用紫外灯对锌板进行照射，发现验电器就会闭合，给出看似合理的解释是紫外线将锌板中的电子打了出去；但笔者曾动手这样操作过，先将验电器带上正电，然后再用紫外光照射，结果发现验电器的指针居然也会缓慢闭合。

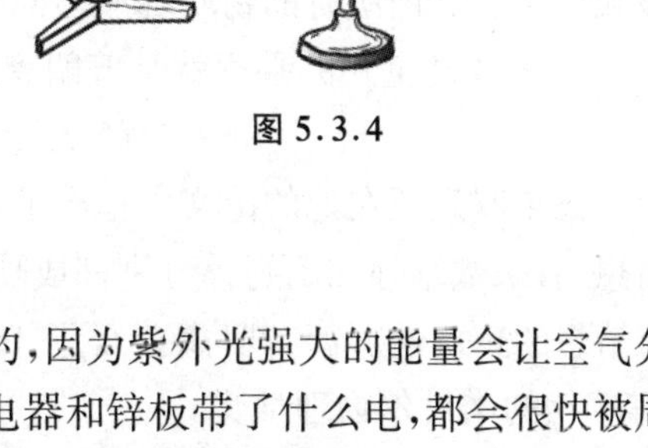

图 5.3.4

其实，图 5.3.4 所示的装置是无法演示光电效应的，因为紫外光强大的能量会让空气分子电离，从而使周围的空气变为良导体，这样，无论验电器和锌板带了什么电，都会很快被周围环境中的异号电荷中和掉。这就是带正电的验电器也会因紫外光照射而闭合的原因。

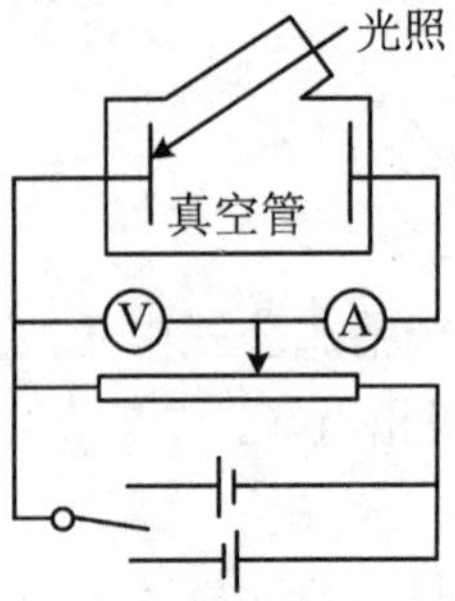

图 5.3.5

于是，我们还得将实验装置再次改进，制造真空环境，将空气被电离的影响去掉。如图 5.3.5 所示，我们将金属板放在透明的真空管内进行实验，并且可以通过外电路控制真空管内两个极板间的电势差，该装置还可以非常精准地测量出普朗克常量。

(2) 光的波粒二象性

与光电效应一样，康普顿散射也很好地体现了光的粒子性。当高能的光子与原子核外的电子发生作用时，其表现很像两个小球发生了碰撞一般，遭受光子轰击后的电子会沿某方向高速射出，光子也因此发生了偏折，并且动量大小也会发生改变，这就是康普顿散射。

从以上的讨论中可以看出，光电效应和康普顿散射说明光具有粒子性，而之前学过的光的干涉、衍射、偏振现象说明光具有波动性。这就促使人们对光的本性有了更深刻的认识，光同时兼备波和粒子这两种在之前一直被人们以为是矛盾的属性。光子的能量可以写成 $E=h\nu$，同时光也具有 $\lambda=\frac{c}{\nu}$ 的波长，因此我们说光具有波粒二象性。

4. 光子气体

根据普朗克的假设，我们可以将空腔内的光子当成气体来研究，对于光子气体，理论证明，其数密度 n 正比于 T^3，其能量密度(单位体积内光子的能量)正比于 T^4，即

$$u = \alpha T^4$$

而对应的压强为

$$p = \frac{1}{3}\alpha T^4$$

根据以上两式，我们可以得到体积为 V 的容器中存在光压为 p 的光子气体，其内能的表达式为

$$E = 3pV$$

5. 德布罗意物质波

在得知光具有波粒二象性之后的十几年内，人们一直认为波粒二象性是光特有的性质，而其他实物都只具有波或者粒子这二者中的唯一属性，这个认识也让量子力学的发展一度停滞。直到 1924 年，才由德布罗意在他的博士论文里提出，实物粒子也应当和光一样具有波粒二象性。即所有的物质都应当同时具有波和粒子双重属性，与光子的表现一样，其对应的波长 λ 和动量 p 的乘积就是普朗克常量 h，即

$$h = p\lambda$$

德布罗意还在他的论文中指出了可以通过电子束打在晶格上发生衍射来验证物质波的猜想，后来戴维孙和汤姆孙分别都成功获得了电子在晶体上的衍射图样，从而证明了德布罗意猜想的正确性。德布罗意获得了 1929 年的诺贝尔物理学奖，戴维孙和汤姆孙则获得了 1937 年的诺贝尔物理学奖。

值得一提的是，德布罗意虽然做出了重要的猜想，但他本人却并不清楚这种实物粒子对

应的波具有什么含义，直到多年后科学家们才逐渐搞明白这个波的本质是概率波，物质波在空间的强度分布就是概率大小在空间的分布。物质波概念的提出也是量子力学发展中的里程碑，极大地推动了量子力学的发展。

核心问题讨论

1. 怎样处理黑体辐射相关的问题?

在黑体辐射问题中，常常需要灵活使用斯特藩-玻尔兹曼定律和维恩位移定律。值得注意的是，这两个定律都是与具体辐射物质种类无关的物理规律；另外，在处理实际问题时，常常需要建立点辐射模型，比如太阳的辐射可以认为是以太阳为中心，向各个方向均匀辐射电磁波，在与半径垂直的面积上，当 r 确定后，相同面元接收到的辐射功率相同。

例题 1　太阳的总辐射功率约为 $P_0=4\times10^{26}$ W，日地距离约为 $r=1.5\times10^{11}$ m，太阳半径取 $R_s=7.0\times10^8$ m，地球半径取 $R_e=6.4\times10^6$ m。若将地球和太阳都近似为黑体，估算：

(1) 太阳表面的温度 T_s；

(2) 太阳辐射电磁波最强部分的波长 λ_s；

(3) 地球表面接收到太阳的辐射功率 P_e；

(4) 地球表面的温度 T_e；

(5) 地球表面向宇宙空间辐射电磁波最强部分的波长 λ_e。

本题可能用到的常数有：斯特藩-玻尔兹曼常量 $\sigma=5.669\times10^{-8}$ W/($\mathrm{m^2\cdot K^4}$)，维恩位移定律中的常量 $C=2.897\times10^{-3}$ m·K，所有结果均保留两位有效数字。

分析　将太阳和地球近似看作黑体是比较粗糙的，可以大致估计出其表面的温度。在分析太阳辐射到地球的电磁波时，应当注意到日地距离是远大于太阳或地球半径的，因此可以认为太阳到达地球表面的光都是平行光，且每个时刻差不多都正好是半个地球被太阳照射。

解　(1) 根据斯特藩-玻尔兹曼定律，可以有

$$\frac{P_0}{4\pi R_s^2}=\sigma T_s^4$$

得

$$T_s=\sqrt[4]{\frac{P_0}{4\pi R_s^2\sigma}}$$

代入数据，得 $T_s=5.9\times10^3$ K。

(2) 由维恩位移定律可得

$$\lambda_s=\frac{C}{T_s}=4.9\times10^{-7}\ \mathrm{m}$$

(3) 考虑到地球接收太阳光的有效截面为地球的大圆面积，有

$$P_e = \frac{\pi R_e^2 P_0}{4\pi r^2} = 1.8 \times 10^{17}\ \text{W}$$

(4) 根据斯特藩-玻尔兹曼定律，可以有

$$\frac{P_e}{4\pi R_e^2} = \sigma T_e^4$$

得

$$T_s = \sqrt[4]{\frac{P_e}{4\pi R_e^2 \sigma}} = \sqrt[4]{\frac{P_0}{16\pi r^2 \sigma}}$$

代入数据，得 $T_s = 2.8 \times 10^2$ K。

(5) 由维恩位移定律可得

$$\lambda_e = \frac{C}{T_e} = 1.0 \times 10^{-5}\ \text{m}$$

点拨 此题各问估算出来的结果与实际情况差别不大，但实际的地球温度模型要复杂得多，既要考虑地球的反射，还要考虑二氧化碳等气体造成的温室效应。需要注意的是，(4)问的结果为$\sqrt[4]{\frac{P_0}{16\pi r^2 \sigma}}$，这个表达式是与地球半径无关的，即按照本题的模型，星球的温度只与恒星的辐射功率 P_0 和行星到恒星的距离 r 有关。

2. 如何从普朗克黑体辐射公式推导出维恩位移定律等?

在普朗克之前，就有很多科学家研究了黑体辐射现象，提出过一些模型，但都不能很好地和实验结果吻合，因此黑体辐射现象在当时与“以太未能被发现”一起被戏称为物理学天空的两朵乌云(这两朵乌云后来分别发展出了量子力学和相对论)。而普朗克在其他人的基础上改进的黑体辐射公式虽然同样是半经验性的猜测，但这个猜测却与实验结果非常吻合，所以才促使普朗克进一步去寻找该公式的物理本质，于是才有了能量量子化的猜想。

从普朗克公式出发，的确可以解释同时期被其他科学家发现的一些黑体辐射规律，比如瑞利金斯公式 $M(\lambda, T) = \frac{2\pi c}{\lambda^4} kT$ 就是普朗克公式在长波波段很好的近似，而维恩位移定律就是普朗克公式取极值时必须满足的条件。

例题 2 在早期对黑体辐射的研究中，维恩、瑞利和金斯都做出了很大的贡献，维恩从热力学理论出发，并猜想辐射能量按频率的分布类似于麦克斯韦分布律，从而得到了一个黑体辐射公式

$$M(\lambda, T) = \frac{C_1}{\lambda^5} \cdot e^{-\frac{C_2}{\lambda T}} \qquad ①$$

式中 M 表示“单色辐射出射度”，即单位时间内，从物体表面单位面积上所发射的波长在 $\lambda \sim \lambda + d\lambda$ 范围内的辐射能 dE_λ 与 $d\lambda$ 的比值，C_1 和 C_2 是两个待定常量。这个公式在短波波段与实验结果吻合得非常好，但到了长波波段却有明显偏差。

同时期，瑞利和金斯从电磁波振动和能均分定理出发，得到了另一个黑体辐射公式

$$M(\lambda, T) = \frac{2\pi c}{\lambda^4} kT \qquad ②$$

式中的 M 与①式中的含义一致，但②式只是在波长很长的区域才与实验数据比较吻合，而在短波区域 M 将会趋于无穷大，这无疑是十分荒谬的，被称为“紫外灾难”。

普朗克综合考虑了①式和②式，将①式的短波波段和②式的长波波段融合到一个函数中，于是就构造出了公式

$$M(\lambda,T)=\frac{C_1}{\lambda^5}\cdot\frac{1}{e^{\frac{C_2}{\lambda T}}-1} \tag{③}$$

上式中的 C_1 和 C_2 就是①式中的 C_1 和 C_2，后来普朗克又进一步做出了能量子假设，并提出了一个新的常量 h，才将③式改写成了最终的普朗克公式

$$M(\lambda,T)=\frac{2\pi hc^2}{\lambda^5}\cdot\frac{1}{e^{\frac{hc}{\lambda kT}}-1} \tag{④}$$

(1) 从③式出发，证明在短波波段 M 的规律满足①式。

(2) 从④式出发，证明在长波波段 M 的规律满足②式。

(3) 通过实验可以精确地测定 C_1 和 C_2，从而进一步求出 h 和 k，请写出 h 和 k 关于 C_1 和 C_2 的表达式。

(4) 请从④式出发证明维恩位移定律 $\lambda_{\max}T=C=2.897\times10^{-3}\ \mathrm{m\cdot K}$，并用其他自然界的常量来表示 C。

分析　维恩公式和瑞利-金斯公式分别是普朗克公式在短波和长波的极限，因此只要分析普朗克公式在波长趋于极大和极小时的情况即可得到①式和②式；维恩位移定律关心的是辐射强度最大时的波长，这对应了普朗克公式的极值点，可以通过导数为 0 进行求解。

解　(1) 将③式改写成

$$M(\lambda,T)=\frac{C_1}{\lambda^5}\cdot\frac{1}{e^{\frac{C_2}{\lambda T}}-1}=\frac{C_1}{\lambda^5}\cdot\frac{e^{-\frac{C_2}{\lambda T}}}{1-e^{-\frac{C_2}{\lambda T}}}$$

将③式中的 $\lambda\to0$，则有

$$M(\lambda,T)=\frac{C_1}{\lambda^5}\cdot\frac{e^{-\frac{C_2}{\lambda T}}}{1-e^{-\frac{C_2}{\lambda T}}}\approx\frac{C_1}{\lambda^5}\cdot e^{-\frac{C_2}{\lambda T}}$$

这就是①式。

(2) 将④式中的 $\lambda\to\infty$，则有

$$M(\lambda,T)=\frac{2\pi hc^2}{\lambda^5}\cdot\frac{1}{e^{\frac{hc}{\lambda kT}}-1}\approx\frac{2\pi hc^2}{\lambda^5}\cdot\frac{1}{hc/(\lambda kT)}=\frac{2\pi ckT}{\lambda^4}$$

这就是②式。

(3) 将③式和④式比较，可以得到

$$C_1=2\pi hc^2,\quad C_2=\frac{hc}{k}$$

得

$$h=\frac{C_1}{2\pi c^2},\quad k=\frac{hc}{C_2}=\frac{C_1}{2\pi cC_2}$$

(4) 将④式两边同时对 λ 求偏导：

$$\frac{\partial M(\lambda,T)}{\partial\lambda}=-5\cdot\frac{2\pi hc^2}{\lambda^6}\cdot\frac{1}{e^{\frac{hc}{\lambda kT}}-1}+\frac{2\pi hc^2}{\lambda^6}\cdot\frac{e^{\frac{hc}{\lambda kT}}}{(e^{\frac{hc}{\lambda kT}}-1)^2}\cdot\frac{hc}{\lambda kT}$$

$$=\frac{2\pi hc^2}{\lambda^6}\cdot\frac{1}{e^{\frac{hc}{\lambda kT}}-1}\cdot\left(-5+\frac{1}{1-e^{-\frac{hc}{\lambda kT}}}\cdot\frac{hc}{\lambda kT}\right)$$

当 $\lambda=\lambda_{max}$时，一定有$\frac{\partial M(\lambda,T)}{\partial\lambda}=0$，所以必然有

$$-5+\frac{1}{1-e^{-\frac{hc}{\lambda kT}}}\cdot\frac{hc}{\lambda kT}=0$$

令$\frac{hc}{\lambda kT}=\alpha$，上式可变形为 $\alpha=5(1-e^{-\alpha})$，这是个超越方程，利用计算器找到其非零的数值解为 $\alpha\approx4.965$。考虑到此时 $\lambda=\lambda_{max}$，所以有

$$\lambda_{max}T=\frac{hc}{\alpha k}$$

这正是维恩位移定律，代入数值就可以得出 $\lambda_{max}T=C=\frac{hc}{\alpha k}=2.897\times10^{-3}\ \mathrm{m\cdot K}$。

点拨　普朗克黑体辐射公式完美地描述了黑体辐射的规律，本题从普朗克公式出发推导出了维恩位移定律，但历史上其实是先测量出了 C 的值，然后由(4)问的方法得到了$\frac{h}{k}$的值，再进一步将实验数据代入③式就可以得到 h 和 k 的数值，普朗克当时用这样的方法得到的 k 值比现在公认的 k 值大概小了 2.5%。

3. 如何分析光的粒子性与粒子的波动性?

光电效应和康普顿散射都很好地体现了光的粒子性行为，分析这两个问题时，都需要将光看作一个能量子，用 $\varepsilon=h\nu$ 来计算其能量。但需要注意的是，在康普顿散射中，光子和电子的行为都需要用相对论来进行描述。无论是光子还是实物粒子，公式 $h=p\lambda$ 都可以展现出其波粒二象性，其中动量 p 正是物质粒子属性的标志，而波长 λ 则是物质波动属性的标志，它们的乘积正好就是量子力学中最重要的常量 h。

例题 3　图 5.3.6 所示是研究光电效应的实验装置，频率为 ν 的单色光照射在真空管内左侧金属板上并发生光电效应。

(1) 若开关断开，则从左侧板射出的电子初速度方向是怎样的? 电流表中是否有电流?

(2) 分别将开关拨到上方和下方，并调节滑动变阻器的位置，根据电流表和电压表测得的数值描点，画出 I-U 图像，如图 5.3.7 所示。增大遏制电压 U_0 的方式有哪些? 增大饱和电流 I_m 的方式有哪些?

(3) 改变入射光的频率 ν，会对应有不同的 U_0，作出 U_0 关于 ν 的图像，如何从图像上得到普朗克常量 h?

(4) 1922 年，康普顿用波长为 $\lambda_0=7\times10^{-11}$ m 的 X 射线照射固体材料时，发现有的散射光波长变大，即康普顿散射现象，如图 5.3.8 所示。已知电子被原子束缚的能为 10～100 eV，设电子静止质量为 m_0，散射光子与原入射方向的夹角为 θ。

① 通过计算说明：当光子与电子发生作用时可以将电子视为静止状态。

② 计算 $\lambda-\lambda_0$ 随 θ 的变化函数，并根据结果说明入射 X 射线的频率应当如何选择可以让实验现象更明显。

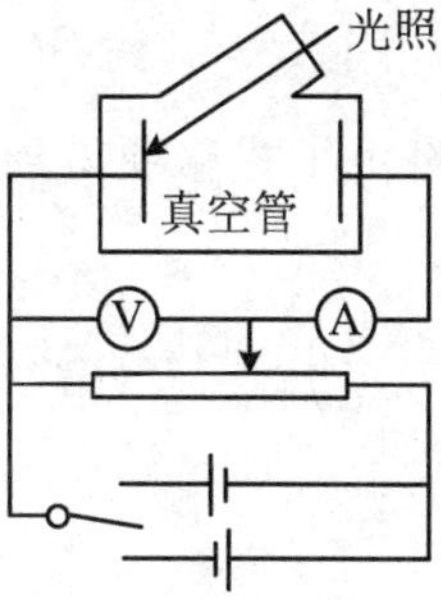

图 5.3.6

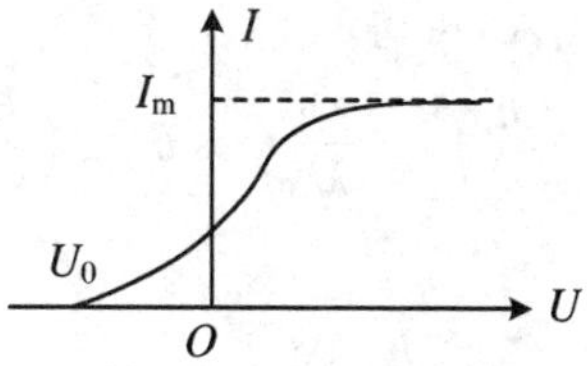

图 5.3.7

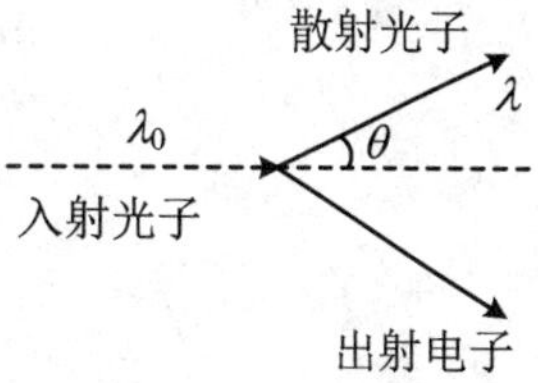

图 5.3.8

(5) 光电效应和康普顿散射都是用光子去照射物质，光电效应中的光子可以被原子完全吸收，那康普顿散射为什么一定会有散射光子呢？

分析　在光电效应中，光子的能量完全被原子吸收，一部分用来克服原子的束缚，剩下的一部分转化为电子的动能，有点类似于经典力学中的完全非弹性碰撞；而康普顿散射则有点类似于经典力学中的完全弹性碰撞，利用能量和动量关系即可解决问题。

解　(1) 若断开开关，则电子出射应当随机朝右侧的各个方向；断开开关，也会有一部分电子可以到达右板，从而形成电流。

(2) 根据爱因斯坦的光电效应方程 $h\nu=E_{km}+W$，以及遏止电压和最大初动能的关系 $U_0e=E_{km}$，可以得知：若要增大遏止电压，就要增大光电子的最大初动能，即可以用频率更大的光进行照射，或者更换逸出功更小的材料进行实验。

若要增大饱和电流，则主要是要增大单位时间内逸出的光电子数目，在可以发生光电效应的前提下，可以通过增大入射光的光强来实现。

(3) 利用遏止电压将光电效应方程改写成

$$U_0=\frac{h}{e}\nu-\frac{W}{e}$$

所以作出 U_0 关于 ν 的图像，得到图像的斜率 k，利用 $h=ke$ 就可以得到 h 的数值。

(4) ① 入射 X 射线光子的能量为

$$h\frac{c}{\lambda_0}-1.8\times10^4\ \mathrm{eV}$$

可见，X 射线光子的能量远远大于原子的束缚能(自然也远大于电子的经典热运动动能)，所以康普顿散射中可以将被碰撞前的电子视为静止的。

② 设出射电子的质量为 m，速度大小为 v，根据能量守恒，有

$$h\frac{c}{\lambda_0}+m_0c^2=h\frac{c}{\lambda}+mc^2 \tag{①}$$

再根据动量守恒，由图 5.3.9 有

$$(mv)^2=\left(\frac{h}{\lambda_0}\right)^2+\left(\frac{h}{\lambda}\right)^2-\frac{2h^2}{\lambda\lambda_0}\cos\theta \tag{②}$$

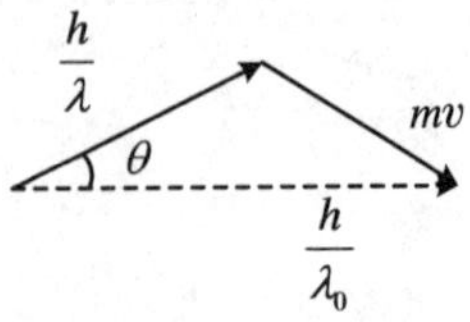

图 5.3.9

由①式和②式就可以求解出 $\lambda-\lambda_0$ 随 θ 的变化函数，但过程会比较繁杂，如果我们利用下面的相对论能量动量关系就可以简化计算：

$$(mv)^2=(mc)^2-(m_0c)^2 \quad ③$$

②式和③式（它们的右边相等）联立，并将由①式移项得到的 mc 表达式代入，可得

$$\left(\frac{h}{\lambda_0}\right)^2+\left(\frac{h}{\lambda}\right)^2-\frac{2h^2}{\lambda\lambda_0}\cos\theta=\left(\frac{h}{\lambda_0}+m_0c-\frac{h}{\lambda}\right)^2-(m_0c)^2$$

得

$$\lambda-\lambda_0=\frac{h}{m_0c}(1-\cos\theta) \quad ④$$

由④式可以看出，为了让散射前后的波长变化与入射光波长的比值更大，则需要入射光的波长越短越好。由④式还可以看出，若考虑入射光与原子核也发生了散射，因为原子核的质量是电子的数千倍，所以散射前后的波长变化就会很小，因此与电子散射相比更难观测。

(5) 因为 X 射线的光子能量远远大于将电子电离所需要的能量和电子的热运动动能，所以当 X 射线和电子发生作用时，可以忽略原子核对电子的影响和电子的初速度，将碰撞前的电子近似视为速度为 0 的自由电子。

然后我们可以用反证法来进行说明，假设入射光的能量全部都给了电子，且没有散射光，电子以速度 v 射出，质量变为 $m(v)$，则根据能量守恒和动量守恒一定有

$$h\frac{c}{\lambda_0}=[m(v)-m_0]c^2 \quad ⑤$$

$$\frac{h}{\lambda_0}=m(v)v \quad ⑥$$

由⑤⑥式可得

$$m(v)=\frac{m_0}{1-\dfrac{v}{c}}$$

上式与相对论中的质量关系

$$m(v)=\frac{m_0}{\sqrt{1-\left(\dfrac{v}{c}\right)^2}}$$

明显矛盾，所以假设不成立。故用高频的 X 射线照射物质时一定会有散射光。

点拨 光电效应和康普顿散射分别是低频光子和高频光子照射物质时出现的不同现象。理解实验装置和相关原理，问题就可以迎刃而解。

习题实战演练

基 础 练 习

1. 家用节能灯正常工作时约有 40% 的电能转化为可见光。若普朗克常量取 $h=6\times10^{-34}$ J·s,可见光的频率取 6×10^{14} Hz,根据节能灯功率和以上数据可以估算出节能灯 1 s 释放出的光子数最接近　　(　　)

A. 1×10^{48}　　B. 1×10^{34}　　C. 1×10^{19}　　D. 1×10^{14}

2. (2012 年"华约"卷)一铜板暴露在波长 $\lambda=200$ nm 的紫外线中,观测到有电子从铜板表面逸出。当在铜板所在空间加一方向垂直于板面、大小为 15 V/m 的电场时,电子能运动到距板面最远的 10 cm 处。已知光速 c 与普朗克常量 h 的乘积为 1.24×10^{-6} eV·m,则铜板的截止波长约为　　(　　)

A. 240 nm　　B. 260 nm　　C. 280 nm　　D. 300 nm

3. 康普顿散射实验证实:光子既有能量也有动量;光子的能量 E 和动量 p 之间的关系是 $E=pc$,其中 c 为光速。由于光子有动量,照到物体表面的光子被物体吸收或反射时都会对物体产生一定的压强,这就是"光压",用 I 表示。根据动量定理:当动量为 p 的光子垂直照到物体表面时,若被物体反射,则物体获得的冲量大小为 $2p$;若被物体吸收,则物体获得的冲量大小为 p。我国自行研制的一种大型激光器,其高纯度和高亮度已经达到了国际先进水平。已知该激光器发出的激光光束的功率为 P_0,光束的横截面为 S。当该激光垂直照射到反光率为 50% 的一辆装甲车的表面时,这辆装甲车受到的光压 I 为　　(　　)

A. $\dfrac{1.5\sqrt{P_0}}{cS}$　　B. $\dfrac{1.5P_0}{cS}$　　C. $\dfrac{2.5P_0}{cS}$　　D. $\dfrac{2.5P_0^2}{cS}$

4. (2013 年北京卷)以往我们认识的光电效应是单光子光电效应,即一个电子在极短时间内只能吸收到一个光子而从金属表面逸出。强激光的出现丰富了人们对光电效应的认识,用强激光照射金属,由于其光子密度极大,一个电子在极短时间内吸收多个光子成为可能,从而形成多光子电效应,这已被实验证实。

光电效应实验装置示意图如图 5.3.10 所示。用频率为 ν 的普通光源照射阴极 K,没有发生光电效应。换用同样频率为 ν 的强激光照射阴极 K,则发生了光电效应;此时,若加上反向电压 U,即将阴极 K 接电源正极,阳极 A 接电源负极,在 K、A 之间就形成了使光电子减速的电场,逐渐增大 U,光电流会逐渐减小;当光电流恰好减小到零时,所加反向电压 U 可能是下列的(其中 W 为逸出功,h 为普朗克常量,e 为电子电量)　　(　　)

A. $U=\dfrac{h\nu}{e}-\dfrac{W}{e}$　　B. $U=\dfrac{2h\nu}{c}-\dfrac{W}{e}$

C. $U=2h\nu-W$　　D. $U=\dfrac{5h\nu}{2e}-\dfrac{W}{e}$

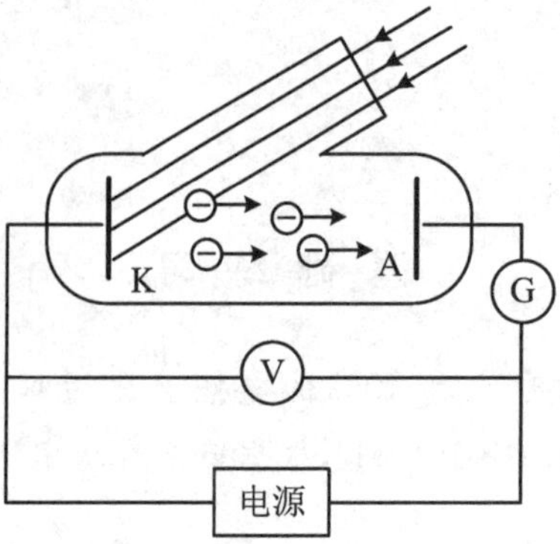

图 5.3.10

5. (2011 年上海卷)用极微弱的可见光做双缝干涉实验,随着时间的增加,在屏上先后出现图 5.3.11(a)～(c)所示的图像,则　　(　　)

A. 图(a)表明光具有粒子性　　B. 图(c)表明光具有波动性

C. 用紫外光观察不到类似的图像　　D. 实验表明光是一种概率波

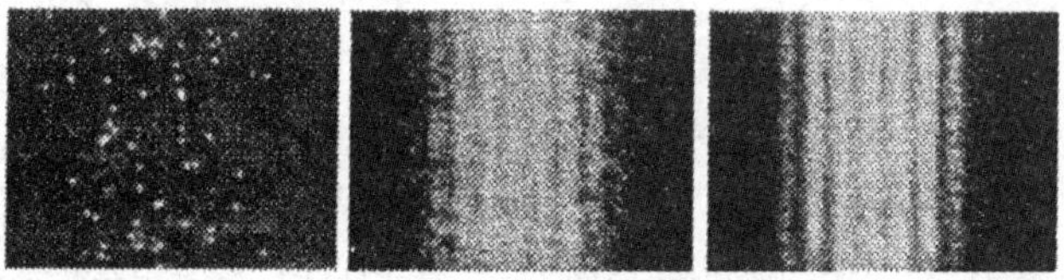

图 5.3.11

6. (2005 年天津卷)现用电子显微镜观测线度为 d 的某生物大分子的结构。为满足测量要求,将显微镜工作时电子的德布罗意波长设定为 $\frac{d}{n}$,其中 $n>1$。已知普朗克常量 h、电子质量 m 和电子电荷量 e,电子的初速度不计,则显微镜工作时电子的加速电压应为(　　)

A. $\frac{n^2h^2}{med^2}$　　B. $\left(\frac{md^2h^2}{n^2e^3}\right)^{\frac{1}{3}}$　　C. $\frac{d^2h^2}{2men^2}$　　D. $\frac{n^2h^2}{2med^2}$

7. (2022 年西城一模改编)19 世纪末、20 世纪初,通过对光电效应的研究,加深了对光的本性的认识。科学家利用图 5.3.12 所示的电路研究光电效应,图中 K、A 是密封在真空玻璃管中的两个电极,K 极受到光照时可能发射电子。已知电子电荷量为 e,普朗克常量为 h。

(1) 当有光照射 K 极时,电流表的示数为 I,求经过时间 t 到达 A 极的电子数 n。

(2) 使用普通光源做实验时,电子在极短时间内只能吸收一个光子的能量。用频率为 ν_0 的普通光源照射 K 极,可以发生光电效应。此时,调节滑动变阻器的滑片,当电压表的示数为 U 时,电流表的示数减小为 0。

随着科技的发展,强激光的出现丰富了人们对光电效应的认识,用强激光照射金属,一个电子在极短时间内吸收到多个光子成为可能。若用强激光照射 K 极时,一个电子在极短

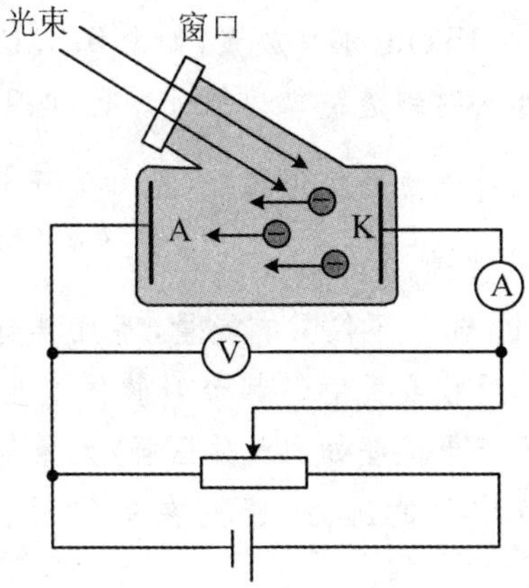

图5.3.12

时间内能吸收 n 个光子，求能使K极发生光电效应的强激光的最低频率。

(3) 某同学为了解为什么使用普通光源做光电效应实验时一个电子在极短时间内不能吸收多个光子，通过查阅资料获得以下信息：

原子半径大小数量级为 10^{-10} m。若普通光源的发光频率为 6×10^{14} Hz，则其在1 s内垂直照射到1 m^2 面积上的光的能量约为 10^6 J。若电子吸收第一个光子能量不足以脱离金属表面，则在不超过 10^{-8} s的时间内电子将该能量释放给周围原子而恢复到原状态。

为了进一步分析，他建构了简单模型：假定原子间没有缝隙，一个原子范围内只有一个电子，且电子可以吸收一个原子范围内的光子。

请利用以上资料，解决以下问题：

① 普朗克常量 h 取 6.6×10^{-34} J·s，估算1 s内照射到一个原子范围内的光子个数。

② 按照该同学的模型，分析一个电子在 10^{-8} s时间内吸收 n 个光子的概率。

提 高 练 习

8. 研究标况($T=273$ K)下的氦气(单原子分子气体)，其摩尔体积是 $V_{mol}=22.4$ L/mol，氦原子的质量为 $m=6.7\times10^{-27}$ kg。估算：

(1) 分子间的平均距离 d；

(2) 氦原子的德布罗意波长 λ。

9. 波长 $\lambda_0=0.2\times10^{-10}$ m的X射线与自由电子碰撞，现在从与入射方向(x 方向)成 90° 角的方向(y 方向)观察散射辐射。已知普朗克常量 $h=6.63\times10^{-34}$ J·s，电子质量 $m_0=9.11\times10^{-31}$ kg，求：

(1) 散射X射线的波长；

(2) 反冲电子的动能；

(3) 反冲电子的动量。

10.（第12届中学生物理竞赛决赛）有一理想的凸透镜，它容许入射光完全透过，此透镜直径为 $D=10\ \text{cm}$，焦距为 $f=15\ \text{cm}$，水平放置，如图5.3.13所示。四束激光沿垂直方向对称地入射到透镜靠边缘处。已知四束激光总功率为 $P=1.2\ \text{W}$，求激光对透镜的作用力。（已知光子动量 $p=\dfrac{E}{c}$，其中 E 为光子能量，c 为光速。）

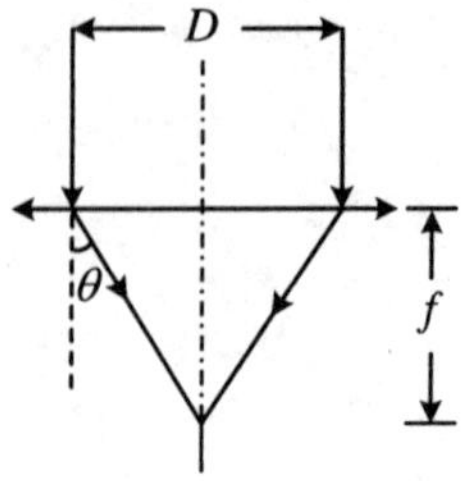

图 5.3.13

11. 光子不仅具有能量，而且具有动量。照到物体表面的光子被物体吸收或反射时都会对物体产生一定的压强，这就是“光压”。光压的产生机理如同气体压强：大量气体分子与器壁的频繁碰撞产生持续均匀的压力，器壁在单位面积上受到的压力就是气体的压强。

在体积为 V 的正方体密闭容器中有大量的光子，如图5.3.14所示。为简化问题，我们作如下假定：每个光子的频率均为 ν；光子与器壁各面碰撞的机会均等；光子与器壁的碰撞为弹性碰撞，且碰撞前后瞬间光子动量方向都与器壁垂直；光子的总数保持不变，且单位体积内光子个数为 n；光子之间无相互作用。已知：单个光子的能量 ε 和动量 p 之间存在关系 $\varepsilon=pc$（其中 c 为常量光速），普朗克常量为 h。

(1) 写出单个光子的动量 p 的表达式（结果用 c、h 和 ν 表示）。

(2) 求出光压 I 的表达式（结果用 n、h 和 ν 表示）。

(3) 我们把容器中所有光子的能量称为光子的内能。

① 求出内能 U 的表达式（结果用 V 和 I 表示）。

② 若容器的右侧面能够自由移动，则光压将推动右侧面运动，如图5.3.15所示。假设在运动的过程中，所有光子仍封闭在容器中。此过程中光子的波长 λ 该如何变化？请说出理由。

（注意：解题过程中需要用到但题目没有给出的物理量，要在解题时作必要的说明。）

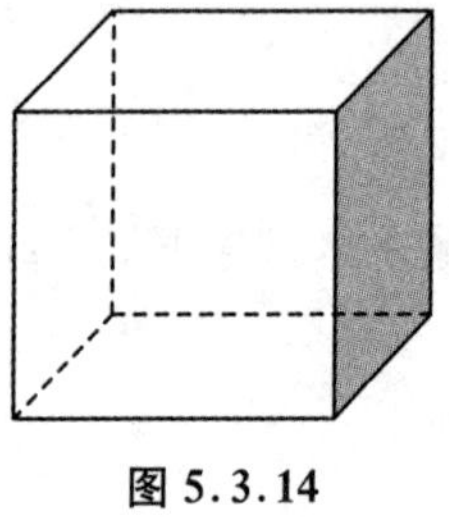
图 5.3.14

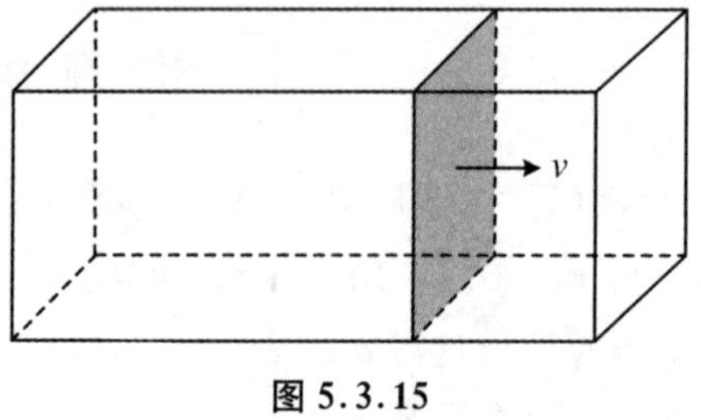

图 5.3.15

参考答案

1. C。

2. B。

3. B。

4. B。

5. ABD。

6. D。

7. (1) $n=\dfrac{It}{e}$。(2) $\dfrac{h\nu_0-Ue}{nh}$。(3) ① 3×10^4；② $(10^{-4})^n$。

提示　(2) 设逸出功为 W，在普通光源照射下发生光电效应时光电子的最大初动能为 E_k，则根据光电效应方程有

$$E_k = h\nu_0 - W = Ue$$

在超强激光照射下，恰好能发生光电效应时有

$$nh\nu = W$$

得

$$\nu = \frac{h\nu_0 - Ue}{nh}$$

(3) ① 1 s 内垂直照射到 1 m² 面积上的光子个数为

$$N_0 = \frac{E}{h\nu} = 3\times10^{24}$$

原子截面积 S 的数量级为 $10^{-20}\ \text{m}^2$。

所以 1 s 内照射到一个原子范围内的光子个数为

$$N = N_0 S \approx 3\times10^4$$

② 在 $t=10^{-8}$ s 内 1 m² 面积上的光子个数为 $N_1=N_0 t$。

1 m² 所含原子(电子)个数为 $N_2=\dfrac{1}{S}$。

在 $t=10^{-8}$ s 内一个电子能够吸收到一个光子的概率为 $p=\dfrac{N_1}{N_2}$。

所以在 $t=10^{-8}$ s 内一个电子能够吸收到 n 个光子的概率为 $p'=p^n=(10^{-4})^n$。

8. (1) $d=\sqrt[3]{\dfrac{V_{\text{mol}}}{N_A}}=3.3\times10^{-9}$ m；(2) $\lambda=\dfrac{h}{\sqrt{3mkT}}=7.6\times10^{-11}$ m。

提示　氦原子的平均动能为 $E_k=\dfrac{3}{2}kT$，则动量可以写成

$$p = \sqrt{2mE_k} = \sqrt{3mkT}$$

所以

$$\lambda = \frac{h}{p} = \frac{h}{\sqrt{3mkT}} = 7.6\times10^{-11}\ \text{m}$$

可见 λ 比 d 要小很多，因此氦气分子还是可以当作经典的粒子来考虑的。

9. (1) 0.224×10^{-10} m；(2) 6.7×10^3 eV；(3) $(3.315\times10^{-23}\boldsymbol{i}-2.763\times10^{-23}\boldsymbol{j})$ kg·m/s。

提示　(1) 因为

$$\lambda - \lambda_0 = \frac{h}{m_0 c}(1-\cos\theta) = 0.024\times10^{-10}\ \text{m}$$

所以 $\lambda=0.224\times10^{-10}$ m。

(2) 反冲电子的动能为

$$E_k = \frac{hc}{\lambda_0} - \frac{hc}{\lambda} = 6.7\times10^3\ \text{eV}$$

(3) 反冲电子的动量为

$$\boldsymbol{p} = \frac{h}{\lambda_0}\boldsymbol{i} - \frac{h}{\lambda}\boldsymbol{j} = (3.315\times10^{-23}\boldsymbol{i} - 2.763\times10^{-23}\boldsymbol{j})\ \text{kg}\cdot\text{m/s}$$

10. 2.1×10^{-10} N。

提示 如图 5.3.16 所示，对于每个能量为 E 的光子，其通过透镜后的动量变化 y 分量会和其他光子动量变化的 y 分量互相抵消，而动量变化的 x 分量才会导致透镜受到沿 x 方向的力，则

$$\Delta p_x = p(1-\cos\theta) = \frac{E}{c}(1-\cos\theta)$$

所以激光对透镜的作用力为

$$F = \frac{\Delta p_x}{\Delta t} = \frac{P\Delta t}{E}\cdot\frac{\frac{E}{c}(1-\cos\theta)}{\Delta t} = \frac{P}{c}\left[1-\frac{f}{\sqrt{\left(\frac{D}{2}\right)^2+f^2}}\right]$$

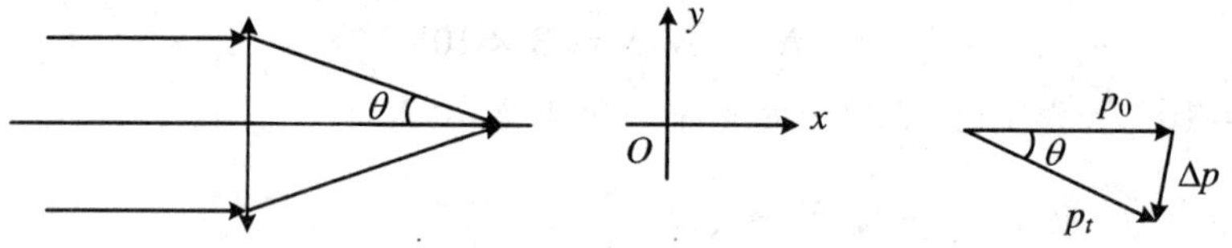

图 5.3.16

11. (1) $p=\frac{h\nu}{c}$。(2) $I=\frac{1}{3}nh\nu$。(3) ① $U=3IV$；② 光子的波长 λ 变大，理由见提示。

提示 (1) $p=\frac{\varepsilon}{c}=\frac{h\nu}{c}$。

(2) 在容器壁上取面积为 S 的部分，则在 Δt 时间内能够撞击在器壁上的光子总数为 $\Delta N=\frac{1}{6}c\Delta tSn$，所以光子对器壁的压强为

$$I = \frac{\Delta N\times 2p}{S\Delta t} = \frac{1}{3}nh\nu$$

(3) ① 光子的内能 $U=Vnh\nu=3IV$。

② 光子系统对右侧面的器壁做功，光子系统能量减小，所以光子的波长 λ 变大。

第6章 原子物理

19世纪的最后几年，物理学有了一系列重要的发现，伴随着这些发现，物理学进入了一个新的时代，开始了对原子的研究。

自从1897年汤姆孙发现电子并提出原子的模型，对原子结构的实验和理论研究就开始了。1911—1913年间，卢瑟福根据α粒子散射实验的结果，提出了原子的核式模型，即原子是由处于中心的原子核与核外电子构成的，原子核的体积很小，带有与核外电子等量的正电荷。这一模型至今还被认为是正确的。

在量子力学建立之前，玻尔在前人关于原子结构研究工作的基础上，根据普朗克、爱因斯坦等科学家提出的能量子等概念建立了前期量子论，可以部分地说明原子的若干性质。虽然玻尔的理论能够解决的问题有限，并且被后来的量子力学取代，但是应该看到，在物理学的发展史中，每个重大进展都是建立在之前的认识基础上的，新的观念和理论都不会凭空一蹴而就。“量子论的建立是20世纪物理学的最大成就之一。量子论解释了原子、分子等微观粒子遵循的规律，这些规律和牛顿力学等宏观、低速情况下的物理规律有很大不同。量子论不但深化和丰富了人类对自然界的认识，而且催生了一大批新技术，深刻地改变了人们的生活方式和社会形态……”

建立在核式模型基础上的玻尔理论，以及后来的量子理论，对原子的能级和光谱的实验结果进行了有效的分析，这些理论着重讨论了核外电子的运动规律，对原子核的运动却较少涉及。但长期以来，对原子核的实验和理论研究一直没有停止过，并取得了许多重大的成果。

尽管对原子核的研究已经进行了多年，而且与核外电子的研究相比，这方面所投入的人员是众多的，资金是巨额的，但是由于原子核的几何尺度不到原子的万分之一，而且原子核的运动、结构又远比人们最初想象的要复杂得多，直到目前人们对原子核的认识还是相当有限的。由于难以从实验上全面了解原子核的情况，因此有关原子核的理论体系既不完整也不精确。关于原子核的理论多是对实验结果的总结和由此得到的半经验的公式。

6.1 原子的核式结构模型

课外知识延伸

1. 原子的西瓜模型

1897 年，汤姆孙通过研究阴极射线发现了电子，测出了电子的荷值比，知道了电子带负电并且是电中性的原子的组成部分之一。为了保持原子的电中性，原子除了带负电的电子，还必须带等量的正电荷，据此汤姆孙提出了一个著名的原子模型。

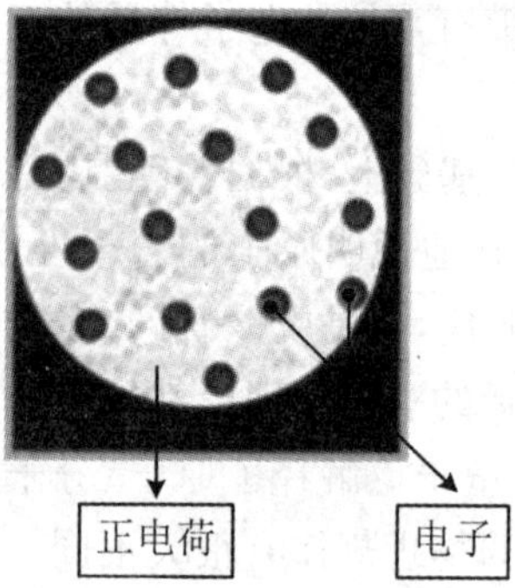

图 6.1.1

汤姆孙认为，整个原子是一个均匀带正电的胶状球体，正电荷弥漫性地均匀分布在整个球体内，而电子就像枣糕里的枣子那样镶嵌在原子里面，如图 6.1.1 所示。有人形象地把汤姆孙的这个原子模型称为“西瓜模型”或“枣糕模型”。

根据该原子模型，电子在各自的位置附近可以做小振动，小振动的频率与原子的发光频率相同。从经典物理学的角度看，汤姆孙的模型是很成功的，能解释原子是电中性的以及原子为什么会发光，还估计出了原子的大小约为一亿分之一厘米。

2. 原子核式结构模型

(1) α 粒子散射实验

从 1909 年起，卢瑟福指导他的学生做了著名的 α 粒子散射实验。他们用的装置如图 6.1.2 所示，图(a)为侧视图，图(b)为俯视图。装置中 R 是一个被铅块包围的 α 粒子源，发射的 α 粒子经过一个细长的通道之后形成一束射线，打在金箔 F 上，S 是一个荧光屏。当被散射的粒子打到荧光屏上时，就会发生微弱的闪光，在荧光屏后面接了一个显微镜，可以观察散射出的 α 粒子，为了避免空气分子的干扰，整个装置需要置于真空环境中。

在实验中，我们可以假设单位时间内从粒子源中射出的粒子数目是固定的，将显微镜放在不同的位置观察相同的一段时间，就可以得到散射到不同位置处的粒子的相对个数，据此可以计算出 α 粒子散射到不同角度处的概率。

实验结果表明：当 α 粒子被金箔散射时，绝大多数 α 粒子平均只有 $2^\circ \sim 3^\circ$ 的偏转，但是大概有 $\frac{1}{8000}$ 的 α 粒子偏转角度大于 90°，其中有的甚至接近 180°。

(2) 原子核式结构模型

大角度散射不能解释为偶然的小角度散射的累积。因为当 α 粒子与金原子发生多次散射时，每次偏转的方向都是无规律的，所以最终发生大角度的偏转的概率是很小的，可以估

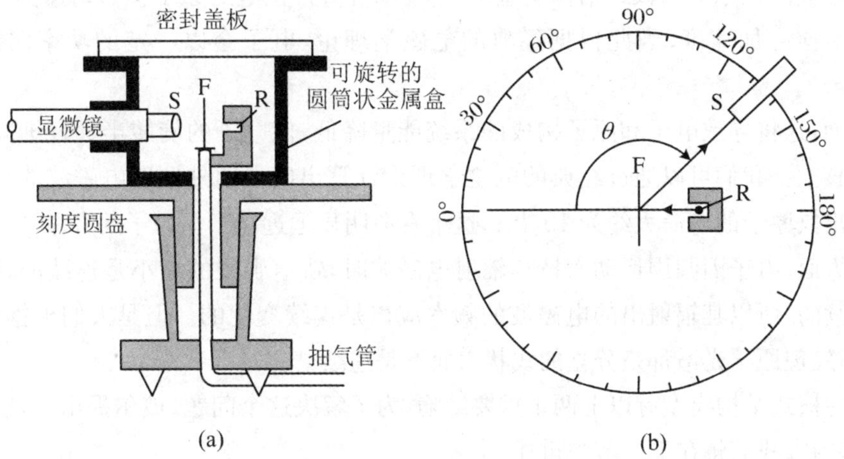

图 6.1.2

算发生 90°及以上的偏转的概率为 10^{-3500}，这比$\frac{1}{8000}$的概率小得太多了。

卢瑟福对 α 粒子散射的实验结果进行了分析，于 1911 年提出了新的原子结构的猜测，即原子的核式结构模型。在原子的中心有一个很小的区域称为原子核，原子的全部正电荷和几乎全部质量都集中在原子核里，带负电的电子在核外空间里绕着原子核旋转。

按照这一模型，α 粒子穿过原子时，电子对 α 粒子运动的影响很小，影响 α 粒子运动的主要是带正电的原子核。而绝大多数 α 粒子穿过原子时离核较远，受到的库仑斥力很小，运动方向几乎没有改变，只有极少数 α 粒子可能与核十分接近，受到较大的库仑斥力，才会发生大角度的偏转，如图 6.1.3 所示。

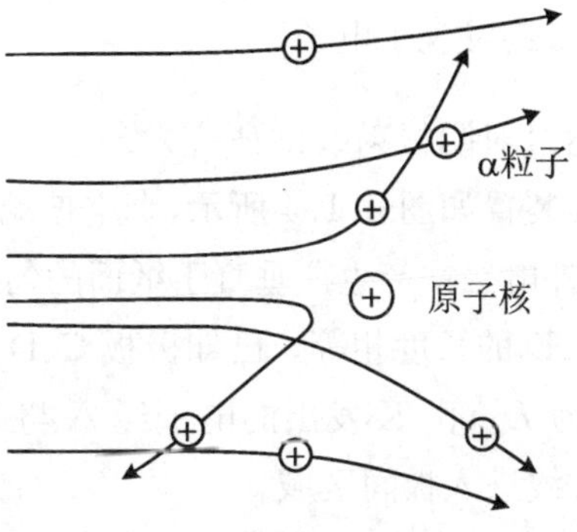

图 6.1.3

卢瑟福通过观测金、银、铜的散射，最后得出：原子核的半径确定在 $10^{-15}\sim10^{-14}$ m 范围内。而原子的直径大约是 10^{-10} m，所以原子核的直径大约是原子直径的万分之一，原子核的体积只相当于原子体积的万亿分之一，可见原子内部是十分空旷的。

3. 原子核式结构模型的局限性

在 19 世纪末、20 世纪初，人们已经知道，当带电粒子的运动状态发生改变时，粒子会向外辐射电磁波。在原子的核式结构模型中，电子围绕着带正电的原子核做匀速圆周运动，电子始终具有向心加速度，因此根据经典的电磁学理论，电子会以一定的功率向外辐射电磁波。

一方面，这将导致电子和原子构成的系统能量降低，使电子的旋转半径逐渐减小，最终落到原子核上。我们可以通过经典的电磁学理论计算出电子向外辐射电磁波的功率，据此可以估算出氢原子的寿命大约为 10^{-11} s，这个寿命明显远远小于氢原子的寿命。

另一方面，电子因圆周运动而持续辐射电磁波时，轨道半径的缩小是连续的，周期的变化也是连续的，所以其辐射出的电磁波的频率应该是连续变化的。但是人们根据对原子光谱的观察，发现原子光谱都是分立的线状谱而不是连续谱。

原子的核式结构模型有以上两个重要缺陷，为了解决这个问题，玻尔提出了玻尔氢原子假说，这些内容我们将在下一节中讲述。

核心问题讨论

1. 汤姆孙是如何确定阴极射线就是电子并测出其荷质比的?

人们发现：在一个充有稀薄气体的玻璃管内封装两个金属电极，当在两个电极间加上高电压时，管内就会出现放电现象。管子里的气体稀薄时，两极之间会有“射线”，这就是所谓的阴极射线。

对阴极射线到底是什么，当时的物理学界发生了很大的分歧，有人认为它是一种电磁波，也有人认为它是一种粒子流。如果阴极射线是一种带电微粒，则它通过电磁场时就会发生偏转，根据偏转的具体数值，就可以精确算出阴极射线的荷质比。汤姆孙就是沿着这个思路对阴极射线进行了研究，并最终发现了电子。

例题 1　1897 年汤姆孙通过对阴极射线的研究发现了电子。他用来测定电子比荷(电荷量 e 与质量 m 之比)的实验装置如图 6.1.4 所示，真空玻璃管内 C、D 为平行板电容器的两极，圆形阴影区域内可由管外电磁铁产生一垂直于纸面的匀强磁场，圆形区域的圆心位于 C、D 中心线的中点，直径与 C、D 的长度相等。已知极板 C、D 的长度为 l，C、D 间的距离为 d，极板右端到荧光屏的距离为 L。由 K 发出的电子经 A 与 K 之间的高电压加速，形成一束很细的电子流，沿 C、D 中心线进入板间区域。

若 C、D 间无电压，则电子将打在荧光屏上的 O 点；若在 C、D 间加上电压 U，则电子将打在荧光屏上的 P 点，P 点到 O 点的距离为 h；若再在圆形区域内加一方向垂直于纸面向外、磁感应强度为 B 的匀强磁场，则电子又打在荧光屏上的 O 点。不计电子的重力以及电子之间的相互作用力，且忽略边界效应。

(1) 求电子的比荷 $\frac{e}{m}$。

(2) 利用这个装置，还可以有其他方法测量电子的比荷。试选择一种方法，要求说明需要另外测量的物理量，并写出电子比荷$\frac{e}{m}$的表达式。

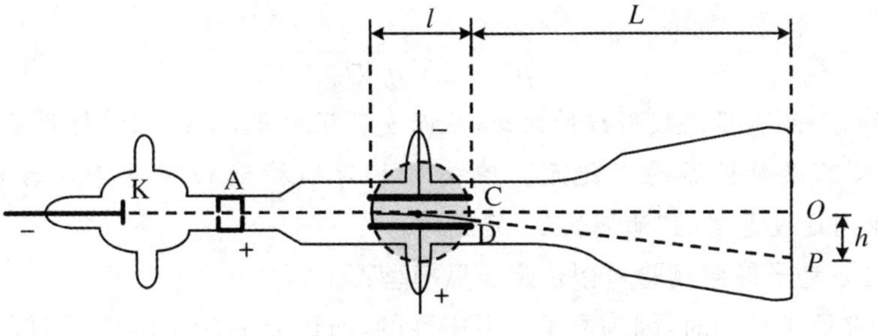

图 6.1.4

分析　在圆形区域内加上电场和磁场后，电子又打在荧光屏上的 O 点，这表明电子做匀速直线运动，电子所受电场力与洛伦兹力相等，据此可以用电压 U、磁感应强度 B 和 d 表示电子的速度大小，再根据偏移量 h 和图中装置的尺寸即求出电子荷质比的表达式。

解　(1) 加上磁场后，根据电场力与洛伦兹力平衡可得

$$evB = eE$$

又 $E=\frac{U}{d}$，所以

$$v = \frac{U}{Bd}$$

在两极板间加上电压 U，电子在水平方向做匀速运动，在竖直方向做匀加速运动。通过极板所需的时间为 $t=\frac{l}{v}$，加速度为 $a=\frac{eU}{md}$，在时间 t 内垂直于极板方向竖直向下偏转的距离为

$$y = \frac{1}{2}at^2 = \frac{eUl^2}{2mdv^2}$$

离开极板区域时竖直向下的分速度为 $v_y=at=\frac{eUl}{mdv}$，电子离开极板时的偏转角为 θ，则

$$\tan\theta = \frac{v_y}{v} = \frac{eUl}{mdv^2}$$

电子打在荧光屏上的 P 点到 O 点的距离为

$$h = y + L\tan\theta = \frac{eUl(l+2L)}{2mdv^2}$$

得

$$\frac{e}{m} = \frac{2Uh}{B^2dl(l+2L)}$$

(2) 在两极板间加上电压 U，在圆形区域内加一方向垂直于纸面的磁感应强度为 B 的匀强磁场，使电子打在荧光屏上的 O 点。测量出 A 与 K 之间的电压 U_0，即可计算电子的比荷。因为

$$eU_0 = \frac{1}{2}mv^2, \quad evB = e\frac{U}{d}$$

所以

$$\frac{e}{m} = \frac{U^2}{2B^2d^2U_0}$$

点拨 汤姆孙测出了阴极射线的比荷，从而发现了电子，从此人们打开了原子世界的大门，物理学进入了微观世界的新纪元。但是对电荷较精确的测量是由后来的密立根在1909—1913年间通过著名的“油滴实验”完成的。

2. 为什么α粒子散射实验可以否定西瓜模型？

当α粒子在原子外面时，因为原子是电中性的，所以对α粒子的作用力几乎为零。在α粒子接近原子时，即使原子会发生极化，力也是微小的。

当α粒子临近原子时，由于α粒子的质量远大于电子的质量，大概是电子质量的7300倍，而彼此间的相互作用力是等大的，因此电子速度的改变比α粒子要大得多，在它们发生相互作用时，电子会首先离开原子，对α粒子的作用几乎可以忽略不计。那么只需要考虑西瓜模型中剩余的均匀分布的正电荷球对α粒子的作用。

根据西瓜模型，为了估计散射引起的α粒子偏转的最大值，我们用α粒子可能受到的最大作用力乘最大时间来估计α粒子的动量改变量。假设金原子的半径为R，原子序数为Z，其中Ze的正电荷均匀分布；假设α粒子的初速度为v，质量为m。那么当α粒子在正电荷球体中穿行时，只会受到半径为r的均匀带电球体的排斥力，因此最大作用力就是α粒子刚临近金原子时受到的作用力，有

$$F_{\max} = \frac{kZe \cdot 2e}{R^2}$$

我们用α粒子沿直径通过金原子的时间来估计最长作用时间，有

$$t_{\max} = \frac{2R}{v}$$

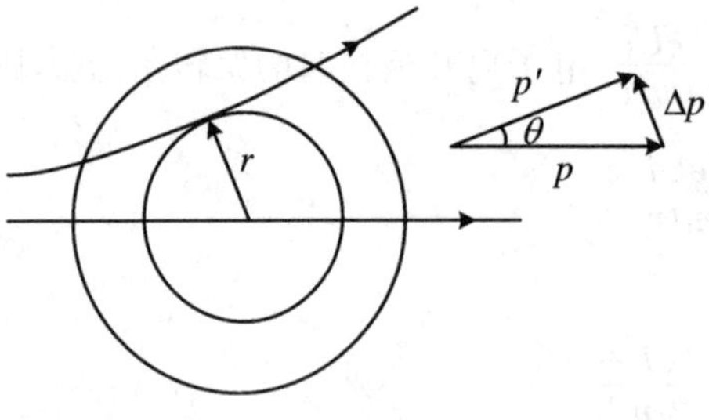

图 6.1.5

那么α粒子和金原子的相互作用导致的动量改变量$\Delta p \leqslant F_{\max}t_{\max}$，当$\Delta \boldsymbol{p}$与α粒子的末动量$\boldsymbol{p}'$垂直时引起的散射角度最大，如图6.1.5所示，因此有

$$\theta \leqslant \frac{\Delta p}{p} \leqslant \frac{4kZe^2}{Rv^2m} = \frac{\dfrac{2kZe^2}{R}}{\dfrac{mv^2}{2}} \approx 3\times 10^{-5}\ \text{MeV}\frac{Z}{E_\alpha}$$

上式中已经取了原子半径$R\approx 1\ \text{Å} = 1\times 10^{-10}\ \text{m}$，对于金原子取$Z=79$，α粒子的能量$E_\alpha \approx 5\ \text{MeV}$。代入数据，可以得到单次碰撞的偏转角是小于$10^{-3}$的，要想产生大角度偏转，得多次散射。可以估算，当α粒子穿过金箔的偏转角大于90°时，发生的概率只有10^{-3500}，但α粒子散射实验测得的概率大概是1/8000，所以α粒子散射实验可以否定西瓜模型。

例题 2　根据汤姆孙的原子模型,我们可以把原子看成一个半径为 $R=10^{-10}$ m 的电中性的球体,正电荷均匀分布在整个球内,电子像枣糕里的枣子一样镶嵌在原子里。在 α 粒子散射实验中,某 α 粒子沿着原子边缘以速度 v 射向金原子,如图 6.1.6 所示。不考虑电子对 α 粒子的作用。为简单计,认为该 α 粒子接近金原子时(即 $r\sim R$,图中两条平行虚线范围内)才受金原子中正电荷的静电作用,作用力为恒力,大小为 $F=k\dfrac{Qq}{R^2}$(Q 和 q 分别为金原子正电荷电量和 α 粒子电量)、方向始终与入射方向垂直,作用时间的数量级为$\dfrac{2R}{v}$。试求在此种情况下 α 粒子的偏转角度的上限。($k=9.0\times10^9\ \mathrm{N\cdot m^2/C^2}$,金原子序数 79,α 粒子动能约 $E_k=5\ \mathrm{MeV}=8\times10^{-13}$ J,电子电量 $e=1.6\times10^{-19}$ C,保留一位有效数字。)

分析　为了求得偏转角度的上限,我们首先需要让速度改变量 $\Delta\boldsymbol{v}$ 垂直于速度的方向,其次需要求出速度改变量 Δv 的上限。其中第一点,题目已经明确说明,认为原子对 α 粒子的作用力始终与 α 粒子的入射方向垂直。对于第二点,我们要计算原子对 α 粒子的最大冲量,使 α 粒子获得最大的动量改变量,可以用最大的作用力乘最长作用时间来估计,根据动量定理计算速度改变量。

解　如图 6.1.7 所示,α 粒子的入射速度为 v,受金属原子的作用为垂直于速度的恒力,其速度变化 $\Delta\boldsymbol{v}$ 的方向与 $\boldsymbol{v}$ 垂直,由动量定理

$$F\Delta t = m\Delta v$$

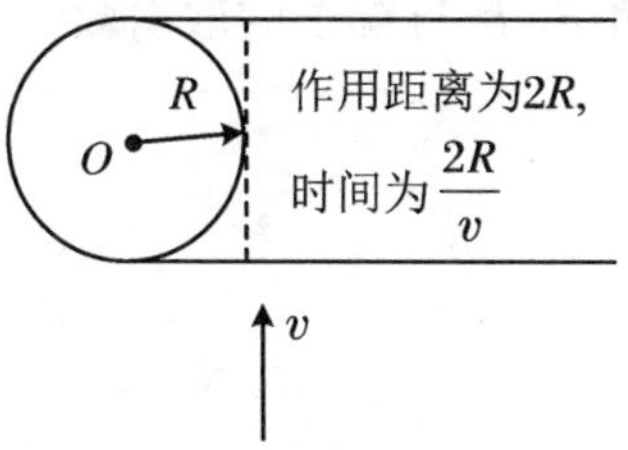

图 6.1.6

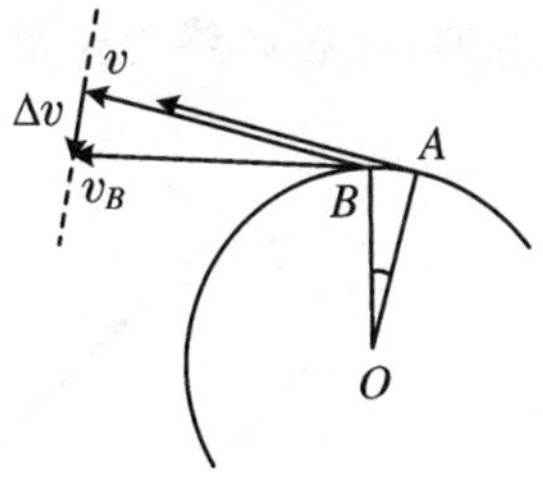

图 6.1.7

得 Δv 与入射速度 v 的比值

$$\frac{\Delta v}{v}=\frac{m\Delta v}{mv}=\frac{F\Delta t}{mv}$$

将 $F=\dfrac{kQq}{r^2}$和 $t=\dfrac{2R}{v}$代入,得

$$\frac{\Delta v}{v}=\frac{m\Delta v}{mv}=\frac{F\Delta t}{mv}=\frac{2kQq}{mv^2\cdot R}=\frac{kQq}{E_\mathrm{k}\cdot R}$$

代入数据,得

$$\frac{\Delta v}{v}=4.55\times10^{-4}$$

保留一位有效数字的结果为

$$\frac{\Delta v}{v}=5\times10^{-4}$$

结果表明，α粒子速度变化非常小，变化后的速度可用图6.1.7中的v_B表示，图中三角形为直角三角形，也可看成角度很小的等腰三角形，偏转角

$$\theta = \frac{\Delta v}{v} = 5 \times 10^{-4}\ \text{rad}$$

点拨 物理学中的估算是一种非常重要的技能。常见的估算题大致有两种：一种是在建模上进行估计，特点是问题本身较为复杂，需要我们忽略一些细节，抓住这个问题的关键点，比如本题中我们要研究α粒子和原子的相互作用，这个过程实际上非常复杂，但是我们只需要估计最大值就可以，因此我们就大胆地"改造"了一下模型，把力和时间都按照最大值来计算；另一种估算是数值上的估算，只要数量级正确就可以，在这个时候我们为了计算简单，会将代入的数值进行放缩，但要注意，计算时必须有放有缩，否则估算的结果会和精确计算相差较多。

3. 原子核式结构模型为什么能解释α粒子散射实验的结果?

卢瑟福根据α粒子散射实验的结果，发现了西瓜模型的问题，进而提出了原子的核式结构模型，也称行星模型。在行星模型中，正电荷集中于原子中心，形成原子核，仅仅占原子体积的1/10000，电子分布于核外。我们通过以下两个例题来逐步了解原子核式结构模型对α粒子散射实验的解释。

例题3 如图6.1.8所示，一个入射能量为E、电荷量为Z_1e的带电粒子与电荷为Z_2e的靶核发生散射。我们对散射过程作一些假设：两个粒子之间仅有库仑相互作用；核外电子的作用可以忽略；靶核始终处于静止状态。求瞄准距离b与粒子的散射角θ之间满足的关系。

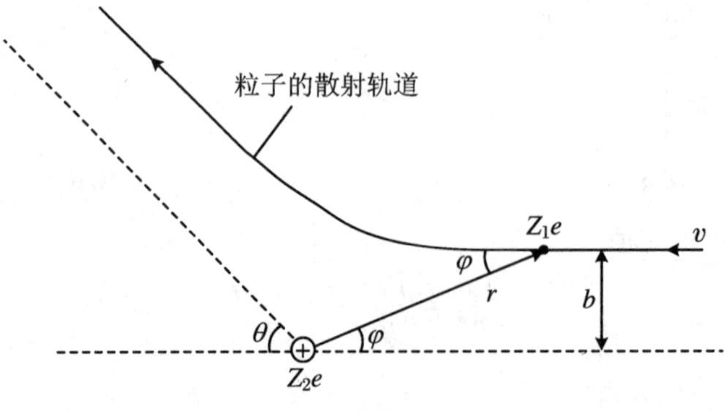

图6.1.8

分析 在散射的过程中，我们假设入射粒子从无穷远的地方以初速度v_i入射，经靶粒子的散射又跑到了无穷远处。由能量守恒，我们知道入射粒子的初速度大小v_i和末速度大小v_f必然相同。由于入射粒子和靶粒子之间只有库仑作用，这个力始终以靶粒子为力心，故以靶粒子为参考点，角动量一定守恒。为了求得散射角，我们可以先写出动力学方程，然后消去时间再进行积分。

解 设入射粒子某一时刻所处的图6.1.8中的位置用坐标(r,φ)来表示。由牛顿第二

定律有

$$k\frac{Z_1 e Z_2 e}{r^2}\boldsymbol{e}_r = m\frac{\mathrm{d}\boldsymbol{v}}{\mathrm{d}t}$$

上式中 $\boldsymbol{e}_r$ 是沿着图中 $\boldsymbol{r}$ 方向的单位矢量。

以靶粒子为参考点，由角动量守恒，有

$$mr^2\frac{\mathrm{d}\varphi}{\mathrm{d}t} = mv_\mathrm{i}b$$

将上述两个方程联立消去 $\mathrm{d}t$，有

$$k\frac{Z_1 e Z_2 e}{r^2}\boldsymbol{e}_r = m\frac{\mathrm{d}\boldsymbol{v}}{\mathrm{d}t} = m\frac{\mathrm{d}\boldsymbol{v}}{\mathrm{d}\varphi}\frac{\mathrm{d}\varphi}{\mathrm{d}t} = \frac{\mathrm{d}\boldsymbol{v}}{\mathrm{d}\varphi}\frac{mv_\mathrm{i}b}{r^2}$$

进行分离变量，有

$$\mathrm{d}\boldsymbol{v} = \frac{kZ_1Z_2e^2}{mv_\mathrm{i}b}\boldsymbol{e}_r\mathrm{d}\varphi$$

对上述方程进行积分，其中

$$\int\mathrm{d}\boldsymbol{v} = \boldsymbol{v}_\mathrm{f} - \boldsymbol{v}_\mathrm{i} = 2v\sin\frac{\theta}{2}\boldsymbol{e}_u$$

由初、末速度矢量图可以知道 $\boldsymbol{v}_\mathrm{f} - \boldsymbol{v}_\mathrm{i}$ 这个矢量的大小是 $2v\sin\frac{\theta}{2}$，方向沿着图6.1.9中的方向，我们用 $\boldsymbol{e}_u$ 来表示这个方向的单位质量，在直角坐标系中

$$\boldsymbol{e}_u = \sin\frac{\theta}{2}\boldsymbol{i} + \cos\frac{\theta}{2}\boldsymbol{j}$$

$$\int\boldsymbol{e}_r\mathrm{d}\varphi = \int_0^{\pi-\theta}(\cos\varphi\boldsymbol{i} + \sin\varphi\boldsymbol{j})\mathrm{d}\varphi = 2\cos\frac{\theta}{2}\left(\sin\frac{\theta}{2}\boldsymbol{i} + \cos\frac{\theta}{2}\boldsymbol{j}\right) = 2\cos\frac{\theta}{2}\boldsymbol{e}_u$$

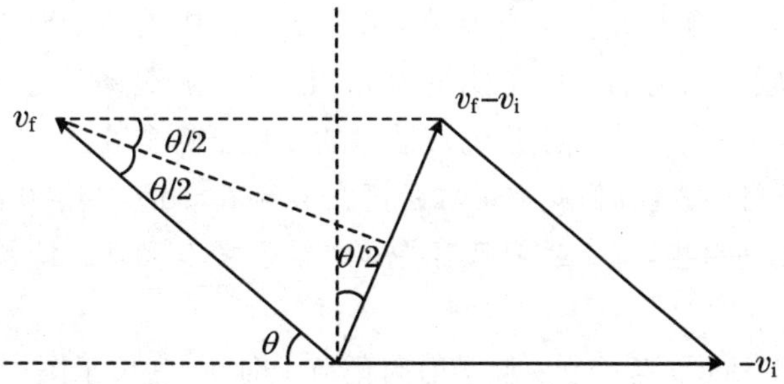

图6.1.9

所以

$$\mathrm{d}\boldsymbol{v} = \frac{kZ_1Z_2e^2}{mv_\mathrm{i}b}\boldsymbol{e}_r\mathrm{d}\varphi$$

两边积分后变为

$$2v\sin\frac{\theta}{2}\boldsymbol{e}_u = \frac{kZ_1Z_2e^2}{mv_\mathrm{i}b}2\cos\frac{\theta}{2}\boldsymbol{e}_u$$

化简，得

$$\tan\frac{\theta}{2}=\frac{kZ_1Z_2e^2/(2b)}{\frac{mv^2}{2}}=\frac{kZ_1Z_2e^2}{2bE}$$

即

$$b=\frac{1}{2}\frac{kZ_1Z_2e^2}{E}\cot\frac{\theta}{2}$$

点拨 (1) 有的时候我们把上述关系表示为 $b=\frac{a}{2}\cot\frac{\theta}{2}$，称为库仑散射公式，式中 $a=\frac{kZ_1Z_2e^2}{E}$，称为库仑散射因子。在解决 α 粒子散射问题时，我们一般认为 α 粒子和金原子的原子核之间是单次碰撞，散射角就可以由这个公式来计算。可以看到，随着瞄准距离的减小，散射角 θ 在不断增加，要想实现大角度的散射，需要很小的瞄准距离。我们利用 $^{214}_{84}Po$ 放射出的 α 粒子，能量约为 7.68 MeV，当它在金箔上散射时，可以计算得到当散射角 θ 为 112° 时瞄准距离 $b=10\times10^{-15}$ m，由此我们也可以大致估计出原子核的尺度约为 10^{-15} m 数量级。

(2) 在推导这个公式时，我们假设靶粒子始终静止，而这个假设在实验中往往很难实现。一般来说，靶粒子在与入射粒子相互作用时总会有反冲，这要求我们对推导出来的库仑散射公式进行一些修正。在质心参考系中考虑这个问题，将 θ 视为质心系中的散射角，将 E 视为质心系中的能量。另一方面，在这个公式中，瞄准距离 b 在实验中几乎无法测定或者控制。因此，没办法用这个公式直接验证原子的核式结构模型。

例题 4 在 α 粒子散射实验中，若单位时间内有 N 个 α 粒子射向一张面积为 A、厚度为 t 的金箔。我们对散射过程作一些假设：两个粒子之间仅有库仑相互作用；核外电子的作用可以忽略；靶核始终处于静止状态；t 非常小，以至于金箔中的原子对射来的 α 粒子前后不互相遮蔽。已知：本题中入射的 α 粒子能量为 E，电荷量为 Z_1e，金原子的电量为 Z_2e。求单位时间内在 $\theta\sim\theta-\mathrm{d}\theta$ 范围内接收到的被散射的 α 粒子的个数。

分析 由库仑散射公式，我们知道瞄准距离在 b 到 $b+\mathrm{d}b$ 之间的 α 粒子经过一次散射一定在 θ 到 $\theta-\mathrm{d}\theta$ 之间射出，那么我们只需要知道粒子在 b 到 $b+\mathrm{d}b$ 之间入射的概率就可以了。

解 如图 6.1.10 所示，当一个 α 粒子射向靶粒子时，若它位于图中所示的圆环区域内，则其散射角度一定在 θ 到 $\theta-\mathrm{d}\theta$ 之间。那么粒子打到这个圆环上的概率为

$$p_1=\frac{2\pi b\cdot|\mathrm{d}b|}{A}=\frac{2\pi}{A}\frac{a}{2}\cot\frac{\theta}{2}\cdot\left|-\frac{a}{4}\frac{1}{\sin^2\frac{\theta}{2}}\mathrm{d}\theta\right|=\frac{\pi a^2\sin\theta\mathrm{d}\theta}{8A\sin^4\frac{\theta}{2}}$$

一张金箔有很多个原子，每个原子都对应着这样一个概率，那么 α 粒子打到金箔上被散射到 θ 到 $\theta-\mathrm{d}\theta$ 之间的概率为

$$p=p_1nAt$$

式中 n 为单位体积内金箔中的原子的个数，即金原子的数密度。

那么我们考虑一段时间内有 N 个 α 粒子入射到金箔上，被散射后在 θ 到 $\theta-\mathrm{d}\theta$ 之间检

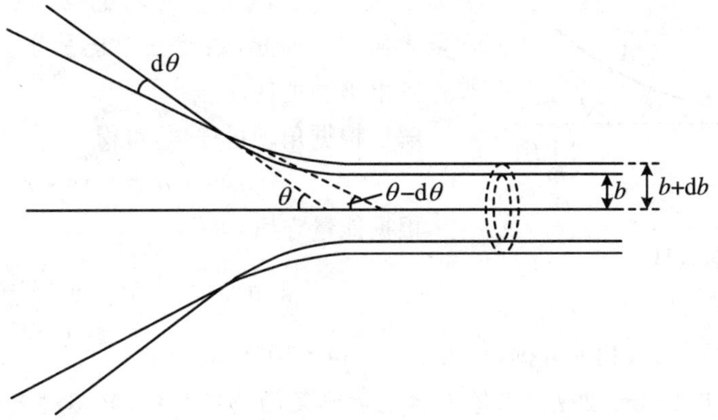

图 6.1.10

测到的 α 粒子的个数应该是

$$N' = Np = NnAt\frac{\pi a^2\sin\theta\mathrm{d}\theta}{8A\sin^4\dfrac{\theta}{2}} = Nnt\frac{\pi\left(\dfrac{kZ_1Z_2e^2}{E}\right)^2\sin\theta\mathrm{d}\theta}{8\sin^4\dfrac{\theta}{2}}$$

点拨　(1) 本题得到的结论可以拓展到质心参考系，但是在实际使用时，角度 θ 等在质心参考系中也不便于观测，而需要转换到实验室参考系，对角度 θ 和能量 E 进行修正，在本书中不再讨论。

(2) 我们也可以注意到当散射角 θ 趋近于 0° 时，根据上述公式计算出来的 N' 可以趋于无穷大，这显然是不合常理的。出现这种问题的原因在于：当 $\theta\to0$ 时，瞄准距离 b 很大，这个时候原子其实是电中性的，核外电子的影响必须要考虑，而我们在本题中推导 N' 时一直忽略了核外电子对 α 粒子的影响。

4. 根据核式结构模型如何估算原子核的半径?

在例题 3 的点拨中，我们已经给出了利用库仑散射公式简单估计原子核尺度的办法，即认为较大角度的散射角 θ(112°)对应的瞄准距离 b 与原子核尺度接近，并得到原子核的尺度大致是 10^{-15} m 的数量级，当然这个模型比较粗糙。

我们还可以用另一个办法来估计原子核的半径。考虑 α 粒子和原子核的散射过程，将原子核想象成一个实心小球，用固定能量的 α 粒子去碰撞始终处于静止状态的原子核，则在运动过程中，α 粒子和原子核之间的距离先减小再增大，会出现一个最小距离 r_m，不同的瞄准距离 b 会对应着不同的运动轨道，不同的轨道有不同的 r_m，我们可以用这个最小距离来估计原子核的半径。

例题 5　如图 6.1.11 所示，在 α 粒子散射实验中，一个粒子从很远处射向金原子核，图中 O 为金原子核中心，粒子入射方向线与 O 相距 $d=2.0\times10^{-13}$ m。若已知 α 粒子的动能为 1.0 MeV，金为 79 号元素，$k=9\times10^9\ \mathrm{N\cdot m^2/C^2}$。求：由于库仑力，粒子运动轨迹与 O 点的最近距离。

分析　在 α 粒子散射实验中，α 粒子受到有心力的作用，所以角动量守恒；在 α 粒子靠近

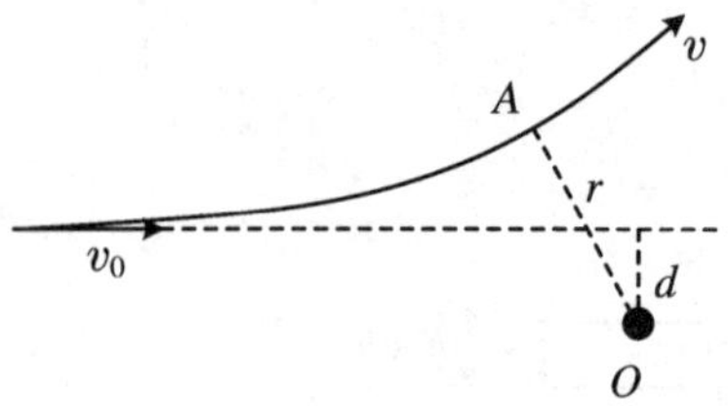

图 6.1.11

金原子的过程中，α 粒子的动能和 α 粒子与金原子的电势能之间相互转化，该过程中能量守恒，应用以上两个规律可求解相关问题。

解 根据角动量守恒，可得

$$mv_0 \cdot d = mv \cdot r$$

根据能量守恒，可得

$$\frac{1}{2}mv_0^2 = \frac{1}{2}mv^2 + \frac{2kZe^2}{r}$$

以上两式联立，代入相关数据，可得 $r = 3.44 \times 10^{-13}$ m。

点拨 本题满足的物理规律很像天体运动满足的物理规律，只不过天体运动受到的是引力，而在 α 粒子散射实验中 α 粒子受到的是斥力。

例题 6 在 α 粒子散射实验中，设入射的 α 粒子能量为 E_α，电荷量为 $2e$，金原子的电量为 Ze。我们对散射过程做一些假设：两个粒子之间仅有库仑相互作用；核外电子的作用可以忽略；靶核始终处于静止状态。在这个模型中，α 粒子的运动轨迹是双曲线，可以认为原子核与 α 粒子间的最小距离就是原子核的半径。请用 α 粒子散射实验的模型来估计原子核的半径。

分析 在本节例题 2 的点拨中，我们已经提到估算题的两个重要类型，本题是对模型问题的估算。实际上估计原子核的半径有很多种办法，但本题中要求使用散射实验的模型来估计。

支配 α 粒子运动的物理规律是能量守恒和角动量守恒。给定 α 粒子入射时的初能量和瞄准距离后，α 粒子的运动轨道就确定了，我们可以解出两者最近的距离 r_m，如果控制初始能量不变，而改变瞄准距离 b，则可以在很多条轨道的最近距离 r_m 中再找出最小值，我们用这个最小值来估计原子核的半径。

在列方程求解的时候，我们很容易得到 r_m 随瞄准距离 b 的表达式，但是在实验中，b 的测定非常麻烦，几乎不可控，而相应的散射角度 θ 较为容易测量，因此我们要再利用库仑散射关系将上式中的 b 消掉，求出 r_m 随 θ 的关系式，再求 θ 为何值时，r_m 有极小值。

解 如图 6.1.12 所示，设 α 粒子以速度 v_0 入射，瞄准距离为 b，可以达到的与核的最小距离为 r_m，由能量守恒和角动量守恒，有

$$\frac{1}{2}m_\alpha v_0^2 = \frac{1}{2}m_\alpha v^2 + \frac{k \cdot 2e \cdot Ze}{r_m}$$

$$m_\alpha v_0 b = m_\alpha v r_m$$

以上两个方程化简，得到

$$v_0^2 b^2 \left(\frac{1}{r_m}\right)^2 + \frac{4kZe^2}{m_\alpha}\left(\frac{1}{r_m}\right) - v_0^2 = 0 \qquad ①$$

由库仑散射关系，有

$$b = \frac{kZe^2}{E}\cot\frac{\theta}{2}$$

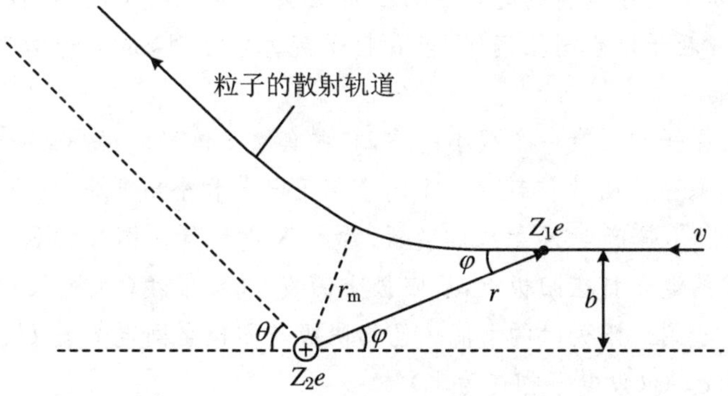

图 6.1.12

代入①式,得

$$r_m^2 - \frac{4kZe^2}{m_\alpha v_0^2} r_m - \left(\frac{2kZe^2}{m_\alpha v_0^2}\cot\frac{\theta}{2}\right)^2 = 0$$

得

$$r_m = \frac{2kZe^2}{m_\alpha v^2}\left(1 \pm \frac{1}{\sin\frac{\theta}{2}}\right)$$

因为 $r_m > 0$,所以上式中必须取正号,有

$$r_m = \frac{2kZe^2}{m_\alpha v^2}\left(1 + \frac{1}{\sin\frac{\theta}{2}}\right)$$

当入射粒子的初速度大小固定(即有固定的能量)时,当 $\theta = 180^\circ$时,r_m 有最小值,故可以估计出原子核的半径为

$$r_{m0} = \frac{4kZe^2}{m_\alpha v^2} = \frac{2kZe^2}{E_\alpha}$$

点拨 注意用这种办法估算的结果其实只是半径的一个上限,因为真正的原子核的半径如果有的话,显然是一个客观的数值,不会随着入射 α 粒子的动能的增加而减小。但是我们用这个办法来估计原子核的半径的数量级是问题不大的。或者说对 α 粒子散射这个实验来说,我们可以定义这个最小距离就是原子核表现出来的"半径"。

习题实战演练

基 础 练 习

1. 关于 α 粒子散射实验,下列说法正确的是 ( )

A. 在实验中,观察到的现象是:绝大多数 α 粒子穿过金箔后,仍沿原来的方向前进,极少数发生了较大角度的偏转

B. 使α粒子发生明显偏转的力来自带正电的核和核外电子，当α粒子接近核时，是核的斥力使α粒子发生明显偏转；当α粒子接近电子时，是电子的吸引力使α粒子发生明显偏转

C. 实验表明：原子中心有一个极小的核，它占有原子体积的极小部分

D. 实验表明：原子中心的核带有原子的全部正电荷和全部质量

2. 图6.1.13所示是产生X射线的装置，称为X射线管。图中的K是阴极，A是阳极，通电时由阴极发出的电子打在阳极上，从阳极上激发出X射线（也称X光），设其中光子能量的最大值等于电子到达阳极时的动能。已知阴极与阳极之间电势差U、普朗克常量h、电子电荷量e和光速c，则（设电子初速为零）（　　）

A. 高压电源的a端为正极

B. 高压电源的a端为负极

C. 射线管发出的X光的最长波长为$\frac{hc}{eU}$

D. 射线管发出的X光的最短波长为$\frac{hc}{eU}$

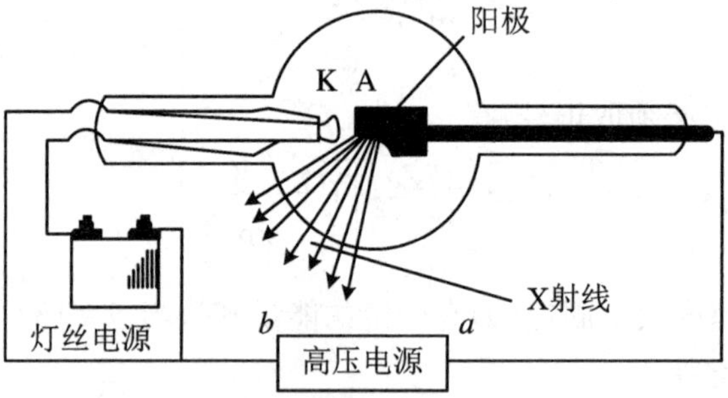

图6.1.13

3. 在用α粒子轰击金箔时，测得α粒子能够接近金箔的最小距离约为2×10^{-14} m，原子核的平均密度为多少？（阿伏伽德罗常数$N_A=6\times10^{23}$ mol^{-1}，金的摩尔质量$M=$ 197 g/mol。）

4. 卢瑟福的α粒子散射实验证明，两个原子核之间的斥力在它们之间的距离小到10^{-14} m时还遵循库仑定律。已知：金原子核是$^{197}_{79}$Au，氦原子核是$^{4}_{2}$He，质子的质量为1.7×10^{-27} kg，$k=9\times10^9$ N·m^2/C^2。若牛顿第二定律仍然成立，求：

(1) 当两核相距10^{-14} m时的相互斥力；

(2) 此刻氦核获得的加速度。

5.（2007年广东卷）带电粒子的荷质比$\frac{q}{m}$是一个重要的物理量。某中学物理兴趣小组设计了一个实验，探究电场和磁场对电子运动轨迹的影响，以求得电子的荷质比，实验装置如图6.1.14所示。

(1) 他们的主要实验步骤如下：

① 首先在两极板 M_1、M_2 之间不加任何电场、磁场，开启阴极射线管电源，发射的电子从两极板中央通过，在荧屏的正中心处观察到一个亮点。

② 在 M_1、M_2 两极板间加合适的电场：加极性如图所示的电压，并逐步调节增大，使荧屏上的亮点逐渐向荧屏下方偏移，直到荧屏上恰好看不见亮点为止，记下此时外加电压 U。请问：本步骤目的是什么？

③ 保持步骤②中的电压 U 不变，在 M_1、M_2 之间的区域加一个大小、方向合适的磁场 B，使荧屏正中心重现亮点，试问：外加磁场的方向如何？

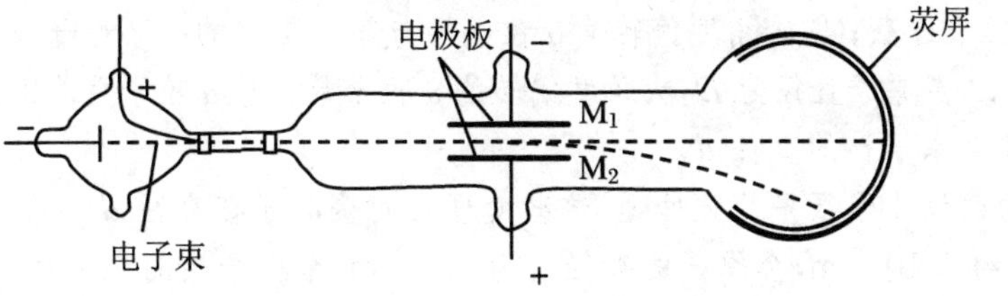

图 6.1.14

(2) 根据上述实验步骤，同学们正确推算出电子的荷质比与外加电场、磁场及其他相关量的关系为 $\frac{q}{m}=\frac{U}{B^2d^2}$。一位同学说：这表明电子的荷质比将由外加电压决定，外加电压越大，电子的荷质比越大。你认为他的说法正确吗？为什么？

提高练习

6. (2019年清华领军)在氢原子中，质子偏离电子云中心，那么系统将会小幅振动。已知氢原子半径 $R=0.53\times10^{-10}$ m，电子电量 $e=1.6\times10^{-19}$ C，电子质量 $m_e=9.1\times10^{-31}$ kg，质子质量 $m_p=1.67\times10^{-27}$ kg，系统振动频率为 ( )

A. 3.6×10^{14} Hz　　B. 4.6×10^{14} Hz　　C. 5.6×10^{15} Hz

D. 6.6×10^{15} Hz　　E. 7.6×10^{15} Hz

7. 1909—1911年英籍物理学家卢瑟福指导其学生做了用 α 粒子轰击金箔的实验，他发现绝大多数 α 粒子穿过金箔后仍沿原来的方向前进，少数 α 粒子却发生了较大角度的偏转，极少数 α 粒子偏转角度超过了 90°，有的甚至被弹回，这就是 α 粒子散射实验。

为了解释这个结果，卢瑟福在1911年提出了原子的核式结构模型。在原子的中心有一个很小的核，称为原子核，原子的几乎全部质量都集中在原子核里，带负电的电子在核外空间里绕着核旋转。请你利用 α 粒子散射实验结果估算金原子核的大小(保留一位有效数字)。(已知下列公式或数据：$k=9.0\times10^9\ \mathrm{N\cdot m^2/C^2}$，金的原子序数为79，α 粒子的质量 $m_\alpha=6.65\times10^{-27}$ kg，α 粒子的速度 $v=1.6\times10^7$ m/s，电子的电荷量 $e=1.6\times10^{-19}$ C。)

8. 动能为 $E=5$ MeV 的 α 粒子被金核以 90° 散射时，它的瞄准距离有多大？(金的原子序数为79，电子电荷量 $e=1.6\times10^{-19}$ C。)

9. (2020 年西城一模节选)20 世纪初，卢瑟福进行 α 粒子散射实验的研究，改变了人们对原子结构的认识。

(1) 如图 6.1.15(a)所示，有两个 α 粒子均以速度 v 射向金原子，它们速度方向所在的直线都不过金原子核中心。请在图(a)中分别画出两个 α 粒子此后的运动轨迹示意图。

(2) 实验发现，绝大多数 α 粒子穿过金箔后基本上仍沿原来的方向前进，但有极少数 α 粒子发生了大角度偏转(超过 90°)。卢瑟福根据该实验现象提出了原子的核式结构模型。为了研究问题的方便，可作如下假设(图(b)、(c))：① 将 α 粒子视为质点，金原子视为球，金原子核视为球体；② 金箔中的金原子紧密排列，金箔厚度可以看成很多单原子层并排而成；③ 各层原子核前后不互相遮蔽；④ 大角度偏转是 α 粒子只与某一层中的一个原子核作用的结果。如果金箔厚度为 L，金原子直径为 D，大角度偏转的 α 粒子数占总 α 粒子数的比例为 p，且 $p \ll 1$。

① 请估算金原子核的直径 d。

② 上面的假设作了很多简化处理，这些处理会对金原子核直径 d 的估算产生影响。已知金箔的厚度约为 10^{-7} m，金原子的直径约为 10^{-10} m，金原子核的直径约为 10^{-14} m。请对"可认为各层原子核前后不互相遮蔽"这一假设的合理性作出评价。

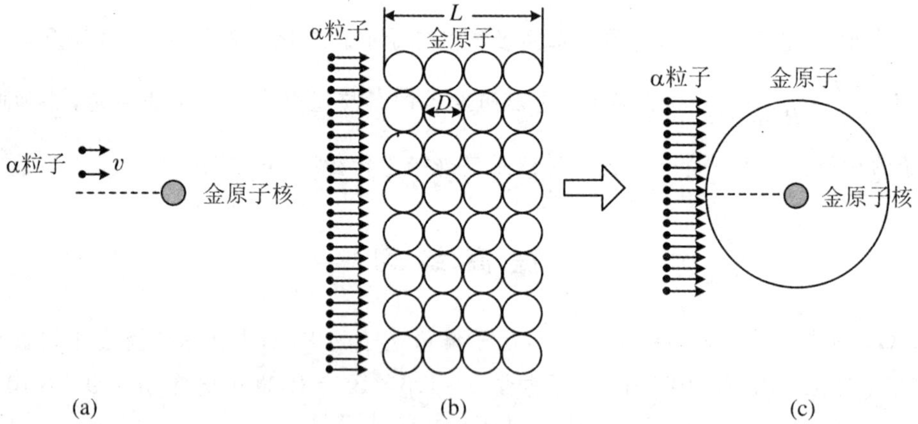

图 6.1.15

10. 早期有一种氢原子模型(汤姆孙的西瓜模型)，它是均匀带正电的球，电子位于球心，整个原子呈电中性。已知为使电子脱离离子飞向远处，它需要具有的最小能量等于 E_0，电子电荷量为 e。试求这样的原子的半径。

11. 在 α 粒子散射实验中，入射的 α 粒子动能是 5 MeV，金箔厚度为 1 μm，则入射的 α 粒子束中粒子以大于 90° 的角度散射的概率是多少？(已知金原子的相对原子质量 $\mu = 197$ g/mol，金箔的密度为 $\rho = 1.888 \times 10^4$ kg/m^3，金的原子序数为 79。)

参考答案

1. AC。

2. AD。

3. $1\times10^{16}\ \mathrm{kg/m^3}$。

提示　把 α 粒子能够接近金箔的最小距离近似看作金原子核的半径 R，则金核的体积为

$$V = \frac{4}{3}\pi R^3 = 3.3\times10^{-41}\ \mathrm{m^3}$$

一个金原子的质量是

$$m_0 = \frac{M}{N_A} = 3.3\times10^{-25}\ \mathrm{kg}$$

金原子核的平均密度是

$$\rho = \frac{m_0}{V} = 1\times10^{16}\ \mathrm{kg/m^3}$$

4. (1) 364 N；(2) $5.48\times10^{28}\ \mathrm{m/s^2}$。

提示　(1) 金原子核带79个单位的正电荷，氦原子核带2个单位的正电荷，根据库仑定律得斥力为

$$F = k\frac{Q_1Q_2}{r^2} = 364\ \mathrm{N}$$

(2) 由牛顿第二定律得氦核加速度为

$$a = \frac{F}{m} = 5.48\times10^{28}\ \mathrm{m/s^2}$$

5. (1) ② 使电子刚好落在正极板的近荧光屏端边缘，利用已知量表达$\frac{q}{m}$；③ 垂直于电场方向向外(垂直于纸面向外)。

(2) 说法不正确，电子的荷质比是电子的固有参数。

6. D。

提示　换到电子云系，如图 6.1.16 所示，电子云中心在 O'点，质子在 O 点，两者相距 x，根据高斯定理，质子所在处的电场强度大小 E 满足

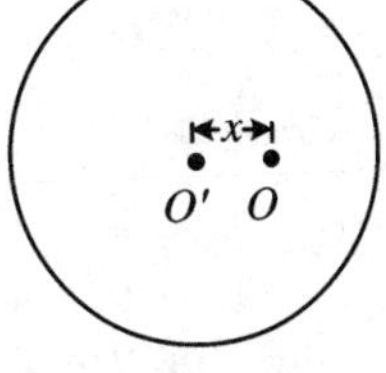

图 6.1.16

$$4\pi x^2E = \frac{e}{\varepsilon_0}\cdot\frac{x^3}{R^3}$$

所以质子和电子云间的电场力为

$$F = -Ee = -\frac{e^2}{4\pi\varepsilon_0}\cdot\frac{x}{R^3}$$

电子云系为非惯性系，应用二体约化质量的方法比较简单，则

$$F = -\frac{e^2}{4\pi\varepsilon_0}\cdot\frac{x}{R^3} = \mu\ddot{x} = \frac{m_e m_p}{m_e+m_p}\ddot{x}$$

得

$$f = \frac{\omega}{2\pi} = \frac{1}{2\pi}\cdot\sqrt{\frac{ke^2}{R^3m_e}}$$

代入数据得 $f = 6.6\times10^{15}$ Hz。

7. $r=4\times10^{-14}$ m。

提示 当α粒子的速度减为0时，粒子与金原子核间的距离最小，约等于金原子核的半径，此过程中α粒子的动能转化为电势能，有

$$\frac{1}{2}m_\alpha v^2=\frac{2keQ}{r}$$

得

$$r=\frac{4keQ}{m_\alpha v^2}$$

代入数据，得 $r=4\times10^{-14}$ m。

8. 22.8 fm。

提示 根据本节例题3中推导的瞄准距离 b 的公式，有

$$b=\frac{1}{2}\frac{kZ_1Z_2e^2}{E}\cot\frac{\theta}{2}$$

代入数据，得 $b=22.8$ fm。

9. (1) 如图6.1.17所示。

(2) ① $d=\frac{D^2p}{L}$；② 言之有理即可。

提示 (1) 因为靠近原子核的粒子偏转角度大些，所以轨迹如图6.1.17所示。

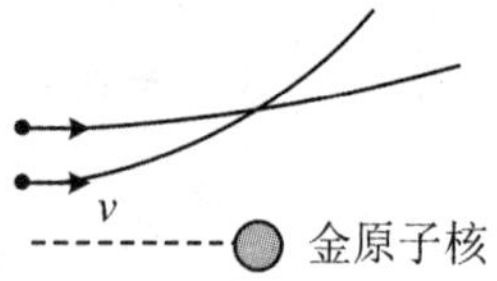

图 6.1.17

(2) ① 因为金箔的厚度为 L，金原子的直径为 D，由假设得金原子层数为

$$N=\frac{L}{D}$$

α粒子发生大角度偏转可以认为碰上了金原子核，根据统计规律和概率，得

$$p=\frac{Nd}{D}$$

可以估算出

$$d=\frac{D^2p}{L}$$

② 如果认为各层原子核前后不互相遮蔽，则

$$d=\frac{D^2p}{L}$$

代入数据，得 $p=0.1$，不满足 $p\ll1$。

因此，"可认为各层原子核前后不互相遮蔽"这一假设不合理。

10. $r_0=\frac{3ke^2}{2E_0}$。

提示 按汤姆孙的氢原子模型，带 $+e$ 的电荷均匀分布在半径为 r_0 的球上，在原子内到球心距离 r 处的电场强度为

$$E=\frac{kq}{r^2}=\frac{k\cdot\dfrac{e}{\dfrac{4}{3}\pi r_0^3}\cdot\dfrac{4}{3}\pi r^3}{r^2}=\frac{ke}{r_0^3}r\propto r$$

原子表面的电势为

$$U_0=\frac{ke}{r_0}$$

电子从原子中心移到其表面，再脱离离子飞向远处，它需要克服原子内的电场力和离子外的电场力做功。由于原子内的电场强度 $E\propto r$，取其电场强度的平均值

$$\bar{E}=\frac{E_0}{2}=\frac{1}{2}\cdot\frac{ke}{r_0^3}\cdot r_0=\frac{ke}{2r_0^2}$$

电子克服原子内电场力做功

$$W_1=e\bar{E}r_0=\frac{ke^2}{2r_0}$$

电子克服原子外电场力做功

$$W_2=eU_0=\frac{ke^2}{r_0}$$

由题意有

$$E_0=W_1+W_2$$

得氢原子的半径

$$r_0=\frac{3ke^2}{2E_0}$$

11. 9.6×10^{-5}。

提示 由例题3可知，α粒子被一张面积为 A 的金箔中的一个原子散射后，散射角在 $\theta\sim\theta-\mathrm{d}\theta$ 范围内的概率为

$$p_1=\frac{\pi a^2\sin\theta\mathrm{d}\theta}{8A\sin^4\dfrac{\theta}{2}}$$

α粒子在 $\theta\sim\theta-\mathrm{d}\theta$ 范围内的总的概率为金箔中的金原子个数与 p_1 的乘积，则

$$p=p_1\times nAt$$

式中 n 是单位体积内金原子的个数。我们可以假设有质量为 m 的金箔，其体积为 $V=\dfrac{m}{\rho}$，物质的量为 $\gamma=\dfrac{m}{\mu}$，所以其中含有的金原子的个数为 $\gamma N_A=\dfrac{mN_A}{\mu}$，其中 μ 是金的相对原子质量，$\mu=197\ \mathrm{g/mol}$，ρ 是金箔的密度，$\rho=1.888\times10^4\ \mathrm{kg/m^3}$，$N_A$为阿伏伽德罗常数，$N_A=6.02\times10^{23}/\mathrm{mol}$。故有

$$n=\frac{\gamma N_A}{V}=\frac{N_A\rho}{\mu}$$

由前面例题可知

$$a=\frac{kZ_1Z_2e^2}{E}$$

在本题中 $Z_1=2,Z_2=79,E=5\ \mathrm{MeV}$，所以 $a=4.55\times10^{-14}\ \mathrm{m}$。

散射角大于 90° 的粒子所占的概率为

$$P_2=\int_{\frac{\pi}{2}}^{\pi}p=\int_{\frac{\pi}{2}}^{\pi}\frac{\pi a^2\sin\theta\mathrm{d}\theta}{8\sin^4\dfrac{\theta}{2}}nt=\frac{\pi a^2N_{\mathrm{A}}\rho t}{8\mu}\int_{\frac{\pi}{2}}^{\pi}\frac{\sin\theta\mathrm{d}\theta}{\sin^4\dfrac{\theta}{2}}$$

计算积分

$$I=\int_{\frac{\pi}{2}}^{\pi}\frac{\sin\theta\mathrm{d}\theta}{\sin^4\dfrac{\theta}{2}}=\int_{\frac{\pi}{2}}^{\pi}\frac{2\sin\dfrac{\theta}{2}\cos\dfrac{\theta}{2}\mathrm{d}\theta}{\sin^4\dfrac{\theta}{2}}=\int_{\frac{\pi}{2}}^{\pi}\frac{2\cos\dfrac{\theta}{2}}{\sin^3\dfrac{\theta}{2}}\mathrm{d}\theta=4\int_{\frac{\pi}{2}}^{\pi}\sin^{-3}\frac{\theta}{2}\mathrm{d}\left(\sin\frac{\theta}{2}\right)=2$$

代入数据，得

$$P_2=\frac{\pi a^2N_{\mathrm{A}}\rho t}{8\mu}\times2=9.38\times10^{-5}$$

这说明出现大角度散射的粒子的概率极低。

6.2 玻尔氢原子模型

课外知识延伸

1. 氢原子光谱

(1) 光谱

光谱是光的频率成分和强度分布的关系图，它是研究原子结构的重要途径之一。光谱用摄谱仪进行测量，摄谱仪的种类繁多，但大多数由光源、分光器（棱镜或光栅等）和记录仪（记录按频率或波长分出来的光的强度和位置）三大部分构成。图 6.2.1 是一个棱镜摄谱仪的原理图。

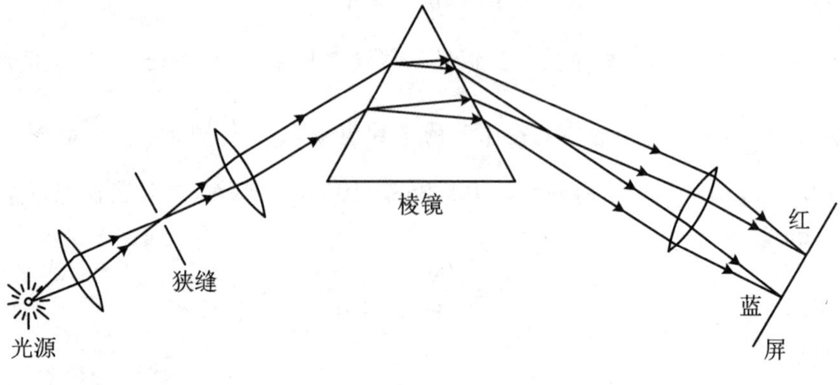

图 6.2.1

(2) 特征谱线

光源发出的光直接通过摄谱仪形成的光谱称为发射光谱。实验发现,稀薄气体的发射光谱是一系列分立的明线,这类光谱称为线状光谱,如氢气发光的光谱;固体、液体和高压气体的发射光谱是连在一起的,通常称为带状光谱或连续光谱,如白炽灯发光的光谱。

实验发现,当包含连续波长的光通过某些低温物体后,再进入摄谱仪,一部分光会被物体吸收,在连续谱上留下暗线,这样的光谱称为吸收光谱,如太阳光谱。

不同原子的亮线(或暗线)位置不同,说明不同原子的发光频率不同,因此这些亮线(或暗线)就像原子的指纹一样标志了原子的身份,这些亮线称为原子的特征谱线。

(3) 氢原子光谱

到了1885年的时候,人们发现的氢原子光谱线已经有14条。这一年,瑞士的中学物理教师巴耳末(J. J. Balmer)通过观察氢原子在可见光波段的4条光谱线,提出了一个经验公式,即

$$\frac{1}{\lambda}=\frac{4}{B}\left(\frac{1}{2^2}-\frac{1}{n^2}\right)\quad (n=3,4,5,\cdots)$$

式中 $B=364.56\ \mathrm{nm}$ 是一个经验常数。用这个公式可以描述的一系列氢原子光谱称为巴耳末线系。

1889年,里德伯(J. R. Rydberg)根据各种实验数据提出了里德伯方程,这是一个经验公式,即

$$\frac{1}{\lambda}=R_{\mathrm{H}}\left(\frac{1}{m^2}-\frac{1}{n^2}\right)=T(m)-T(n)$$

式中,$T(n)$ 称为光谱项,满足 $T(n)=\frac{R_{\mathrm{H}}}{n^2}$,$R_{\mathrm{H}}=1.0967758\times10^{7}\ \mathrm{m}^{-1}$ 称为里德伯常量;$m=1,2,3,\cdots$,对于每个 m,有对应的 $n=m+1,m+2,m+3,\cdots$ 构成一个特定的光谱线系。

$m=1$ 的线系称为莱曼系,位于紫外区,由莱曼(T. Lyman)发现;$m=2$ 的线系称为巴耳末系,在可见光部分有4条谱线;$m=3$ 的线系称为帕邢系,在红外区,由帕邢(F. Paschen)发现;$m=4$ 的线系称为布拉开系,在红外区,由布拉开(F. Brackett)发现。

里德伯方程由实验和经验凑出,但是却能精确地表示氢原子的复杂的光谱线系,是一项出色的成果。

2. 玻尔的氢原子假说

(1) 三个基本假设

由于原子核式结构模型和经典的电磁学理论的缺陷,玻尔于1913年提出了一套全新的理论,包含三个基本假设。

第一个假设是定态条件。玻尔假设原子中的电子只能处于一系列分立的圆轨道上,绕核转动。电子在固定的轨道上运动时,不会辐射电磁波。

第二个假设被称为频率条件。内容是电子可以在不同的定态轨道之间跃迁,原子的能量也发生相应的改变,即原子可以在不同的能级之间变化,当原子的能量发生改变时,可以

以电磁波的形式吸收或者发出能量。

第三个假设被称为轨道角动量量子化条件。即认为电子在绕原子核旋转时，以原子核为参考点，电子运动轨道的角动量是量子化的，只能取一些特殊的数值，由下式决定：

$$P_\varphi = mvr_n = n\hbar = n\frac{h}{2\pi} \quad (n = 1,2,3,\cdots)$$

(2) 对基本假设的说明

玻尔氢原子假说的第三条是轨道角动量量子化条件，这个条件有时候也被称为驻波条件。根据德布罗意的物质波理论，微观粒子既是实物粒子又是波。当电子在第 n 条轨道上运动时，其动量 $p=mv_n$，对应的德布罗意波长为

$$\lambda = \frac{h}{p} = \frac{h}{mv_n}$$

由于原子是稳定的，因此电子对应的德布罗意波在第 n 条轨道上的分布也是稳定的，那么这个波应该满足驻波条件，即轨道周长 $2\pi r_n$ 应该是波长 λ 的 n 倍。由此有 $2\pi r_n = \frac{nh}{mv_n}$，整理得

$$mv_n r_n = \frac{nh}{2\pi}$$

即轨道角动量量子化条件。

关于电子运动轨道半径量子化和角动量量子化，初接触的时候可能觉得比较突兀，因为和经典的能量连续的观念不一样，但是要知道在物理学的微观世界中，不连续是常见的、自然的。

我们也注意到玻尔的氢原子假说部分修改了经典的核式结构模型和电磁学理论，但是变化不大。引入量子化条件是玻尔氢原子假说成功的关键，而依然保留了运动轨道、库仑力提供向心力等经典观点是玻尔氢原子假说仅能适用于氢原子和类氢原子(类氢离子)光谱而很难推广到其他任意原子结构的关键。更进一步的对其他原子光谱和结构的解释要留给量子力学来完成。

3. 玻尔理论对氢原子光谱的解释

(1) 轨道半径

玻尔的氢原子假说可以完美地解释氢原子光谱，可以在理论上推导出里德伯公式，解释“巴耳末公式之谜”，也可以用来解释类氢原子或类氢离子光谱。

电子绕核做圆周运动，向心力由库仑力提供，根据库仑定律和牛顿运动定律，有

$$\frac{e^2}{4\pi\varepsilon_0 r^2} = m\frac{v^2}{r}$$

又根据玻尔的角动量量子化条件，有

$$mvr = n\frac{h}{2\pi}$$

以上两式联立消去 v，并以 r_n 代替 r，得

$$r_n = n^2\left(\frac{\varepsilon_0 h^2}{\pi m e^2}\right) \quad (n = 1,2,3,\cdots)$$

这就是氢原子第 n 个稳定轨道半径，式中 n 为正整数，称为主量子数，简称量子数。由上式可知，电子轨道半径与量子数 n 的平方成正比，其值是不连续的。当 $n=1$ 时，$r_1=0.529\times10^{-10}$ m，这是氢原子核外电子的最小轨道半径，称为玻尔半径。

(2) 能量

当电子在半径为 r_n 的轨道上运动时，氢原子系统的能量 E_n 等于原子核与核外电子这一带电系统的静电势能和电子的动能之和。选取无穷远处为零势能面，则

$$E_n = \frac{1}{2}mv_n^2 - \frac{e^2}{4\pi\varepsilon_0 r_n} = -\frac{e^2}{8\pi\varepsilon_0 r_n}$$

将 r_n 的表达式代入并整理，得

$$E_n = -\frac{1}{n^2}\cdot\frac{me^4}{8\varepsilon_0^2 h^2}$$

上式表示电子在第 n 个稳定轨道上运动时氢原子系统的能量。因为量子数 n 只能取正整数，所以原子系统的能量是不连续的，也就是说能量是量子化的。

(3) 氢原子光谱

根据玻尔假设，当原子从较高能量状态 E_n 向较低能量状态 E_k 跃迁时，发射一个光子，其频率为

$$h\nu_{nk} = E_n - E_k$$

所以

$$\nu_{nk} = \frac{E_n - E_k}{h}$$

将 E_n、E_k 的表达式代入并整理，得

$$\nu_{nk} = \frac{me^4}{8\varepsilon_0^2 h^3}\left(\frac{1}{k^2} - \frac{1}{n^2}\right)$$

在上式中，当 $k=1$ 时，n 可取 2,3,4,…，正好对应莱曼系；当 $k=2$ 时，n 可取 3,4,5,…，正好对应巴耳末系；当 $k=3$ 时，n 可取 4,5,6,…，正好对应帕邢系。

4. 弗兰克-赫兹实验

玻尔的氢原子假说与人们对氢原子光谱的研究符合得很完美，但出于严谨性的考虑，任何重要的物理规律都需要得到至少两种独立的实验方法的验证。弗兰克和赫兹在这种情况下用了一种独立于光谱研究的方法来验证玻尔理论。

1914 年，弗兰克和赫兹进行了电子轰击原子的实验，证实了原子内部能量确实是量子化的，实验示意图如图 6.2.2 所示。

在玻璃容器中充满汞蒸气，电子从容器内的热阴极 K 发出，经 K 与栅极 G 之间的电场加速，而在栅极 G 与接收极板 A 之间加 −0.5 V 的反向电压。电子通过 K、G 之间的区域，进入 G、A 之间的区域时，若有较大的能量，就可以克服反向电场而到达接收极 A，形成通过电流计的电流。若电子到达栅极 G 后剩下的能量小于 0.5 eV，就无法到达 A 板，如果这类电子数目很多，那么电流计的读数就会明显减小。

实验中，将 K、G 间的电压逐渐增加，同时观察电流计的读数。图 6.2.3 显示了电流计读数随 K、G 间电压变化的曲线。从图中可以看到 K、G 间电压是 4.9 V 的整数倍时会出现

电流的峰值，在出现峰值之后，立刻会出现电流的突然下降。

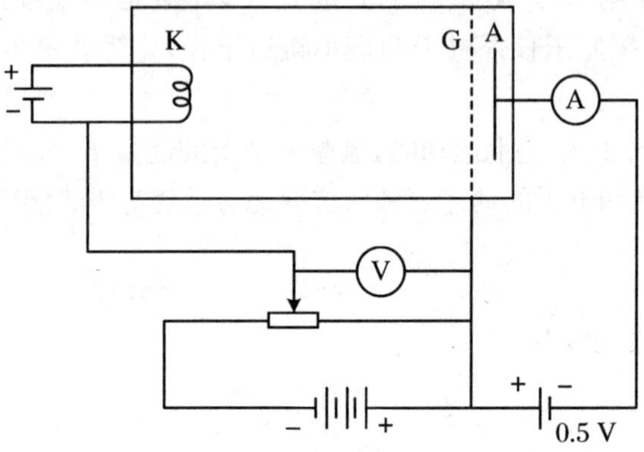

图 6.2.2

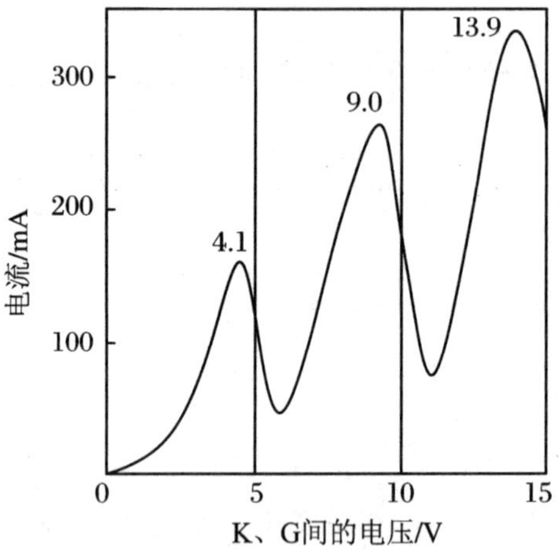

图 6.2.3

这就表明当电子和汞原子发生碰撞时，碰前电子能量达到 4.9 eV，汞原子才吸收，即汞原子存在一个能量为 4.9 eV 的量子态。当 K、G 间的电压低于 4.9 V 时，电子在 K、G 间加速而获得的能量不到 4.9 eV，此时若与汞原子碰撞，按照经典观点，它应该把能量几乎全部转移给汞原子，但是现在根据实验结果可以判断，汞原子没有接受低于 4.9 eV 的能量，于是电子仍然具有足够的能量通过栅极，并克服反向电压到达 A 板，对电流做出贡献。在电子能量低于 4.9 eV 的情况下，电子能量越高，就越容易到达 A 板，电流也就越大。

当 K、G 间电压达到 4.9 V 时，电子若在栅极 G 附近与汞原子相碰，就可能把所有能量都传递给汞原子，汞原子能级跃迁到 4.9 eV 的激发态，而电子失去能量后无法到达 A 板。因此，出现电流的大幅下降。当 K、G 间的电压略超过 4.9 V 时，电子和原子碰撞后，只能将 4.9 eV 的能量传递给汞原子，若电子留下的剩余能量能够克服反向电压而到达 A 板，电流就又会增加。当 K、G 之间的电压很高时，电子每次达到 4.9 eV 的能量时就会和汞原子碰撞，导致电子的能量始终小于 4.9 eV，若最终通过 G 极时电子保有的动能小于 0.5 eV，就无法到达A板，会导致电流减小；若最终通过G极时电子的动能大于0.5 eV，就可以克服反向电场到达A板，会导致电流增大。于是随着K、G之间的电压变化，就会出现多个电流的峰值，且彼此之间的电压差值为4.9 V，这样就清楚地证实了原子中量子态的存在。

但这个实验有一个问题就在于电子的加速和碰撞在同一个区域中，这导致电子的能量很难超过4.9 eV，因而只能测量出汞原子的一个4.9 eV的激发态。为了解决这个问题，在6年后，弗兰克将原先的实验装置作了改进，验证了汞原子还存在一系列其他能级。弗兰克-赫兹实验有力证实了原子内部能级的存在，同时也证实了玻尔氢原子假说中的定态条件和频率条件。

核心问题讨论

1. 玻尔氢原子假说是如何修正经典的原子核式结构模型的?

玻尔氢原子假说要配合经典的原子核式结构模型来理解，我们认为电子在库仑引力的作用下绕原子核做匀速圆周运动。

在经典的核式结构模型中，电子和原子核的总能量是连续取值的，电子可以具有任意大于零的速度，不同的速度对应了不同的轨道半径，因此电子绕原子核的轨道半径就也可以任意取值，只要电子的速度匹配就可以。但是玻尔的定态条件要求电子只能处于某些特定半径的轨道上，在这些轨道上运动时，电子和原子核之间的库仑力提供了电子绕核做圆周运动的向心力。我们可以把这些轨道中半径最小的那一条轨道称为基态轨道，用 r_1 来表示，其余的轨道半径用 $r_2, r_3, \cdots, r_n$ 来表示，随 n 的增大，轨道半径逐渐增加，n 就是这条轨道对应的“量子数”。由于在定态条件中，电子的绕核运动只能在某些特定的轨道上，因此原子的能量也就不再连续。同时为了解决经典电磁学理论中电子有加速度时会辐射电磁波的问题，玻尔“规定”电子在特定轨道上运动时，即使有加速度也不会辐射电磁波，相当于规定了电子在特定轨道上绕核运动时，经典电磁学理论不适用。

如果电子只能在特定的轨道上，那么电子怎样才能从一条轨道跑到另一条轨道上呢?为了解决这个问题，玻尔假设电子会发生“跃迁”，这个过程其实和“瞬移”差不多，也就是说电子本来在第 m 轨道上运动，当条件合适时，就忽然从第 m 轨道上消失，然后在第 n 轨道上出现。当然电子轨道的变化会对应原子能量的改变，为了符合能量守恒定律，就要求电子在不同轨道上跃迁时，需要外界给原子能量或者原子向外释放能量。原子能量的变化以吸收或辐射电磁波的形式表现出来。那么当电子从高量子数的轨道向低量子数的轨道跃迁时，原子就会从高能级向低能级变化，于是会向外辐射电磁波，不同的能量差值就对应了辐射出的电磁波的不同频率，这就是频率条件。

例题1　根据玻尔氢原子假说用题目所给数据计算里德伯常量的理论值。已知电子电荷量 $e=1.6\times10^{-19}$ C，电子质量 $m=9.1\times10^{-31}$ kg，普朗克常量 $h=6.63\times10^{-34}$ J·s，真空中的光速 $c=3\times10^{8}$ m/s。

分析　在不同的轨道上，电子绕核运动的速度不同，我们可以设在第 n 轨道上的电子的

运动速度为 v_n，轨道半径为 r_n，由此结合库仑力提供向心力和玻尔氢原子假说中的轨道角动量量子化条件，就可以解出 r_n 和 v_n 与 n 的关系。再写出此时原子的总能量，包括电子的动能(其中原子核的动能始终为零)和电子与原子核间的电势能，利用频率条件就可以写出发生能级跃迁时吸收或发射的电磁波的频率或波长，据此导出里德伯方程，计算出里德伯常量的理论值。

解 假设第 n 轨道上的电子的运动速度为 v_n，轨道半径为 r_n，则有

$$m\frac{v_n^2}{r_n}=k\frac{e^2}{r_n^2},\quad mv_nr_n=n\frac{h}{2\pi}$$

得

$$v_n=\frac{2\pi ke^2}{nh},\quad r_n=\frac{n^2h^2}{4\pi^2kme^2}$$

所以当电子处于第 n 轨道时原子的能量为

$$E_n=\frac{1}{2}mv_n^2-k\frac{e^2}{r_n}=-\frac{2\pi^2mk^2e^4}{n^2h^2}$$

根据频率条件，当电子从第 n 能级向第 k 能级跃迁时，有

$$E_n-E_k=h\nu=h\frac{c}{\lambda}$$

整理得

$$\frac{1}{\lambda}=\frac{2\pi^2mk^2e^4}{h^3c}\left(\frac{1}{k^2}-\frac{1}{n^2}\right)$$

和里德伯方程进行比对，并代入数据，可得

$$R=\frac{2\pi^2mk^2e^4}{h^3c}=1.09\times10^7\ \mathrm{m^{-1}}$$

点拨 实验中给出的里德伯常量为 $R_H=1.0967758\times10^7\ \mathrm{m^{-1}}$，与本题用玻尔氢原子假说得到的理论计算结果基本一致。因为本题中仅仅是为了说明计算过程，所以给定的物理常数的有效数字位数较少，为了得到更精确的结果，同学们不妨自己查询一下相关物理常数的值再验证一下。

实际上这个模型与实验测量的常数值还有很小的误差，一个原因在于我们在计算过程中认为氢原子的原子核始终保持不动，而事实上在实验中的氢原子基本上是自由状态，氢原子核和电子围绕它们的质心在做圆周运动，据此可以对这个模型再作一些修正。

2. 如何根据玻尔氢原子假说计算类氢离子(或类氢原子)的能级和波长?

类氢离子是指原子核外只有一个电子的离子，但原子核带有 $Z>1$ 的正电荷，Z 不同，代表不同的类氢体系，例如 He^+、Li^{2+} 和 Be^{3+} 对应的 Z 分别是 2、3 和 4。玻尔氢原子假说对类氢离子的描述和氢原子基本一样，只要进行电荷修正即可。有时候也可以进行质心修正，将电子绕原子核旋转改为电子和原子核绕其共同质心旋转。

例题 2 与氢原子相似，可以假设氦的一价正离子 He^+ 核外的那一个电子也绕核做圆周运动。已知玻尔半径为 a_0，氢原子的基态能为 E_0，不考虑原子核的运动。应用玻尔理论计算：

(1) He^+ 的第一轨道半径；

(2) He^+ 的巴耳末系第一条谱线波长与氢原子的巴耳末系第一条谱线波长之比。

分析　He^+ 的核外只有一个电子，核外电子与原子核之间的库仑力充当向心力，再结合玻尔理论的角动量量子化条件即可算出轨道半径。利用总能量和半径的关系，可将 He^+ 的能量表示出来，根据玻尔理论的跃迁假设，即可算出对应的波长。

解　(1) 不考虑原子核的运动所产生的影响，He^+ 核的带电量用 $+Ze$ 表示，可列出方程组

$$\begin{cases} m\dfrac{v_n^2}{r_n} = \dfrac{Ze^2}{4\pi\varepsilon_0 r_n^2} \\ mv_n r_n = n\dfrac{h}{2\pi} \end{cases}$$

得

$$r_n = \frac{\varepsilon_0 h^2 n^2}{\pi m e^2 Z} = a_0 \frac{n^2}{Z}$$

所以 He^+ 的第1轨道半径为 $r_1 = \dfrac{a_0}{2}$。

(2) He^+ 核和核外电子的势能以及电子的动能之和为

$$E_n = \frac{1}{2}mv_n^2 - \frac{Ze^2}{4\pi\varepsilon_0 r_n} = -\frac{Ze^2}{8\pi\varepsilon_0 r_n}$$

根据(1)中的表达式得

$$E_n = -\frac{1}{n^2}\frac{me^4 Z^2}{8\varepsilon_0^2 h^2} = -\frac{Z^2}{n^2}\frac{me^4}{8\varepsilon_0^2 h^2} = -\frac{Z^2}{n^2}E_0$$

根据玻尔的跃迁假设有

$$\frac{1}{\lambda} = \frac{me^4}{8\varepsilon_0^2 h^2 c}Z^2\left(\frac{1}{k^2} - \frac{1}{n^2}\right)$$

当 $k=2, n=3$ 时，对应巴耳末的第一条谱线，所以

$$\frac{\lambda_{He^+}}{\lambda_H} = \frac{1}{4}$$

点拨　通过上面的求解过程，我们发现玻尔氢原子假说对类氢离子的描述和氢原子基本一样，只要进行电荷修正即可，即在原公式中出现 e^2 时乘 Z。如氢原子轨道半径的表达式为 $r_n = n^2\dfrac{\varepsilon_0 h^2}{\pi m e^2}$，其分母出现了 e^2，所以类氢原子的轨道半径为 $r_n = \dfrac{\varepsilon_0 h^2 n^2}{\pi m e^2 Z}$；氢原子的能级表达式为 $E_n = -\dfrac{1}{n^2}\dfrac{me^4}{8\varepsilon_0^2 h^2}$，其分子出现了 e^4，所以类氢原子的能级为 $E_n = -\dfrac{Z^2}{n^2}\dfrac{me^4}{8\varepsilon_0^2 h^2}$。

例题3　讨论一个由 μ^- 子和氦核组成的类氢离子，μ^- 子的质量约为电子质量的207倍，其他性质与电子相同，对这种离子，玻尔的氢原子假说也同样适用。已知氢原子的玻尔半径为 $r_1 = 0.53$ Å，基态能量为 $E_1 = -13.6$ eV，试求这种类氢离子的玻尔半径和基态能

量。(本题中略去氦核的运动。)

分析 在不需要进行质心修正的情况下，氢原子假说中核心的两个方程、库仑力提供向心力的方程和轨道角动量量子化的方程中只有第一个需要把 e 改为 Ze，其余不变。这样即可解出第 n 能级的轨道半径 r'_n 和能量 E'_n，然后再和氢原子的作比较即可。

解 由题意，设 μ^- 子的质量为 $m_\mu = 207m$。由

$$k\frac{eZe}{r'^2_n} = m_\mu\frac{v'^2_n}{r'_n},\quad m_\mu v'_n r'_n = n\frac{h}{2\pi}$$

可得

$$r'_n = \frac{n^2h^2}{4\pi^2 km_\mu Ze^2},\quad v'_n = \frac{2\pi kZe^2}{nh}$$

所以当 μ^- 子处于第 n 轨道时原子的能量为

$$E'_n = \frac{1}{2}m_\mu v'^2_n - k\frac{Ze^2}{r'_n} = -\frac{2\pi^2 m_\mu k^2Z^2e^4}{n^2h^2}$$

故类氢离子的玻尔半径和基态能量分别为

$$r'_1 = \frac{h^2}{4\pi^2 km_\mu Ze^2} = \frac{h^2}{4\pi^2 k\times 207m\times 2e^2} = \frac{1}{414}r_1 = 1.28\times 10^{-13}\ \mathrm{m}$$

$$E'_1 = -\frac{2\pi^2 m_\mu k^2Z^2e^4}{h^2} = 207\times 4\times(-13.6)\ \mathrm{eV} = -1.13\times 10^4\ \mathrm{eV}$$

点拨 因为本题的题干说略去氦核的运动，所以我们没有进行质心的修正，实际上本题中 μ^- 子和氦核的质量比大致是 3%，而电子和氢核的质量比约为 0.05%，因此在氢原子模型中，我们认为电子绕氢的原子核运动而氢核几乎不动是较为准确的，而本题中更好的做法是进行质心修正，认为 μ^- 子和氦核共同绕其质心旋转。本书中不再给出具体的解法，请同学们思考，修正后 μ^- 子的基态轨道半径约为 1.32×10^{-13} m，基态能量约为 -1.09×10^4 eV。

例题4 电子偶素是由一个正电子和一个电子组成的一种束缚系统。已知：电子的质量为 m，电量为 e，光速大小为 c，普朗克常量为 h，静电力常量为 k。试求出：

(1) 基态时两个电子之间的距离；

(2) 基态电子的电离能和由基态到第一激发态的激发能；

(3) 由第一激发态退激到基态所放出光子的波长。

分析 电子偶素这个模型大家并不熟悉，但是根据高中的知识可以知道，两个电子如果要形成束缚态，应该是互相吸引着绕着其质心进行旋转，库仑力提供向心力。那么这个模型就和氢原子模型比较接近，而题目的问题是计算基态能量等，于是考虑应该将玻尔的氢原子假说应用到电子偶素这个模型中来。

(1)问求基态时两个电子之间的距离就是求电子偶素的基态轨道半径，但是要注意两个电子之间的距离应该是基态轨道半径的 2 倍。(2)问求的电离能相当于将处于基态的电子偶素分开到两个电子相距无穷远的过程中所需要做的功。(3)问需要套用玻尔氢原子假说的频率条件来计算。

解 (1) 电子在第 n 轨道上运动时的半径为 r_n，速度为 v_n。根据库仑力提供向心力，有

$$k\frac{e^2}{(2r_n)^2} = m\frac{v_n^2}{r_n}$$

体系对质心的轨道角动量量子化条件为

$$2mv_nr_n = n\frac{h}{2\pi}$$

由此可得

$$v_n = \frac{\pi ke^2}{nh}, \quad r_n = \frac{n^2h^2}{4\pi^2mke^2}$$

基态时两个电子之间的距离为

$$d = 2r_1 = \frac{h^2}{2\pi^2mke^2}$$

(2) 系统在第 n 能级的能量为

$$E_n = \frac{1}{2}mv_n^2\times2 - k\frac{e^2}{2r_n} = -\frac{\pi^2k^2e^4m}{n^2h^2}$$

基态电子偶素的电离能为

$$W = E_\infty - E_1 = 0-\left(-\frac{\pi^2k^2e^4m}{h^2}\right) = \frac{\pi^2k^2e^4m}{h^2}$$

由基态到第一激发态的激发能为

$$W_1 = E_2 - E_1 = -\frac{\pi^2k^2e^4m}{2^2h^2}-\left(-\frac{\pi^2k^2e^4m}{h^2}\right) = \frac{3\pi^2k^2e^4m}{4h^2}$$

(3) 当系统从第一激发态退激到基态时，以光子的形式释放能量

$$h\frac{c}{\lambda} = W_1 = \frac{3\pi^2k^2e^4m}{4h^2}$$

整理，得

$$\lambda = \frac{4h^3c}{3\pi^2k^2e^4m}$$

点拨 注意在进行质心修正的时候，角动量量子化应该是指系统的整体对质心的轨道角动量是量子化的。在计算吸收或释放光子的能量时，要注意这个光子能量等于原子或系统的整体能量的变化，因此 E_n 不能只计算一个电子的能量。

3. 弗兰克-赫兹实验是如何验证玻尔氢原子假说的？

弗兰克-赫兹实验通过电子和原子的碰撞来使原子获得能量从而激发，实验中发现电子只有具有特定的能量时才能通过碰撞把能量传递给原子，这就证明了玻尔氢原子假说中原子具有能级的定态假说。然后通过测量被激发的原子发出的谱线，就可以测量原子的能级差，进而证明玻尔氢原子假说中的频率条件。

例题 5 (2018年第34届全国中学生物理竞赛复赛)1914年，弗兰克-赫兹用电子碰撞原子的方法使原子从低能级激发到高能级，从而证明了原子能级的存在。加速电子碰撞自由的氢原子，使某氢原子从基态激发到激发态。该氢原子仅能发出一条可见光波长范围

(400～700 nm)内的光谱线。仅考虑一维正碰。

(1) 求该氢原子能发出的可见光的波长。

(2) 求加速后电子动能 E_k 的范围。

(3) 如果将电子改为质子,求加速质子的加速电压的范围。

已知 $hc = 1240\ \text{nm}\cdot\text{eV}$,其中 h 为普朗克常量,c 为真空中的光速;质子质量近似为电子质量的 1836 倍,氢原子在碰撞前的速度可忽略。

分析 题目中说该氢原子只能发出一条处于可见光波段的谱线,所以一定是从第 3 能级跃迁到第 2 能级,于是由氢原子的能级公式就可以计算出这个光波的能量 ΔE_{32}和波长。(2)问中考虑是电子和氢原子的碰撞,那么用动量守恒和能量守恒,电子损失的动能应该介于 1、3 能级和 1、4 能级之间,于是可以解出电子的动能的范围;(3)问与(2)问类似,重新解一遍方程即可。

解 (1) 由氢原子的能级公式

$$E_n = -\frac{13.6\ \text{eV}}{n^2} \quad (n = 1,2,3,\cdots)$$

可见光光子能量的上限 E_1'和下限 E_2'分别为

$$E_1' = \frac{hc}{\lambda_1} = \frac{1240\ \text{nm}\cdot\text{eV}}{400\ \text{nm}} = 3.10\ \text{eV}$$

$$E_2' = \frac{hc}{\lambda_2} = \frac{1240\ \text{nm}\cdot\text{eV}}{760\ \text{nm}} = 1.63\ \text{eV}$$

要能观察到可见光范围内的光谱线,发生跃迁的两能级的能量之差应在可见光的能量范围 1.63～3.10 eV 内。要仅能观察到一条可见光范围内的光谱线,由氢原子的能级图可知,只能将氢原子激发到第二激发态,即能级 $n = 3$,氢原子第二激发态($n = 3$)到第一激发态($n = 2$)的能量差为

$$E_{32} = E_3 - E_2 = (-1.51\ \text{eV}) - (-3.4\ \text{eV}) = 1.89\ \text{eV}$$

氢原子从第二激发态跃迁到第一激发态所发出的可见光的波长为

$$\lambda = \frac{hc}{E_{32}} = 656\ \text{nm}$$

(2) 要使氢原子能激发到能级 $n = 3$,需要提供的能量至少为

$$E_{31} = E_3 - E_1 = (-1.51\ \text{eV}) - (-13.60\ \text{eV}) = 12.09\ \text{eV}$$

设电子质量为 m_e,电子碰撞前后的速度分别为 v_1 和 v_2,氢原子碰撞前后的速度分别为 $u_1 \approx 0$(由题意)和 u_2,电子因激发氢原子而损失的能量为 ΔE(被氢原子吸收为激发能)。由动量和能量守恒有

$$m_e v_1 = m_e v_2 + M u_2$$

$$\frac{1}{2} m_e v_1^2 = \frac{1}{2} m_e v_2^2 + \frac{1}{2} M u_2^2 + \Delta E$$

两式联立消去 u_2,得

$$m_e(M + m_e) v_2^2 - 2 m_e^2 v_1 v_2 + m_e(m_e - M) v_1^2 + 2M\Delta E = 0$$

此式是关于 v_2 的一元二次方程。注意到 v_2 为实的常量,故此方程的系数应满足条件

$$(-2m_e^2 v_1)^2 - 4m_e(M + m_e)[m_e(m_e - M)v_1^2 + 2M\Delta E] \geqslant 0$$

化简,得

$$E_k = \frac{1}{2}m_e v_1^2 \geqslant \left(1 + \frac{m_e}{M}\right)\Delta E \qquad ①$$

要使原子从基态仅激发到第二激发态,ΔE 应满足

$$E_{31} \leqslant \Delta E < E_{41} \qquad ②$$

已知 $E_{31} = 12.09\ \text{eV}$,而

$$E_{41} = E_4 - E_1 = (-0.85\ \text{eV}) - (-13.60\ \text{eV}) = 12.75\ \text{eV} \qquad ③$$

由①~③式得

$$\left(1 + \frac{m_e}{M}\right)E_{31} \leqslant E_k < \left(1 + \frac{m_e}{M}\right)E_{41} \qquad ④$$

结合题给条件,得

$$12.10\ \text{eV} \leqslant E_k < 12.76\ \text{eV}$$

(3) 如果将电子改为质子,则④式变为

$$\left(1 + \frac{m_p}{M}\right)E_{31} \leqslant E_k < \left(1 + \frac{m_p}{M}\right)E_{41}$$

式中 m_p 为质子的质量。结合题给条件,得

$$24.17\ \text{eV} \leqslant E_k < 25.49\ \text{eV}$$

设加速质子的加速电压为 V。由 $eV = E_k$(e 为质子的电荷量)得

$$24.17\ \text{V} \leqslant V < 25.49\ \text{V}$$

点拨 本题的核心是(2)问,实际上是一个质点的非完全弹性碰撞模型,相当于给定初始能量求碰撞损失的动能。也可以使用力学分册中讲的折合质量来计算,由一个方程就可以得到结果。

习题实战演练

基础练习

1. 玻尔的能级理论是从研究氢原子光谱开始的,以下各项是与原子光谱有关的物理知识,其中正确的是 ( )

A. 有些原子的发射光谱是线状谱,有些原子的发射光谱是连续谱

B. 太阳光谱中的许多暗线与太阳大气中存在的金属元素的特征谱线相对应

C. 巴耳末发现氢原子的可见光谱有分立特征,但氢原子的不可见光谱有连续特征

D. 有些电子绕原子核运动的变化是连续的,所以我们看到了原子的连续光谱

2. 根据玻尔的原子理论,氢原子具有能量量子化和轨道量子化。若氢原子的基态能量为 E_1,当量子数为 n 时,激发态能量为 $E_n = \frac{E_1}{n^2}$,光在真空中传播速度为 c。以下各项是对

氢原子相关问题的描述,正确的是 ( )

A. 当氢原子的量子数减小时,其原子能量增大

B. 当氢原子的量子数增大时,其核外电子绕原子核做圆周运动的动能增大

C. 氢原子从 $n=4$ 跃迁到 $n=2$ 时,所辐射光子的能量是 $-\dfrac{3E_1}{16}$

D. 氢原子从 $n=3$ 跃迁到 $n=4$ 时,所辐射光波的波长是 $\dfrac{144hc}{7E_1}$

3. 根据玻尔理论,氢原子的能级图如图 6.2.4 所示,大量处于 $n=6$ 激发态的氢原子向低能级跃迁时,从 $n=6$ 能级跃迁到 $n=3$ 能级放出波长为 λ_1 的光子,从 $n=3$ 能级跃迁到 $n=2$ 能级放出波长为 λ_2 的光子,从 $n=6$ 能级跃迁到 $n=2$ 能级放出波长为 λ_3 的光子,则 ( )

A. $\dfrac{1}{\lambda_2}=\dfrac{1}{\lambda_3}+\dfrac{1}{\lambda_1}$ B. $\dfrac{1}{\lambda_3}=\dfrac{1}{\lambda_2}+\dfrac{1}{\lambda_1}$ C. $\lambda_3=\lambda_2+\lambda_1$ D. $\lambda_2=\lambda_3+\lambda_1$

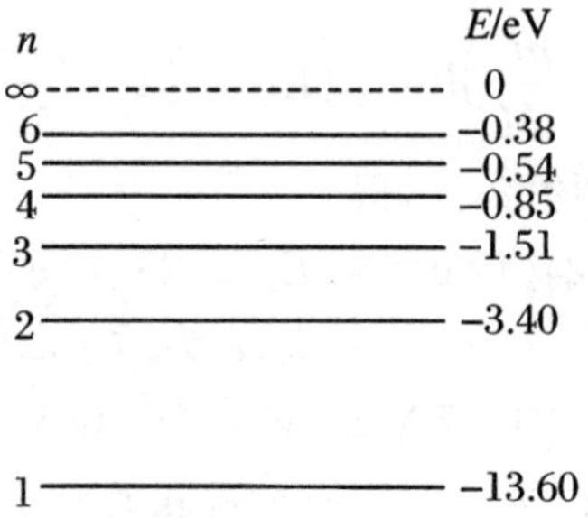

图 6.2.4

4. 已知氢原子的基态能量为 E_1,激发态能量为 $E_n=\dfrac{E_1}{n^2}$,其中 $n=2,3,4,\cdots$。1885 年,巴耳末对当时已知的在可见光区的 4 条谱线作了分析,发现这些谱线的波长能够用一个公式表示,即 $\dfrac{1}{\lambda}=R\left(\dfrac{1}{2^2}-\dfrac{1}{n^2}\right)$($n=3,4,5,\cdots$),这个公式称为巴耳末公式,式中 R 称为里德伯常量。用 h 表示普朗克常量,c 表示真空中的光速,则氢原子的基态能量为 E_1 可以表示为 ( )

A. $-Rhc$ B. Rhc C. $-\dfrac{1}{2}Rhc$ D. $\dfrac{1}{2}Rhc$

5. 图 6.2.5 所示为弗兰克-赫兹实验的实验结果,下列有关此实验的叙述正确的是 ( )

A. 图中甲、乙之间为原子吸收电子能量,使得电流降低

B. 弗兰克-赫兹实验证实汞原子的各个能级差都为 4.9 eV

C. 弗兰克-赫兹管中汞原子的电离能为 4.9 eV

D. 实验可验证原子具有不连续的能量稳定态

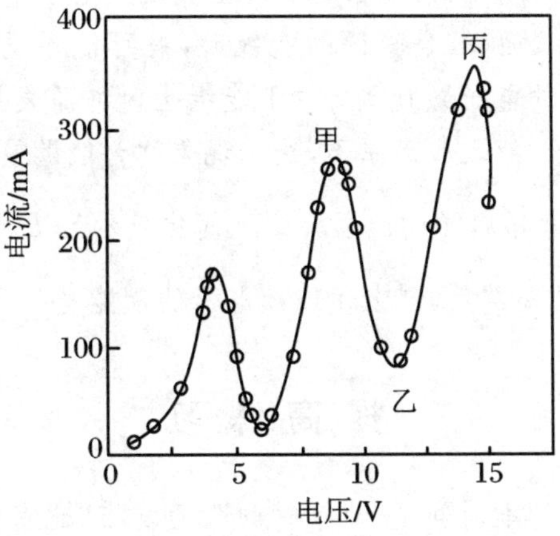

图 6.2.5

6. (2019 年海淀二模)“通过观测的结果，间接构建微观世界图景”是现代物理学研究的重要手段，如通过光电效应实验确定了光具有粒子性。

弗兰克-赫兹实验是研究汞原子能量是否具有量子化特点的重要实验。实验原理如图 6.2.6(a)所示，灯丝 K 发射出初速度不计的电子，K 与栅极 G 间的电场使电子加速，G、A 间加有 0.5 V 电压的反向电场使电子减速，电流表的示数大小间接反映了单位时间内能到达 A 极电子的多少。在原来真空的容器中充入汞蒸气后，发现 K、G 间电压 U 每升高 4.9 V 时，电流表的示数 I 就会显著下降，如图 6.2.6(b)所示。科学家猜测电流的变化与电子和汞原子的碰撞有关，玻尔进一步指出该现象应从汞原子能量量子化的角度去解释。仅依据本实验结果构建的微观图景合理的是 (　　)

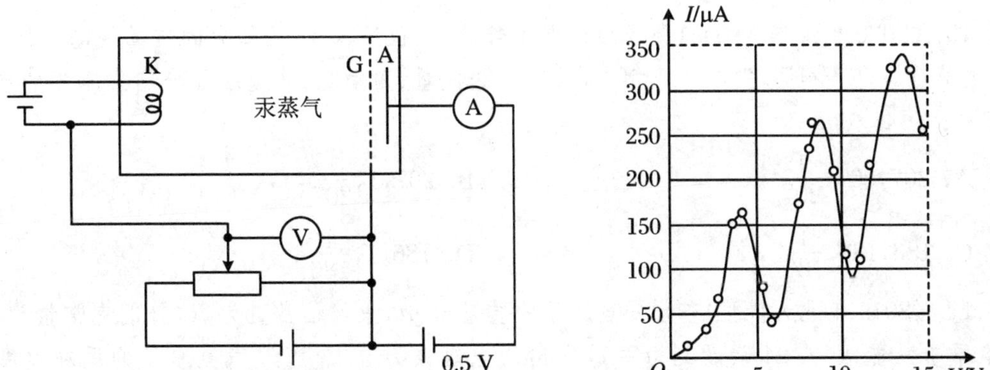

图 6.2.6

A. 汞原子的能量是连续变化的

B. 存在同一个电子使多个汞原子发生跃迁的可能

C. 相对于 G 极，在 K 极附近时电子更容易使汞原子跃迁

D. 电流上升是因为单位时间内使汞原子发生跃迁的电子个数减少

7. 原子从一个能级跃迁到一个较低的能级时，有可能不发射光子。例如在某种条件下，铬原子的 $n=2$ 能级上的电子跃迁到 $n=1$ 能级上时并不发射光子，而是将相应的能量转交给 $n=4$ 能级上的电子，使之脱离原子，这一现象称为俄歇效应，以这种方式脱离了原子的电子称为俄歇电子。已知铬原子的能级公式可简化表示为 $E_n=-\dfrac{A}{n^2}$，式中 $n=1,2,3,\cdots$ 表示不同能级，A 是正的已知常数，则上述俄歇电子的动能是__________。

提 高 练 习

8. 中华人民共和国的标准时间是"北京时间"，而发布"北京时间"的地点在西安！因为向全国授时的钟（铯原子钟）在西安，它是我国最为精确的计时器，平均几万年或几十万年才会产生误差 1 s。"s"是国际单位制中的时间单位，它正好等于位于西安的铯原子钟的铯原子（^{133}Cs）基态的两个超精细能级之间跃迁时所辐射的电磁波的周期的 9192631770 倍。若已知普朗克常量为 6.626×10^{-34} J·s，则这两个能级之间的能量差约为（　　）

A. 6.09×10^{-24} eV　　B. 6.09×10^{-24} J

C. 3.81×10^{-5} eV　　D. 3.81×10^{-5} J

9. (2020 年清华强基)电荷量为 Ze、质量为 m 的带负电的粒子绕氢原子核转动形成玻尔模型，则其第 n 个定态的能量为（　　）

A. $-\dfrac{Z^2e^4m}{8\pi^2\varepsilon_0^2\hbar^2n^2}$　　B. $-\dfrac{Z^2e^4m}{16\pi^2\varepsilon_0^2\hbar^2n^2}$

C. $-\dfrac{Z^2e^4m}{32\pi^2\varepsilon_0^2\hbar^2n^2}$　　D. $-\dfrac{Z^2e^4m}{64\pi^2\varepsilon_0^2\hbar^2n^2}$

10. (2020 年清华强基)氢原子核外电子若被 μ^- 粒子取代，已知它的质量是电子的 207 倍，电荷量与电子相同，则与电子相比，其基态的能量、角动量、轨道半径分别为原先的多少倍？（　　）

A. $207,207,\dfrac{1}{207}$　　B. $207,1,\dfrac{1}{207}$

C. $186,186,\dfrac{1}{186}$　　D. $186,1,\dfrac{1}{186}$

11. (2019 年北大博雅)若已知氢原子的质量为 m，里德伯常量为 R，普朗克常量为 h，则氢原子从能级 $n=4$ 跃迁到 $n=1$，发出的电磁波为__________；氢原子的反冲速度为__________。（　　）

A. 红外线；$\dfrac{3Rh}{4m}$　　B. 紫外线；$\dfrac{15Rh}{16m}$

C. 红外线；$\dfrac{15Rh}{16m}$　　D. 紫外线；$\dfrac{3Rh}{4m}$

12. 类比是研究问题的常用方法，科学史上很多重大发现、发明往往发端于类比。

(1) 一质量为 m 的人造地球卫星绕地球做匀速圆周运动，轨道半径为 r。将地球视为质量均匀分布的球体，已知地球质量为 M，万有引力常量为 G。

① 求卫星的速度大小 v 和动能 E_k。

② 若质量分别为 m_1 和 m_2 的质点相距 r 时，它们之间的引力势能的表达式为 $E_p=-G\dfrac{m_1m_2}{r}$，求卫星与地球组成的系统机械能。

(2) 在玻尔的氢原子理论中，质量为 m 的电子绕原子核做匀速圆周运动的轨道半径是量子化的，电子的轨道半径和动量必须满足量子化条件 $mvr=\dfrac{nh}{2\pi}$，式中 h 是普朗克常量，r 是轨道半径，是电子在该轨道上的速度大小，n 是轨道量子数，可以取 1、2、3 等正整数。已知电子和氢原子核的电荷量均为 e，静电力常量为 k，根据上述量子化条件，类比天体系统，证明电子在任意轨道运动时系统能量表达式可以写为 $E_n=\dfrac{A}{n^2}$，其中 A 是与 n 无关的常量。

13. 某一星体发射出来的光谱很像氢原子的巴耳末线系，经仔细分析，确定为锂离子 Li^{2+} 产生的，试求锂离子的这个线系的第一条谱线的波长 λ_1 和该线系的极限谱线的波长 λ_m。

14. 人们常常把原子核和它周围的电子比作太阳系或地球和人造卫星。以地球和人造卫星为例，假如我们发射一颗卫星，使它在一定的圆轨道上运动，如果需要可以使这些卫星的能量稍大一些，在更大一些的轨道上运动。只要技术条件达到，轨道半径可以按照需要任意取值。在这种情况下，我们说轨道半径是连续的。

并非把这个图景缩小就可以看作原子核和它周围电子的运动。在玻尔模型中，以氢原子为例，原子中的电子在库仑力的作用下，绕原子核做圆周运动，电子的轨道半径只能取某些分立的数值，必须满足 $mv_nr_n=n\dfrac{h}{2\pi}(n=1,2,3,\cdots)$，其中 m、v_n、r_n、h 分别为电子的质量、电子绕核运动的速度、电子绕核运动的轨道半径、普朗克常量，已经近似为原子核静止。当电子在不同的轨道上运动时，原子处于不同的稳定状态，在这些稳定状态中，原子的能量是不同的。所谓原子的能量是指电子的动能和体系的势能之和，取无穷远处为零势能面，体系在轨道半径 r_n 上具有的势能为 $-k\dfrac{e^2}{r_n}$，k 为静电力常量。这些量子化的能量值称为能级。

(1) 根据以上信息和所学知识，求：

① 氢原子的第 $n(n=1,2,3,\cdots)$ 轨道半径 r_n 的表达式；

② 氢原子的第 $n(n=1,2,3,\cdots)$ 能级 E_n 的表达式。

(2) 根据题意和(1)的结论：

① 求电子从 $n+1$ 轨道跃迁到 n 轨道放出的光子的频率 ν_n 的表达式。

② 由以上表达式证明：当 $n\to\infty$ 时该频率等于电子在第 n 轨道上绕核运动的频率。

参考答案

1. B。

2. C。

3. B。

4. A。

5. AD。

6. B。

7. $E_k=\dfrac{11A}{16}$。

提示　$n=4$ 能级上的电离能为

$$E_0=-\left(-\frac{A}{4^2}\right)=\frac{A}{16}$$

铬原子的 $n=2$ 能级上的电子跃迁到 $n=1$ 能级上时提供的能量为

$$E_1=-\frac{A}{2^2}-\left(-\frac{A}{1^2}\right)=\frac{3A}{4}$$

根据能量守恒定律有

$$E_k=E_1-E_0$$

可得

$$E_k=\frac{11A}{16}$$

8. BC。

提示　释放光子频率为

$$\nu=\frac{1}{T}=\frac{1}{\dfrac{t}{n}}=9192631770\ \text{Hz}$$

释放光子的能量为

$$E=h\nu=6.09\times10^{-24}\ \text{J}=3.81\times10^{-5}\ \text{eV}$$

即这两个能级之间的能量差。故选项 A、D 错误，选项 B、C 正确。

9. C。

提示　参考例题 2 和例题 3，列出库仑力提供向心力的方程和轨道角动量量子化条件，联立即可求得 r_n 和 v_n。进而写出系统的总能量 $E_n=-\dfrac{kZe^2}{2r_n}$ 即可。

10. D。

提示　参考例题 3，将公式中的 Z 换为 1 即可得到本题中 μ^- 子的能量和轨道半径等。

11. B。

提示　莱曼系的所有谱线都是紫外线。根据里德伯公式得

$$\frac{1}{\lambda} = R\left(\frac{1}{1^2} - \frac{1}{4^2}\right) = \frac{15}{16}R$$

光子的动量等于反冲氢原子的动量,所以反冲氢原子的动量为

$$p = \frac{h}{\lambda} = \frac{15}{16}hR$$

所以反冲氢原子的速度大小为

$$v = \frac{15}{16m}hR$$

12．(1) ① $v=\sqrt{\frac{GM}{r}}$,$E_k=\frac{GMm}{2r}$;② $-G\frac{Mm}{2r}$。(2) 证明过程见提示。

提示　(2) 根据牛顿第二定律

$$k\frac{e^2}{r^2} = m\frac{v^2}{r}$$

结合题中给出的量子化条件

$$mvr = \frac{nh}{2\pi}$$

推得

$$v = \frac{2\pi ke^2}{nh}$$

所以电子的动能为

$$E_{kn} = \frac{1}{2}mv^2 = \frac{1}{2}m\left(\frac{2\pi ke^2}{nh}\right)^2 = \frac{2\pi^2k^2me^4}{h^2}\cdot\frac{1}{n^2}$$

类比卫星机械能与动能表达式关系,可得电子与氢原子核的系统能量表达式为

$$E_n = -\frac{2\pi^2k^2me^4}{h^2}\cdot\frac{1}{n^2}$$

由此可知

$$E_n = \frac{A}{n^2}$$

其中

$$A = -\frac{2\pi^2k^2me^4}{h^2}$$

可见 A 是与 n 无关的常量。

13．$\lambda_1=1378\ \text{nm}$,$\lambda_m=367\ \text{nm}$。

提示　巴耳末系是量子数大于2的能级向量子数为2的能级跃迁时产生的谱线系,由玻尔氢原子假说,氢原子的第 n 轨道半径为

$$r_n = \frac{n^2h^2}{4\pi^2kme^2}$$

能级 $E_n=\frac{E_1}{n^2}$,巴耳末线系的光谱线波长满足

$$\frac{hc}{\lambda} = E_1\left(\frac{1}{n^2} - \frac{1}{2^2}\right)\quad (n = 3,4,5,\cdots)$$

Li^{2+} 离子是类氢离子，只需要进行电荷修正就可以，则

$$r_1' = \frac{h^2}{4\pi^2 km \times 3e^2} = \frac{r_1}{3}$$

对应的基态能量

$$E_1' = -k\frac{e \times 3e}{2r_1'} = 9E_1 = -122.4\ \text{eV}$$

故 Li^{2+} 离子谱线波长满足

$$\frac{hc}{\lambda'} = E_1'\left(\frac{1}{n'^2} - \frac{1}{m^2}\right) = 9E_1\left(\frac{1}{n'^2} - \frac{1}{m^2}\right)$$

当 m 取 6，n' 取 9,12,15,18,…时，谱线波长与氢原子光谱的巴耳末线系完全相同，故锂离子的这个线系的第一条谱线波长满足

$$\frac{hc}{\lambda_1} = 9E_1\left(\frac{1}{7^2} - \frac{1}{6^2}\right)$$

得 $\lambda_1 = 1378\ \text{nm}$。

线系的极限谱线波长满足

$$\frac{hc}{\lambda_m} = 9E_1\left(\frac{1}{\infty^2} - \frac{1}{6^2}\right) = \frac{9 \times 13.6\ \text{eV}}{36}$$

得 $\lambda_m = 367\ \text{nm}$。

14. (1) ① 对于氢原子，库仑力提供电子绕核运动的向心力，根据牛顿运动定律有

$$k\frac{e^2}{r_n^2} = m\frac{v_n^2}{r_n}$$

根据玻尔的量子化条件有

$$mv_n r_n = n\frac{h}{2\pi}$$

以上两式联立，得

$$v_n = \frac{2\pi ke^2}{nh},\quad r_n = \frac{n^2h^2}{4\pi^2 mke^2}\quad (n = 1,2,3,\cdots)$$

② 选取无穷远处为零势能面，则有

$$E_n = \frac{1}{2}mv_n^2 - k\frac{e^2}{r_n}$$

将 v_n、r_n 的表达式代入并整理，得

$$E_n = -\frac{2\pi^2 mk^2e^4}{n^2h^2}\quad (n = 1,2,3,\cdots)$$

(2) ① 根据玻尔理论，当原子从较高能量状态 E_{n+1} 向较低能量状态 E_n 跃迁时，发射一个光子，其频率为

$$h\nu_n = E_{n+1} - E_n$$

所以

$$\nu_n = \frac{E_{n+1} - E_n}{h}$$

将 E_{n+1}、E_n 的表达式代入并整理，得

$$\nu_n = \frac{2\pi^2 mk^2 e^4 (2n+1)}{h^3 n^2 (n+1)^2}$$

② 根据以上表达式，当 $n \to \infty$ 时，$2n+1 \to 2n$，$n+1 \to n$，ν_n 的表达式为

$$\nu_n = \frac{4\pi^2 mk^2 e^4}{h^3 n^3}$$

电子在第 n 轨道上的转动频率为

$$f_n = \frac{1}{T_n} = \frac{1}{\dfrac{2\pi r_n}{v_n}} = \frac{v_n}{2\pi r_n}$$

将 r_n 的表达式代入并整理，得

$$f_n = \frac{4\pi^2 k^2 me^4}{h^3} \cdot \frac{1}{n^3} = \nu_n$$

即在量子极限的情况下回到了经典力学的结果。

6.3 原子核物理

课外知识延伸

1. 天然放射现象

放射性元素自发地发出射线的现象叫做天然放射现象，该现象由贝克勒尔在 1896 年首先发现。天然放射现象中有三种射线，三种射线的性质如表 6.3.1 所示。该现象说明原子核存在复杂结构。

表 6.3.1

种类	本　　质	带电情况	穿透能力	电离能力
α 射线	高速(0.1c)运动的氦核粒子流	两个单位正电荷	很小	很强
β 射线	高速(0.9c)运动的电子流	一个单位负电荷	较强	较弱
γ 射线	波长比 X 射线还要短的电磁波	不带电	极强	极弱

2. 半衰期

研究发现，任何放射性物质在单独存在时，都遵守指数衰减规律

$$N_t = N_0 e^{-\lambda t}$$

这就是放射性衰变服从的指数规律。式中，N_0 是 $t=0$ 时的原子核数目；N_t 是经时间 t 还没有衰变的原子核的数目；λ 称为衰变常数，对于不同的核素，衰变常数 λ 不同。由上式可得

$$\lambda = \frac{-\mathrm{d}N/\mathrm{d}t}{N}$$

式中，$-\mathrm{d}N$ 代表在 $\mathrm{d}t$ 时间内发生的衰变原子核数目；分母 N 代表 t 时刻的原子核总数目；λ 表示一个原子核在单位时间内发生衰变的概率。不同的放射性元素具有不同的衰变常数，它是一个反映衰变快慢的物理量，λ 越大，衰变越快。

半衰期表示放射性元素的原子核有半数发生衰变所需的时间。用 T 表示，由衰变规律可推得

$$T=\frac{\ln 2}{\lambda}$$

半衰期 T 也是反映衰变快慢的物理量；它是由原子核的内部因素决定的，而跟原子所处的物理状态或化学状态无关；半衰期是对大量原子核衰变的统计规律，不表示某个原子核经过多长时间发生的衰变。

3. 原子核衰变的本质

(1) α 衰变

α 衰变的通式为 ${}^{A}_{Z}\mathrm{X}\rightarrow{}^{A-4}_{Z-2}\mathrm{Y}+{}^{4}_{2}\mathrm{He}$，例如 ${}^{238}\mathrm{U}$ 的 α 衰变式为 ${}^{238}_{92}\mathrm{U}\rightarrow{}^{234}_{90}\mathrm{Th}+{}^{4}_{2}\mathrm{He}$。α 粒子由于具有动能，有一定的穿透能力，α 粒子穿过空气（或其他气体）时能够使空气电离，产生离子对（等离子体）。现在主要利用 α 磁谱仪来精确测量 α 粒子的动能。

(2) β 衰变

β 衰变的通式为 ${}^{A}_{Z}\mathrm{X}\rightarrow{}_{Z+1}^{\ \ A}\mathrm{Y}+{}_{-1}^{\ \ 0}\mathrm{e}$，例如 ${}^{234}\mathrm{Th}$ 的 β 衰变式为 ${}^{234}_{90}\mathrm{Th}\rightarrow{}^{234}_{91}\mathrm{Pa}+{}_{-1}^{\ \ 0}\mathrm{e}$。原子核放出一个负电子后，其质量几乎不变，而核电荷数增加 1。

在 β 衰变中，质量数、核电荷数有什么变化规律？原子核里没有电子，β 衰变中的电子来自哪里？

进一步的研究发现，β 衰变的实质在于核内的中子转化。中子 ${}^{1}_{0}\mathrm{n}$ 转化成了一个质子和一个电子，其转化方程是

$${}^{1}_{0}\mathrm{n}\rightarrow{}^{1}_{1}\mathrm{H}+{}_{-1}^{\ \ 0}\mathrm{e}$$

这种转化产生的电子发射到核外，就是 β 粒子；与此同时，新核少了一个中子，却增加了一个质子。所以，新核质量数不变，而电荷数增加 1。

(3) γ 衰变

γ 衰变的通式为 ${}^{A}_{Z}\mathrm{X}\rightarrow{}^{A}_{Z}\mathrm{X}+\gamma$。放射性的原子核在发生 α 衰变、β 衰变时产生的新核处于高能级，这时它要向低能级跃迁，并放出 γ 光子。因此，γ 射线经常是伴随 α 射线和 β 射线产生的。当放射性物质连续衰变时，原子核中有的发生 α 衰变，有的发生 β 衰变，同时伴随着 γ 射线辐射。这时，放射性物质发出的射线中就会同时具有 α、β、γ 三种射线。

4. 原子核的组成

用人工的方法使原子核发生变化，是研究原子核结构及变化规律的有力武器。确定原子核的组成有赖于质子和中子的发现。

1919 年，卢瑟福用 α 粒子轰击氮原子核而发现了质子，这个变化的核反应方程是

$${}^{14}_{7}\mathrm{N}+{}^{4}_{2}\mathrm{He}\rightarrow{}^{17}_{8}\mathrm{O}+{}^{1}_{1}\mathrm{H}$$

1932 年，查德威克用 α 粒子轰击铍原子核而发现了中子，这个变化的核反应方程是

$${}^{9}_{4}\mathrm{Be}+{}^{4}_{2}\mathrm{He}\rightarrow{}^{12}_{6}\mathrm{C}+{}^{1}_{0}\mathrm{n}$$

通过以上实验事实，确定了原子核是由质子和中子组成的，质子和中子统称核子。某种元素一个原子的原子核中质子与中子的数量关系为

质子数 = 核电荷数 = 原子序数，　中子数 = 核质量数 - 质子数

原子核所带电荷为 $+Ze$，Z 是整数，称为原子序数。原子核由质子和中子组成，两者均称为核子，核子数记为 A，质子数记为 Z，中子数便为 $A-Z$。原子的元素符号记为 X，原子核可表述为 $^{A}_{Z}X$，元素的化学性质由质子数 Z 决定，Z 相同而 N 不同的称为同位素。

在原子物理中，常采用原子质量单位，一个中性碳原子质量的 $\frac{1}{12}$ 记作 1 个原子单位，即 $1\ u = 1.660566\times10^{-27}\ kg$，则质子质量 $m_p = 1.007226\ u$，中子质量 $m_n = 1.008665\ u$ 电子质量 $m_e = 0.000549\ u$。

具有相同质子数、不同中子数的原子互称同位素，利用放射性同位素可作“示踪原子”，其射线可用于杀菌、探伤、消除静电等。

5. 核能

(1) 核力

原子核的半径很小，其中质子间的库仑力是很大的。然而通常的原子核却是很稳定的。这说明原子核中的核子之间一定存在着另一种和库仑力相抗衡的吸引力，这种力称为核力。

通过用各种实验方法对核力进行研究，发现核力主要有以下几种性质。① 核力是短程力：在原子核之外的区域，没有发现核力的存在。核力只存在于几飞米的范围内。当核子间隔较大时，核力已不足以克服库仑斥力将其结合在一起，说明核力是一种短程作用力。② 核力具有饱和性：核力仅仅是近邻核子之间的短程作用力，而且具有饱和性，即核力只能作用于近邻有限数目的核子。③ 核力是一种强相互作用力：实验表明，核力比库仑力大 100 倍以上，是一种强相互作用力。④ 核力与电荷无关：实验表明，质子与质子之间、质子与中子之间、中子与中子之间的近程相互作用是相似的，说明核力与核子所带的电荷无关。

(2) 质能方程

$E = mc^2$ 这个方程称为爱因斯坦质能方程。式中，c 是真空中的光速；m 是物体的质量；E 是物体的能量。如果物体的能量增加了 ΔE，物体的质量也相应地增加了 Δm，反过来也一样。ΔE 和 Δm 之间的关系符合爱因斯坦的质能方程，即

$$\Delta E = \Delta mc^2$$

(3) 质量亏损

除氢核之外，原子核 $^{A}_{Z}X$ 中 Z 个质子与 $(A-Z)$ 个中子静质量之和都大于原子核的静质量 m_X，其差

$$\Delta m = [Zm_p + (A-Z)m_n] - m_X$$

称为原子核的质量亏损。式中 m_p、m_n 分别为质子、中子的静质量。

(4) 原子核的结合能和平均结合能

造成质量亏损的原因是核子相互吸引结合成原子核时具有负的能量，这类似于电子与原子核相互吸引力结合成原子时具有负的能量(例如氢原子处于基态时电子轨道能量为 $-13.6\ eV$)。根据相对论质能关系，负能量对应质量亏损。质量亏损折合成的能量

$$\Delta E = \Delta mc^2$$

称为原子核的结合能，注意结合能取正值。结合能可理解成为了使原子核分裂成各个质子和中子所需要的外加能量。

上述结合能 ΔE 除以原子核中核子的数目 A，所得到的结果 $\frac{\Delta E}{A}$ 称为核子的平均结合能，也称比结合能。图 6.3.1 就是根据实验和理论计算画出的核子的比结合能曲线。

平均结合能越大，原子核就越难拆开，平均结合能的大小反映了核的稳定程度。从平均结合能曲线可以看出，质量数较小的轻核和质量数较大的重核平均结合能都较小；中等质量数的原子核平均结合能大；质量数为 50～60 的原子核平均结合能最大，约为 8.6 MeV。

结合能的数值越大，表示核子间的结合越紧密，即原子核的能量越低。也就是各个独立的核子结合为原子核时，所释放出的能量越大。如果重核分裂为两个中等质量的核，或两个轻核聚合成一个质量较大的核，将会释放出明显的能量。核武器对核能的利用都是基于这样的事实。

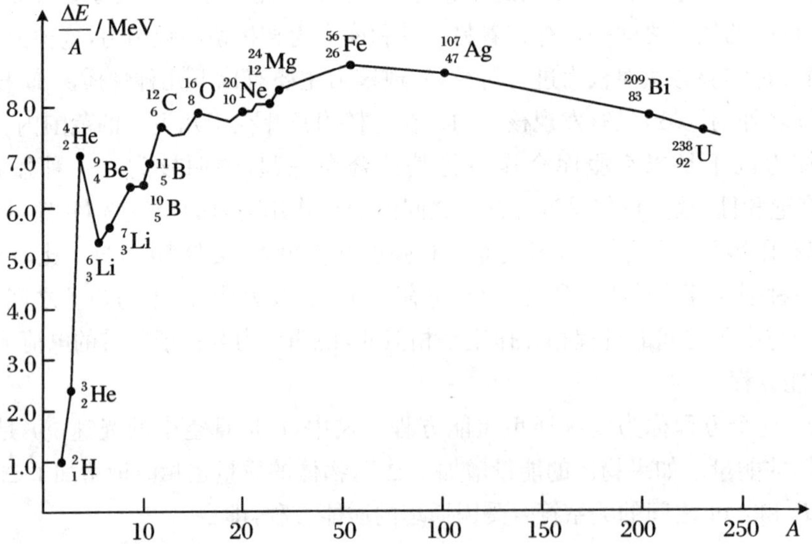

图 6.3.1

6. 核反应

原子核之间或原子核与其他粒子之间通过碰撞可产生新的原子核，这种反应属于原子核反应，原子核反应可用方程式表示，例如

$$^{14}_{7}N + ^{4}_{2}He \rightarrow ^{17}_{8}O + ^{1}_{1}H$$

即为氦核（α 粒子）$^{4}_{2}He$ 轰击氮核 $^{14}_{7}N$ 后产生氧同位素 $^{17}_{8}O$ 和氢核 $^{1}_{1}H$ 的核反应。核反应可分为如下几类：

① 弹性散射：这种过程中出射粒子就是入射粒子，同时在碰撞过程中动能保持不变。例如将中子与许多原子核碰撞会发生弹性散射。

② 非弹性散射：这种过程中出射粒子也是原来的入射粒子，但在碰撞过程中粒子动能有了变化，即粒子和靶原子核发生能量转移现象。例如能量较高的中子轰击原子核使核激发的过程。

③ 产生新粒子：这时碰撞的结果是不仅能量有变化，而且出射粒子与入射粒子不相同，对能量较大的入射粒子，核反应后可能出现两个以上的出射粒子。例如合成 101 号新元素的过程 ${}^{253}_{99}\mathrm{Es}+{}^{4}_{2}\mathrm{He}\rightarrow{}^{256}_{101}\mathrm{Md}+{}^{1}_{0}\mathrm{n}$。

④ 裂变和聚变：在碰撞过程中，使原子核分裂成两个以上的元素原子核，称为裂变，如铀核裂变 ${}^{253}_{92}\mathrm{U}+{}^{1}_{0}\mathrm{n}\rightarrow{}^{139}_{54}\mathrm{Xe}+{}^{95}_{88}\mathrm{Sr}+2{}^{1}_{0}\mathrm{n}$。

裂变过程中，质量亏损 0.2 u，产生巨大能量，这就是原子弹中的核反应。

引起原子核聚合的反应称为聚变反应，如 ${}^{2}_{1}\mathrm{H}+{}^{1}_{1}\mathrm{H}\rightarrow{}^{3}_{2}\mathrm{He}+\gamma$。氢弹就是利用氘、氘化锂等物质发生聚变后释放出的巨大能量发生爆炸的。

核反应中电荷守恒，即反应生成物电荷的代数和等于反应物电荷的代数和。核反应中质量守恒，即反应生成物总质量等于反应物总质量。

核反应中静质量可以不守恒。一般来说，反应生成物总的静质量少于反应物总的静质量，或者说反应物总的静质量有亏损。亏损的静质量记为 Δm，反应后它将以能量形式释放出来，称之为反应能，记为 ΔE，有

$$\Delta E = \Delta mc^2$$

在算反应能时只计静质量。反应能可以以光子形式向外辐射，也可以部分转化为生成物的动能，但生成物的动能中还可以包含反应物原有的动能。

核心问题讨论

1. 三种射线在匀强电磁场中是如何运动的?

α、β、γ 三种射线垂直射入匀强电场中，分别做类抛体运动和匀速直线运动；而 α、β、γ 三种射线垂直射入匀强磁场中，分别做匀速圆周运动和匀速直线运动。理论研究表明：α、β、γ 三种射线在相同的位置以相同的速度方向垂直射入相同的匀强场中，无论在电场还是磁场中 α、β 射线总是反向偏转，且 α 射线偏转幅度小，β 偏转幅度大，γ 射线由于呈电中性，在电、磁场中都不会发生偏转。

例题 1　某学习小组到大学的近代物理实验室参观，实验室的老师给他们提供了一张经过放射线照射的底片，底片上面记录了在同一直线上的三个曝光的痕迹，如图 6.3.2 所示。老师告诉他们，实验时底片水平放置，第 2 号痕迹位置的正下方为储有放射源的铅盒的开口，放射源可放射出 α、β、γ 三种射线。然后又提供了 α、β、γ 三种射线的一些信息，如表 6.3.2 所示。

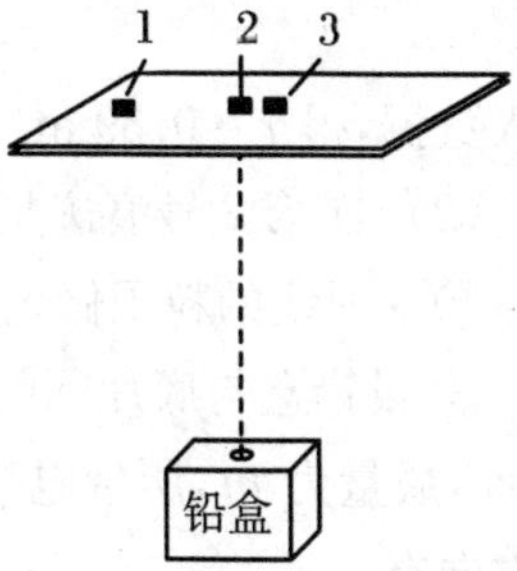

图 6.3.2

表 6.3.2

射线类型	射线性质				
	组成	质量	速度	电离作用	穿透性
α射线	氦核	4 u	$0.1c$	强	弱
β射线	电子	u/1840	约为 c	较弱	较强
γ射线	γ光子	0	c	弱	强

已知铅盒上的开口很小，故射线离开铅盒时的初速度方向均可视为竖直向上，射线中的粒子所受重力、空气阻力以及它们之间的相互作用力均可忽略不计，不考虑粒子高速运动时的相对论效应。原子质量单位 $1\ \mathrm{u}=1.66\times10^{-27}\ \mathrm{kg}$，元电荷 $e=1.6\times10^{-19}\ \mathrm{C}$，光速 $c=3.0\times10^{8}\ \mathrm{m/s}$。

(1) 学习过程中老师告诉同学们，可以利用三种射线在电场或磁场中的偏转情况对它们加以辨别。如果在铅盒与底片之间加有磁感应强度 $B=0.70\ \mathrm{T}$ 的水平匀强磁场，请你计算一下放射源射出的α射线在此磁场中形成的圆弧轨迹的半径为多大。

(2) 老师对图 6.3.2 所示的“三个曝光的痕迹”解释说，底片上三个曝光的痕迹是铅盒与底片处在同一平行于三个痕迹连线的水平匀强电场中所形成的。

① 试分析说明，第 2 号痕迹是什么射线照射形成的；

② 请说明α粒子从铅盒中出来后做怎样的运动；

③ 通过计算说明第几号曝光痕迹是由α射线照射形成的。

分析 由于速度方向与磁场方向垂直，故α射线粒子在磁场中做匀速圆周运动，洛伦兹力提供向心力；第 2 号痕迹正对着储有放射源的铅盒的开口，表明形成第 2 号痕迹的射线做匀速直线运动，即不受电场力作用，所以不带电；α射线的粒子从放射源出来经过水平匀强电场打到底片上的过程中，受恒定的电场力作用，且水平的电场力与竖直的初速度方向垂直，故应做匀变速曲线运动。

解 (1) α射线的粒子在匀强磁场中做匀速圆周运动，设其半径为 r，根据牛顿第二定律，有

$$qvB=\frac{mv^2}{r}$$

代入数据，得 $r=0.89\ \mathrm{m}$。

(2) ① 第 2 号痕迹是γ射线照射形成的。

② α射线的粒子做匀变速曲线运动或类平抛运动。

③ 设铅盒与底片间的竖直距离为 d，电场强度为 E，带电射线从放射源射出时的初速度为 v_0，质量为 m，所带电荷量为 q，在电场中运动时间为 t，则对于粒子在电场中的运动，竖直方向有

$$d=v_0t$$

水平方向的侧移量为

$$x = \frac{1}{2} \cdot \frac{qE}{m} t^2$$

得

$$x = \frac{qEd^2}{2mv_0^2}$$

所以 α 射线和 β 射线的侧移量之比为

$$\frac{x_\alpha}{x_\beta} = \frac{q_\alpha}{q_\beta} \cdot \frac{m_\beta}{m_\alpha} \cdot \left(\frac{v_\beta}{v_\alpha}\right)^2 = \frac{2}{1} \times \frac{1}{4 \times 1840} \times \left(\frac{1}{0.1}\right)^2 = \frac{5}{184}$$

表明 α 射线的偏转侧移量较小，所以第 3 号痕迹应是 α 射线形成的。

点拨　此题要明确三种射线在匀强电、磁场中做何运动，充分利用题干所给信息去综合判断和计算。通过定量计算确实表明 α、β 射线在相同的位置以相同的速度方向垂直射入相同的匀强电场中，α 射线偏转侧移量较小，β 偏转侧移量较大。

2. 中子是如何被发现的?

1920 年，英国物理学家卢瑟福预言：可能有一种质量与质子相近的不带电的中性粒子存在，他把它称为中子。1930 年发现，在真空条件下用 α 射线轰击铍($^9_4$Be)时，会产生一种看不见的、贯穿能力极强的不知名射线，这就是所谓“铍辐射”。经过研究发现，“铍辐射”由中子组成，而不是 γ 射线。

例题 2　用放射源钋(Po)发射的粒子打在铍核($^9_4$Be)上，产生一种新的粒子和另一生成物，这些新粒子组成的粒子流有以下特点：在任意方向的磁场中都不偏转；让它与含氢物质中的静止氢核碰撞，可把氢核击出，被击出氢核的能量为 $E_H = 4.7$ MeV；让它与含氮物质中的静止氮核碰撞，也可把氮核击出，被击出氮核的能量为 $E_N = 1.2$ MeV。碰撞可视为对心完全弹性碰撞，且已知氢核和氮核的质量比为 1∶14。

试根据以上数据求出新粒子质量与氢核质量之比，对此新粒子是什么粒子作出判断，并写出 α 粒子轰击$^9_4$Be 的核反应方程。

分析　让中子分别与静止氢核、氮核发生对心完全弹性碰撞，分别应用系统动量守恒、能量守恒定律求解出碰后氢核和氮核的速度关系式，再根据被击出的氢核和氮核的能量比便可求出新粒子质量与氢质量之比。

解　设 m_H、m_N 分别表示氢核和氮核的质量，v_H、v_N 分别表示氢核、氮核被未知粒子碰撞后的速度，m 表示未知粒子的质量，v 表示未知粒子碰撞前的速度，v_1、v_2 分别表示未知粒子与氢核、氮核碰撞后的速度。完全碰撞过程中，满足

$$mv = mv_1 + m_H v_H, \quad \frac{1}{2}mv^2 = \frac{1}{2}mv_1^2 + \frac{1}{2}m_H v_H^2$$

$$mv = mv_2 + m_N v_N, \quad \frac{1}{2}mv^2 = \frac{1}{2}mv_2^2 + \frac{1}{2}m_N v_N^2$$

可得

$$v_H = \frac{2m}{m + m_H}v, \quad v_N = \frac{2m}{m + m_N}v$$

所以

$$\frac{E_H}{E_N}=\frac{\frac{1}{2}m_H v_H^2}{\frac{1}{2}m_N v_N^2}=\frac{m_H(m+m_N)^2}{m_N(m+m_H)^2}$$

代入数据，得

$$\frac{m}{m_H}=1.03$$

另外，这种粒子在任意方向的磁场中都不偏转，可知它不带电，所以该粒子为质量与质子的质量相当但不带电的粒子，应为中子。

α 粒子轰击 $^{9}_{4}Be$ 的核反应方程为

$$^{9}_{4}Be+^{4}_{2}He\rightarrow^{12}_{6}C+^{1}_{0}n$$

点拨 此题运用对心弹性碰撞的物理规律求得碰撞后氢核、氮核的速度是关键突破点。在代入具体数据的时候要对应好研究对象和初末状态，注意角标的区别。

3. 如何计算半衰期?

由衰变规律 $N_t=N_0e^{-\lambda t}$ 可推得半衰期

$$T=\frac{\ln 2}{\lambda}$$

还可进一步导出衰变定律的另一种形式，即 $N=N_0\left(\frac{1}{2}\right)^{t/T}$（$T$ 为半衰期，t 表示衰变的时间，N_0 表示衰变前原子核的总数，N 表示衰变时间 t 后未衰变的原子核数）或 $M=M_0\left(\frac{1}{2}\right)^{t/T}$（$M_0$ 为衰变前放射性物质的质量，M 为衰变时间 t 后剩余的质量）。

例题 3 （1987 年第 4 届全国高中物理竞赛初赛）在一个密闭的容器中装有放射性同位素氪（$^{85}_{36}Kr$）气，在温度为 20 ℃时，其压强为 1 atm。将容器埋在地下深处，经过 22 年取出。在此期间有些氪气经 β 衰变成为（$^{85}_{37}Rb$），铷最后是固体状态。现在，在温度仍是 20 ℃时，测得容器的压强为 0.25 atm，并测得容器中有固体铷 0.75×10^{-3} mol，铷的体积与容器体积相比可以忽略不计，试计算埋入时氪的质量以及氪的半衰期。

分析 此题考查四个基础知识：由氪的 β 衰变方程可知铷的物质的量与衰变的氪的物质的量相同；理想气体状态方程；氪的半衰期与剩余氪的物质的量之间的定量关系；由 $^{85}_{36}Kr$ 可知氪气的摩尔质量 $u=85$ g/mol。

解 设 n_0 为埋入时氪的物质的量，氪埋入时和取出时都是气体状态，已知衰变的铷是 0.75×10^{-3} mol，所以埋入时氪的气态方程是

$$p_0V=n_0RT$$

取出时剩下的氪的气态方程是

$$0.25p_0V=(n_0-0.75\times10^{-3})RT$$

两式相比，得 $n_0=1\times10^{-3}$ mol。

所以埋入时氪的质量为

$$m=n_0u=8.5\times10^{-2}\text{ kg}$$

取出后容器中氡气只剩下

$$n = n_0 - 0.75 \times 10^{-3}\ \text{mol} = 0.25 \times 10^{-3}\ \text{mol}$$

设氡的半衰期为 τ 年，则根据半衰期的意义可得

$$\frac{n}{n_0} = \left(\frac{1}{2}\right)^{22/\tau}, \quad 即 \quad \frac{1}{4} = \left(\frac{1}{2}\right)^2 = \left(\frac{1}{2}\right)^{22/\tau}$$

得 $\tau = 11$。

点拨 这是一道比较简单的题。这道题用到了近似处理，与等物质的量的气体相比，固体的体积可以忽略不计。利用埋入时氡的气态方程和取出时剩下的氡的气态方程求得埋入时氡的物质的量是本题的突破点。

4. 探测射线有哪些常用的方法?

各种射线都是由不同的粒子组成的，我们的肉眼却看不见。但是，射线中的粒子会与其他物质发生相互作用，产生可以观测到的现象，我们正是通过这些现象制成了各种探测射线的仪器，从而可以方便地探知射线和各种运动的粒子。下面着重介绍下实验室中常用的一种探测射线的仪器——云室。

云室是能显示产生电离效应的粒子的径迹的装置，是最早的带电粒子探测器，由英国物理学家威耳逊(Wilson)在1896年发明，故称威耳逊云室，其外形如图6.3.3所示。

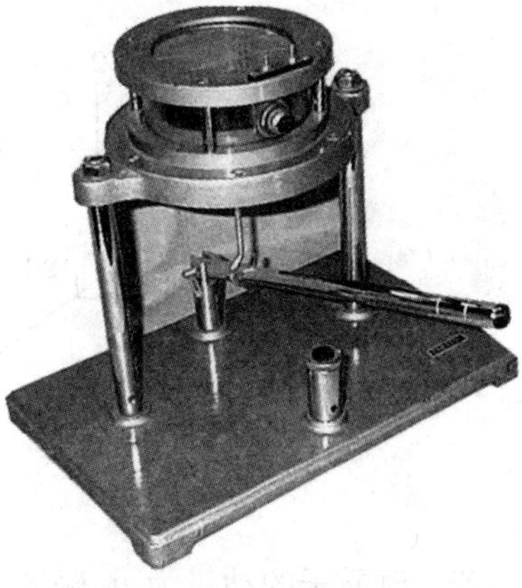

图6.3.3

云室的下底是可以上下移动的活塞，上盖是透明的，一小块放射性物质(放射源)放在室内侧壁附近。实验时，在室内加适量酒精，使室内充满酒精的饱和蒸气。然后使活塞迅速下移，室内气体因迅速膨胀而降低温度，酒精蒸气达到过饱和状态。射入云室的高能粒子将引起其他粒子电离，这些电离的离子在过饱和蒸气中可成为蒸气的凝结中心，围绕着离子将生成微小的液滴，于是粒子经过的路径上就会出现一条白色的雾，从而显示出粒子运动的径迹。

根据径迹的长短、粗细以及在磁场中弯曲的情况，可以分辨粒子的性质和种类。1897年，汤姆孙利用云室粗略地测出了阴极射线微粒的电荷量与氢离子的大致相同，为电子的发现迈出了重要的一步。但是，由于云室灵敏时间短、工作效率低等，在现代核物理实验中已很少应用。

图6.3.4(a)、(b)分别是 α 射线、β 射线在云室中的径迹。γ 射线的电离作用小，在云室中很难被观察到。

实验室中常用的探测射线的仪器还有盖革-米勒计数器、硅微条探测器和闪烁探测器，由于篇幅所限，在此不再赘述。

(a)　　(b)

图 6.3.4

例题 4　一质子飞入云室，与另一原子核发生弹性碰撞，此过程在云室中的径迹如图 6.3.5 所示。试据此确定被撞原子核的质量数。

分析　本题中有三条粒子运动的轨迹，1、2、3 都有可能是入射粒子的轨迹，应该分别讨论其可能性。

解　情况一：当 1 为入射质子径迹时，其动量关系如图 6.3.6 所示。

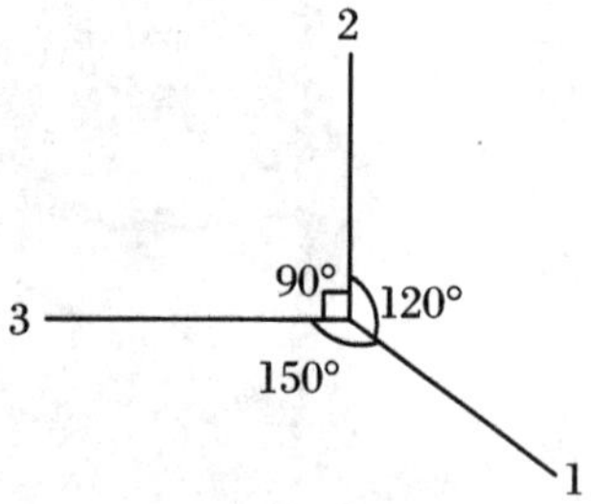

图 6.3.5

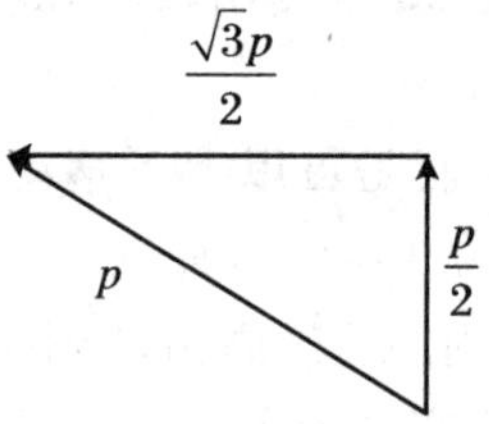

图 6.3.6

若入射质子的动量为 p，碰撞后质子的动量为 $\frac{\sqrt{3}p}{2}$，则被撞核的动量为 $\frac{p}{2}$，根据能量守恒定律有

$$\frac{p^2}{2m_{\mathrm{H}}}=\frac{\left(\frac{\sqrt{3}p}{2}\right)^2}{2m_{\mathrm{H}}}+\frac{\left(\frac{p}{2}\right)^2}{2m}$$

式中 m_{H} 为质子质量，可得 $m=m_{\mathrm{H}}$，即被撞核的质量数为 1。

若碰撞后质子的动量为 $\frac{p}{2}$，则被撞核的动量为 $\frac{\sqrt{3}p}{2}$，根据能量守恒定律有

$$\frac{p^2}{2m_{\mathrm{H}}}=\frac{\left(\frac{p}{2}\right)^2}{2m_{\mathrm{H}}}+\frac{\left(\frac{\sqrt{3}p}{2}\right)^2}{2m'}$$

式中 m_{H} 为质子质量，可得 $m'=m_{\mathrm{H}}$，即被撞核的质量数也为 1。

情况二：当 3 为入射质子径迹时，其动量关系如图 6.3.7 所示。

若碰撞后质子的动量为$\frac{\sqrt{3}p}{3}$，则被撞核的动量为$\frac{2\sqrt{3}p}{3}$，根据能量守恒定律有

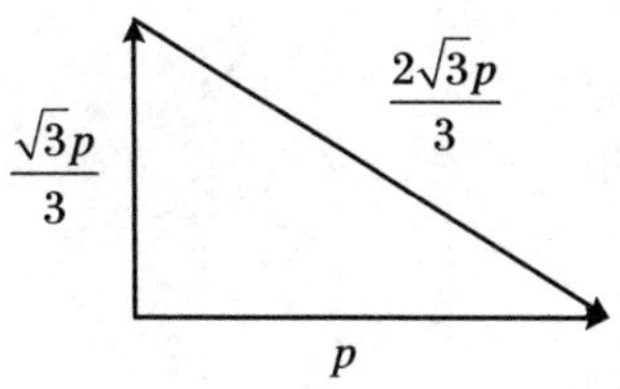

图 6.3.7

$$\frac{p^2}{2m_{\mathrm{H}}}=\frac{\left(\frac{2\sqrt{3}p}{3}\right)^2}{2m_{\mathrm{H}}}+\frac{\left(\frac{\sqrt{3}p}{3}\right)^2}{2m''}$$

可得 $m''=2m_{\mathrm{H}}$，即被撞核的质量数为 2。

若碰撞后质子的动量为$\frac{2\sqrt{3}p}{3}$，则被撞核的动量为$\frac{\sqrt{3}p}{3}$，根据能量守恒定律有

$$\frac{p^2}{2m_{\mathrm{H}}}=\frac{\left(\frac{\sqrt{3}p}{3}\right)^2}{2m_{\mathrm{H}}}+\frac{\left(\frac{2\sqrt{3}p}{3}\right)^2}{2m'''}$$

无正实数解，即不存在这种可能性。

情况三：当 2 为入射质子径迹时，动能会增加，显然不成立。

综上所述，被撞原子核的质量数可能是 1 或 2。

点拨 参与核反应的粒子所组成的系统在核反应过程中其动量和能量是守恒的，此题根据动量、能量守恒方程和动量矢量关系分情况讨论求解，需要一定的发散思维能力。

5. 如何计算核反应过程中的核能？

根据爱因斯坦质能方程，用核子结合成原子核时的质量亏损(Δm)乘真空中光速的平方，即 $\Delta E=\Delta mc^2$ 来计算核反应过程中的核能。如果核子单位是原子质量单位，可作如下单位换算：根据 1 原子质量单位(1 u)相当于 931.5 MeV，用核子结合成原子核时质量亏损的原子质量单位数乘 931.5 MeV，即 $\Delta E=\Delta m\times 931.5$ MeV。

例题 5 (2015 年第 32 届全国中学生物理竞赛复赛)在太阳内部存在两个主要的核聚变反应过程：碳循环和质子-质子循环。其中碳循环是贝蒂在 1938 年提出的，碳循环反应过程如图 6.3.8 所示。图中 p、e^+ 和 ν_e 分别表示质子、正电子和电子型中微子；粗箭头表示循环反应进行的先后次序。从循环图顶端开始，质子 p 与 ^{12}C 核发生反应生成 ^{13}N 核，反应按粗箭头所示的次序进行，直到完成一个循环，然后重新开始下一个循环。已知 e^+、p 和 He 核的质量分别为 0.511 MeV/c^2、1.0078 u 和 4.0026 u(1 u≈931.494 MeV/c^2)，电子型中微子 ν_e 的质量可以忽略。

(1) 写出图中 X 和 Y 代表的核素。

(2) 写出一个碳循环所有的核反应方程式。

(3) 计算完成一个碳循环过程所释放的核能。

分析 根据质量数和质子数守恒写出一个碳循环过程的核反应方程式，将所有反应式等效为一个核聚变反应式，根据爱因斯坦质能方程 $\Delta E=\Delta mc^2$，便可计算出释放的核能。电子型中微子为三种中微子的一种，它总伴随着电子，因此得名。它的质量极小但不为零，所带电荷量为零。

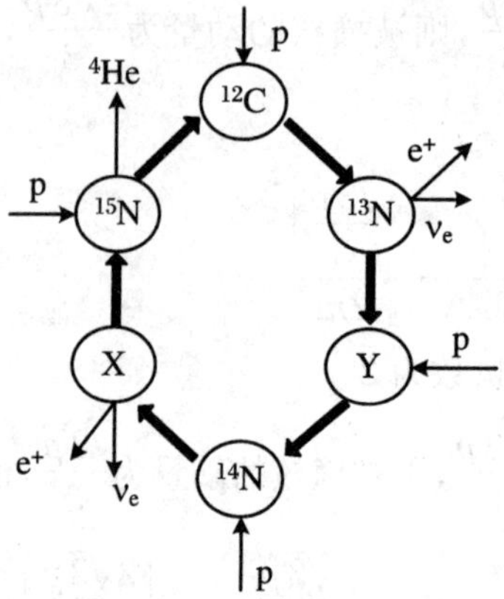

图 6.3.8

解 (1) 图 6.3.8 中 X 和 Y 代表的核素分别为^{15}O和^{13}C。

(2) 一个循环所有的核反应方程式依循环次序为

$$p + {}^{12}C \rightarrow {}^{13}N \quad ①$$

$$ {}^{13}N \rightarrow {}^{13}C + e^+ + \nu_e \quad ②$$

$$p + {}^{13}C \rightarrow {}^{14}N \quad ③$$

$$p + {}^{14}N \rightarrow {}^{15}O \quad ④$$

$$ {}^{15}O \rightarrow {}^{15}N + e^+ + \nu_e \quad ⑤$$

$$p + {}^{15}N \rightarrow {}^{12}C + {}^4He \quad ⑥$$

(3) 整个循环的核反应相当于

$$4p \rightarrow {}^4He + 2e^+ + 2\nu_e$$

完成一个碳循环过程所释放的核能为

$$\begin{aligned}\Delta E &= (4m_p - M_{^4He} - 2m_e)c^2 \\ &= [(4 \times 1.0078 - 4.0026) \times 931.494 - 2 \times 0.511]\ MeV \\ &\approx 25.619\ MeV\end{aligned}$$

点拨 这是一道比较常规的题目，关键在于利用电荷守恒、质量数守恒和质能方程求解。将①～⑥式这 6 个式子相加后消去等式两边相同项便可将所有反应式等效为一个核聚变反应式。

例题 6 (2008 年第 25 届全国高中物理竞赛复赛)质子数与中子数互换的核互为镜像核，例如^3He是^3H的镜像核，同样^3H是^3He的镜像核。已知^3H和^3He原子的质量分别是$m_{^3H} = 3.016050$ u 和 $m_{^3He} = 3.016029$ u，中子和质子的质量分别是 $m_n = 1.008665$ u 和 $m_p = 1.007825$ u，$1\ u = \frac{931.5}{c^2}$ MeV，式中 c 为光速，静电力常量 $k = \frac{1.44}{e^2}$ MeV·fm，式中 e 为电子的电荷量。

(1) 试计算^3H和^3He的结合能之差。

(2) 已知核子间相互作用的“核力”与电荷几乎没有关系，又知质子和中子的半径近似相等，试说明上面所求的结合能差主要是由什么造成的，并由此结合能差来估计核子半径 r_N。

(3) 实验表明，核子可以近似看成半径 r_N 恒定的球体；核子数 A 较大的原子核可以近似地看成半径为 R 的球体。根据这两点，试用一个简单模型找出 R 与 A 的关系式；利用本题(2)问所求得的 r_N 的估计值求出此关系式中的系数；用所求得的关系式计算 ^{208}Pb 核的半径 R_{Pb}。

分析 将核子结合反应方程写出来便好求解 ^3H 和 ^3He 的结合能差了。^3He 的两个质子之间有库仑排斥能，而 ^3H 没有。^3H 和 ^3He 的结合能差主要来自它们的库仑能差。^3He 核中两个质子间的库仑排斥能为 $E_C = k\dfrac{e^2}{2r_N}$，若这个库仑能等于上述结合能差，即 $E_C = \Delta B$，由此结合能差便可估计核子半径 r_N。原子核中每个核子占据的空间体积是 $(2r_N)^3$。根据这个简单的模型，核子数为 A 的原子核的体积近似为 $V = A(2r_N)^3 = 8Ar_N^3$，当 A 较大时，有 $V = \dfrac{4\pi}{3}R^3$，再利用本题(2)问所求得的 r_N 的估计值便可求出此关系式中的系数；用所求得的核子体积关系式便可计算出 ^{208}Pb 核的半径 R_{Pb}。

解 (1) ^3H 和 ^3He 的核子结合反应方程分别为

$$^1_1H + 2^1_0n \rightarrow ^3_1H$$

$$2^1_1H + ^1_0n \rightarrow ^3_2He$$

根据爱因斯坦质能关系，可得 ^3H 和 ^3He 的结合能分别为

$$\Delta B_1 = (m_p + 2m_n - m_{^3H})c^2$$

$$\Delta B_2 = (2m_p + m_n - m_{^3He})c^2$$

所以 ^3H 和 ^3He 的结合能差为

$$\Delta B = \Delta B_1 - \Delta B_2 = (m_p + 2m_n - m_{^3H})c^2 - (2m_p + m_n - m_{^3He})c^2$$

$$= (m_n - m_p - m_{^3H} + m_{^3He})c^2$$

代入数据，得 $\Delta B = 0.763\ \text{MeV}$。

(2) ^3He 的两个质子之间有库仑排斥能，而 ^3H 没有，所以 ^3H 和 ^3He 的结合能差主要来自它们的库仑能差。依题意，质子的半径为 r_N，则 ^3He 核中两个质子间的库仑排斥能为

$$E_C = k\frac{e^2}{2r_N}$$

若这个库仑能等于上述结合能差，即 $E_C = \Delta B$，则有

$$r_N = \frac{ke^2}{2\Delta B}$$

代入数据，得 $r_N = 0.944\ \text{fm}$。

(3) 粗略地说，原子核中每个核子占据的空间体积是 $(2r_N)^3$。根据这个简单的模型，核子数为 A 的原子核的体积近似为

$$V = A(2r_N)^3 = 8Ar_N^3$$

另一方面，当 A 较大时，有

$$V=\frac{4\pi}{3}R^3$$

由以上二式可得 R 和 A 的关系为

$$R=\left(\frac{6}{\pi}\right)^{1/3}r_NA^{1/3}=r_0A^{1/3}$$

其中系数

$$r_0=\left(\frac{6}{\pi}\right)^{1/3}r_N$$

将 $r_N=0.944\ \text{fm}$ 代入，得 $r_0=1.17\ \text{fm}$。

由 R 和 A 的关系式可以算出 ^{208}Pb 的半径 $R_{\text{Pb}}=6.93\ \text{fm}$。

点拨 此题的难点和突破点在于明白 ^3H 和 ^3He 的结合能差主要来自它们的库仑能差，并建构原子核中每个核子占据的空间体积模型，再根据总体积和题设球体模型找到体积关联，进而进行相关估算。实验表明核半径与核质量之间的关系确实为 $R=r_0A^{1/3}$，这就说明核子之间的相互作用力是一种短程力，与静电力的性质完全不同，这就是所谓的核力。

习题实战演练

基础练习

1. 图 6.3.9 是 α、β、γ 三种射线穿透能力的示意图，图 6.3.10 是工业上利用射线的穿透性来检查金属内部伤痕的示意图，则图 6.3.10 的检查中所利用的射线是（　　）

A. α 射线　　B. β 射线　　C. γ 射线　　D. 三种射线都可以

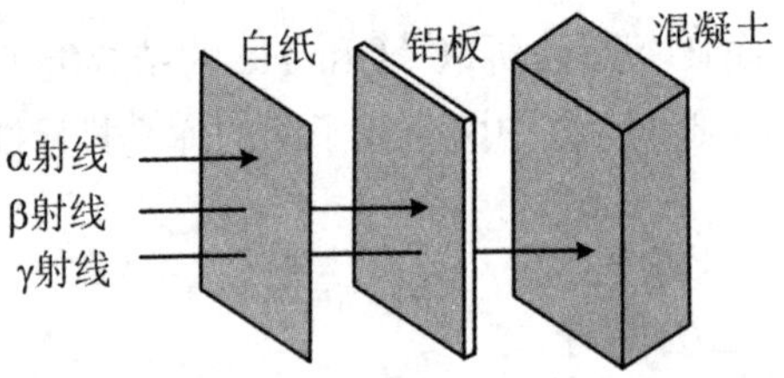

图 6.3.9

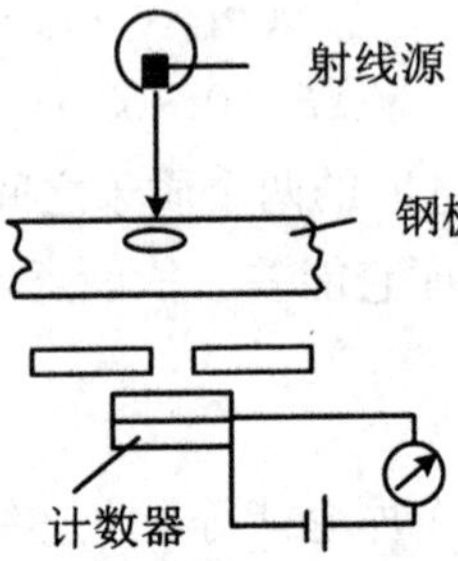

图 6.3.10

2. 原子核 $^{238}_{92}\text{U}$ 经放射性衰变①变为原子核 $^{234}_{90}\text{Th}$，继而经放射性衰变②变为原子核 $^{234}_{91}\text{Pa}$，再经放射性衰变③变为原子核 $^{234}_{92}\text{U}$。放射性衰变①～③依次为（　　）

A. α 衰变、β 衰变和 β 衰变　　B. β 衰变、α 衰变和 β 衰变

C. β 衰变、β 衰变和 α 衰变　　D. α 衰变、β 衰变和 α 衰变

3. 在匀强磁场中有一个静止的氡原子核($^{222}_{86}Rn$)，由于衰变，它放射出一个粒子，此粒子的径迹与反冲核的径迹是两个相外切的圆，大圆与小圆的直径之比为42∶1，如图6.3.11所示。那么氡核的衰变方程应是下列方程的哪一个？ ( )

A. $^{222}_{86}Rn \rightarrow ^{222}_{87}Fr + ^{0}_{-1}e$ B. $^{222}_{86}Rn \rightarrow ^{218}_{84}Po + ^{4}_{2}He$

C. $^{222}_{86}Rn \rightarrow ^{222}_{85}At + ^{0}_{1}e$ D. $^{222}_{86}Rn \rightarrow ^{220}_{85}At + ^{2}_{1}H$

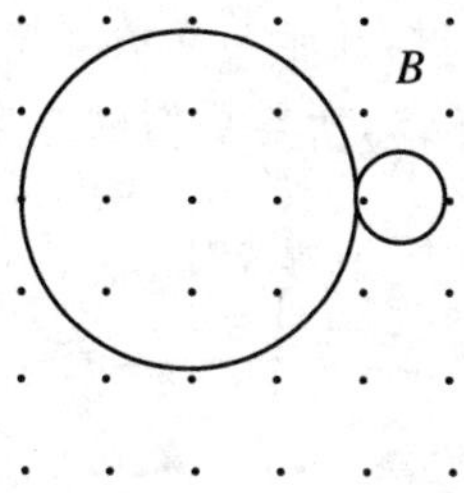

图6.3.11

4. (2009年重庆卷)某科学家提出年轻热星体中核聚变的一种理论，其中的两个核反应方程为$^{1}_{1}H + ^{12}_{6}C \rightarrow ^{13}_{7}N + Q_1$ 和$^{1}_{1}H + ^{15}_{7}N \rightarrow C^{12}_{6} + X + Q_2$。方程式中 Q_1、Q_2 表示释放的能量。相关的原子核质量如表6.3.3所示。

表6.3.3

原子核	$^{1}_{1}H$	$^{3}_{2}He$	$^{4}_{2}He$	$^{12}_{6}C$	$^{13}_{7}N$	$^{15}_{7}N$
质量/u	1.0078	3.0160	4.0026	12.0000	13.0057	15.0001

以下推断正确的是 ( )

A. X是$^{3}_{2}He$，$Q_2 > Q_1$ B. X是$^{4}_{2}He$，$Q_2 > Q_1$

C. X是$^{3}_{2}He$，$Q_2 < Q_1$ D. X是$^{4}_{2}He$，$Q_2 < Q_1$

5. (2011年东城一模)一块含$^{238}_{92}U$(铀238)的矿石质量为 M，其中^{238}U 的质量为 m。已知$^{238}_{92}U$ 的半衰期为 T，则下列说法正确的是 ( )

A. 经过时间 $2T$，这块矿石中基本不再含有$^{238}_{92}U$ 了

B. 经过时间 $2T$，矿石中的$^{238}_{92}U$ 有$\dfrac{m}{4}$发生了衰变

C. 经过时间 $2T$，该矿石的质量剩下$\dfrac{M+m}{4}$

D. 经过时间 $3T$，矿石中$^{238}_{92}U$ 的质量还剩$\dfrac{m}{8}$

6. (2019年海淀零模)托卡马克(Tokamak)是一种复杂的环形装置，结构如图6.3.12所示。环心处有一欧姆线圈，四周是一个环形真空室，真空室外部排列着环向场线圈和极向场线圈。当欧姆线圈中通以变化的电流时，在托卡马克的内部会产生巨大的涡旋电场，将真空室中的等离子体加速，从而达到较高的温度。再通过其他方式的进一步加热，就可以达到

核聚变的临界温度。同时，环形真空室中的高温等离子体形成等离子体电流，与极向场线圈、环向场线圈共同产生磁场，在真空室区域形成闭合磁笼，将高温等离子体约束在真空室中，有利于核聚变的进行。已知真空室内等离子体中带电粒子的平均动能与等离子体的温度 T 成正比，下列说法正确的是 (　　)

A. 托卡马克装置中核聚变的原理和目前核电站中核反应的原理是相同的

B. 极向场线圈和环向场线圈的主要作用是加热等离子体

C. 当欧姆线圈中通以恒定电流时，托卡马克装置中的等离子体将不能发生核聚变

D. 为了约束温度为 T 的等离子体，所需要的磁感应强度 B 必须正比于温度 T

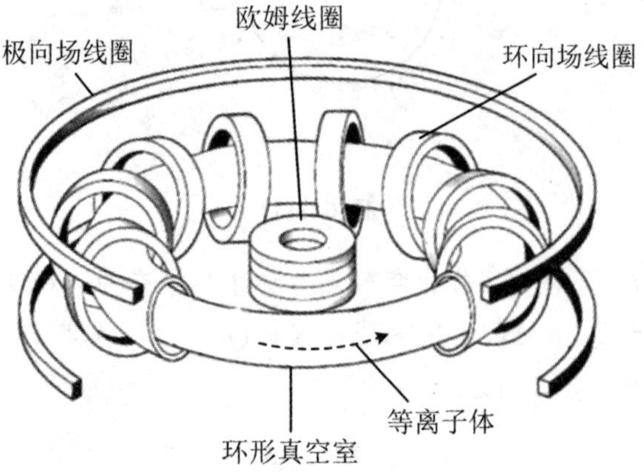

图 6.3.12

7. (2017 年北京理综)在磁感应强度为 B 的匀强磁场中，一个静止的放射性原子核发生了一次 α 衰变。放射出的 α 粒子(^4_2He)在与磁场垂直的平面内做圆周运动，其轨道半径为 R。以 m、q 分别表示 α 粒子的质量和电荷量。

(1) 放射性原子核用 ^A_ZX 表示，新核的元素符号用 Y 表示，写出该 α 衰变的核反应方程。

(2) α 粒子的圆周运动可以等效成一个环形电流，求圆周运动的周期 T 和环形电流大小 I。

(3) 设该衰变过程释放的核能都转化为 α 粒子和新核的动能，新核的质量为 M，求衰变过程的质量亏损 Δm。

8. (2014 年"华约"卷)在磁场中，一静核衰变成 a 和 b 两核，它们开始分别做圆周运动。已知 a 和 b 两核圆周运动的半径和周期之比分别为 $R_a : R_b = 45 : 1$，$T_a : T_b = 10 : 13$。此裂变反应质量亏损为 Δm，假定衰变过程的核能全转化成两粒子的动能。求：

(1) a 和 b 两核的电荷数之比 $\dfrac{q_a}{q_b}$；

(2) a 和 b 两核的质量数之比 $\dfrac{m_a}{m_b}$；

(3) 静核的质量数和电荷数；

(4) a 核的动能 E_{ka}。

9. 原静止的质量为 m_1 的原子核放出一个 α 粒子后转变成质量为 m_2 的原子核，α 粒子的质量为 m_α，而质量为 m_2 的核在运动方向上放出一个 α 粒子后生成的新核静止。试求第二个粒子的动能。

提高练习

10. 在地球的外层大气中，因宇宙射线而发生的核反应 ${}^{14}_{7}N+n\to{}^{14}_{6}C+p$ 会产生放射性核素 ${}^{14}C$。${}^{14}C$ 发生 β^{-1} 衰变的半衰期为 5730 年。因此，地球大气层中与活着的生物体中的 CO_2，除稳定的核素 ${}^{12}C$（98.9%）和 ${}^{13}C$（0.8%）之外，还含有少量的 ${}^{14}C$。在活着的生物体内，放射性碳和稳定的碳的比值约为 1.3×10^{-12}。生物体死亡后，它停止吸收 CO_2，由于 ${}^{14}C$ 的衰变，因此这一比值将会减少。假定我们发现一块古时候埋在地下的骨片，当从骨片中分离出 100 g 碳时，测出这一样品中 ${}^{14}C$ 的放射性强度为每秒 6.5 次核衰变。试估计该生物体的死亡年代。

11. 天文学家测得银河系中氦的含量约为 25%。有关研究表明，宇宙中氦生成的途径有两条：一是在宇宙诞生后 3 分钟左右生成的；二是在宇宙演化到恒星诞生后由恒星内部的氢核聚变反应生成的。

(1) 把氢核聚变反应简化为 4 个氢核（${}^{1}_{1}H$）聚变成氦核（${}^{4}_{2}He$），同时放出 2 个正电子（${}^{0}_{1}e$）和 2 个中微子（ν_e），请写出该氢核聚变反应的方程，并计算一次反应释放的能量。

(2) 研究表明，银河系的年龄约为 $t=3.8\times10^{17}$ s，每秒钟银河系产生的能量约为 1×10^{37} J（$P=1\times10^{37}$ J/s）。现假定该能量全部来自上述氢核聚变反应，试估算银河系中氦的含量 k（最后结果保留一位有效数字）。

(3) 根据你的估算结果，对银河系中氦的主要生成途径作出判断。

（可能用到的数据：银河系质量约为 $M=3\times10^{41}$ kg，原子质量单位 1 u $=1.66\times10^{-27}$ kg，1 u 相当于 1.5×10^{-10} J 的能量，电子质量 $m_e=0.0005$ u，氦核质量 $m_\alpha=4.0026$ u，氢核质量 $m_p=1.0078$ u，中微子 ν_e 质量为零。）

12. (1) 试证明：质子和静止的中子发生弹性碰撞，碰后质子和中子的运动方向之间的夹角为 90°。

(2) 初动能为 $E_k=7$ MeV 的快中子在氢核中减速。设碰撞是弹性的，每次和碰撞前的方向均偏转 $\theta=45°$，试求中子的能量减少到 $T=300$ K 相应的平均热能的碰撞次数。

13. 在用铀 235 作燃料的核反应堆中，铀 235 核吸收一个动能约为 0.025 eV 的热中子（慢中子）后，可发生裂变反应，放出能量和 2～3 个快中子，而快中子不利于铀 235 的裂变。为了能使裂变反应继续下去，需要将反应中放出的快中子减速，有一种减速的方法是使用石墨（碳 12）作减速剂。设中子与碳原子的碰撞是对心弹性碰撞，问：一个动能为 $E_0=1.75$ MeV 的快中子需要与静止的碳原子碰撞多少次，才能减速成为 0.025 eV 的热中子？

14. 质量为 m 的质点与一个质量为 M、半径为 R 的质量均匀分布的致密天体中心的

距离为 $r(r\geqslant R)$ 时，其引力势能为 $E_{\mathrm{p}}=-\dfrac{GMm}{r}$，其中 $G=6.67\times10^{-11}\ \mathrm{N\cdot m^2/kg^2}$ 为万有引力常量。设致密天体为中子星，其半径为 $R=10\ \mathrm{km}$，质量为 $M=1.5M_{日}$（$1M_{日}=2.0\times10^{30}\ \mathrm{kg}$，为太阳的质量）。

(1) 1 kg 的物质从无穷远处被吸引到中子星的表面时所释放的引力势能为多大？

(2) 在氢核聚变反应中，若参加核反应的原料的质量为 m，则反应中质量亏损为 $0.0072m$，问：1 kg 的原料通过核聚变提供的能量与(1)问中所释放的引力势能之比是多少？

(3) 天文学家认为：脉冲星是旋转的中子星，中子星的电磁辐射是连续的，沿其磁轴方向最强，磁轴与中子星的自转方向有一夹角，如图 6.3.13 所示，在地球上的接收器所接收到的一连串周期脉冲是脉冲星的电磁辐射。试由上述看法估算地球上接收到两个脉冲的时间间隔的下限。

15.（2021 年中国科大强基）带电粒子在液氢气泡室中运动时将使其路径上的一些分子发生电离，电离处所形成的小气泡使粒子的轨迹清晰可见，而在此区域内的磁场则使路径发生弯曲。如图 6.3.14 所示，下面的气泡室照片显示的是 P 点处的一个几乎静止的电子吸收高能 γ 射线后沿着曲线 c 运动，同时生成正、负电子对（正电子 e^+ 是电子 e^- 的反粒子，二者质量相同，带电量相反），已知均匀磁场与纸面垂直。

(1) 指出曲线 a、b 中的哪一条表示正电的轨迹。

(2) 磁场的方向指向纸内还是纸面外？简述理由。

(3) 试定型解释曲线 a、b 是旋线而非圆周的原因。

(4) 正、负电子碰撞会湮灭并产生两个光子，即 $e^+ + e^- \to 2\gamma$，试解释为什么正、负电子碰撞湮灭不可能只产生一个光子。

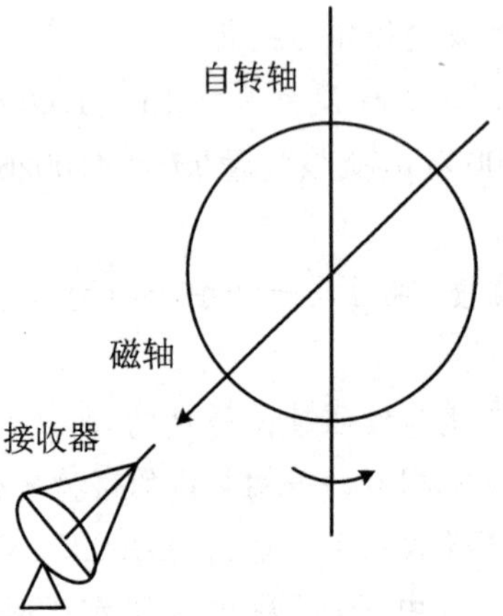

图 6.3.13

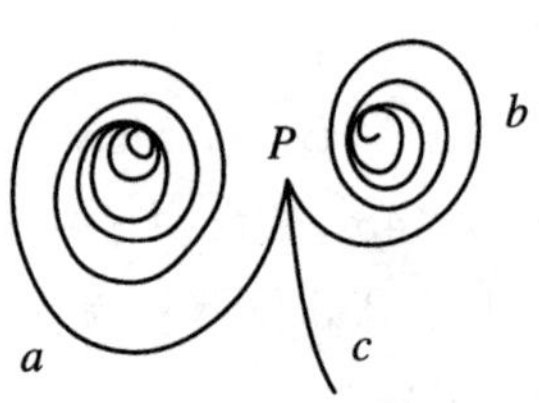

图 6.3.14

参考答案

1. C。
2. A。
3. B。
4. B。
5. D。
6. C。
7. (1) ${}_{Z}^{A}X \to {}_{Z-2}^{A-4}Y + {}_{2}^{4}He$；(2) $T = \dfrac{2\pi m}{Bq}, \dfrac{Bq^2}{2\pi m}$；(3) $\Delta m = \dfrac{(M+m)(qBR)^2}{2mMc^2}$。
8. (1) $\dfrac{q_a}{q_b} = \dfrac{R_b}{R_a} = \dfrac{1}{45}$；(2) $\dfrac{m_a}{m_b} = \dfrac{q_a T_a}{q_b T_b} = \dfrac{2}{117}$；(3) 238,92；(4) $E_{ka} = \dfrac{117\Delta mc^2}{119}$。
9. $\dfrac{m_2(m_1 - m_2 - m_\alpha)c^2}{m_2 + m_\alpha}$。

提示 根据动量守恒定律，对于第一次α衰变，有

$$m_\alpha v_\alpha + m_2 v = 0$$

对于第二次α衰变，有

$$m_2 v = m_\alpha v'_\alpha + 0$$

可得 $v_\alpha = -v'_\alpha$，即两次放出的α粒子速度等大反向，也即两个α粒子的动能相等。

第一次衰变的质量亏损是

$$\Delta m = m_1 - m_2 - m_\alpha$$

放出的能量为

$$\Delta E = \Delta mc^2$$

ΔE 转化为质量为 m_2 的核的动能和第一个α粒子的动能，即

$$\Delta E = E_{k\alpha} + E_{km_2}$$

又由 $E_k = \dfrac{p^2}{2m}$ 得

$$\frac{E_{k\alpha}}{E_{km_2}} = \frac{m_2}{m_\alpha}$$

所以

$$E_{k\alpha} = \frac{m_2(m_1 - m_2 - m_\alpha)c^2}{m_2 + m_\alpha}$$

10. 1.12×10^4 年。

提示 放射性强度定义为放射性物质在单位时间内发生衰变的原子核数目，用 R 表示为

$$R = \lim_{\Delta t \to 0} \frac{-\Delta N}{\Delta t} = \lambda N$$

设从古生物体中分离出来的100 g样品中含^{14}C的原子数目为$N(^{14}\mathrm{C})$，则

$$N(^{14}\mathrm{C})=\frac{R}{\lambda}=\frac{RT_{1/2}}{\ln 2}=\frac{6.5\times 5730\times 365\times 24\times 3600}{\ln 2}=1.69\times 10^{12}$$

活着的生物体中，每100 g碳中含^{14}C的原子数目为

$$N_0(^{14}\mathrm{C})\approx\frac{100}{12}\times 6.02\times 10^{23}\times 1.3\times 10^{-12}=6.52\times 10^{12}$$

根据核衰变的统计规律$N(^{14}\mathrm{C})=N_0(^{14}\mathrm{C})\mathrm{e}^{-\lambda t}$，得

$$t=\frac{1}{\lambda}\ln\frac{N_0(^{14}\mathrm{C})}{N(^{14}\mathrm{C})}=\frac{T_{1/2}}{\ln 2}\ln\frac{N_0(^{14}\mathrm{C})}{N(^{14}\mathrm{C})}=1.12\times 10^4\text{年}$$

11. (1) $4{}_1^1\mathrm{H}\rightarrow{}_2^4\mathrm{He}+2{}_1^0\mathrm{e}+2\nu_e$，$4.14\times 10^{-12}$ J；(2) $k\approx 2\%$；(3) 银河系中的氦主要是宇宙诞生后不久生成的。

提示 (1) 一次反应释放的能量为

$$\Delta E=\Delta mc^2=4.14\times 10^{-12}\ \mathrm{J}$$

(2) 氦的质量为

$$m=\frac{Pt}{\Delta E}m_\alpha=6.1\times 10^{39}\ \mathrm{kg}$$

所以氦的含量

$$k=\frac{m}{M}=\frac{6.1\times 10^{39}}{3\times 10^{41}}\approx 2\%$$

(3) 由估算结果可知，$k\approx 2\%$远小于25%的实际值，所以银河系中的氦主要是宇宙诞生后不久生成的。

12. (1) 见提示；(2) 28。

提示 (1) 设碰前质子的速度v_0，碰后质子的速度为u_1，中子的速度为u_2，质量都为m，则

$$\frac{1}{2}mv_0^2=\frac{1}{2}mu_1^2+\frac{1}{2}mu_2^2$$

由动量守恒定律有

$$(mv_0)^2=(mu_1)^2+(mu_2)^2+2m^2u_1u_2\cos\alpha$$

化简，得$\cos\alpha=0$，即$\alpha=90^\circ$。

(2) 利用(1)问中的结果可得出碰后质子、中子和原来中子的运动方向的夹角都为$\theta=45^\circ$，且速度大小相等，即$u_1=u_2=v_1$。由动量守恒定律有

$$2v_1\cos\theta=v_0$$

得

$$v_1=\frac{v_0}{2\cos\theta}=\frac{\sqrt{2}}{2}v_0$$

即速度为v_0的中子和氢原子核碰撞一次后速度变为v_1。若再碰一次，则有

$$v_2=\frac{\sqrt{2}}{2}v_1=\left(\frac{\sqrt{2}}{2}\right)^2v_0$$

…

$$v_N = \left(\frac{\sqrt{2}}{2}\right)^N v_0$$

这时中子的动能为

$$E_{kN} = \frac{1}{2}mv_N^2 = \left(\frac{1}{2}\right)^N E_0$$

考虑到

$$\frac{1}{2}mv_N^2 = \frac{3}{2}kT$$

得 $N=27.4$，故取 $N=28$。

13. 54 次。

提示 设中子和碳核的质量分别为 m 和 M，碰撞前中子的速度为 v_0，碰撞后中子和碳核的速度分别为 v 和 v'，因为碰撞是弹性碰撞，所以在碰撞前后动量和机械能均守恒，又因 v_0、v 和 v' 沿同一直线，故有

$$mv_0 = mv + Mv'$$

$$\frac{1}{2}mv_0^2 = \frac{1}{2}mv^2 + \frac{1}{2}Mv'^2$$

由以上两式得

$$v = \frac{m-M}{m+M}v_0 = -\frac{11}{13}v_0$$

负号表示 v 的方向与 v_0 方向相反，即与碳核碰撞后中子被反弹。因此，经过一次碰撞后中子的能量为

$$E_1 = \frac{1}{2}mv^2 = \frac{1}{2}m\left(-\frac{11}{13}\right)^2 v_0^2$$

于是有

$$E_1 = \left(\frac{11}{13}\right)^2 E_0$$

经过 2,3,…,n 次碰撞，中子的能量依次为 $E_2, E_3, E_4, \cdots, E_n$，有

$$E_2 = \left(\frac{11}{13}\right)^2 E_1 = \left(\frac{11}{13}\right)^4 E_0$$

$$E_3 = \left(\frac{11}{13}\right)^6 E_0$$

…

$$E_n = \left(\frac{E_1}{E_0}\right)^n E_0 = \left(\frac{11}{13}\right)^{2n} E_0$$

因此

$$n = \frac{1}{2}\frac{\lg(E_n/E_0)}{\lg(11/13)}$$

已知 $\frac{E_n}{E_0} = \frac{1}{7}\times 10^{-7}$，可得

$$n=\frac{\lg\left(\frac{1}{7}\times10^{-7}\right)}{2\lg\frac{11}{13}}\approx54$$

14. (1) 2.0×10^{16} J；(2) 31；(3) 4.4×10^{-4} s。

提示 (1) 根据能量守恒定律，质量为 m 的物质从无限远处被吸引到中子星的表面时所释放的引力势能 ΔE_1 应等于对应始末位置的引力势能的改变量，故有

$$\frac{\Delta E_1}{m}=\frac{0-\left(-\frac{GMm}{R}\right)}{m}=\frac{GM}{R}$$

代入数据，得

$$\frac{\Delta E_1}{m}\approx2.0\times10^{16}\ \text{J/kg}$$

(2) 在氢核聚变反应中，每千克核反应原料提供的能量为

$$\frac{\Delta E_2}{m}=0.0072c^2$$

所求能量比为

$$\frac{\Delta E_1/m}{\Delta E_2/m}\approx31$$

(3) 根据题意，可知接收到两个脉冲的时间间隔即为中子星的自转周期，中子星做高速自转时，位于赤道处质量为 Δm 的中子星质元所需的向心力不能超过对应的万有引力，否则将会不能保持匀速圆周运动而使中子星破裂，因此有

$$\Delta m\omega^2R\leqslant\frac{GM\Delta m}{R^2}$$

ω 为中子星的自转角速度，τ 为中子星的自转周期，则

$$\omega=\frac{2\pi}{\tau}$$

由以上两式得

$$\tau=2\pi\sqrt{\frac{R^3}{GM}}$$

代入数据，得 $\tau=4.4\times10^{-4}$ s。

15. (1) 曲线 a；(2) 指向纸面外；(3)、(4)见提示。

提示 (1) 设生成的正、负电子的质量均为 m，由动量守恒可知，正、负电子的速度 v 大小相等、方向相反；由电荷守恒定律可知，一个电子生成正、负电子对后，负电子所带的电荷量较大，所以负电子的$\frac{q}{m}$较大。

正、负电子在磁场中受洛伦兹力，运动曲线发生弯曲，则有

$$qvB=m\frac{v^2}{r}$$

得

$$r = \frac{mv}{Bq}$$

可见负电子做曲线运动的轨迹曲率半径较小，正电子做曲线运动的轨迹曲率半径大，所以曲线 a 表示正电子的轨迹。

(2) 由(1)的分析可知曲线 a 为正电子的运动曲线，由左手定则可知磁场的方向指向纸面外。

(3) 负电子不仅在磁场中受到洛伦兹力，还受到它们之间相互吸引的库仑力，所以在做圆周运动的同时也在靠近，故曲线 a、b 是旋线而非圆周。

(4) 两个电子动量和为零，据动量守恒定律，湮灭后的系统动量也必须为零。如果是一个光子，动量不可能为零。

第7章 相 对 论

选择不同的参考系去描述同一个物体的运动往往是不一样的。比如在匀速行驶的汽车上一个小球自由下落，车上的人以车为参考系，看到小球做的是自由落体运动；路边的人以地面为参考系，看到小球做的是平抛运动。但是，这两种运动之间是可以相互转化的，转化关系就是我们一直在使用的伽利略变换，即 $\boldsymbol{u}_{球\to地}=\boldsymbol{u}_{球\to车}+\boldsymbol{v}_{车\to地}$。

你觉得伽利略变换理所当然，事实上它严重依赖于你的时空观。即认为不同参考系中时间进程相同，物体的长度也不会发生变化，这种时空观就是绝对时空观。形象一点就是，空间给物体提供一个运动的“舞台”，但并不干扰物体的“演出”；时间像一条看不见的“长河”，均匀流逝，并默默地计量着物体运动的持续性，任何物体和运动都奈何不了它。

这种时空观符合我们的生活经验，我们之前已经用它完美地处理了无数问题。时间和空间本来就不应该相互关联，也不应该和运动有关系。我们还常常说“时间对每个人都是公平的”，也就是说时间对每个人流逝的快慢是一样的。牛顿说：绝对的、真正的、数学的时间自己流逝着，并因它的本性而均匀地、与外界对象无关地流逝着；绝对空间就其本性来说，与任何外界情况无关，始终保持相同和不动。

1873年，麦克斯韦在前人工作的基础上发表了一套电磁理论，其中的麦克斯韦方程组可被看作电磁场的演化方程。麦克斯韦理论的一个伟大成果是预言了电磁波的存在，并推导出了电磁波在真空中的速率为 c，它不依赖于任何惯性参考系的选择，这与伽利略变换矛盾。

为了解释这一矛盾，人们提出了两种假设。第一种是认为麦克斯韦方程组不满足相对性原理，即相对性原理只适用于力学范畴，对电动力学不适用。这样就要求宇宙范围内存在一个特殊的参考系，麦克斯韦方程组只在该参考系中成立。而光又是一种电磁波，当时大家觉得类似于机械波传播需要介质。因此，大家假设有一种铺满宇宙的东西，它既是那个最特殊的参考系，也是传播电磁波的介质，取名为“以太”。第二种是认为麦克斯韦方程组满足相对性原理，但与之适配的变换并不是伽利略变换，这就需要找到一种新的变换关系。

经过一番交战，最终爱因斯坦所持的第二种观点胜出，并建立了狭义相对论。狭义相对论得出了一些与我们生活经验相悖的推论。

在《西游记》第83回中，有这么一个情节：无底洞的妖怪抓了唐僧要去成亲，妖怪在山洞中供了个牌位，是托塔李天王，孙悟空上天庭争论，赖在天庭不走。太白金星对孙悟空说了这样一番话：“一日官事十日打，你告了御状，说妖精是天王的女儿，天王说不是，你两个只管在御前折辩，反复不已。我说天上一日，下界就是一年。这一年之间，那妖精把你师父陷在洞中，莫说成亲，可能连小和尚都有啦。”听了这番话，孙悟空幡然醒悟，立刻就回去救师父了。这里提到的“天上一日，下界就是一年”在狭义相对论理论体系中是可能实现的。

本章的内容共3节，包括相对论时空观、相对论运动学和相对论动力学。

7.1 相对论时空观

课外知识延伸

1. 伽利略变换与绝对时空观

(1) 伽利略速度变换

如图7.1.1所示，一列火车以速度 $\boldsymbol{v}$ 在轨道上向右匀速直线行驶，一位乘客以速度 $\boldsymbol{u}'$ 相对于火车向右匀速直线运动。在伽利略时空观中，则这位乘客相对于地面的速度 $\boldsymbol{u}$ 为

$$\boldsymbol{u} = \boldsymbol{u}' + \boldsymbol{v} \quad ①$$

这就是我们熟悉的伽利略速度变换关系。

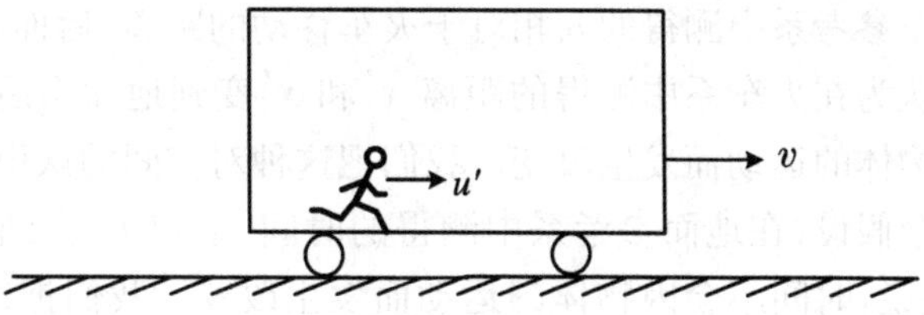

图7.1.1

在之前的学习中，我们通常将①式作为显然的结论加以应用，回顾①式的得出过程，我们将会发现隐藏在其中的人们对时空的基本假设，下面将徐徐展开。

(2) 伽利略变换的推导

物理学中把在确定的时刻和确定的地点发生的现象称为事件。一个事件可以用时间-空间坐标(简称时空坐标)表示；反之，一组时空坐标就可以表示一个事件。

对于上述情景，在地面上建立相对于地面静止的坐标系 Ox，在火车上建立相对于火车静止的坐标系 $O'x'$，如图7.1.2所示。为了简单，选取两个坐标系的原点 O 和 O' 重合时作为两时空坐标系共同的时间零点。在两坐标系中，乘客到达空间中 P 点这个事件的时空坐标分别为 (x, t) 和 (x', t')。假定在 $O'x'$ 系和 Ox 系图中的 x' 的长度相等，则根据图中的几何关系可以看出

$$x = x' + vt \quad ②$$

上述关系被称为伽利略坐标变换。

在两坐标系中，乘客到达空间中 P_1 点的时空坐标分别为 (x_1, t_1) 和 (x_1', t_1')，乘客到达空间中 P_2 点的时空坐标分别为 (x_2, t_2) 和 (x_2', t_2')。乘客相对于地面的速度 u 和乘客相对于火车的速度 u' 分别为

$$u = \frac{dx}{dt} = \frac{x_2 - x_1}{t_2 - t_1}, \quad u' = \frac{dx'}{dt'} = \frac{x'_2 - x'_1}{t'_2 - t'_1}$$

假定 $t_1 = t'_1$ 和 $t_2 = t'_2$，并代入伽利略坐标变换②式，可得

$$u = u' + v$$

这正是伽利略速度变换关系。

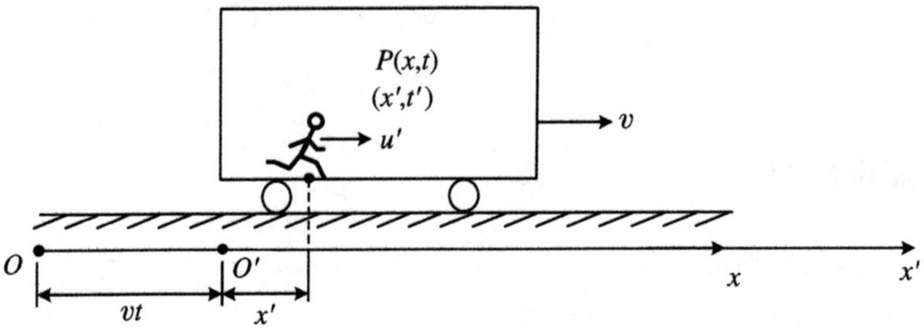

图 7.1.2

(3) 伽利略变换反映的时空观

我们仔细推敲一下上面的推导过程，会发现上述推导隐藏着一个重要的、关键的假设：这里的 x 是在地面参考系中测得的人移动的距离，vt 也是在地面参考系中测得的火车移动的距离，x' 却是在火车参考系中测得的人相对于火车移动的距离，后面两者直接相加等于前者。也就是说，我们认为在火车系中测得的距离 x'_1 和 x'_2 变到地面系后，其长度并没有发生改变，即长度不会因物体的运动而发生改变。我们把这种对空间的认识称为绝对空间观。

同样地，还有一个假设：在地面参考系中测得的时间 t_1 和 t_2 变到火车参考系后，也没有发生改变。也就是说，时间不会因物体的运动而发生改变。我们把这种对时间的认识称为绝对时间观。

可见，我们习以为常的结果 $u = u' + v$，其实隐藏着“绝对的时间”“绝对的空间”这两个重要的、关键的假设。这样的对空间和时间的观念就是牛顿力学时空观，也称绝对时空观。

2. 狭义相对论的两条基本假设

(1) 力学相对性原理

在牛顿力学中，质点的质量在不同的参考系中是一样的，即 $m' = m$，力也和参考系的选取无关，即 $\boldsymbol{F}' = \boldsymbol{F}$。所以，若 $\boldsymbol{F}' = m'\boldsymbol{a}'$ 成立，则下式也成立：

$$\boldsymbol{F} = m\boldsymbol{a}$$

上式表明，在绝对时空观中，牛顿第二定律对不同的惯性参考系都成立。

在伽利略变换下，牛顿方程的形式保持不变，这种情况被称为牛顿方程具有伽利略变换协变性。通过上面的分析我们知道：在任何惯性系中观察，同一力学现象将按同样的形式发生和演变。这个结论称为牛顿相对性原理或力学相对性原理，这个思想首先由伽利略表述出来。

(2) 伽利略变换遇到的危机

随着人们认识世界的逐渐深入，伽利略变换慢慢展现出了它的局限性，遇到了不少危机，其中著名的危机就是迈克耳孙-莫雷实验的零结果。

19 世纪中叶，麦克斯韦将电磁学方程组应用于真空，得到了电磁场的一个基本方程，即波动方程

$$\nabla^2 E - \frac{1}{c^2}\frac{\partial^2 E}{\partial t^2} = 0$$

方程中的 c 就是电磁波在真空中的速率，即光在真空中的速率，代入数据，得 $c = \frac{1}{\sqrt{\varepsilon_0 \mu_0}} = 2.99 \times 10^8$ m/s。显然，这个方程不符合相对性原理。为此，人们提出了以太假设，即认为波动方程中的光速 c 是相对于一个特殊参考系——以太系的光速。

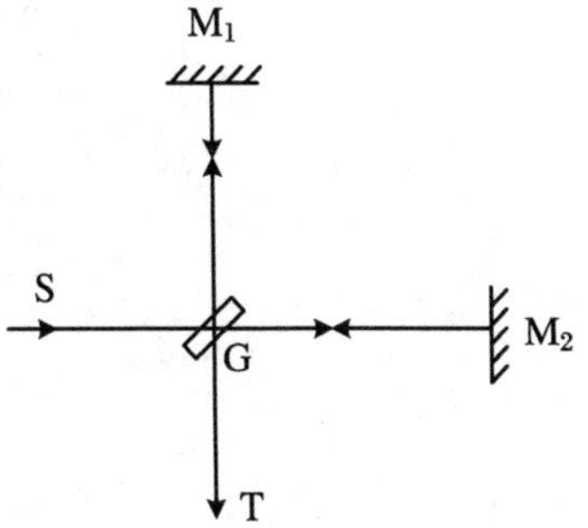

图 7.1.3

人们设计了许多实验来寻找以太的存在，其中著名的一个实验就是迈克耳孙和莫雷所做的实验。他们所用的实验设备称为迈克耳孙干涉仪，其原理简图如 7.1.3 所示，该实验结果证明地球相对于以太是静止的，如果承认以太的存在，就需要承认地球参考系在宇宙中是特殊存在的，这显然是错误的，所以宣告以太不存在。在这里，我们对此实验不再讲述，感兴趣的读者可以查阅近代物理相关的书籍。

(3) 爱因斯坦的抉择

为解决迈克耳孙-莫雷实验的零结果等一系列问题，爱因斯坦在 1905 年发表了题为"论动体的电动力学"的论文，在文中爱因斯坦提出了两个基本假设，在此基础上创立了狭义相对论。

假设一：物理规律对所有的惯性参考系都是一样的，不存在任何一个特殊的参考系。和牛顿相对性原理相比较，可以看出，前者是后者的推广，使相对性原理不仅适用于力学现象，而且适用于所有物理现象，包括电磁现象在内，这就将绝对运动或绝对静止的概念从整个物理学中被排除了。

假设二：在所有的惯性参考系中，光在真空中的速率相等。也就是说，无论光源和观察者如何运动，观察者在任何惯性参考系中测得的光速都相同，都为常数 c。

3. 同时的相对性

我们一旦承认光速相对于任何观察者的速度大小都是常数 c，将会导致一些和我们直觉相悖的结论。

如图 7.1.4 所示，在匀速运动的列车的中点放置一点光源，某时刻光源被点亮。在列车参考系(S'系)里的人看来，由于光速向前(A 端)和向后(B 端)的速度大小都为 c，光同时到达 A 端和 B 端。

在地面上的人看来，由于车厢的运动，光到达车尾(B 端)所走过的路程 l_1 小于光到达车头(A 端)所走过的路程 l_2。地面上的人也认为光速大小在前后方向都是 c，与光源的运动无关，所以他认为光先到达车尾。

对于光到达车头和车尾这两个事件，在车厢参考系是同时的，而在地面参考系却变成不同时了。对于沿两个惯性系相对运动方向发生的两个事件，当在其中一个惯性系中表现出

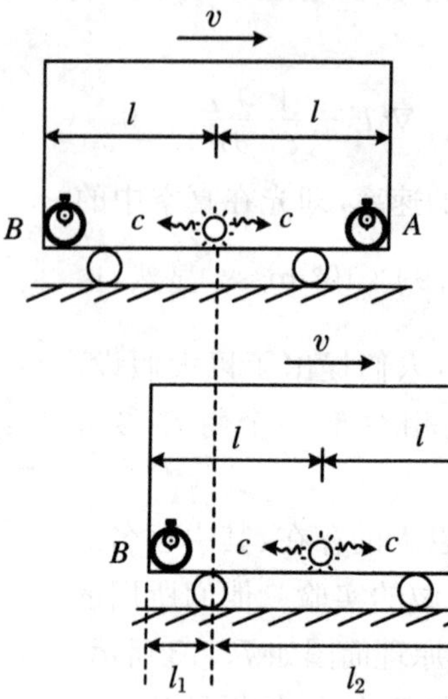

图 7.1.4

同时性时，在另一个惯性系中观察，总是在前一惯性系运动方向的后方的那个事件先发生。可见，同时性是相对的，时间的测量是相对的，这是爱因斯坦狭义相对论的一个重要推论。

4. 时间延缓

(1) 本征时间

同地发生的两个事件①、②的时间差（$x_2-x_1=0$ 时的 t_2-t_1）称为本征时间或固有时间。比如，乘客在运动的飞机上看了一场 2 h 的电影，飞机从北京起飞时乘客开始看电影，电影结束时飞机恰好到了上海。在这个过程中，电影的开始称为事件①（比如用计算机打开这个电影文件）；电影的结束称为事件②（比如关闭这个电影文件）。那么，在飞机这个参考系（S'系）里，这两个事件发生的坐标是相同的，即 $x_2'-x_1'=0$，则 $t_2'-t_1'=2\text{ h}$ 就是本征时间。与此同时，在地面参考系（S 系）中，这两个事件的发生地点显然是不同的，分别是北京和上海，$x_2-x_1\neq0$，t_2-t_1 则称为运动时间。

(2) 本征时间和运动时间的关系

现在我们通过一个特例来推导本征时间和运动时间的关系。

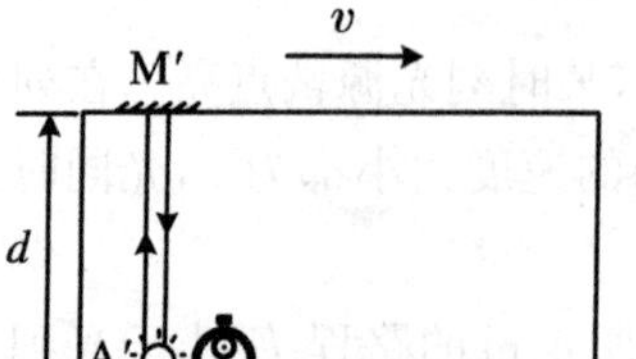

图 7.1.5

如图 7.1.5 所示，车厢的高度为 d，车厢相对于地面以速度 v 向右运动，车厢顶部有一镜面向下的平面镜 M′，车厢内有一个激光光源 A′。让光源向上发出一光脉冲，经平面镜 M′反射回到光源 A′处。

在车厢参考系中观测，光从 A′发出到返回 A′这两个事件相隔的时间为

$$\tau=\frac{2d}{c}$$

在地面参考系中观测，由于车厢的运动，光从 A′发出到

返回 A′这两个事件并不发生在同一地点，如图 7.1.6 所示。

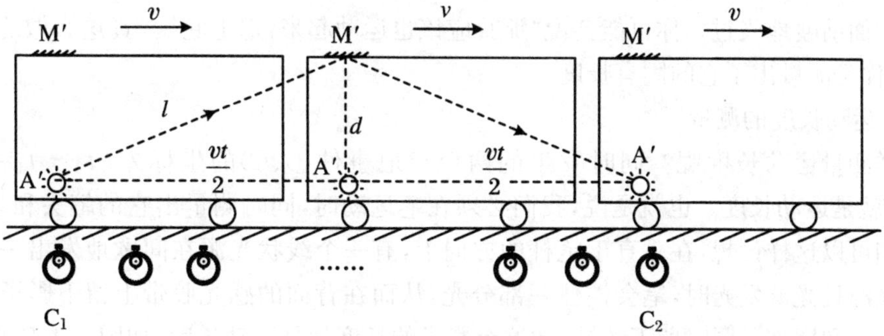

图 7.1.6

根据图中的几何关系，可以得到

$$l^2 = d^2 + \left(\frac{vt}{2}\right)^2$$

光速在地面参考系中仍然为 c，则

$$t = \frac{2l}{c}$$

以上两式联立并考虑到 $\tau = \dfrac{2d}{c}$，得

$$t = \frac{\tau}{\sqrt{1 - v^2/c^2}}$$

(3) 时间膨胀

很容易发现“本征时间最短”这个特点，我们需要记住这个特点。我们在分析问题遇到想不明白或者思路混乱时，回忆这个特点，可能就豁然开朗了。

一个微观粒子发生衰变的时间称为粒子寿命。这个时间是相对于粒子静止的观测者甲测量得到的。如果粒子在观测者乙看来是高速运动的，那么观测者乙观测到的粒子寿命就不是本征时间，因为在观测者乙静止的参考系中，粒子的“出生”(事件①)和“死亡”(事件②)这两个事件是发生在不同地的。在这个参考系中，粒子“存活”的时间要大于粒子寿命，因此粒子可以走过的距离要长于它的速度乘粒子寿命，这已经被大量的实验观测到，是相对论正确性的实验证据之一。

5. 长度收缩

(1) 运动长度

“固有长度”是指什么？这个问题似乎不用给出回答。但是，我们需要先弄清固有长度才能更好地理解“运动长度”。

比如一支笔，当它相对于你(观测者)静止时，你测量出的长度就是固有长度。那么你是怎样测出它的长度的呢？你可能要把这支笔放在刻度尺旁边，先读出笔头对应刻度尺的刻度，再读出笔尾对应的另一个刻度，然后将两个刻度做差，就得到了笔的长度。请注意，因为笔相对于你是静止的，所以你可以今天读出一个笔头的刻度值，明天再读出笔尾的另一个刻度值，这不影响结果。这说明测量两个刻度这两件事情不必同时完成。

如果笔相对于你在高速运动，那么你怎样测量它的运动长度呢？不太容易测量了，因为它会从你面前嗖地飞过。你可能会说“那我应该也运动起来，追上它”。真这么做的话，那么恭喜你，你又测量出了它的固有长度。

(2) 运动长度的测量

怎样测量运动长度呢？同时发生的两个异地事件①、②的坐标差（$t_2 - t_1 = 0$ 时的 $x_2 - x_1$）就是运动长度。也就是说，我们必须在笔运动时，同时测量出它的笔头和笔尾的坐标。我们可以这样设想，在垂直于笔杆的方向上，有一个线状光源在间歇地发出一排光；当笔经过光源且光源发光时，笔会挡住一部分光，从而在背面的感光胶带上留下影子；由于这个影子头部和尾部是同时留下的，因此这个影子的长度就是运动长度，如图 7.1.7 所示。

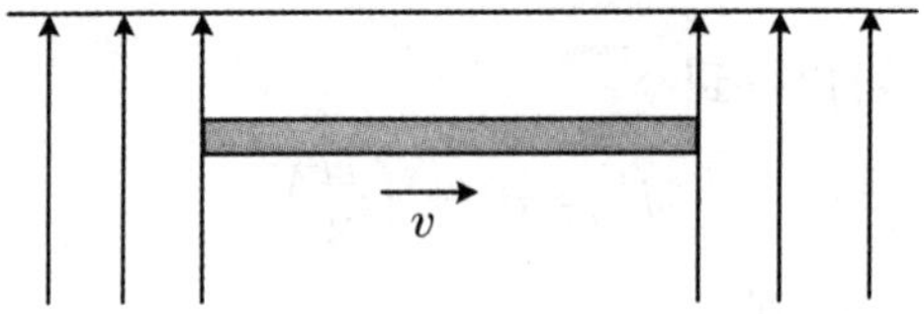

图 7.1.7

(3) 尺缩效应

为了找到物体静止时的长度和运动时的长度关系，我们可在运动的直杆的一端加一脉冲激光器和一接收器，在直杆的另一端加一反射镜，如图 7.1.8 所示。

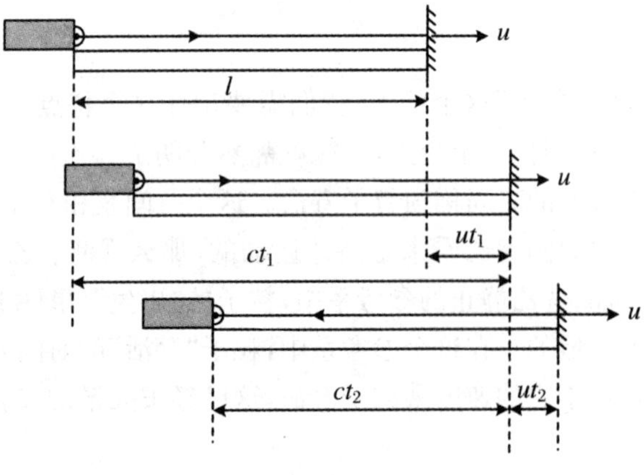

图 7.1.8

在直杆参考系 K' 中，直杆是静止的，设直杆的静止长度为 l_0，光束往返的时间间隔为 $\Delta t'$，则直杆的静止长度可表示为

$$l' = l_0 = c\frac{\Delta t'}{2}$$

在地面参考系 K 中，直杆以速度 u 沿自身长度方向运动，设直杆运动长度为 l，光束往返所用时间分别为 t_1、t_2，由图 7.1.8 可知

$$l = ct_1 - ut_1, \quad l = ct_2 + ut_2$$

得

$$t_1 = \frac{l}{c-u}, \quad t_2 = \frac{l}{c+u}$$

所以往返所用总时间为

$$\Delta t = t_1 + t_2 = \frac{l}{c-u} + \frac{l}{c+u} = \frac{2l}{c(1-u^2/c^2)}$$

在直杆参考系 K' 中看，发出激光和接收激光是发生在同一地点的，所以 $\Delta t'$ 为本征时间；在地面参考系 K 中看，发出激光和接收激光发生在不同地点，所以 Δt 为运动时间。可见

$$\Delta t = \frac{\Delta t'}{\sqrt{1-u^2/c^2}}$$

以上各式联立，可得

$$l = l_0\sqrt{1-u^2/c^2}$$

这就是说，物体沿运动方向的长度比其固有长度短。这种效应称为洛伦兹收缩或尺缩效应。

核心问题讨论

1. 伽利略变换遇到了哪些危机?

随着人们观测能力和认知水平的提升，伽利略变换和力学相对性原理遇到的问题也越来越多，最典型的几个事件包括"光行差"、"蟹状星云事件"和"迈克耳孙-莫雷实验"等。

另外，电磁现象也不服从伽利略相对性原理。例如，设想在船上有一刚性短棒，其两端有一对异号点电荷 $\pm q$，与船行进的方向成倾角 θ 放置。在船静止时，两电荷间只有静电吸引力 f_E 和 f'_E，它们的方向沿二者的连线，对短棒无力矩。如果大船以速度 v 匀速前进，正、负电荷的运动分别在对方所在处形成磁场 B' 和 B，方向如图 7.1.9 所示，垂直于纸面向里，使对方受到一个洛伦兹力 f_M 和 f'_M。这一对洛伦兹力对短棒形成力矩，使之逆时针转动。这样我们不就可以判断大船是否在行进了吗？这就是说伽利略相对性原理对电磁现象失效。

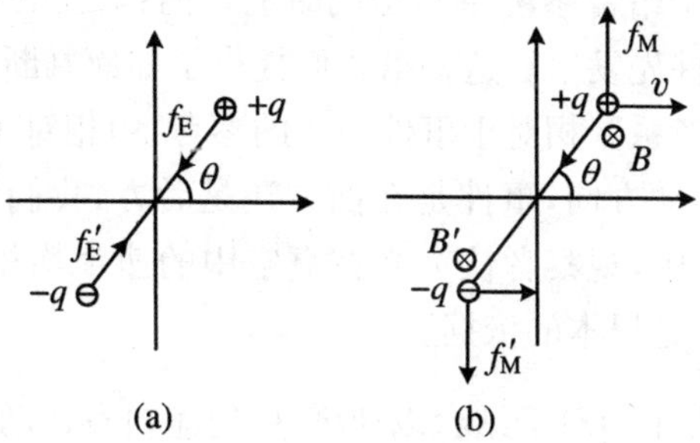

图 7.1.9

例题 1　某超新星爆发前距离地球 $l = 5000$ 光年(光年是指光在一年中走过的距离)，爆发前可以认为相对于地球静止，爆发瞬间此超新星的亮度大大增加，抛射物(爆炸碎片)向四面八方射出，运动速度约为 $u = 1500\ \mathrm{km/s}$($u = 0.005$ 光年/年)，其中 A 抛射物向着地球运动，B 沿着径向运动，如图 7.1.10 所示。光在真空中的速度 $c = 3\times10^8\ \mathrm{m/s}$，利用伽利略速度变换，估算超新星爆发时 B、A 发出的光到达地球的时间相差多少年。

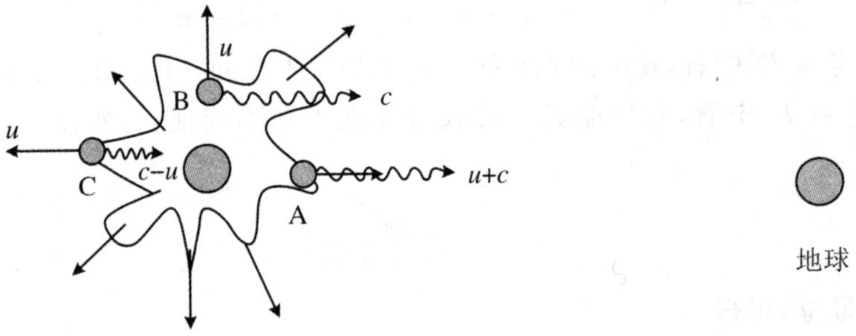

图 7.1.10

分析　如果光线传播服从伽利略变换，则从 A 和 B 向我们发出的光线传播速度分别为 $u + c$ 和 c，据此可以估算出超新星爆发时 A、B 发出的光到达地球的时间差。

解　A、B 发出的光到达地球的时间差为

$$\Delta t = \frac{l}{c} - \frac{l}{u + c} \approx 25\ 年$$

点拨　我国史籍《宋会要》记录了这一超新星的爆发，原文如下："嘉祐元年三月，司天监言：'客星没，客去之兆也。'初，至和元年五月，晨出东方，守天关。昼见如太白，芒角四出，色赤白，凡见二十三日。"这段话的大意如下：负责观测天象的官员(司天监)说，超新星(客星)最初出现于公元 1054 年(北宋至和元年)，位置在金牛座天关附近，白昼看起来赛过金星(太白)，历时 23 天。往后慢慢暗下来，直到 1056 年这位"客人"才隐没。根据史书的记载，结合本题中计算的结果，可以断定伽利略速度变换在此不成立。

2. 如何判断两个事件的先后顺序?

本节课外延伸部分第 3 点"同时的相对性"中提到：对于列车参考系(相对于事件静止的参考系)是同时的事件，对于站台参考系不是同时的，并且总是在前一惯性系(列车参考系)运动方向的后方的那个事件先发生。这就给我们提供了如何判断两个事件的先后顺序的方法：只需要知道沿"静止参考系"(相对于事件静止的参考系)相对于"运动惯性参考系"(相对于事件运动的参考系)的运动方向，事件是在前方还是后方，我们知道后方的事件总是先发生。另外，在不同的参考系中，观察者认为光在真空中的速率均相同，这也是判断两个事件先后顺序的常用依据，而且是根本的依据。

例题 2　设想有一列火车相对于站台以速度 V 匀速向右运动，如图 7.1.11 所示。当列车的首、尾两点 A'、B' 与站台上的 A、B 两点重合时，有一站在站台中点 C 的人，看到在 A、B 两点有两人同时朝对方开枪射击。

(1) 列车车厢中点 C' 也站有一人,他觉得这两人不是同时开枪的,他觉得谁先开枪呢?

(2) 如果在站台上 A、B 两点同时开枪的那一刹那,另有一列相同的火车以速度 $-V$ 向左行驶,且其车头 B'' 和车尾 A'' 恰好分别与站台上的 B、A 重合。该列车车厢中点 C'' 站立一人,他又觉得谁先开枪呢?

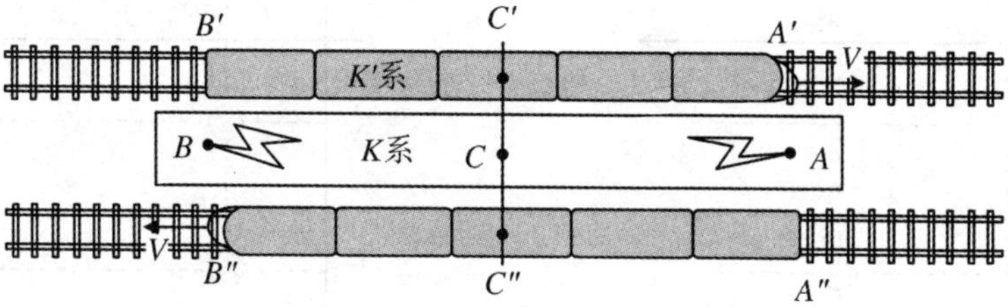

图 7.1.11

分析 设站台参考系为 K 系,向右行驶的列车为 K' 系,向左行驶的列车为 K'' 系。在 K 系中两人同时开枪,在 K' 系中看,A 点人开枪是在 K 系相对 K' 系运动方向的后方,所以 K' 系中的人觉得 A 点人先开枪。同理可知,K'' 系中的人觉得 B 点人先开枪。

解 (1) 在 K 系中,C 点人看到两人同时开枪,事实上是这两人开枪的火花闪光同时到达了 C 点。在 K' 系中,A、B 两点火花闪光到达 C' 点的时间分别为 $t_1=\frac{l_1}{c}$,$t_2=\frac{l_2}{c}$。因为列车向 A 点运动,所以 A 点闪光到 C' 点的距离 l_1 要小于 B 点闪光到 C' 点的距离 l_2,即 $l_1<l_2$,从而 $t_1<t_2$,则 A 点火花闪光先到达,故在 K' 系中的人觉得 A 点人先开枪。

(2) 与(1)中的道理相同,在 K'' 系中的人觉得 B 点人先开枪。

点拨 本题是应用"光速不变"来判断先后顺序的,也可以采用下列方法快速判断:在车参考系中,车是静止的,站台是由 A 向 B 运动,根据课外知识延伸部分第3点提到的结论可知,A 处的事件先发生,即在 K' 系中的人觉得 A 点人先开枪。

3. 如何区别本征时间和运动时间?

同地发生的两个事件的时间差称为本征时间或固有时间。得出的是本征时间还是运动时间,关键在于参考系的选择,相对于事件静止的参考系得出的是本征时间 τ,相对于事件运动(速度为 v)的参考系得出的是运动时间 t。

例题3 π 介子的静止寿命是 τ_0,若它以相对于地面的速度 v 运动,已知光速大小为 c,求它在地面参考系中走过的距离。

分析 我们可以借助画时空图来理解这个过程,记粒子"出生"为事件①,"死亡"为事件②,地面参考系为 S 系,相对于粒子静止的参考系为 S' 系,粒子运动的方向为正方向。

解 从图 7.1.12 和图 7.1.13 所示的时空图的对比中可以看出,$t_2'-t_1'$ 符合"同地发生的两个事件①、②的时间差",因而是本征时间,t_2-t_1 是运动时间,所以

$$t_2-t_1=\frac{\tau_0}{\sqrt{1-\left(\frac{v}{c}\right)^2}}$$

则 π 介子在地面系中走过的距离为

$$x_2 - x_1 = v(t_2 - t_1) = \frac{v\tau_0}{\sqrt{1-\left(\frac{v}{c}\right)^2}}$$

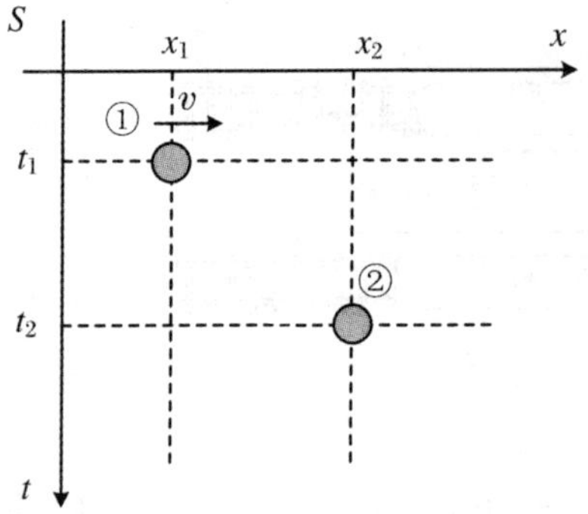

图 7.1.12

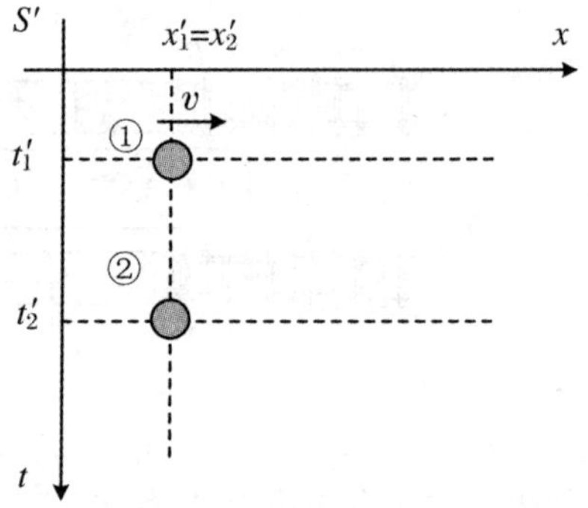

图 7.1.13

点拨 有一种称为 μ 子的粒子，它是一种不稳定的粒子，它的平均寿命为 $\tau = 2\times10^{-6}$ s，之后就会自行衰变为电子和中微子。地球大气上层存在大量的 μ 子，其速度可达 $u = 0.998c$，大气层厚度为 $l_0 = 9000$ m。理论计算：在地面参考系中，由于时间延缓效应，μ 子的平均寿命为

$$t = \frac{\tau}{\sqrt{1-u^2/c^2}} = \frac{2\times10^{-6}\ \text{s}}{\sqrt{1-0.998^2}} = 3.16\times10^{-5}\ \text{s}$$

所以在地面参考系中，μ 子走过的距离为

$$l = ut = 0.998\times3\times10^8\times3.16\times10^{-5}\ \text{m} = 9500\ \text{m}$$

因为 $l > l_0$，所以 μ 子能穿过大气层到达地球表面。事实上，在地面的实验室里，科学家的确观察到了 μ 子的到来。很显然这是时间延缓所致，因为如果时间不延缓，即使 μ 子以光速前进，在固有时间内它走过的距离也不会超过 600 m，这样它就不可能到达地面被实验室的科学家检测到。

例题 4 （2020 年清华强基）已知地球的半径约为 6000 km，与地球上的钟相比，在距离地心 12000 km 的飞船上的钟一天的计时偏差约为（　　）

A. 14 μs　　B. 140 ns　　C. 2400 fs　　D. 24000 ps

分析 地面上的观察者看地面上的钟为本征时间，看飞船上的钟为运动时间，本征时间最短，应用时间膨胀公式即可求解。

解 在轨道半径为 r 处的飞船速度为

$$v = \sqrt{\frac{GM}{r}} = \sqrt{\frac{gR^2}{r}}$$

地面经过时间 T_0 时，飞船上的钟经过的时间为

$$T = \frac{T_0}{\sqrt{1-\frac{v^2}{c^2}}}$$

$v \ll c$，应用近似$(1+x)^n = 1+nx$可得

$$T = T_0\left(1+\frac{v^2}{2c^2}\right)$$

所以偏差为

$$\Delta T = \frac{v^2}{2c^2}T_0 = \frac{gR^2}{r\cdot 2c^2}T_0 = \frac{gR}{4c^2}T_0 = 1.44\times 10^{-5}\ \mathrm{s}$$

可见，本题选A。

点拨 飞船相对于地球做圆周运动，若认为地球是一个近似的惯性系，则飞船并不是惯性系，所以不能采用时间膨胀公式来严格计算，此处只是一种近似处理。

4. 如何区别固有长度和运动长度？

相对于物体静止的参考系中测出的物体长度是固有长度，相对于物体运动的参考系中测出的物体长度是运动长度（需要同时测物体的两端）。得出的是固有长度还是运动长度，关键在于参考系的选择，相对于物体静止的参考系得出的是固有长度l_0，相对于物体运动（速度为u）的参考系得出的是运动长度l，此长度是沿运动方向的，且满足$l = l_0\sqrt{1-u^2/c^2}$关系。

例题5 地面上的两激光器A和B相距L，有一段长木板平行于地面以速度v相对于地面沿A、B连线方向高速运动。在地面参考系某时刻，两激光器同时发射激光在运动的木板上形成点状灼痕C和D。之后让木板减速停止，再次测得的两灼痕间距是多少？

分析 我们用时空图来分析，如图7.1.14和图7.1.15所示。记尺子上留下C灼痕为事件①，留下D灼痕为事件②，地面参考系为S系，相对尺子静止的参考系为S'系，尺子运动的方向为由A至B，规定为正方向。

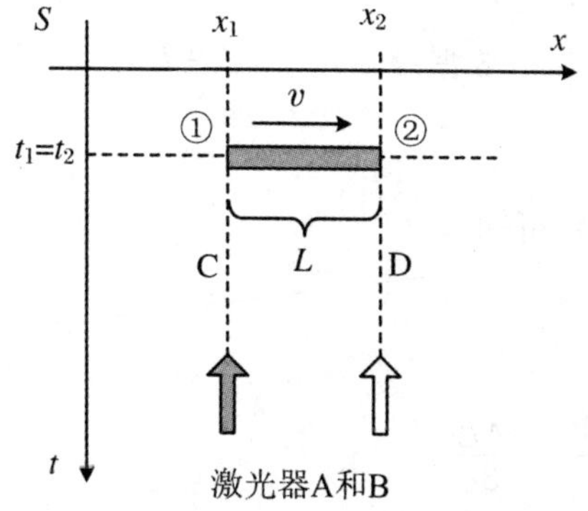

图7.1.14

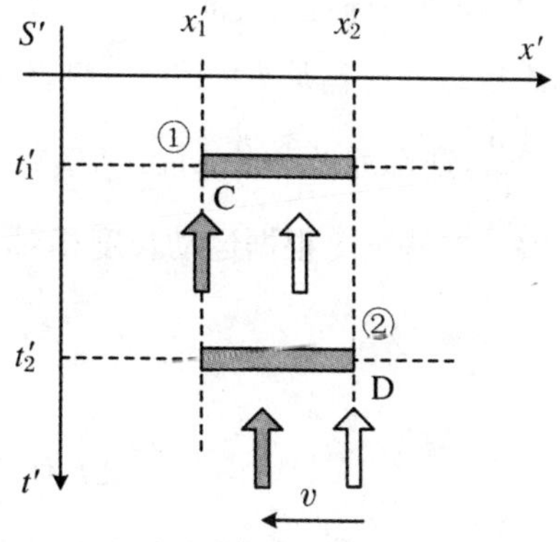

图7.1.15

在地面S系中，尺子上留下C、D两个灼痕是同时发生的异地两个事件，可知地面S系中C、D灼痕间距L为运动长度，停止后测的长度为固有长度，根据"运动长度相对于固有长度会缩短"的特点可以知道，当尺子减速后，灼痕间距将大于L。

解 根据尺缩效应，可得

$$L_0 = x_2' - x_1' = \frac{L}{\sqrt{1-\left(\frac{v}{c}\right)^2}}$$

这就是在尺子上留下的灼痕间距。

点拨 (1) 请注意，在某个参考系中"异地同时"的两个事件变换到别的参考系中不一定是同时发生的。在 S' 系中，激光器 A、B 是运动的，所以它们的间距将缩短。因此，激光器 B 先经过木板的头部，留下灼痕 D；而后激光器 A 再经过木板的尾部，留下灼痕 C。我们在上面的时空图中也显示出了这一点：S' 系中事件 2 先发生，因此 $t_2' < t_1'$，图 7.1.15 是按 $t_1' < t_2'$ 的假设画的。

(2) 定义 $\beta = \frac{v}{c}$，$\sqrt{1-\beta^2}$ 是运动长度的收缩系数，我们也可以继续去考虑这个问题。在 S' 系中，激光器 A、B 的间距是 $L\sqrt{1-\beta^2}$，假设灼痕的间距为 L_0，则在 S' 系先后留下两个灼痕的时间内，激光器运动了 $L_0 - L\sqrt{1-\beta^2}$ 的距离，所以可以列出方程

$$L_0 - L\sqrt{1-\beta^2} = v\Delta t'$$

又 $L_0 = \frac{L}{\sqrt{1-\left(\frac{v}{c}\right)^2}}$，所以

$$\Delta t' = |t_2' - t_1'| = \frac{\frac{v}{c^2}L}{\sqrt{1-\beta^2}} \neq 0$$

例题 6 一根长度为 L 的杆以相对于观测者 $0.6c$ 的速度运动。问：观测者测量出杆通过他的时间是多少？

分析 本题其实提供了测量运动长度的一种方法，就是在垂直杆的方向上放置一个光电门，当杆的头部经过光电门时记录一个时刻，当杆的尾部经过光电门时再记录一个时刻，则杆的运动长度就是 $l = v\Delta t$。根据运动长度相对于固有长度缩短，可知 $l = L\sqrt{1-\beta^2}$，其中 $\beta = \frac{v}{c}$，进而可以求出 Δt。

解 方法一 根据运动长度相对于固有长度缩短，可知

$$l = L\sqrt{1-\beta^2}$$

所以

$$\Delta t = \frac{l}{v} = \frac{L\sqrt{1-\beta^2}}{v} = \frac{4L}{3c}$$

方法二 由于"观测者测量出杆通过他的时间"是在同一个地点发生的两个事件的间隔，因此所要求的 Δt 是本征时间。而这个过程在杆静止系看来，是光电门向左以速度 v 通过长度为 L 的静止的杆，因此

$$\Delta t' = \frac{L}{v}$$

根据时间膨胀的观点，并且"本征时间最短"，可得

$$\Delta t = \Delta t' \sqrt{1-\beta^2} = \frac{L}{v}\sqrt{1-\beta^2} = \frac{4L}{3c}$$

点拨　用动尺收缩和动钟变慢的观点求解问题，要十分小心。究竟谁是本征时间，谁不是；谁是固有长度，谁是动长度，要根据本征时间和动长度的定义去把握，才不容易弄错。当然，如果能够画出两个参考的时空图，那就更能直观地理解了。设杆的头部挡住光电门为事件①，尾部离开光电门为事件②，画出时空图如图 7.1.16 和图 7.1.17 所示，可以从图中看出 $t_2 - t_1$ 为本征时间，L 为固有长度。

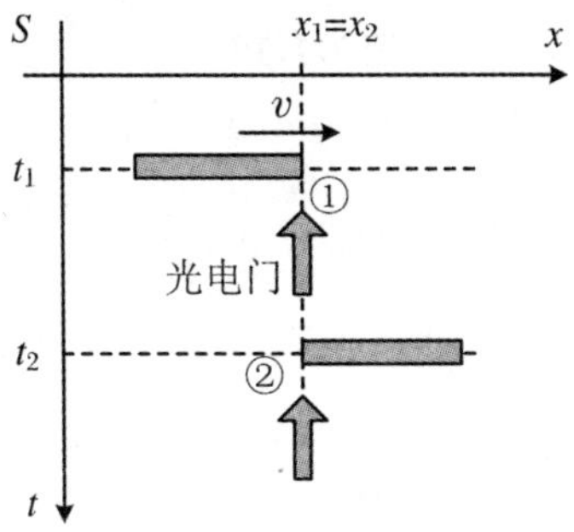

图 7.1.16

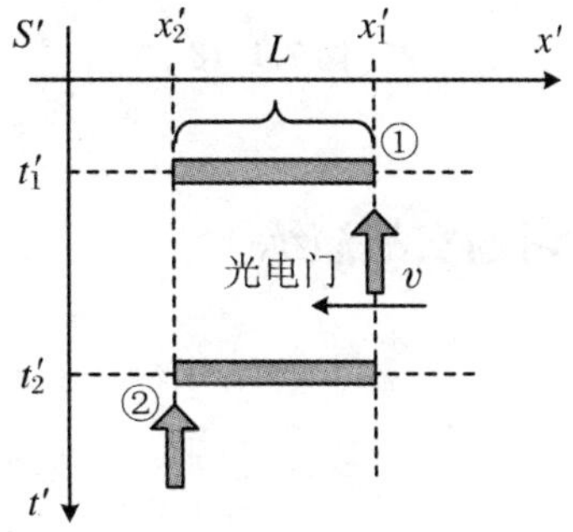

图 7.1.17

例题 7　一隧道长度为 L，一列车静止长度为 l，当它以速度 v 通过隧道时，求：

(1) 在地面上的观测者测得的从车头进入隧道到车尾离开隧道所需要的时间；

(2) 在列车上的观测者测得的从车头进入隧道到车尾离开隧道所需要的时间。

分析　地面上的观测者看到的是动车，长度为 $l\sqrt{1-\beta^2}$，其中 $\beta = \frac{v}{c}$；而车上的观测者看到的是运动中的隧道，长度为 $L\sqrt{1-\beta^2}$。

解　(1) 在地系中看，从车头进入隧道到车尾离开隧道，列车运动的总距离为

$$s = L + l\sqrt{1-\beta^2}$$

则用时为

$$\Delta t = \frac{s}{v} = \frac{L + l\sqrt{1-\beta^2}}{v}$$

(2) 在车系中看，从车头进入隧道到车尾离开隧道，隧道"运动"的总距离为

$$s' = l + L\sqrt{1-\beta^2}$$

则用时为

$$\Delta t' = \frac{s'}{v} = \frac{l + L\sqrt{1-\beta^2}}{v}$$

点拨　设车头进入隧道为事件①，车尾离开隧道为事件②，在两参考系中画出时空图，如图 7.1.18 和图 7.1.19 所示。已知 $x_2 - x_1 = L$，$x_2' - x_1' = -l$，(1)问相当于求 $t_2 - t_1$，(2)问相当于求 $t_2' - t_1'$。理清这些就可以更好地理解本征时间、固有长度、运动长度。本题将在 7.2 节例题 3 中用洛伦兹坐标变换的方法重新演算一遍，帮助大家更好地理解此类问题。

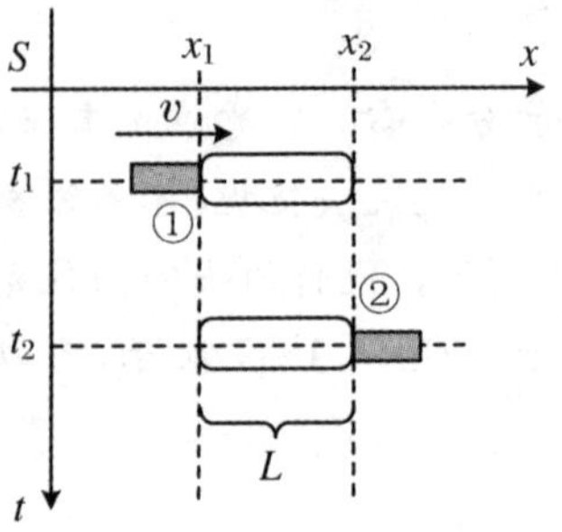

图 7.1.18

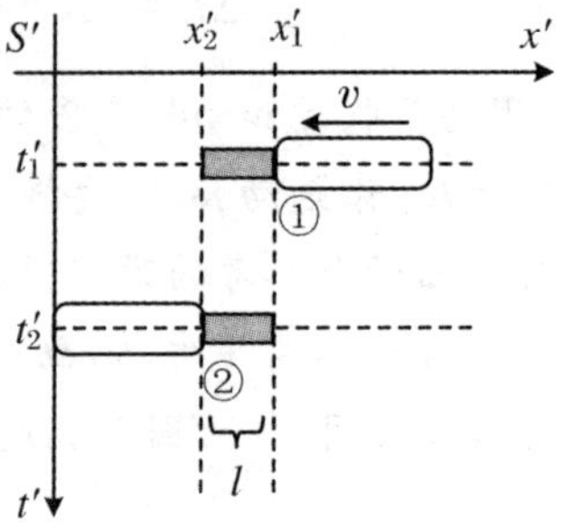

图 7.1.19

习题实战演练

基础练习

1. (2009 年江苏卷)如图 7.1.20 所示，强强乘飞行速度为 $0.9c$(c 为光速)的宇宙飞船追赶正前方的壮壮，壮壮的飞行速度为 $0.5c$，强强向壮壮发出一束光进行联络，则壮壮观测到该光束的传播速度为 ( )

A. $0.4c$　　B. $0.5c$　　C. $0.9c$　　D. $1.0c$

2. (2011 年江苏卷)如图 7.1.21 所示，沿平直铁路线有间距相等的三座铁塔 A、B 和 C。假想有一列车沿 AC 方向以接近光速的速度行驶，铁塔 B 发出一个闪光，列车上的观测者测得 A、C 两铁塔被照亮的顺序是 ( )

A. 同时被照亮　　B. A 先被照亮

C. C 先被照亮　　D. 无法判断

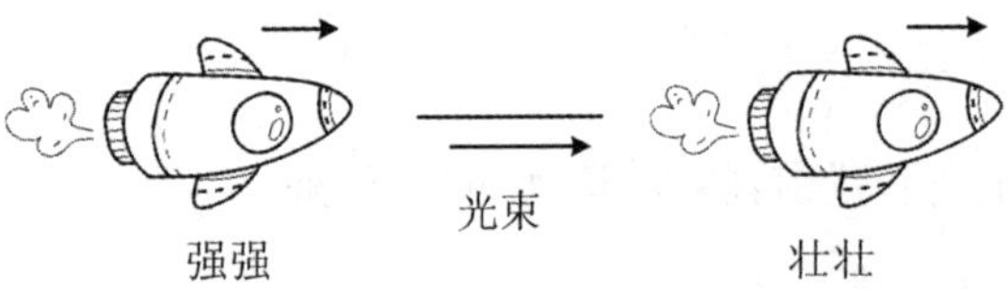

图 7.1.20

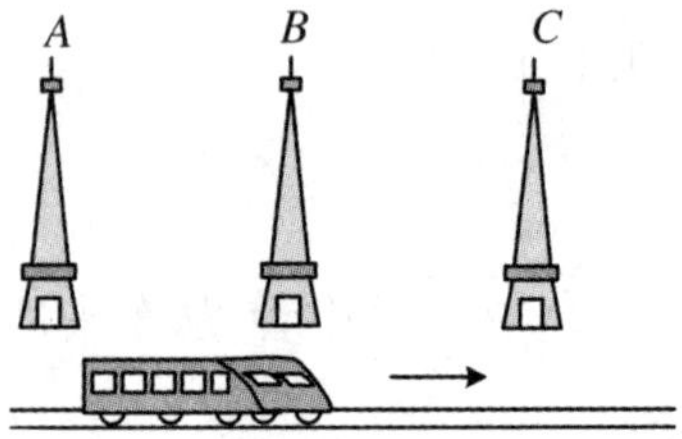

图 7.1.21

3. 下列关于光在真空中的速度大小的说法中正确的是 ( )

A. 运动方向与光传播方向一致的参考系中光速大

B. 光源移动方向与光传播方向一致时光速增大

C. 只有在特定的参照系中，光速才是确定的

D. 不论光源或观察者怎样运动，光的速率总是一个恒量

4. (2014 年"北约"卷)两个相向运动的惯性系 S、S'，一个惯性系的观察者看另外一个

惯性系的物理过程 ( )

A. 惯性系 S 看惯性系 S',物理过程是变快

B. 惯性系 S 看惯性系 S',物理过程是变慢

C. 惯性系 S' 看惯性系 S,物理过程是变快

D. 惯性系 S' 看惯性系 S,物理过程是变慢

5. (2016年清华领军)μ 子在相对于自身静止的惯性参考系中的平均寿命为 $\tau_0 \approx 2.0\times10^{-6}$ s。宇宙射线与大气在高空某处发生核反应产生一批 μ 子,它们以 $v=0.99c$ 的速度(c 为真空中的光速)从距离地面 h_0 处向下运动并衰变。关于地面观测的 μ 子平均寿命 τ 和在 μ 子系中运动的距离 h,下列说法正确的是 ( )

A. $\tau_0>\tau, h_0>h$　　B. $\tau_0<\tau, h_0>h$

C. $\tau_0<\tau, h_0<h$　　D. $\tau_0=\tau, h_0>h$

6. 有一根尺子,其长度为 L,它以相对于观测者 $0.6c$ 的速度运动。问:观测者测得的尺子通过他的时间是多少?

提 高 练 习

7. 一张边长为5 m的正方形宣传画平行贴于铁路旁广告牌,一高速列车以 $0.6c$ 的速度驶过,在列车参考系看,宣传画的尺寸是 ( )

A. 5 m×5 m 的正方形　　B. 4 m×4 m 的正方形

C. 6.25 m×5 m 的长方形　　D. 4 m×5 m 的长方形

8. 有一根杆子,静止时它的长度超过门的宽度,因而横着拿不进门,如图7.1.22(a)所示。现使杆在门前沿杆长方向运动,在门的参考系看,如图(b)所示;在杆的参考系看,如图(c)所示。下列说法正确的是 ( )

A. 无论怎样,杆横着总拿不进门

B. 图(b)所示的情况可以拿进门,因为杆缩短了

C. 图(c)所示的情况可以拿进门,因为杆缩短了

D. 图(c)所示的情况可以拿进门,因为门变宽了

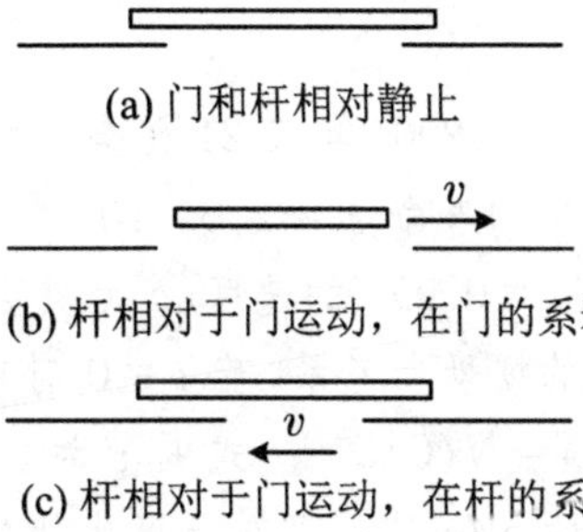

图7.1.22

9. (2012年"北约"卷)固定在地面上的两激光器A和B相距 L_0,有大木板平行贴近地面以速度 $v=0.6c$ 相对于地面沿A、B连线方向高速运动。在地面参考系某时刻,两激光器同时发射激光在运动木板上形成点状灼痕A′和B′。此后,让大木板缓慢减速至静止,测量出两灼痕的间距为 $L=$________ L_0。随原木板高速运动的惯性参考系的观察者认为,两束激光不是同时的,应存在发射时间差 $\Delta t'=$________ L_0/c。

10. 已知隧道 A_1B_1 的长度为 L_1,火车 A_2B_2 的静长为 L_2,$L_2>L_1$。

(1) 如图7.1.23所示,设火车 A_2B_2 以匀速率 v 驶进隧道,使得地面 S_1 系中的观察者发现 A_2 与 A_1 相遇时,B_2 与 B_1 也相遇,求 v 值。

(2) 接(1)的条件，引入随火车一起运动的惯性系 S_2，在 S_2 系中的观察者必定认为 A_2 与 A_1 先相遇，而后 B_2 与 B_1 相遇，求相遇的时间间隔 Δt_2。

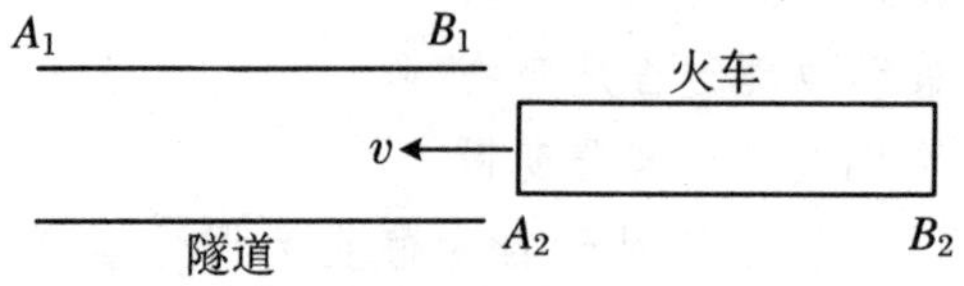

图 7.1.23

11. 一个"光钟"由一个处于 S 平面的点光源 A 和与 S 面平行、相距 l_0 的平面镜 M 组成，与这个光钟相对静止的参考系中，一个"滴答"的时间，即闪光从 A 到达 M 再反射回 A 的时间是 $\tau_0=\dfrac{2l_0}{c}$。假如这个光钟安装在一个以速度 v 快速运动的车上，车上观察者看到闪光从 A 沿垂直于 v 的方向到达 M 再反射回 A，如图 7.1.24(a)所示；地面观察者则看到闪光从 A 沿斜线到达 M 再反射到 S 平面上的 B，如图(b)所示。

(1) 求地面观察者测出的一个"滴答"的时间 τ。

(2) 又若方向改变 90°安装光钟，如图(c)所示，这时地面观察者测得的 A 与平面镜 M 的距离是多少？一个"滴答"的时间是多少？

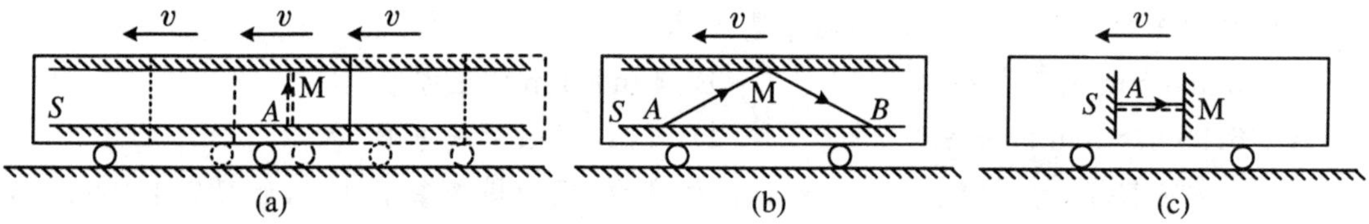

图 7.1.24

12. (2004 年第 21 届全国中学生物理竞赛复赛)μ 子在相对于自身静止的惯性参考系中的平均寿命 $\tau_0\approx 2.0\times10^{-6}$ s。宇宙射线与大气在高空某处发生核反应产生一批 μ 子，它们以 $v=0.99c$ 的速度(c 为真空中的光速)向下运动并衰变。根据放射性衰变定律，相对于给定的惯性参考系，若 $t=0$ 时刻的粒子数为 $N(0)$，t 时刻剩余的粒子数为 $N(t)$，则有 $N(t)=N(0)\mathrm{e}^{-t/\tau}$，式中 τ 为相对于该惯性系粒子的平均寿命。若能到达地面的 μ 子数为原来的 5%，试估算 μ 子产生处相对于地面的高度 h。不考虑重力和地磁场对 μ 子运动的影响。

参考答案

1. D。
2. C。
3. D。
4. BD。

5. B。

6. $\dfrac{0.8L}{0.6c}$。

7. D。

提示　对于车上观察者，广告牌以 $0.6c$ 高速运动，运动方向尺寸缩短，垂直于运动方向的长度不变。运动方向的长度为 $L=L_0\sqrt{1-\dfrac{v^2}{c^2}}=5\sqrt{1-0.6^2}\ \text{m}=4\ \text{m}$。

8. B。

提示　在门的系看，杆是运动的，动尺收缩。事实上相当于：先用门的右端量尺子的右端，然后用门的左端量尺子的左端。由于尺子在测量的过程中运动了一段距离，这时尺子的右端已经过了门的左端。在杆的系来看，门是运动的，用杆去量门，门变得窄了。

9. 1.25；0.75。

提示　在地面系看，激光是同时发射的，木板是运动的，动尺收缩，L_0 为运动长度。木板停下来，在地面系再看，L 是固有长度，满足 $L_0=L\sqrt{1-\dfrac{v^2}{c^2}}=L\sqrt{1-0.6^2}=0.8L$，得 $L=1.25L_0$。

在高速运动（设由 A 向 B 运动）的木板系中看激光发射，激光由 B 向 A 方向运动，A、B 两激光相距 $L'=L_0\sqrt{1-\dfrac{v^2}{c^2}}=0.8L_0$。B 激光先发射，A 激光后发射。这段时间激光移动的距离满足 $L-L'=v\Delta t'$，所以 $\Delta t'=\dfrac{L-L'}{v}=\dfrac{1.25L_0-0.8L_0}{0.6c}=\dfrac{0.75L_0}{c}$。

10. (1) $v=c\sqrt{1-\dfrac{L_1^2}{L_2^2}}$；(2) $\Delta t_2=\dfrac{\sqrt{L_2^2-L_1^2}}{c}$。

提示　(1) 地面（S_1 系）观察者看到运动的火车缩短到与静止的隧道一样长，则 $L_1=L_2\sqrt{1-\dfrac{v^2}{c^2}}$，得 $v=c\sqrt{1-\dfrac{L_1^2}{L_2^2}}$。

(2) 火车上（S_2 系）观察者测出运动的隧道缩短，设从前端对齐（A_2A_1）到后端对齐（B_2B_1）经时间 Δt_2，则有 $L_2-L_1\sqrt{1-\dfrac{v^2}{c^2}}=v\Delta t_2$，得 $\Delta t_2=\dfrac{\sqrt{L_2^2-L_1^2}}{c}$。

11. (1) $\tau=\dfrac{\tau_0}{\sqrt{1-\left(\dfrac{v}{c}\right)^2}}$；(2) $l_0\sqrt{1-\dfrac{v^2}{c^2}}$，$\dfrac{\tau_0}{\sqrt{1-\left(\dfrac{v}{c}\right)^2}}$。

提示　(1) 车上观察者观察光钟，看到的闪光时间是本征时间，$\tau_0=\dfrac{2l_0}{c}$。地面观察者观察光钟，看到的闪光时间为运动时间，$\tau=\dfrac{\tau_0}{\sqrt{1-\left(\dfrac{v}{c}\right)^2}}$；或者在地面参考系中，由 $\left(\dfrac{c\tau}{2}\right)^2=\left(\dfrac{v\tau}{2}\right)^2+l_0^2=\left(\dfrac{v\tau}{2}\right)^2+\left(\dfrac{c\tau_0}{2}\right)^2$ 也可以推出 τ。

(2) 地面观察者测出 A 与平面镜 M 的距离 l 是运动长度，根据尺缩效应，得 $l=l_0\sqrt{1-\dfrac{v^2}{c^2}}$。

地面观察者测出的光钟是运动时间，根据钟慢效应，一个滴答的时间是

$$\tau=\frac{\tau_0}{\sqrt{1-\left(\dfrac{v}{c}\right)^2}}$$

12. $h=1.26\times10^4\ \text{m}$。

提示 根据时间膨胀效应，在地球上观测到的 μ 子平均寿命为

$$\tau=\frac{\tau_0}{\sqrt{1-\left(\dfrac{v}{c}\right)^2}}$$

相对于地面，若 μ 子到达地面所需时间为 t，则在 t 时刻剩余的 μ 子数为 $N(t)=N(0)\mathrm{e}^{-t/\tau}$。

根据题意有 $\dfrac{N(t)}{N(0)}=\mathrm{e}^{-t/\tau}=5\%$，得 $t=-\tau\ln\dfrac{5}{100}$。

根据题意，可以把 μ 子的运动看作匀速直线运动，则 $h=vt$，代入数据，得 $h=1.26\times10^4\ \text{m}$。

7.2 相对论运动学

课外知识延伸

1. 洛伦兹坐标变换

(1) 两时空坐标系的约定

任何一个物理过程都是由若干个“事件”组成的，在不同的时空坐标系中，这些事件的时空坐标可能不同，但是这些时空坐标之间是可以相互转化的。为了方便，我们需要一本“字典”，通过它能把一个时空坐标系中的时空坐标“翻译”成另一个时空坐标系中的时空坐标。为了过程简单，我们将两时空坐标系作如下约定。

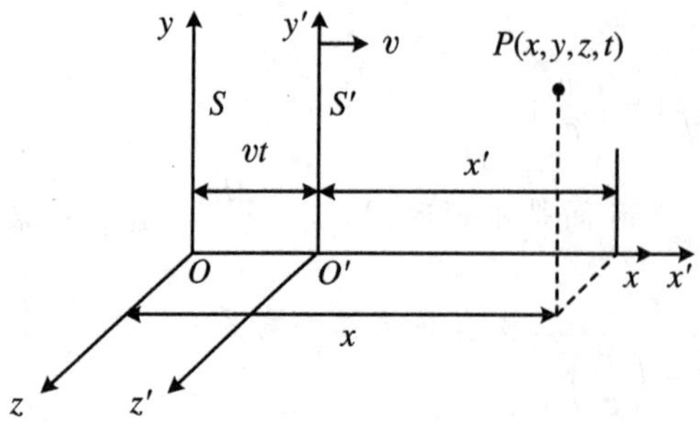

图 7.2.1

如图 7.2.1 所示，设地面参考系为 S 系，列车参考系为 S' 系，其中 S' 系相对于 S 系沿 x 轴正方向以速度 v 匀速运动；两个参考系的

坐标原点 O 和 O' 在 $t=t'=0$ 时刻重合，而 y 和 y' 轴、z 和 z' 轴保持平行；在 $S(S')$ 系的各处安置一系列相对于 $S(S')$ 系静止且对准的时钟，在参考系 S 或 S' 中，一个事件可用它的时空坐标 (x,y,z,t) 或 (x',y',z',t') 来描述。

(2) 从光速不变到坐标变换

设想有这样一个场景：在列车 S' 系内的坐标原点 O'，有一个相对于列车静止的点光源，在 $t'=0$ 时刻发出球面扩散光。

因为列车上的观测者认为光速为 c，在某个时刻 t'，这些光子必定分布在一个以光源为圆心、ct' 为半径的球面上，光子的坐标满足

$$x'^2+y'^2+z'^2=(ct')^2$$

因为地面上的观测者也认为光速为 c，在某个时刻 t，这些光子必定分布在一个以光源为圆心、ct 为半径的球面上，即光子的坐标仍然满足

$$x^2+y^2+z^2=(ct)^2$$

由于在 y 和 z 方向上无相对运动，$y'=y$，$z'=z$，我们需要找的就是 $x'=x'(x,t)$ 和 $t'=t'(x,t)$ 的函数形式，使之满足 $x'^2+y'^2+z'^2=(ct')^2$ 和 $x^2+y^2+z^2=(ct)^2$。

我们可以设

$$x'=Ax+Bt,\quad t'=Cx+Dt$$

其中 4 个系数都是与参考系间的相对速度有关的函数。为什么要假设成这样的线性函数呢？因为只有线性变换才能保证匀速运动的物体在任何参考系内都是匀速运动。为了帮助大家理解，我们来稍微演算一下。

设物体在 S 系内的速度不变，记为 u，它在 S' 系内的速度记为 u'。若两坐标变换满足上述线性变换假设，则

$$u'=\frac{\mathrm{d}x'}{\mathrm{d}t'}=\frac{\mathrm{d}(Ax+Bt)}{\mathrm{d}(Cx+Dt)}=\frac{A\mathrm{d}x+B\mathrm{d}t}{C\mathrm{d}x+D\mathrm{d}t}=\frac{A\dfrac{\mathrm{d}x}{\mathrm{d}t}+B}{C\dfrac{\mathrm{d}x}{\mathrm{d}t}+D}=\frac{Au+B}{Cu+D}$$

显然也是一个定值。若两坐标系的变换不是线性变换，比如 $x'=Ax^2+Bt$，$t'=Cxt$，则

$$u'=\frac{\mathrm{d}x'}{\mathrm{d}t'}=\frac{\mathrm{d}(Ax^2+Bt)}{\mathrm{d}(Cxt)}=\frac{2Ax\mathrm{d}x+B\mathrm{d}t}{C(t\mathrm{d}x+x\mathrm{d}t)}=\frac{2Ax\dfrac{\mathrm{d}x}{\mathrm{d}t}+B}{C\left(t\dfrac{\mathrm{d}x}{\mathrm{d}t}+x\right)}=\frac{2Axu+B}{C(ut+x)}$$

显然 u' 不再是定值。

(3) 洛伦兹坐标变换公式

将 $x'=Ax+Bt$，$t'=Cx+Dt$，以及 $y'=y$，$z'=z$ 代入 $x'^2+y'^2+z'^2=(ct')^2$，得

$$(A^2-c^2C^2)x^2+y^2+z^2+2(AB-c^2CD)xt=(c^2D^2-B^2)t^2$$

与 $x^2+y^2+z^2=(ct)^2$ 对比系数，可得

$$A^2-c^2C^2=1,\quad AB=c^2CD,\quad c^2D^2-B^2=c^2$$

至此我们得到了 3 个方程，还要再找一个。

如果一个物体在 S' 系内静止，则它在 S 系内的速度自然是 v，根据 $u'=\dfrac{Au+B}{Cu+D}$，可得

$0=\dfrac{Av+B}{Cv+D}$，所以

$$Av+B=0$$

这是第 4 个方程。

解这 4 个方程即可得到

$$A=\frac{1}{\sqrt{1-\frac{v^2}{c^2}}},\quad B=\frac{-v}{\sqrt{1-\frac{v^2}{c^2}}},\quad C=\frac{-\frac{v}{c^2}}{\sqrt{1-\frac{v^2}{c^2}}},\quad D=\frac{1}{\sqrt{1-\frac{v^2}{c^2}}}$$

因此，洛伦兹坐标变换就是

$$\begin{cases} x'=\dfrac{x-vt}{\sqrt{1-\left(\frac{v}{c}\right)^2}} \\ y'=y \\ z'=z \\ t'=\dfrac{t-\frac{v}{c^2}x}{\sqrt{1-\left(\frac{v}{c}\right)^2}} \end{cases} \quad ①$$

反解上述方程组可得逆变换是

$$\begin{cases} x=\dfrac{x'+vt'}{\sqrt{1-\left(\frac{v}{c}\right)^2}} \\ y=y' \\ z=z' \\ t=\dfrac{t'+\frac{v}{c^2}x'}{\sqrt{1-\left(\frac{v}{c}\right)^2}} \end{cases} \quad ②$$

2. 洛伦兹速度变换

在图 7.2.1 所示的约定中，我们来找出(u_x, u_y, u_z)和$(u_{x'}, u_{y'}, u_{z'})$的变换关系。对①式两边求微分可得

$$\begin{cases} \mathrm{d}x'=\dfrac{\mathrm{d}x-v\mathrm{d}t}{\sqrt{1-\left(\frac{v}{c}\right)^2}} \\ \mathrm{d}y'=\mathrm{d}y \\ \mathrm{d}z'=\mathrm{d}z \\ \mathrm{d}t'=\dfrac{\mathrm{d}t-\frac{v}{c^2}\mathrm{d}x}{\sqrt{1-\left(\frac{v}{c}\right)^2}} \end{cases}$$

将上式代入在 S' 系中速度的定义式 $u_{x'}=\dfrac{\mathrm{d}x'}{\mathrm{d}t'}, u_{y'}=\dfrac{\mathrm{d}y'}{\mathrm{d}t'}, u_{z'}=\dfrac{\mathrm{d}z'}{\mathrm{d}t'}$，并整理，可得

$$\begin{cases} u_{x'}=\dfrac{u_x-v}{1-\dfrac{vu_x}{c^2}} \\ u_{y'}=\dfrac{u_y\sqrt{1-\left(\dfrac{v}{c}\right)^2}}{1-\dfrac{vu_x}{c^2}} \\ u_{z'}=\dfrac{u_z\sqrt{1-\left(\dfrac{v}{c}\right)^2}}{1-\dfrac{vu_x}{c^2}} \end{cases} \qquad ③$$

这就是相对论的速度合成公式，也称洛伦兹速度变换。当 $v \ll c, u_x \ll c$ 时，上述表达式可以变为

$$u_{x'}=u_x-v,\quad u_{y'}=u_y,\quad u_{z'}=u_z$$

这就是伽利略速度变换公式。可见，伽利略速度变换是洛伦兹速度变换在低速情况下的近似。

设在 S 系中一束光沿 x 轴方向传播，其速率为 c，则在 S' 系中，$u_x=c, u_y=u_z=0$，故按③式，光的速率仍然为 c，这一结果与相对速度 v 无关。这就是说，光在任何惯性参考系中的速度都是 c，这正是相对论的一个基本假设。

用同样的方法，从②式出发，我们可以得到洛伦兹速度逆变换关系如下：

$$\begin{cases} u_x=\dfrac{u_{x'}+v}{1+\dfrac{vu_{x'}}{c^2}} \\ u_y=\dfrac{u_{y'}\sqrt{1-\left(\dfrac{v}{c}\right)^2}}{1+\dfrac{vu_{x'}}{c^2}} \\ u_z=\dfrac{u_{z'}\sqrt{1-\left(\dfrac{v}{c}\right)^2}}{1+\dfrac{vu_{x'}}{c^2}} \end{cases} \qquad ③$$

3. 洛伦兹变换反映的时空观

(1) 同时的相对性

为了简单，在参考系 S 中，我们以 (x_1, t_1) 代表某一个事件，以 (x_2, t_2) 代表另一个事件；在参考系 S' 中，这两个事件分别用 (x_1', t_1')，(x_2', t_2') 表示。对于时间关系，由洛伦兹变换得出

$$\Delta t'=t_2'-t_1'=\frac{(t_2-t_1)-\dfrac{v}{c^2}(x_2-x_1)}{\sqrt{1-\left(\dfrac{v}{c}\right)^2}}=\frac{\Delta t-\dfrac{v}{c^2}\Delta x}{\sqrt{1-\left(\dfrac{v}{c}\right)^2}}$$

当 $t_1=t_2$ 且 $x_1\neq x_2$ 时，有 $t_1'\neq t_2'$。即在 S 系中异地同时发生的两个事件在S'系中肯定不同时发生。变换参考系之后，随着 x_1 与 x_2 的大小关系的不同，对应的时间先后顺序也不一样，顺着相对运动方向上的事件是后来发生的，这正是上一节我们讨论过的同时的相对性的结果。请大家参看上一节“同时的相对性”的讨论。

(2) 钟慢效应

对于时间关系，由洛伦兹变换可得

$$\Delta t' = t_2'-t_1'=\frac{(t_2-t_1)-\frac{v}{c^2}(x_2-x_1)}{\sqrt{1-\left(\frac{v}{c}\right)^2}}=\frac{\Delta t-\frac{v}{c^2}\Delta x}{\sqrt{1-\left(\frac{v}{c}\right)^2}}$$

当 $x_1=x_2$ 时，有

$$\Delta t'=\frac{\Delta t}{\sqrt{1-\left(\frac{v}{c}\right)^2}}$$

这正是我们前面得出的时钟延缓效应。这个表达式再次向我们明确地表述了，某两个事件在某个参考系中是在同一个地点($\Delta x=0$)发生的，这两个事件在这个参考系中的时间差就是本征时间 Δt，且本征时间最短。

(3) 尺缩效应

对于空间关系，可以由洛伦兹变换得出

$$\Delta x' = x_2'-x_1'=\frac{(x_2-x_1)-v(t_2-t_1)}{\sqrt{1-\left(\frac{v}{c}\right)^2}}=\frac{\Delta x-v\Delta t}{\sqrt{1-\left(\frac{v}{c}\right)^2}}$$

当 $t_1=t_2$ 时，有

$$\Delta x'=\frac{\Delta x}{\sqrt{1-\left(\frac{v}{c}\right)^2}}$$

这正是我们前面得出的长度收缩效应。这个表达式再次向我们明确地表述了，运动长度 Δx 是指对测量过程必须附加要求“同时操作”($\Delta t=0$)的长度，而对测量过程没有任何要求的长度只能是相对于物体静止时测量的长度，也就是所谓的固有长度。

从数学上看，与本征时间(固有时间)对应的概念是运动长度，而不是固有长度。本征时间是同地发生的两个先后事件①和②的时间差，即 $x_2-x_1=0$ 时的 t_2-t_1；运动长度是同时发生的两个异地事件①和②的坐标差，即 $t_2-t_1=0$ 时的 x_2-x_1。

4. 电磁波的多普勒效应

(1) 观测者静止而波源运动

如图 7.2.2 所示，将发光波源 A 和观测者 B 的连线作为 x 轴，波源以大小为 v 的速度向静止在地面上的观测者运动。设发光波源 A 在 t_1 时刻发出的波峰(记为甲)被观测者 B 在 t_2 时刻接收到，发光波源 A 在 t_1+T_0 时刻紧接着再次发出的波峰(记为乙)被观测者 B 在 t_2+T 时刻接收到。

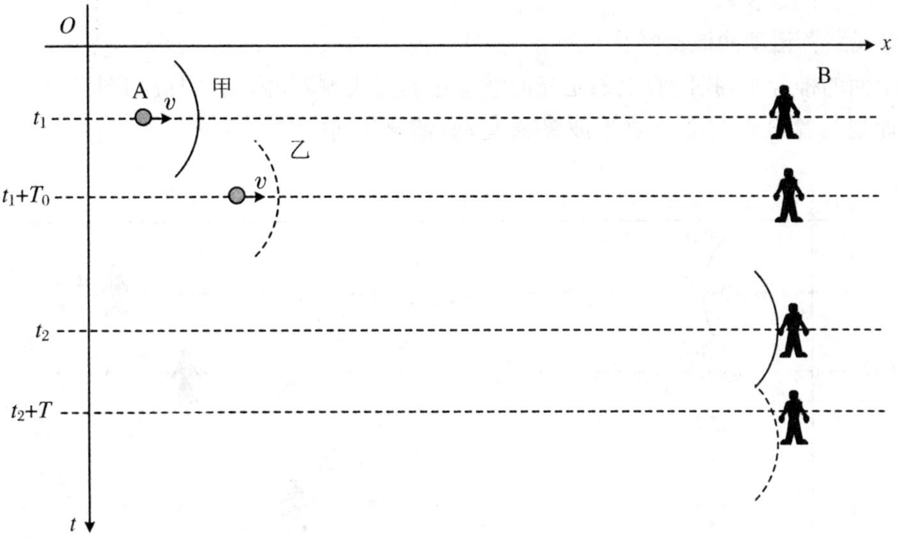

图 7.2.2

这里有 4 个事件：波源 A 发出波峰甲，波源 A 发出波峰乙，观测者 B 接收到波峰甲，观测者 B 接收到波峰乙。由图 7.2.2 可知

$$c(t_2 - t_1) = vT_0 + c[(t_2 + T) - (t_1 + T_0)]$$

整理可得

$$cT = (c - v)T_0$$

在观测者 B 看来，T_0 是运动时间，在光源参考系 A 中观测到两次发出波峰的时间才是固有时间，设为 $T_{固有}$，则有

$$T_0 = \frac{T_{固有}}{\sqrt{1 - \beta^2}}$$

以上两式联立，可得

$$T = \sqrt{\frac{1 - \beta}{1 + \beta}}\, T_{固有}$$

所以

$$f = \sqrt{\frac{1 + \beta}{1 - \beta}}\, f_0$$

其中 $f = \frac{1}{T}$是在相对于光源运动的参考系中观测到的光源频率，即图中观测者 B 的接收频率；而 $f_0 = \frac{1}{T_{固有}}$是在相对于光源静止的参考系中观测到的光源频率。

通过上式可以看出，当光源靠近观测者时，观测者测量到的光波频率变大，这与机械波的多普勒效应是一致的，但是定量的变化关系却不同（对于机械波，当波源运动而观测者不动时，频率变化的定量关系为 $f = \frac{1}{1-\beta} f_0 = \frac{1}{1 - \frac{u}{v}} f_0$，其中 u 是波源相对于介质的速度，v 是波相对于介质的速度)。

(2) 观测者运动而波源静止

在上面的推导中,我们假设的是光波波源运动而观测者静止。假设如图7.2.3所示,波源静止而观测者B以速度 v 靠近波源A运动,情况如何?

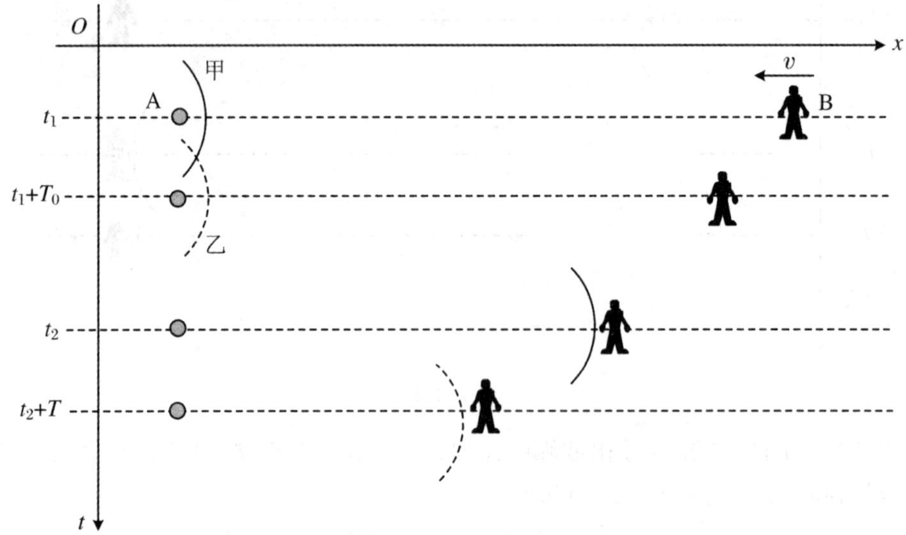

图7.2.3

由图7.2.3可知

$$c(t_2 - t_1) = c[t_2 + T - (t_1 + T_0)] + vT$$

因为是在波源A静止系中,所以 T_0 是波源的固有周期,但是 T 并不是观测者B的接收周期。T 是在波源A静止系中观测者B接收到波峰甲和波峰乙的时间间隔,这两个事件是异地事件;$T_{接收}$ 是对观测者B静止系而言的,$T_{接收}$ 是本征时间,T 是运动时间,则有

$$T_{接收} = \sqrt{1-\beta^2}\,T$$

以上两式联立,可得

$$T_0 = \sqrt{\frac{1+\beta}{1-\beta}}\,T_{接收}$$

所以

$$f = \sqrt{\frac{1+\beta}{1-\beta}}\,f_0$$

可见,不论是波源以速度 v 靠近观测者,还是观测者以速度 v 靠近波源,接收频率都具有相同的表达式 $f=\sqrt{\frac{1+\beta}{1-\beta}}\,f_0$,这与机械波的多普勒效应有着很大的不同。

核心问题讨论

1. 如何使用洛伦兹坐标变换来分析问题?

使用洛伦兹变换分析问题时,应先明确所研究的事件是什么,然后在时空图中标记清楚各个事件的时空坐标。同时需要注意的是正方向的规定,一般我们选取运动参考系 S' 相对于固定参考系 S 的运动方向为正方向,这样参考系的相对速度 v 就是正的。

例题1 某日上午9时整在北京有一老人去世,同日上午9时0分0.003秒在上海有一婴儿诞生。已知北京到上海的直线距离约为1000 km。假设有一宇宙飞船以 $v=0.99c$ 的速率沿从北京到上海的方向水平飞行,则坐在该宇宙飞船中的人观测这两个事件的时间间隔是多少?

分析 取宇宙飞船飞行方向为 x 和 x' 轴的正方向,则老人去世和婴儿诞生这两个事件的时空坐标将可以表示出来,然后根据洛伦兹变换可以找出两个时空坐标间的关系,进而找出两个事件在不同时空坐标系间的关系。

解 以地球为 S 系,宇宙飞船为 S' 系,取宇宙飞船飞行方向为 x 和 x' 轴的正方向。在 S 系中,老人去世的时空坐标为 (x_1, t_1),婴儿诞生的时空坐标为 (x_2, t_2);在 S' 系中,老人去世的时空坐标为 (x_1', t_1'),婴儿诞生的时空坐标为 (x_2', t_2')。根据洛伦兹变换有

$$\Delta t' = t_2' - t_1' = \frac{(t_2 - t_1) - \dfrac{v}{c^2}(x_2 - x_1)}{\sqrt{1 - \left(\dfrac{v}{c}\right)^2}}$$

代入数据,可得

$$\Delta t' = t_2' - t_1' = -2.1 \times 10^{-3}\ \text{s}$$

点拨 根据题意有 $\Delta t = t_2 - t_1 = 0.003\ \text{s} > 0$,即地面上的人观测婴儿出生后发生;而 $\Delta t' = t_2' - t_1' < 0$,即宇宙飞船中的人观测到婴儿出生先发生。可见,在不同的参考系中观测两个没有因果联系的事件是可以颠倒先后顺序的。那么,有因果关系的两个事件是否会在某个参考系中颠倒先后顺序呢?答案是否定的。在任何一个惯性系中只要承认物体的运动速度不能超越光速,有因果关系的两个事件的先后顺序在任何参考系中都不会颠倒。我们用下面的例题来说明。

例题2 在真人CS游戏中,甲向相距 l 的静止的乙射击,如图7.2.4所示。若子弹的速度为 u:

(1) 求在地面参考系中从甲发射子弹到乙被击中的时间间隔。

(2) 通过计算说明在任何参考系中都是甲先发射子弹,然后乙被击中。

分析 记甲发射子弹为事件①,乙被子弹击中为事件②。设参考系 S' 以速度 v 相对于 S 系运动,画出时空图,如图7.2.5所示。由于所考虑的两个事件主体是子弹,在 S' 系的图中没画甲、乙两个人。

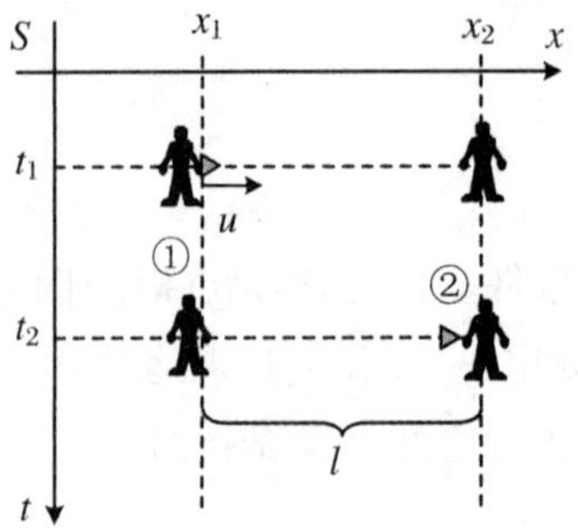

图 7.2.4

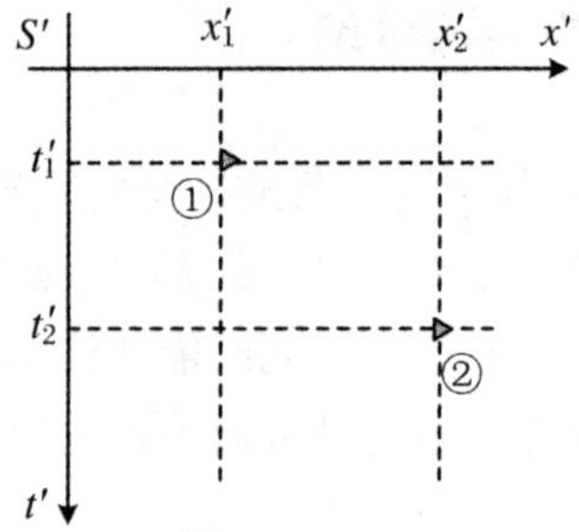

图 7.2.5

解 (1) 所求的时间间隔为

$$\Delta t = t_2 - t_1 = \frac{l}{u}$$

(2) 根据洛伦兹变换可得

$$\Delta t' = t_2' - t_1' = \frac{(t_2 - t_1) - \frac{v}{c^2}(x_2 - x_1)}{\sqrt{1 - \left(\frac{v}{c}\right)^2}} = \frac{\frac{l}{u} - \frac{v}{c^2}l}{\sqrt{1 - \left(\frac{v}{c}\right)^2}} = \frac{l}{u}\frac{1 - \frac{vu}{c^2}}{\sqrt{1 - \left(\frac{v}{c}\right)^2}}$$

从这个计算结果可见，只要承认 v、u 小于光速 c，就有 $\Delta t' > 0$，表明事件②(乙被子弹击中)总是在事件①(甲发射子弹)之后。

点拨 (1) 对于具有因果关系的两件事，原因总是通过某些物质作用来影响结果。狭义相对论要求任何物质粒子都不可能超光速运动，这就保证了因果律的绝对性。同时也表明，同时的两个异地事件在任何参考系内都不存在因果关系。

(2) 狭义相对论不仅排除了超光速粒子的存在，也排除了绝对刚体的存在。因此，诸如“设想一根非常长的刚体杆(比如长度为 1 光年)，绕一端匀速旋转，则另一端的线速度可以超光速”之类“民科”的想法，都是没有考虑到经典物理中的一些理想模型在相对论中不存在。

值得一提的是，在力学中出现过两根交叉叠放的杆各自以一定的速度垂直于杆身运动，其交点的速度是可以超光速的。交点的运动只是一种表观的运动现象，它并不伴随任何形式的能量传递，与相对论的结论并不矛盾。类似的还有探照灯在夜空中划过，光点在云层上的移动速度可能超过光速，也是如此。

例题 3 一隧道长度为 L，一列车静止长度为 l，当列车以速度 v 通过隧道时，利用洛伦兹坐标变换求：

(1) 在地面上的观测者测得的从车头进入隧道到车尾离开隧道所需要的时间；

(2) 在列车上的观测者测得的从车头进入隧道到车尾离开隧道所需要的时间。

分析 记车头进入隧道为事件①，车尾离开隧道为事件②，画出时空图，如图 7.2.6 和图 7.2.7 所示。从图中可以看出：$x_2 - x_1 = L$，$x_2' - x_1' = -l$；(1)问相当于求 $t_2 - t_1$；(2)问相当于求 $t_2' - t_1'$。

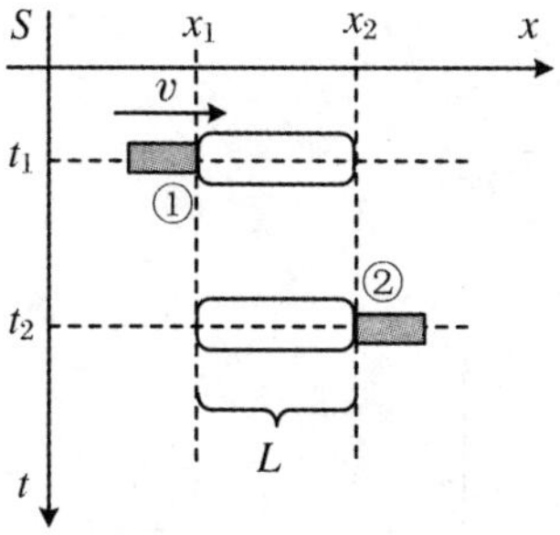

图 7.2.6

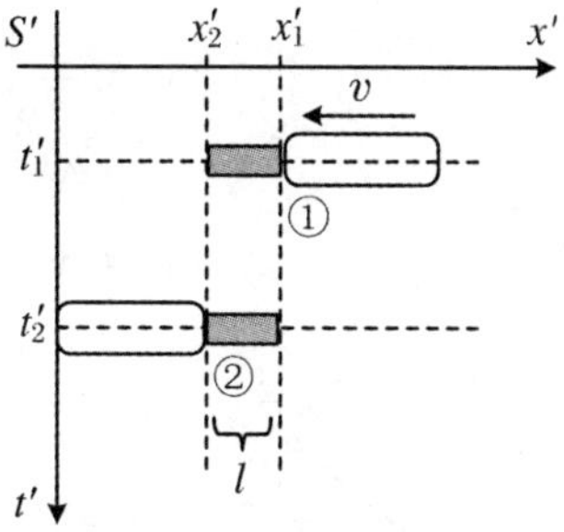

图 7.2.7

解 (1) 根据上述两个时空图,由洛伦兹变换可得

$$t_2'-t_1'=\frac{(t_2-t_1)-\frac{v}{c^2}(x_2-x_1)}{\sqrt{1-\beta^2}}=\frac{(t_2-t_1)-\frac{v}{c^2}L}{\sqrt{1-\beta^2}}$$

$$x_2'-x_1'=\frac{(x_2-x_1)-v(t_2-t_1)}{\sqrt{1-\beta^2}}=\frac{L-v(t_2-t_1)}{\sqrt{1-\beta^2}}=-l$$

解得

$$t_2-t_1=\frac{L+l\sqrt{1-\beta^2}}{v}$$

(2) 由(1)的方程组,同时可得

$$t_2'-t_1'=\frac{l+L\sqrt{1-\beta^2}}{v}$$

点拨 用洛伦兹变换时,先画出地系和车系两个参考系中的"时空图",再明确各个事件在两个系中的时空坐标,理清这些就可以正确地使用洛伦兹变换公式。

例题4 (1) 设 S' 系以速率 v 沿 x 轴相对于 S 系运动,在 S' 系中一光束沿与 x 轴成 θ_0 的方向射出,真空中光速为 c。如图 7.2.8 所示,求在 S 系中光束与 x 轴的夹角。

(2) 一个点光源在相对其静止的参考系 S' 中向各个方向均匀地发光(辐射),当它以接近于光速的速率 v 在某一参考系 S 中运动时,由于相对论效应,在它前进的方向上辐射变得更加强烈。这种现象称为前灯效应。若某电子发射出的光子在 S 系中有一半集中在一个向前的圆锥中,圆锥的半顶角为 10^{-3} rad,据此求此电子的速率。(单位用 c 表示。)

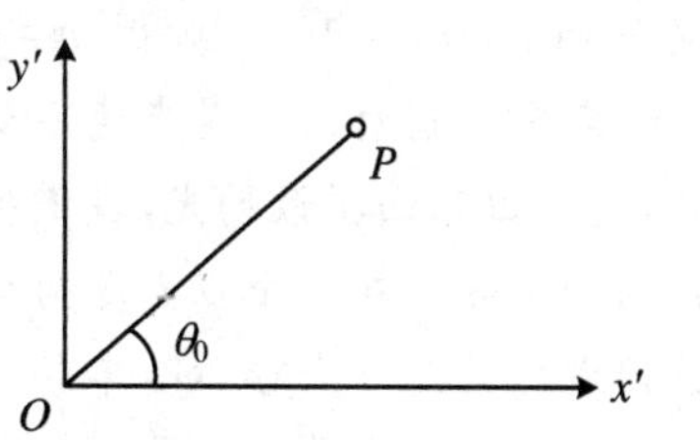

图 7.2.8

分析 记光在 S' 系的坐标原点发射为事件①,到达点 P 为事件②。因为本题是二维运动,所以将事件的时间坐标直接标注在图 7.2.9 和图 7.2.10 中。据此可以根据洛伦兹变换求出光束与 x 轴的夹角。

解 (1) 设光在 $t'=t=0$ 时从原点射出,在 t' 时刻到达 $P(x',y')$,其中

$$x'=ct'\cos\theta_0,\quad y'=ct'\sin\theta_0$$

如图 7.2.9 和图 7.2.10 所示，根据洛伦兹变换，在 S 系中，P 点的坐标为

$$x = \frac{x' + vt'}{\sqrt{1 - \frac{v^2}{c^2}}} = \frac{ct'\cos\theta_0 + vt'}{\sqrt{1 - \frac{v^2}{c^2}}}$$

$$y = y' = ct'\sin\theta_0$$

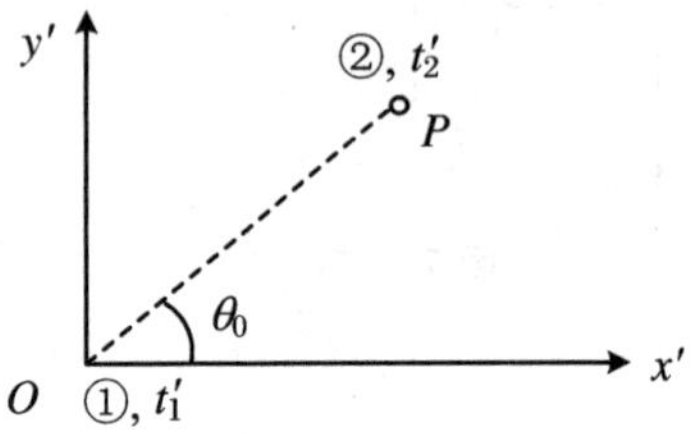

图 7.2.9

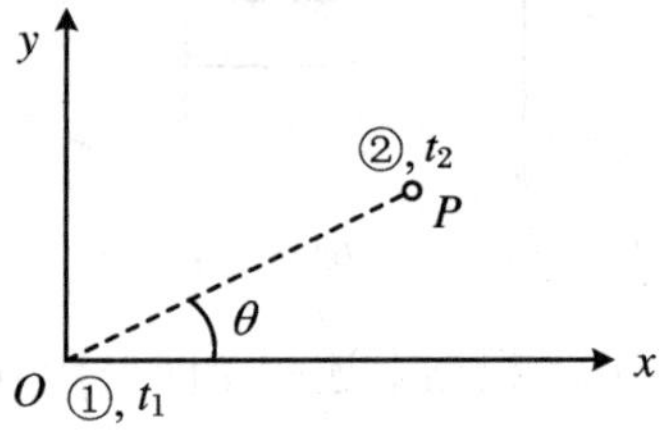

图 7.2.10

所以

$$\tan\theta = \frac{y}{x} = \frac{ct'\sin\theta_0}{ct'\cdot\cos\theta_0 + vt'}\sqrt{1 - \frac{v^2}{c^2}} = \frac{\sin\theta_0}{\cos\theta_0 + \frac{v}{c}}\sqrt{1 - \frac{v^2}{c^2}}$$

或表达成

$$\cos\theta = \frac{\cos\theta_0 + \frac{v}{c}}{1 + \frac{v}{c}\cos\theta_0}$$

(2) 根据题意，在 S 系中集中在圆锥中的光子个数是总数的一半，所以这些光子在光源(电子)静止的参考系 S' 中是沿着 $\boldsymbol{v}$ 方向的半个球面内的光子，对应 $\theta_0 = \frac{\pi}{2}$，代入(1)中所求结果，得

$$\tan\theta = \frac{c}{v}\sqrt{1 - \frac{v^2}{c^2}}$$

又有 $\tan\theta \approx \theta = 10^{-3}$，解得 $v = 0.9999995c$。

点拨 前灯效应是光速不变的自然结果。设想在列车 S' 系内有个相对于车静止的点光源，发射出球面扩散的光，我们把光想象成粒子(光子)，则某个时刻 t'，这些光子在列车 S' 系内必定分布在一个以光源为坐标原点的球面上。如果光速可以叠加，那么我们在地面 S 系内看到的是一个球心随车移动的、半径以光速扩大的光球(可以想象在列车上吹肥皂泡，地上的人和列车上的人看到的肥皂泡的运动)。但是，由于光速不变，在地面 S 系内光的速度也是 c，地面上的人看到的是什么呢?

地面 S 系中的人看到的是球心相对于地面静止并不随车迁移但半径仍以光速扩大的光球。当然，这个光球和列车内看到的光球还是有所不同的。表现为列车内的光球球面上的光子数密度是均匀的，并且各个方向的光子的频率是相同的。而在地面上看到的这个光球光子数密度不是均匀的，而是向着列车前进的方向汇聚，这就是前灯效应。并且这个光球上的光子频率也是不同的，在列车前进方向上的光子的频率将变大，这是光的多普勒效应。

2. 如何使用洛伦兹速度变换分析相对运动问题?

使用洛伦兹速度变换公式时,需要注意:

(1) 速度方向的正负。我们一般以运动参考系 S' 相对于静止参考系 S 的运动方向为正方向。这个正方向是理性分析者(比如,正在做题的你)规定的,在两个参考系(S' 系和 S 系)中都必须统一。

(2) 区分参考系间的相对速度和在参考系内的物体(研究对象)的速度。我们一般以 v 表示 S' 系相对于 S 系的速度,以 u 和 u' 分别表示物体在 S 系和 S' 系中的速度。

(3) 使用速度变换分析追及相遇问题时,还要考虑题目所给两个物体的初始间距是对哪个参考系而言的,有可能需要用到长度收缩的结论。经常出错的是只考虑速度变换,忘记考虑长度收缩。

(4) 使用速度变换能够求解的问题,用洛伦兹坐标变换也一定能求解。两种方法相互验证,可以更好地理解狭义相对论。

请大家结合下面所给的例题理解上述 4 点。

例题 5 从飞船上发射火箭到火星,在飞船(S' 系)上看和从宇宙(S 系)中看,火箭到达火星的时间各是多少?设宇宙系中,飞船速度为 v,火箭速度为 u,火星静止,发射时飞船距离火星 l。

分析 方法一直接利用速度变换公式。在飞船 S' 系中,火箭的速度不是 u,需要根据速度变换公式得到飞船 S' 系中的火箭速度。在飞船 S' 系中,火箭与火星相向运动,火星的速度大小是 v。同时,还要清楚 l 是宇宙 S 系中的量,在飞船 S' 系中,发射时飞船与火星的距离是同时异地事件的间隔,是运动长度,可以根据长度收缩公式得到。

方法二利用洛伦兹坐标变换。飞船发射记为事件①,飞船到达火星记为事件②。从图 7.2.11 和图 7.2.12 所示的时空图中可以看出:$x_2 - x_1 = l$,$t_2 - t_1 = \dfrac{l}{u}$;所要求的是 $t_2' - t_1'$。从时空图中可以发现,求 $t_2' - t_1'$ 时,与火星没有关系。

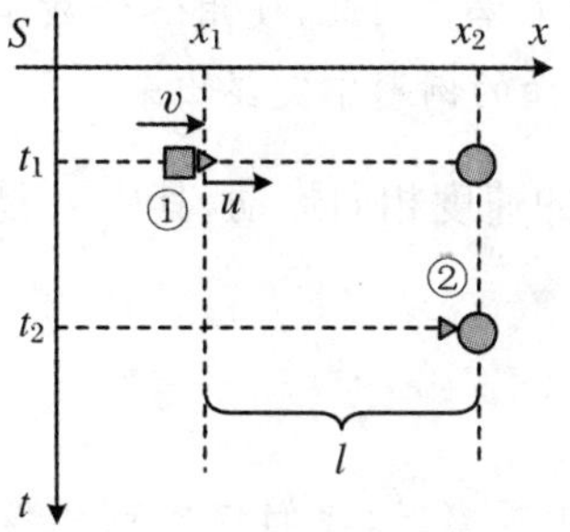

图 7.2.11

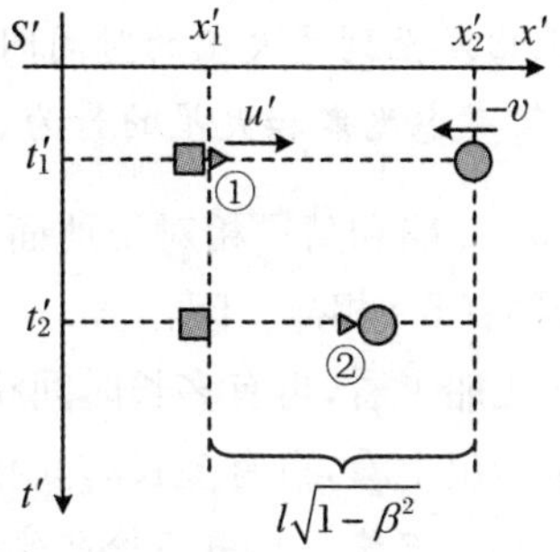

图 7.2.12

解 (1) 在宇宙 S 系中,$\Delta t = \dfrac{l}{u}$。

(2) 在飞船 S' 系中。

方法一　利用速度变换。

设飞船的速度方向为正方向。

火星的速度为 $v'=-v$，负号表示方向与飞船方向相反。

火箭的速度为

$$u'=\frac{u-v}{1-\frac{uv}{c^2}}$$

发射时，飞船和火星的距离为 $l'=l\sqrt{1-\beta^2}$，其中 $\beta=\frac{v}{c}$。

所以火箭到达火星的时间为

$$\Delta t'=t_2'-t_1'=\frac{l'}{u'-v'}=\frac{l\sqrt{1-\beta^2}}{\frac{u-v}{1-\frac{uv}{c^2}}+v}$$

方法二　利用洛伦兹变换。

根据洛伦兹变换，有

$$\Delta t'=t_2'-t_1'=\frac{(t_2-t_1)-\frac{v}{c^2}(x_2-x_1)}{\sqrt{1-\beta^2}}=\frac{\frac{l}{u}-\frac{v}{c^2}l}{\sqrt{1-\beta^2}}$$

（这个结果看上去与方法一的答案不一样，化简后两个结果是一致的。）

点拨　(1) 根据洛伦兹变换可得

$$x_2'-x_1'=\frac{(x_2-x_1)-v(t_2-t_1)}{\sqrt{1-\beta^2}}=\frac{l-v\frac{l}{u}}{\sqrt{1-\beta^2}}$$

大家可以验算：用这个得到的结果 $x_2'-x_1'$ 结合 $t_2'-t_1'$ 可以算出飞船 S' 系内火箭的速度，即 $u'=\frac{x_2'-x_1'}{t_2'-t_1'}$，与洛伦兹速度变换公式一致。

(2) 此题使用洛伦兹坐标变换比用速度变换的方法一快很多。需要注意的是，求解火箭从飞船上出发至到达火星的时间间隔，火箭是事件的主体。因此，使用洛伦兹坐标变换的观点时，无须考虑飞船和火星的行为。这一点可以在下面的例题中突显出来。

例题 6　飞船和彗星相对于地面以 $0.6c$ 和 $0.8c$ 的速度相向运动，其中 c 是光速。在地面观察，再有 5 s 相撞。问：

(1) 从飞船上看，再有多长时间相撞？

(2) 从彗星上看，再有多长时间相撞？

分析　(1) 方法一利用洛伦兹变换。在地面 S 系中观察时，我们将“5 s”相撞计时起点的飞船位置和时刻记为事件①的时空坐标（事件本身是什么无所谓，你可以认为飞船在那个位置、那个时刻闪了下光）。再将飞船与彗星相撞记为事件②。画出地面 S 系和飞船 S' 系的时空图，如图 7.2.13 和图 7.2.14 所示。从图中可得 $x_2'-x_1'=0$，$t_2-t_1=5\ \mathrm{s}$，要求的是 $t_2'-t_1'$。

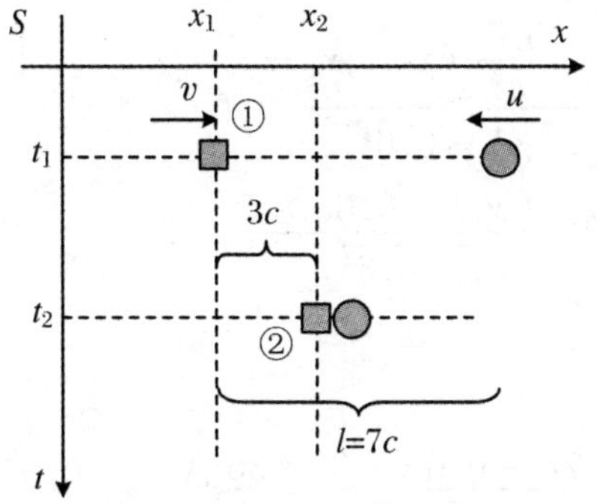

图 7.2.13

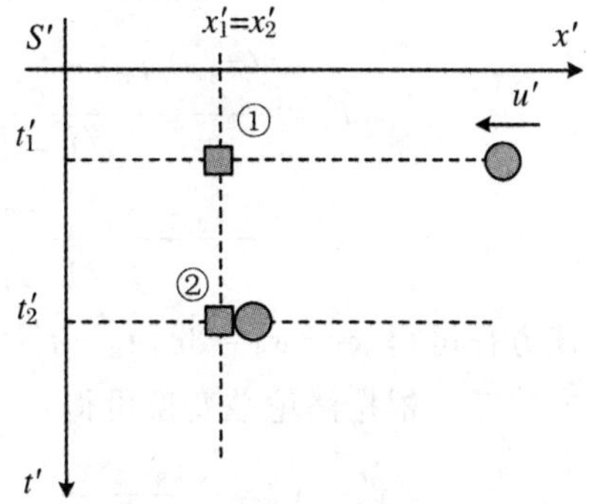

图 7.2.14

方法二利用速度变换公式。需要引入事件③,“5 s”相撞计时起点的彗星位置和时刻记为事件③的时空坐标。引入事件③后的时空图如图 7.2.15 和图 7.2.16 所示。请特别注意,事件①和事件③在地面 S 系中同时异地,因此在飞船 S' 系中是不同时的,我们假设事件①先发生。

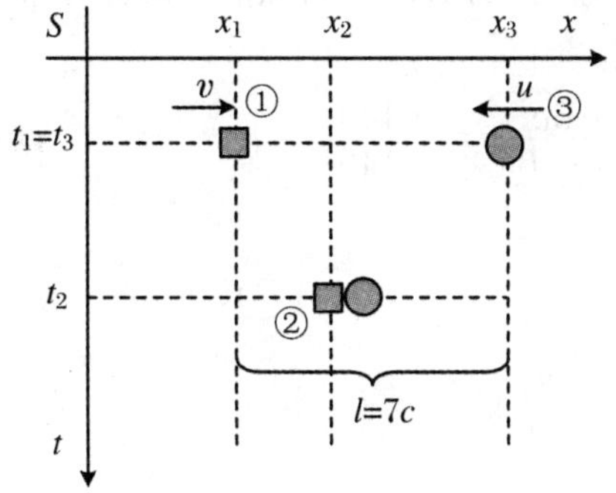

图 7.2.15

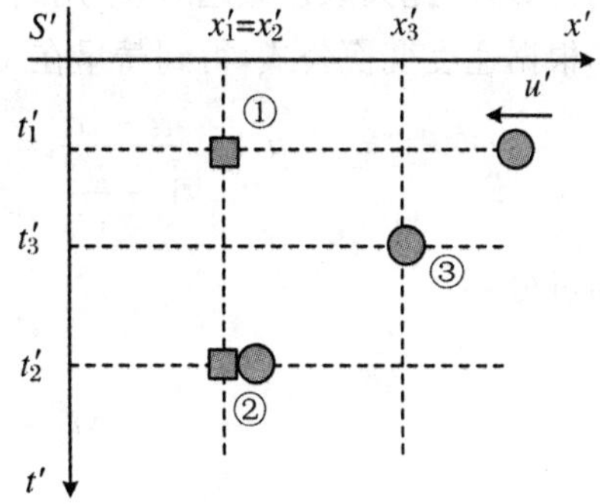

图 7.2.16

(2) 我们用洛伦兹变换求解(2)问,请大家自己完成方法二的速度变换并验证答案。

地面 S 系和彗星 S'' 系的时空图如图 7.2.17 和图 7.2.18 所示。已知:$x''_2 - x''_1 = 0$,$t_2 - t_1 = 5\ \mathrm{s}$,要求的是 $t''_2 - t''_1$。

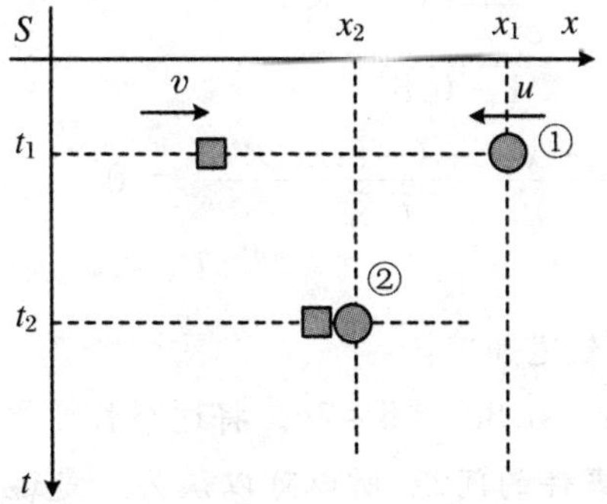

图 7.2.17

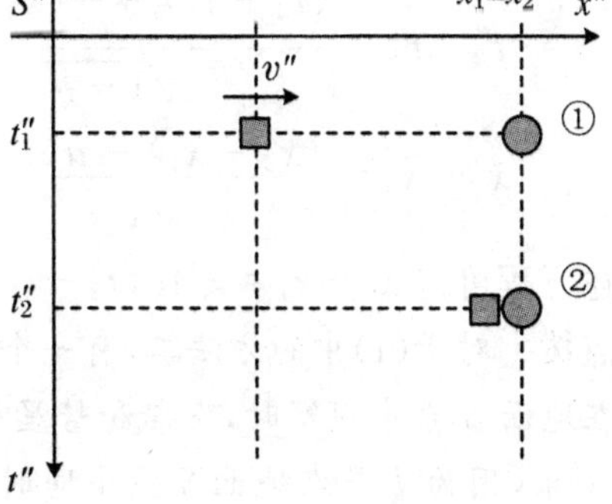

图 7.2.18

解 (1) 方法一　根据洛伦兹变换可得

$$t_2'-t_1'=\frac{(t_2-t_1)-\frac{v}{c^2}(x_2-x_1)}{\sqrt{1-\beta^2}}=\frac{5-\frac{0.6c}{c^2}(x_2-x_1)}{\sqrt{1-0.6^2}}$$

$$x_2'-x_1'=\frac{(x_2-x_1)-v(t_2-t_1)}{\sqrt{1-\beta^2}}=\frac{(x_2-x_1)-0.6c\times 5}{\sqrt{1-0.6^2}}=0$$

解上述方程可得 $x_2-x_1=3c, t_2'-t_1'=4\ \mathrm{s}$。

方法二　根据洛伦兹变换可得

$$x_3'-x_1'=\frac{(x_3-x_1)-v(t_3-t_1)}{\sqrt{1-\beta^2}}=\frac{7c-0.6c\times 0}{\sqrt{1-0.6^2}}=\frac{35}{4}c$$

(此结果也可以直接由动尺收缩公式求得。$x_3'-x_1'$为固有长度，$x_3-x_1=7c$ 为运动长度。)

$$t_3'-t_1'=\frac{(t_3-t_1)-\frac{v}{c^2}(x_3-x_1)}{\sqrt{1-\beta^2}}=\frac{0-\frac{0.6c}{c^2}7c}{\sqrt{1-0.6^2}}=-\frac{21}{4}\ \mathrm{s}$$

负号表明事件③先发生，事件②后发生，这与我们开始的假设相反。(我们所做的假设并不影响计算，因此大家在做题时，不用纠结于事件的先后顺序，计算结果自然能告诉你答案。)

根据速度变换公式，得到彗星在飞船 S'系的速度

$$u'=\frac{u-v}{1-\frac{uv}{c^2}}=\frac{(-0.8c)-0.6c}{1-\frac{(-0.8c)\times 0.6c}{c^2}}=-\frac{140}{148}c$$

进而可得

$$\Delta t'=\frac{l'}{|u'|}=\frac{\frac{35}{4}c}{\frac{140}{148}c}=\frac{37}{4}\ \mathrm{s}$$

由时空图可以看出，上面这个结果是 $t_2'-t_3'=\frac{37}{4}\ \mathrm{s}$，而我们要求的是 $t_2'-t_1'$，所以 $t_2'-t_1'=(t_2'-t_3')+(t_3'-t_1')=\frac{37}{4}+\left(-\frac{21}{4}\right)=4\ \mathrm{s}$ 才是正确的结果。

(2) 以飞船的速度方向为正方向(向右)，根据洛伦兹变换可得

$$t_2''-t_1''=\frac{(t_2-t_1)-\frac{u}{c^2}(x_2-x_1)}{\sqrt{1-\beta^2}}=\frac{5-\frac{-0.8c}{c^2}(x_2-x_1)}{\sqrt{1-0.8^2}}$$

$$x_2''-x_1''=\frac{(x_2-x_1)-u(t_2-t_1)}{\sqrt{1-\beta^2}}=\frac{(x_2-x_1)-(-0.8c\times 5)}{\sqrt{1-0.8^2}}=0$$

解上述方程可得 $x_2-x_1=-4c, t_2''-t_1''=3\ \mathrm{s}$。

点拨　对于(1)中的方法二，有一个常见的错误，叙述如下：

在地面 S 系中观察时，飞船和彗星相距 $l=(0.6c+0.8c)\times 5=7c$。将这个长度变换到飞船 S'系，因为 l 是在地面 S 系中同时异地的两个事件的间距，所以可以认为 l 是运动长度，得到

$$l' = \frac{l}{\sqrt{1-\beta^2}} = \frac{7c}{\sqrt{1-0.6^2}} = \frac{35}{4}c$$

再根据速度变换公式，得到彗星在飞船 S' 系的速度

$$u' = \frac{u-v}{1-\frac{uv}{c^2}} = \frac{(-0.8c)-0.6c}{1-\frac{(-0.8c)\times 0.6c}{c^2}} = -\frac{140}{148}c$$

负号表明彗星与飞船的速度方向(正方向)相反。

所以

$$\Delta t' = \frac{l'}{|u'|} = \frac{\frac{35}{4}c}{\frac{140}{148}c} = \frac{37}{4}\text{ s}$$

这个答案是错误的。

可能有同学会想，应该是 $l' = l\sqrt{1-\beta^2} = 7c\sqrt{1-0.6^2} = 5.6c$。那么计算出的结果是

$$\Delta t' = \frac{l'}{|u'|} = \frac{5.6c}{\frac{140}{148}c} = 5.92\text{ s}$$

这个答案仍然是不对的。

问题出在什么地方呢？从方法二的时空图可以看出：原因在于，如果考虑彗星的话，则需要引入彗星的时空坐标，这就需要引入第三个事件——地面 S 系中与飞船同时异地的彗星时空坐标。

例题7 长度为 l 的杆，头、尾分别记为 A、B，静止在 S' 系的 $x'y'$ 平面内，与 x' 轴夹角为 45°；一个虫子(记为 P)沿杆爬行，相对于杆的速度为 u'。已知 S' 系相对于地面 S 系以速度 v 沿 x 轴运动。关于在 S 系内虫子 P 从 A 爬到 B 的时间：

(1) 从 x 方向的洛伦兹速度变换角度求解；

(2) 从 y 方向的洛伦兹速度变换角度求解；

(3) 用洛伦兹坐标变换求解。

分析 (1) 从 x 方向的洛伦兹速度变换角度求解。在地面 S 系中沿着 x 方向，虫子 P 以地面 S 系中的速度 u_x 从杆的 A 点追及杆的 B 点，则 $\Delta t = \frac{l_x}{u_x - v}$，根据洛伦兹速度变换可得 u_x。要特别注意，在地面 S 系中杆的 x 方向的长度 l_x 不是 $\frac{\sqrt{2}}{2}l$，而是运动长度 $\frac{\sqrt{2}}{2}l\sqrt{1-\beta^2}$，其中 $\beta = \frac{v}{c}$。

(2) 从 y 方向的洛伦兹速度变换角度求解。在地面 S 系中沿着 y 方向，虫子 P 以地面 S 系中的速度 u_y 从杆的 A 点追及杆的 B 点，在 y 方向运动了 l_y。要特别注意，在地面 S 系中杆沿着 y 方向不发生长度收缩。

(3) 用洛伦兹坐标变换求解。这个题目使用洛伦兹坐标变换更为简单。整个过程只有两个事件：虫子 P 从 A 点出发(记为事件①)和虫子 P 到达 B 点(记为事件②)。所求的是 $t_2 - t_1$。

解 (1) x 方向的洛伦兹速度变换为

$$u_x = \frac{u'_x + v}{1 + \frac{u'_x v}{c^2}} = \frac{\frac{\sqrt{2}}{2}u' + v}{1 + \frac{\frac{\sqrt{2}}{2}u'v}{c^2}}$$

所以

$$\Delta t = \frac{l_x}{u_x - v} = \frac{\frac{\sqrt{2}}{2}l\sqrt{1-\beta^2}}{\frac{\frac{\sqrt{2}}{2}u' + v}{1 + \frac{\frac{\sqrt{2}}{2}u'v}{c^2}} - v}$$

（2）y 方向的洛伦兹速度变换为

$$u_y = \frac{u'_y\sqrt{1-\beta^2}}{1 + \frac{u'_x v}{c^2}} = \frac{\frac{\sqrt{2}}{2}u'\sqrt{1-\beta^2}}{1 + \frac{\frac{\sqrt{2}}{2}u'v}{c^2}}$$

所以

$$\Delta t = \frac{l_y}{u_y} = \frac{\frac{\sqrt{2}}{2}l}{\frac{\frac{\sqrt{2}}{2}u'\sqrt{1-\beta^2}}{1 + \frac{\frac{\sqrt{2}}{2}u'v}{c^2}}}$$

（3）画出时空图，如图 7.2.19 和图 7.2.20 所示，从图中可知 $x'_2 - x'_1 = \frac{\sqrt{2}}{2}l$，$t'_2 - t'_1 = \frac{l}{u'}$，要求的是 $t_2 - t_1$。

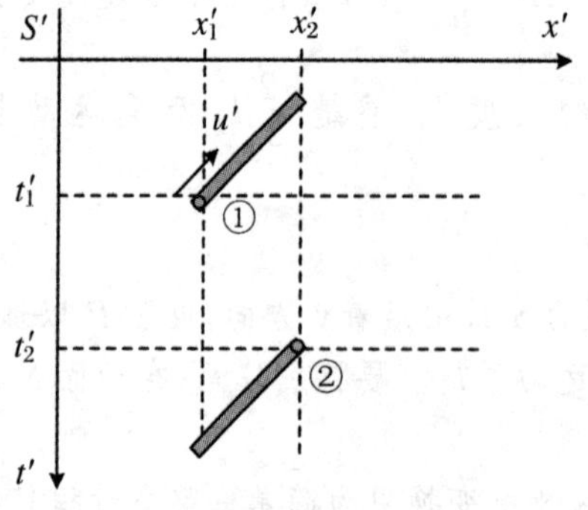

图 7.2.19

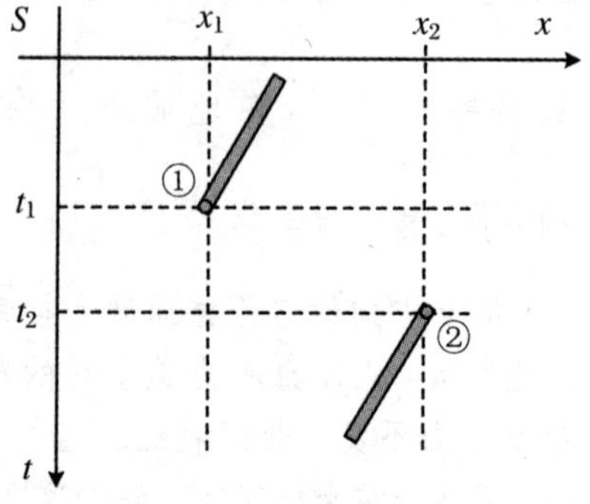

图 7.2.20

根据洛伦兹变换可得

$$t_2 - t_1 = \frac{(t'_2 - t'_1) + \frac{v}{c^2}(x'_2 - x'_1)}{\sqrt{1-\beta^2}} = \frac{\frac{l}{u'} + \frac{v}{c^2}\left(\frac{\sqrt{2}}{2}l\right)}{\sqrt{1-\beta^2}}$$

点拨 (1) 用这三种方法得到的答案看上去不同,但是可以通过简单的化简证明三者是相同的。用三种方法进行计算,能够帮助我们深刻理解相对论运动学的问题。对本节的所有题目,希望大家也能够用多种方法去计算。

(2) 根据洛伦兹变换同时可得

$$x_2 - x_1 = \frac{(x'_2 - x'_1) + v(t'_2 - t'_1)}{\sqrt{1-\beta^2}} = \frac{\frac{\sqrt{2}}{2}l + v\frac{l}{u'}}{\sqrt{1-\beta^2}}$$

这个结果是虫子 P 在地面 S 系中走过的对地距离。如果用洛伦兹速度变换求出 u_x,则可以验证 $u_x\Delta t$ 等于上述结果。

例题8 (2014年"北约"卷)如图7.2.21所示,相距 l 的光源和光屏组成一个系统,并整体浸没在均匀的液体中,液体折射率等于2。实验室参照系下观察此系统,问:

(1) 当液体介质速度为零的时候,光源发出光射到光屏所需的时间是多少?

(2) 当液体介质沿光源射向光屏的方向匀速运动,且速度为 v 时,光从光源到光屏所需时间为多少?

(3) 当液体介质沿垂直于光源与光屏连线的方向匀速运动,且速度为 v 时,再求光从光源到光源右侧正对着光屏上的一点所需时间。

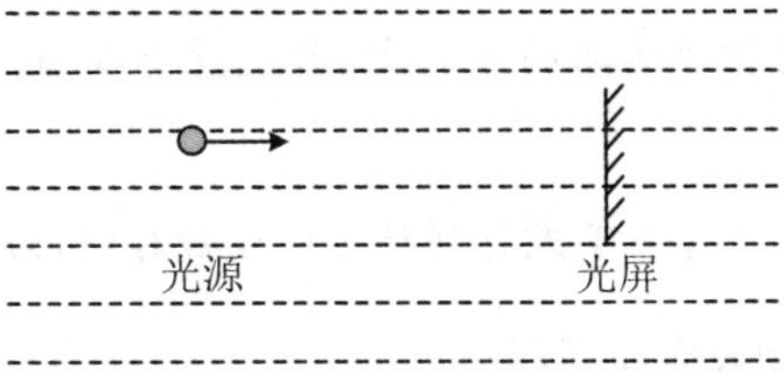

图7.2.21

分析 真空中光速是 c,但是在介质中光速变为 $\frac{c}{n}$,其中 n 是介质对光的折射率,并且这个速度是相对于介质静止的参考系而言的。

解 (1) 折射率为2,则光在介质中的速度为 $u = \frac{c}{2}$。介质自身速度为零时,有

$$t = \frac{l}{c/2} = \frac{2l}{c}$$

(2) 介质静止参考系为 S' 系,光源和光屏在地面系 S 中静止,根据相对论速度变换,可得光在 S 系中 x 方向上的速度,有

$$u_x = \frac{u'_x + v}{1 + \frac{u'_x v}{c^2}} = \frac{\frac{c}{2} + v}{1 + \frac{\frac{c}{2}v}{c^2}} = \frac{c^2 + 2vc}{2c + v}$$

则 x 方向上运动距离 l 所需时间为

$$t=\frac{l}{u_x}=\frac{l(2c+v)}{c^2+2vc}$$

(3) 取液体流动方向为 x 方向，因为这是介质静止系 S' 相对于地面 S 系的运动方向；光源与光屏连线的方向为 y 方向。在介质静止系 S' 中，光源与屏均以速度 v 沿 x 轴负方向运动，如图 7.2.22 所示。

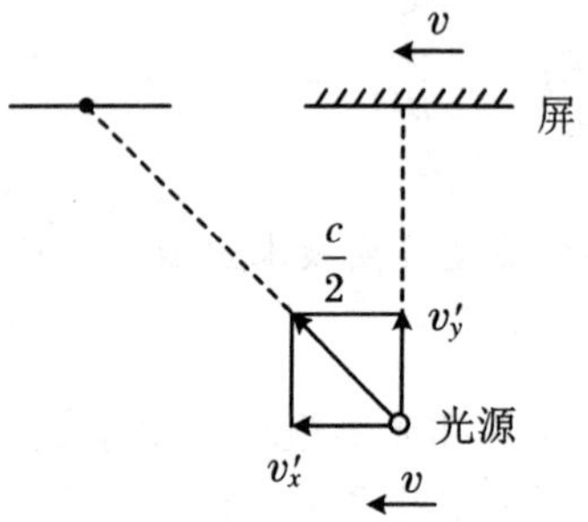

图 7.2.22

在 S' 系中，光速为 $\frac{c}{2}$。在 y 方向的速度为

$$v_y'=\sqrt{\left(\frac{c}{2}\right)^2-v_x'^2}=\sqrt{\frac{c^2}{4}-v^2}$$

将 v_y' 换到 S 系中，得

$$u_y=\frac{v_y'\sqrt{1-\beta^2}}{1+\frac{u_x'v}{c^2}}=\frac{\sqrt{\frac{c^2}{4}-v^2}\sqrt{1-\left(\frac{v}{c}\right)^2}}{1+\left(\frac{-v^2}{c^2}\right)}$$

$$=\frac{c}{2}\frac{\sqrt{1-4\beta^2}}{\sqrt{1-\beta^2}}$$

可得在 S 系中光打到光屏上这一点所用时间

$$t=\frac{l}{u_y}=\frac{2l}{c}\frac{\sqrt{1-\beta^2}}{\sqrt{1-4\beta^2}}$$

点拨 在垂直参考系间相对运动的方向上，长度没有收缩，但速度发生了变化，这是时间变换造成的。

对于(3)问，大家还可以计算一下光打到屏上的最短时间，为$\frac{2l}{c}\frac{1}{\sqrt{1-\beta^2}}$。

3. 如何处理光的多普勒效应问题？

声音需要在介质中传播，所以波源相对于介质的运动与接收器相对于介质的运动将会产生不同的接收频率改变效果。与声音不同，光的传播不需要介质，所以不论是波源以速度 v 靠近观测者，还是观测者以速度 v 靠近波源，接收频率都具有相同的表达式：$f=\sqrt{\frac{1+\beta}{1-\beta}}f_0$，其中 $\beta=\frac{v}{c}$。远离时，$f=\sqrt{\frac{1-\beta}{1+\beta}}f_0$。这个结果在“课外知识延伸”部分已有推导，下面我们分析一个不共线的情景。

例题 9 当观测者不在波源的速度方向上时，如图 7.2.23 所示，观测者的接收频率表达式是什么？

分析 在观测者 B 静止参考系内分析，只需将图 7.2.23 中得到的几何关系结合本题进行修改即可。

解 根据图 7.2.23，将几何关系 $cT=(c-v)T_0$ 中的 v 改成沿两者连线的速度分量 $v\cos\theta$，结合 $T_{固有}=T_0\sqrt{1-\beta^2}$，可得

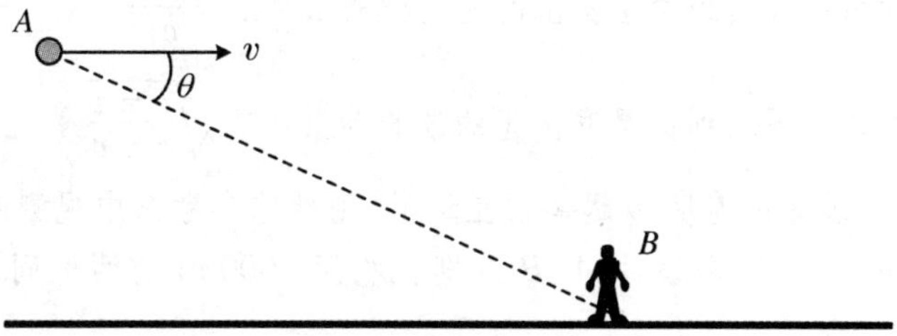

图 7.2.23

$$T = \frac{1-\beta\cos\theta}{\sqrt{1-\beta^2}} T_{固有}$$

所以

$$f = \frac{\sqrt{1-\beta^2}}{1-\beta\cos\theta} f_0$$

点拨 当 $\theta = 0^\circ$ 时，表示两者靠近，$f = \sqrt{\frac{1+\beta}{1-\beta}} f_0$；当 $\theta = 180^\circ$ 时，表示两者远离，$f = \sqrt{\frac{1-\beta}{1+\beta}} f_0$；当 $\theta = 90^\circ$ 时，$f = \sqrt{1-\beta^2} f_0$，称为横向多普勒效应，这是机械波所没有的现象，完全是相对论中时间膨胀造成的。

习题实战演练

基 础 练 习

1. 设参照系 S_1 中的观察者在 T_1 时刻观察到两个事件同时发生在不同地点 A 和 B，在相对 S_1 系运动的 S_2 系中观察这两个事件，则 （　　）

A. 可能同时　　B. 不同时　　C. 一定同时　　D. 不确定

2. 两艘飞船相对于某遥远的恒星以 $0.8c$ 的速率向相反方向移开，其中一艘飞船上的宇航员观测到另一艘飞船的速度大小为 （　　）

A. $1.6c$　　B. $\frac{40}{41}c$　　C. c　　D. $\frac{39}{40}c$

3. 飞行器以 $0.6c$ 的速度飞行，向前再发射一个物体，相对于飞行器的速度为 $0.8c$，在地面上看，该物体的速度是 （　　）

A. $\frac{35}{37}c$　　B. $1.4c$　　C. c　　D. $\frac{35}{36}c$

4. 远处的恒星以很大的速度 v 远离地球运动，在恒星参考系中，观测到恒星发出波长为 λ_0 的光；在地面参考系中，观测到恒星发出波长为 λ 的光。下列说法中正确的是 （　　）

A. 根据多普勒效应，$\lambda > \lambda_0$

B. 在地面参考系中观测到恒星发出的光的波长 $\lambda=\lambda_0\dfrac{c+v}{c}$

C. 在地面参考系中观测到恒星发出光的波长为 $\lambda=\lambda_0\sqrt{\dfrac{c+v}{c-v}}$

D. 若恒星不动，地球以速度 v 远离恒星运动，则地球参考系中观测到的波长也为 λ

5. 如图 7.2.24 所示，两个事件 A、B 分别在相距 2000 m 的两地同时发生。若一个飞船刚好沿着连线方向由 A 向 B 飞行，速率恒为 $\dfrac{\sqrt{3}}{2}c$，问：飞船中的飞行员认为哪个先发生？时间差是多少？

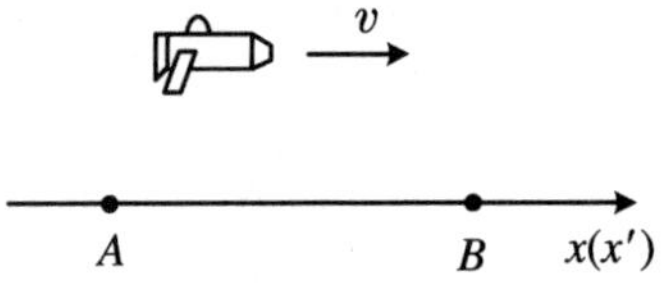

图 7.2.24

6. (1) 某一惯性系 S 中，两事件发生在同一地点而时间间隔 4 s，设在另一个惯性系 S' 中，这两件事的时间间隔为 6 s，试问：这两件事的空间间隔是多少？

(2) 某一惯性系 S 中，两事件发生在同一时刻而沿 x 轴相距 1 km，设在另一个惯性系 S' 中，这两件事的空间间隔为 2 km，试问：这两件事的时间间隔是多少？

提 高 练 习

7. (2021 年清华强基)建立图 7.2.25 所示的坐标系，S' 系相对于 S 系以速度 u 向右匀速运动，在 S' 系中测量到一个杆 AB 平行于 x' 轴向上匀速运动。在 S 系中测量到杆的形态如何？ (　　)

A. 杆倾斜，B 端偏上，A 端偏下　　B. 杆倾斜，A 端偏上，B 端偏下

C. 杆不倾斜　　D. 杆长度缩短

8. 地上的人发现，车上的光源发出的光同时到达以速度 v 运动的车的车头和车尾。设车厢的静止长度为 L，问：

(1) 车上的人看到光先照亮车头还是车尾？

(2) 车上的人认为照亮车前后壁的时间差是多少？

9. 如图 7.2.26 所示，静止时长为 l_0 的车厢以速度 v 相对于地面匀速运动，车厢内一个小球从车厢的后壁出发，以速度 u_0 相对于车厢向前匀速运动。小球可视为质点，求地面观察者观测到的小球从后壁到前壁所需要的时间。

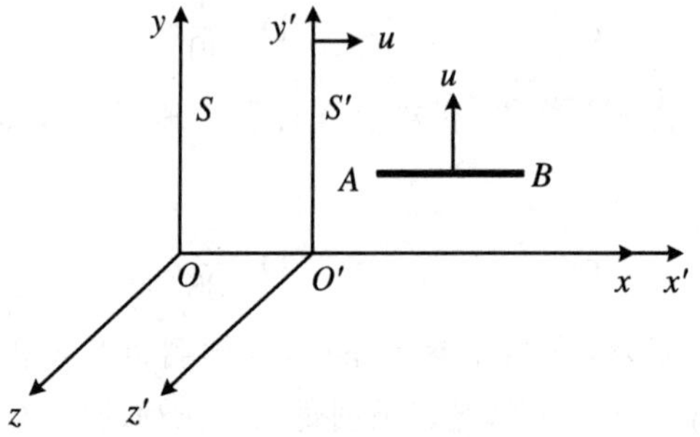

图 7.2.25

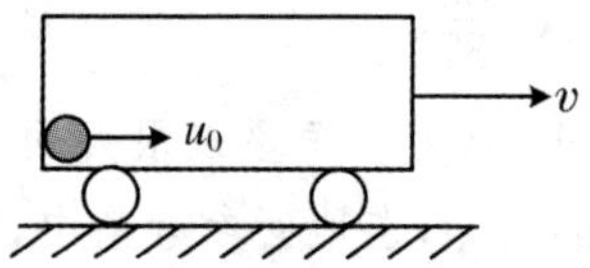

图 7.2.26

10. 导弹和飞船相对于地面分别以 $0.8c$ 和 $0.6c$ 的速度追击运动，在地面观察，导弹在飞船身后 $7c$ 处。问：

(1) 从导弹上看，再有多长时间相撞？

(2) 从飞船上看，再有多长时间相撞？

11. 飞船以 $0.6c$ 的速度飞离地球。宇航员发射一个无线信号，该信号经过地球反射，60 s 后宇航员才收到。求：

(1) 飞船发射信号时，飞船系认为的地球与飞船的间距(l_1')和地球系认为的间距(l_1)。

(2) 地球反射信号时，飞船系认为的地球与飞船的间距(l_2')和地球系认为的间距(l_2)。

(3) 飞船接收信号时，飞船系认为的地球与飞船的间距(l_3')和地球系认为的间距(l_3)。

12. 一个粒子在 S' 系的 $x'y'$ 平面内以 $0.5c$ 的恒定速度做直线运动，运动方向与 x' 轴的夹角为 60°。已知 S' 系相对于 S 系以速度 $v=0.6c$ 沿 x 轴运动，分别根据洛伦兹变换和相对论速度合成，用两种方法求出该粒子在 S 系内的运动轨迹。

13. 远方的一颗星以 $0.8c$ 的速度离开我们，接收到的它辐射出来的闪光按 5 昼夜的周期变化，求固定在此星上的参考系测得的闪光周期。

14. 氢原子能够辐射波长为 $\lambda_0=21$ cm(在与辐射原子相关联的参考系里)的典型无线电波。如图 7.2.27 所示，氢原子以速度 $v=0.6c$ 垂直于地球径向方向运动，那么图中的接收者此时接收到的波长 λ 为多大？

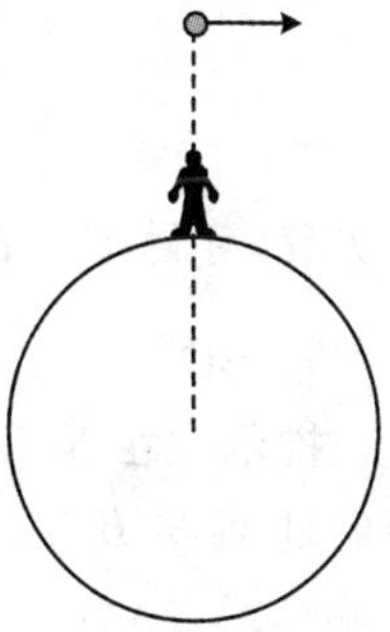

图 7.2.27

参考答案

1. B。
2. B。
3. A。
4. ACD。

5. B 先发生；时间差是 $\dfrac{2000\sqrt{3}}{c}=1.155\times10^{-5}$ s。

6. (1) $\pm6\sqrt{5}\times10^{8}$ m；(2) $\pm\dfrac{\sqrt{3}}{3}\times10^{-5}$ s。

提示 (1) 根据洛伦兹变换，有

$$t_2'-t_1'=\frac{(t_2-t_1)-\dfrac{v}{c^2}(x_2-x_1)}{\sqrt{1-\beta^2}},\quad x_2'-x_1'=\frac{(x_2-x_1)-v(t_2-t_1)}{\sqrt{1-\beta^2}}$$

代入数据，可得

$$6=\frac{4-\frac{v}{c^2}\times 0}{\sqrt{1-\frac{v^2}{c^2}}},\quad x_2'-x_1'=\frac{0-4v}{\sqrt{1-\frac{v^2}{c^2}}}$$

解方程，可得 $x_2'-x_1'=\pm 6\sqrt{5}\times 10^8\ \text{m}$。

(2) 根据洛伦兹变换，有

$$t_2'-t_1'=\frac{(t_2-t_1)-\frac{v}{c^2}(x_2-x_1)}{\sqrt{1-\beta^2}},\quad x_2'-x_1'=\frac{(x_2-x_1)-v(t_2-t_1)}{\sqrt{1-\beta^2}}$$

代入数据，可得

$$t_2'-t_1'=\frac{0-\frac{v}{c^2}\times 1000}{\sqrt{1-\frac{v^2}{c^2}}},\quad 2000=\frac{1000-v\times 0}{\sqrt{1-\frac{v^2}{c^2}}}$$

解方程，可得 $t_2'-t_1'=\pm\frac{\sqrt{3}}{3}\times 10^{-5}\ \text{s}$。

7. BD。

提示 在 S' 系中测量到杆 A、B 两端同时经过 y' 轴的某一值 y_0'；在 S 系中测量到杆的 A 端经过 y_0' 和 B 端经过 y_0' 这两个事件不是同时发生的。又运动的反方向上的事件先发生，即 A 端先经过 y_0'，所以 A 端偏上，B 端偏下，选项 B 正确。

在 S' 系中杆的速度与杆垂直，因此不发生收缩，测量到杆的长度即为固有长度，固有长度最长；在 S 系中观察到杆有运动，且运动方向并不垂直于杆，杆将发生收缩，所以选项 D 正确。

所以本题选 B、D。

下面我们具体算一下在 S 系中测量的杆的长度。

如图 7.2.28 和图 7.2.29 所示，在 S 系中测量杆的长度时，需要同时测量出杆两端的坐标。测量杆两端的事件分别记为①、②，并假设事件②在 S' 系中先发生。已知：$x_2'-x_1'=l_0$，$t_2-t_1=0$，$y_2'-y_1'=u(t_2'-t_1')$。根据洛伦兹变换可得

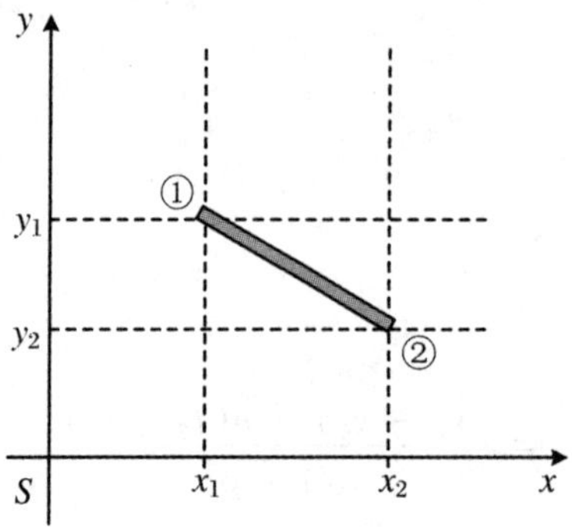

图 7.2.28

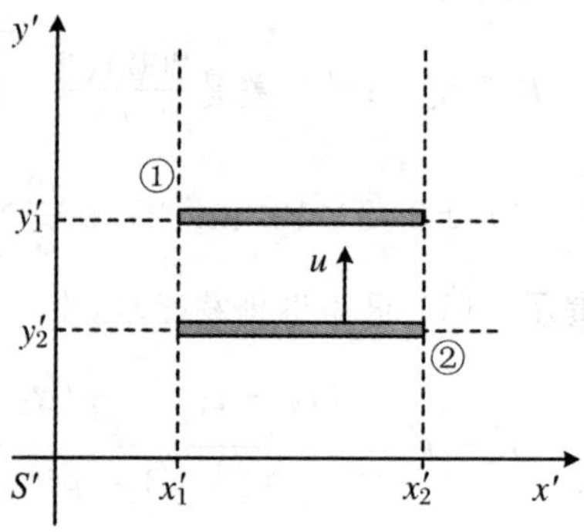

图 7.2.29

$$t'_2 - t'_1 = \frac{(t_2 - t_1) - \frac{v}{c^2}(x_2 - x_1)}{\sqrt{1-\beta^2}} = \frac{0 - \frac{u}{c^2}l_x}{\sqrt{1-\beta^2}} \quad \left(\beta = \frac{u}{c}\right)$$

$$l_0 = x'_2 - x'_1 = \frac{l_x - u \times 0}{\sqrt{1-\beta^2}}$$

$$u(t'_2 - t'_1) = y'_2 - y'_1 = y_2 - y_1 = -l_y$$

解以上方程，可得 $l^2 = l_x^2 + l_y^2 = (l_0\sqrt{1-\beta^2})^2 + (l_0\beta^2)^2$，即 $l = l_0\sqrt{1-\beta^2+\beta^4} < l_0$。

8. (1) 先照亮车头；(2) $\frac{vL}{c^2}$。

提示 (1) 到达车头的光子记为光子 A，“光子 A 到达车头”记为事件①；到达车尾的光子记为光子 B，“光子 B 到达车尾”记为事件②。在地面系 S 中，两个事件同时发生。在车系 S' 中看来，地面向着车尾方向运动，而顺着运动方向的事件后发生，所以事件②后发生，事件①先发生，即车上的人认为先照亮车头。因此还可以得知，车上的光源不在车的中央，而是更靠近车头一侧。

(2) 以车的运动方向为正方向，则根据洛伦兹变换有

$$t_2 - t_1 = \frac{(t'_2 - t'_1) + \frac{v}{c^2}(x'_2 - x'_1)}{\sqrt{1 - \frac{v^2}{c^2}}}$$

可得

$$0 = \frac{(t'_2 - t'_1) + \frac{v}{c^2}(-L)}{\sqrt{1 - \frac{v^2}{c^2}}}$$

解得 $\Delta t' = \frac{vL}{c^2}$。

9. $\dfrac{l_0\left(1 + \frac{u_0 v}{c^2}\right)}{u_0\sqrt{1 - \frac{v^2}{c^2}}}$。

提示 根据题意，由洛伦兹速度变换有

$$\Delta t = \frac{l + v\Delta t}{u}, \quad l = l_0\sqrt{1 - \left(\frac{v}{c}\right)^2}, \quad u = \frac{v + u_0}{1 + \frac{vu_0}{c^2}}$$

解得最终结果。

或者由洛伦兹坐标变换直接可得

$$t_2 - t_1 = \frac{(t'_2 - t'_1) + \frac{v}{c^2}(x'_2 - x'_1)}{\sqrt{1 - \frac{v^2}{c^2}}} = \frac{\frac{l_0}{u_0} + \frac{v}{c^2}l_0}{\sqrt{1 - \frac{v^2}{c^2}}}$$

10. (1) 21 s;(2) 28 s。

提示 S 代表地面系,$t_3-t_1=35\text{ s}$,$x_3-x_1=28c$,$x_3-x_2=21c$;S'代表导弹系;S''代表飞船系。画出时空图,如图 7.2.30～图 7.2.32 所示,根据洛伦兹变换可得

$$t'_3-t'_1=\frac{(t_3-t_1)-\dfrac{v}{c^2}(x_3-x_1)}{\sqrt{1-\beta^2}}=\frac{35-\dfrac{0.8c}{c^2}\times 28c}{\sqrt{1-0.8^2}}=21\text{ s}$$

$$t''_3-t''_2=\frac{(t_3-t_2)-\dfrac{v}{c^2}(x_3-x_2)}{\sqrt{1-\beta^2}}=\frac{35-\dfrac{0.6c}{c^2}\times 21c}{\sqrt{1-0.6^2}}=28\text{ s}$$

本题解法很多,请同学们尝试其他方法求解。

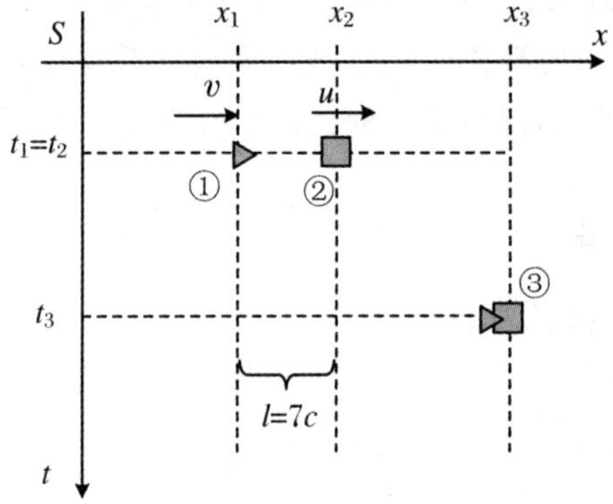

图 7.2.30

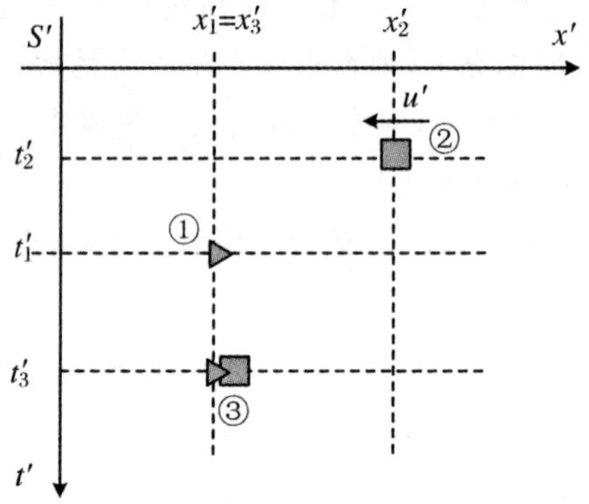

图 7.2.31

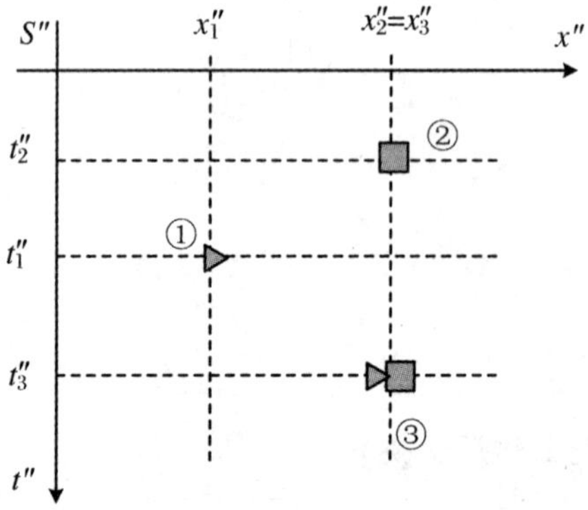

图 7.2.32

11. (1) $12c$,$15c$;(2) $30c$,$24c$;(3) $48c$,$60c$。

提示 S 代表地球系,S'代表飞船系。题给条件 60 s 是飞船系内的时间。飞船发射信号记为事件①,地球接收信号记为事件②,飞船接收信号记为事件③。画出时空图,如图 7.2.33 和图 7.2.34 所示。注意,非事件点处的地球和飞船用空心的圆圈和方块表达,以区别事件点处的地球和飞船(实心圆圈和方块)。

据题易得 $t'_2-t'_1=30\text{ s}$,$t'_3-t'_2=30\text{ s}$,$x'_2-x'_1=-18c$,$x'_3-x'_2=18c$。

先求飞船系看到的间距：

飞船发射信号时，飞船系认为地球与飞船的间距为 $l_1'=30c-0.6c\times30=12c$。

地球反射信号时，飞船系认为地球与飞船的间距为 $l_2'=30c$。

飞船接收信号时，飞船系认为地球与飞船的间距为 $l_3'=0.6c\times30+30c=48c$。

再求地球系看到的间距，注意(1)(3)可以通过事件点来描述，(2)无法直接通过事件点来求，我们放到最后来分析。

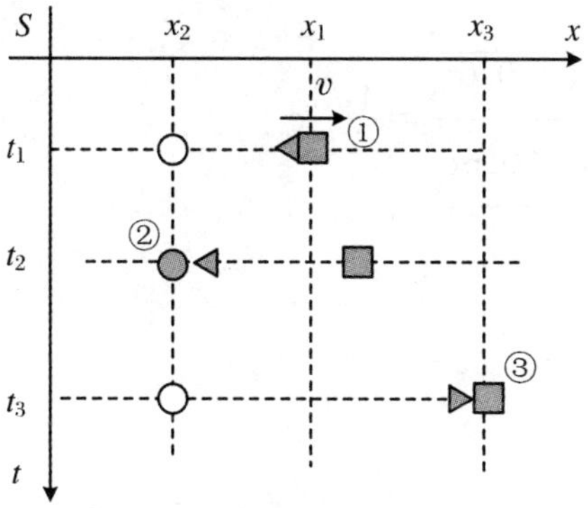

图 7.2.33

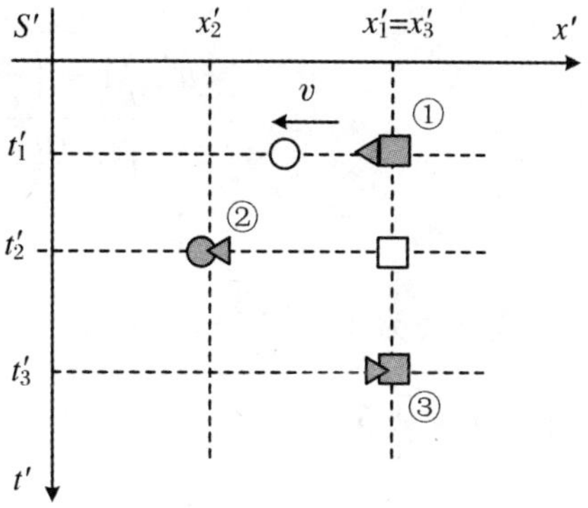

图 7.2.34

飞船发射信号时，地球系认为的间距为

$$l_1=x_1-x_2=\frac{(x_1'-x_2')+v(t_1'-t_2')}{\sqrt{1-\beta^2}}=\frac{30c+0.6c\times(-30)}{\sqrt{1-0.6^2}}=15c$$

飞船接收信号时，地球系认为的间距为

$$l_3=x_3-x_2=\frac{(x_3'-x_2')+v(t_3'-t_2')}{\sqrt{1-\beta^2}}=\frac{30c+0.6c\times30}{\sqrt{1-0.6^2}}=60c$$

设地球反射信号时，地球系认为的间距为 l_2。

地球反射信号对应事件②，此时飞船所在处并不在三个事件点上，可以记为事件④。我们用洛伦兹变换结合运动学来求解：

$$t_2-t_1=\frac{(t_2'-t_1')+\frac{v}{c^2}(x_2'-x_1')}{\sqrt{1-\beta^2}}=\frac{30+\frac{0.6c}{c^2}\times(-30c)}{\sqrt{1-0.6^2}}=15\text{ s}$$

$$l_2=(x_1-x_2)+0.6c\times(t_2-t_1)=15c+0.6c\times15=24c$$

12. $y=\frac{4\sqrt{3}}{17}x$。

提示 (1) 由题易得

$$x'=0.5ct'\cos60^\circ=\frac{1}{4}ct',\quad y'=0.5ct'\sin60^\circ=\frac{\sqrt{3}}{4}ct'$$

根据洛伦兹坐标变换，有

$$x=\frac{x'+vt'}{\sqrt{1-\beta^2}}=\frac{\frac{1}{4}ct'+0.6ct'}{\sqrt{1-0.6^2}}=\frac{17}{16}ct',\quad y=y'=\frac{\sqrt{3}}{4}ct'$$

所以 $y=\frac{4\sqrt{3}}{17}x$。

(2) 根据速度变换可得

$$u_x=\frac{u'_x+v}{1+\frac{vu'_x}{c^2}}=\frac{\frac{1}{4}c+0.6c}{1+\frac{\frac{1}{4}c\times 0.6c}{c^2}}=\frac{17}{23}c$$

$$u_y=\frac{u'_y\sqrt{1-\left(\frac{v}{c}\right)^2}}{1+\frac{vu'_x}{c^2}}=\frac{\frac{\sqrt{3}}{4}c\ \sqrt{1-0.6^2}}{1+\frac{\frac{1}{4}c\times 0.6c}{c^2}}=\frac{4\sqrt{3}}{23}c$$

所以轨迹方程为 $y=\frac{4\sqrt{3}}{17}x$。

13. $T=\frac{5}{3}\ \mathrm{d}$。

提示 根据光的多普勒公式 $f=\sqrt{\frac{1-\beta}{1+\beta}}f_0$（远离情景），得 $\frac{1}{5\ \mathrm{d}}=\sqrt{\frac{1-0.8}{1+0.8}}\frac{1}{T}$，可解得 $T=\frac{5}{3}\ \mathrm{d}$。

14. $\lambda=26.25\ \mathrm{cm}$。

提示 此题为横向多普勒现象。在地球观察者看来辐射无线电波的周期为

$$T=\frac{T_0}{\sqrt{1-\frac{v^2}{c^2}}}=\frac{\lambda_0}{c\sqrt{1-\frac{v^2}{c^2}}}$$

在地球上接收的辐射的波长为

$$\lambda=cT=\frac{\lambda_0}{\sqrt{1-\frac{v^2}{c^2}}}$$

代入数据，得

$$\lambda=\frac{21}{\sqrt{1-0.6^2}}\ \mathrm{cm}=26.25\ \mathrm{cm}$$

7.3 相对论动力学

课外知识延伸

1. 相对论动力学修正的逻辑顺序

(1) 相对论动力学修正的必要性

在牛顿时空观里，以牛顿第二定律为代表的经典力学对伽利略变换具有协变性，即经典力学对任意惯性参考系都成立。随着人们对时空认识的不断深入，洛伦兹变换需要代替伽利略变换，经典力学的原有形式在洛伦兹变换下将不再具有协变性。这不符合爱因斯坦的相对性原理，我们需要对经典力学加以修正，使它具有洛伦兹变换的协变性，这样才能够正确地描述高速情况下物体的运动规律，这就是相对论动力学需要完成的任务。

(2) 相对论体系的完备性

狭义相对论的创建源于电磁理论，爱因斯坦第一篇关于相对论的论文标题就是“论动体的电动力学”。其宗旨是以狭义相对论时空观为基础，从理论上证明麦克斯韦方程组满足惯性系不变性的要求。因此，先从“麦克斯韦方程组形式应符合惯性系不变性”角度出发，找到电场强度 E 和磁感应强度 B 在两个惯性参考系（S 系和 S' 系）间的变换式（$E' = E'(E,B)$，$B' = B'(E,B)$）；再根据电磁场力的公式 $\boldsymbol{F} = q\boldsymbol{E} + q\boldsymbol{u} \times \boldsymbol{B}$ 得到力的参考系变换式；进而根据动量定理，结合力的变换式，得到质量的参考系变换式；最后建立起完备的、符合狭义相对论的动力学的体系。

(3) 逻辑顺序

考虑到本书面对的读者，笔者准备从易于学习的角度来讲述狭义相对论动力学，旨在帮助读者建立起清晰的知识间的关系。爱因斯坦曾说过：“把经典力学改造成既不与相对论矛盾，又不与已观察到的以及已经由经典力学解释出来的大量事实相矛盾，就很简单了。旧力学只能应用于小的速度，而成为新力学的特殊情况。”看来，改动后的相对论力学不仅要具有洛伦兹变换的协变性，而且还应该在 $v \ll c$ 时能回归到经典力学。

我们可以按照下面的逻辑顺序来修正相对论动力学：① 承认动量守恒定律，且动量的定义仍然是 $\boldsymbol{p} = m\boldsymbol{u}$；② 根据动量守恒、质量守恒和相对论速度变换，得到质量的参考系变换式；③ 承认动量定理，得到相对论下力的定义，即 $\boldsymbol{F} = \dfrac{\mathrm{d}\boldsymbol{p}}{\mathrm{d}t}$；④ 根据力的定义，并承认动能定理形式成立，得到动能的表述，进而得到总能的定义；⑤ 结合动量、能量的定义，以及质量和速度变换，得到动量、能量的参考系变换；⑥ 根据力的定义，结合动量的参考系变换，得到力的参考系变换；⑦ 根据力的参考系变换，结合电磁场力 $\boldsymbol{F} = q\boldsymbol{E} + q\boldsymbol{u} \times \boldsymbol{B}$ 的表述，得到电磁场参考系变换式（$E' = E'(E,B)$，$B' = B'(E,B)$），进而可以证明这种变换满足麦克斯韦方程惯性系形式不变性。但考虑到本书面对的读者，笔者只讲述前4步的过程。

2. 相对论对质量的修正

(1) 承认动量守恒

动量守恒是空间平移不变性的体现，从这个角度来说，我们应该承认动量守恒。我们定义动量仍然是一个矢量，仍然是质量乘速度，动量方向是速度方向，只不过质量可能是速率的函数(考虑到空间的各向同性，如果质量跟速度有关，则一定只跟其大小有关)，即

$$\boldsymbol{p} = m(u)\boldsymbol{u}$$

当然，在速度很小的情况下，p 应该与我们过去在低速实验中测得的动量相同。

(2) 动质量和静质量的关系

现在，我们根据动量守恒、质量守恒和相对论速度变换，推导质量的参考系变换式。需要注意的是：这里说的质量守恒指的是动质量守恒。

如果参考系 S' 以速度 u 相对于 S 系运动，同时质点在参考系 S' 内静止，则质点在 S 系内以速度 u 运动。在质点静止的参考系 S' 内，质点的质量称为静质量 m_0；在质点运动的参考系 S 内，质点的质量称为动质量 m。

下面我们根据一个碰撞过程的特例来求静质量和动质量间的关系。如图7.3.1所示，两个全同粒子的静质量都是 m_0，都以速度 u 对撞，结合成一个静质量是 M_0 的新粒子。根据动量守恒，可知新粒子的速度必定是零。

假设动质量和静质量之间的关系为 $m = m_0 f(u)$，其中 f 应该是 u 的函数。根据动质量守恒可得

$$2m_0 f(u) = M_0 \quad ①$$

我们现在换到以速度 u 运动的参考系再去看上述过程，物理情景如图7.3.2所示。根据动质量守恒可得

$$m_0 + m_0 f(u') = M_0 f(u) \quad ②$$

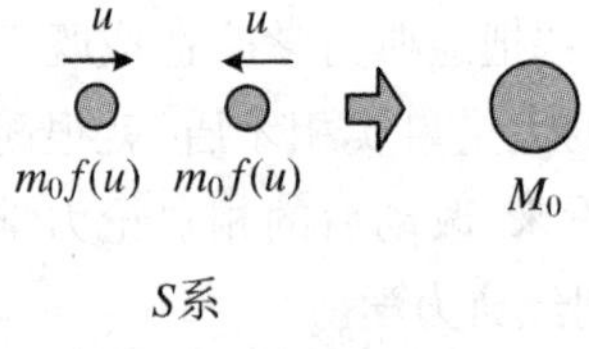

图7.3.1

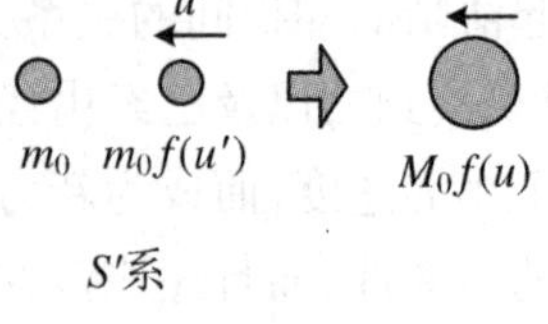

图7.3.2

以向右为正方向，根据动量守恒可得

$$m_0 f(u') \cdot u' = M_0 f(u) \cdot u \quad ③$$

根据速度变换可得

$$u' = \frac{-u-u}{1-\frac{(-u)u}{c^2}} = \frac{-2u}{1+\frac{u^2}{c^2}}$$

其中负号体现了速度向左，将 u' 的表达式代入③式并整理，可得

$$m_0 f(u') = M_0 f(u) \frac{1 + \frac{u^2}{c^2}}{2}$$

将此式代入②式，可得

$$m_0 + M_0 f(u) \frac{1 + \frac{u^2}{c^2}}{2} = M_0 f(u)$$

整理，得

$$m_0 = M_0 f(u) \frac{1 - \frac{u^2}{c^2}}{2}$$

再将①式代入，可得

$$f(u) = \frac{1}{\sqrt{1 - \frac{u^2}{c^2}}}$$

因此，动质量和静质量之间的关系就是

$$m = \frac{m_0}{\sqrt{1 - \frac{u^2}{c^2}}}$$

从上式可以看出：当 $v \ll c$ 时，$m = m_0$，物体的质量与速度无关，并等于其静质量，这就是牛顿力学讨论的情况；当 $v > c$ 时，m 为虚数而没有实际意义，这也说明相对论是禁止物体超光速运动的。

3. 相对论对动能的修正

(1) 承认动量定理

考虑相对论后，由于质量与物体的速率有关，$F = ma$ 形式的牛顿第二定律不再成立，但仍然承认动量定理，就可以得到相对论下力的定义，即

$$F = \frac{\mathrm{d}p}{\mathrm{d}t}$$

需要注意的是 $\boldsymbol{p} = m\boldsymbol{u}$ 中的质量是动质量，即

$$\boldsymbol{p} = m\boldsymbol{u} = \frac{m_0 \boldsymbol{u}}{\sqrt{1 - \left(\frac{u}{c}\right)^2}}$$

(2) 相对论动能的表达式

在相对论中，功的定义仍然为

$$\mathrm{d}W = \boldsymbol{F} \cdot \mathrm{d}\boldsymbol{r}$$

另外，我们仍然承认力对质点做功等于质点动能改变量这一重要规律，即承认动能定理。承认动能定理将导致的结果是，质点动能将有可能不再是 $\frac{1}{2}mv^2$，其具体的表达式需要用上述规律来计算得出。

现在，我们通过一个简单的情景来得出动能的表达式。设静质量为 m_0 的质点在沿 x

方向的力F作用下从静止开始运动，当质点速度达到u时，质点的动能可以表示为

$$E_k=\int_0^x F\cdot \mathrm{d}x=\int_0^u \frac{\mathrm{d}}{\mathrm{d}t}\left(\frac{m_0 u}{\sqrt{1-\left(\frac{u}{c}\right)^2}}\right)\cdot u\mathrm{d}t=\int_0^u u\mathrm{d}\left(\frac{m_0 u}{\sqrt{1-\left(\frac{u}{c}\right)^2}}\right)$$

应用分部积分得

$$E_k=\frac{m_0 u^2}{\sqrt{1-\left(\frac{u}{c}\right)^2}}-\int_0^u \frac{m_0 u}{\sqrt{1-\left(\frac{u}{c}\right)^2}}\mathrm{d}u$$

又因为

$$\int_0^u \frac{m_0 u}{\sqrt{1-\left(\frac{u}{c}\right)^2}}\mathrm{d}u=m_0 c^2\left[1-\sqrt{1-\left(\frac{u}{c}\right)^2}\right]$$

所以，当质点速度大小为u时，质点的动能的表达式为

$$E_k=\frac{m_0 c^2}{\sqrt{1-\left(\frac{u}{c}\right)^2}}-m_0 c^2=mc^2-m_0 c^2$$

可见，动能是两项的差值，其中$m_0 c^2$与静质量有关，mc^2与动质量有关。我们将$m_0 c^2$称为静能，则mc^2就是静能和动能之和，顺理成章将其称为总能。

(3) 相对论动能与牛顿力学中动能的关系

当物体的速度相比于光速很小时，$\left(\frac{u}{c}\right)^2$可看成小量，将$\left[1-\left(\frac{u}{c}\right)^2\right]^{-\frac{1}{2}}$展开，保留至一阶小量，可得

$$\left[1-\left(\frac{u}{c}\right)^2\right]^{-\frac{1}{2}}=1+\frac{1}{2}\left(\frac{u}{c}\right)^2$$

所以

$$E_k=\frac{m_0 c^2}{\sqrt{1-\left(\frac{u}{c}\right)^2}}-m_0 c^2=m_0 c^2\left[1+\frac{1}{2}\left(\frac{u}{c}\right)^2\right]-m_0 c^2=\frac{1}{2}m_0 u^2$$

这就是牛顿力学中的动能。

由于总能mc^2与动质量只相差光速的平方，而光速又是一个不变的常数，因此能量守恒与质量守恒在相对论里是一件事情，只是这里的能量是指总能，质量是指动质量。请大家注意，我们在某个参考系内说物体的质量，自然指的是它的动质量（如果它在这个参考系内是静止的，那么动质量就退化为静质量）；说一个物体的能量，自然指的是它的总能（如果它是静止的，则总能就退化为静能），千万不要理解成是它的动能！

4. 相对论中动量和动能间的关系

(1) 相对论中动量和动能间关系的推导

在经典力学中，质点的动能和动量有关系$E_k=\frac{p^2}{2m}$，在相对论中这个关系也需要修正。

在相对论中，质点的相对论质量为

$$m = \frac{m_0}{\sqrt{1 - \frac{u^2}{c^2}}}$$

将上式两边平方,整理得

$$m^2c^2 - m^2u^2 = m_0^2c^2$$

两边同乘 c^2,得

$$m^2c^4 - m^2u^2c^2 = m_0^2c^4$$

将 $p = mu$ 和 $E = mc^2$ 代入上式并整理,得

$$E^2 = (pc)^2 + (m_0c^2)^2$$

这就是相对论动量和能量的关系。如果和直角三角形的勾股定理联系起来,能量 E 如同直角三角形的斜边长度,而 pc 和 m_0c^2 分别为两条直角边的长度,如图 7.3.3 所示。

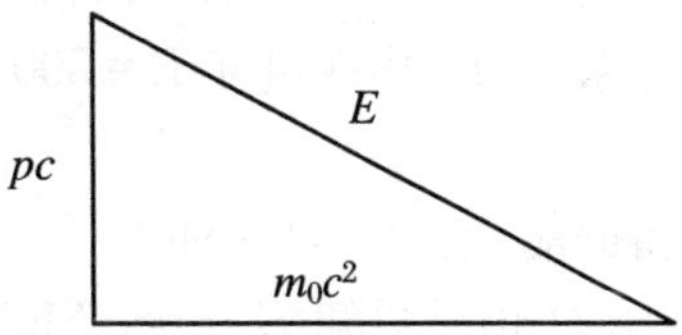

图 7.3.3

对于动能为 E_k 的粒子,可得

$$p = \frac{\sqrt{E_k^2 + 2E_km_0c^2}}{c}$$

对于经典粒子,$u \ll c$,$m_0 = m$,动能 E_k 远远小于静止能量 m_0c^2,即 $E_k^2 \ll 2E_km_0c^2$,上式可变为

$$E_k = \frac{p^2}{2m_0}$$

这就回到了牛顿力学中的动能的表达式。

(2) 光子的质量和动量

光是由光子构成的,光子以速度 c 运动。如果光子的波长为 λ,根据量子力学的知识,光子的动量为$\frac{h}{\lambda}$,所以光子的相对论质量为$\frac{h}{\lambda c}$。考虑到 $m = \frac{m_0}{\sqrt{1 - \frac{u^2}{c^2}}}$,在 m 有限的情况下,m_0 必须等于 0。这就是说以光速运动的粒子,其静质量为 0。

对于光子,因为 $m_0 = 0$,所以 $E = pc$。由此可见,光子的能量和动量只差一个光速 c,它们之间成正比关系。

核心问题讨论

1. 如何理解相对论中的静能、动能、总能量及动量?

相对论中的静能、动能、总能量及动量与牛顿力学中有所不同,大家根据“课外知识延伸”中的逻辑关系,最好能够自己重新推导出相关公式,这样有助于理解和记忆。我们通过下面的例题帮助大家熟悉这些新知识。

例题 1　某粒子在惯性系 S 中具有总能为 500 MeV,动量为 400 MeV/c,而在惯性系 S'

中具有的总能量为583 MeV。

(1) 求该粒子的静能。

(2) 求该粒子在S'系中的动量。

(3) 设S'系相对于S系沿粒子运动方向运动，求S'系相对于S系的速度。

分析 对于(1)，根据$E^2=(pc)^2+(m_0c^2)^2$可得静能；对于(2)，认识到粒子不变的话，静能在任何参考系中不变，可得在S'系中的动量；对于(3)，由静能和总能的关系(也就是静质量和动质量的关系)$E=mc^2=\dfrac{m_0c^2}{\sqrt{1-\left(\dfrac{u}{c}\right)^2}}$，可得粒子在两个参考系内的速度$u$和$u'$；结合速度的参考系变换，即可得两个参考系间的相对速度v。

解 (1) 由题可知$E=500\ \text{MeV}$，$pc=400\ \text{MeV}$，根据

$$(pc)^2+(m_0c^2)^2=E^2$$

可得静能$m_0c^2=300\ \text{MeV}$。

(2) 由题可知$E'=583\ \text{MeV}$，静能$m_0c^2=300\ \text{MeV}$是不变的，根据

$$(pc)^2+(m_0c^2)^2=E^2$$

代入数据，得

$$p'c=\sqrt{583^2-300^2}=499.89\ \text{MeV}$$

所以$p'=499.89\ \text{MeV}/c$。

(3) 在S系中，根据

$$E=mc^2=\frac{m_0c^2}{\sqrt{1-\left(\dfrac{u}{c}\right)^2}}$$

代入数据，得

$$500=\frac{300}{\sqrt{1-\left(\dfrac{u}{c}\right)^2}}$$

所以$u=0.8c$。

同理，在S'系中有

$$583=\frac{300}{\sqrt{1-\left(\dfrac{u'}{c}\right)^2}}$$

可得$u'=0.857c$。

根据洛伦兹速度变换，有

$$u'=\frac{u-v}{1-\dfrac{uv}{c^2}}$$

代入数据，得

$$0.857c=\frac{0.8c-v}{1-\dfrac{0.8cv}{c^2}}$$

所以 $v=-0.181c$（负号表明 S' 系相对 S 系运动方向与该粒子在 S 系中的运动方向相反）。

点拨 总能 $E=mc^2=\dfrac{m_0c^2}{\sqrt{1-\left(\dfrac{u}{c}\right)^2}}$ 中的 u 是物体在某个参考系内的速度，要与参考系间的相对速度 v（S' 系相对于 S 系的速度）区分开来。涉及参考系间变换的问题时，建议用字母 u、v 区别物体速度和参考系相对速度。

2. 在相对论情况下如何根据能量守恒和动量守恒求解动力学问题?

考虑相对论后，在惯性系中，动量守恒的条件与牛顿力学相同，只不过在写动量表达式时，质量是动质量。能量守恒本质上等价于质量守恒，因为总能量与动质量只相差一个系数 c^2。

有一点需要作出说明。牛顿力学中，两个宏观物体发生非弹性碰撞时，动能会有损失。对于损失的动能，一般的解释是：损失的动能用于生热。微观粒子碰撞，没有“生热”可言。用相对论处理微观粒子的碰撞问题时，系统的总能总是保持不变的。但是粒子的动能会发生变化，这表示粒子的静能也会发生变化。而如果粒子的静能发生了变化，我们就认为粒子变成了新粒子。这与“核反应会产生新粒子”的现象是一致的。但是在有的相对论题目中会说“发生的是弹性碰撞”，这表示什么意思呢？这表示粒子的静能在碰撞前后不变，即没有新粒子生成。

例题2 一个静质量为 m_0 的粒子 A 以速率 $v=0.8c$ 运动，它和一个处于静止状态的相同粒子 B 发生完全非弹性碰撞。求复合粒子（记为 C）的速率和静质量。

分析 因为粒子的速度接近光速，所以应该用相对论的相关知识求解。在相对论中，动量守恒和能量守恒依然成立，只是动量和能量应该使用修正之后的表达式。需要特别注意的是，碰撞后生成的复合粒子 C 的静质量不是 $2m_0$，通过本题大家可以认识到这一点。

解 设复合粒子的速率为 u，静质量为 M_0，则根据相对论情景下的能量守恒和动量守恒得

$$\begin{cases}\dfrac{m_0c^2}{\sqrt{1-\dfrac{v^2}{c^2}}}+m_0c^2=\dfrac{M_0}{\sqrt{1-\dfrac{u^2}{c^2}}}c^2\\[2ex]\dfrac{m_0v}{\sqrt{1-\dfrac{v^2}{c^2}}}=\dfrac{M_0}{\sqrt{1-\dfrac{u^2}{c^2}}}u\end{cases}$$

解得

$$\begin{cases}u=0.5c\\[1ex]M_0=\dfrac{4m_0}{\sqrt{3}}=2.31m_0\end{cases}$$

点拨 相对论的能量、动量守恒方程的求解并不容易。如果我们引入一个无量纲的 $\gamma=\dfrac{1}{\sqrt{1-\dfrac{u^2}{c^2}}}$，可以简化求解过程。由 $\gamma=\dfrac{1}{\sqrt{1-\dfrac{u^2}{c^2}}}$ 可得 $E=\gamma m_0c^2$，$p=\gamma m_0u$；再根据

$E^2=(pc)^2+(m_0c^2)^2$ 可得 $\gamma u=c\sqrt{\gamma^2-1}$，则 $p=\gamma m_0u=\sqrt{\gamma^2-1}m_0c$。

以本题为例，能量守恒方程为

$$\gamma_A m_0 c^2 + m_0 c^2 = \gamma_C M_0 c^2$$

动量守恒方程为

$$\gamma_A m_0 u_A = \gamma_C M_0 u_C$$

所以

$$\sqrt{\gamma_A^2 - 1}m_0 c = \sqrt{\gamma_C^2 - 1}M_0 c$$

未知量从 M_0、u_C 变为 M_0、γ_C，可解得 $\gamma_C=\frac{2}{\sqrt{3}}$，$M_0=\frac{4}{\sqrt{3}}m_0$。

例题 3 中性 π 介子相对于观察者以速率 $u=\beta c$ 运动，某时刻衰变为两个光子。两个光子的运动方向与 π 介子原来运动成相等的角度 θ。证明：

(1) 两光子有相等的能量；

(2) $\cos\theta=\beta$。

分析 本题中我们使用例题 2 中介绍的引入无量纲量 γ 的方式来列能量、动量守恒方程求解。对于问题(1)，我们根据对称性也可以猜出"两个光子能量相等"这个结果。

解 (1) 由题给条件"两个光子的运动方向与 π 介子原来运动成相等的角度 θ"，结合垂直于 π 介子运动方向的动量守恒可知，两个光子的动量 p 必定等大。又由 $E=pc$ 可知两个光子有相等的能量。

(2) 能量守恒方程为

$$\gamma m_0 c^2 = 2pc$$

沿着 π 介子运动方向的动量守恒方程为

$$\gamma m_0 u = 2p\cos\theta, \quad 即 \quad \sqrt{\gamma^2-1}m_0 c = 2p\cos\theta$$

两式相除，可得

$$\cos\theta = \frac{\sqrt{\gamma^2-1}}{\gamma}$$

由 $\gamma=\frac{1}{\sqrt{1-\frac{u^2}{c^2}}}=\frac{1}{\sqrt{1-\beta^2}}$ 可得

$$\beta = \sqrt{1-\frac{1}{\gamma^2}} = \frac{\sqrt{\gamma^2-1}}{\gamma}$$

所以 $\cos\theta=\beta$。

点拨 对于光子，$\gamma=\frac{1}{\sqrt{1-\frac{c^2}{c^2}}}\to\infty$，不必奇怪，因为光子的静质量是 0。从动质量 $m=\gamma m_0$ 可以看出，无量纲量 γ 可以理解为静质量的增大倍数，而光子的静质量为 0，自然 γ 趋于无穷大才是合理的。对于光子，计算时，动量写为 p，能量写为 pc 即可。

例题4 （2018年北大博雅）一个光子变成一个正电子和一个负电子，它们在 $B=0.05\ \text{T}$ 的磁场中运动的半径均为 $R=90\ \text{mm}$。已知电子的静质量为 $m_0=0.511\ \text{MeV}$，则光子能量是 （ ）

A. 1.35 MeV　　B. 1.45 MeV　　C. 2.7 MeV　　D. 2.89 MeV

分析 带电粒子在磁场中运动时，根据牛顿力学列出的方程 $qvB=m\dfrac{v^2}{R}$ 在考虑相对论后还成立吗？

(1) 相对论中的牛顿第二定律需要写成动量定理 $F=\dfrac{\mathrm{d}p}{\mathrm{d}t}=\dfrac{\mathrm{d}(mv)}{\mathrm{d}t}$ 的形式。由于洛伦兹力不做功，因此速度大小不变，故粒子的动质量保持不变，可以提到微分号之外，这样 $F=m\dfrac{\mathrm{d}v}{\mathrm{d}t}$。

(2) 由于电磁学天然与相对论协调一致，因此电磁场力 $\boldsymbol{F}=q\boldsymbol{E}+q\boldsymbol{u}\times\boldsymbol{B}$ 也保持形式不变。

所以，根据牛顿力学写出的 $qvB=m\dfrac{v^2}{R}$ 对本题仍然是成立的。需要特别注意的是，m 是动质量。

解 根据 $R=\dfrac{mv}{Be}=\dfrac{p}{Be}$ 可得正负电子在磁场中运动时的动量为

$$p=RBe$$

由此可得电子的总能量为

$$E=\sqrt{(pc)^2+(m_0c^2)^2}=\sqrt{(RBec)^2+(m_0c^2)^2}$$

根据能量守恒得光子的能量为

$$2E=2\sqrt{(RBec)^2+(m_0c^2)^2}=2.89\ \text{MeV}$$

所以，本题应该选D。

点拨 (1) 大家深入思考一下，就会发现一个有趣的现象：考虑相对论后，质量不是一个参考系不变量，在不同的参考系中同一个物体的质量不同。但是电荷量是一个参考系不变量，同一个物体的电荷量在不同的参考系中是同一个值。我们可以从原子的电中性角度认识这个问题。如果电荷量不是参考系不变量，那么在某个参考系内的中性原子在别的参考系中可能就不是中性的了，这与实际不符。

(2) 我们所说的"电磁学天然与相对论协调一致，电磁场力 $\boldsymbol{F}=q\boldsymbol{E}+q\boldsymbol{u}\times\boldsymbol{B}$ 也保持形式不变"是指考虑相对论后，在某个惯性系中电磁场力的公式形式与牛顿力学中相同。这一点不像牛顿力学里定义的动能 $\left(E_\mathrm{k}=\dfrac{1}{2}m_0v^2\right)$ 那样，需要改写成 $E_\mathrm{k}=mc^2-m_0c^2$。但是，这并不表示电磁场在任何参考系中都是同一形式、大小。限于篇幅，对于电磁场的变换式 $(E'=E'(E,B),B'=B'(E,B))$，我们不作展开。

例题5 （2014年卓越联盟卷）如图7.3.4所示，X射线通过铅屏后照射在石墨上，光子被石墨原子的外层电子(可视为速度为零的自由电子)散射，实验发现X射线谱仪接收到的被散射的光子波长除了与原波长相同的成分，还有波长较长的成分，这种现象称为康普顿散射。用弹性碰撞的研究方法并考虑相对论效应可以很好地解释康普顿散射。设入射X射线(光子)的波长为 λ_0，散射光子的速度方向与入射方向夹角为 θ，如图所示。求光子被散射后的波长 λ 与 λ_0 的差值 $\Delta\lambda$。

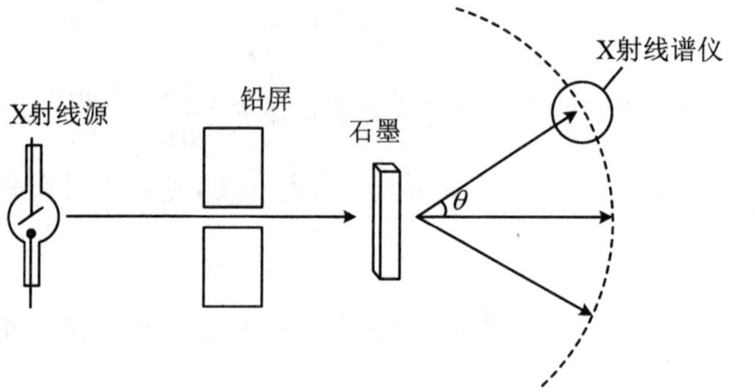

图 7.3.4

分析 光子与电子发生碰撞的过程遵循能量守恒定律和动量守恒定律。又根据题目条件"弹性碰撞"可知，碰撞后未生成新粒子，仍然是电子和光子。

解 设碰撞前光子的动量为 p_0，则波长为 $\lambda_0=\dfrac{h}{p_0}$；碰撞后光子的动量为 p，则波长为 $\lambda=\dfrac{h}{p}$；碰后电子的动质量为 γm_0。

由能量守恒定律得

$$p_0c+m_0c^2=pc+\gamma m_0c^2$$

化简，得

$$\gamma m_0c=p_0-p+m_0c$$

由动量守恒定律和余弦定理可得

$$(\gamma m_0u)^2=p_0^2+p^2-2p_0p\cos\theta$$

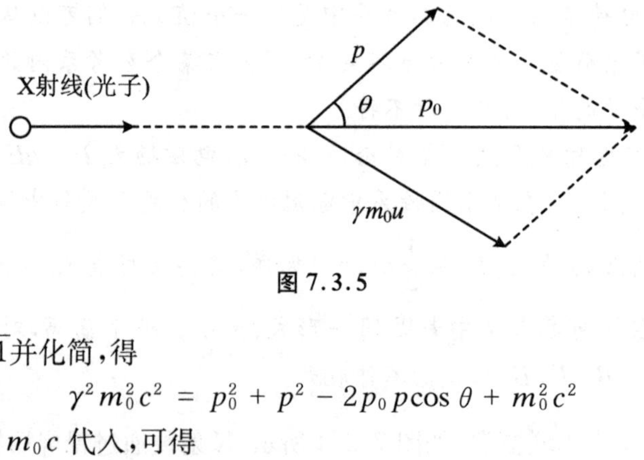

图 7.3.5

结合 $\gamma u=c\sqrt{\gamma^2-1}$ 并化简，得

$$\gamma^2m_0^2c^2=p_0^2+p^2-2p_0p\cos\theta+m_0^2c^2$$

将 $\gamma m_0c=p_0-p+m_0c$ 代入，可得

$$\frac{1}{p}-\frac{1}{p_0}=\frac{1-\cos\theta}{m_0 c}$$

又 $\lambda_0=\dfrac{h}{p_0}$,所以

$$\Delta\lambda=\lambda-\lambda_0=\frac{h(1-\cos\theta)}{m_0 c}$$

点拨 康普顿效应和光电效应虽然都是光子与原子的作用过程,但是它们的作用机制是不同的。在光电效应中,光子的能量不过几电子伏特,和金属中电子的逸出功有相同的数量级。对于光子、电子这个系统来说,原子核对电子的作用力不可忽略,因此光子和电子组成的系统动量不守恒。在康普顿效应中,由于电子和原子核之间的束缚能(几电子伏特)远小于入射光的能量($10^4 \sim 10^5$ eV),也就是说光子和电子作用时的内力远大于原子核对电子的作用力,因此可以认为光子和电子组成的系统动量是守恒的。

总之,当光子能量和电子所受束缚能相差不大时,主要出现光电效应;当光子能量大大超过电子束缚能时,主要出现康普顿效应。

3. 在相对论情况下如何使用动能定理和动量定理求解动力学问题?

考虑相对论的动能定理是 $\Delta E_k=\int_1^2 F\cdot \mathrm{d}s=m_2c^2-m_1c^2$,动量定理是 $\Delta p=\int_1^2 F\mathrm{d}t=m_2u_2-m_1u_1$,式中 m_1、m_2 是初、末态的质点的动质量。

由于 $m=\dfrac{m_0}{\sqrt{1-\left(\dfrac{u}{c}\right)^2}}$中的 $u^2=u_x^2+u_y^2+u_z^2$,考虑相对论后,x、y、z 三个方向的速度因质量的变换而相互关联。诸如牛顿力学中的平抛运动,“由于水平方向不受力,因此水平方向速度保持不变”这类结论将不再成立,需要特别注意。大家可以通过例题 9 认识到这一点。

例题 6 (2019 年北大博雅)把静止电子加速到 $0.1c$ 需要做功 W_1,把电子从 $0.8c$ 加速到 $0.9c$ 需要做功 W_2。已知静止电子的质量为 m_0,则 W_1、W_2 分别为 ( )

A. $\dfrac{m_0c^2}{200}$和$\dfrac{17m_0c^2}{200}$ B. $0.1m_0c^2$ 和 $0.1m_0c^2$

C. $\dfrac{m_0c^2}{200}$和 $0.627m_0c^2$ D. $5.04\times10^{-3}m_0c^2$ 和 $0.627m_0c^2$

分析 由动能定理 $\Delta E_k=\int_1^2 F\cdot \mathrm{d}s=m_2c^2-m_1c^2$ 即可求解,式中 m_1、m_2 是初、末态的电子的动质量。

解 由动能定理可得

$$W_1=\frac{m_0c^2}{\sqrt{1-\left(\frac{0.1c}{c}\right)^2}}-m_0c^2$$

$$W_2=\frac{m_0c^2}{\sqrt{1-\left(\frac{0.9c}{c}\right)^2}}-\frac{m_0c^2}{\sqrt{1-\left(\frac{0.8c}{c}\right)^2}}$$

解得 $W_1 = 5.04\times10^{-3}m_0c^2$，$W_2 = 0.627m_0c^2$。

所以本题选 D。

点拨 从本题的计算结果，大家可以认识到，由于相对论效应，高速粒子的加速是非常困难的。将一个静质量不为零的粒子加速到光速是不可能的。

例题 7 （2016 年清华领军）在一栋极高的建筑底部竖直向上发射光线，发现在楼顶测得的光子波长改变量为 $\Delta\lambda$。已知发射时光子的波长为 $\lambda_0 = 700\ \text{nm}$，楼高为 $d = 1000\ \text{m}$，则光子波长的相对改变量 $\dfrac{\Delta\lambda}{\lambda_0}$ 的数量级为 （　　）

A. 10^{-10}　　B. 10^{-13}　　C. 10^{-16}　　D. 10^{-19}

分析 我们从能量守恒角度可以理解本题中光子的波长会变长。向楼顶飞行的过程中，重力势能增大，因此光子的能量会变小，根据 $E = h\nu = h\dfrac{c}{\lambda}$ 可知，光子的波长变长。另一个问题就是，光子的"重力势能"如何计算？由于本题只是估算，我们可以根据质能关系，认为光子的"质量"是 $m = \dfrac{E}{c^2} = \dfrac{h\nu}{c^2} = \dfrac{h}{\lambda c}$，将光子的"重力势能"仍写为 $E_p = mgh$。

解 由能量守恒定律可得

$$h\frac{c}{\lambda_0} - h\frac{c}{\lambda_1} = \frac{h}{\lambda_0 c}gh$$

化简，可得

$$\frac{\Delta\lambda}{\lambda_0} = \frac{1}{1-\dfrac{gh}{c^2}} - 1 \approx 10^{-13}$$

所以本题答案为 B。

点拨 将光子的"质量"记为 $m = \dfrac{E}{c^2} = \dfrac{h\nu}{c^2}$ 是估算题中常用的一个技巧。

例题 8 静质量为 m_0 的质点静止于坐标原点，$t = 0$ 开始在沿 x 轴方向的恒力 F 作用下运动起来。考虑相对论效应，求：

(1) 质点的 $u = u(x)$ 和 $a = a(x)$；

(2) 质点的 $u = u(t)$ 和 $a = a(t)$；

(3) 质点的 $x = x(t)$。

分析 依据动能定理可求解(1)，依据动量定理可求解(2)。在(1)中，注意 $a = \dfrac{\mathrm{d}u}{\mathrm{d}t} = \dfrac{\mathrm{d}u}{\mathrm{d}x}\dfrac{\mathrm{d}x}{\mathrm{d}t}$ 微分技巧的使用。

解 (1) 依据动能定理 $\Delta E_k = \int_1^2 F\cdot\mathrm{d}s = m_2c^2 - m_1c^2$，式中 m_1、m_2 是初、末态的质点的动质量，可得

$$Fx = \frac{m_0c^2}{\sqrt{1-\left(\dfrac{u}{c}\right)^2}} - m_0c^2$$

得

$$u=\sqrt{\left[1-\frac{1}{(1+Ax)^2}\right]}c\quad\left(A=\frac{F}{m_0c^2}\right)$$

对速度求导,可得加速度

$$a=\frac{\mathrm{d}u}{\mathrm{d}t}=\frac{\mathrm{d}u}{\mathrm{d}x}\frac{\mathrm{d}x}{\mathrm{d}t}=\frac{Ac^2}{(1+Ax)^3}$$

(2) 依据动量定理 $\Delta p=\int_1^2 F\mathrm{d}t=m_2u_2-m_1u_1$,式中 m_1、m_2 是初、末态的质点的动质量,可得

$$Ft=\frac{m_0u}{\sqrt{1-\left(\frac{u}{c}\right)^2}}-0$$

得

$$u=\frac{Ac^2t}{\sqrt{1+(Act)^2}}$$

对速度求导,可得加速度

$$a=\frac{\mathrm{d}u}{\mathrm{d}t}=\frac{Ac^2}{[1+(Act)^2]^{\frac{3}{2}}}$$

(3) 方法一　$u=u(x)$和 $u=u(t)$联立消去 u,可得

$$x=\frac{\sqrt{1+(Act)^2}-1}{A}$$

方法二

$$x=\int u\mathrm{d}t=\int_0^t\frac{Ac^2t}{\sqrt{1+(Act)^2}}\mathrm{d}t=\frac{1}{2A}\int_0^t\frac{\mathrm{d}(Act)^2}{\sqrt{1+(Act)^2}}=\frac{1}{A}[\sqrt{1+(Act)^2}-1]$$

点拨　(1) 本题的目的在于帮助大家体会相对论下的动能定理和动量定理。请大家将计算过程和非相对论情形对比。

(2) 由上述计算可知,考虑相对论后,恒力作用下质点的加速度不是定值。这是因为随着速度的增大,质点的质量在增大。大家可以看到,当时间趋于无穷大时,有

$$\lim_{t\to\infty}u=\lim_{t\to\infty}\frac{Ac^2t}{\sqrt{1+(Act)^2}}=c$$

当时间较短时,有

$$u=\frac{Ac^2t}{\sqrt{1+(Act)^2}}\approx Ac^2t=\frac{F}{m_0}t$$

$$x=\frac{1}{A}[\sqrt{1+(Act)^2}-1]\approx\frac{1}{A}\left[1+\frac{1}{2}(Act)^2-1\right]=\frac{1}{2}\frac{F}{m_0}t^2$$

即成为牛顿力学的结果。

例题9　在 S 系中,静质量为 m_0 的粒子以速度 u_0 沿 x 轴运动,此过程中受到沿 y 轴方向的恒力 F。求:

(1) $u_x = u_x(t)$；

(2) $u_y = u_y(t)$。

分析 在 y 方向上使用动量定理列方程；在 x 方向上由于不受力，动量守恒。两个方程联立即可求解 $u_x = u_x(t)$ 和 $u_y = u_y(t)$。

解 在 y 方向上由动量定理 $\int_1^2 F\mathrm{d}t = m_2 u_2 - m_1 u_1$ 可得

$$Ft = \frac{m_0 u_y}{\sqrt{1-\left(\frac{u}{c}\right)^2}} - 0 \quad (u^2 = u_x^2 + u_y^2)$$

在 x 方向上由动量守恒定律可得

$$\frac{m_0 u_0}{\sqrt{1-\left(\frac{u_0}{c}\right)^2}} = \frac{m_0 u_x}{\sqrt{1-\left(\frac{u}{c}\right)^2}}$$

两式平方后相加，可得

$$(Ft)^2 + \left[\frac{m_0 u_0}{\sqrt{1-\left(\frac{u_0}{c}\right)^2}}\right]^2 = \frac{m_0^2 u^2}{1-\left(\frac{u}{c}\right)^2}$$

记 $(Ft)^2 + \left[\frac{m_0 u_0}{\sqrt{1-\left(\frac{u_0}{c}\right)^2}}\right]^2 = p^2$，可得

$$u^2 = \frac{p^2 c^2}{m_0^2 c^2 + p^2}$$

将 u^2 代回方程，可得

$$u_x = \frac{u_0}{\sqrt{1-\left(\frac{u_0}{c}\right)^2}}\sqrt{\frac{m_0^2 c^2}{m_0^2 c^2 + p^2}}$$

$$u_y = \frac{Ft}{m_0}\sqrt{\frac{m_0^2 c^2}{m_0^2 c^2 + p^2}}$$

点拨 (1) 设计这个题目的用意是希望同学们能够将其和非相对论下的平抛运动进行对比。通过本题的计算可以看到，即便 x 方向上不受力，此方向上速度也不是恒定的。这是由物体的动质量变化造成的。可以这样去理解：如果此方向上速度恒定的话，那么随着另一个方向上的速度增大，必定会使物体超光速。

(2) 由于 $p^2 \propto t^2$，从计算结果中可以看到：当 $t \to \infty$ 时，$u_x \to 0$，$u_y \to c$。

习题实战演练

基 础 练 习

1. 当粒子的速度为光速的多少倍时，粒子的动能等于它的静能量？ （　　）

A. $\dfrac{\sqrt{3}}{2}$　　B. $\dfrac{1}{2}$　　C. $\dfrac{\sqrt{3}}{3}$　　D. $\dfrac{1}{3}$

2. 一粒子的动能等于其静能量 E_0 的 n 倍，则粒子的动量为 （　　）

A. $p=\dfrac{\sqrt{n(n+1)}E_0}{c}$　　B. $p=\dfrac{\sqrt{n(n+2)}E_0}{c}$

C. $p=\dfrac{\sqrt{n+1}E_0}{c}$　　D. $p=\dfrac{\sqrt{n+2}E_0}{c}$

3. (2008年海南卷)设宇宙射线粒子的能量是其静能量的 k 倍，则粒子运动时的质量等于其静质量的__________倍，粒子运动速度是光速的__________倍。

4. 某人测得一静止棒长为 l_0，质量为 m_0，求得棒的线密度为 $\rho_0=\dfrac{m_0}{l_0}$。

(1) 假定此棒以速度 v 沿棒长方向运动，则此人测出棒的线密度是多少？

(2) 若棒沿垂直于棒长方向运动，则此棒线密度的测量值又是多少？

5. μ 介子的静质量是电子静质量的207倍，静止时的平均寿命为 $\tau_0=2\times10^{-6}$ s。若在实验室参照系中，它的平均寿命为 $\tau=7\times10^{-6}$ s。试问：在实验室参考系中，μ 介子的质量是电子静质量的多少倍？

提 高 练 习

6. 一静质量为 M_0 的静止粒子发出一个能量为 E 的光子，求剩余粒子的反冲速度和静质量。

7. 一正负电子对正碰后发生湮灭，产生一对相同的光子。已知：碰撞前正负电子的动能都为 $E_k=2.8\times10^9$ eV，电子静质量为 $m_0=9.1\times10^{-31}$ kg，光速 $c=3.0\times10^8$ m/s，普朗克常量 $h=6.6\times10^{-34}$ J·s。求产生光子的频率。

8. 两个电子相向运动，每个电子对于实验室的速度都是 $\dfrac{4}{5}c$。已知：电子的静质量为 m_0，光速为 c。求：

(1) 它们的相对速度的大小；

(2) 实验室系中，两个电子的总动能的大小；

(3) 在其中一个电子静止的参考系内，两个电子的总动能的大小。

9. 静质量为 m_0 的粒子在恒力作用下，从静止开始加速，经过时间 t，粒子动能为静能的 n 倍。求：

(1) 粒子达到的速度 u；

(2) 粒子获得的动量 p；

(3) 粒子受到的冲量 I；

(4) 恒力大小 F。

10. (2006 年第 23 届全国中学生物理竞赛复赛)串列静电加速器是加速质子、重离子进行核物理基础研究和核技术应用研究的设备，图 7.3.6 是其构造示意图。S 是产生负离子的装置，称为离子源；中间部分 N 为充有氮气的管道，通过高压装置 H 使其对地有 5.00×10^6 V 的高压。现将氢气通入离子源 S，S 的作用是使氢分子变为氢原子，并使氢原子黏附上一个电子，成为带有一个电子电量的氢负离子。氢负离子(其初速度为 0)在静电场的作用下形成高速运动的氢负离子束流，氢负离子束射入管道 N 后将与氮气分子发生相互作用，这种作用可使大部分的氢负离子失去黏附在它们上面的多余的电子而成为氢原子，又可能进一步剥离掉氢原子的电子使它成为质子。已知氮气与带电粒子的相互作用不会改变粒子的速度。质子在电场的作用下由 N 飞向串列静电加速器的终端靶子 T。在考虑相对论效应的情况下，求质子到达 T 时的速度 v。(电子电荷量为 $q=1.60\times10^{-19}$ C，质子的静质量为 $m_0=1.673\times10^{-27}$ kg。)

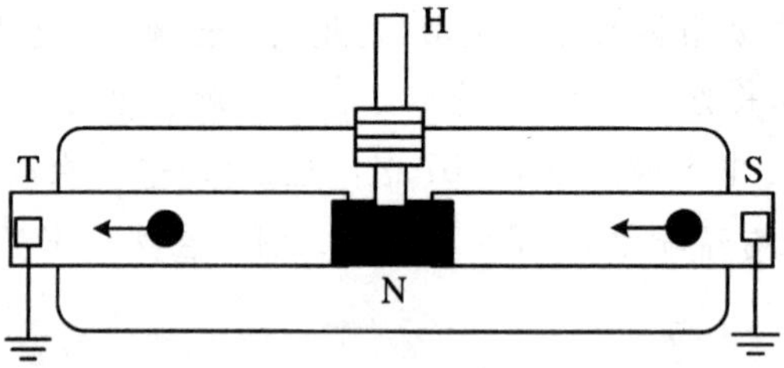

图 7.3.6

参考答案

1. A。

2. B。

3. k，$\dfrac{\sqrt{k^2-1}}{k}$。

4. (1) $\dfrac{c^2}{c^2-v^2}\rho_0$；(2) $\sqrt{\dfrac{c^2}{c^2-v^2}}\rho_0$。

提示 (1) 对观察者运动的棒沿运动方向长度缩小，则棒长为

$$l = l_0\sqrt{1-\frac{v^2}{c^2}}$$

对观察者运动的棒质量增大，则棒质量为

$$m = \frac{m_0}{\sqrt{1 - \frac{v^2}{c^2}}}$$

所以观察者测得的棒线密度为

$$\rho = \frac{m}{l} = \frac{c^2}{c^2 - v^2}\rho_0$$

(2) 棒长不变，此时

$$\rho = \frac{m}{l_0} = \sqrt{\frac{c^2}{c^2 - v^2}}\rho_0$$

5. 724.5。

提示 根据本征时间最短，由 $\tau = \dfrac{\tau_0}{\sqrt{1-\left(\dfrac{v}{c}\right)^2}}$ 可得 $\sqrt{1-\left(\dfrac{v}{c}\right)^2} = \dfrac{2}{7}$；再由动质量与静质量的关系 $m = \dfrac{m_0}{\sqrt{1-\left(\dfrac{v}{c}\right)^2}}$ 可得结果。

6. $\dfrac{Ec}{M_0c^2 - E}, M_0\sqrt{1-\dfrac{2E}{M_0c^2}}$。

提示 发射光子后，设剩余粒子的静质量为 m_0，反冲速度为 v，则

$$\begin{cases} M_0c^2 = mc^2 + E \\ \dfrac{E}{c} = mv \\ m = \dfrac{m_0}{\sqrt{1-\left(\dfrac{v}{c}\right)^2}} \end{cases}$$

可解得结果。

7. 6.8×10^{23} Hz。

提示 设光子的频率为 ν，则每个光子的能量为 $h\nu$。根据能量守恒得

$$2(E_k + m_0c^2) = 2h\nu$$

整理得

$$\nu = \frac{E_k + m_0c^2}{h} = 6.8\times10^{23}\ \text{Hz}$$

8. (1) $\dfrac{40}{41}c$；(2) $\dfrac{4}{3}m_0c^2$；(3) $\dfrac{32}{9}m_0c^2$。

提示 (1) 在某个电子相对静止的参考系中计算另一个电子的速度，就是求它们的相对速度。由速度变换公式可得

$$u'=\frac{u_x-v}{1-\frac{u_xv}{c^2}}=\frac{-\frac{4}{5}c-\frac{4}{5}c}{1-\frac{\left(-\frac{4}{5}c\right)\times\frac{4}{5}c}{c^2}}=-\frac{40}{41}c$$

(2) 由总能 $E=mc^2=\dfrac{m_0c^2}{\sqrt{1-\left(\frac{v}{c}\right)^2}}$可得 $E=\dfrac{m_0c^2}{\sqrt{1-0.8^2}}=\dfrac{5}{3}m_0c^2$，因此一个电子的动能 $E_k=E-m_0c^2=\dfrac{2}{3}m_0c^2$，总动能为$\dfrac{4}{3}m_0c^2$。

(3) 在其中一个电子静止的参考系内，只有另一个电子有动能，因此 $E_k=E-m_0c^2=\dfrac{m_0c^2}{\sqrt{1-\left(\frac{u'}{c}\right)^2}}-m_0c^2$，将(1)的结果代入，可得 $E_k=\dfrac{32}{9}m_0c^2$。

9. (1) $u=c\sqrt{1-\dfrac{1}{(n+1)^2}}$；(2) $p=\sqrt{n(n+2)}\,m_0c$；(3) $I=\sqrt{n(n+2)}\,m_0c$；(4) $F=\dfrac{\sqrt{n(n+2)}\,m_0c}{t}$。

提示 (1) 根据 $E_k=mc^2-m_0c^2=(\gamma-1)m_0c^2$ 和题目条件可得 $\gamma=n+1$，即总能是静能的 $n+1$ 倍。再由 $\gamma=\dfrac{1}{\sqrt{1-\frac{u^2}{c^2}}}$可得 $u=\dfrac{c}{\sqrt{1-\frac{1}{\gamma^2}}}=c\sqrt{1-\dfrac{1}{(n+1)^2}}$。

(2) 依据 $p=mu=\gamma m_0u=\sqrt{\gamma^2-1}\,m_0c$，代入 $\gamma=n+1$，可得 $p=\sqrt{n(n+2)}\,m_0c$。

(3) 依据动量定理 $\int_1^2 F\mathrm{d}t=m_2u_2-m_1u_1$，考虑到本题初始动量为零，$I=\Delta p=\sqrt{n(n+2)}\,m_0c$。

(4) 依据动量定理可得 $Ft=\Delta p=\sqrt{n(n+2)}\,m_0c$，所以 $F=\dfrac{\sqrt{n(n+2)}\,m_0c}{t}$。

10. $v=4.34\times10^7\ \mathrm{m/s}$。

提示 带电粒子在静电场内从S运动到T的过程中，经历了从S到N和从N到T的两次加速，粒子电荷量 q 的大小均为 1.60×10^{-19} C，若以 U 表示N与地之间的电压，则粒子从电场获得的能量为 $\Delta E=2qU$。质子到达T处时的质量为 $m=\dfrac{m_0}{\sqrt{1-\left(\frac{v}{c}\right)^2}}$，式中 v 为质子到达T时的速度。

质子在S处的能量为 m_0c^2，到达T处时具有的能量为 mc^2，考虑到电子的质量与质子的质量相比可忽略不计，根据能量守恒有 $mc^2=\Delta E+m_0c^2$，得$\dfrac{1}{\sqrt{1-\left(\frac{v}{c}\right)^2}}=1+\dfrac{2qU}{m_0c^2}$，代入数据，得 $v=4.34\times10^7\ \mathrm{m/s}$。

中国科学技术大学出版社中学物理用书

全国中学生物理竞赛预赛试题分类精编/张元元
全国中学生物理竞赛复赛试题分类精编/张元元
全国中学生物理竞赛决赛试题分类精编/张元元
物理学难题集萃(上、下册)/舒幼生　胡望雨　陈秉乾
大学物理先修课教材:力学/鲁志祥　黄诗登
大学物理先修课教材:电磁学/黄诗登　鲁志祥
大学物理先修课教材:热学、光学和近代物理学/钟小平
强基计划校考物理模拟试题精选/方景贤　陈志坚
强基计划校考物理培训讲义/江四喜
高校强基计划物理教程:力学/邓靖武　肖址敏
高校强基计划物理教程:电磁学/邓靖武　肖址敏
高校强基计划物理教程:热学·光学·近代物理学/邓靖武　肖址敏
强基计划物理一本通:给高中物理加点难度/郑琦
高中物理母题与衍生:力学篇(第2版)/董马云
高中物理母题与衍生:电磁学篇(第2版)/董马云
物理高考题典(5册)/尹雄杰　张晓顺
高中物理解题方法与技巧(第2版)/尹雄杰　王文涛
高中物理必修1学习指导:概念·规律·方法/王溢然
高中物理必修2学习指导:概念·规律·方法/王溢然
高中物理必修3学习指导:概念·规律·方法/王溢然
物理高考题精编(3册)/王溢然
高考物理解题24法/王溢然
中学物理数学方法讲座/王溢然
高中物理经典名题精解精析/江四喜
高三物理总复习核心72讲(上、下册)/莫原　崔亚龙
高中物理一点一题型(第2版)/温应春
高中物理一诀一实验/温应春　闫寒　肖国勇
玩转高中物理模型/陈卫国
高中物理创新实验设计与课堂实践:电学篇/王竑
力学问题讨论/缪钟英　罗启蕙
电磁学问题讨论/缪钟英
中学生物理思维方法丛书(13册)/王溢然　束炳如